四川省2018—2020 年高等教育人才培养质量和教学改革（教学基本建设类）重点项目
2023年四川大学研究生培养教育创新改革（教材建设）立项项目

# 国际传播与跨文化传播

## 认知、创意与案例研究

侯洪 主编

中国国际广播出版社

**图书在版编目（CIP）数据**

国际传播与跨文化传播：认知、创意与案例研究 / 侯洪主编．—北京：中国国际广播出版社，2024.12.
ISBN 978-7-5078-5578-4

Ⅰ.G219.2

中国国家版本馆CIP数据核字第2024KU2936号

**国际传播与跨文化传播：认知、创意与案例研究**

| | |
|---|---|
| 主　　编 | 侯　洪 |
| 责任编辑 | 霍春霞 |
| 校　　对 | 张　娜 |
| 版式设计 | 邢秀娟 |
| 封面设计 | 李修权 |

| | |
|---|---|
| 出版发行 | 中国国际广播出版社有限公司［010-89508207（传真）］ |
| 社　　址 | 北京市丰台区榴乡路88号石榴中心1号楼2001<br>邮编：100079 |
| 印　　刷 | 北京捷迅佳彩印刷有限公司 |

| | |
|---|---|
| 开　　本 | 787×1092　1/16 |
| 字　　数 | 590千字 |
| 印　　张 | 31 |
| 版　　次 | 2024 年 12 月 北京第一版 |
| 印　　次 | 2024 年 12 月 第一次印刷 |
| 定　　价 | 98.00 元 |

# 本书编委会成员

**主　编**　侯　洪

**副主编**　宋志辉　黄海波

**编　委**　朱至刚　黄正多　陈长宁　张　诚

# 目　录
Contents

## 下篇　实践篇

# 绪 言
Introduction

## 一、时代语境的召唤与课程改革创新的构想

四川大学是中国西部重点部属高校，其文学与新闻学院又是省部共建新闻学院单位。从国家发展战略与格局及“一带一路”对外合作交流的区域发展优势来看，国际传播与跨文化传播在我校大文科建设中具有不可或缺的重要作用与价值。为此，遵循我校新闻学与传播学一级学科课程体系建设与改革思路，针对研究生“国际新闻传播理论与实践”（学硕）、“国际新闻传播实践与讨论”（专硕）课程，我们提出课程内容和教学模式的改革与创新方案，打造一门侧重于探讨国际传播与跨文化传播实践的创意与案例分析的精品课程，尝试走出一条产、学、研相结合的课程改革之路。

“国际传播与跨文化传播”课程是我校新闻学与传播学一级学科下设的专业选修课。它主要针对研究生层次开设，同时也兼顾和延伸至本科高年级相关专业前沿性理论研究领域的同学。本课程改革的宗旨是培育具有全球化视野和国际传播专业素养的新闻传播创新型人才以及跨文化交流与传播的复合型人才。本次教改的任务之一是编撰一部适应 21 世纪第二个 10 年中国国际传播与跨文化传播新要求下融贯专业性、知识整合性与实践性的创新性教材。它将遵循跨学科融合发展的思路，运用理论创新与实践创新的创意性思维，兼顾理论与实践层面，把握中国与世界的向度，坚持把国际传播与跨文化传播的理论与实践的发展趋势同中国在国际传播格局中的位置和话语权的博弈结合起来，同国家治理和全球治理的中国方案结合起来，同高校思政工作融入课堂结合起来的教学改革理念。课程将追踪国际传播与跨文化传播的发展趋势，紧跟国家发展战略与人类命运共同体的倡议目标，努力构建本教程的特色，一方面注重书本知识的传授，即掌握国际传播（包括国际新闻传播、对外传播）、全球传播和跨文化传播

的基础理论知识；另一方面强调教材的实用性和针对性，选用大量精品案例，贯彻体验式教学。这不仅能更好地提升学生的学习兴趣与质量，也凸显出当代中国国际传播与跨文化传播的媒介创新实践成果。如此的编撰结构和教学模式具有创新性，将避免陷入传统的导论课程、理论课程的固化和与实践相隔甚远之弊端，体现出当今社会科学研究实践范式转向的时代特色。

## 二、本领域国内外课程建设与学科发展现状之窥探

综观 21 世纪国际传播与跨文化传播的教学实践，国外大学具有代表性的相关学科与课程大致呈现出以下特色。

一是充分体现国际传播的多学科与跨学科性质，并重视从深化国际传播专业知识到对接与拓展国际传播、跨文化及跨学科传播实践的递进和转化，从而打造理论与实践并重的、具有前瞻视野与综合思维的专业人才培养模式。如巴黎政治学院（Institut d'Études Politiques de Paris）开设的两年制硕士课程“传播，媒体与创意产业”（Communication，Médias et Industries Créatives），其基础课程包括从媒体公关到传播理论，从企业文化传播到社会学，从数字营销到创意设计等，涉及经济学、管理学、社会学、传播学、艺术学等多个学科。[①] 第一学年第一学期重点掌握社会科学和管理学的跨学科课程基础知识，以及与专业相关的媒体景观、舆论、媒体经济学等知识；第二学期深化学习与专业基础方面相关的知识产权、传播与媒体、企业战略、品牌创意等课程。第二年则致力于通过广泛的选修课进行专业化训练，涉及品牌传播、公共和私人组织传播、媒体和创意产业领域等。此外，学生还可以选择在最后一年进行六个月的课程学习、六个月的结业实习，或直接在公司实习一年，尽可能将理论学习与工作经验相结合。又如法国跨文化管理与传播学院（Institut de Management et de Communication Interculturels）开设的三年制硕士预科项目“跨文化数字战略”（Stratégie Digitale Interculturelle），致力于通过国际传播能力与跨文化传播能力的锻炼，培养能够应对企业、组织和非政府组织等跨文化挑战的多语言专业人才。前两年课程包括跨文化管理与沟通、社会科学和当代挑战、数字化转型以及语言技能等，并在学年结束时安排国际实习。第三年则主要学习传播、翻译和数字文化以及国际关系与多语言交

① 参见课程设置与招生网址：https://www.sciencespo.fr/ecole-management-impact/en/academics/masters/master-communications-media-creative-industries/#maquettes。

流。[1] 值得注意的是，三年制课程的总体内容可分为创业课程（旨在提高学生对创新、数字化转型和领导力挑战的认识）与启发性研究（旨在发现科学的研究方法，并培养批判性思维）两大板块。经过三年预科学习，学生可面向跨文化交流与翻译、国际通信与技术、会议口译、法律与跨文化研究、跨文化管理以及国际战略与外交这六个专业方向选择深造。

二是围绕"什么是新闻"这一本质问题讨论国际新闻趋势，并邀请资深从业人员"现身说法"。如巴黎第二大学法国新闻学院（Université Paris-Panthéon-Assas，Ecole Française de Journalisme）开设的"国际新闻编辑室"（Salle de Presse Internationale）课程，从何为新闻切入，考察新闻的定义和报道方式如何随着跨越地理和文化边界而发生变化等问题。课堂讨论环节会聚资深记者、新闻从业者等，与学生共同探析国际新闻趋势。[2] 此外，在"新闻创意"（Journalisme D'idées）课程中，媒体人以成功案例为教学范本，引导学生撰写并优化创意文章，发现事件表象背后的文化基因并加以解释。又如加利福尼亚州大学伯克利分校新闻学院（UC Berkeley Graduate School of Journalism）开设的"新闻报道概论"（Introduction to News Reporting）课程，学生除了在课堂上系统地学习新闻报道和写作（包括学习如何进行采访、收集信息等），还能与专业从业者和新闻人物会面，并共同探讨、研究在报道、核实和发布信息时可能出现的道德问题。

三是注重学界理论动态与媒介环境、业界国际新闻传播实践的动态关系。如索邦大学传播与新闻学院（CELSA-Sorbonne Université）开设的"企业、机构和政治生活中的新闻传播"（Information Communication Entreprises，Institutions et Vie politique）课程，引导学生主动探索新闻机构的运作、公共和政治传播的原则、媒体转型以及当地和欧洲空间的政治与影响力策略、公共空间、公众舆论和公共机构之间的复杂互动等问题[3]，培养兼具学界与业界双重前瞻视野的人才。又如利兹大学（University of Leeds）开设的"新闻实践与政策"（Journalism Practice and Policy）课程，建立在新闻理论与研究中对新闻学的理论理解之上，以考察新闻实践、政策和法规如何塑造新闻业，记者如何在不同的新闻环境中研究和制作新闻，在报道过程中会提出哪些伦理问题，在数字媒体技术迭代加快和多元文化共生的时代，新闻业生产会发生怎样的变化，从国际媒介环境出发，探究新闻理论与专业化实践及其发展格局之间相互塑形、相辅相成的关系。再如纽约大学新闻学院（NYU Journalism）开设的"新闻调查：道德与实践"

① 参见课程设置与招生网址：https://www.isit-paris.fr/formation/programme-grande-ecole/。

② 参见法国新闻学院官方网页：https://ifp.assas-universite.fr/fr/institut-francais-presse。

③ 参见该学院官网：http://www.celsa.fr/。

（Investigating Journalism：Ethics and Practice）课程[①]，立足于新闻理论的积淀与内化，通过业界案例向学生介绍新闻写作和报道中容易出现的多种问题，例如记者在方法、风格和形式上面临的选择，新闻媒体的政治影响，轰动效应、偏见和多样性以及当前的数字巨变等，从而引导学生在实践中有效规避此类问题的发生，更好地应对专业化实践。

四是强调国际视野与参与式教学。如谢菲尔德大学（The University of Sheffield）开设的“全球新闻：国际新闻界的重大事件”（Global Journalism：Critical Incidents in International Journalism）课程，探索和分析国际重大事件，学生将参与对媒体改革历史的批判性分析，以及与新闻业方面的事件相关的理论和观点的讨论。[②]此外，学生也有机会探索自己的媒体改革项目，身体力行地用理论指导实践，并用实践经验深悟理论知识。又如蒙特利尔大学（Université de Montréal）新闻学院开设的“新闻与国际信息”（Journalisme et Information Internationale）课程，着眼于当下的国际动态，让学生沉浸式模拟国际新闻现场，锻炼其应对各种新闻现场突发状况（如新闻现场安全、信息来源的真实性以及与民众如何接触）的能力，从而促进学生在新闻拍摄现场的应变能力，进一步巩固新闻实践与专业知识。[③]综上，21 世纪本领域国外课程建设的学科发展现状呈现出理论与实践并重、学界与业界兼论、本土与国际全瞻、从现象到本质进行探析以及以学生参与为主等鲜明特色，既体现了国际新闻传播应时而变、日新月异的一面——聚焦新动态新趋势发展与完善自身，也体现了其不变与坚守的一面——回归新闻本质，看世界风云流转。

同时，我们还应看到国外大学文科的跨学科创新性研究特色突出。这主要表现为三个方面。第一，院系和科研机构的设置。欧美大学内的学院通常是基础教学科研单位，但是它们的学院（比如剑桥大学的艺术与人文学院）是跨学科的。大学内部的科研机构（比如斯坦福大学的行为科学高等研究中心）无论是人员结构、学科方向还是科研选题，往往都是跨学科的。教师可以选择在不同的学科方向上从事教学与科研，也可以参与不同学科和专业方向的管理和建设。这些都为跨学科研究提供了条件。第二，人才培养项目的跨学科。因为很少受到学科体制的限制，欧美大学的人才培养具有比较大的灵活性，近些年更是出现很多交叉学科的本科、硕士项目，除了艺术与科技、医学与人文之类的项目，跨学科人文研究也深受欢迎，比如芝加哥大学的人文学

① 参见该学院课程介绍网页：https://journalism.nyu.edu/undergraduate/courses/#investigating。

② 参见该学校官网：www.sheffield.ac.uk/。

③ 参见该学校官网：www.umontreal.ca/。

硕士学位（MAPH）。目前，南京大学、剑桥大学和其他来自亚洲、欧洲、拉丁美洲的大学发起和筹建的“全球人文”项目（研究生层次），也属于跨学科类型。第三，欧美国家的基金项目偏向跨学科研究以及跨地区（跨国）合作。①

20 世纪 90 年代以来，国内国际传播与跨文化传播的教学与科研经历了外译引进和自主编撰与创新的发展之道，尤其是近年来凸显出“回到中国”“全球中国”“实践中国”的战略定力与学术自信。从学科发展来看，作为一种外来学术概念，国际传播的教学与研究是经中国台湾、香港地区的学者引入内地的。② 比如，李瞻教授和李金铨教授分别出版了《国际传播》与《国际传播的挑战与展望》。尤其是李瞻教授曾于 20 世纪八九十年代来大陆访问与交流，为大陆学者研究国际传播提供了窗口与机会。40 多年来，这一领域的教学与研究呈现出较为系统成熟的景象。一方面，国内涌现出一大批学术成果，并形成以下态势和格局。第一，在教材建设方面，一批奠定学科基础理论格局的著作自成一体。比如，冠以“学”和“导论”的有北京大学新闻与传播学院关世杰教授所著的《跨文化交流学》（1995）、《国际传播学》（2004），北京外国语大学胡文仲教授所著的《跨文化交际学概论》（1999），北京大学程曼丽教授所著的《国际传播学教程》（第 1 版，2006；第 2 版，2023），中国传媒大学李智教授所著的《全球传播学引论》（2010），孙英春教授所著的《跨文化传播学》（2015），张开教授所著的《全球传播学》（2013），上海外国语大学郭可教授所著的《国际传播学导论》（2004）；以专门的学科或专题结集成教材的有中国传媒大学刘继南教授主编的《国际传播：现代传播文集》（2000），刘继南教授等人所著的《国际战争中的大众传播》（2004），蔡帼芬、徐琴媛教授主编的《国际新闻与跨文化传播》（2002），蔡帼芬、刘笑盈教授主编的《事实与建构：国际新闻的理论与实践》（2008）。第二，继第一波学科基础性建设完成后，与教学相结合的研究型著作进一步深化和扩大了学科研究的路径和边界。比如，清华大学李希光、周庆安教授主编有《软力量与全球传播》（2005），周庆安教授著有《超越有形疆界：全球传播中的公共外交》（2018）；中国社会科学院研究生院新闻系教授明安香主编有《全球传播格局》（2006）；曾任中国社会科学院新闻与传播研究所传播学研究室主任、北京外国语大学国际新闻与传播学院院长姜飞教授著有《跨文化传播的后殖民语境》（第一版，2005；修订版，2023）和《跨文化传播理论研究》（2021），主编有《中国跨文化传播研究年刊：第 1 辑》（2015）；现任中国社会

① 彭青龙 . 知识体系创新、跨学科交叉与跨媒介融合：访谈欧洲科学院外籍院士何成洲［J］. 上海交通大学学报（哲学社会科学版），2022，30（4）：1-11.

② 胡正荣，李润泽 . 2022 年中国国际传播领域理论创新与实践回归［J］. 对外传播，2023（1）：7-10.

科学院新闻与传播研究所所长、中国社会科学院大学新闻传播学院院长胡正荣教授等人主编有《世界主要媒体的国际传播战略》(2011)、《中国国际传播发展报告(2016)》;吴飞教授等人著有《国际传播的理论、现状和发展趋势研究》(2016);中国传媒大学出版社社长张毓强教授与中国外文出版发行事业局副局长、当代中国与世界研究院院长于运全研究员共同主编有《从形象到战略:中国国际传播观察新视角》(2022);曾任北京语言大学比较文学研究所所长李庆本教授等人著有《中华文化的跨文化阐释与对外传播研究》(2022);当代中国与世界研究院编有文集《人工智能时代的国际传播》(2024);中国外文局发布有《中外文化交流报告(2023)》。另一方面,伴随学者们的创新和探索,21 世纪国内持续引进了一批国外学者的同类研究成果加以借鉴和对话与批判,如罗伯特·福特纳(Robert Fortner)的《国际传播:全球都市的历史、冲突及控制》(2000),达雅·屠苏(Daya Thussu)的《国际传播:延续与变革》(第一版,2004;第三版改名为《国际传播:沿袭与流变》,2022),叶海亚·R. 伽摩利珀(Yahya R. Kamalipour)的《全球传播》(2003),阿芒·马特拉(Armand Mattelart)的《全球传播的起源》(2015)和《世界传播与文化霸权:思想与战略的历史》(2001),托马斯·L. 麦克费尔(Thomas L. McPhail)的《全球传播:理论、利益相关者和趋势》(2016),帕梅拉·休梅克(Pamela J. Shoemaker)与阿基巴·科恩(Akiba Cohen)的《全球新闻传播:理论架构、从业者及公众传播》(2016),雅普·梵·吉内肯(Jaap Van Ginncken)的《理解国际新闻:批判性导论》(2016),威廉·B. 古狄昆斯特(William B.Gudykunst)、贝拉·莫迪(Bella Mody)主编的《国际传播与文化间传播研究手册》(第 2 版,2016),拉里·A. 萨默瓦(Larry A. Samovar)与理查德·E. 波特(Richard E. Porter)所著的《跨文化传播》(第 4 版,2004;第 6 版,2013),爱德华·霍尔(Edward Hall)的《超越文化》(2010)和《无声的语言》(2010),迈克尔·普罗瑟(Michael Prosser)的《文化对话:跨文化传播导论》(2013)等。

此外,21 世纪以来,国际传播的国际化在中国有了新的亮点,中外合办大学宁波诺丁汉大学和上海纽约大学分别于 2005 年和 2012 年正式创建,前者在本、硕阶段设置国际传播学专业、国际事务与国际关系专业,后者则创建了全球社会工作和全球中国学专业,以及汉语智能和深度学习研究中心、数据与人工智能研究中心。这类新型大学也加入国内大学国际传播教育改革创新的洪流之中,拓展了国际传播研究方法与范式的边界。在实践中,融合式教育成为当今教育发展的主流方向。此外,前文提及的南京大学、剑桥大学和其他来自亚洲、欧洲、拉丁美洲的大学发起和筹建的“全球人文”项目（研究生层次）也吸引了世界的目光。上海交通大学与国际传播学会（ICA）共同主办的“2022 新媒体国际论坛”圆桌会议中，多位学者提出“智能时代国际传播”，引起与会者共同的兴趣与热议。再有结缘国际化工程教育的摇篮、美国匹兹堡大学的四川大学匹兹堡学院专门辟有“智慧工坊（iLife Space）”，以“先进制造、创新设计、智慧机器”拓展国际化教育的边界。我们注意到，国内高校在 21 世纪以后建立起独立的国际传播与跨文化传播学科教学和研究体系，注重基础理论与跨学科性和中国话语的建设，把握国际传播、全球传播和跨文化传播的内涵与相互关联性，基础理论建设投入精力较大，但实践与案例层面研究的成果较长时期相对薄弱，不过近年来正在形成逐步增强的态势。我们可从以下成果管窥一斑：较早程曼丽教授与王维佳合著的《对外传播及其效果研究》（2011）第六章分设“对外传播中意识形态与文化因素的实例分析”一节；《中国国际传播发展报告（2016）》以大量的案例与研究报告呈现；《国际传播的理论、现状和发展趋势研究》（2016）、《从形象到战略：中国国际传播观察新视角》（2022）所设的多章（编）中都有案例分析专节或集群式的专题研究。因此，本教材的编撰与出版恰逢其时。

## 三、本教材编撰思路、原则及内容设计与创新

前文简略总结了课程教学改革和学科教材与科研发展的现状，下面将以本教材的编撰为窗口，针对新时代中国国际传播的发展战略之需以及学科创新发展存在的相对滞后之弊简谈本教材的编撰创新。

第一，之所以在本教材的书名上冠以“认知”和“创意”两字，是因为这一领域多数专业方面的教材大都囿于学科的边界与传统，注重其历史沿革、概念和体系的逻辑与框架，理论视野较为陈旧，学术锐度相对迟钝，与当代社会科学和自然科学的迅猛发展以及互联网时代数字技术加持下的国际格局的重要变化存在着一定的距离，甚至存在脱节的现象。鉴于此，如何推进本学科的理论创新与新时代中国国际传播的发展战略目标相对接，从而更有利于培养国际传播的复合型人才，是我们思考的首要问题。在编撰思路与研究路径上，我们首先需要统合多学科的创新思维与理论触觉，作为全书“认知与创意”的导航，结合国际传播理论与实践凸显的跨学科性的显著特征，突破旧框架的窠臼，创新教材编撰范式，为回答符合中国与世界关系发生深刻变化的时代之问提供学养和支撑，同时使本学科融入发展迅猛的社会科学学术变革浪潮，进

而激活其创造力。对此，我们在理论篇之首提供能提升国际传播理念与认知、拓宽国际传播多元行为主体创意实践的多维学科视野与创新思维能力的新背景、新基点和新路径。

第二，长期以来，传统教育与研究存在学科过分细分和各自为政，国际传播仅仅被视为一种功能性手段的认识和理解范式，功能性的学科体制在惯性下闭门造车，难免囿于局部领域尚未凝聚成国际传播的整体合力：传播学下有国际传播、对外传播和跨文化传播，新闻学下又分国际新闻传播，语言学中也有跨文化交际学，以至于中国文学门下的比较文学与世界文学专业也有跨文化交流与传播和中华文化国际传播的研究方向。从实践层面看，国际新闻与国际传播都具有跨国界、跨语言和跨文化传播的共同特性，国际新闻传播涉及的内容和对象又大都与国际政治、国际关系、国际文化交流等领域相关联。于是，国际新闻研究的基本理论和方法必然与国际政治学、国际关系学和国际文化交流学等学科关系密切。关世杰教授在其《国际传播学》一书中除了将作为行为主体的国家及国际组织以及作为客体的大众传媒、对外传播、跨文化交流与文化传播纳入其庞大体系，也将国际传递的新闻信息——国际新闻作为国际传播的重要组成部分。现为香港浸会大学国际传播教授的达雅·屠苏在其《国际传播：沿袭与流变》（第三版）中特别关注全球媒介市场与全球新闻生产。再有，清华大学新闻与传播学院范红教授认为，“国际传播并非仅仅是新闻传播、媒体传播，公共外交、文化传播、国民与国民之间的友好交往”都是国际传播研究的重要一环。

此外，尽管国际关系学与外交学分属不同学科体系，它们之间既有联系又有区别，但在理论与实践中，前者与国家建构和全球治理存在内在关联，后者更凸显“国际关系理论和其他学科视野中的外交”“跨社会外交到跨国家外交与全球治理”，[①] 展现出当代外交实践和外交学发展的新局面：方式上有双边外交与多边外交；领域层面有经济外交（能源外交）、文化外交、科技外交、体育外交、军事外交等；主体间性层面有首脑外交、议会外交、政党外交、军事外交、公共（民间）外交、二轨外交等；手段与方式层面有强制外交、威慑外交、预防外交、穿梭外交、秘密外交等。随着行为主体的多元，公共外交、媒体外交以及峰会外交和高峰论坛使 21 世纪的外交成为“复合外

① 巴迪指出：“跨社会外交指国家与非国家行为体之间或非国家行为体之间的一种外交形式，它要处理的是将公民社会相互分开的鸿沟。跨社会外交行为体所处理的主要问题是社会的，不是政治的。跨国外交可以被界定为由跨国行为体——也就是说，没有主权的行为体，如宗教行为体、经济行为体或非政府组织单独开展的外交。跨文化外交是跨社会外交的一种特殊形式，它处理的是文化上的分离，可能是由国家，也可能是由非国家行为体来展开。”（转引自怀斯曼 . 全球化世界的外交：理论与实践［M］. 张清敏，译 . 上海：上海人民出版社，2021：102.）

交”，[①] 也就是近年来我们所称的“大外交”或“综合外交”的概念。这一发展现状契合扬·梅利森（Jan Melissen）在展望外交学研究前景时的主张：其一，外交学的研究要超越国际关系和政治学的视野，借鉴更多的学科；其二，要超越以西方为主和以西方为主导的局面，尤其是亚洲国家的外交实践活动应该被纳入其中。[②] 所以，面对外交实践发展对外交理论提出的挑战，把外交看作制度、共同文化、代表和沟通、社会关系等概念，从不同视角分析和看待当代外交发展，体现出国际关系学与外交学及多学科的融合发展态势。

缘于以上诸多学科交叉与融合的发展趋势，我们认为突破传统学科单打独斗的封闭格局的时候到了，正如有学者指出的那样，“国际传播学科应该以广阔的知识结构为基础，如国际政治、国际关系、全球传播、跨文化沟通、公共关系、商业传播、文化外交、媒体产业，等等。除了扎实的多学科知识背景，还要具备丰富的游历体验，以及与不同国别的人打交道的经验。国际形象的研究也应该从品牌化的角度出发将商业传播的模式与技巧融入中国叙事”。[③] 因此，要满足新时代中国国际传播发展的总体战略目标之需和中共中央政治局关于“国际传播能力建设”的新要求，以及圆满实施中国文化“走出去”战略，就组织战略管理而言，国际传播是一个系统性工程。鉴于此，本教材在理论篇第一章别开生面地设置了一个大模型理论集群（集中体现在第二至第四节），从关系论出发，将过去分散单一的纵向研究模式转为横向复合的整体性通观模式，以此作为研究国际传播的基础性理论库，统合多学科、多领域、多层次的概念和术语以及诸多学科发展的创新理论与关系要素的解释，并兼顾学科现状的整合变化，为本教材下篇的案例集群研究提供理论观照的支撑。

第三，我国国际传播能力的建设，除了着眼于传播机制、传播主体、传播渠道和传播手段，还包括传播效果这一环节。检验它的指标有国际传播影响力、中华文化感召力、中国形象亲和力、中国话语说服力和国际舆论引导力这五个要素。这是我们设计并通过实践篇来检视中国国际传播能力建设的初衷。通过书中精选的典型案例这一重要的教学环节，一来检验我国国际传播媒介创新实践的能力与效果；二来让学生通过体验式的学习感悟并领会国际传播理论和方法的具体运用；三来通过这些案例的分析，反映国际传播的理论知识在中国的具体实践中有一个本土化的过程，用中国的实践升华中国的理论，进一步推动国际传播的中国理论的形成。同时，本教材精选的对

① 怀斯曼．全球化世界的外交：理论与实践［M］．张清敏，译．上海：上海人民出版社，2021.

② 张清敏．外交学学科定位、研究对象及近期研究议程［J］．国际政治研究，2012，33（4）：3-22，194.

③ 张毓强，于运全．从形象到战略：中国国际传播观察新视角［M］．北京：朝华出版社，2022：81.

七大类典型案例的专题研究，也是本教材理论与实践相结合而有别于国内目前通行的国际传播领域的概论、导论等常规性教材和理论著作的特色之一。

第四，本教程的研究方法与观察的视野及运用的理论受惠于以下理论：一是马克思主义唯物辩证法和历史唯物主义及西方马克思主义批判理论；二是习近平总书记关于中国式现代化的重要论述，以中国式现代化发展理念引领具有自主知识体系的中国国际传播理论建设与实践；三是结合社会科学实践范式的转向与媒介学研究理论、传播学文化研究与社会学理论研究的向度、国际关系与国际政治理论［从塞缪尔·P. 亨廷顿（Samuel P. Huntington）[①] 及弗朗西斯·福山（Francis Fukuyama）基于文明史与全球化的视域，探视现代世界秩序的脉络与成因的理论，到亚历山大·温特（Alexander Wendt）建构主义的国际政治理论，拓展至公共外交理论］、世界主义视角下的跨文化交流理论，检视西方的霸权与民主、单极世界与多极世界的关系，单边主义与多边主义的博弈、智能科技与后人类世界危机同国际传播理论创新与实践的关系。同时，我们期望通过本书能够推动中国国际传播研究理念与知识体系的重新构建。[②]

本教材的编撰遵循以下几条基本原则与路径：一是注重专业性理论与技术性实践相结合的编撰原则；二是秉持跨学科整合与东西方智慧共济的研究姿态；三是开辟以认知、创意思维与案例研究的结构逻辑形成的编撰路径，铸造本书独有的教材编撰风格。全书由两大经纬线及一根动力助推线构成。开篇以理论篇所辖的两章为经线，首先，以认知新理念开路，即注重多重相关学科理论视野的知识谱系梳理与引领作用，体现在两个层次：一是勾勒认知型思维谱系的张力结构图谱；二是描述创意思维的发散性与启示性景观，撬动国际传播与跨文化传播的理论创新和实践创新。以上如此注重认知革命的范式作用与创意思维的发散性和引领性，解决了国际传播与跨文化传播的动力学问题，突破了以往同一领域研究的单一性与局限性。其次，以点线面结合的方式观照中国国际传播（包括国际新闻传播）的发展与历史性变革及其现状、特点和热点。动力助推线则是“智能传播与大数据：数字时代的赋能与挑战”。再有，作为与经线相交的纬线则是本书重点关注对象——中国国际传播实践创新成果。它充分映射

① 又译为萨缪尔·P. 亨廷顿，本书采用塞缪尔·P. 亨廷顿。

② 2009 年 11 月，在北京举行的全国第一届对外传播理论研讨会的会议主题是“中国现代传播体系的构建”，会后出版了《构建现代国际传播体系：“全国第一届对外传播理论研讨会”论文选》一书。近年来，事业单位管理者和学界同人呼吁创新中国国际传播理念与建构中国国际传播学术体系。杜占元先生发表了《构建更有效力的国际传播体系 向世界讲好中国式现代化的故事》的文章，载于 2024 年 8 月 12 日的《人民政协报》，https://m.163.com/dy/article_v2/J9G989C90541THV5.html。廖圣清教授等发表了《中国式现代化理念与国际传播学术体系新构建》一文，载于《新闻传播学刊》2024 年第 1 期。

出当今社会科学理论实践范式转向的潮流趋势。它将我们真切地引入正走向世界传播舞台中央的中国国际传播的“媒介中国”和“实践中国”——中国式现代化的道路自信与中国方案的全球治理图景。通过精心编选的七大类有代表性的案例，我们为学术界重构中国的国际传播研究体系提供多维度的本土化经验与参照。

为此，我们要特别谈一下选取这七大类专题研究案例的理由与聚焦主题的特色性思考。首先，借助媒介学研究的路径去整合中国国际传播的媒介实践。这是一个空间和时间研究的混合体——具有媒介语境—历史—物质与技术—精神世界—国际格局的多重视角的观照。就实践主体而言，以中国国际传播的组织体系观之，应兼顾中央国家级媒体和地方性媒体的层级性职能，发挥各自独有的资源优势的能动性，在国际传播中形成互补性。其次，就内容生产与传播的功能性作用观之，既要考虑国际传播中的创意（目的与意图、理念与技术或艺术），即重视中国的国情与应对世界格局变化的战略布局（国际关系与国际政治、经济与文化的共享、合作与竞争），以及由此带来的话语建构与国际形象之塑造，又要从传播技术或艺术的层面阐释所列主题的传播效果与品位和表现力。最后，七大案例篇章名的设定，有的凸显媒体助推中国参与和主导国际事务的能力，同时从主场外交的视角呈现传播艺术的价值与作用，这就是“媒体篇”主题词的锚定意涵；有的反映中国的崛起和应对国际格局的变化，展示中国熊猫外交的品牌塑造以及通过跨文化传播促进国际社会构建人类命运共同体的共识与沟通，这就是“外交篇”主题词视觉亮点；有的关注我国国际传播领域效能突出之域，如“体育篇”和“文化篇”，折射出对文化“走出去”工程的积极回应，彰显了其为增强我国与世界各国文化互鉴和共赏起到的纽带作用；还有的紧贴“全球中国”的传播理念，标举中国对外传播领域倾力打造的全球公共产品系列，如“‘一带一路’倡议的全球传播”“科技创新与人工智能及中国科幻文艺崛起的全球传播研究”“人类减贫事业之中国方案共享篇”。

第五，我们努力让本教材体现出如下品质与体例设计的规范性和实用性：一是注重全球视野与中国表达的话语力量，避免沦为西方理论的搬运工，彰显中国的道路自信和文化自信；二是体现研究的前沿性、案例观察的敏锐性、案例选材的多样性与丰富性，形成案例研究的典型性与可复制性特色，并凸显本书的体例特色——围绕某一专题，首先给出设计理念（导引），接着阐释实现路径（教学流程与课堂布局），然后给出案例展示的内容及相关的思考与讨论题；三是展示媒介融合的发展观（从传统媒体到新媒体，再到智媒体）与跨文化交流与传播的针对性和有效性，以及通过案例体现的媒介公共外交和国家塑形、国际传播与非遗及文旅产业国际化的高度关联性和功能性；四是通过案例的丰富性和多功能性形成教材点线面的立体感知态势，使读者见木又见林；五是追寻教育部《“十四五”普通高等教育本科国家级教材建设实施方案》中教材数字化转型之步伐，尝试纸质教材的数字化再造，运用大数据基础资源，使本书初步形成可视化的视听结合且具有一定互动特色的新型教材（第一步为纸质版与电子版同步出版）；六是教材的编撰与出版将进一步促进我国新闻传播学学科、国际政治及国际关系学科，应用语言学和比较文学与世界文学学科的相互渗透和融合式发展，将有力地促进高等学校国际传播领域研究生教育改革的创新发展。

值得说明的是，本教材是“2018—2020 年四川省高等教育人才培养质量和教学改革（教学基本建设类）重点项目”的成果之一。自 2018 年 3 月至 2020 年 12 月经历了近 3 年的教改实践，在摸索与创新中取得了较为丰硕的成果，而后在 2021—2023 年度的教学实践中持续扩展与完善，并于 2023 年上半年的课程教学中又更新了教材，于 2023 年 5 月获批“2023 年四川大学研究生培养教育创新改革（教材建设）立项项目”。此后，教材编撰团队再次对书稿进行调整与审订，最终在 2024 年春夏之交形成本教材的出版稿。

另外，近年来本教材建设及其相关内容受到中国外文出版发行事业局旗下的当代中国与世界研究院的重视，相关案例研究曾在《讲好中国故事，传播好中国声音：“第五届全国对外传播理论研讨会”论文集》中刊载。同时，与央视和省级卫视及凤凰卫视等媒体机构的合作为教材案例研究提供了物质基础，为案例研究的有效性与针对性提供了保障。这些案例的公开分享也反映了具有中国特色和多重区域特色的可复制性的文化“走出去”经验的重要性与价值。鉴于此，本教材所选案例三中的专题四《熊猫观察》栏目入选教育部学位与研究生教育发展中心规划和审定的“主题案例”（走出去主题）立项（2024 年 3 月批准）。我们将对此案例做持续性的跟踪研究。

愿有时代感召力和生命力的教材在产、学、研一体化的教学改革大潮中得以锤炼！

# 上篇

# 理论篇

第一章

# 创意思维的引领与多学科融合发展的国际传播理论及方法

# 第一节 国际传播研究范式的新拓展：跨学科视野与创意思维

## 一、跨学科视野的融入为国际传播及国际新闻传播研究注入新的活力

### （一）新动能的话语映射

媒体对国际事务的报道，实则是一种深受特定文化、意识形态及新闻生产逻辑影响的社会性建构或呈现，而非仅仅作为窥视广阔世界的单一窗口。借鉴雅普·梵·吉内肯在《理解国际新闻：批判性导论》中提出的众多其他学科的视野，我们可以重新审视传播主体、传播行为、传播关系、传播途径。我们可以从哲学的视域审视新闻本质的定义；从经济学的视野关注为什么某些媒体具有国际影响力；从社会学视角审视新闻人如何受到社会环境的影响；从政治学视角探究新闻如何被构建和选择；从历史学视角观察媒介如何形成和影响集体记忆；从媒介地理学的视角分析新闻媒体对地理空间的不平衡呈现；从语言学的视角探讨新闻语言的构成、新闻叙事和意识形态；从符号学的视角分析画面、图像和词语元素如何在新闻中发挥影响力；从心理学视角考察媒介效果的影响因素和模式。我们可以借鉴更多的跨学科视角，考察国际传播下的互动与张力。

### （二）创新性的召唤之维

从经济学领域来看，现代传播与经济发展有着密切联系。谈及国际传播的创新时，我们不可忽视其背后的经济影响因素。卡莱斯·朱马（Calestous Juma）在《创新进化史》（2019）中汲取了近600年技术史，认为创新的必要性与维护社会连续性、秩序和稳定性之间的紧张关系是当今最大的政策挑战之一，同时揭示了现代技术的争议产生于公共机构和私人机构间的不信任。卡莱斯·朱马分析了对创新的激烈反应的根源，

特别关注了新技术支持者和现有产业之间的冲突。其中，他特别提到“熊彼特”式创新，认为其是变革社会的核心动力。“创造性破坏”（Creative Destruction）这一概念由奥地利经济学家约瑟夫·熊彼特（Joseph Schumpeter）于1942年在其标志性著作《资本主义、社会主义和民主主义》中首次提出并阐述。约瑟夫·熊彼特认为，资本主义是一个系统，必须不断地演变，演变之后就是变革。这种变革需要破除一些旧事物，换上一些新事物，比如用枪炮代替箭术、用手机代替有线电话。创新是“创造性建构”或进行着的新组合。因此，在讨论国际传播实践与创意时，我们应当关注其中的“创造性破坏”元素，从经济学的视角审视传播主体和接受主体背后的经济关系网，重新审视由经济实力差异造成的传播环境对创新传播的影响。人类社会进入21世纪后，中国改革开放释放的强大动能带来的巨大发展在全球引人注目，尤其是21世纪第一个十年后的跨越式发展。根据世界知识产权组织发布的全球创新排名，中国已从2009年的第37位，在2024年超越了法国、日本等世界主要经济体，在全球130多个经济体的排名中居第11位。①

从哲学的视域下看，人类现在正处在一个文明大变局中，即自然人类文明及其精神表达系统的颓败以及技术统治时代新文明的形成。② 这种现象是以往没有出现过的。基于这个判断，我们可以认为人类社会进入一个新的纪元。学者孙周兴将当前时代界定为“人类世”，其核心特征在于现代技术已跃居主导地位，成为塑造人类制度架构、社会治理模式及政治统治方式的关键力量。面对这种现实的巨大变化，以往我们的一些价值观和世界观势必要发生变化，以帮助我们适应现在的世界。也就是说，我们需要一种思维和哲学的转向。国际新闻传播作为一门紧跟时代前沿的学科，也需要深刻关注现实的变化。因此，我们可以将这种思维的转向作为一种学术创新的路径纳入学术实践。

从文化地理学到媒介地理学的创新驱动来看，在后现代社会思潮不断激荡与全球化进程日益加深的背景之下，文化与地理环境（包括自然环境与人文环境）的互动关系研究以及人类同媒介、地理的相互关系及其互动规律研究激荡出诸多新的研究面向，为国际新闻传播研究带来新的“文化”与“空间”命题。文化地理学作为人文地理学的一个分支学科，可以溯源到19世纪德国人类地理学。其主要研究聚焦于地表文化现象的地理分布、空间结构特征及其动态演化规律，同时涵盖文化景观的解析、文化起源与扩散机制、文化与自然生态环境的相互作用关系，以及环境文化价值的评估等多

① 世界知识产权组织.2024年全球创新指数（GII）报告［N］.环球时报，2024-09-30（16）.

② 孙周兴.何为哲学的转向：关于《人类世的哲学》［J］.哲学动态，2022（1）：29-32，127.

个维度。将文化地理学引入国际新闻传播研究视野，有利于在探明地方文化传播特性与文化景观的基础之上，发掘打破疆界与文化区隔的跨文化交流互动、国际化传播的奥义。20 世纪 90 年代，新文化地理学兴起，开始关注无形的精神文化产品，挑战关于“地理真相”的迷思，颠覆建立在历史传统和精英标准之上的文化霸权。这种新的文化观为全球化时代的国际新闻传播增添了穿透地理真相、直面精神文化产品的地方性与全球化互动关系的新动能。从文化地理学形成的那天开始，媒介地理学也就诞生了。它是从媒介学与地理学的交叉地带划分出来的一小块学术领地，是传播学、媒介学、地理学、政治学、经济学、文化学、社会学等众多学科的知识混合而建成的一座理论大厦。[①] 媒介地理学关注和重视特定地域产生的特定媒介形态，以及相同媒介形态中呈现出的不同地理样本[②]，认同并理解生活在多样地理环境中人群的传播特性差异，以及地域性受众对媒介内容持有的独特地理视角，这一认识凸显了地理因素在信息传播过程中的不可忽视的影响力与能量释放作用。原本界限分明的边界，另一端并不都是具有敌意或不可交流的狭隘的族群；疆界、边陲不再只是荒凉、偏远和距离，无远弗届的交流和对话使其变得可以忽略不计；信息社会中的媒介已被置于社会的核心，成了社会的神经和大脑，显示了社会如何在地理层面上建构起来。[③] 这实质上为国际传播、全球传播或跨文化传播留下一个理解地方性与跨越地方性的文化传播出口。从 20 世纪 90 年代开始，人文地理学的“文化转向”和传播学的“空间转向”相互激荡[④]。进入 21 世纪，以移动互联网为代表的科技革新掀起媒介的“地理复兴”，催生出媒介与传播地理学这一跨学科前沿。美国地理学家保罗 · C. 亚当斯（Paul C. Adams）的《媒介与传播地理学》（2009）堪称这一交叉学科领域的集大成之作。他明确倡导了地理学的“传播学转向”，并归纳出人文地理学与传播学交叉融合的四个核心维度：媒介的空间表征、空间在媒介中的再现、地方视角下的媒介运作，以及媒介所塑造的地方感。传播学与地理学的合谋共振带来了跨学科研究的创新力量，在许多方面颠覆了人们关于何为媒介、何为空间以及如何研究媒介和空间的旧有观念，为国际新闻传播理论与实践研究开辟了新的路径。[⑤]

① 王国凤 . 耕耘在媒介与地理的融合地带：读《媒介地理学：媒介作为文化图景的研究》[ J ] . 山东理工大学学报（社会科学版），2013，29（4）：92-96.

② 邵培仁 . 媒介地理学：正当性、科学性和学术坚守［ J ］. 新闻记者，2006（10）：17-19.

③ 邵培仁 . 媒介地理学：正当性、科学性和学术坚守［ J ］. 新闻记者，2006（10）：17-19.

④ 袁艳 . 当地理学家谈论媒介与传播时，他们谈论什么？——兼评保罗 · 亚当斯的《媒介与传播地理学》[ J ] . 国际新闻界，2019，41（7）：157-176.

⑤ 袁艳 . 当地理学家谈论媒介与传播时，他们谈论什么？——兼评保罗 · 亚当斯的《媒介与传播地理学》[ J ] . 国际新闻界，2019，41（7）：157-176.

从数字媒介到数字人文的新算法与方法论也为国际新闻传播研究注入新的动能。数字媒介是通过能以二进制格式被编码、能被机器识读的数字信号来传递、存储、处理、传输信息的媒介。[①] 其在一定程度上包含了数字媒体、全媒体的概念，不仅是一种融合了所有传统媒介特点的新型媒介工具，而且代表着一种融合了所有传播要素的新型媒介观念。数字媒介的特点表现为传播主体的多样化、传播内容的互动化、传播渠道的整合化、传播效果的智能化以及传播对象的细分化。从媒介发展角度而言，数字媒介不会完全取代旧的媒介技术和形式，会促使旧媒介转型升级，承担新的角色，更加强调新媒介与旧媒介在融合、整合和互相促进之中共同发展。传播科技的发展为文化传播提供了新载体，数字媒介技术形塑文化新生态，催生文化传播新形式。[②] 数字媒介所蕴含的新算法与方法论不断刺激着国际传播转型升级，使其顺应时代潮流。“加拿大传播学者哈罗德·伊尼斯（Harold Innis）认为，传播媒介具有时间的偏向或空间的偏向，倚重时间的媒介适合知识在时间上的纵向传播，倚重空间的媒介适合知识在空间中的横向传播。以比特为基本信息单位的数字媒介兼具时间的偏向和空间的偏向”[③]，从而打破了文化传播的时空界限。在互联网构建的全球用户共同栖居的“地球村”中，数字媒介不断助力地方信息、文化融入“全用户”“全球化”的社交平台进行传播，同时采用智能算法实现个性化精准触达目标用户，使其获得广泛关注。对于中华文化国际传播而言，数字与文化的结合催生了中华文化在数字化的网络空间不断流动，无远弗届的动力。在全球化浪潮下，中华文化应该把握好数字媒介，进行全球传播，建构虚拟文化共同体，让海内外同胞跨越时空共享中华文化内容和意义，诗意地栖居于网络文化空间，增强中华文化认同。[④] 近年来，随着信息技术在社会科学研究领域的深入应用，科研模式与学术手段正在发生变革，教学方法和知识表现方式得到不断创新和拓展。在 E-science[⑤] 蓬勃发展的同时，一个新型的文理交叉研究领域——数字人文（Digital Humanities）逐渐产生，经过近 20 年的发端、延伸与发展，日渐成为一门显学，

---

① 《中国大百科全书》第三版网络版 . 数字媒介［EB/OL］.（2024-04-03）［2024-05-20］. https://www.zgbk.com/ecph/words?SiteID=1&ID=51463&Type=bkzyb&SubID=45656.

② 张殊凡 . 大众传媒在思想政治教育过程中的作用研究［D］. 兰州：兰州大学，2009.

③ 叶秀端 . 中华文化数字传播：媒介、共享与认同［EB/OL］.（2022-05-07）［2024-05-20］. https://www.cssn.cn/skgz/bwyc/202208/t20220803_5457322.shtml.

④ 叶秀端 . 中华文化数字传播：媒介、共享与认同［EB/OL］.（2022-05-07）［2024-05-20］. https://www.cssn.cn/skgz/bwyc/202208/t20220803_5457322.shtml.

⑤ E-science 由英国在 2000 年提出，是为了应对当时各学科研究领域所面临问题的空前复杂化，利用新一代网络技术和广域分布式高性能计算环境建立的一种全新科学研究模式，即在信息化基础设施支持下的科学研究活动。

并得到西方人文学界和计算机学界越来越多的关注。人文计算领域的先驱、意大利著名人文学者罗伯托·布萨（Roberto Busa）认为人文计算化的最重要结果并不是加速传统人文研究的速度，而是给传统的人文研究提供新的研究方法和研究范式。[①] 这一解释表明数字人文的产生在本质上属于一种方法论和研究范式上的创新，其目标是将现代信息技术融入传统的人文研究与教学过程中，从而在根本上改变人文知识的获取、标注、比较、取样、阐释与表现方式。[②] 如此看来，数字人文，即把数字技术和数字方法、数字工具运用于人文研究领域，强调的是协作、跨学科、计算化的切入，从最初的“技术服务于人文”，逐步走向采用数字工具、数字技术和数字媒介塑造、改变知识的生产与传播，从而形成四个明显的新特征：“数字”与人文结合、平台与“远读”[③] 联通、交叉与多元融合、项目与团队共生。[④] 对于数字技术而言，在注入人文主义价值观和方法后，其功能更加多元和强大，更符合人文学术的本质特征，可以处理跨越媒介、语言、地理、历史的不同问题。随着数字媒介环境的发展，数字平台崛起已经成为国际潮流。许多开放的数字平台，如全球性的世界数字图书馆项目（World Digital Library）、区域性的欧盟数字图书馆（Europeana）、美国公共数字图书馆（Digital Public Library of America）、中国数字图书馆等，旨在探索图书馆、档案馆、博物馆等机构的数字文化资源整合，构建面向公共文化服务的数字化服务平台。近年兴起的数字人文平台，旨在实现数据之间、数据库之间的有效联通整合，为人文学者提供了“全面数据”和更为开放与共享的空间，从而拓展学术疆域。数字平台、网络平台、数据库及研究成果的公开共享，不仅促进了知识的传播，而且为数字人文跨学科、多领域、规模化的学术对话提供了现实可能。[⑤]2000 年，弗朗哥·莫雷蒂（Franco Moretti）在其论文《世界文学猜想》中提出区别于传统“细读”文学研究方法的“远读”概念，强调展现文本全貌特征——以统计图、表格、地图和树形图等可视化的形式呈现。这一概念提出 20 年之后，文本挖掘、社会网络分析、可视化、机器学习等新技术被广泛应用。大数据环境为人文学科带来了思维模式、研究视角和研究维度的转变。尤其是数字人文平台的崛起，为人文学者提供了坚实的研究基础和海量数据，平台与远读达到“观其大略，

---

① BUSA R. The annals of humanities computing：the index thomisticus［J］. Computers and the humanities，1980，14（2）：83-90.

② SCHREIBMAN S，SIEMENS R，UNSWORTH J. A new companion to digital humanities［M］. New Jersey：Wiley-Blackwell，2016.

③ “远读”概念参见后文。

④ 张耀铭 . 数字人文的研究与评价［J］. 社会科学文摘，2022（2）：5-7.

⑤ 张耀铭 . 数字人文的研究与评价［J］. 社会科学文摘，2022（2）：5-7.

豁然贯通”的效果。[①] 数字人文平台背后实际蕴含着数字媒介的运作，而数字平台的全球共享、远读、数字媒介的传播实际上就是国际传播、全球传播或跨文化传播的过程。国家疆界与文化区隔通过数字人文的联通走向消解。在无远弗届的数字媒介的创新发展中，我们得以窥见媒介地理学的思维。通过媒介的沟通联动作用，“全球社会”（麦克卢汉所谓的“地球村”）在“拟态”的地理层面得以建构。因此，我们可以从数字媒介、数字人文的方法论中得到启示并应用于国际传播工作的谋篇布局中，以探寻更为广泛、更加深刻的创新路径。

## （三）传播学研究的新气象与转型

美国纽约州立大学传播系教授、哈佛大学费正清研究中心研究员洪浚浩指出，传播学从最初的人文学科转型成为社会科学，当今社会由信息社会转向传播社会，这标志着传播学领域正经历着发展与变革的新趋势，具体体现在五大方面：其一，传播学日益与全球性议题紧密交织，涵盖公共领域构建、软实力传播、国际媒体策略等关键领域；其二，新媒体技术的迅猛发展促使传播学向社会化媒体、网络新闻、网络广告等新兴领域深度渗透；其三，新兴分支与交叉学科，如媒介批评、新闻伦理、危机传播、健康传播，以及修辞传播学、传播社会学、媒体人类学等，逐渐成为研究热点；其四，研究新方向层出不穷，包括政治传播新动向、跨文化传播、流行文化分析、媒介素养教育及分众化传播效果等；其五，研究方法持续创新，社会网络分析、量化研究、媒体框架分析等现代科学方法被广泛应用于传播学研究中，推动了研究范式的多元化与精细化。

清华大学史安斌教授深刻洞察到，在百年未有之大变局与全球疫情交织的复杂背景下，全球新闻传媒业已步入“乌卡”（VUCA）时代，其特征显著地体现为流动性、不确定性、复杂性与模糊性并存。在此背景下，国际政治、经济、文化的剧烈波动，以及媒介技术与文化的快速迭代，对国际传播理论与实践构成了前所未有的挑战。史教授强调，学界亟须从理论层面积极回应现实变迁，通过学理创新破解难题，并据此归纳了全球化与传播的新模式变迁，指出“跨文化传播”正向“转文化传播”演进。他进一步提炼出“六个转型、三个迁移、一个目标”的框架，以解析当前国际传播与跨文化传播领域的十大核心议题。六大转型涵盖从“国际传播”到“战略传播”、从“跨文化传播”到“转文化传播”、从“规范化”到“后规范化”世界主义、从“边缘

① 张耀铭．数字人文的研究与评价［J］．社会科学文摘，2022（2）：5-7.

人”到“第三文化人”、从“单媒体”到“全媒体”，以及从“单向输出”到“反向回流”的深刻变革。三个迁移聚焦于受众、渠道与方法论的显著迁移，分别映射了Z世代的崛起、平台经济的繁荣以及计算社会科学的新兴趋势。最终，这一切变革旨在实现构建全球传播新秩序的共同目标。此外，史教授还创新性地提出了构建中国形象的“5D”全球传播构架，即从功能、文化、情感、自然与规范这五个维度出发，旨在塑造一个多维度、立体化的“全球中国”形象，为全球传播理论与实践贡献了中国智慧与方案。

## 二、认知与创意思维的导航图谱及创新路径

### （一）认知型思维谱系的张力结构与索引性

#### 1. 社会科学研究的方法与思维

社会科学兴起于18世纪的欧洲，经历了文艺复兴、启蒙运动带来的思想领域变革、近代工业革命带来的经济领域变革、法国资产阶级革命带来的政治领域变革以及从天文学革命开始带来的自然科学领域变革，不断地形成、发展、蜕变，且以各类人为中心的社会现象为研究对象，呈现出由低级到高级、随机变化、物质与精神等特征，具有认识与参与、政治与管理、教育与文化的基本功能。社会科学在各类民主革命和工业革命的进程中，于20世纪散布到世界各个地区，尤其在美国形成众多代表和理论，例如芝加哥学派、结构功能学派等，使社会科学的中心从欧洲转移到美国。在美国，社会科学领域自20世纪中叶起，日益强化理论与实证研究的融合，致力于现实问题的深入探讨，推动社会学向应用导向转型。进入20世纪70年代，后资本主义社会的兴起促使社会科学界采用新颖的解释框架与概念体系，聚焦于人类社会未来面临的深层次新问题，进而催生了理论多元化与本土化的学术风尚，构建了一个开放且多元的理论探讨空间。

社会科学是关于社会事物的本质及其规律的科学，是科学化地研究人类社会现象的科学，是用以解决社会问题的重要手段。社会科学是以人（既可以作为研究主体，又可以作为研究客体）为出发点，必须明确社会科学的方法论——在处理不同价值取向时保持自身的科学性，以及运用科学的实证方法保证其客观性。社会科学的科学性与客观性是其研究方法论的核心基石。这些方法论体系可划分为三个层次：首层为基础性的方法论，制定了社会科学研究的整体框架与指导原则；次层为理论研究方法，

具体包括逻辑思维与理论分析两大路径，以及定量与定性研究这两种紧密相连的实施策略，它们共同构成理论构建与分析的基石；末层为具体科学领域内的方法应用，这些方法深植于各学科研究实践之中，是理论向实践转化的关键环节。

社会科学研究的基本构成要素可以概括为概念、变量、测量、假设和理论。在科学研究之中赋予上述要素合理的位置，有助于更好地理解被观察到的社会现象，及其研究的正当性、合法性与可行性。在科学探索的语境下，概念被视为试探性的构建，根植于广泛共识之上。其功能局限于捕捉或区分现实世界中具有显著性与可界定性的特定面向。正是通过概念间的相互关联与交织，思维活动得以深化，理论体系方能逐步演进与发展。变量是一物之名，能对其他某物的一种具体状态施加影响，或者被后者影响，例如，热量和压力都是可以使水沸腾的变量。变量还是一类特殊的概念，蕴含着对程度或差异度的看法。将概念转化为变量，就是为了用一种可观察的形式将概念表达出来，使之包含对程度和差异的看法。具体的方法步骤就是量化与测量。量化就是为某个物体设置标准量并做上标记；测量贯穿于整个分析和讨论过程之中。假设指科学研究中对客观事物的假定的说明，假设要根据事实提出，经过实践证明是正确的，就成为理论。理论就是一系列概念与概念之间的关系的构筑。对于社会科学研究的基本构成要素的逻辑，罗伯特·阿德科克（Robert Adcock）进行了概括性描述：可以尝试用一个既定的指标对某个系统化的概念进行操作，当从该指标中引出的一些值可以依据此系统化概念进行有意义的解释时，也就是假设得到了验证，测量才是有效的。在测量的基础上又可以进行新一轮的理论化和概念阐释。社会科学研究的方法就是利用可观察的证据，以一种训练有素的方式来检验思维，并且在该过程的每一步都做到明晰，以他人能够明确知道研究内容的方式，调整与限定思想和观察之间的关系。

就社会科学统摄下的具体学科而言，国际传播作为一个重要的社会现象，衡量其效果就需要有科学研究的方法与思维相配合。简而言之，就是可以将国际传播研究作为社会科学研究的一个重要分支，社会科学研究方法是检测国际传播效果的重要工具，为国际传播研究的发展建设提供了基础性和方法论的引导。采用社会科学研究方法评估传播效果，能够确保国际传播战略与策略的长远成效得以精准体现，促使国家资源投入与传播工作者的研究成果在国际舞台上实现持久影响力。此必要性源于三方面：其一，主观臆断与推测因缺乏客观性，难以形成可靠结论，且视角差异易导致评估结果大相径庭；其二，评估国际传播对目标受众群体的实际影响与变化，必须依托于对受众行为的科学观测；其三，传播效果的客观量化需借助科学的观察与分析工具，以超越主观臆想的限制。因此，衡量信息传播成效不应局限于对传播态势及其预期效果的主观臆测，而应运用社会科学方法，对传播活动的全过程及其实际结果进行严谨的检测与分析。

习近平主席特别强调，面对国际局势急剧变化，我们在斗争中维护国家尊严和核心利益，牢牢掌握了我国发展和安全主动权。① 运用社会科学研究的方法与思维加强国际传播能力建设，并形成同我国综合国力和国际地位相匹配的国际话语权，是我国当前国际传播与国际关系建设的重要战略任务，科学有效地进行国际舆论引导和国际舆论斗争，是提升我国国际话语权、赢得世界对中华优秀传统文化的认同以及促进人类命运共同体目标实现的重要保障。具体可采取的举措如下：首先，以对信息受众的科学性观察来衡量国际传播的效果，采用主动设置议程、打造外宣旗舰媒体、丰富作品类型和视角层次等具有重要的引导表现力进路来增强国际舆论；其次，用社会科学方法对传播过程与传播结果进行实际检测，从做好重大舆情应对、拓展国际舆论斗争渠道、与国外媒体进行对话等不可缺少的路径着手，从科学、客观的角度扩大国际舆论斗争的影响力。国际舆论是国际传播研究中极为重要的一个板块，用社会科学研究方法衡量与检测国际舆论引导和国际舆论斗争效能，并有针对性地进行效能提升，能够有效缩小敌对舆论的影响范围，并促进人类命运共同体目标的实现。提升国际舆论引导效能，有利于更广泛地进行国际舆论引导，两者相辅相成，高度统一，可以合力促进我国国际话语权的提升②。

在国际传播工作中，中央广播电视总台采取措施进行国际舆论引导和舆论斗争，并讲究舆论斗争的策略和艺术。敢于斗争，善于发声，以攻为守，揭发西方媒体长期垄断的舆论黑幕③；针锋相对，以正视听，坚决打破西方媒体长期形成的话语霸权和有色眼镜，并围绕涉疆、涉藏议题打造《暗流涌动——中国新疆反恐挑战》《中国新疆之历史印记》《重走天路看变迁》等纪录片与栏目，向世界讲述事实真相。中央媒体不断提升重大问题对外发声能力，持续增强海外投送能力，奋力抢占国际舆论话语权，在国际会议多边舞台上积极带动国际舆论场共同发出正义之声，着力为我国改革、发展

① 新华网．习近平在省部级主要领导干部“学习习近平总书记重要讲话精神，迎接党的二十大”专题研讨班上发表重要讲话强调 高举中国特色社会主义伟大旗帜 奋力谱写全面建设社会主义现代化国家崭新篇章［EB/OL］.（2022-07-28）［2024-05-20］. https://baijiahao.baidu.com/s?id=1739504055908521448&wfr=spider&for=pc.

② 冯莉，丁柏铨．提升国际舆论引导和国际舆论斗争效能研究［J］．新闻爱好者，2023（2）：4-9.

③ 中央广播电视总台党组、编务会议．奋力提升国际舆论引领力、传播力、影响力［EB/OL］．（2022-08-01）［2024-05-20］. http://www.qstheory.cn/dukan/qs/2022-08/01/c_1128878580.htm.

与稳定营造良好的外部舆论环境，为全球治理提供正能量。[①]

美国学者肯尼斯·赫文（Kenneth Hoover）与托德·多纳（Todd Donovan）在《社会科学研究：从思维开始》（2013）中提到，我们以信息为基础解决社会问题，运用社会科学研究方法，有助于将信息的歪曲降到最少，同时最大限度地增加相互理解的机会。[②]在国际传播中，信息充分而组织得当，能够更好地促进信息的有效传递和理解。同时，相比于对传播态势和传播结果的一般评估与推测，用社会科学方法研究国际传播效果有以下三点优势：第一，研究结果建立在对传播过程与信息接收者的系统、实证观察的基础上，而不是缺乏实际观察，对传播态势的推断与评价；第二，有关传播效果的分析基于用科学方法采集的有关信息传播过程和传播者特质、观念、态度、行为的系统数据，而不是个别案例以及采用非科学方法采集的零散数据；第三，有关传播效果的分析基于对第一手数据的统计分析与严格的科学检测，而不是依靠主观分析与定性评判。[③]

国际传播效果的衡量涉及对传播内容的考察，包括一般形象宣传与主题信息传播，目标受众接触传播内容的频度，受众对传播内容的认知反应，以及受众接触传播内容后产生的观念、态度、行为的变化。因此，对国际传播过程及其效果的评估需要围绕这些方面开展。可以用来全面评估传播效果的社会科学研究方法有定量研究和定性研究两种思路。定量研究包括内容分析（主流媒体内容分析与网络传播内容分析）、受众问卷调查、实验法，可以测试具体的传播方式、传播内容和传播环境对信息接收者的影响。[④]定性研究包括深度访谈、焦点小组、民族志等。具体而言，可以对目标受众国的意见领袖进行深访，也可以建立一个固定样本群，包括国际主流媒体记者或编辑、政界人士、游说团体、一些利益相关团体、专家学者，定期收集他们的意见反馈，测量他们对哪些对外传播媒体感兴趣、认知态度怎么样、引用情况如何、媒体信任度表现如何等。[⑤]

概言之，定量研究和定性研究是国际传播研究领域可供选择的两种路径，都具有独特的价值和规范，都关系到国际传播的研究程序和实践。它们是被松散地整合起来的传统，包含内部的矛盾和争论。随着时间的推移，构成这些传承的特殊目标和实践

① 是说新语．有力有效开展国际舆论斗争［EB/OL］．(2022-08-12)［2024-05-20］．http://www.qstheory.cn/laigao/ycjx/2022-08/12/c_1128909683.htm.

② 赫文，多纳．社会科学研究：从思维开始：10 版［M］．李涤非，潘磊，译．重庆：重庆大学出版社，2013.

③ 李喜根．以社会科学方法研究国际传播效果［J］．对外传播，2017（1）：44-47.

④ 李喜根．以社会科学方法研究国际传播效果［J］．对外传播，2017（1）：44-47.

⑤ 程曼丽．中国的对外传播体系及其补充机制［J］．对外传播，2009（12）：5-6，12.

已发生演变，持续至今，并且二者开始相互渗透与跨界。同时，这两种传承还是相对连贯的意义和实践系统，表现出诸多易于识别的价值、信念、规范和程序等特征。[①]

内容分析可以了解国际传播的主要任务、议题、传播策略和方法对应的传播内容，分析涉及某个主题的传播内容在多大程度上与国际传播的主要任务、议题、传播策略吻合，在信息发布环节上是否达到预定目标。受众问卷调查可以通过精心设计的调查问卷评估国际传播效果，而长期跟踪研究能提供更有效的传播效果的证据。需要注意的是，传播效果研究需要放在个人、社会、国家等不同层面来考察，因此在进行社会科学研究时还需要了解影响观念、态度、行为变化的个性、心理、政治、社会以及其他因素。国际传播研究要从以上各类属性和变量之间的关系入手，从而描述和解释国际传播中的各类客观事物的联系，再进一步深入揭示国际传播效果的主要影响因素及其前因后果。[②]

### 2. 认知研究与传播学的“耦合”

认知科学是 20 世纪标志性的新兴科学领域，其核心在于深入探索人类大脑与心智的运作机制，作为这一时代前沿性的尖端学科之一，已在全球范围内吸引了众多科学家的浓厚兴趣。该学科的基本概念与视角可追溯至 20 世纪四五十年代。彼时，它们零散地分布于多个独立且特定的学科之中。进入 60 年代后，这些观点开始汇聚并显著发展。直至 1973 年，随着奥尔登大学认知科学研究所所长 E. 席勒尔（E.Sheener）的倡导，认知科学（Cognitive Science）这一术语被正式确立并采纳，随后在 20 世纪 70 年代后期逐渐获得广泛认可。1975 年，艾尔弗·斯隆基金会[③]（Alfred Sloan Foundation）启动了对认知科学跨学科研究计划的资助，随后举办了首届认知科学会议，并在会上制定了研究蓝图。此举对新学科的制度化进程及认知科学的蓬勃发展具有决定性意义。自此，相关基金会的持续资助成为推动该领域长期进步的重要力量。

对认知进行一系列探索研究的学科就是认知科学。作为一个学术用语，认知亦称认识，是主体对外界事物进行信息获取与加工处理的综合性过程。这一过程涵盖感觉（对外界刺激的初步接收）、知觉（对感觉信息进行整合与识别）、记忆（信息的储存与回忆）、思维（逻辑分析与推理）、想象（创造性构建新意象）以及言语（信息的符号化表达与交流）。简而言之，认知是个体通过一系列复杂的心理操作，对外部世界

---

① 格尔茨，马奥尼．两种传承：社会科学中的定性与定量研究［M］．刘军，译．上海：格致出版社，上海人民出版社，2016：1.

② 李喜根．以社会科学方法研究国际传播效果［J］．对外传播，2017（1）：44-47.

③ 系纽约市的一个私人科研资助机构。

的信息进行接收、检测、转换、整合、编码、存储，以实现对外界事物的认识与理解。就认知的过程而言，可以将其划分为两个阶段：个体内部的感知与对外界的延展性认识。[①]感知是传播过程的第一阶段，指的是人们使用视觉、听觉、嗅觉、触觉以及味觉等感官来认知外部世界的过程。当人们接受外部信息时，首先引起感官的注意，从而进一步被知觉系统加工，再受到个体的动机、情绪以及经验等要素的影响。任何内容都要先通过感官系统的预加工，才能进一步转换为大脑再加工的信号。因此，以人内传播为主要导向的内部感知是其他传播方式的基础与前提。同时，发生认识学认为，人的心智发展是大脑、身体、环境三者耦合的产物，人类大脑的心智构建不仅控制着个体的注意、情绪以及记忆等能力，而且在与外界的交互过程中反作用于内部系统的发展。当信息处于一定的情境中时，我们更容易识别。这强调的是认知系统与环境之间的耦合关系。因此，如果个体感知是人内传播的体现，人们对外界的延展性认识则进一步拓展到人际传播、群体传播甚至大众传播的范畴。

认知传播就是在超越经验范畴的前提下探索人们对外界信息接受、合成、加工、提取等过程的大脑活动、心理资源或者行为表征。[②]个体的认知能力、行为、习惯的养成都有赖于其传播环境和特定群体的影响，个体或者群体的认知传播活动也在推动社会的发展与进步，影响持续且深远。认知传播学就是将认知科学的重要理念和研究成果引入对传播现象的研究而形成的一个分支学科。

认知传播学的研究横跨心理学、社会学以及人类学等领域，其研究议题和层次结合社会现象和人们的心理机制，超越了脑定位等生理学层面的探讨，侧重于将大脑概念化为一个同时参与多个任务的动态系统，从神经基础层面阐释媒介生理表征，为社会现象产生的深层动因和传播做出理论上的贡献。从应用范围上看，其基本研究议题涵盖传播渠道研究、传播对象研究、传播内容研究以及传播者研究。传播渠道研究主要探讨媒介差异对认知方式的塑造作用。不同媒介的性质和物理形态都会为媒介打上不同信息的印记，也就是麦克卢汉所言的“媒介即信息”。传播对象研究主要探讨基于个体或群体差异的信息加工神经机制。过去的相关研究大多采用自我报告式的测量方法，在可靠性和准确性方面受到了限制。利用认知科学的手段可以为研究信息加工过程的瞬时效果提供便利条件，从而提升研究的可靠性和准确性。研究发现，在脑电信

① 喻国明，陈雪娇．认知传播学的范式演进、关键议题与技术逻辑：2012—2022 年的 10 年回顾与未来展望［J］．传媒观察，2023（1）：24-34.

② 喻国明，陈雪娇．认知传播学的范式演进、关键议题与技术逻辑：2012—2022 年的 10 年回顾与未来展望［J］．传媒观察，2023（1）：24-34.

号和行为表现方面，不同人格、内隐认知、性别的个体在不同的语境下使用媒介都存在差异。传播内容研究主要从不同形式内容的叙事效果出发，探究其带来的认知影响。例如，内容表达方式的差异、叙事角度的差异、内容属性的差异都会带来不同的传播效果，而认知传播的手段可以测量具体差异对个体认知的影响。传播者研究主要应用在社会信任建构与营销效果之中，从个体、机器人、企业等不同主体出发，社会的信任机制和营销方式会随之改变。[①]

目前，认知传播学可以通过电位（如 EEG，即脑电波仪；ERP，即事件相关电位）、功能性磁共振成像（fMRI）、功能性近红外光谱技术（fNIRS）、眼动仪（Eye-tracking）、多导生理记录仪等专业设备进行实验测量，这为传播现象研究提供了更为严谨、科学的测量工具。

认知传播学研究的应用前景包括两个方面。一是积极的方面，我们可以通过了解群体认知传播问题来改善群体之间的交流。二是消极方面，即利用群体认知传播障碍来造成群体对抗。[②] 其对抗的极端形式就是军事领域所谓的“心智战”。心智战其实就是通过一定的符号传播改变认知的战争。美国学者约翰·弗莱姆（John Fraim）认为，在当代世界向软实力世界发展的趋势中，有一个正在兴起的现象，即“符号的战争”。[③] 这是通过大众媒介形象、大众娱乐、跨国公司和世界品牌而达成的对国家边界的入侵、对人们认知的改变。

作为美国学者，约翰·弗莱姆提醒美国越早意识到这场符号战争的性质越好：“对现代符号和符号论的理解，其重要性并不限于反恐斗争，更重要的是，它有助于理解美国在新的世界格局中的地位。在这一新的格局中，传统的国界和传统的硬实力形式正在被取代。一个战场在像阿富汗这样遥远的国家进行，而另外一系列战场却每天都围绕着我们，战争的形式是娱乐、广告和政治。”[④] 在信息技术和网络高度发达的今天，全球传播模糊了技术、经济、政治、文化之间的界线，突破了国家的传统边界概念。一个国家的卫星直播，互联网上的新闻、娱乐、教育和广告可以相对自由地进入另一国领土和领空，从而可能在世界范围内制造出族群、国家内部的群体认知传播交流综合征。

① 喻国明，陈雪娇 . 认知传播学的范式演进、关键议题与技术逻辑：2012—2022 年的 10 年回顾与未来展望［J］. 传媒观察，2023（1）：24-34.

② 李思屈 . 群体认知传播障碍研究：AII 群体认知传播模型建构［J］. 西南民族大学学报（人文社会科学版），2022，43（2）：145-153.

③ FRAIM J. Battle of symbols：global dynamics of advertising，entertainment and media［M］. Einsiedeln，Switzerland：Daimon Verlag，2003.

④ FRAIM J. Battle of symbols：global dynamics of advertising，entertainment and media［M］. Einsiedeln，Switzerland：Daimon Verlag，2003.

与网络战和信息战不同，心智战的指导和实施需要考虑“后真相世界”的出现。那时人们不再具备批判性思维和认识真相的愿望。随着人工智能技术的应用，公众认知在价值层面和情感层面都可能被操纵。例如，利用人工智能按需改造新闻资源和社交网络。群体认知传播障碍研究与心智战相对应的积极应用，从信息获取、内化和表达三个方面系统优化群体认知传播能力和个体交流能力，提高信息获取的可靠性、方便性和全面性，从理解、尊重与包容方面提高认知主体的逻辑判断能力和价值判断能力，从表达清楚和交流规范等方面提高认知主体的表达能力，从而达到社会群体和谐共处的目标。

对于认知科学与传播学的结合，喻国明教授强调二者的结合并不是一蹴而就的，而是经过传统行为主义研究的困境、媒介理论与技术方法之间的分离之后才逐步建立起来的。传播学研究需要区分对待交叉领域的研究方法与结论，既需要从大量的认知研究成果中借鉴最有价值的范式来建构本学科的研究，又需要尽量避免沦为认知科学等领域的重复性研究。

### 3. 全球史与全球史观的创新路径启示

20 世纪初，考古学、人类学等学科的迅猛发展促进了历史学科的发展，长期占主导地位的、影响极大的历史研究和书写范式的叙事总基调——“欧洲中心论”已不能满足新世界历史书写的需要；加之，以反权威、反普遍性为特征的后现代主义思潮的深入影响，史学领域对传统的启蒙主义进步史观、西方现代社会的合理性进行了批判，解构了近代以来西方史学的基础和基本价值判断。[①] 由此，20 世纪中后期，源自对西方中心论和民族国家史学的反叛的全球史兴起，以一种超越纯粹史学方法的存在掀起史学研究的新浪潮。

全球史对历史与现实的关注，使其超越国家与民族的界限而将目光投向人类历史，其研究对象挣脱了特定国家或民族群体的窠臼，转向人类历史进程中各文明之间的“互动”，强调全球互动与联系，注重通过多学科方法扩展对历史的理解。美国历史学家塞缪尔·P. 亨廷顿指出，全球史的出现不仅标志着史学范式的转变，而且代表着新的史学分支的诞生——历史学的全球转向。可以说，其既是一种观察世界的视野，又是一种全新的历史书写方法。[②] 与之伴生的全球史观强调以长时段、动态的历史观察方法和跨学科的综合研究方法来研究历史，将历史研究从传统的国家史或民族史的模

① 虞鑫，崔乃文 . 从“走出去”到“走进去”：全球史叙事视野下中国国际传播能力建设路径［J］. 人民论坛·学术前沿，2022（19）：90-94.

② 张文涛 . 全球史的兴起与当代中国全球史学科建设［J］. 甘肃社会科学，2021（4）：116-123.

式扩展到以跨文化、跨国界为基础的对历史联系的重构。① 全球化时代的到来和互联网、社交媒体等新媒体技术的兴起极大地改变了人们接触、理解与思考历史的方式。全球史与全球史观力图通过对历史的重新认识，更全面地审视过去与现实。在此背景下，国际传播研究迎来新的创新路径与想象空间。

（1）全球史与国际传播研究之间呈现出相互促进、相互借鉴的密切关系

正如塞缪尔·P. 亨廷顿所言，在新史学（New Historiography）视野下，历史研究要探索的是人类历史进程中各个层次上对人类关系和行为如何产生影响的问题。在新史学中发展起来的全球史理论与方法不仅可以运用到国际传播研究中，而且能为国际传播研究提供一种新视角、新思路和新方法。国际传播研究正在转向对全球史的回应：第一，国际传播研究可以将以人类历史发展为基点的全球史视角，将审视历史中各种力量之间的互动与关系的原则，贯彻到具体历史事件与现实中；第二，从全球史的核心原则——“边缘性视角”出发，将那些被人类长期忽略、与我们的日常生活和所处世界有着密切关联的问题纳入考量；第三，将包括社会结构、文化交流以及不同国家和社会群体之间的互动在内的全球史的研究内容，以及以更加开放、包容和多元的态度来审视各种力量之间的互动与关系的全球史的研究方法转化为创意来源与创新路径。同时，全球史与国际传播研究在全球化、互联网时代同频共振，为研究人类命运共同体提供更广阔的视野与理论支持。

另外，全球史的研究视野以及建设中国全球史学科的现实必要性也给出了国际传播研究的可行性创新路径启示，即要保证和充分发挥中国学者的主体性，用独到的、原创的中国眼光看待世界史，为世界史叙事注入中国声音、中国视角、中国立场。对于中国特色国际传播能力建设而言，首先要破除“（欧洲）西方中心主义”的桎梏与“西方的东方主义”对东方的错误表征，为中国文化与国家形象正名，促进全球史叙事框架下的中国故事“走出去”。其次，要破除中国“威胁”论，以构建人类命运共同体的追求为指引，以“互动”和“联系”为原则，促进国际传播活动积极开展。同时，要以文明互鉴理念作为国际传播观念的核心构成和时代表达②，为人类社会和谐发展提供中国智慧，让中国声音响彻世界舞台。

（2）全球史视野与跨文化传播

全球史与跨文化传播研究之间也具有密切的联系。全球史研究的新视野、新方

① 王永平. 全球史视野下的古代丝绸之路［J］. 中央社会主义学院学报，2017（6）：117-119.

② 胡钰，杨鹏成. 基于文明互鉴理念的国际传播观念构成与效能提升［J］. 对外传播，2023（2）：4-8.

法、新路径为跨文化传播研究注入新的创意启示。全球史强调对人类历史发展进程中各种力量之间的互动与关系的考察，而跨文化传播体现了全球化时代多元文化之间的互动与关系及其背后的力量交汇与博弈。1959 年，美国文化人类学者爱德华·霍尔在其著作《无声的语言》（*The Silent Language*）中第一次使用了“跨文化传播”这一术语。20 世纪后半期以来，随着经济全球化的发展，以及传播科技促进下全球文化交流的日益频繁，跨文化传播已成为广泛涉及社会各个领域的一种社会行为。跨文化传播（Intercultural Communication）是指处于不同文化背景下的社会成员之间的交往和信息传播活动，也涉及各种文化要素在全球社会中迁移、扩散、变动的过程，及其对不同群体、文化、国家乃至人类共同体的影响，主要关联两个层次的传播：一是日常生活层面的跨文化传播；二是人类文化交往层面的跨文化传播。① 广义的跨文化传播包括国际传播。国际传播实质上是以民族、国家为主体而进行的跨文化信息交流与沟通②，涉及文化背景的差异。文化作为一种承载人类历史的载体，历来被人们重视。在文化的传播过程中，不同国家、不同区域的人运用不同的方式进行文化传播。随着全球化不断深入，世界各国、各地区的文化逐渐传播开来。文化的传播使全球文化走向一个大融合的熔炉。在全球化背景与全球史研究视野下，跨文化传播的方式多种多样。采取何种方式进行文化传播并不是随机决定的，而是根据不同国家的文化、风俗、发展程度以及偏好等决定的。③ 跨文化传播的不断深入，在一定程度上影响着各种文化的“自塑”与“他塑”，从而影响人类历史的演进与历史研究的书写方式。

### 4. 话语分析在社会科学研究领域中的文本分析路径

在社会科学诸多领域进行研究，总是无可避免地面临着和语言相关的问题，也需要处理语料——书面语、对话、研究型访谈、新闻报道等。因此，一个具有可行性的书面语或者口头语的分析框架——话语分析应运而生，展现语言分析如何为社会科学中的语料、文本研究添彩。

（1）话语分析是什么

话语分析是对话语进行研究和分析的一门学科，即对人们说什么、如何说，以及所说的话带来的社会效果进行研究。话语分析的概念最早由语言学家泽里格·哈里斯（Zellig Harris）提出。其理论基础是应用语言学、符号学、社会语言学等相关社会科学的成果，其哲学来源是后现代主义，其研究范式包括批判理论和社会建构主义，在本

① 戴春阳，张小辉．试论全球化语境下的跨文化传播［J］．新闻世界，2010（7）：185-186.

② 程曼丽．国际传播学教程［M］．北京：北京大学出版社，2006.

③ 鄢海云．全球化时代的跨国文化传播：以美剧为例［J］．今传媒，2016，24（1）：126-127.

体论上持批判现实主义或者是历史现实主义态度，在认识论上强调意义的多重性。近年来，话语分析有接受实在论的倾向，将对话的分析和社会行动、结构和概念结合起来，具有超学科文本研究的趋势。话语分析既关注信息交流的语言形式和语用规则，又重视社会互动过程中的认知框架、价值目标、说服行为和权力关系。话语互动的过程也是话语框架发生作用的过程。在西方学术界，虽然最早以“话语分析”这一特定概念发表文章是在20世纪中叶，但研究者对话语分析的关注更早。西方关于话语的研究主要沿着两条线索展开：一条线索是语言学的，其代表有最早提出话语分析概念的泽里格·哈里斯、会话含义理论提出者格赖斯（Grice）、言语行为理论提出者与发展者J. L. 奥斯汀（J. L. Austin）和J. R. 塞尔（J. R. Searle）、系统功能语言学的创始人M. A. K. 韩礼德（M. A. K. Ha-lliday）等，他们都从社会语言学或语用学角度对言语实践的行为、规则或过程展开过探索；另一条线索是超语言学的，其代表有苏俄时代的文艺美学家米哈伊尔·巴赫金（Michael Bakhtin）、思想史话语分析的开创者米歇尔·福柯（Michel Foucault）、交往行动理论的探索者尤尔根·哈贝马斯（Jürgen Habermas）、社会与文化变迁话语分析的代表人物诺曼·费尔克拉夫（Norman Fairclough）等，他们虽借助语言学的资源分析历史与当下实践中的种种问题，但其分析视域和方法都大大超出语言学的范围。超语言学的出发点是重新定义话语，把话语放到更广阔的视野下，认为话语是社会意义的构建过程，且不仅包括文本分析，还是社会研究和分析的固有组成部分。这些研究表明，至少从20世纪30年代起，许多学者就将目光集中到从话语角度关注语言、文学、历史、哲学、社会和文化等诸领域的问题。可以说，广泛的话语分析运动是20世纪以来人文社会科学语言学转向的显著表征之一。[①]

同时，要正确认识话语分析，先要对语言有一种基本认知。语言是社会生活中不可或缺的组成部分，它同社会生活中的其他部分存在某种辩证的关系，因此社会分析和研究经常需要对语言进行考察。这意味着进行社会研究的一种有效方式是对语言的集中关注，也就是使用某种形式的话语分析。[②]但要注意的是，该观点强调的是将话语分析和其他分析方式（例如民族志学或者是制度分析法）结合起来会具有强大的功能，而不是将一切都归为语言。同时詹姆斯·保罗·吉（James Paul Gee）提到[③]，我们使用的语言是关于说事、做事和成事的，可以通过语言促成某种“游戏”或者实践，反过来，“游戏”或实践会为说事、做事和成事赋予意义。这些“游戏”或实践总是归属

① 丁和根.新闻传播研究中话语分析与框架分析之比较［J］.当代传播，2019（6）：4-9.

② 费尔克劳.话语分析：社会科学研究的文本分析方法［M］.赵芃，译.北京：商务印书馆，2021.

③ 吉.话语分析导论：理论与方法：原书第4版［M］.何清顺，译.重庆：重庆大学出版社，2021.

于某种社会群体、文化或者机构，所以在使用语言进行实践的同时也是在维持这些社会群体、文化或者机构，这也就是通过语言来构建事物。话语分析正是从语言的构建出发进行文本分析的。詹姆斯·保罗·吉还提到了语言构建事物需要思考的七个维度。这七个维度分别是显著性、实践活动、身份、关系、立场策略（社会产品的分配）连接以及符号与系统知识诸要素。事实上，这七个维度彼此联系、相互支撑，共同构建整个话语体系。

从研究旨趣来说，重视文本是话语分析的基本特点。文本导向的话语分析包括对文本语言的分析，也就是分析文本的语言特征，包括词汇、语法、语义特征，也包括“互文性分析”，侧重考察不同的语体、话语和风格是如何混杂并且连接在一起的。在费尔克拉夫看来，语体在语言上表现为行动和互动的方式，而分析语体或分析构成文本的多个语体，就是把语体当作某种行动进行研究；话语就是再现事物的不同方式，分析文本的话语或者分析构成文本的多个话语就是把话语当作某种再现事物的方式进行研究；风格是“存在的方式”，可以显示各种社会身份，分析文本或由多个风格构成的文本就是把文本视作社会身份的认同、规约或表现进行分析。同时，话语研究的重要学者福柯，在重视文本的基础上进一步提出了“话语即权利”的观点，认为话语是超越了语言层面的符号的概念，话语是语言使用的陈述，它包含语言使用以及使用语言的社会因素两部分。话语的核心是“赋义”过程，即在语言符号使用过程中，语言符号的意义是由社会实践赋予的。这个赋义的过程就是话语生产的过程。

（2）在新闻传播领域，话语分析被当作研究新闻报道的工具

把新闻报道作为一种特定的话语或文本进行分析，是自 20 世纪 80 年代开始逐步发展、至今仍在不断完善的一种研究取向。在这个领域中，荷兰传播学家何塞·范·迪克（José Van Dijck）试图把话语分析和新闻报道研究直接结合起来。他使用“新闻格局”“语义宏观结构”等专用概念对新闻文本进行结构分析，又从认知心理和修辞技巧等角度对新闻文本与社会语境之间的关系加以深描，贯通语言学与非语言学诸领域。因此，其研究是综合性的，为传媒话语研究提供了一种可资借鉴的新范式。此后，话语分析在新闻传播研究领域得到广泛运用。一方面是因为新闻话语本身的特殊性，它既具有比较鲜明的专业特征，又与社会生活的所有领域息息相关；另一方面，根本的原因是新闻传播学科发展的内在逻辑以及话语分析在其中发挥的特殊作用。传统新闻学和传播学大多将新闻看成对客观事实的一种直接反映。在这种认识论框架中，新闻话语本身的建构力量以及新闻生产者与接受者的主体认知行为都被简化，甚至被

有意或无意地忽视了。正是在对新闻进行的话语分析中，新闻的生产与接受主体复活了。新闻话语不仅是客观事实的反映，更是一种建构性的力量，是社会生活，特别是意识形态的有机组成部分。[①]

（3）国际新闻传播作为新闻传播的重要分支，成为话语分析关注的领域

从方法论的角度而言，话语分析带来了对国际新闻传播的新认识，即国家形象从存在状态——构建（成型）传播转为生成状态——传播构建，从（个体的）实物变为（社会的）关系（身份）。同时，社会建构主义的方法论也为当下国际新闻传播的研究和实践提供了参考与路径。社会建构主义作为一种看待问题的普遍视角和方法，超越了二元对立论，避免主客两分法，为国际关系研究、国际传播研究提供了新的视角与方法，将国际传播中各自的观点、规范和文化因素视为国家身份建构中的重要因素而给予高度重视。赵芃在为《话语分析：社会科学研究的文本分析方法》一书所作的中文序言中提到文本导向的话语分析的三个视角——行动、再现和认同，并且认为文本主要是行动的，再现和认同相对于行动居于次要地位。[②] 尤其是在政治话语中，行动应当居于首位，因为从根本上讲政治是给世界带来影响和变化的实际行动；政治话语从根本上讲是支持或反对特定行动路线的实践性论辩，是对应该或不应该做什么的思考与讨论。[③④] 政治话语是话语分析领域中重要的研究分支。国际新闻传播研究的语料很大部分源于新闻文本中国家与国家之间的政治博弈和话语争端，而文本话语带来的行动意动性和导向性正是国际新闻传播研究重点关注的领域，例如，梵・迪克以《曼谷邮报》的《以色列军队重进西贝鲁特（在杰马耶勒遇刺之后）》为例进行新闻话语的主题结构分析。

话语分析为国际传播中“传播权力”“传播能力”“国家形象传播”“话语权争夺”等传统的国际传播议题提供了新的思考路径和角度。在如今全球场域，国际话语权的战略竞争已构成影响国家实力和国际竞争的重要变量，逐步发展为国际新闻传播研究的重镇。但国际新闻传播中经常出现“不一致性危机”，究其原因是国际传播中的信息必须经由双方的共同建构来完成，绝非一方借助强大的硬件手段（媒介技术、媒介时段和物理版面或空间）一厢情愿就能达成意义的“物理转移”，话语的意义要靠双方的赋义和诠释才能完成，而意义的赋义与诠释能否达成基本一致，也非物理手段可以

① 丁和根 . 新闻传播研究中话语分析与框架分析之比较［J］. 当代传播，2019（6）：4-9.
② 费尔克劳 . 话语分析：社会科学研究的文本分析方法［M］. 赵芃，译 . 北京：商务印书馆，2021.
③ FAIRCLOUGH N. Critical discourse analysis and critical policy studies［J］. Critical Policy Studies，7（2）：177-197.
④ FAIRCLOUGH N. CDA as dialectical reasoning：critique，explanation and action［M］// FLOWERDEW J，RICHARDSON J E. The Routledge handbook of critical discourse studies. London：Routledge，2017：13-25.

完成的。当硬件的条件得到改善和建设时，软性的文化吸引力的短板问题便凸显出来。忽视话语实践的情景因素和社会结构性因素，会使国际新闻传播方面的实践传播效果不理想，形成“对抗式解读”。因此，从话语分析的研究方向出发，能够为国际新闻传播话语的赋权与赋义提供基本方法的引导。其具体的研究方向有以下三种：第一，对新闻话语进行分析，即对话语主体、客体、场所等新闻要素展开分析，得出宏观框架模式，从而分析国际传播与社会实践之间的互动关系；第二，对国际传播话语中的微观层面进行梳理，研究其意义的生成和阐释的地方性实践；第三，对国际传播话语实践进行整体、系统、合理化的解释，从反思的角度和行政的角度两种范式出发进行资料的搜集与整理，达成不同的研究目标。在国际新闻传播中，新闻话语会展现出三重控制：外在控制、内在控制和应用控制。从话语分析的角度深入剖析不同控制的影响，可以分别从结构性权力对话语的支配、话语主体对意义的建构和在不同语境中话语实践的规范等方面入手。

在如今的互联网社会，技术的发展使文本的图像化、视频化、情景化逐渐兴盛，全球进入以网络短视频为主导的图像时代。国际传播研究的维度也在不断扩展，从传统的印刷文本、电报、广播研究转向图像内容研究。世界各国人民通过图像化、视频化的方式获取信息，这极大地改变了人们信息消费的习惯和方式，塑造了不同的社会图景，建构了以视觉文化为中心的世界，塑造了不同的社会结构。话语分析也在新时代下进行拓展延伸，更加重视社会语言、情景意义和图像世界的相关研究。这三者都是话语分析的调查对象，分别研究不同社会语言的使用和混合、特定语言形式在不同语境中承载的具体意义以及如何调节微观社交层面或宏观制度层面的关系。

社会语言用来讨论语言在话语中的作用，也就是针对不同身份和实践而使用的不同社会意义的语言变体，包括方言和其他与特殊社会身份及实践相关的语言风格与变体。社会语言也是语言使用者用来执行建构的一种工具。

情景意义是指特定的语言形式在不同语境中承载的具体意义，也就是单词和短语在实际语境中的话语符号意义。说话者或写作者组织语言或句子，以引导受话者或读者在语境中构建这些具体意义。当然，说话者和写作者永远无法确定受话者和读者是否构建了被期待构建的具体情景意义。同样，受话者和读者可以选择不合作（或“对抗”），并在没有充分考虑说话者和写作者的意图的情况下建构具体情景意义。

话语分析中的图像世界和读图时代中所指的图像略有不同。话语分析中的图像世界强调的是人们在头脑中描绘或者认识世界的直接方式，人们所拥有的观察世界的方式。图像世界是一个简化世界的理论、故事、模型或图像。它捕捉到人、实践、事物互动的典型或正常情况。当然，所谓的典型或正常情况会因语境和社会文化群体的不同而不同。一个图像世界是一种识别特定的角色、参与者和行动，并赋予它们意义和价值的社会和文化建构方式。因此，我们都有办法认识什么是典型的或“适当的”房子、婚姻、浪漫、学生等。图像世界也被称为“民间理论”和“文化模式”。当人们在脑海里模拟典型的或“适当的”关于不同国家的形象时，他们是在创造或召唤他们关于国家形象的图像世界。图像世界不只存在于人们的头脑中，也经常反映在各种文本和媒体中。例如，语言学家查尔斯·J. 费尔摩（Charles J. Fillmore）用“单身汉”背后的图像世界来讨论任何具有精确“定义”的词都不是按照定义来使用的，而是针对一系列构成图像的社会假设和话语假设而使用的。图像世界可以分为三种类型。第一，信奉世界：我们自觉信奉（谈论且通常认为我们相信）的理论、故事或观察世界的方法。第二，评价世界：我们自觉或不自觉地用来判断自己或他人的理论、故事或观察世界的方法。第三，在世界上行动和互动：自觉或不自觉地指导我们在世界上行动和互动的理论、故事或观察世界的方法。当然在国际传播研究中，这三种图像世界都或多或少地存在于所研究的文本材料中，带有主观性的典型经验与评价。

图像世界的组织非常复杂，大图像世界中包含着小图像世界，每个图像世界都在不同的背景下以不同的方式为不同的社会文化群体激发其他相关联的图像世界。国际传播研究在读图时代探究文字文本、图像文本、视频文本与国家之间的关联也大体如此，是不同国家的文化、文化群体之间的联系与碰撞。网络时代中的文本书写不同于传统书写的精英取向，人人都成为屏幕前的“叙事者”“表演者”“建构者”，资本、平台也借助算法、大数据建构出视觉文化的情景社会。在国际传播的较量中，TikTok 等短视频平台也成为国际舆论争夺的前沿阵地。因此，在读图时代，我们要利用好这种形式，在激发公民创造力、建立全民创新机制的同时，应当警惕多方对视觉力量的操纵，参考国际传播的相关成功案例，利用视觉化的表达形式创新国际传播的语态、形态，塑造全面、立体的国家形象。

### 5. 视觉修辞理论的创新与应用视域

从柏拉图的“洞穴隐喻”开始，视觉就被认为是能够激发情感、构建关系，从而促使形成独特社会文化观念的感官。自从语言出现，修辞便被人类需求。作为一门研究修辞的学问，修辞学自亚里士多德开始便得到长足发展。20 世纪 90 年代，视觉文化与图像学研究学者 W. J. T. 米歇尔（W. J. T. Mitchell）提出“图像转向”取代了“语言学转向”，与图像和视觉相关的议题和领域不断被重新发现与开掘。同时，在新语境下，结构主义语言学继承拓新，结合视觉媒体在国际社会中的多元发展，逐步形成视觉修辞学（Visual Rhetoric）。视觉修辞学成为视觉文化时代下修辞学亟须探究延伸的一个新兴学术领域。它从语言学的以生产劝服性话语为目的、引发受众认同的修辞学出发，突破了传统修辞学主要关注“问题语言文本”的修辞问题，将修辞对象转为视觉文本（非语言文本）的修辞实践与方法，促使修辞学由语言学进入传播学领域。人类对于视觉象征实践的普遍认知逻辑，使国际新闻传播在视觉修辞理论的创新和应用视域中迸发出新的活力。

当下，社会媒体多元发展促使大众媒介作为标志性的修辞议题出现，同时全球化趋势的发展与演进使视觉修辞在国际传播和跨文化交流中扮演着越来越重要的角色——面对不同的文化背景、语言和习惯，通过视觉修辞的方式宣传信息成为一种非常有效的手段。作为一种认识论、方法论和实践论，视觉修辞学是在视觉文化时代下以视觉文本修辞语言、活动与规律等为研究对象的学问。学者刘涛将视觉修辞文本理论归结为三种主要形态：视觉化的媒介文本、空间文本、事件文本。媒介文本是指视觉图像的物质载体和视觉符号系统，是视觉符号产生的前提和物质基础。空间文本是指视觉图像中的空间结构和组织方式。空间文本在视觉修辞中起着重要的组织和表达作用，决定了视觉符号的结构和语法，从而影响观众的视觉感知和理解。事件文本是指视觉图像中呈现出的具体情境和事件，也是视觉符号的意义和主题。在视觉修辞中，事件文本是视觉符号的核心，它通过具体的情境来表达主题和意义，引导观众的感知和理解。[①]

视觉修辞在视觉文化时代下具有重要的哲学意蕴。它通过视觉语言传达信息和表达情感，促进文化的多元化交流，同时反映了人类对世界的认识和表达方式的演变。在国际新闻传播实践中，视觉图像已成为必不可少的话语表征方式与意义载体。视觉修辞作为分析工具，探讨的核心命题是“图像如何以修辞的方式用于观看者”。因此，视觉修辞意义上的生存方式的探索及对话体系的建构对人类极具现实意义。[②]

学者刘涛将视觉修辞的“问题域”概括为修辞策略问题、修辞效果问题、修辞传播问题、修辞语言问题和修辞批评问题等五个方面，分别对应视觉议题研究的五个认

① 刘涛．媒介·空间·事件：观看的“语法”与视觉修辞方法［J］．南京社会科学，2017（9）：100-109.

② 王从启．视觉语法视角下 2022 北京冬奥会开幕式新闻图片传播的多模态话语分析［J］．哈尔滨学院学报，2023，44（6）：108-111.

识维度：意义机制、符号行动、发生场域、文本实践和批评模式。[①] 视觉修辞在国际传播中的运用包括多种方面，其中重要元素之一就是图像元素。图像能够跨越语言、文化障碍而传递信息。之前，在很多研究案例中，学者将焦点集中在视觉修辞的过程性视觉对象上，即图像事件文本上，而“问题域”则集中在符号行动维度的修辞效果问题上。修辞策略是视觉修辞学范式的本体问题，旨在回应视觉研究的修辞效果。视觉修辞延续了修辞学最基本的“功能观”，除了关注“符号行动”的作用机制，更关注“符号行动”的修辞效果，即视觉实践能否影响受众以及如何影响受众的问题。视觉修辞在传播学中的应用包括视觉修辞实践的公共性相关程度将影响传播效果的强弱、视觉修辞文本的空间占位影响观者体验、视觉修辞带来权力的凝视等。比如，《查理周刊》上的新闻漫画图片与白宫在 Flickr 账号上的“独家”照片背后的创作者与拍摄者的意图及图片的内容并不是国际传播语境中讨论的关键。来自大众媒介场域的视觉文本与世界的关系及其背后的意识形态属性和国际话语权的政治博弈（这种意向性由画面之内的对象延伸到画面之外的公众），才是视觉修辞与国际传播中的要素。

国际新闻传播中的视觉修辞理论比较集中地应用于批评实践研究中。视觉修辞的文本对象可概括为三种基本的视觉形式：一是再现性的视觉对象，即媒介文本对象；二是体验性的视觉对象，即空间文本对象；三是过程性的视觉对象，即图像事件（Image Events）文本。目前，国内部分学者已对国际传播中的视觉修辞与新闻实践展开研究，主要集中在视觉修辞的过程性的视觉对象，即图像事件文本。罗晨以法国左翼新闻杂志《查理周刊》为典型案例样本，并对其 1969—2020 年的 1817 幅新闻漫画进行视觉修辞研究。研究结果显示，法国媒体更偏重于穆斯林、欧盟、美国的相关议题，并常在批判的语境下对穆斯林群体的修辞与立场进行报道。同时，文中阐明了新闻漫画对全球议题进行视觉阐释的三大主要路径，即互文语境、情景语境与文化语境。殷强与袁雪将白宫 2013 年发布在 Flickr 账号上的“独家”照片看作一个关系系统，并以阿尔都塞（Althusser）的意识形态国家机器（Ideological State Apparatus，简称 ISA 理论）为基础，关注图像内部结构、视觉修辞以及影像管理中潜在的政治动机，讨论白宫在图像管控过程中所构造的拟像图景的符号和意义的核心问题。[②]

视觉修辞理论对于理解和分析图像、视频等视觉表现形式的意义与信息传递方式

① 刘涛．何为视觉修辞：图像议题研究的视觉修辞学范式［J］．湖南师范大学社会科学学报，2018，47（6）：1-11.

② 殷强，袁雪．总统影像的视觉修辞：对白宫 Flickr 网站图片的分析［J］．国际新闻界，2018，40（12）：137-143.

具有重要的作用。值得关注的是，修辞实践所强调的劝服过程、对话过程或沟通过程建立在特定的文本生产基础之上。修辞文本的生产是修辞意图与修辞效果的符号载体。因此，视觉文本的策略性使用以及对视觉话语的策略性建构与生产是视觉修辞和国际传播中的文本生产极为重要的环节。随着摄影、漫画、广告、电影、电视等视觉化媒介形态在全球范围的普遍渗透，视觉文化产品的生产与传播标识了消费社会的文化逻辑，由此视觉化媒介形态演化为视觉修辞与国际新闻传播实践中的修辞文本。[①]视觉修辞所强调的文本生产主要包含两方面的修辞问题：一是视觉话语建构层面的视觉编码问题；二是视觉修辞实践层面的视觉文本生产问题。图像文本可以体现出多元文化背景下的风格特点与立场态度。因此，在国际传播中，信息和图像相结合可以更加直接、深入地传递信息，提升传播效果。另外，不同的文化背景和语言习惯会对符号的理解产生不同的作用。视觉修辞中的符号在国际传播中的应用需要考虑不同地域的文化背景差异。因此，在国际新闻传播中，要着重注意正在参与社会公共实践的视觉修辞文本及其对现实决策行动的影响力，图像中的意向性所带来的“势”，以及中心与边缘、中心化和离心化、上与下等空间布局所带来的张力及其蕴含的势。[②]

视觉修辞通过图像、符号、色彩和排版等元素在视觉传达上进行创造性的运用，以使信息传达更为生动、深刻。视觉修辞理论在国际传播中具有很大的现实意义。第一，客观反映多元文化。视觉修辞提供了一种抽象的、客观的反映文化色彩和各种文化特点的方式，从而在跨文化交流中，使信息得到更清晰的表达和更恰当的解读。第二，加强信息传达的吸引力。视觉修辞可以加强新闻、影视、广告、宣传品以及会展、庆典与仪式等信息传达的吸引力，提高受众对信息接受、理解和信任的程度。第三，扩大文化的影响力。在国际传播中，视觉修辞可以扩大不同国家和地区的文化影响力，同时挖掘并传承各民族的优秀传统文化，实现跨越不同国家和地区的传播。第四，增强国家品牌代表性和可信度。视觉修辞的运用可以使品牌、国家形象变得更加生动和具有感染力，帮助人们理解和认知专业领域中高深的知识。总之，视觉修辞理论在国际传播中的应用具有重要的现实意义。通过视觉修辞的运用，可以保持文化的多元性，增强国家形象及其品牌的识别度，从而在国际市场中获得更大的商业价值和社会价值。

应该看到，视觉修辞是国际传播及国际新闻传播中常用的重要策略，也是互联网视域下政治传播的主要载体，而媒介功能的更新与人们观念的转变不断促使政治传播

① 刘涛．视觉修辞的学术起源与意义机制：一个学术史的考察［J］．暨南学报（哲学社会科学版），2017，39（9）：66-77，130.

② 李红．视觉之势：论视觉修辞的活力之源［J］．新闻大学，2018（4）：10-15，149.

从传统的文字修辞向视觉修辞转型。① 国际传播研究借鉴于一系列典型新闻案例所展现、构建的视觉修辞及其传播实践，为今后中国国际传播能力的提升提供了思路与方向。加强对视觉媒介的使用，把握信念体系与价值观在国际传播语境中的传播机制，不断优化视觉修辞策略，是提升中国国际传播能力的重要举措。

### 6. 国际政治心理学的创新路径与理论维度的启示

（1）国际政治心理学的定义、作用与缘起

国际政治心理学是运用心理学理论和方法解释人的政治行为，分析国家对外政策和国际政治现象，尤其是分析研究国家领导人的国际政治行为心理动机的学问。② 国际政治心理学作为国际政治领域的新兴分支学科，为人们从微观层面研究国际政治现象，分析政治人物的心理动机提供了重要的手段。同时，国际政治心理学是政治心理学在国际政治层面的应用，是更好地重构与创新国际关系理论的微观基础，为理解国际政治世界提供了更为精准的描述性和解释性逻辑。③ 国际政治心理学学者通常运用心理学的理论和方法对国际政治议题进行较为微观的研究。这些议题包括国际安全问题、领导人与外交决策、国际冲突、恐怖主义、国际战略互动等。

一般认为，国际政治心理学的缘起可追溯到 20 世纪五六十年代。彼时，心理学界兴起一场认知革命，知觉、错误知觉、意象、信念体系等概念被引入，并成为核心议题。政治心理学在研究路径方面也经历了阶段性演进。国际政治心理学的发展演变与之相适应，并通过借鉴认知心理学的发展成果，形成了微观层次的国际政治心理学派。20 世纪 70 年代，国际政治的新发展推动了国际关系理论的多元化，心理学与国际政治的融合取得历史性的进展，国际政治心理学发展成熟。1976 年，美国著名政治学家罗伯特 · 杰维斯（Robert Jervis）发表了国际政治心理学中关于认知研究的代表性作品《国际政治中的知觉与错误知觉》，围绕“为什么在本可以合作的场景中，行为体双方会拒绝合作、走向冲突”这一核心问题，提出“错误知觉的发生加剧了国与国之间的冲突”这一理论假设，并探析了避免这种错误知觉的几种办法：一是“交流”——国家应清晰地对外传达自己（想要别人知道）的意图，同时要学会站在别国的角度解读自身；二是决策者需要鼓励组织内部的多元观点，避免一意孤行；三是决策者应杜绝某些个人将自我利益和某项具体政策绑定，忽略这项政策制定的最终目的，从而产生目标偏离。由此，罗伯特 · 杰维斯全面论述了国际政治心理学的理论体系，为涉及大国博弈、

① 陈世华，刘晶 . 政治传播中的视觉修辞流变［J］. 国际新闻界，2017，39（9）：71-87.

② 赵明 . 加大国际政治心理学研究力度的必要性和可能性［J］. 改革与开放，2011（24）：132-133.

③ 尹继武 . 国际政治心理学的知识谱系［J］. 世界经济与政治，2011（4）：48-78，156-157.

公共外交等国际关系与国际政治问题的处理提供了启示。1978 年，美国成立了国际政治心理学学会，随后创立了学会会刊《政治心理学》。冷战后，随着国际关系研究层次的回归，国际政治心理学的研究领域进一步拓展。国际政治心理学除了应用于舆论与国内选举、对外政策决策和外交战略等传统领域，还应用于民族主义、种族清洗和种族屠杀以及恐怖主义等领域的研究。①

（2）中国国际政治心理学的发展与特点②

中国国际政治心理学是时代化的产物。第一，冷战结束以后，中国的国际关系理论研究者对西方国际关系的主要流派有了基本的了解和认知。中国国际政治心理学作为中国的国际关系理论的一个分支逐渐兴起，并不断制度化、深化发展。第二，随着国际社会现实的不断驱动，从微观的政治心理学角度剖析国际政治谱系传承下来的经典问题和当今国际社会重大问题以及恐怖主义、区域性冲突、领土争端等突发性事件成为题中应有之义。第三，中国的国际关系研究在引进和消化阶段主要聚焦于主流的理论范式（现实主义、自由主义和建构主义），存在一定的局限性，这为政治心理学、社会学、经济学等研究路径的引入提供了可能性。第四，在王逸舟、张清敏、秦亚青、尹继武等学者引介西方国际政治心理学的主要流派、代表人物和代表作的基础上，经过一定的消化和吸收，中国国际政治心理学的研究进入发展和创新阶段，促使中国国际政治心理学不断走向国际政治研究的核心视域。

中国国际政治心理学在引入、本土化、创新发展的过程中，逐渐形成自身的特点。第一，与主流国际关系理论紧密结合。例如，有研究将面子、身份与情感作为中国对外关系的动力，并考察了晚清中国外交变迁的案例。近些年，情感与身份是中国国际政治心理学研究的一个热点议题，这既与建构主义紧密结合，又创新了传统策略与决策分析的微观基础。第二，对传统国际政治研究的核心概念进行重构。例如，唐世平对安全、困境、声誉、信任、战略保证等政治心理学核心概念以及秩序、权力等社会科学概念进行了系统的梳理和创新。第三，跨学科渗透与借鉴较为丰富。中国学者从中国传统文化和社会心理学中寻找理论资源，发掘中国传统文化关于家国天下的逻辑并阐释其与西方国际秩序的逻辑之间的不同，结合中国传统文化的“关系”“面子”“人情”等概念重构西方的情感政治逻辑。比如，秦亚青将“关系”置于动态的理论框架中进行研究，提出国际政治关系理论；阎学通借鉴先秦时期的政治思想，研究

① 赵明．加大国际政治心理学研究力度的必要性和可能性［J］．改革与开放，2011（24）：132-133.

② 以下一些要点源自此文：本刊特约记者．中国国际政治心理学理论与实践研究的进展与问题：尹继武教授访谈［J］．国际政治研究，2017，38（6）：137-155.

政治影响力和“道义”感召力对中国获得世界主导权的重要意义，提出道义现实主义。第四，十分关注中国的外交实践与经验。中国学者聚焦于古代和近现代中国的对外政策与实践，研究中国领导人的个性和领导风格。

（3）重视国际威望与国际地位要素的政治心理学

近年来，随着“等级制”的视角被引入国际关系研究领域，学者们开始关注地位、声望和荣誉等社会心理需求在国家利益中的角色及其对外交政策和国际关系的影响。国际威望指的是国际关系中一个国家留给内外观察者的一种有关自身形象的心理印象①，反映了一国实力以及使用这种实力的决心、意志和能力，是一个典型的国际政治心理学概念②。国际威望在某种程度上与国家地位、等级、实力等概念关联紧密，相生相伴。国际地位的锚定，其中蕴含着丰富的国际政治心理学的内容。国际地位反映的是一个国家在国际社会中的“受重视的属性”（Valued Attributes）排行榜上的位置，被视作一国成就的重要标识。地位等级（Status Hierarchies）依据国家综合实力而定。地位对民族心理和国家的物质利益都有积极的促进作用。因此，地位追求是国家的一项重要目标。具体而言，高地位国家行为可以对其他国家产生吸引力，促进和强化他国同该国的联系与信任，从而让一国逐渐居于国际外交网络的中心，并在国际机制、组织与外交场合中拥有更多发言权和提出倡议的权利。研究地位诉求不仅有助于我们更加稳妥地提升和巩固大国地位，而且便于我们理解他国的地位关切，从而尽力避免误解、弥合分歧、增强互信。③

（4）群体关系被视为国际政治心理学中的重要一环④

政治心理学的应用层面大致可划分为个体层面（如领袖政治人格、认知、情感与认同）与集体层面（如投票与选举心理、民族主义与恐怖主义等）。在国际政治心理学这一应用领域，相对应地兼有个人层面与集体层面的国际政治心理内容，其中集体层面即社会心理，值得重点关注。具体而言，在决策领域，国际政治心理学发挥着重要作用，除了个体层面，即领导人的对外决策，还有集体智慧——“领导集体”的决策，而大众政治心理（包括公众舆论、民意、民族主义以及社会认同）也对外交政策直接或间接地产生影响。由此可见，社会中的群体关系以及群体社会心理学始终影响着国

① 王梓元．国际地位的政治心理学［N］．中国社会科学报，2023-04-13（5）．
② 莫盛凯．国际威望研究的发展及其未来［N］．中国社会科学报，2023-04-13（5）．
③ 王梓元．国际地位的政治心理学［N］．中国社会科学报，2023-04-13（5）．
④ 尹继武．国际政治心理学的知识谱系［J］．世界经济与政治，2011（4）：48-78，156-157.

际政治心理学的走向。[①]

群体关系与国际关系具有相同的逻辑，国际冲突与群体冲突的内在动力及其消除机制具有某种一致性。从这个意义上讲，群体社会心理学能够为国际政治中的冲突解决提供一定的理论和路径启示。例如，习近平主席提出的“人类命运共同体”理念，适应了新时代中国与世界关系的历史性变化，指明了世界发展和人类未来的前进方向，为国际社会提供了一种全新的秩序观。然而，这种命运与共的集体认知的达成首先在于消除国际冲突，寻求集体认同，从而走向心理认同。在群体心理学中，一般将消除群体偏见、避免群际冲突看作群体和谐形成的条件，而群体认同的形成则在于群体中个体感知到自己被群体接纳并与其他成员建立良好关系，涉及自我确认、社会比较、社会归属、社会身份等诸多心理机制的作用。[②]将此逻辑迁移至国际关系中，国与国之间相互认同、接纳、建立良好关系也涉及上述心理学概念的把握与应用，可见社会心理（集体层面）在国际政治心理学中的重要作用。

群体的集体记忆问题是与群体关系、国际关系紧密相关的一个问题。群体的集体记忆是群体有意识或无意识地制度化的一种群体记忆。国家的群体记忆具有理性的作用，比如，维系群体内部团结、巩固群体认同和增强群体凝聚力等。同时，群体记忆的强化有时也会成为群体间敌意和冲突升级、紧张关系难以缓解的客观因素。[③]这就启示我们在面对国际政治问题、处理国际关系问题时要合理利用群体的集体记忆的理性作用去唤起跨文化交流与认同，有效识别极端民族主义、西方中心主义等非理性的群体集体记忆，避免被其裹挟、利用，从而最大限度地避免国际冲突的发生与升级，引导国际社会走向和谐。

（5）国际政治心理学的理论创新[④]

冷战结束以来，国际政治心理学取得两方面的理论研究进展。一方面，随着大数据、互联网智能空间的兴起，领导人的政治心理以及国际关系战略互动心理分析的数据多样化发展；另一方面，受到“新行为主义”革命的影响，国际政治心理与行为的新方法和技术应用日益增多，比如实验模拟、调查数据等。从路径和方法来看，当前国际政治心理学的理论创新走向了综合与多元，即关于国际政治中微观变量的探析综合了传统的定性逻辑分析以及在国际政治研究中更为适用的文本内容分析、实验研究、

① 尹继武．国际政治心理学的知识谱系［J］．世界经济与政治，2011（4）：48-78，156-157.
② 尹继武．国际政治心理学的知识谱系［J］．世界经济与政治，2011（4）：48-78，156-157.
③ 尹继武．国际政治心理学的知识谱系［J］．世界经济与政治，2011（4）：48-78，156-157.
④ 尹继武．国际政治心理学：路径重构与方法创新［N］．中国社会科学报，2023-04-13（5）.

定量分析等技术。

（6）国际政治心理学之于中国国际传播与国际关系研究的重要性

随着全球化进程的推进，国家间的相互依存程度逐步加深。在国际舞台上，国家要想在非零和博弈中取得胜利，单靠宏观策略是远远不够的，必须深入挖掘并有效利用国际政治资源，注重细节，采取出其不意的策略。因此，深入理解政治心理学等微观层面，把握国家形象塑造、公共外交、国际关系和国际传播等议题，是确保在国际社会中取得优势地位的关键策略。随着我国综合国力的增强和国际地位的提升，我们面临的挑战和承担的责任在逐步增大。在塑造一个负责任大国的形象的同时，维护国家利益，需要巧妙运用心理战术。对于中国来说，加强国际政治心理学的研究具有深远的现实意义和战略价值。

当前，中国国际传播面临着“效果困境”，原因之一是把国际传播仅仅看作一种传播行为，总是从传播或新闻传播的角度去研究如何加强或改进，收效甚微。实际上，国际传播很大程度上受到政治、经济、外交、文化、心理等因素的制约，尤其是作为对外宣传的国际传播，往往是国内政治和国际政治的重要组成部分。因此，国际传播研究不能仅仅停留在新闻传播学的单一学科范围内，而要进一步拓展学科视野，更多地采用或借鉴其他相关学科的理论框架、研究思路和研究方法。当前，尤其需要加强从国际政治心理学视角来研究国际传播的趋势演变及运行逻辑。其对中国国际关系理论研究的贡献具体体现在四个方面[①]。第一，为中国的国际关系理论研究增加了微观视角。其将人和人性纳入国际政治研究，有助于弥补微观层面的研究缺陷。第二，国际政治心理学学者借助文化心理学等理论进行研究，有助于实现中国国际关系研究的理论创新。中国学者能够在中国的传统文化和中国外交政策实践经验中汲取理论营养。中国国际关系理论研究领域之所以具有创新性，正是因为汲取了文化心理学、中国传统政治思想、中国传统文化价值的营养，提出了不同于西方的理论观点。第三，国际政治心理学研究重构了中国国际关系理论研究的核心概念。这也是中国国际关系理论研究的一种创新。从国际政治心理学的谱系来看，西方学者从理性假定推演到有限理性假定，再到情感理性假定，最后到中国国际关系学者提出的关系理性假定。中国学者引入“面子”“关系”等概念所进行的研究是对西方理性假定研究的批判与推进。第四，国际政治心理学研究丰富了中国国际关系的行动导向理论。秦亚青曾将国际关系

① 以下陈述的要点源自此文：本刊特约记者．中国国际政治心理学理论与实践研究的进展与问题：尹继武教授访谈［J］．国际政治研究，2017，38（6）：137-155.

理论分为知识导向理论和行动导向理论。中国学者在中国的对外政策和对外战略研究中形成的政治心理学理论，对于中国对外关系和中国战略互动具有一定的指导意义，可以应用于中国处理与周边国家关系、解决东亚安全问题等方面。

## （二）创意思维的发散性与启示性

### 1. 遵循知识社会学的法则

建构论认为，科学被描绘成“重要的公共知识的社会生产”，由此这些知识也可被视为“社会建构物”。“建构”的同义词是“装配”，近义词有“设计”“制作”“捏造”等。可见，“建构”这个概念指的是一种“意向性”的精神活动。它指导我们以特定的方式行动。这表明知识的生产并不是一个自发的过程，而是有目的的，被一种不可见的力量引导，朝着理性的目标前进。

因此，科学是“建构”和“发现”的真实融合。在科学结构化中，每一个研究者不只是把前辈和竞争者整合到自己的工作中，每一个这样的“解构”和“重构”的循环，都需要添加真正的独创性和怀疑主义的元素。英国爱丁堡学派是“科学知识社会学”的主阵营，其代表人物大卫·布鲁尔（David Bloor）的“强纲领”理论主张，一切知识都是相对的，由社会建构场所决定，随着社会情境的不同而有所不同。该理论特别看重知识的成因，即知识是怎么来的。它提醒人类的认识过程及其结果具有“相对性”，包括科学知识在内的各种知识都具有一定的效度。这种将知识成因的社会定位与知识的客观性相统一的观点具有辩证性的品质。①

### 2. 重视众创空间理论的牵引性

《长尾理论》的作者克里斯·安德森（Chris Andersen）指出，“21 世纪最好的公司不仅仅会拥有技术，还有工程、设计、营销、全球化，而且它们也会拥抱开放平台”。腾讯企业已宣布将开放平台升级为生态性全要素众创空间。腾讯的成功就在于平台足够生态。其理念是生态强了，融合能力就会提高，跨界创新就会产生。而且这种生态可以外溢，与外部生态产生积极、正向的能量与信息互动，从而优化整个生态。可见，生态是催生“+”的重要驱动力量。

### 3. “互联网 +”时代的六大特征的发散性

“互联网 +”代表一种新的经济形态，即充分发挥在生产要素配置中的优化和集成作用，将互联网的创新成果深度融合于经济社会各领域之中，提升实体经济的创新力

① 布鲁尔 . 知识和社会意象［M］. 霍桂桓，译 . 北京：中国人民大学出版社，2014：译者前言 .

和生产力，形成更广泛的以互联网为基础设施和实现工具的经济发展新形态。[①] 可见，“互联网 +”的实质是关系及其智能连接方式。“互联网 +”时代的特征表现为跨界融合、创新驱动、重塑结构、尊重人性、开发生态和连接一切这六大层面。[②] 尤其是前两项的引领和驱动作用十分重要。跨界融合是一种系统的重组能力，需跨越思维观念之界，并成为一种行动方式。它考核的是一个企业能否整合内外部资源，打破自己的组织边界和系统结构，从而表现出一种创新性、融合协同性和亲和力强大的特征。创新驱动就是把增长动力从要素驱动转换为创新驱动，建立以企业为主体、产学研用的协同创新机制。

#### 4. 巧化跨界与创新理论生成的学术性资源

美国著名文艺评论家、美国文理学院院士迈克尔·诺斯（Michael Russ）在其著作《创新：一部新事物的历史》（2018）中体现了他擅长跨界研究的特性。他将哲学、科学和艺术等集于一身，穿透历史和现实，为我们梳理了一部围绕“新”这个核心词而生发的观念史。提及创新，不可忽视创新扩散学说的能量。美国学者埃弗雷特·M. 罗杰斯（Everett M. Rogers）在《创新的扩散》（1962）一书中提出创新扩散理论。该理论通过媒介劝服人们接受新观念、新事物、新产品。扩散指的是创新在特定的时间段内，通过特定的渠道，在特定的社会团体成员中传播的过程。创新扩散的四大要素分别是创新、异质化、时间和社会体系。借助创新扩散理论，能够更好地理解传播中的互动过程。

#### 5. 多学科视域下的创意拓扑生成路径

创意的生成往往不是偶然的，有一定的模式和路径可供探索。从神经生物学、达尔文进化论的视角考察创意，学者史蒂文·约翰逊（Steven Johnson）发现独特创新背后的七大关键模式：相邻可能、液态网络、缓慢的灵感、意外的收获、有益的错误、功能变异、开放式“堆叠”平台。其著作《伟大创意的诞生：创新自然史》（2014）展现出跨学科视野下创意及创新生成的可能路径，并在此基础上提出第四象限的创新，指出创意生成新的可能。基于人类技术史的发展，创新的必要性与维护社会连续性、秩序和稳定性之间的紧张关系是当今最大的政策挑战之一。从社会发展进程来看，“创造性破坏”是变革社会的核心动力。变革需要破除一些旧事物，换上一些新事物，比如用枪炮代替箭术、用手机代替有线电话。创新是“创造性建构”或进行着的新组合。

#### 6. 融合文化具有的三大特征是媒体变革与发展的产物

美国学者亨利·詹金斯（Henry Jenkins）在其著作《融合文化：新媒体和旧媒体

① 2015《政府工作报告》缩略词注释［EB/OL］.（2015-03-11）［2024-05-20］. https://www.gov.cn/xinwen/2015-03/11/content_2832629.htm.

② 马化腾，等 . 互联网 +：国家战略行动路线图［M］. 北京：中信出版社，2015.

的冲突地带》（2012）的导言中指出融合文化的三大特征，即媒体融合、参与式文化和集体智慧。这种现象反映了技术、产业、文化以及社会领域等多重要素的互动作用的变迁。为此，国际传播的实践与创意及案例分析，离不开当今媒体变革与发展的大趋势和全球化时代的国际关系秩序的变化与重组的现实背景。

### 7. 哲学观念的转变在思维中的引爆作用

现代技术快速发展，并逐渐进入人们的日常生活，人类社会进入一个新的纪元——人类世。在此话语背景下，国际传播研究也需要有思维和哲学的转向。具体而言，一是对待技术的态度的转变：从“抵制还是接受”的二元对立到“承认并抵抗”的二元之思。技术共存，具体来说就是既要承认技术的“统治地位”，又要坚持抵抗的意义。我们一方面要接受和适应技术对我们生活的巨大改变，另一方面要坚守“人的主体性”和“人的价值”。二是对人的地位的重新认识：从“人类中心主义”到“生态中心主义”。生态中心主义提倡人与自然界的其他生物平等共存，主张人是自然演化过程的产物。它强调人类的生存和发展与自然界紧密相连，人类是自然生态系统中不可或缺的一部分，人与自然应该和谐共处，共生共长。三是时空观念的转变：从“线性时空观”到“圆性时空观”。“圆性时空观”是一种以“瞬间”为焦点的三维循环涌现的时间性结构，即一种循环时间观。在这种观念下，每个瞬间都是轮回的，时间是圆的，因此生命是有意义的。在这种时间观念里，时间不是线性的，空间也不是三维的。

### 8. 21 世纪媒介哲学的范式引领

美国当代著名的媒介史学家、传播理论家和传播哲学家，国际传播学会（ICA）会士约翰·杜海姆·彼得斯（John Durham Peters）在其著作《奇云：媒介即存有》（2020）中建构起他的媒介哲学观。在他看来，媒介不仅是各种信息终端，也是各种代理物，代表着各种秩序。这些媒介传送的信息能体现人类的各种行为。从更大范围的概念上看，媒介从用来指代各种自然元素又回到本来具有的“自然”根茎之中，即意味着回到媒介与人的根本之所在。彼得斯的贡献在于将媒介概念从大众传播时期兴起的“信息”层面转为“栖居”层面。其核心术语“元素型媒介哲学”——媒介即“使它物成为可能的中间之物”，“自然环境即媒介”，正如大地和海洋承载着我们的生命，而火和天空作为媒介，也在重塑我们与周遭世界的关系。人类创造的道路、文字、数字和高塔，都极大地改变了我们的生存状态，甚至我们的身体本身也作为一种媒介存在。这些元素仿佛是组成我们所生活世界的基础构件。可见，元素型媒介在我们栖居的环境中处于基础地位，因而也被彼得斯称为“基础设施型”媒介。然而，人们对它们的这种基础地位不以为然。让过去处在聚光灯下的内容和意义隐退到背景中，让这些隐形的元素媒介和基础设施媒介从背景走上前台，重新讲述自然环境、技术与人之间的联系。媒介理论的目标是成为哲学人类学，媒介研究应该成为一种“后学科”，一种看待世界的视角，而非一个对象领域。在当今的数字媒介时代，国际传播研究也应当关注媒介的基础性作用，将其当作一种看待世界的视角。

## （三）智能传播与大数据：数字时代的赋能与挑战

随着网络创新和社会进步，我们将迎来一个传播的崭新时代。进入数字时代，智能技术与大数据得到广泛应用，这对国际传播来说既是技术上的加持，又暗含挑战。人工智能、大数据、VR 和 AR 等智能传播技术催生了智能翻译、算法推荐和沉浸交互式新闻等新应用，一方面为全球化治理赋能，为中华文化的传播破除语言壁垒，另一方面对新闻业的发展起到促进作用，使共时性的新闻生产与精确化的新闻分发成为可能。然而，技术中存在黑箱，技术之间存在壁垒，大数据的全球化互联共通尚未实现，对新闻分发的“暗箱操作”已然发生，数字时代的信息霸权正以一种更加隐蔽、更加软性的方式影响着国际传播，数字时代的赋能与挑战成为两条并行交织的主线。

### 1. 数字时代的赋能

（1）智能技术赋能全球化治理

基于大数据和移动终端的智能技术，特别是人工智能的发展，将会深刻改变治理格局。这不仅体现在国内治理水平现代化的提升上，而且会进一步扩展到全球治理层面。张文祥、沈天健和孙熙遥指出，以 ChatGPT 为代表的生成式人工智能促动信息秩序的巨大变局，重新分配社会信息资源和数字权力。智能技术的首要特点是基于庞大数据的信息收集和处理模式，这将有效提升全球治理效率和水平。Yi-34B 和 Kimi 的出现，证明中国已拥有接近尖端的相关技术水平。智能传播的关键在于数据，AI 产业的飞速发展需要以大量垂直领域的数据积累为基础。中国在设备设施和人才团队方面具有领先优势，现有通信基础设施、计算物理集群和云计算平台发展迅猛，算法工程师、数据分析师、项目管理者、数据标注员等人才储备也很丰富。同时，国内庞大的互联网用户基数以及用户对信息传播参与的高度积极性，为智能国际传播提供了大量优质的数据资源，这有助于中国的国际传播实践从信息化阶段迈入智能化阶段。[①]Figure AI

① 汤景泰，徐铭亮．论智能国际传播：实践模式与驱动逻辑［J］．社会科学战线，2023（12）：152-160，282.

机器人的出现展示出人形机器人的巨大发展潜力。同时，信息传播速率的突破将带来全球信息流动速度和沟通频率的增长，复杂化和深层面的信息处理能力是不同于以往的。智能技术的使用会改变传统的全球治理模式，从而改变全球治理体系。庞大的算力和数据收集能力，以及一体化的整合模式，使治理体系越来越趋向扁平化。借用智能技术，全球治理体系的区隔将进一步被打破，国家治理的战略与国际的联系将得到更突出的关注。从全球化层面进行的战略思考会对国家治理讨论与决策产生重要影响。人机互动界面的智能化提升将改变用户参与治理流程的方式。政务服务的智能化平台为公众提供了更加便捷和高效的方式。人机互动界面的简洁化、类人化，使公众参与和获取信息的能力增强。强大的交互性和互动性界面，加强了治理各主体间的沟通，强调了各主体间多向信息的流动，数字全球化正在开辟数字世界的新道路、全球传播的新可能。

在全球化治理背景下，人工智能的竞逐焦点正从技术层面转向规则治理层面。欧盟批准了《人工智能法案》①，这是世界上迄今为止最全面的人工智能立法，也被我国的《生成式人工智能服务管理暂行办法》借鉴采纳。国际合作在人工智能的发展治理中起到积极作用，在双边合作上，中美、中欧、美欧彼此间就建立对话合作机制达成共识，在技术、治理以及监管政策领域也出现趋同和对标；在多边合作方面，中美欧与其他各国在联合国、二十国集团（G20）等政府间国际组织的框架下就发展原则、军事和伦理规范进行交流。比如，中、美、英等 28 个国家及欧盟共同签署的《布莱切利宣言》②，承诺以安全、以人为本、值得依赖和负责任的方式设计、开发、部署和使用人工智能。这是首个多国对人工智能安全底线的共识宣言，是人类达成 AI 安全发展共识的重要一步。③

（2）智能技术赋能中华文化国际传播

随着中国成为世界第二大经济体，增强中华文明的传播力、影响力成为以人类命运共同体理念引领构建中国式现代化的必然要求。信息技术的高效传播速度促进了中华文化的向外传播，推动了跨文化传播。传播渠道的扩展以及从用户生成到人工智能生成的改变，让跨文化传播格局呈现出多样、交织的面貌。数字技术从以下几种路径

① 此法案于 2024 年 3 月 13 日批准，见王宁 . AI 全球治理，亟需大国引领［EB/OL］.（2024-04-03）［2024-05-20］. https://baijiahao.baidu.com/s?id=1795263639613745096&wfr=spider&for=pc.

② 此宣言于 2023 年 11 月发布，见王宁 .AI 全球治理，亟需大国引领［EB/OL］.（2024-04-03）［2024-05-20］. https://baijiahao.baidu.com/s?id=1795263639613745096&wfr=spider&for=pc. 该宣言又叫作《布莱奇利宣言》。全书其他处均使用《布莱奇利宣言》。

③ 王宁 . AI 全球治理，亟需大国引领［EB/OL］.（2024-04-03）［2024-05-20］. https://baijiahao.baidu.com/s?id=1795263639613745096&wfr=spider&for=pc.

增强着中华文明的传播力和影响力：一是与传统对话，坚定中华民族的历史自信；二是与全球共在，拓展中华文明的场景想象；三是与世界共情，增进“他者”的中华情感；四是与人民共享，激发多元主题的全球传播实践。文化传播不再局限于官方的交流，而是多向、多维度的交织，使文化文本呈现出多样态的特点。例如，成都传媒集团创新孵化的“民乐也疯狂”短视频 IP，以“传统文化 + 新技术”的方式推动中华文化更好地走向世界。同时，虚拟现实、增强现实、算法推送等技术的升级，创新了文化传播的方式和文本的呈现模式。方式和渠道的丰富给中华文化的国际传播注入新的动力，将中华文化的丰富内涵与新技术样态创新式结合，进一步促进跨文化传播。比如，屏幕叙事带来的多元呈现，力图多样展示文化的内涵。互动方式的智能化使跨文化传播格局发生深刻变革，使文化信息的交流不断迭代、流动，为挖掘文化的传播方式提供了更多可能。中华文化的国际传播在智能技术的支持下将呈现出新的局面，同时作为全球格局的重要组成部分，也会进一步影响全球层面的跨文化传播。

（3）智能技术赋能新闻业“出海”

智能传播将为未来传媒的发展提供新动能。智能技术对新闻业的赋能主要体现在众多生成式人工智能的出现。国内外媒体已将人工智能大模型广泛应用于内容采集、数据分析、内容制作、个性化报道和受众互动运营等媒体场景中，极大地提高了内容生产和个性化推荐效率。新闻的内容生产对生成式人工智能的引入和利用，将改变新闻内容生产的传统模式和结构，提升新闻从业人员的媒介素养。大规模的数据收集能力和基于数据库的学习能力让人工智能可以批量化、高效化地实现内容生产，而这种生产的规模和速度是人类难以企及的。在新闻生产上，人工智能技术的应用目前更多体现在辅助性工具层面，这便带来了新闻生产效率的提升和数据新闻的发展。智能技术会深刻改变新闻内容生产的权力结构。内容生产的单向、线性模式将变为多向、及时的互动性、协作性生产模式。这不仅体现在媒体机构内部内容生产趋向于协作化、扁平化的结构，而且体现在新闻分发上用户的自主性加强，个性化内容和按需生产的需求得到满足。同时，智能技术为新闻业国际传播能力的增强提供助力。比如，2023 年 7 月，南方财经全媒体集团成立国际传播中心，媒体融合、技术创新、技术赋能三者为南方财经塑造了全新的国际传播格局，促进其讲好中国故事。

### 2. 数字时代的挑战

（1）数字时代国际传播面临技术挑战

正如学者保罗・莱文森（Paul Levinson）所言“任何技术都是刀子的翻版”，数字时代，智能技术在为我国的国际传播提供便利和更多可能性的同时，也给我们带来了许多新的挑战。因此，数字时代的国际传播挑战比传统时代更加错综复杂，亟须应对。人工智能技术有潜力被用于大量制造和传播不实信息、新闻和评论。一些国家利用这些技术故意破坏公共舆论环境，运用大数据、算法和自动化的网络水军等手段，精确地锁定目标受众，传播和扩散虚假消息。数字时代，互联网的传播速度之快、影响力之广，早已不容小觑。在国际传播中，一些西方国家利用社交机器人水军等方式建立起自己的虚假信息代理人，在活跃量高度发达的社交媒体平台通过点赞、分享、推送等方式散布虚假信息和恶意引导舆论，进一步误导受众，以达到分化其他国家的目的。因此，对于数字时代国际传播面临的技术挑战，我们需要通过技术反制或者提升民众媒介素养等方式早日应对。

（2）数字时代国际传播面临渠道挑战

数字时代，西方国家以国家安全和意识形态为借口遏制中国软实力的崛起，封锁中国的对外传播渠道。中国的信息服务等高科技企业被以美国为代表的西方国家视为“眼中钉”，美国率领西方国家发起对中国的制裁。如美国对华为芯片的遏制和对抖音国际版 TikTok 的打击等，本质上都是对中国国际传播的渠道进行封锁，严重干扰了中国在国际传播中发声的“音量”。在敌强我弱的国际传播环境中，中国一直遭受着来自西方世界的诋毁和攻击，中国的国际形象也在西方国家的污名化、妖魔化中受损。因此，对于数字时代国际传播面临的渠道挑战，我们需要尽早提升中国国际传播的话语权，避免陷入西方主导的污名化陷阱。

（3）数字时代国际传播面临信息霸权挑战

作为信息的聚合平台，数字平台拥有的用户、数据、信息越多，平台的价值含量就越高。互联网平台已经成为数字资本在全球自由流动的基石，资本主义已从传统工业资本主义向数字资本主义转型。美国凭借 YouTube、推特（Twitter）、脸书（Facebook）等全球社交媒体平台在全球范围内广泛覆盖，延续并进一步扩大了传统时代的文化与经济霸权。通过这些数字平台，美国牢牢把握着数字资本主义时代的话语权，影响着信息的生产、分发与流通。[①] 数据喂养的偏狭、使用的偏误和伦理的偏颇为生成式人工智能输出的虚假信息、错误信息及恶意信息流入信道创造条件。在全球信息传播秩序失衡的状态下，少数发达国家掌握着大多数的媒介资源和话语权力，而大部分发展中国家面临着媒介资源严重缺乏和国际传播话语权不足等问题。这样会导致

① 匡文波．数字平台如何影响中国对外传播：后疫情时代中国网络媒体全球传播的机遇与挑战［J］．西北师大学报（社会科学版），2021，58（5）：5-14.

民众看到的信息大多是有利于少数西方国家而不利于自己国家和民族利益的。少数发达国家通过这种方式长期误导受众，企图通过“信息霸权”“文化霸权”等“软控制”的方式同化和封锁其他国家，以实现自身的政治利益和霸权目的。因此，对于数字时代国际传播面临的信息霸权挑战，我们需要争取建立更公正、合理的国际传播新秩序，团结起来维护国家和民族利益，促进自身发展。

## 第二节　国际传播的关系要素与结构性的基础理论和概念

国际传播研究是一个体系性工程，涉及传播学与相邻学科（如新闻学、社会学、政治学、文化学、经济学、管理学、哲学以及包括人工智能在内的信息科学和工程技术）的相关理论与方法。在关世杰教授看来，从国际传播学的体系观之，国际传播的研究包含行为主体的国家与国际组织，以及作为客体的大众传媒、对外传播、跨文化交流与文化传播。当然，国际传递的新闻信息——国际新闻也是其重要组成部分。国际新闻传播的本质是国际政治及其相关的意识形态的映射。国际新闻传播的环境是现代国家所依附的国际关系、国际社会和国际舆论及国际受众等多种要素构成的。鉴于此，对下面一系列相关概念的理解和把握是学好国际传播及国际新闻传播的基本前提。

下文将围绕四个维度对国际传播与国际新闻传播及其相关基础性概念进行解释和梳理。一是国际传播及其相关概念的梳理；二是新闻与国际新闻、国际新闻传播及其相关元素和辨析；三是基于信息化时代的传播理念的语境化与国际化指向；四是国际传播研究的毗邻理论管窥。

### 一、国际传播及其相关概念的梳理

#### （一）国际传播

国际传播作为一个概念最早由西方学者提出。就“传播”一词而言，它既是现代大众传媒的传播实践，又是个人行为、商务往来、文化交往的行为与过程。于是，国际传播便可理解为广义和狭义两种层次。前者包括跨越国界的大众传播和人际传播，后者主要指跨越国界的大众传播。①

学界对国际传播的这一概念进行了多角度的解释：一是指特定国家或社会集团通过大众传播媒介面向其他国家或地区受众所进行的跨国传播或全球范围传播，是世界各国、各地区综合实力的局部体现。② 二是指特定的国际社会组织或集团利用大众传播媒介（传统媒介如报纸、期刊；电子媒介如广播、电视、音像制品、互联网）进行的跨越国家边界、跨越国家传播体制的交流。③

国外学者强调，国际传播是对两国之间以及多个民族国家之间的传播与媒介模式及其效果进行文化、经济、政治、社会和技术分析。在信息全球化时代，其行为体更加多元，许多非国家的国际行为体成为不可忽视的力量，塑造着国际传播。国际传播的重要功能之一是公共外交，其目的就是通过易于他国精英和民众接受的方式进行公共传播，从而影响目标国对传播国度的好感和政策的制定。现在的国际传播研究已拓展到文化与媒介研究，并且以比较的视角在国际框架中展开教学。理想的国际传播是世界各国人民共享知识、思想和信念的方式，由此成为解决全球冲突、增进国家之间相互理解的一个因素。然而，现实是国际传播的渠道成为西方列强为攫取经济、政治利益而打造的控制全球传播的手段和工具。④

同时，我们还应看到，国际传播一直是美国传播概念的延长和经验的印证，甚至沦为美国传播的学术殖民地。国外学者把西方经验普遍化，抹杀“非西方”经验和跨文化意义。学者李金铨在《国际传播的国际化：反思以后的新起点》一文中呼吁以多元文化世界主义为起点，建立复杂、多元而整合的具有在地经验与全球视野的国际传播架构。⑤

## （二）国际关系

国际关系是指“国际社会各行为主体之间相互交往、相互作用的一般状态”。“它不仅包括国家间、国家集团间的各种类型和形式的关系和联系，也包括国际组织、团体、跨国公司等国际关系行为体之间的关系和联系。具体来说，它包括政治关系、经济关

① 关世杰. 国际传播学［M］. 北京：北京大学出版社，2004：1.

② 程曼丽. 信息全球化时代的国际传播［J］. 国际新闻界，2000（4）：17-21.

③ 郭可. 国际传播学导论［M］. 上海：复旦大学出版社，2004：5.

④ 屠苏. 国际传播：沿袭与流变：第三版［M］. 胡春阳，姚朵仪，译. 上海：复旦大学出版社，2022：3-5.

⑤ 李金铨. 传播纵横：历史脉络与全球视野［M］. 北京：社会科学文献出版社，2019：105，107.

系、文化关系、宗教关系等。其中国际政治关系是最重要和最活跃的关系，与政治密切相关的经济关系是最基础的关系。国际关系不是静止不变的，而是国际舞台上为实现各自利益而积极互动各行为主体不断互相作用的运动过程。”①

国际关系包括两大层次：一是微观层次——以行为体（主要是国家）为中心建立的双边或多边关系②；二是宏观层次——从国际关系全局和整体的角度分析，把它看成一个由各行为体有秩序地排列，有规律地相互作用的有机统一体。③

国际关系学与国际政治学是有区别的。国际政治学是研究国际政治关系，主要是国家间政治关系发展变化的规律。国际关系学的研究对象和研究范畴比国际政治学广泛。它不仅研究国际政治关系，还研究政治、经济、军事、文化及其他一切关系的总和，不仅研究国家间的关系，还研究各种国际行为体之间相互关系发展变化的规律。④

国际关系学不等于外交学。外交学是主权国家通过一定的机构，依照国际法和国际惯例来处理彼此间事务的一门艺术和科学；国际关系学主要研究国际关系整体的运行和演变规律。⑤外交学主要从一个国家的角度研究如何处理对外关系；国际关系学从各个行为体作用和反作用的角度研究问题。⑥

### （三）国际政治

国际政治⑦主要表现为国家间政治，但其外延要比国家间政治大，包含所有行为体间的政治。国际政治，指的是行为体间围绕权力和利益实施外向决策的活动及相互作用形成的有机整体，是全球范围内战争与和平、冲突与合作、强权与民主、人权与主权、剥削与发展、结盟与不结盟、动乱与秩序等现象和关系的统称。国际政治包含三个方面：运行体系、运行状态和运行机制。⑧国际政治具有两重性，它既是围绕权力和利益的矛盾运动，又是追求稳定秩序的过程。应该看到，西方国家立足于权力，一般视国际政治为权力政治，而发展中国家应从权利出发，称国际政治为权益政治，把权

① 钱其琛．世界外交大辞典［M］．北京：世界知识出版社，2005：747.
② 详细阐述参见汉斯·摩根索的译著《国家间的政治：权力斗争与和平》，詹姆斯·多尔蒂、小罗伯特·普法尔茨格拉夫的译著《争论中的国际关系理论》。
③ 张劲松．关于“国际关系”概念的异论［J］．辽宁大学学报（哲学社会科学版），2007（3）：63-68.
④ 姜恒昆．认识争论中的国际关系学［J］．甘肃教育学院学报（社会科学版），2001（2）：1-6.
⑤ 夏安凌，封帅．范式选择与中国国际政治学科的发展［J］．现代国际关系，2007（2）：54-60.
⑥ 周兴泰．构建中国特色国际政治理论的一项可能议程：国际政治的国家行为理论初探［C］// 外交学院国际关系研究所，中国国际关系学会．国际关系研究：新发展与新问题——2012 年博士论坛．北京：世界知识出版社，2013：26.
⑦ 梁守德，洪银娴．国际政治学［M］．北京：北京大学出版社，2000.
⑧ 杨泽伟．论国际法的政治基础［J］．法律科学．西北政法学院学报，2005（3）：62-71.

利放在首位。

从国际政治的定义出发，认识和研究国际政治要厘清三个层次和三个规律性现象。三个层次：第一，国际政治是行为体在世界范围内为谋取自身权益而实施决策的一种活动，即外向型活动，这种活动是自觉的高级活动，具有能动性和应变性；第二，国际政治是行为体实施决策活动相互作用形成的现象和关系，并联结成独立的整体；第三，国际政治是行为体相互作用呈现出的运行状态和运行机制。三个规律性现象：第一，国际政治处于多系统中，是相互联系的整体，不可分割；第二，国际政治以权利、权力和生存与发展利益为核心，超越一切；第三，国际政治处于竞争、对抗与协调、合作状态，且相互渗透，日渐受国际控制和调节机制的制约。

## （四）国家权益

国际政治的直接目标和主要表现是国家权益。[①] 国际政治主要围绕国家权益运转。国家权益又称国家利益，即权利、权力和利益，包括四方面。一是国家安全权益，即国防安全（领土安全、领空安全、领海安全）、政治安全和经济安全，主要是主权独立、领土完整、人民生存和不受侵犯的权益。二是国家政治权益，即独立自主管理内政外交的权益，维护各自社会制度和意识形态的权益。三是国家经济发展权益，即经济繁荣、科技进步和人民生活不断提高的权益。四是国际社会中的平等互利权益。这些权益相互影响，相互制约，不可分割，没有主次之分，是国家一切活动的基础和根本目标。

作为国际政治核心的国家权益政治，不能简单地将其理解为世界各国为追求自身利益而进行的权力斗争，它也是国家间以权利和生存与发展利益为中心相互作用的表现。国际政治不能片面界定为权力政治，而应是权力政治、权利政治和利益政治的总和。它包括主权利益同强权利益的关系，以及强权利益间关系和主权利益间关系。我们把国际政治界定为“权益政治”，这比界定为“权力政治”更准确、全面，更符合国际社会的现实。首先，它是政治与经济的统一，既承认政治军事化，又重视政治经济化趋势。其次，它是理想与现实的结合，既承认权力冲突与实力政策，又突出权利的追求和维护。最后，它是冲突与合作的交汇，既承认对抗与斗争，又强调协调与合作。

## （五）国际社会

国际社会是当代世界的客观存在，它主要由阶级政党、民族解放组织、国家和国

---

① 梁守德，洪银娴. 国际政治学［M］. 北京：北京大学出版社，2000.

际组织组成，以它们为行为体，其中最为重要的是国家。[①] 正是这些行为体的相互作用，在国际社会内形成了世界经济、政治和文化的体系、格局和秩序。国际社会就是世界政治经济与国际关系的总和。可以说，国际政治体系、格局和秩序就是国际社会的集中体现。国际社会同国内社会不同，它不具备国家属性，也无世界政府，没有统一的主权、统一的法律、统一的价值观念和统一的伦理道德，[②] 其组成单位遍及全球，错综复杂，不仅政治经济体制和文化传统千差万别，而且发展不平衡，悬殊极大，甚至相互对立，战争相见。在国际舞台上，国家权益被置于至高无上的地位，且国家主权神圣不可侵犯，由此导致政治和经济力量的分散。这种分散是不均衡的，呈现出多中心的局面。国际社会之所以能凝聚在一起，是因为不同的行为体在政治、经济和文化层面上的相互作用和影响。全球经济和国际政治体系的结构、布局和秩序，是维系这一社会的主要纽带和表现形式。因此，对国际政治体系、格局和秩序进行深层次考察和分析，当然应该立足于国际社会。

### （六）国际体系

国际体系是由多种国际行为体相互联系、相互作用、相互依存所构成的无政府状态统一体，包括国际行为体、国际格局和国际规范三个要素。国际体系是国际秩序的基础和载体。

### （七）国际秩序

国际秩序是基于国际力量对比，通过国际行为体共同遵循的规则和制度构成的相对稳定和有序的状态，包括国际主导价值观、国际规范和国际制度安排三个要素。[③] 国际秩序是国际体系运行的规则和制度，表明国际体系存在和发展的状态。

### （八）软实力

英国现实主义家爱德华·霍列特·卡尔（Edward Hallett Carr）将国际实力分成三种类型：军事力量、经济力量和影响舆论的力量[④]。其中影响舆论的力量源自以下三种资源：道德上的威信、军事实力和国际援助能力。在当今全球化的社会中，国际软实

① 孙君健．毛泽东国际政治理论研究述评［J］．河南社会科学，2005（5）：52-54，58.
② 李少军．国际政治学概论［M］．5 版．上海：上海人民出版社，2019.
③ 邹治波．国际秩序的评判研究［J］．世界经济与政治，2022（5）：27-45，156.
④ 卡尔．20 年危机（1919—1939）：国际关系研究导论［M］．秦亚青，译．北京：世界知识出版社，2005.

力的重要性逐渐凸显。

约瑟夫·S. 奈（Joseph S. Nye）在其著作《软力量：世界政坛成功之道》《硬权力与软权力》中提出软实力理论，并思考美国在世界上的地位及其战略。他强调理论与实践相结合的重要性，并且提出国家软实力来自三种资源：文化（在能对他国产生吸引力的地方起作用）、政治价值观（当它在海内外都能真正实践这些价值时）及外交政策（当政策被视为具有合法性及道德威信时）。[①] 约瑟夫·S. 奈很早就关注观念与社会互动的问题。他致力于研究观念如何塑造认同、社会力量如何促使国家重新定义其国家利益。这种新范式被称为“建构主义”。他提出的“相互依赖”理论修正了现实主义的三个假设：国家是唯一重要的行为体，武力是主导工具，安全是主要目标。

## 二、新闻与国际新闻、国际新闻传播及其相关元素和辨析

### （一）新闻的概念、基本要素及种类

#### 1. 何谓新闻

由于新闻现象的丰富性和新闻传播活动的复杂性，长期以来，人们对什么是新闻有着不同的认识和理解。从“新闻”一词的使用情况看，我国和西方对新闻基本含义的认识和理解大体一致，最初都是指新鲜事情、新奇见闻，后来才逐渐地和报业发生联系，指登载这些内容的印刷物之类。宽泛地讲，新闻包括新闻、新闻作品和新闻事业三层含义，其中新闻一词是关键。对于新闻的定义，中外有很多种，有的立足事实，有的着眼报道，有的侧重功能，有的强调信息，各自从不同角度、不同方面对新闻这一复杂现象的某些基本特征进行探索。事实上，不同定义背后蕴含的是作者思考层次乃至意识形态立场的差异。国内较为通用的新闻的定义是时任中共中央机关报延安《解放日报》总编辑陆定一于 1943 年 9 月 1 日在《解放日报》发表的《我们对于新闻学的基本观点》一文中提出的，即“新闻是新近发生的事实的报道”。这个定义首先肯定事实是新闻的本源，是第一性的；其次，明确指出事实要成为新闻，必须通过“报道”这一中间环节；最后，强调新闻报道的事实是新近发生的。这一定义坚持辩证唯物主义新闻本源观，揭示新闻的本质属性，对新闻的内涵和外延做出确切界定，肯定新闻的真实、及时、新鲜和公开传播等基本特征，从思想上和理论上影响当时和以后

① 刘乃歌 . 跨文化传播与国家软实力提升［J］. 社会科学辑刊，2011（1）：72-74.

我国几代新闻工作者，对坚持马克思主义新闻观、坚持新闻工作的党性原则和真实性原则、指导我国新闻工作实践、推动新闻学研究都起到了十分重要的作用。[①]

### 2. 新闻价值与基本要素

遵循马列主义的世界观、社会观以及认识论准则，不难看到新闻作为社会总的关系的有机构成部分，其基本要素至少包含两个要点：首先是构成报道对象的事实具有多大的新闻价值；其次是该则报道采用怎样的具体形式。两者之间是内容和形式的关系，存在严格的逻辑先后顺序。

新闻价值是指构成报道对象的事实与社会公众的实际利益具有多大的关联度，大致由报道的时效强弱、涉及人群广度、影响深度三个因素决定。在长期的媒体实践中，人们公认可以从事实本身在时效性、重要性、显著性、接近性和趣味性等五方面的表征来经验性地综合评估新闻价值的高低。

新闻报道总是由具体的人，出于具体的目的，基于自身的具体倾向进行的。因此，任何新闻报道都既最大限度寻求与事实本来面目不违背，又必定通过各个环节、各个方面的选择来体现报道者的倾向性。新闻报道的真实性和报道者的倾向性都是客观存在的。我们既要坚持新闻报道的真实性，也要反对西方新闻学说的所谓“客观性”标准。

### 3. 新闻的种类

新闻报道以整个社会乃至世界的方方面面为可能的报道（反映）对象。因此，我们对新闻报道可做多种类别划分。例如，可以根据其反映对象的发生地点，分为国内新闻和国际新闻；根据其反映对象主要体现的社会关系，分为政治新闻、经济新闻、文化新闻、军事新闻、法律新闻、体育新闻和社会新闻；根据其内容表达的形态（体裁）分为消息报道、解释性新闻报道、深度报道、调查性报道等；根据其发布的媒介类型分为报刊新闻、广播新闻、电视新闻、网络新闻。通常情况下，每则具体的新闻报道同时属于多种类型。

## （二）新闻的四种模式与公民的新闻素养[②]

### 1. 新闻的四种模式

在国外新闻理论和新闻史的研究中，行业经验丰富的实践者和管理者针对国外新

① 《新闻学概论》编写组．新闻学概论［M］．北京：高等教育出版社，2020：22-24.

② 以下四条术语的基本意涵源自：科瓦奇，罗森斯蒂尔．真相［M］．陆佳怡，孙志刚，译．北京：中国人民大学出版社，2014.

闻生产实践与社会和受众的多重复杂关系，总结并勾勒出四种新闻生产模式。

（1）确证式新闻

强调准确和语境的传统模式，也是理想的新闻形式，[①]强调事实的真实性和完整性。

（2）断言式新闻

强调即时性和声音大小的新模式，将新闻理解为一种趋向被动的信息渠道。断言式新闻缺乏调查，在它们的生产过程中，新闻工作者除了把那些看似是新闻的，能够吸引受众注意力的内容（谣言、暗讽、指责、控告、猜测和假设）直接搬上媒体平台，还常常在报道中一味地进行判断，提供结论，却不为此列举相应的证据，导致曾经被称为新闻原始素材的东西被直接传递给了受众。[②]

（3）肯定式新闻

不是追求事实的真实性和完整性，而是刻意拣选事实，以获得受众的信任与忠诚，进而达到利益攸关方的目的。肯定式新闻往往刻意挑选证据，再用其证明观点。肯定式新闻的首要目的不是确证新闻内容，它是一种肯定受众先入之见的新闻。

（4）利益集团式新闻

通常由专门的利益集团而非媒体机构资助，设计得很像新闻，表面中立，实则有固定的潜台词，比如保守派人士不关心社会正义等。其制作者的主要目的不是生产新闻而是影响政治结果。[③]

### 2. 新闻素养和公民素养

比尔·科瓦奇（Bill Kovach）和汤姆·罗森斯蒂尔（Tom Rosenstiel）在《真相》[④]一书中系统地回答了网络时代关于“真相”和“谣言”的诸多疑问，探讨信息文化正在发生何种变化，并为所有的公民提供了一种路径导航——用六步质疑法分辨谣传，获得事实的真相，旨在用这样一本新闻消费指南式的图书提高公民的新闻素养。

四川大学文科讲席教授、中国人民大学一级荣誉教授陈力丹在为该书写推荐序时对新闻素养和公民素养进行了阐述：“现在是新闻最多的时代，也是新闻最差的时代。我们似乎更容易看见‘真相’，但追究真相更难。我们已经生活在一个全民新闻时代了，人人都可以发布新闻，但事实的真相反而难以辨别了。看起来，民众似乎掌握着

---

① 刘海龙．新闻素养与下一代新闻业［J］．新闻记者，2014（4）：69-75.

② 陈嬿如，谢欣．断言式新闻：媒介技术驱动下的新型新闻模式研究［J］．国际新闻界，2019，41（5）：80-92.

③ 科瓦奇，罗森斯蒂尔．真相［M］．陆佳怡，孙志刚，译．北京：中国人民大学出版社，2014.

④ 科瓦奇，罗森斯蒂尔．真相［M］．陆佳怡，孙志刚，译．北京：中国人民大学出版社，2014.

前所未有的新闻控制权，但这也意味着民众自身必须拥有把握这种控制权的能力。为了辨别真相，也是为了避免被操纵，'新闻素养'就应该成为公民素养的一部分，全民都要掌握必要的新闻知识。"假如现在这一发展过程很大程度上取决于公民自身的技能，那么关键措施就是必须将公民素养和新闻素养引入中学课程。公民素养是一门告诉我们如何成为社群中合格公民的课程，超越了公民学的范畴，更强调参与性、苏格拉底式的求知方式和个性化。

按照比尔·科瓦奇和汤姆·罗森斯蒂尔的观点，新闻素养是公民素养的一个组成部分，不同于通常意义上的媒介素养。新闻素养是指如何"阅读"新闻报道的技能，即怀疑认知方法。互联网时代下，获取以怀疑认知方法为核心的新闻素养，是传统受众向互联网用户转变的题中应有之义。

## （三）国际新闻的概念及其媒介环境

### 1. 概念梳理

国际新闻是指"新闻在国际的流动"①，包括四点含义："一是其新闻事实的国际性，即事实信息来自国外并对受众具有国际认知价值；二是其传播方式的国际性，是通过大众传播媒介甚至是可以超越国界的大众媒介；三是传播主体的国际性，除面向国际的一般传播者外，增加了国家这一特定主体；四是其受众的国际性，是国际社会中具有广泛性、混杂性和隐秘性的大众。"② 从广义上来讲，"国际新闻既包括外国消息（国际报道），也包括对外传播，还包括国际性新闻机构向国际社会提供的国际性新闻"③。由此，国际新闻传播可理解为通过大众媒体进行的跨越国界的新闻传播活动，包括对本国之外的新闻报道和一个国家向外界进行的有关本国情况的新闻报道。

有关国际新闻的要素描述如下④。

国际新闻的基本特征：具有跨国界、跨语言和跨文化的性质。

国际新闻的基本属性：政治性、新闻性、大众传播性、跨文化性。

国际新闻承载着双重使命：其一，鉴于其传播对象的广泛性、多样性，即存在中外的差异性和国际的差异性双重现象，应采用"内外有别"和"外外有别"的方针；

① 蔡帼芬，徐琴媛 . 国际新闻与跨文化传播［M］. 北京：北京广播学院出版社，2003.
② 蔡帼芬，徐琴媛 . 国际新闻与跨文化传播［M］. 北京：北京广播学院出版社，2003.
③ 蔡帼芬，徐琴媛 . 国际新闻与跨文化传播［M］. 北京：北京广播学院出版社，2003.
④ 蔡帼芬，徐琴媛 . 国际新闻与跨文化传播［M］. 北京：北京广播学院出版社，2003.

其二，鉴于其凸显出的跨文化属性，促进文化间的沟通、全球合作与发展。

### 2. 媒介环境

（1）国际信息与传播新秩序

第二次世界大战后，全球化浪潮推动了以美国为首的西方国家在“信息自由流通”的旗帜下，对发展中国家进行文化和信息的“入侵”。西方的文化理念和生活方式畅通无阻地渗透到这些国家，逐渐形成主导全球文化发展的趋势。这种现象实质上呈现出的是发达国家在传播领域的主导地位与发展中国家的被动地位。面对发达国家的文化优势，发展中国家的本土文化逐渐被边缘化，甚至面临失去自主性的风险。

随着权利和自信心的提升，发展中国家开始认识到全球信息传播秩序中的不平等和不公正现象，并积极寻求改变。他们致力于打破现有的不平衡状态，推动建立一个更加公正和平等的国际传播新秩序。20 世纪后半叶，第三世界国家围绕“世界信息和传播新秩序”的斗争日益激烈，这正是对全球信息传播不平等现状的直接回应和挑战。这场斗争不仅反映了发展中国家对文化自主权的追求，也体现了他们在全球传播领域争取平等地位的决心。

因此，人们推动建立国际信息与传播新秩序，是将它作为消除殖民主义控制的方式。然而，西方媒体强烈反对任何类似的计划，担心政府会借此加强对媒体的干预，最终影响到媒体的市场份额与利润。

（2）数字殖民主义

历史上商船殖民主义时期，各个帝国为了谋求劳动力与石油，通常将他国当作殖民地。如今数字殖民主义时代关注的是如何控制人们的思想，从某种程度上改变他们的消费习惯。数字殖民主义关心的是包括广告在内的全球媒体如何影响人们观察、思考和行动的方式。数字殖民主义思考的是大众媒体是如何影响思想的。工业革命时代关注劳动力、原材料，然后是成品；如今信息革命时代关注的是与思想和全球消费者行为相关的作用及结果。①

（3）世界体系理论

世界体系理论认为，全球经济从核心区域往外扩展到半边缘区域和边缘区域（见图 1）。这三个区域在政治、经济、文化、媒体、技术、劳动力、资本和社会等方面的互动程度有所不同。当今世界处于经济决定主义的逻辑下，无论个体、公司或民族国

① 张幼斌 . 电子殖民主义理论的产生、发展与思考［J］. 新闻研究导刊，2011（8）：37-39.

家，都是按其市场实力进行排位。因此，这些区域划分展现了不平衡和不平等的关系，都是由核心国家占主导地位，控制着经济实体。拥有实力的主要是核心国家，半边缘和边缘国家在与核心国家互动时处于从属地位。[①]

进一步而言，核心国家从自己的利益出发对边缘国家和半边缘国家进行控制，与边缘国家和半边缘国家的关系、互动的性质及外延都是由核心国家界定的。核心国家向其他区域提供技术、软件、资本、知识、产品和服务，边缘国家和半边缘国家则提供消费者和市场。边缘国家和半边缘国家与核心国家发生关系，主要通过提供廉价的劳动力、原材料、消费者和市场。

大众媒介技术、产品和服务加强并常常主导着这三个区域之间的关系。具体而言，电视和电影是核心区域向半边缘区域及边缘区域传播与灌输价值观的主要媒介。占统治地位的资本主义意识形态嵌入主要核心文化工业的交易结构、市场营销和战略规划中。主要的跨国媒体集团来自核心国家，尤其是美国和欧盟。为了获利，它们想方设法影响、扩展和推动其文化产品（包括图书、杂志、电影、音乐等）进入边缘区域和半边缘区域。

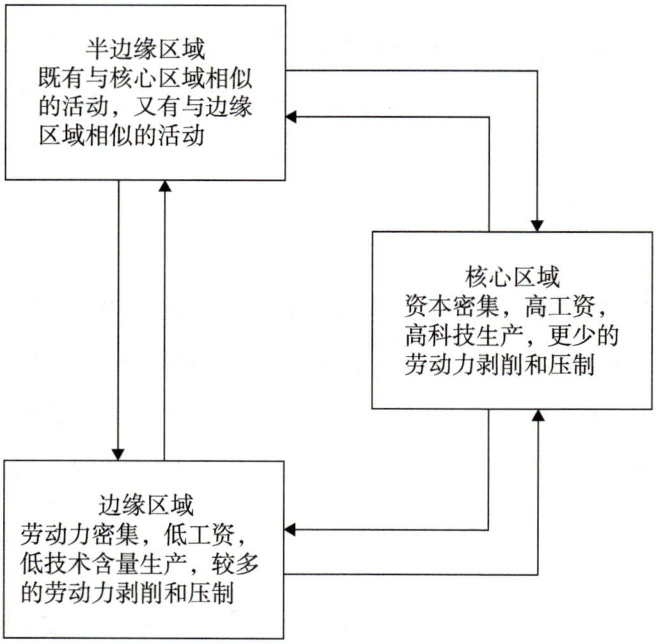


图 1-1 资本主义世界经济中的关系

① 张丽萍．拉美媒体的转型与发展：世界系统理论的视角分析［J］．拉丁美洲研究，2016，38（3）：117-128，157.

资本主义思想在全球经济的运作和扩张中扮演着关键角色。因此，大多数多媒体集团致力于在国内外市场提升其影响力，通过在不同地区推广核心资本主义机制和价值观来巩固其地位。这些集团致力于塑造和引导全球消费者的观念、思维方式和购买习惯，使其产品与服务成为消费者的首选，并培养他们成为忠实的回头客。

## （四）国际新闻传播与国际传播的区别

前文已分别阐述了国际新闻与国际新闻传播的概念。就学科而言，国际新闻研究是新闻学下面的一个分支学科，国际新闻的基础是新闻，而国际新闻的特殊性体现出跨国界、跨语言和跨文化传播的鲜明特征。再者，因为国际新闻传播所涉及的内容与对象通常与国际政治、国际关系和国际文化交流等层面相关联，所以国际新闻研究从新闻学出发并与国际传播和跨文化传播学密切相关，当然也关涉国际政治学和国际关系学等相关理论。国际新闻传播研究是传播学下的一个分支学科。国际传播的特点表明：从传播意图和内容上看，国际传播与政治和国家战略密切相关；从传受双方的关系看，国际传播是一种跨文化传播，存在着语言、宗教以及文化制度等方面的差异，进而影响传播效果；从传播的渠道看，国际传播能顺畅地在国际传递信息，既离不开先进的通信技术作支撑，也需要掌握先进传播技术的人员。由此观之，在传统上，国际新闻传播研究与国际政治和国际关系密切相关。随着冷战的结束与国际格局的变化以及经济的全球化和产业革命的变化，新兴的媒介技术和通信手段以及互联网的飞速发展，世界各国经济的发展依存度越来越高。当今国际新闻传播研究的跨学科性十分突出，它关涉多学科领域，如国际关系学、政治学、传播学、国际法学、心理学、文化人类学、信息科学与工程技术、伦理学和生态科学等。可见，国际新闻和国际新闻传播研究既显示出差异性，也存在着一些共性，即它们都与国际政治、国际关系和跨文化传播学密切相关，并且从较为单一的传统研究逐步转向跨学科的复合型研究路径。以下这些焦点话题——国际信息流与重建国际信息新秩序、国家形象与软实力、国际态度、跨文化信息的传递、文化差异性与多样性、媒介文化中的全球性与地方性、全球新闻传播、发展新闻与传播、数字时代的新闻与国际传播、全球媒介的反向流动、跨国数据分析、AI 和国际新闻与传播以及全球治理与建立公正合理的国际政治经济新秩序——已成为这两者共同面对的研究领域。

接下来，我们再关注国际新闻传播与国际传播的区别。它们之间既存在联系，又有区别。就传播内容而言，国际信息包括新闻性信息和非新闻性信息。国际新闻传播侧重新闻性信息的传递，包含政治、经济、社会、军事和文化等方面的信息；国际传播还包含非新闻性信息，如文化信息、数据资料信息等。就传播渠道而言，国际新闻传播主要指通过大众媒体（包括新媒体及数字网络系统）进行的跨越国界的新闻传播活动；国际传播的范畴更大，包括人际交流在内的一切方式。可见在范畴上，国际传播的概念要大于国际新闻传播。从本质上看，国际传播强调传播中的主体间性与交流、沟通和共存，促进世界各民族文化在碰撞中融合与发展；国际新闻传播强调传播中的意识形态与政治，它在国际政治及国际关系中已不仅是一般性的工具或中介，它对国际政治的影响也不容忽视，已成为国际政治斗争的一部分。国际新闻传播中争夺新闻信息控制权的斗争一刻都没有消停。

## 三、基于信息化时代的传播理念的语境化与国际化指向

### （一）大众传播与国际关系

大众传播的发展触动了国际关系在某些方面的发展变化，反过来，国际关系的发展要求带动了大众传播事业的进步。大众传媒为国际关系各种行为主体的活动提供了广阔的活动空间，必然会对国际关系的整体走向产生一定影响。[①] 我们可以在大众传播的领域找到国际关系的因果，也可以在国际关系的领域发现大众传播的踪影，故二者之间的关系表现为你中有我、我中有你。学者秦治来在其文章《论大众传媒对国际关系的影响》中提到大众传媒影响国际关系的具体表现：大众传媒推动国际行为主体的多元化，大众传媒在国际关系中扮演着渠道和桥梁的角色，大众传媒可以设置国际关系的中心议题，大众传媒对国际关系的一些传统观念提出了挑战。大众传播手段是影响国际关系的重要因素之一，而大众传媒的跨国界传播已发展成一种新型国际关系——国际传播关系。[②]

### （二）对外传播

体现国际传播鲜明特征的对外传播，不仅是国际传播研究的重要组成部分，也是国际新闻研究的重要议题。对外传播是指一个国家或文化体系针对另一个国家或文化

① 秦治来 . 论大众传媒对国际关系的影响［J］. 新远见，2011（11）：26-32.

② 秦治来 . 论大众传媒对国际关系的影响［J］. 新远见，2011（11）：26-32.

体系所开展的信息交流活动。[①] 我国对外传播的实质是“以境外人士为传播对象，以让世界了解中国为最终目的而进行的新闻传播活动”[②]，从而培养一种友善的态度和合作的愿望，并创造一个有利于我国的国际舆论环境，取得最高程度的国际支持与合作。

从狭义上讲，对外传播主要是指传播者向外国进行有目的的新闻报道行为，其目标受众为外国政府、组织和公众。对外传播的最终目的是影响国际受众，影响和改变对信息发出国的态度和看法。有时对外传播还被用作国际政治斗争的一种手段。从广义上讲，对外传播是一个国家对外交流的有机组成部分，包括政治、经济、文化、商务等多方面、全方位的交流与传播。[③]

### 1. 对外传播的特点

对外传播的三大特性为跨国界、跨文化、跨语言。当然，也有人将受众国际化、手段多样化以及鲜明的目的性作为对外传播的几大特点。我们从对外传播的外在特性与内在本质两个方面入手，总结出对外传播的如下特点：第一，传播对象的确定性与模糊性；第二，鲜明的政治目的；第三，潜在的文化渗透；第四，传播方式多样化；第五，技术性较强的加持。最后一点在当今尤为重要。鉴于对外传播的跨文化、跨国界的特性和政治性强的特点，为了在对外传播中抢占制高点，提升在国际上的声誉，世界各国都愿意把先进的传播技术用于对外传播，经历了从早期的印刷媒体与新闻通讯社到电子媒介时代的短波技术、卫星电视和互联网形成的数字智能平台的交互性、具身性、多模态、场景化技术。场景化技术等媒介化革命的升级迭代赋能传统媒体和公共外交实践，创造出“数字博物馆外交”和“云外交”等新形式，打造虚拟关键意见领袖，发挥云端跨域共同体的对外传播潜能。我国的对外传播尤以数字游戏为切口，打造中华文化国际传播的模式创新。针对“Z 世代”群体的媒介使用偏好和接受习惯，可调整对外传播的内容、话语与表征形态，以吸引全球“Z 世代”用户的关注与参与。有研究者指出，数字媒体平台的“多极崛起”使“全球南方”国家和地区在数字产业链和信息传播秩序中的重要性凸显，带动了国际传播地缘政治格局的改变。这势必为对外传播理论与实践的“去西方中心化”做出贡献。以 TikTok、希音（SHEIN）、起点国际和米哈游等中国数媒平台为代表的“数字华流”，正在探索通过“模式出海”来突破“媒介是美国的”的国际传播定式。可喜的是，通过多元协同赋能的“混合公共外交”之策，我国在迪拜举办的世博会上展示了现实与虚拟的深度交融，体现出“混合

① 张长明 . 让世界了解中国：电视对外报道 40 年［M］. 北京：海洋出版社，1999：24.

② 郭可 . 当代对外传播［M］. 上海：复旦大学出版社，2003：2.

③ 郭可 . 当代对外传播［M］. 上海：复旦大学出版社，2003：2.

公共外交”的创新潜力。①

### 2. 对外传播的主要表现

第一，各种类型传播媒体的应用与融合。包括报纸、杂志、电台、电视、互联网等传播媒体的应用与融合，经历了从平面媒体向多维媒体、从单向传播向双向传播的转变，体现出一种融媒体趋势与特征。

第二，信息的多样化。对外传播涉及面逐渐从最初的新闻和音乐节目扩展到娱乐、教育和影视等各方面，有了互联网络的加持后更是包罗万象。

第三，所使用语言种类越来越多。这一点主要体现在广播和网络媒体上。现在世界上三大主要国际电台向世界播送各种节目所使用的语种达 40 种以上。其中 VOA 是 46 种，BBC 是 42 种，中国国际广播电台则是 43 种。

作为国际关系的主体，国家在拓展国际交往、发展对外交流的过程中，不能简单地依靠某种或几种传播工具，不能依靠单一的语种来传播单一的信息，必须充分挖掘所有的对外传播资源，以多样化的传播方式进行对外传播。只有这样，政府主导的对外传播才能从平面的、一元的转化为立体的、多元的，从而以强势的主导话语影响目标对象的信息选择和态度改变。②

## （三）全球传播

全球传播是国际传播的超越和发展，淡化了政治意识形态的信息全球化传播，以建构主义的姿态勾连全球共同合作的需求与意愿。全球传播本质上指的是全球化的传播行为，信息在全球范围内流动。信息传播全球化的现实表征是：媒介生产和消费的全球化，以及全球和人类社会中事物的高度媒介化。③全球传播不再单独强调国家的角色，因为全球传播的主体已经大为扩展，除了国家，还有非国家的行为主体和个人。影响人类生存的生态危机、和平运动、人口问题、能源与粮食安全等都可能属于全球传播的范畴。

正如全球传播学者叶海亚・R. 伽摩利珀所认为的，世界上最重要的事情就是关系，人际传播、大众传播、国际传播、全球传播都是为了建立一种较为合意的人类关系。全球传播的本质是全球关系。研究全球传播，就是要在信息在全球范围内自由而均衡

① 史安斌，刘长宇 . 议题・思维・场景：2022 年中国对外传播研究回顾与实践前瞻［EB/OL］.（2023-01-28）［2024-05-20］. https://www.cssn.cn/xwcbx/xwcbx_ttxw/202301/t20230128_5584378.shtml.

② 张昆 . 重视国家形象的对外宣传与传播［J］. 今传媒，2005（9）：7-12.

③ 李智 . 全球传播学引论［M］. 北京：新华出版社，2010：2.

的传播中建立理想的人际关系、群际关系和国际关系，并最终实现全球关系的公正化、合理化，在最大范围内和最大程度上实现和保障全人类的自由与幸福。[①]

如今，面对瞬息变化的全球化时代，全球传播的研究生态呈现阶段性特征。第一，社交媒体平台传播混战打响，TikTok 和抖音赛道领先；第二，全球新闻业加快转型，“数字”与“平台”齐头并进；第三，智能传播再发力，技术 + 媒介迈上新台阶，交互式人工智能技术研发与应用将成为人工智能的重点发展前景，NFT 作为新型加密数字代币蓬勃发展，元宇宙辗转虚实、勾画人类未来新想象；第四，视频领域角逐激烈，短中长视频同台竞赛，中视频担当后起之秀，流媒体领域再破新局；第五，全球视听业务加快向平台迁移，亚洲地区游戏市场前景广阔；第六，数字治理亟待全球共建，数字反垄断与隐私立法并行发展。[②] 正确认识当前的全球传播生态特征，能够更好地把握中国在全球传播中的定位，促进中国全球传播的理论发展。

## （四）全球治理

### 1. 全球治理的基本内涵

全球治理理论形成于 20 世纪 90 年代初，由美国学者詹姆斯·罗西瑙（James Rosenau）最初提出全球治理的概念。各国学者围绕这一理论概念产生了诸多不同认识，由此形成一些理论争论（见表 1-1）。[③]

表 1-1　关于全球治理的理论争论

| 流派 | 争论内容 |
| --- | --- |
| 国家中心维持现状派 | 站在以国家为中心的立场上，把各个国家的利益，以及在维护各自国家利益过程中形成的相互关系当作既存的合理事实，予以维持和保护。这样的全球治理价值取向只能维持现状，而不能改变现状 |
| 新自由制度改良派 | 坚持权利与义务的一致、协议与共同责任基础上的价值认同，认为全球治理的价值主体是市民或者公民社会，以及具有实效性的国家、国际机制和跨国经济组织 |
| 全球市民社会变革现状派 | “实践性、市民性、规范性”的全球治理强调通过民主的方式吸引全球众多行为者参与的广泛市民性。其基本价值选择是政治平等、自由、社会公正、普适公益，而治理行为的主体是自地方到全球的多层治理，即自治体与人民 |

① 李智．全球传播学引论［M］．北京：新华出版社，2010：5.

② 姜飞，袁玥．当前全球传播生态六大特征［J］．南方传媒研究，2023（3）：36-48.

③ 刘小林．全球治理理论的价值观研究［J］．世界经济与政治论坛，2007（3）：107-112.

综合起来讲，所谓全球治理，就是在具有约束力的国际制度和规范框架内，各种不同的行为者通过协商合作，共同应对全球性的经济、政治、环境、健康和安全等问题，以维持正常的全球共同利益和秩序。①

俞可平教授对全球治理的界定和研究在国内产生了广泛影响。他认为全球治理是各国政府、国际组织、各国公民为了最大限度地增进全球共同利益，通过“具有约束力的国际规制”所开展的民主协商和合作，以共同应对和解决生态、移民、毒品、走私、传染病等全球性挑战和冲突，使国际政治经济新秩序得以正常稳定地运转。② 全球治理的要素主要包括全球治理价值、全球治理规制、全球治理主体、全球治理对象、全球治理的效果。③

### 2. 全球治理的动力

（1）根本动因——全球化及其诱发的全球性问题和挑战

国际社会团结合作的紧迫、社会公平尺度的失衡、民主的缺乏和应对全球问题时对政策有效性的质疑使全球治理变得日益急迫。

（2）国家解决危机议题的能力和意愿的显著不足

国家在明显的多边主义危机的语境下，解决危机议题的能力和意愿显著不足。正如德克・梅斯纳（Dir Messner）和约翰・汉弗莱（John Humphrey）所说，冷战结束后，关于全球治理的争论反映了一种普遍共识，即加速发展的全球化带来的跨界和全球性问题无法依赖各行其是的传统民族国家得到有效解决，需要国家间以“新形式的超国家治理”为基础进行政治合作，需要多行为体通过各种形式、不同层次的合作机制参与其中。④

（3）现有全球性治理的局限

现有的全球性治理机制、治理手段存在明显的局限，主要包括治理理念滞后、治理制度不完善、治理实践中有效参与不足等问题。全球治理需要各种多层次、宽领域、多主体参与的制度安排。⑤ 应该发展、培育“新”的全球行动者去解决这些问题。

### 3. 全球治理的特性——双重结构

（1）国家中心治理：主导地位

属性：国家中心治理具有大国中心、强者治理、权力中心、自上而下、消极约束

① 马俊峰，马乔恩. 人类命运共同体：一种完善全球治理的中国方案［J］. 阅江学刊，2019，11（6）：80-88，119.

② 李长成. 论全球治理变革的中国方案：理念、制度与实践［J］. 湖湘论坛，2022，35（3）：5-16.

③ 陈家刚. 全球治理：概念与理论［M］. 北京：中央编译出版社，2017：37-41.

④ 李长成. 论全球治理变革的中国方案：理念、制度与实践［J］. 湖湘论坛，2022，35（3）：5-16.

⑤ 李长成. 论全球治理变革的中国方案：理念、制度与实践［J］. 湖湘论坛，2022，35（3）：5-16.

等维持现状治理的属性。[①]

构成：国家中心治理不仅涉及主权国家本身，而且包含各种各样的政府间国际组织、国际机构、国际制度、国际法、国际规制、区域主义、多边主义、联邦主义、新功能主义、集体安全机制等构成要素。[②]

（2）超国家中心治理：周边、从属的地位[③]

属性：超国家中心治理本质上具有弱者治理、自下而上治理、变革现状治理的属性。

构成：超国家中心治理主要是由市民、非政府组织、非营利组织、社会运动、舆论、地方自治体、市民社会、民间外交、跨国公司等构成的。

全球治理是由国家中心治理与超国家中心治理组成的一种复合结构。两者构成的并不是力量对等的关系，而是一种非对称的力量关系。国家中心治理在全球治理中居于主导地位，而超国家中心治理处于周边、从属的地位。也就是说，从全球政治的视角来看，面对全球性问题的挑战，以主权国家为中心的治理仍然在全球治理中占据中心地位，多国组成的政府间组织依然是处理这些问题的主要组织形态。特别是国家掌握着军事力量使国家中心治理成为主导一方，在全球治理中构成对超国家主体行为方式的一种强大的控制力，并且通过这种力量进一步强化现有的世界军事秩序，同时强化着国家中心治理自身的地位和作用。

### 4. 构建国际传播新秩序的启示：全球传播治理

当前国际传播面临的大国博弈与地缘政治挑战、不能充分解决全球性问题并做出合理决策的国际关系体系结构，都表明国际行为体应对挑战为何是间歇的、战术的、短期的。其实，应对挑战需要持续的、战略的、较长期的全球视野和行动，我们需要形成全球传播的科学治理体系。

（1）全球传播治理是社会发展的大趋势

信息传播技术革命和全球化的发展使国家之间的相互依赖性日益增强，这是相互合作的现实要求。[④]国际传播主体呈多元化发展，国与国、国家与各种非政府组织之间应该加强合作，以加强对危害国家安全和稳定的信息进行控制。[⑤]

---

① 章兴鸣，陈佳利．社会组织“走出去”参与全球治理研究［J］．广西社会科学，2019（1）：51-57.

② 吴志成．全球治理的价值向度与气候变化治理［J］．南京大学学报（哲学．人文科学．社会科学版），2011，48（4）：58-60.

③ 吴志成．全球治理的价值向度与气候变化治理［J］．南京大学学报（哲学．人文科学．社会科学版），2011，48（4）：58-60.

④ 姜姝．政治传播与全球治理：一种理论和制度的诠释［J］．领导科学，2015（2）：10-12.

⑤ 杜永明．信息时代国际传播的控制：从管制到治理［J］．新闻界，2002（3）：36-37.

（2）重在全球传播治理结构的民主化

要实现全球治理的民主化，就必须考虑到国家内部以及国家之间的差异，一种制度并不能简单适用于全球层面。多元政治是全球民主的一种具有可行性的选择，依靠这种制度化的治理机制，可以在一定程度上弥补不同国家间权力不均衡造成的后果。① 这样就可以形成一个由国家、社会、国际组织及其他相关机构组成的全球传播民主治理网络和机制。②

（3）新兴大国与传统强国的较量

在全球治理机制中，新兴大国对国际合作的支持是维持国际合作机制的关键因素。只有推进制度性创新才能促进传统强国与新兴大国达成协议，从而进一步推动全球治理的良性发展。全球治理改革的目标一方面应是促进新兴大国未来的经济和政治进步，另一方面则是推动新兴大国和传统强国进行深层次的国际合作。③

全球传播治理可以看作国际传播新秩序运动的延续，是针对传统国际传播管理与控制方式的一种范式转换。④ 从传统的国际传播控制到全球传播治理的转换就是要在新一轮技术革命和国际变局的影响下探索新的国际传播管理方式，这种管理方式不再是单纯意义上的控制，而是一种建设性的、对国际传播整体秩序进行改造和完善的过程。

### 5. 国家建构在全球治理中的地位与作用

国家建构（State-Building），又称“国家构建”，是指在一个社会中通过对权力和资源的重新分配和重新配置，建立和巩固一个有效的政府和管理体系的过程。在国家建构的过程中，政府和社会各阶层需要共同努力来确立一个新的或加强一个现有的政治秩序。这个过程通常包括建立有效的政府机构、加强对公共资源的控制、进行政治改革以及促进经济发展等措施。这些措施有助于创建一个强大的政府机构，而该机构可以在国内外提供公共服务，并有效地维护和保障该国的主权和安全。国家建构的目的是建立一个稳定和安全的政治环境，并促进经济发展和社会进步。这通常是一个漫长而艰难的过程，其结果取决于国内和国际因素的相互作用，包括政治稳定性、资源分配、社会和文化的差异、国际跨境交流等方面。

国家建构与全球治理理论仍是学界研究的重点领域，国内外学者均在关注。哈佛大学政治学学者弗朗西斯·福山的国家构建理论具有两大参考意义。一是意识到国家

① 蔡斯 - 邓恩，王金良 . 全球治理的民主赤字及其解决［J］. 学习与探索，2014（10）：42-47.
② 杜永明 . 信息时代国际传播的控制：从管制到治理［J］. 新闻界，2002（3）：36-37.
③ 凯勒，游腾飞 . 新兴大国与全球治理的未来［J］. 学习与探索，2014（10）：48-53.
④ 杜永明 . 全球传播治理：国际传播由“制”到“治”的范式转换［J］. 社会观察，2004（1）：44.

治理衰败对世界秩序带来的严重不利影响，以强调国家构建和国家治理的重要性，并恢复国家在政治研究中的核心地位；二是颠覆了西方学术传统在国家构建历史叙事中的西方中心论范式，以宽阔的比较视野和宏大的历史叙事模式勾勒出世界主要地区的国家构建历史及其类型。[①] 其基于对"小政府大社会"主流趋势的反思，对国家构建知识误区的纠偏，对"历史终结论"的修正的历史逻辑；软弱无能或失败国家已成为当今世界许多重要问题的根源，全球打击恐怖主义对国家的治理能力提出新的要求，中国的和平崛起为国家构建提供了崭新经验的时代境遇而提出国家构建理论。[②]

在弗朗西斯·福山看来，对于全球治理而言，国家构建是谋求未来世界秩序的核心议题。他指出，无论出于重建充满冲突的或战争撕裂的社会与消除恐怖主义产生的土壤的愿望，还是出于抓住机会促进经济和社会发展的愿望，如何提升弱国家的治理能力，增强其民主合法性和制度能力，已然成为当代国际政治的核心议题。[③] 在全球治理的视域下，弗朗西斯·福山的国家构建理论的实质是通过构建"强国"来推进全球治理和谋求世界秩序。同时，弗朗西斯·福山对"强弱国"的概念持一种开放包容的态度，他并没有以实行自由民主制度为标准衡量"强弱国"。在全球化的大背景下，民族国家并非无所作为、无足轻重。相反，在某些场合下，民族国家加大了其作用力度，发挥着其他组织难以取代的重要作用。

对于各国的国家治理而言，国家能力建设是国家构建的核心要务。现代国家构建是发展中国家的目标。弗朗西斯·福山的国家构建理论对于广大发展中国家具有重要的启示意义——在经济社会全面发展的基础上强化国家制度的基础力量、提升国家能力、强调国家能力建设是国家构建的核心要务。发展中国家及其在经济发展道路上的坎坷困境深刻表明现代国家构建中的国家能力建设具有重要的意义。美国哥伦比亚大学教授安德烈亚斯·威默（Andreas Wimmer）在《国家建构：聚合或崩溃》（2018）中从历史维度探讨了世代相传的缓慢移动过程如何影响全世界不同国家的国家建构前景。书中提出两个重要的核心观念：一是民族国家认同不是族群同质性的产物，而是由公共产品的包容性产生的；二是"应该将国家建构同民主化区分开"，国家建构应被视为公民与国家之间权力关系的问题，是通过国家与公民之间建立环境交换关系的政治整

① 福山．国家构建：21 世纪的国家治理与世界秩序［M］．郭华，译．上海：学林出版社，2017.

② 石德华，杜志章．国家治理视域下福山的国家构建理论评析［J］．江南大学学报（人文社会科学版），2015，14（4）：27-32.

③ 石德华，杜志章．国家治理视域下福山的国家构建理论评析［J］．江南大学学报（人文社会科学版），2015，14（4）：27-32.

合的包容过程，以及国家层面的民族与民族国家认同过程。安德烈亚斯·威默教授综合运用三对案例比较分析和全球大样本数据分析的方法，对志愿组织的发展、国家供应公共物品的能力、语言多样性等变量进行了深入探讨，说明世界各国内部的各族群如何在各自的族群认同基础上建构起民族或国家认同[①]，为现代的国家建构理论提供了历史性的参照。

秦亚青、金灿荣、倪峰、冯仲平、孙壮志、吴志成六位知名学者在讨论全球治理新形势下大国的竞争与合作时指出，目前中华民族伟大复兴与世界百年未有之大变局交织激荡。自 2020 年起新冠疫情全球蔓延造成经济社会资源透支，国际力量对比不断变化，全球治理赤字攀高，大国间错综复杂的博弈加剧了全球治理困境。大国之间的博弈愈演愈烈，美国联合盟友完全压制了所谓的战略竞争对手，对中国的外交政策更是采取遏制围堵的做法，中美之间的战略竞争与博弈将继续下去。中欧关系更为复杂，但也具有极大的灵活性。中俄共同主张构建新型国际关系，深化双边务实合作，推动全球治理体系的完善，扩大“一带一路”与欧亚经济联盟的协调合作。如果说全球化是中国“富起来”的重要机遇，那么全球治理则是中国“强起来”的重要国际机遇。面对前所未有的全球性风险挑战，新时代中国特色大国外交要从党的百年奋斗历程中汲取经验智慧，坚持在大潮流、大格局、大历史中保持战略定力、把握前进方向，在复杂博弈的世界乱局中化危为机，在风云激荡的全球变局中敢于开创新局，推动世界百年大变局向着有利于人类文明进步方向演变。[②]

在全球治理中，国家建构具有重要的地位和作用。首先，国家建构是实现全球治理的基础。全球治理是一张复杂的大网，当今的全球治理国际话语体系，以合作、协商、共赢的方式维护世界的和平和发展是主流，但其主要的书写者还是主权国家，国家大小、国力强弱仍然影响着主权国家在全球治理中的话语权。[③]在全球范围内，建立本国的国家制度和政府机构非常关键。这些机构能够有效地推动政策实施和经济发展，促进国家关系和国际协调。同时，国家建构可以带来制度、法律和政治稳定，这一点至关重要。因为缺乏稳定的国家机构会在全球化时代面临各种挑战，例如社会混乱、政治动乱等，这些都会影响全球治理的稳定性和可持续性。现行的国际秩序主要包括国际经济秩序和国际政治秩序两个层面。在国际政治秩序及国际安全秩序方面，全球

① 威默 . 国家建构：聚合与崩溃［M］. 叶江，译 . 上海：格致出版社，上海人民出版社，2019：译序 .

② 秦亚青，金灿荣，倪峰，等 . 全球治理新形势下大国的竞争与合作［J］. 国际论坛，2022，24（2）：3-32，155.

③ 郭璇 . 全球治理中国方案的话语建构与国际认知［D］. 上海：上海外国语大学，2018.

治理主要通过联合国的合作机制来协调国际关系。联合国大会和安全理事会在主权国家平等的基础上，通过大国协调和国际关系民主化的原则治理国际事务，维护世界的和平与发展。在国际经济秩序方面，全球治理则呈现出包括国际贸易治理机制、国际金融治理机制、国际援助开发机制等更为复杂的系统，涉及的国际组织包括世界贸易组织、国际货币基金组织、世界银行、联合国经济及社会理事会等具有条约限制的正式性机制组织，也包括二十国集团、七十七国集团等非正式性论坛式组织。在非传统安全治理领域，针对恐怖主义、能源、气候、网络安全等问题的国际机制，更是体现了将双边多边机制、区域性机制和全球性机制综合运用的特征。[①] 其次，国家建构可以影响全球治理的方向和趋势。一个国家的政治制度和经济模式会影响周边国家的政策和发展方向。因此，不同国家的国家建构可能会在全球治理中形成相互竞争、碰撞和互动的态势。最后，国家建构在全球治理中具有协调和合作的作用。在许多全球性问题中，跨国合作和协调是必要的。例如，低碳经济、全球公共卫生、国际贸易、人工智能伦理等问题都需要国家政府和国际组织之间的协调合作。在这些问题上，国家建构可以促进国家之间的相互信任和合作，并推动全球治理进程的发展。如我国发起的“一带一路”倡议自 2013 年至今在“共商、共建、共享”原则指导下，与共建国家推动政策沟通、设施联通、贸易畅通、资金融通以及民心相通，共同打造政治互信、经济融合、文化包容的利益共同体、责任共同体和命运共同体。同时，中国携手巴西、俄罗斯、印度和南非共同组建“金砖国家”国际组织。截至 2024 年 10 月，金砖国家领导人共举行 16 次会晤，遵循着开放透明、团结互助、深化合作、共谋发展原则和“开放、包容、合作、共赢”的金砖国家精神，致力于在经贸、财政、金融、农业、教育、卫生、科技、文化、禁毒、统计、旅游、智库、友城、地方政府合作等数十个领域开展务实合作的多层次架构，构建更紧密、更全面、更牢固的伙伴关系。因此，国家建构在全球治理中具有至关重要的地位和作用，是全球治理建设的重要环节和基础。

国家建构和国际传播之间存在密切的联系和互动。首先，国家建构对国际传播发挥着关键作用。一个国家的政治制度、经济体制、文化传统等方面的建构都会影响其国际形象的塑造。例如，具有稳定民主政治和广泛社会参与的国家更容易建立起开放、自由的国际形象，吸引更多的投资和合作伙伴。相反，受到政治、经济等问题的困扰和影响的国家，其国际形象会受到负面影响，引起国际社会对其的不信任和压力。因此，国家建构对于国际传播具有重要的影响力，如果国家能够在国内建设好国家形象，

① 臧秀玲，王跃．金砖国家崛起与合作对国际体系转型的影响［J］．理论学刊，2018（5）：78-88.

符合国际社会对国家理想形象的期待，就能在国际舞台上赢得更多的资源和影响力。其次，国际传播可以影响国家建构的进程。在国际传播中，包括政府、媒体、社团、个人等各个角色在内的多方参与者将意见传达给国际社会。这些意见或反馈可能有助于补充或纠正国家的政策，进一步优化国家的建构和发展方向。同时，其他国家的建构和发展方式也可以为本国政策制定提供参考。最后，国家建构和国际传播的互动对于增强国际交流和文化多样性有着积极的作用。国家在建构过程中可能导致文化差异的产生，并在国际传播中得到体现。这些文化差异是国家发展进程中的自然结果，成为各种跨文化交流的内涵，为人们的理解和沟通提供更多的机会。在国际传播中，不能完全忽视国家建构的文化孕育作用，抱怨自己文化的简化和模糊化。国家建构和国际传播之间存在着一种相互促进、互动的关系，这个关系越来越重要，并且影响国际社会的很多方面。

国家建构和全球治理对于中国的国际传播具有重要的现实意义。首先，国家建构是中国在国际传播中展示其政治制度和体制优势的重要手段。通过建立健全的政府机构、加强对公共资源的控制、进行政治改革和推行经济发展等措施，中国可以向国际社会展示优越的国家治理能力，从而增强国际话语权和吸引力。2021 年 2 月 25 日，习近平总书记庄严宣告：我国脱贫攻坚战取得了全面胜利，现行标准下 9899 万农村贫困人口全部脱贫，832 个贫困县全部摘帽，12.8 万个贫困村全部出列，区域性整体贫困得到解决。我国提前 10 年实现《联合国 2030 年可持续发展议程》确定的减贫目标。这是人类减贫史上的壮举，是将“生存权和发展权作为首要的基本人权”的中国特色人权观的最生动诠释，更是世界人权史上的发展奇迹。2017 年 10 月 18 日，习近平总书记在党的十九大报告中提出乡村振兴战略。农业农村农民问题是关系国计民生的根本性问题，必须始终把解决好“三农”问题作为全党工作重中之重。要坚持农业农村优先发展，按照产业兴旺、生态宜居、乡风文明、治理有效、生活富裕的总要求，建立健全城乡融合发展体制机制和政策体系，加快推进农业农村现代化。[①] 中国政府高效的决策和执行能力、基层干部的艰苦职守以及乡村强大的内生活力有力地证明了中国政府始终坚持以人民为中心的执政理念与治理能力。

其次，参与全球治理是中国在国际事务中发挥更积极的作用的重要途径。随着中国在全球治理中的作用不断增大，中国在国际社会中的地位随之提升、影响力增强。

① 新华社．习近平：决胜全面建成小康社会 夺取新时代中国特色社会主义伟大胜利——在中国共产党第十九次全国代表大会上的报告［EB/OL］．（2017-10-27）［2024-05-20］．https://www.gov.cn/zhuanti/2017-10/27/content_5234876.htm.

同时，中国在全球治理中发挥的积极作用有助于加强中国在国际事务中的议程设置和谈判策略。在区域建设事务中，中国发挥了积极作用。2014 年 11 月，时任国务院总理李克强在第 17 次中国—东盟领导人会议上提出建立澜沧江 - 湄公河合作（Lancang-Mekong Cooperation）机制，深化澜湄六国（中国、柬埔寨、老挝、缅甸、泰国、越南）睦邻友好和务实合作，促进沿岸各国经济社会发展，打造澜湄流域经济发展带，共建澜湄国家命运共同体，增进各国人民福祉，助力东盟共同体建设和地区一体化进程，为推进南南合作和落实联合国 2030 年可持续发展议程做出贡献。[①]2023 年 3 月，中国在强力斡旋与“主场外交”中，推进了中东地区两个中断联系 7 年的敌对国家——沙特阿拉伯王国和伊朗伊斯兰共和国在北京举行会谈、走向和解，切实地为中东地区减少了热点冲突，促进了当地和平与发展，为维护地区和平稳定提供了更有力保障，侧面印证了中国“和平外交”的国家形象。同时，中国在对全球事务与全人类发展问题的处理中勇于担当。2017 年，在联合国波恩气候变化大会上，中国代表团在谈判中贡献中国智慧、提出中国方案，处理分歧时提出“搭桥方案”，寻找最大公约数，有效推动了谈判进程，为《巴黎协定》实施细则谈判如期完成奠定了良好基础，为全球治理贡献出中国力量。

最后，国家建构和全球治理对中国国际传播的现实意义还在于为中国塑造更良好的国际形象提供了重要支撑。通过展示其建设性和可持续发展的政策倡议，中国可以更好地与世界各国建立起互信和友好的关系，从而提升自身的国际影响力和声誉。2021 年中华人民共和国和俄罗斯联邦关于《中俄睦邻友好合作条约》签署 20 周年的联合声明，展现出中俄两国互信友好的合作关系与推动世界可持续发展的大国担当。[②]作为联合国安理会五常之一，自 1990 年中国首次向联合国停战监督组织派出军事观察员，截至 2024 年 7 月，中国军队已累计派出维和人员 4.9 万余人次，先后参加 29 项联合国授权的维和行动，出兵规模从小到大，部队类型从单一到多样，任务领域从简单到复杂。30 多年间，在联合国会员国中，中国参与维和人员规模最大、分摊维和经费额度最大、获得联合国颁予的维和奖章人数最多，见证了中国参与联合国维和行动实现历史性跨越。来自中国的“蓝色钢盔”成为维护世界和平的一支重要力量，中国主张和中国行动传递了和平信心，筑起安全屏障，赢得世界各国的认可与尊重。

① 刍俊丰 . 推动湄公河联合巡逻执法的政治因素分析［J］. 东南亚纵横，2017（5）：50-55.

② 秦亚青，金灿荣，倪峰，等 . 全球治理新形势下大国的竞争与合作［J］. 国际论坛，2022，24（2）：3-32，155.

# 四、国际传播研究的毗邻理论管窥

实践理论是20世纪七八十年代实践概念在人文社科领域流行和发展的结果。实践理论的发展以“实践转向”为背景。“实践转向”是继20世纪人文社科领域的“语言转向”“文化转向”“身体转向”之后的又一重要转向，其核心主张在于重新认识社会这一概念，并指出要将社会定位于实践之中，以实践作为最小分析单位。① 实践理论继承并发展了现代实践哲学。实践理论在基本哲学立场、二元论问题、实践规范性以及实践的未来维度等方面将现代实践哲学的基本立场拓展到社会学、人类学、文化理论、语言学、科学哲学、历史学、组织研究、媒介研究、消费研究等领域，从而为理解各种鲜活的社会生活提供了认知与方法论。

历史地看，20世纪下半叶，哲学、社会学、人类学、心理学和传播学等领域都经历了“实践范式”的转向。近年来，国际传播、国际新闻传播和跨文化传播研究也受其影响，打破了原有学科边界封闭的局限。事实上，无论是社会建构还是建构主义，都与实践理论的兴起及其社会影响有着内在的关系。在此，我们首先要知道什么是实践理论及其哲学根基，它对媒介研究范式产生了怎样的影响，并催生出媒介研究的何种新范式。因此，我们重点关注两点：一是建构主义理论的创新扩散，尤其是其与国际关系和国际政治的关系；二是关注媒介实践的研究路径与媒介仪式观的创新和发展。

## （一）何谓现代实践理论，其代表人物有哪些

最早使用“实践理论”这个标签的是人类学家雪莉·奥特纳（Sherry Ortner）。1984年，她用此命名皮埃尔·布迪厄（Pierre Bourdieu）的思想。实践理论有两个共同点。一是实践是有组织的活动（因此，对实践理论家来说，有组织的活动是社会生活的核心）。这一核心观点意味着，要发现和理解特定的实践（例如教学、政治或商业实践），就需要识别构成这些实践的活动和它们的组织化过程。二是实践理论不能忽视实践与物质性的关联性。一些学者将物质性视为实践的一部分，也有学者认为物质性与实践不同，但与实践密切相关。实践理论的四个特征是：第一，将实践视为社会生

① 郑永流，陈鲁夏．实践哲学与实践理论［J］．华东师范大学学报（哲学社会科学版），2021，53（6）：32-43，178.

活构成的核心；第二，认为实践形成了更广泛的复合体和聚落；第三，声称社会现象是由复合体和聚落构成的或根植于其中的；第四，相信人类活动依赖于无法用语言表达的实践能力。著名的实践理论家包括皮埃尔·布迪厄、安东尼·吉登斯（Anthony Giddens）、让·莱夫（Jean Lave），他们可以被称为第一代实践理论家。第二代实践理论家以西奥多·夏兹金[①]（Theodore Schatzki）为首。他首次做出了当代社会理论的实践转向的诊断，不过在其《当代理论的实践转向》一书出版近 10 年后又指出，实践转向经历了由实践理论转向实践分析的趋势。可见，我们与其将实践理论看作一种理论，不如将其看作一种方法，即以实践为核心概念和基本对象来分析特殊社会问题和现象的方法。[②] 其他学者如斯蒂芬·凯米斯（Stephen Kemmis）、伊丽莎白·肖夫（Elizabeth Shove）和尼克·库尔德利（Nick Couldry）都为实践理论的发展做出了贡献。

尼克·库尔德利综合吸收皮埃尔·布迪厄的“场域”理论和西奥多·夏兹金的“实践进路”思维的主张——“实践进路宣扬一种独特的社会本体论，社会是围绕着共有实践理解而被集中组织起来的一个具身化的、与物质交织在一起的实践领域”，创造性地提出了“媒介即实践”的观点——“要将媒介理解为一种实践而非单纯的符号文本或者社会结构产品，从而转向一种关于实践理论（a theory of practice）的社会学考察”，进而推动了传播学研究的“实践范式”转向。[③]

## （二）从实践理论回望实践哲学根基

西方的实践理论存在着共享的哲学基础、基本命题和方法主张等内容。在欧陆哲学内部，我们可以检视现代实践哲学发端的两条路径：一是由青年黑格尔派推动的从理论哲学向实践哲学或行动哲学的转向；二是由海德格尔的现象学和维特根斯坦后期的语言哲学推动的从意识哲学到日常生活哲学的转向。在此，我们特别关注马克思主义哲学的丰富实践内涵，他深受第一条路径中的切什考夫斯基的影响——批判性地继承和发展了黑格尔的历史哲学，将行动和未来的维度引入历史中，从而完成了“青年黑格尔派从理论哲学向实践哲学的重大转向”。马克思继而致力于赋予哲学以现实历史

① 又译为“西奥多·沙茨基”。

② 郑永流，陈鲁夏．实践哲学与实践理论［J］．华东师范大学学报（哲学社会科学版），2021，53（6）：32-43，178.

③ 齐爱军，齐琳珲．引“声音 / 发声”入媒介社会学：尼克·库尔德利“声音 / 发声”观及其理论意义［J］．国际新闻界，2021，43（8）：164-176.

的根基，并强调哲学应该关注感性的人的现实活动。另外，马克思的实践理论还继承和超越了亚里士多德创立的“伦理—政治”的实践哲学传统。它以“劳动”“社会”“人类解放”三个范畴转换了“伦理—政治”实践哲学传统的基本范式，开创了“劳动—社会”的实践理论。马克思的实践理论的创新体现在三个层面：其一，以“劳动”作为普遍实践的原型，把传统实践哲学中视为非人活动的劳动提升为人类普遍的本质活动，赋予劳动阶级一种普遍的实践主体性，使实践不再是一种“精英”主义的贵族活动；其二，把实践由伦理政治领域转换到人类活动的基础层面——社会领域，拓展了实践理论的广度和深度；其三，用社会解放代替了传统实践哲学狭隘的政治解放，使实践理论成为无产阶级革命和人类解放的理论。与传统的“实践—政治共同体—人的政治本质—政治革命—政治解放”不同，马克思构建了“劳动（实践）—社会共同体—人的社会本质—社会革命—人类解放”的全新理论。①

在第二条路径中，海德格尔的实践哲学与亚里士多德的实践哲学之间存在着较高的亲缘性。这条路径下的现代实践哲学得益于亚里士多德关于实践的要素，即他们都认识到了实践需要某种经验前提以及实践总是在具体情景中展开的。在亚里士多德那里，实践就是自由民在城邦中具体地处理政治事务，这种活动需要以在城邦共同生活中所养成的良好的德行、习惯为前提，与之相应，现代实践哲学在呈现日常生活的逻辑时也会诉诸实践的经验前提并强调实践的情景性。② 于是，对照西奥多·夏兹金的实践理论有一种“家族的相似性”——将实践理解为整体性的人类日常活动，“是具身的、是以物质为中介的各种系列的人类活动”，它围绕着共同的实践理念来组织。也就是说，实践是人通过身体和物与周遭世界打交道的方式，是人参与性的言行，其构成了我们整个日常生活背景。③ 由此我们可以理解，现代实践哲学为实践理论提供了一种以实践为基础的元方法论，实践理论将这种方法论具体化到各个学科领域，并提供了阐明各种具体的社会制度运行和再生产的学说，从而直接改变了我们对自身以及所处社会生活的理解。④

① 丁立群．马克思与亚里士多德：实践理论范式的转换［J］．哲学研究，2020（6）：25-33.
② 丁立群．马克思与亚里士多德：实践理论范式的转换［J］．哲学研究，2020（6）：25-33.
③ 郑永流，陈鲁夏．实践哲学与实践理论［J］．华东师范大学学报（哲学社会科学版），2021，53（6）：32-43，178.
④ 郑永流，陈鲁夏．实践哲学与实践理论［J］．华东师范大学学报（哲学社会科学版），2021，53（6）：32-43，178.

### （三）建构主义理论的创新扩散以及在国际政治与国际关系理论上的拓展

建构主义最初被用于教育心理学领域，是一种关于知识和学习的理论。它是由瑞士日内瓦学派代表人物让·皮亚杰（Jean Piaget）在论述心理发生发展及形成认识的著作《发生认识论原理》中提出来的。作为一种系统的社会学方法论，建构主义的研究对象可以包括家庭、国会、国际体系在内的任何一种社会体系。[①]

建构主义的最基本命题是：认识社会中存在的现象；我们之所以能够具有人的特性，正是由于自身具有的社会关系。换言之，正是社会关系建构了人，即“我们自身”，使我们成为目前这样的存在实体。与此相对应，我们建构了世界现在的样子；在这一建构过程中，我们使用的原材料是由自然界提供的，我们采取的方式是彼此互动和相互交谈。事实上，言谈即行动，言谈是一种建构世界的重要方式。[②]

建构主义者认为，人的行为与社会结构是不可分割的，是同时存在和相互建构的。建构主义对国际关系的研究切入点是分析话语行为、规则、实践、行为体、代理实体和社会安排。建构主义不是一种具体理论，而是一种对世界的重新描述。

建构主义国际关系理论兴起于20世纪80年代末。随着国际关系学研究的社会学转向和语言哲学的引入，尼古拉斯·格林伍德·奥鲁夫[③]（Nicholas Greenwood Onuf）首次把“建构主义”这一术语引入国际关系领域，[④]将国际关系作为社会理论的一部分，重新加以研究，进而发展出他独特的社会建构理论。建构主义的观点不同于现实主义理论和自由主义理论，它主张国家与国际社会的互构，重视思想、观念和文化等非物质因素的作用。

尼古拉斯·格林伍德·奥鲁夫的著作问世后，在尼古拉斯·格林伍德·奥鲁夫工作的佛罗里达国际大学和迈阿密大学出现了一个“迈阿密国际关系研究小组”，继续对尼古拉斯·格林伍德·奥鲁夫的理论进行研讨和扩展。经过近十年的努力，他们取得了一系列研究成果。1998年，他们开始出版研究系列丛书，而《建构世界中的国际关系》正是这个系列的开创之作。

---

① 方长平.国家利益的建构主义分析［M］.北京：当代世界出版社，2002.

② 库芭科娃，奥鲁夫，科维特.建构世界中的国际关系［M］.肖锋，译.北京：北京大学出版社，2006：68.

③ 又译为“尼古拉斯·格林伍德·奥努夫”。

④ ONUF N G. World of our making：rules and rule in social theory and international relations［M］. Columbia，S.C.：University of South Carolina Press，1989.

尼古拉斯·格林伍德·奥鲁夫在国际关系领域引入社会学这一术语以后，其他学者不断解释和丰富建构主义的内涵，并且把它运用到国际关系领域的其他重要课题研究中。[①] 亚历山大·温特就是其中的代表人物。他与玛莎·芬尼莫尔（Martha Finnemore）、彼得·J. 卡赞斯坦（Peter J. Katzenstein）等学者将建构主义推向国际关系研究的主流学派。

亚历山大·温特在《国际政治的社会理论》中建立的理论体系是当前社会建构主义理论体系中最完整的。亚历山大·温特强调国际体系结构对国家的作用，认为这种作用不仅强调对国家行为的制约作用，更重要的是对国家的身份和利益的建构作用，这充分体现了建构主义的整体主义方法论观。在本体论上，社会建构主义理论否定纯粹的物质主义，提倡重视观念的作用，认为国际体系结构不是新现实主义的物质能力分配，而是观念的分配，经过观念分配形成的共有知识、共有文化和共有观念对国际政治具有更重要的意义。[②] 亚历山大·温特把自己的理论界定为整体主义或理念主义理论。通过坚持整体主义，亚历山大·温特把自己的理论设定为结构理论，即一种结构建构主义。建构主义的理论包含众多流派，真正成为主流的实际上仅是亚历山大·温特等少数学者倡导的身份或者说结构建构主义。[③]

亚历山大·温特的理论强调国际体系结构对国家的作用，尤其是国际体系文化（共有知识、文化性结构）对国家的意义；物质性因素固然很重要，但它们只有通过行为体的共有观念才能够产生影响行为的意义；最关键的是，国际政治的社会性结构可以建构行为体的身份，而身份是界定国家利益的前提。我们从亚历山大·温特的建构主义原理还可窥探到公共外交的基本原理的同构性：一是国际体系的规范结构催生公共外交；二是国际公众是公共外交建构身份的介质；三是行为体的新身份界定其利益。“新身份”不仅包括公共外交行为体对自我身份的再塑造，还包括规范结构下他者身份的改变对公共外交行为体身份造成的影响。这就意味着公共外交所改变的国际形象不局限于行为体自身，还包括其他国际社会成员。因此，中国公共外交要建构的新身份是一个在地区乃至世界范围内具有影响力和包容性的负责任大国，而非倚仗悬殊实力奉行霸权主义和强权政治的超级大国。[④]

---

① 方长平. 国家利益的建构主义分析［M］. 北京：当代世界出版社，2002.

② 方长平. 国家利益的建构主义分析［M］. 北京：当代世界出版社，2002.

③ 白云真，李开盛. 国际关系理论流派概论［M］. 杭州：浙江人民出版社，2009.

④ 谈东晨，杨夏鸣. 公共外交的原理：温特建构主义理论分析［J］. 公共外交季刊，2018（1）：121-129，149-150.

### （四）媒介仪式观的创新与发展：从詹姆斯·W. 凯瑞到尼克·库尔德利

媒介仪式观作为一种独特的媒介研究视角，强调媒介不仅是信息传递的工具，更是社会文化实践的场域，通过共享的象征性活动构建和维系社会共同体。

1975 年，美国新闻传播和文化研究领域的代表人物詹姆斯·W. 凯瑞在《传播》杂志第二期上发表了《传播的文化研究取向》一文，他对以杜威为代表的芝加哥学派的共享观、以克利福德·格尔茨为代表的文化人类学派的文化观以及以哈罗德·英尼斯为代表的北美技术学派的时空偏向论等理论进行批判性继承，主张在传播领域的文化研究转向，创造性地提出了“传播的仪式观”，为媒介研究开辟了新的路径。他首先区分了传播的“传递观”与“仪式观”。[①]“传递观”源自地理和运输方面的隐喻，指以控制为目的，传收、发送、传送或把信息传给他人。[②]“仪式观”并非指信息在空间中的扩散，而是指在时间上对一个社会的维系；不是分享信息的行为，而是共享信仰的表征；强调“传播”在时间上对社会的维系，在空间上对社会的构建。也就是詹姆斯·W. 凯瑞所说的，传播的仪式观“并不看重布道、说教和教诲的作用，为的是强调祷告者、圣歌及典礼的重要性。由此可见，传播的起源及最高境界，并不是指智力信息的传递，而是建构并维系一个有秩序、有意义、能够用来支配和容纳人类行为的文化世界”[③]。由此看来，传播的仪式观主要是一种情景式的仪式或典礼，而仪式的功能是将参加者聚集到同一社会空间，以共享共同的经验。从长远来看，媒介仪式通过共享的象征符号、仪式化的行为与情感共鸣，能够促进社会成员之间的认同与团结，建构和维持一个共同体。

詹姆斯·W. 凯瑞的媒介仪式观为理解媒介的社会文化功能提供了新视角，但其理论主要基于传统媒介环境，对于互联网时代媒介的新特征关注不足。随着数字技术的飞速发展，英国传播学者尼克·库尔德利[④]在继承詹姆斯·W. 凯瑞的理论的基础上进行了拓展与创新研究，使媒介仪式观更加适应于分析互联网时代的媒介环境。

尼克·库尔德利在 2003 年出版的专著《媒介仪式：一种批判的视角》（*Media*

---

① 樊水科．从“传播的仪式观”到“仪式传播”：詹姆斯·凯瑞如何被误读［J］．国际新闻界，2011，33（11）：32-36，48.

② 刘建明．“传播的仪式观”与“仪式传播”概念再辨析：与樊水科商榷［J］．国际新闻界，2013，35（4）：168-173.

③ 凯瑞．作为文化的传播［M］．丁未，译．北京：华夏出版社，2005：7.

④ 又译为“尼克·库尔德里”。本书采用“尼克·库尔德利”，但参考文献遵照引用版本著录。

*Rituals: A Critical Approach*）中提出了“媒介仪式”的概念。这里的媒介是指报纸、广播、电视、电影和互联网等主要媒体。通过这些媒体，人们想象建立自己与外部世界的联结，从而形成了以媒介为中心的社会形态。媒介仪式“是围绕关键的与媒介相关的类别（categories）和边界（boundaries）组织起来的形式化的行动，这些行动表达了更广义的与媒介有关的价值，或显示着与这种价值有关的联系”[①]。他提出“媒介仪式”的术语旨在强调，在媒介化的社会中媒介依赖仪式的象征性力量，[②] 在我们生活中对社会“中心”起建构作用。[③]

在次年发表的论文《从电视到移动端：现场感，“真实”和传递的习惯》（*Liveness, “Reality,” and the Mediated Habitus from Television to the Mobile Phone*）中，尼克·库尔德利讨论了从电视到移动互联网时代“媒介仪式”的概念。他认为，互联网和社交媒体不仅延续了传统媒介仪式的功能，还创造了新的仪式化实践，如网络节日、在线纪念活动、社交媒体上的“打卡”行为等。这些新的仪式形式进一步强化了社会联系与身份认同。无论是传统媒介还是新媒介，都给予人们“现场感”的体验，使人们接触到社会成员共同拥有的一种“真实”。这种“真实”与“现场感”属于重要的仪式范畴，是使媒介权威变得自然化的形式和实践。互联网互动性的特点，代表着媒介的“真实”与“现场感”这些仪式范畴的新发展。在未来，媒介的仪式空间会不断生成新的形式、范畴和边界。尼克·库尔德利还深化了对媒介仪式中权力关系与意识形态的分析。他指出，数字媒介的算法推荐、个性化推送等机制，实际上在塑造用户的认知框架与行为模式，进而影响社会共识的形成。媒介仪式不再仅仅是社会成员自发的共享行为，而是受到复杂权力结构影响的产物。[④] 媒介仪式化的作用在于，使人们难以发现媒介权威与更广泛的权力形式之间的关系。[⑤]

从詹姆斯·W. 凯瑞到尼克·库尔德利，媒介仪式观经历了从理论奠基到创新发展的过程。詹姆斯·W. 凯瑞的媒介仪式观开辟了分析社会中的传播领域的新通路；尼克·库尔德利的媒介仪式研究结合数字媒介的特性，揭示了媒介仪式观在互联网时代

---

① 库尔德里．媒介仪式：一种批判的视角［M］．崔玺，译．北京：中国人民大学出版社，2016.

② 刘建明，肖珈阳．库尔德里“媒介仪式”研究的理论突破、局限和启示［J］．湖北大学学报（哲学社会科学版），2023，50（1）：131-141.

③ 李泽华．“媒介仪式”理论的内涵、发展与争议：基于英文文献的分析［J］．安阳师范学院学报，2018（6）：108-111.

④ 李泽华．“媒介仪式”理论的内涵、发展与争议：基于英文文献的分析［J］．安阳师范学院学报，2018（6）：108-111.

⑤ COULDRY N.Liveness，“reality，” and the mediated habitus from television to the mobile phone［J］. Communication review，2004，7（4）：353-361.

的新表现。这一接续研究的过程不仅展示了媒介研究视角的深化与拓展，也反映了媒介环境与社会文化的变迁。未来，媒介仪式观将继续在数字时代的浪潮中不断演进，为理解媒介、社会与文化之间的复杂关系提供新的洞见与批判视角。

## 第三节　国际传播与国际关系、国际政治研究的新趋势和变革

### 一、知识观的重建将促进国际关系理论研究范式的革命[①]

在全球史为国际传播研究注入新动力的同时，知识观的重建也对国际关系理论研究范式产生了新的推力。以牛顿思想为代表的经典科学观在其三百多年的发展进程中对社会科学研究产生了根本性影响——确定性原则及其相关联的原理和方法被社会科学主流理论普遍接受，在国际关系研究领域占据主导地位的三大理论就是典型案例。经典科学观与以量子力学为代表的量子科学观的根本分歧在于"确定性"与"不确定性"的相互对立，前者坚持确定性是世界的本质属性，后者认为不确定性是世界的本原状态。于是，国际关系学业已形成的基本概念（如国家、国际社会、权力等）将面临重塑，构建非决定性理论将成为新的知识生产取向。虽然量子科学观对国际关系理论的影响刚刚开始，但这可能预示着国际关系研究范式革命的真正到来。

进入 21 世纪，量子科学观对国际关系学知识再生产的影响初见端倪。量子科学观认为世界上的事物总是在不确定中发生、发展变化与演进，不确定性与世界同在同构。量子力学关于不确定性的这一基础性假定对既有的知识观和科学观发起了颠覆性挑战。在量子力学里，当几个粒子彼此相互作用后，由于各个粒子所拥有的特性已综合成为整体性质，无法单独描述各个粒子的性质，只能描述整体系统的性质，这种现象称为量子纠缠。不确定性原理的维持必须依赖量子纠缠机制。量子纠缠是一种纯粹发生于

① 秦亚青．知识观重建与国际关系理论的发展进路：以三大理论批判为例的分析［J］．中国社会科学，2022（9）：143-161，207.

量子系统的现象，在经典力学里，找不到类似的现象。[①] 新现实主义、新自由制度主义和建构主义都坚信国际关系的确定性，故而总是试图发现一个魔幻般的主导自变量，由此发现国际关系的因果机制和内在规律。国际体系结构、国际制度结构、国际规范结构就是这些理论依据经典物理学的法则分别发现的主导自变量。量子科学观则对这些主导自变量的既有形态发起了挑战。

量子世界的不确定性首先表现为本体不确定性，即构成世界的基本粒子本身是不确定的，典型表现是波粒二象性对确定性原则的颠覆，其突破了经典力学中粒子与波的恒定属性和定义性特征，指明了任何粒子不单具有一种形态，而是处于一种既是粒子又是波的叠加状态。路易·维克多·德·布罗意（Louis Victor de Broglie）将这一现象扩展到包括粒子、中子等所有微观粒子，断定任何物质都具有波粒二象性，进而将波粒二象性扩展到多象性，认为任何一个存在单元都具有多象性或多重属性。这意味着叠加交错的复杂属性才是粒子的本原状态。在社会科学领域，经济人、社会人、政治人、新闻人等关于人作为基本行为体的讨论，都是将人的某一种属性设定为根本属性，并以此为研究起点。因此，量子人也就是一种非实质主义自我，其本征态是身份和属性的叠加。在互动过程中，情景的变化影响叠加身份的不同侧面的特定状态。在三大理论中，国家都是单一理性行为体，具有实质属性和基本身份。如果量子态叠加原理被应用到国际体系中，国家就会转变为一个具有多重身份和属性的叠加体。如果我们认可建构主义的一个基本原则，即身份决定利益，那么，身份的不确定性自然意味着利益的不确定性，没有任何行为个体的自我利益是先验确定的。这样一来，原子国家的概念将被解构，随之而来的可能是量子国家的概念。其次，认知不确定性体现了量子世界的又一不确定性。认知不确定性背离了经典科学观秉承的笛卡尔心物二元论，指出人们对客观世界的观测是不确定的，任何被观测前的粒子都处于完全随机的叠加态，只有当被观测时，才“坍缩”为某种定态。因此，观测者和测量仪器与被观测的事物交互作用，观测结果是相互影响之后的坍缩态，观测者和被观测者之间可能更多地表现了相互影响，进而，任何观测者都具有不可复制的自身经验和自我意识，且会产生某种观测干扰，因此观测行为是不可逆的。同时，量子纠缠和非定域性原则颠覆了经典科学观的因果律。量子纠缠意味着两个或多个量子系统之间的非经典关联，更为重要的是，量子纠缠过程中表现出明显的非定域性，相互关联的粒子总是处于彼此纠缠之中，其中一个受到干扰时，另一个会在瞬间发生变化，无论距离多么遥远。

① 叶明勇，张永生，郭光灿．量子纠缠和量子操作［J］．中国科学（G辑：物理学 力学 天文学），2007（6）：716-722.

将量子科学观应用到国际关系领域，世界的不确定性意味着理论的非决定论特征。因此，量子科学观视域下知识重构的一个重要含义是创建非决定论国际关系理论。这至少可以引发三个理论猜想。其一，国家是量子国家，量子国家的本征态是多重身份和属性的叠加。其二，量子国家构成的国际社会是一个量子系统，以量子纠缠为系统特征，以复合关系为社会本位。其三，在量子系统的复杂架构中，权力展现出两种尤为显著且富有非决定性特征的形式：应变性权力与达变性权力。

## 二、作为信息和舆论形态的国际传播

大众传播的基本功能与职责是传播信息。国际传播在提供信息的同时也充当着争取民众支持、引导国际舆论的角色。媒体以传播信息为最基本的职责。大众传媒通过其议程设置，对某一问题或事件进行广泛、深入的报道和分析，引起受众注意，并逐渐强化或改变受众对这一问题或事件的观点和态度，最终达到符合该国政治利益的目的。基于议程设置理论，传媒在塑造政策决策进程的政治议程与舆论方面发挥着关键性作用，它们不仅构建了公众观察世界、解读现实的框架，还深刻影响着人们对世界的定义与理解。这一现象揭示了传媒与通信手段如何转变为政治竞技场上的重要工具，成为对抗集团与利益集团间博弈的焦点。进入 21 世纪，相较于 20 世纪，传播过程及其所承载的信息、思想与象征符号，在国际与国内政治舞台上的地位和影响力显著增强。这一转变不仅体现了信息传播技术的飞速发展，更彰显了议程设置能力在塑造公众认知、引导舆论走向乃至影响政策制定方面的深远意义。因此，深入理解并善用议程设置理论对于把握信息时代政治生态的变迁，以及促进政府与社会的良性互动，具有不可估量的价值。

## 三、作为外交形态的国际传播

我们首先应对外交的本质及其运行状态有所了解。外交是指主权国家之间交往、交涉等相互关系的官方行为，其本质在于通过对话、协商与合作，维护国家利益、促进国际和平与安全以及参与全球治理。随着全球化的深入发展，外交的形态与内涵经历了深刻的变革，不再局限于传统的政治外交范畴，而是向多维度、多层次拓展。这一变化不仅体现在参与主体的多元化上，即从单一的国家政府扩展到非政府组织、跨国公司乃至个人等非官方与准官方力量，还体现在外交手段与领域的创新上，经济外交、文化外交、科技外交等新兴形态应运而生，共同构成了当代外交的丰富图景。

作为外交形态的国际传播，是外交活动与现代传媒技术深度融合的产物。它超越了传统外交的时空限制，以更加灵活、高效的方式实现国家间的沟通与互动。在这一形态下，国际传播不仅是信息的单向传递，更是双向乃至多向的沟通平台，为各国政府提供了展示政策主张、回应国际关切、增进相互理解的新渠道。同时，国际传播中的舆论塑造能力，使其成为国家软实力的重要组成部分，对于提升国家国际影响力、推动全球治理体系变革具有深远影响。

以中国为例，近年来，中国政府高度重视国际传播工作，积极推动构建人类命运共同体理念的国际传播，通过举办“一带一路”国际合作高峰论坛、亚洲文明对话大会等国际活动，以及利用新华社、央视等主流媒体和海外社交媒体平台，向世界展示中国的发展成就、文化魅力和外交理念。这些举措不仅增进了国际社会对中国的了解，也为中国参与全球治理、推动构建新型国际关系提供了有力支持。此外，中国还积极倡导媒体合作，推动建立更加公正合理的国际传播秩序，体现了作为负责任大国的担当与作为。

## 四、塑造国家形象的国际传播

国家形象的确立从根本上讲是一国实际言行的记录与凝聚，但在实际生活中，一国的言行必须通过传媒予以传播才能为公众所知晓。就这一意义而言，国家的国际形象要靠大众传播来塑造。鉴于国家形象在国际政治和国际关系领域的重要性，世界各国都对于塑造、维护国家形象予以特别关注。关于国家形象，后文会具体论述。

## 五、国际格局

国际关系的处理往往受制于国家利益的驱使和国际格局的左右。同样，国际传播的实践活动，尤其是重大国际性事件的发生及其相关新闻信息的流动，也始终被一股隐形的力量制约着。究其根本，在于这些现象背后的各种国际政治力量的运动与变化。

它们之间的相互作用在国际政治舞台上会构成重要的政治力量的对比状态，由此形成国际格局的种种态势，从而对国际关系抑或国际传播活动产生影响。为此，我们需要了解什么是国际格局，何谓主要国际力量，以及国际格局的基本模式有哪些。

## （一）国际格局的概念

国际格局是指国际关系中主要力量相互联系、相互作用、相互制约而形成的一种关系结构或力量对比状态。关于国际格局，国内外有多种提法，如“世界格局”“国际政治格局”“国际关系格局”等。①

## （二）相关概念辨析

国际政治格局与一般的或广义的国际政治系统的主要区别在于国际政治格局的构成要素并不是所有的国际行为角色，而是“国际政治力量”。

主要国际力量，是指在国际舞台上能够独立地发挥作用，对国际事务和国际关系发展具有重大影响力的国际行为体。主要国际力量与一般国际行为体不同，它们的主要区别在于国际影响力。国际行为体并不等于主要国际力量，只有当它对国际事务和国际关系具有重大影响力时，才能成为一种主要国际力量。②

## （三）国际格局的基本模式③

### 1. 一元格局

一元格局，或称单极格局，即某一个主要的大国或政治力量在国际政治中占据主导地位，在该国周围存在的一系列其他主权国家都不能够成为与之抗衡的政治力量，一国独霸世界。

### 2. 两极格局

即两个大国或两大集团之间的相互对立和相互制约，对整个国际事务起着决定性的影响。

### 3. 多极格局

即多种政治力量相互制约，各种政治力量在国际事务中各自独立、基本平等，相互之间不存在联盟或领导与被领导的关系，也就是“均势”模式。

① 《国际政治学》编写组．国际政治学［M］．北京：高等教育出版社，2019：52.
② 《国际政治学》编写组．国际政治学［M］．北京：高等教育出版社，2019：52.
③ 李少军．国际政治学概论［M］．5版．上海：上海人民出版社，2019.

#### 4. 两极多元格局

这是一种由两极向多极，或由多极向两极的过渡性格局形态。

莫顿·A. 卡普兰（Morton A. Kaplan）在《国际政治的系统和过程》一书中系统分析了各种国际政治系统的特征、结构和作用，提出国际政治系统的六个模式，即均势系统、松散的两极系统、牢固的两极系统、等级统治系统、全球系统和单位否决系统，被称为“卡普兰国际体系六模式”。①

## 六、国际传播的世纪之变

当前世界正处于一个历史性的大转型阶段，各界对“变局”形成共识，但国际传播领域对其具体内涵尚需明确界定。北京外国语大学学者姜飞在其论文《国际传播百年未有之大变“局”：利益、边界和秩序的接力》中指出，面对世界百年未有之大变局，国际传播变局的“局”的历史性的三大导向线索，即利益、边界和秩序，当前核心聚焦于秩序导向下的变局趋势。

### （一）利益、边界和秩序作为国际传播出发点和落脚点的思想史变迁②

国别区域视角下的国际传播，其核心出发点和落脚点是“利益”。所谓“利益攸关方”以及“负责任大国”的表述，是建构在特定国别和区域利益切割的假设前提下，利益分配的静态维护和动态平衡运动过程和结果。

20 世纪 50 年代以来兴起的文化、认知视角下的跨文化传播视野，其核心出发点和落脚点是“边界”，是从单纯的国别或区域的物理地图向文化地图、从国家和地区的物理边界向文化边界的拓展。

今天，世界需要新的传播思想。既有的“利益”主体和“边界”格局在信息传播新技术的涤荡下进入一个“蝴蝶效应”和“鲇鱼效应”的同频共振、剧烈波动期——技术跨越、平台刷新、主体再造、受众迁移、思想重构、产业重组。这样的一个巨幅振动乍看上去似乎呈现出某种混乱的“布朗运动”，但仔细看，这些运动都有一个类同的指向——“秩序”。对于一个平衡、健康、可持续发展、最大限度降低不确定性的秩

① 卡普兰．国际政治的系统和过程［M］．薄智跃，译．上海：上海人民出版社，2008.

② 姜飞．国际传播百年未有之大变“局”：利益、边界和秩序的接力［J］．新闻与写作，2021（10）：5-13.

序的期待和实践，正在完美地、悄悄地注释着当今的全球变“局”，尤其是国际传播格局。

事实上，上述三大导向（利益、边界、秩序）并不是互斥的，也不是线性替代的，而是交替前行的，每个时代都有其时代的相对性主轴（主调）。对于这个变迁，有必要用一种历史实证主义的视角和文化物理细绎的方式，对百年未有之国际传播大变“局”做一个深描，从不同维度再现上述三大导向的思想史脉络，以期更好地理解当今全球传播生态蕴含的“秩序重构”，或者是全球传播新“局”的酝酿过程。

## （二）主体视角下国际传播的“局”与“变局”

“局”的含义中有一个主体的视角，原指特定的机构、单位、范畴、事件或者组织。从国际传播主体视角来看变“局”，首先是“做局”主体的变迁；其次是做局“玩家”的器具，也就是“棋子”的变迁，这方面包含两个视角，一个是信息传播的基础结构，另一个是基于这些基础结构之上的媒介；最后是传播对象国，也就是“他者”的变迁，以及他者化“他者”的历史过程。[①]

## （三）规则视角下国际传播的“局”与“变局”

国际传播百年未有之大变局的博弈焦点开始突破单纯的利益争夺，把更多精力投向主体的认知边界，这是“变局”之“局”的新含义。[②] 就主体本身而言，其具有个体和机构两种意涵。所谓的“局”指的是一个新构成的规则。就好比“棋局”，一定是在一定的规则之下规定了具体棋子的走位方式和路线的，有具体的系统结构，同时衍生出一种二元关系，即“成员”与“非成员”之间的一种特殊的身份定义。从学界的角度而言，“局内”与“局外”就是一种我与他，或者说我们与他者之间的一种二元状态，进一步联系到“文化他者”。在特定的一种跨文化“认知”视角下，有认知层面的人群与现实之中的人群的区别，本质上在意识层面进行了“他者化”，其中包含许多关于文化与历史相互交融的模糊边界。

在这些特定的学术术语之外，实践与物理层面上的“局”的概念也会引发文化与意识层面“局”的思考，从具体的“局”出发去思考“玩法”，从而以“做局”的视角去看待其做法和规则。

---

① 姜飞 . 国际传播百年未有之大变“局”：利益、边界和秩序的接力［J］. 新闻与写作，2021（10）：5-13.

② 姜飞 . 国际传播百年未有之大变“局”：利益、边界和秩序的接力［J］. 新闻与写作，2021（10）：5-13.

### （四）技术或产业视角下国际传播的“局”与“变局”

“局”的多维含义中还有一种物理介质的含义。在这个视角下，“局”的本义是介质，衍生含义是关系。也就是说，技术性的介质性会对主体关系模式和社会关系生态产生直接或间接的影响。①

信息传播基础设施的发展极大地改变了信息产业的上下游结构，也通过构建以媒体为基础的和以传播为中心的社会改变了政治、经济甚至文化生态。这样，国际传播的实践需要仔细考虑和重建通信基础设施中新的基本要素之间的关系，并在看待和处理国际问题的角度上向下转变。在讨论“变化”时，一方面粗略地概述这些变化，另一方面深入探讨涉及哪些要素，如何重构社会和发展乃至认知的布局，甚至通过大数据和算法科学地回顾这一过程，已经演变成一个重要的思想维度。同时，除了掌握并使用信息传播基础设施（硬件）的技术，还需要加深对这些硬件的工具作用的理性理解，学习相应的能力（软件），超越硬件和软件，在全球范围内全面、历史性地考察它们。通过这种方式，国内和全球治理中的沟通干预图景变得越来越清晰，这更有利于我们理解沟通的重要性，从而更好地理解加强国际沟通能力建设的重要性和紧迫性。

### （五）话语视角下国际传播的“局”与“变局”

“局”含义中有一个话语视角的理解。话语，这个超越言语（Speech）、语言（Language），又决定言语的修辞和语言的生成机制的“文化语法”，呈现出一种“高能”状态。也就是说，只有“话语”才能够把这些多维度、错综复杂的要素高效整合在一起，并实现“四全媒体”规划以及“新闻传播的全方位覆盖、全天候延伸、多领域拓展”的目标。②

## 七、中国国际传播面临的挑战、新趋势和对策

### （一）挑战

#### 1. 西方国家的话语攻讦

西方社会专门创造了“民主与独裁”“自由与专制”等二元对立话语，以攻击异质

① 姜飞. 国际传播百年未有之大变“局”：利益、边界和秩序的接力［J］. 新闻与写作，2021（10）：5-13.
② 姜飞. 国际传播百年未有之大变“局”：利益、边界和秩序的接力［J］. 新闻与写作，2021（10）：5-13.

文化。在这种二元对立的意识形态和文化价值观论争中，我国的国际交往多年以来备受掣肘，国际传播步履维艰。[①] 随着我国国力的提升，西方媒体对我们的话语围堵越发严重。

### 2. 智媒时代的新型挑战

国际舆论场中涌现出大量的“机器人水军”，壮大了敌对势力的宣传羽翼。[②] 此外，借助强大的物联网和数据处理技术，具有人工智能技术优势的国家正在形成越发强大的数据话语权，对我国国际传播效果的实现构成挑战。

### 3. 信息疫情的叠加影响

信息疫情是一些事实加上恐惧、猜测，被现代信息技术在世界范围内迅速放大和传递，以与事实根本不匹配的方式影响国家和国家经济、政治乃至国家安全的现象。[③] 在流行性传染病仍不时出现的条件下，信息疫情为人们识别真实信息造成了障碍。这既增加了通过国际合作来防治传染病的难度，又加重了人们对他国的风险感知，最终阻碍了国际交往。

## （二）新趋势

清华大学学者王沛楠、史安斌认为，21 世纪的第二个十年，在疫情反复、地缘冲突与经济下行交织的情境下，人类社会步入“Permacrisis”（持久危机）时代，全球新闻传媒业在制度、生态及技术维度遭遇深刻不确定性。其发表的论文《“持久危机”下的全球新闻传播新趋势：基于 2023 年六大热点议题的分析》运用 PEST 分析框架，结合扎根理论，提炼海外学者与媒体精英对 2023 年新闻传播趋势的洞见，从政治（跨国危机加剧数字平台地缘政治，国际报道追求实质国际化）、经济（老牌社交媒体衰退与 TikTok 式新兴平台崛起并存）、社会文化（视觉内容转型映射“零信任”危机，算法素养教育适应数字时代需求）、技术（AI 重塑新闻采编场域惯习）四大维度及细化至六方面的分析，展望并剖析了未来新闻传播业的发展趋势。[④]

---

① 段鹏．当前我国国际传播面临的挑战、问题与对策［J］．现代传播（中国传媒大学学报），2021，43（8）：1-8.

② 周敏，毛涵静．后疫情时代重塑国家形象的新媒体策略［J］．湖北第二师范学院学报，2023，40（5）：94-100.

③ 黄建友，陈婧怡．公共安全视角下“信息疫情”的法律规制［J］．青年记者，2023（22）：100-102.

④ 王沛楠，史安斌．“持久危机”下的全球新闻传播新趋势：基于 2023 年六大热点议题的分析［J］．新闻记者，2023（1）：89-96.

### 1.“网缘政治”：数字空间中的跨国危机新生态

地缘政治的运转逻辑进入数字空间，形成了媒介化语境下跨国危机中的“网缘政治”生态。“网缘政治”是指网络虚拟空间与地缘实体空间相结合的战略博弈。[①] 从俄乌冲突的进程可以看出，科技巨头与少数西方国家政府形成意识形态“合谋”，以信息规制和技术断连为手段控制遍及全球的数字基础设施中的信息流动，从而操控和影响数字“第二战场”中跨国危机的走向，直接影响现实政治中的舆论格局与权力结构。这凸显了技术巨头作为新兴行动者，介入国际传播与大国博弈对现实世界产生的隐蔽而深远的影响，跨国危机与冲突已然超越地缘而形成“网缘政治”格局。由此可见，我国未来国际传播研究要从“网缘”的视角理解数字技术设施在国际传播中的地位和作用，警惕少数国家利用数字基础设施形成“数字霸权”。

### 2. 国际新闻的话语权之争与全球南方的挑战

国际新闻背后所包含的话语权和阐释权争夺正在成为国际传播不容忽视的问题，新闻采编部围绕国际新闻报道的微观政治也会对国际传播的生态产生直接影响。近年来，尽管全球南方国家致力于拓展全球传播的多元化结构，但“盎格鲁 - 撒克逊中心主义”[②] 意识形态仍然占主导地位。特别是在欧美国家的新闻采编部中，白人男性群体构成了国际新闻报道的核心力量，形成一种隐蔽而鲜明的殖民主义话语和意识形态。这持续伤害了国际新闻报道在视角和价值上的平衡性。[③] 加之，由西方新闻业主导的国际新闻普遍面临经费紧缺和人手不足的问题，新闻记者更容易陷入不了解报道对象或完全依赖第二手材料的陷阱，从而生产“空降报道”和“笔记本新闻”等无益于西方受众跳出笼统空泛的报道框架而理解遥远“他者”——南方国家的新闻材料。正如传播学者李金铨所言，国际传播事实上并不是一个足够“国际化”的领域。全球南方国家的国际传播在多元文化和政治语境下的发展遭受多重钳制。中国作为全球南方国家中的重要代表同样面临着这一挑战。未来，国际新闻业界与学界合力探索挖掘的方向在于将围绕气候、环境和减贫等主题展开的新闻实践与“全球南方新闻业”概念框架主导的理论探索相结合，从而使国际新闻报道真正实现“国际化”。

---

① 王沛楠，史安斌．“持久危机”下的全球新闻传播新趋势：基于 2023 年六大热点议题的分析［J］．新闻记者，2023（1）：89-96.

② “盎格鲁 - 撒克逊中心主义”是欧洲中心主义的一种传统或模式。

③ 王沛楠，史安斌．“持久危机”下的全球新闻传播新趋势：基于 2023 年六大热点议题的分析［J］．新闻记者，2023（1）：89-96.

### 3. 市场转轨：社交媒体“TikTok 化”引领全球新趋势

就全球传播的市场生态而言，市场转轨——老牌社交媒体衰退危机与新兴社交媒体“TikTok 化”并行成为不争事实。2022 年，曾经备受资本市场青睐的社交媒体巨头、全球最主要的社交平台脸书和推特等都陷入不同程度的困境，异军突起的 TikTok 在某种程度上引领了国际社交媒体市场，由此冲击了全球社交媒体市场的既有格局。[①] 近几年，TikTok 凭借“UGC 音视频内容生产 + 偏好算法推送内容分发 + 滑动式持续内容推送”的模式正在成为整个社交媒体的主流，不仅吸引了全球 Z 世代青少年的广泛关注，更引领新兴社交媒体普遍开始学习其产品和内容形态，带来了全球社交媒体“TikTok 化”的新趋势。[②] 在 Z 世代向 TikTok 迁移的过程中，脸书和推特以“强关系”建构的个人社交环境正在被 TikTok 借助偏好算法分发搭建的“弱关系”网络取代，引发用户社会关系建立和信息获取方式的转变，进而影响到社交媒体整体性的商业模式。[③] 总而言之，全球社交媒体的“TikTok 化”体现在内容生产、内容分发、信息流形态和社群关系建立等各个方面，这将会给未来以 Z 世代为主体的国际传播环境和全球社交媒体市场生态带来颠覆性的改变。中国作为 TikTok 及其母公司字节跳动公司的“诞生地”和主场，更应该利用好、发挥好主场优势和首发便利，把握 TikTok 在国际社交媒体市场中的引领力，为国际传播创造更广阔的发展空间。

### 4. 视觉内容变革与“零信任社会”的隐忧

眼见不一定为实，视觉内容生产变革背后的“零信任社会”危机凸显。对于全球新闻业而言，人工智能催生的视觉技术一方面利好可视化信息的生产，带来了多模态叙事的革新，另一方面进一步模糊了“真实”这一新闻报道的核心概念的边界，从而使新闻业，特别是视觉内容主导的新闻产品遭遇“信任危机”。如果新闻业无法有效地应对这种技术变革，受众对新闻业的信任将会继续跌向历史的谷底，甚至导致技术催生的“零信任社会”出现。[④] 这种“信任危机”在我国社会环境中也是成立的。因此，

---

① 王沛楠，史安斌．“持久危机”下的全球新闻传播新趋势：基于 2023 年六大热点议题的分析［J］．新闻记者，2023（1）：89-96.

② 王沛楠，史安斌．“持久危机”下的全球新闻传播新趋势：基于 2023 年六大热点议题的分析［J］．新闻记者，2023（1）：89-96.

③ 王沛楠，史安斌．“持久危机”下的全球新闻传播新趋势：基于 2023 年六大热点议题的分析［J］．新闻记者，2023（1）：89-96.

④ 王沛楠，史安斌．“持久危机”下的全球新闻传播新趋势：基于 2023 年六大热点议题的分析［J］．新闻记者，2023（1）：89-96.

从技术和制度两个维度来应对视觉编辑技术引发的“信任危机”成为未来全球新闻业的主要变革方向。在技术上，应当利用人工智能进行核查，作为传统事实核查的补充，来识别和标记伪造的视觉内容；[①] 在制度上，需要针对视觉内容的使用建立新的伦理准则，特别是对人工智能生产的视觉内容的使用方式和边界要及时形成更为明确的要求，将保护个体尊严与公共利益置于技术创新之上。[②]

### 5. 媒介素养教育向算法素养教育的转型

面向数字时代的媒介素养教育向算法素养教育升维。算法素养是指能够意识到算法技术在平台和应用程序中的使用，理解算法操作的原理，批判性地评估算法决策，并应对算法对信息环境的操纵。近年来，算法和人工智能技术已深入国际新闻传播领域，这就要求中国未来的新闻教育吸纳更多前沿的技术视角，用更接近技术发展前沿的算法素养教育取代传统的媒体素养教育。

### 6. 人工智能挑战新闻采编部场域惯习

2022 年底，“ChatGPT”的出现引发科技爱好者和媒体从业者的广泛关注。作为 OpenAI 公司推出的具有强大自主学习功能的自然语言处理工具，ChatGPT 能够以聊天机器人的形态结合上下文自然恰当地完成与用户的对话，有效回答用户提出的问题，甚至可以撰写邮件、翻译、修改代码等。其背后依托的自然语言处理模型 GPT-3，借助“从人类反馈中强化学习”（RLHF）的训练方式，能够模拟人类的思维和表达方式处理文本信息，从而对传统的新闻采编部工作模式产生颠覆性的影响。[③] 辩证地来看，它能够超越传统机器人新闻机械化和模式化的重复性报道，帮助记者对新闻内容进行总结和提炼，进而大幅度提升记者和编辑的工作效率。但与此同时，“过于”强大的文本理解和反馈能力对既有的新闻生产惯习所形成的直接冲击引发了普遍的担忧。技术的飞速发展迫使新闻业必须正视行业生态的变化：一方面，我国新闻传播从业者需要主动拥抱技术变革对新闻生产流程的改造，善用人工智能提升内容生产的效率；[④] 另一方面，我国国际新闻传播需要更多地将目光投向人工智能无法触及的领域——新闻对

① 王沛楠，史安斌 .“持久危机”下的全球新闻传播新趋势：基于 2023 年六大热点议题的分析［J］. 新闻记者，2023（1）：89-96.
② 王沛楠，史安斌 .“持久危机”下的全球新闻传播新趋势：基于 2023 年六大热点议题的分析［J］. 新闻记者，2023（1）：89-96.
③ 王沛楠，史安斌 .“持久危机”下的全球新闻传播新趋势：基于 2023 年六大热点议题的分析［J］. 新闻记者，2023（1）：89-96.
④ 王沛楠，史安斌 .“持久危机”下的全球新闻传播新趋势：基于 2023 年六大热点议题的分析［J］. 新闻记者，2023（1）：89-96.

具体事件和人的关切，各方主体都需要重新建立与“人”的联结，通过具体的关切与对话强化国际新闻传播的人文主义特质。①

总体而言，尽管当前的全球新闻传媒业被笼罩于“持久危机”之下，国际传播的主体——国家、媒体、平台和用户都在不同程度上面临着挑战，但危机中也蕴藏着变革的潜能。对危机的回应推动着全球传媒业制度、结构和技术层面的发展，不断促进国际传播格局的变化发展。对于中国的新闻传媒业而言，把握全球新闻传媒业在技术变革驱动下的制度和结构变化，加快平台基础设施建设与出海，加强气候、环境、减贫与发展等国际新闻新型议题的报道和传播力度，深化由人工智能驱动的媒介生态和新闻生产模式转型，进一步推动构建网络空间命运共同体，是对国际社会和全球传媒业“持久危机”整体环境的有效回应。

### （三）对策

#### 1. 布局智能全媒体国际传播战略体系②

首先，加强智能全媒体传播体系的顶层框架设计、中观方案设计和微观细节填充，明确各级政府和各分管部门对国际传播领导职权的分配，优化或再造国际传播整体战略的实施流程。其次，加强国际传播的媒体间和官民间合作，积极动员非主流媒体、网络媒体、自媒体等传播资源参与我国国际传播事业，为讲好中国故事、传递中国经验形成合力。再次，加强对智能媒体技术的开发与应用，综合运用大数据等技术提升国际传播效能，应对反华势力的恶意攻击。最后，充分激活地方媒体的国际传播动能，将县级融媒体中心建设、地方特色媒体建设与国际传播的整体规划有机结合，打造同心圆式全媒体国际传播体系。

#### 2. 加强跨领域国际传播协同创新研究

首先，在学界应展开跨学科、跨领域的综合化与专题化协同发展的聚合之道，加强区域国别研究、跨文化传播研究等学科建设，深入研究不同国家的国际传播策略。其次，重视国家社会科学基金的投入，加强对国际传播与跨文化传播相关研究的多层次、多领域资助。再次，我们应重点加强国际交流、跨文化交流等智库建设，提高外国研究人员在重点研究平台的比例，促进他们解决国际交流中的核心问题和技术。最

① 王沛楠，史安斌．“持久危机”下的全球新闻传播新趋势：基于 2023 年六大热点议题的分析［J］．新闻记者，2023（1）：89-96.

② 段鹏．当前我国国际传播面临的挑战、问题与对策［J］．现代传播（中国传媒大学学报），2021，43（8）：1-8.

后，要通过在新闻传播学、政治学、社会学等学科的核心期刊中增加与国际传播相关的栏目，鼓励各领域学者积极发表意见，围绕国际传播形成更具学术影响力的研究成果，促进国际传播期刊的建设和完善。

### 3. 健全话语体系，打造立体化国家形象

在国际传播过程中，我们要注意完善话语体系，展示丰富多彩、生动立体的中国形象，注意采用“信息模式”和“故事模式”的新闻数量和版面的平衡，用“信息模式”的成果在各个领域传播“中国经验”。“故事模式”新闻报道中国人的文化生活和精神面貌等，关注人们对国家发展的微观感受，呈现出立体的“中国体验”。此外，我们要结合目标国人民的文化特点和新闻阅读、收听习惯，选择合适的声音进行新闻报道，选择可以软化的“软声音”进行新闻话题报道，体现中国国际传播的活泼、亲切；在需要严肃报道的新闻中采取相对强硬的话语风格，表现我们的文化自觉、文化自信和文化自强。

### 4. 借力文化共情，推动中华文化国际传播

数字媒介时代，国际传播呈现出去中心化、多元赋权的新特征。无远弗届的互联网为多元传播主体的跨时空情感表达和差异化价值诉求构建了通路。[①] 文化共情与共情传播研究为中华文化的国际传播带来了新的理论视点与实践路径。[②] 文化共情是指传播主体输出的文化产品获得了客体受众的认同，并引发心灵共鸣的情感力量。其形成机理在于主客体思想观念相通、经历阅历相似、追求的美好愿景相同，亦表现为这三者融会贯通的综合作用，进而形成贴近心灵的感应性、寓理于情的相容性、异域文化的接受性和潜在动能的激发性特征。

文化共情在国际传播中的实施策略主要有以下几点。

首先，传播凝聚共情的理想愿景。根据受众的需求和产品的传播规律进行创意设计，使受众从不同文化的传播工具与视觉感知等方面去体验中华文明的亲和力。其次，遵循共情培养的叙事逻辑。注重主客体同频共振，捕捉与调和机缘、地缘、人缘等因素，在细微处打通滋润人类共情的那根情弦，从而收到润物无声的传播效能。最后，营造产生共情的话语场。利用话语资源和话题的吸引力，连接五湖四海的人们，培育

① 徐明华，李虹．国际传播中的共情层次：从理论建构到实践路径［J］．对外传播，2022（8）：53-57.

② 祝莹莹．文化共情在国际传播中的实施策略［J］．哈尔滨师范大学社会科学学报，2022，13（6）：160-167.

文化同理心。

# 第四节　跨文化传播的理论与学科发展及其关联性

## 一、跨文化传播的理论与学科发展

### （一）跨文化传播的概念与要素

#### 1. 厘清概念

跨文化传播（Intercultural Communication）是指具有不同文化背景的社会成员之间进行的人际交往和信息传播活动，是社会信息的跨文化传递，或者说是社会信息系统的跨文化运行。它还牵涉各种文化要素在全球社会中迁移、扩散和变动发展的过程，以及它们对不同群体、文化、国家乃至人类共同体产生的影响。日本学者石井敏将跨文化传播定义为：在人际传播、群体传播、组织传播或公共传播的语境中，在互异的文化背景的人们之间，互动地发送和接收语言和非语言信息，从而进行文化上相互联系的认知、情感和行为活动过程。[①] 这一定义聚焦于传播中互相联系的思想和行为活动过程、文化对传播活动的潜在影响以及传播活动所处的物质、社会文化和关系语境。究其实质，跨文化传播就是一种沟通和建立不同文化中人与人之间共存的关系的文化交往活动，或者说，是人类社会关系和社会交往的跨文化、跨区域的一种“延伸”过程。[②] 它主要关联两个层次的传播：其一，日常生活层面的跨文化传播，主要指来自不同文化背景的社会成员在日常交往互动中的融合、矛盾、冲突与解决方式等；其二，人类文化交往层面的跨文化传播，主要指基于文化系统的差异，不同文化之间进行交

① 石井敏．用东亚社会文化的视角与实践完善当代跨文化传播研究［M］// 国际跨文化传播精华文选．爱门森，编译．杭州：浙江大学出版社，2007：99-100.

② 萨默瓦，波特．文化模式与传播方式：跨文化交流文集［C］．麻争旗，等译．北京：北京广播学院出版社，2003.

往与互动的过程与影响，以及由跨越文化的传播过程所决定的文化融合、发展与变迁。综上，跨文化传播涉及不同社会群体之间的交流互动以及相互理解的过程，可以从社会、政治、经济和技术等多个层面来解释。

20 世纪中叶以来，经济的全球化和传播技术的进步极大地促进了世界各地的文化交流，使跨文化传播逐渐成为涉及社会各个层面、各个领域的普遍行为。总体来看，跨文化传播不仅是人类历史上长期存在的文化现象，也是当代人生活中不可或缺的一部分，还是推动各国文化乃至全球文化发展的关键力量。交通和信息传播技术的进步为跨文化传播提供了动力，而经济的全球化和文化影响力的扩张则是当前跨文化传播日益活跃的主要驱动力和表现。此外，自 20 世纪起，各国人尤其是移民的跨国流动增加，进一步推动了跨文化传播的进程。

### 2. 跨文化传播的三个要素

从认知角度而言，跨文化传播包含三个要素[①]：认知要素、言语要素和非言语要素。第一，认知要素包括文化价值观、世界观、社会组织等。在此层面，最直接影响跨文化传播的文化价值观主要涉及个体、家庭、宗教、唯物主义、人性、科学技术、进步与变化、竞争、工作与休闲、平等、性别、自然与环境、事件、正式与非正式、谈说、沉默、自信心以及人际和谐等。世界观对跨文化传播的影响在于，多样的概念会导致不同的选择和行为。社会组织也会左右人们观察世界的方法和行为规范，从而影响认知和传播。[②]第二，言语不仅是文化传承与保存的一种形式，也是文化交流的桥梁。在多样的文化背景下，同一种事物的语言表达方式及其所承载的含义存在差异，将激发出不同的文化反响。人们使用语言的模式亦会因文化差异而存在差异，即便是在同一地区生活的人群，其语言使用习惯也可能与主流文化有所区别。第三，非言语传播也是跨文化交流中不可或缺的组成部分。个体的肢体动作、面部表情、对时间与空间的感知等，均可能因文化背景的差异而产生不同的表现形式和解读方式，进而传递出差异化的信息。这种现象在很大程度上反映了不同文化的深层架构和价值观念。

---

① 萨默瓦，波特．文化模式与传播方式：跨文化交流文集［C］．麻争旗，等译．北京：北京广播学院出版社，2003.

② 范红海．儒家文化在越南的跨文化传播：以越南文庙为例［D］．郑州：郑州大学，2018.

## （二）文化 - 传播的关联性理论

“文化”作为意义的系统，[①] 有诸多路径可以将其融合到传播理论当中。[②] 第一，文化可以在理论上视作传播过程的一部分；第二，传播可以被看作创造文化的过程；第三，一种文化中产生的理论可以推广到其他文化中，或者说，文化可以看作理论构建中相关命题的边界条件；第四，理论的产生能用于解释来自不同文化的人们之间的传播问题；第五，理论还可以用来解释不同文化之间传播的各种差异。威廉 · B. 古狄昆斯特（William B. Gudykunst）和卡门 · M. 李（Carmen M. Lee）提出 [③]，在跨文化传播研究中，首先要对“文化”进行理论性构建。他们对跨文化传播理论的梳理始于这样一个问题：文化如何被当作一个理论的变量？二人主张在文化层面上用文化差异的维度来进行理论性预测。

传播中的文化多变性理论常用来理解和揭示跨文化传播的差异性，或者说，传播在不同文化间的差异性。多位理论家都试图用文化层面和个人层面的不同维度来解释传播中的跨文化差异，包括以下理论：面子协商理论（Face-Negotiation Theory，简称 FNT）、会话限制理论（Conversational Constraints Theory，简称 CCT）、违反预期理论（Expectancy Violations Theory，简称 EVT）、焦虑 / 不确定性管理理论（Anxiety/Uncertainty Management Theory，简称 AUM）以及交际适应理论（Communication Accommodation Theory，简称 CAT）。第一，文化的规范和价值影响并塑造文化体成员处理面子以及处理冲突性情况的方式。面子协商理论原本是一个侧重冲突研究的理论，后来经过扩展，融合了文化层面的某些维度以及个人层面的某些特点，用来解释面子问题、冲突的类型和面子功夫的行为。第二，在会话限制理论中，会话是有定向目标的，而且需要传播者各方之间的协调。个体追求多种多样的互动目标，诸如获取赞美、寻求信息或改变关系等。在追求这些目标时，个体一方面坚持在种种个人层面或文化层面的限制，另一方面创造出各种信息。会话限制影响信息建构过程中的举止和神态，

① GEERT C. The interpretation of cultures［M］. New York：Basic books，1973.

② 古狄昆斯特，莫迪 . 国际传播与文化间传播研究手册：第二版［M］. 陈纳，等译 . 上海：复旦大学出版社，2016.

③ 古狄昆斯特，莫迪 . 国际传播与文化间传播研究手册：第二版［M］. 陈纳，等译 . 上海：复旦大学出版社，2016：23-43.

以及个体的会话风格。第三，每一种文化都有对人们行为的指导性原则，由此提出对他人行为的期望或预期。[①] 违反预期理论为以下情况提供了分析框架：在人们怀有预期的语境下进行人际传播，以及人们如何对违反预期的情况做出反应。该理论被用于理解传播中的跨文化多变性和文化间的互动。[②③] 第四，焦虑 / 不确定性管理理论把重点放在有效果的人际和群体间的传播，[④] 并结合考虑跨文化多变性在焦虑 / 不确定性管理过程中的意义。该理论的基本论点是：有效的传播出自用心管理不确定性和焦虑的情况。其他在不同的文化中有所变化的因素（诸如社会认同和态度）影响着个体经验的不确定性和焦虑程度。第五，交际适应理论关注的是，通过对人们的语言、非言语交际和副语言的研究，理解来自不同群体的人们之间的互动，[⑤] 个体通过不同的方法来表达他们彼此之间的态度。

综上，文化多变性与文化差异问题的检讨是跨文化传播中极其重要的问题，[⑥] 文化价值观则成为跨文化传播中解决上述问题至关重要的因素。文化的深层结构是有效的跨文化交流中最大的影响因素，进行跨文化交流的前提在于既要了解自己所属的文化，又要了解不同的和互补的文化。跨文化传播不能做到完全真实、客观，这是传播中几乎无法克服的一个问题。传播主体总是从“我者”出发去看待他者文化，因此，跨文化传播的主体难以避免被某种所属种族或文化取向影响。这就要求在跨文化传播中排除明显的和潜在的敌意或偏见，秉持正确的文化价值观。可见，传播、文化和意识交织在一起，这构成了我们面对不同文化时所持有的视角，同时构成了我们探究跨文化传播的核心要素。[⑦]

---

① BURGOON J K. A communication model of personal space violations：explication and an initial test［J］. Human communication research，1978，4（2）：129-142.

② BURGOON J K.Applying a comparative approach to nonverbal expectancy violation theory［C］//BLUMLER J G，MCLEOD J M，ROSENGREN K E.Comparatively speaking：communication and culture across space and time. Thousand Oaks，CA：Sage Publications，Inc.，1992：53-69.

③ GUDYKUNST W B，TING-TOOMEY S. Culture and affective communication［J］. American behavioral scientist，1988，31（3）：384-400.

④ GUDYKUNST W D. Anxiety/uncertainty management（AUM）theory：current status［C］// WISEMAN R L.Intercultural communication theory.Thousand Oaks，CA：Sage Publications，Inc.，1995：8-58.

⑤ GALLOIS C，GILES H，JONES E，et al. Accommodating intercultural encounters：elaborations and extensions［C］// WISEMAN R L.Intercultural communication theory .Thousand Oaks，CA：Sage Publications，Inc.，1995：115-147.

⑥ 莫滕森 . 跨文化传播学：东方的视角［M］. 关世杰，胡兴，译 . 北京：中国社会科学出版社，1999.

⑦ 李天铎 . 想象空间与认同并裂：媒介全球化的后果？［C］// 孟建，李亦中，FRIEDRICH S. 冲突 · 和谐：全球化与亚洲影视 . 上海：复旦大学出版社，2003：67.

## （三）跨文化传播学

与跨文化传播的概念、性质、特点及目标相对应，跨文化传播学的研究涉及描述特定文化之间传播的性质，揭示文化间差异，并基于对文化差异的理解，研究消除文化屏障造成的传播差异的途径，从而更好地理解自身所属文化，理解文化的创造和分野的进程。[①] 跨文化传播作为传播学的一个关键分支，起源于 20 世纪 40 年代的美国，发展至 70 年代末逐渐成为具有自身理论体系的独立学科，研究焦点不仅涵盖不同文化背景下个体、集体、机构、国家间的互动特性与规律，还包括文化间的意义解读与理解，人类文化创造、演化与分化的过程。此外，它还探讨了文化与民族心理的差异性、跨文化语言使用研究、文化冲突及其解决策略、技术进步对文化的影响、文化的传承与变革、传播的调控与管理以及民族文化的自主发展等多个领域。

### 1. 学科先导与奠基者

跨文化传播的研究始于文化人类学家对不同文化的传播过程的研究。[②] 通常我们将文化人类学家视为跨文化传播学研究的先导者。自 20 世纪初期，英国和美国的文化人类学家就致力于探索人类文化多样性，引领了这一领域的深入探索。从学科发生和演化的早期阶段来看，研究者们大都是从“文化对话”和“文化批评”这两条路径展开研究的。文化人类学家鲁思·本尼迪克特（Ruth Benedict）的著作《菊与刀》（*Chrysanthemum and the Sword*，1946）以象征日本皇室的“菊”和象征武士精神的“刀”为对比，从外部视角对日本文化中的矛盾现象进行了深入的分析与解释。文化人类学家爱德华·霍尔的一系列有关跨文化训练的论文及其专著《无声的语言》具体制定了跨文化传播研究范式的若干原则，提出了“文化就是传播，传播就是文化”的核心观点，并且将文化分为显形文化、隐形文化、技术性文化三个层面。此书被视为跨文化传播学的开山之作。爱德华·霍尔的另一力作《隐蔽的空间》（*The Hidden Dimension*）分析了不同文化背景的人们的行为类型、学习特点、接受方式和反应方式等问题。1966 年，阿尔弗雷德·史密斯（Alfred Smith）主编的论文集《传播与文化》（*Communication and Culture*）代表了学术界将文化研究与传播学结合起来研究的趋势和集体努力。

---

① 孙英春．跨文化传播学导论［M］．北京：北京大学出版社，2008.

② 古狄昆斯特，莫迪．国际传播与文化间传播研究手册：第二版［M］．陈纳，等译．上海：复旦大学出版社，2016：1.

### 2. 国际发展概况

20 世纪 70 年代，交通与通信技术飞速发展，世界各国之间的交流日益频繁，这促使文化人类学、社会心理学、语言学、传播学等学科对跨文化传播现象的关注加深，相关理论研究也不断走向深入，跨文化传播学逐渐成长为传播学领域的一个独立分支。在这一时期，美国全国传播协会（National Communication Association）和国际传播协会均设立了跨文化传播分会。1972 年，首届跨文化交流国际会议在日本东京召开。1974 年，《国际与跨文化传播年鉴》（*The International and Intercultural Communication Annual*）创刊。1977 年，《跨文化关系国际期刊》（*The International Journal of Intercultural Relations*）创刊。跨文化传播领域的专业出版社也在这一时期兴起，包括至今仍具有深远影响的 Intercultural Press、Sage Publications 等。众多跨文化传播研究和教学著作陆续出版，其中颇具影响力的是拉里・A. 萨默瓦和理查德・E. 波特所著的《跨文化传播》。20 世纪 80 年代，跨文化传播学进入快速发展期，其在学术研究和实践应用中的重要性得到西方学术界的广泛认可。1989 年，莫莱菲・阿森特（Molefi Asante）和威廉・B. 古狄昆斯特主编的《国际与跨文化传播手册》（*Handbook of International and Intercultural Communication*，第 1 版）汇集了彼时的研究成果，被广泛应用于外交、国际贸易和跨文化交流培训的专业机构。自 20 世纪 90 年代起，随着世界文化交流和地区冲突的日益频繁，跨文化传播学成为社会科学研究的热点，研究议题也变得更加多元化。全球化与本土化的矛盾、文化多样性与文化霸权等问题成为讨论的焦点，现代性、反思性以及文化认同的危机等问题受到广泛关注。一些学者运用后殖民主义、文化帝国主义、女性主义、知识话语权力等理论，对跨文化矛盾和冲突的根源进行了更深入的探讨。

### 3. 国内研究概况

回望国内跨文化传播的研究历程，自 20 世纪 80 年代初期，跨文化交际与传播学科开始受到中国学术界的关注。以外语教育和国际关系研究者以及传播学领域的学者为主力，众多国外理论著作被陆续翻译引进，如陈南、龚光明翻译的《跨文化传通》（1988）、居廷安等人翻译的《超越文化》（1988）等。90 年代以后，跨文化交际学和跨文化传播学学科在中国的外国语教学和研究以及传播学领域得到长足的发展，形成了气候。自从中国跨文化交际学会于 1995 年成立以后，中国社会科学院新闻与传播研究所主办了《中国跨文化传播研究年刊》（2015），北京外国语大学主办了英文学术期刊 *Journal of Transcultural Communication*（《国际跨文化传播学刊》，2021），上海外国语大学跨文化研究中心于2006年成立后创办了国际期刊《跨文化交际与传播研究》（*Journal of Intercultural Communication & Interactions Research*，2021），武汉大学媒体发展研究中心主办了《跨文化传播研究》杂志（2020）。近30年以来，从较早的中译本《跨文化传通》《超越文化》的出版到具有中国特色的学术著作陆续发行，包括段连城撰写的《对外传播学初探（英汉合编本）》（1988），胡文仲编的《跨文化交际与英语学习》（1988），关世杰所著的《跨文化交流学：提高涉外交流能力的学问》（1995），贾玉新编的《跨文化交际学》（1997），姜飞所著的《跨文化传播的后殖民语境》（2005年初版，2023年修订版）、《跨文化传播理论研究》（2021），孙英春所著的《跨文化传播学导论》（2008）和《跨文化传播学》（2015），李庆本所著的《中华文化的跨文化阐释与对外传播研究》（2022）等理论成果。其中有两部较近的著作值得一提。一是姜飞的《跨文化传播理论研究》。他在这本书中认为从事国际传播和跨文化传播研究，不能忽视重要的历史时代背景，即殖民主义和文化新殖民主义；同时指出中国跨文化传播理论建设要在批判的基础上予以吸收，在自主性的基础上更新创造。他以德国经济崛起后文化建构的路径为鉴，认为要从中国当下全球文化语境出发，重新界定文化和文明关系，深度批判“文明—野蛮”二元对立话语体系。二是孙英春的《跨文化传播学》。该书以跨文化传播研究的基础理念、核心理论、研究方法和基本问题为基石，深入探讨了跨文化传播研究的知识体系和前沿动态，构建了一个全面理解跨文化传播实践、推进跨文化传播研究的知识框架。书中涵盖了符号、文化差异性、社会互动、认同建构、文化心理、技术发展、传播能力、文化多样性与文化对话、文化权力和全球伦理等维度的认知视角与分析范式。

对跨文化传播学研究而言，以下概念很重要：文化差异与文化误读或文化冲突、社会互动与文化认同、文化帝国主义与文化霸权理论、数字鸿沟、国家形象与文化建构。下面我们对上述概念进行简略的解读。

经济、政治、历史和教育背景以及地缘环境的差异，决定了不同地域、不同种族之间文化上的差异。文化差异是相对的，又是客观存在的。[①] 所以，人们应该理性地对待文化差异。如果用自己的思维、观念体系和文化范式去理解与评价另一种文化，就会产生文化误读，误读被放大，就可能产生文化冲突。根据历史经验，当社会急剧变迁和异质文化融入本土文化时，文化认同问题总会彰显出来。[②] 不同文化之间的冲突既

① 孙英春.跨文化传播学导论［M］.北京：北京大学出版社，2008：138.
② 孙英春.跨文化传播学导论［M］.北京：北京大学出版社，2008：251.

会强化对本体文化的认知，又会进一步凸显与冲突文化之间的矛盾和差异性。与此同时，跨文化交流，不同文化之间的社会互动、个体互动的增加，又会促进不同文化之间的了解和理解，形成多重文化认同，达成某些文化共识。

近代西方的崛起，现代物质文明和商业文明的成功，一方面让西方尤其是美国认为他们有责任按照自己的价值观念、生活方式和政治制度来塑造与整合世界，因为这是作为“上帝的选民”的时代使命；另一方面，“文化帝国主义”与文化霸权体现出西方意图通过大众文化“征服与控制人心”，并以此加强对发展中国家的文化、意识形态的渗透与控制。“文化帝国主义”是发达国家与发展中国家之间的控制与依附关系的文化表达。发达国家文化的强势介入不仅破坏了发展中国家的文化传统，削弱了这些国家国民对本土文化的认同，[①] 而且对世界文化的多样性也是一种极大的伤害。

信息技术的迅速发展、大众传播媒介的日益发达和交通方式的革命性变化让人类信息复制、保存和传输的能力空前增强。但不同国家和不同民族之间在数字技术和信息获取方面的差距——“数字鸿沟”可能在不断扩大，这导致文化观念和外部认知差异的扩大，不利于社会公平和文化的交流与融合。

作为国家软实力的重要组成部分，国家形象事关国际声誉和世界影响。它既包含一个国家的自我认知，也包含国际社会的外部认知。文化是国家形象塑造中的核心要素，是民族身份认同的坚实基础。因此，通过特色文化构建，塑造符合本国国情、国际认同的国家形象，成了很多国家的重要任务。

## 二、跨文化传播与国际传播、全球传播的异同

迈克尔·普罗瑟在《文化对话：跨文化传播导论》（2013）中对跨文化传播与国际传播、全球传播进行了对比（见图 1-2）。[②]

① 孙英春 . 跨文化传播学导论［M］. 北京：北京大学出版社，2008：401-402.

② 普罗瑟 . 文化对话：跨文化传播导论［M］. 何道宽，译 . 北京：北京大学出版社，2013.

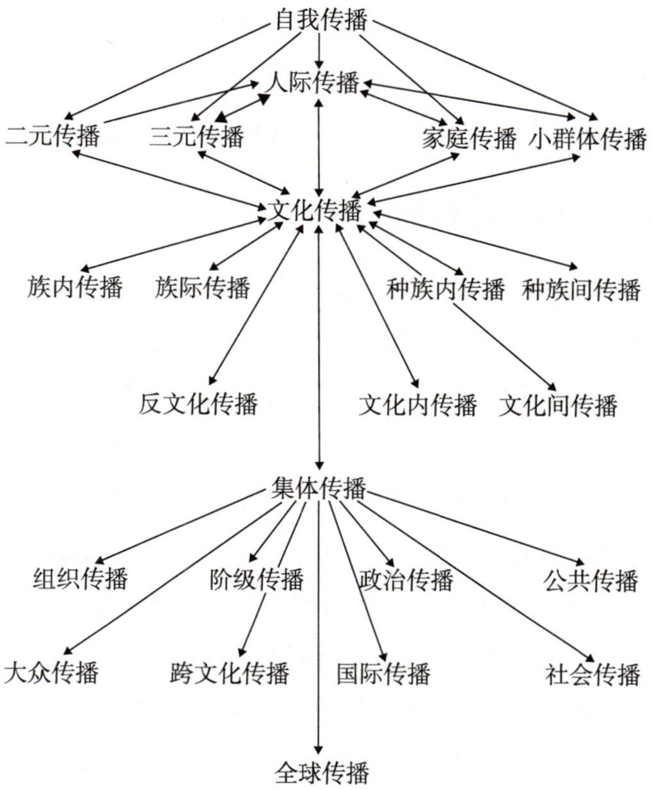


图 1-2 传播参与者的系统：一个模型及其集合

## （一）国际传播与跨文化传播的异同

国际传播与跨文化传播均为传播学中两个不同的分支学科，二者既有联系又有区别。国际传播是国与国之间跨越国境的信息交流过程；跨文化传播是不同文化背景的人进行信息交流的过程。

此外，孙英春在《跨文化传播学》中对跨文化传播和国际传播进行了比较。他认为，跨文化传播是指来自不同文化背景的社会成员之间的交往与信息传播活动，也涉及各种文化要素在全球社会中迁移、扩散、变动的过程，及其对不同群体、文化、国家乃至全人类共同体的影响。这一概念与国际传播具有交叉、重叠之处。[①]

国际传播中信息的发出者主要是国家、政府组织、非政府组织，以及以营利为主要目的的跨国传媒等。这类传播是与国家的政治、经济、文化发展密切相关的传播，

① 孙英春．跨文化传播学导论［M］．北京：北京大学出版社，2008.

也有跨族群、跨种族、跨文化传播的特点。考量国际传播与跨文化传播之异同，必须留意两点：一是对跨文化传播的分析如果不考虑政治、经济和技术因素是不现实的；二是国际传播研究如果不考虑文化和语言的背景与差异，也是难以深入的。

## （二）国际传播与全球传播的异同

### 1. 国际传播：国家政治框架下的信息传播

国际传播作为传统外交与现代传媒技术结合的产物，其核心在于以国家为主体，通过跨国界的信息流动，实现国家间的政策沟通、形象塑造与价值传播。在这一框架下，国家媒体往往扮演着核心角色。它们不仅是国家声音的传递者，也是国际舆论场中的重要力量。国际传播的内容往往紧密围绕国家政治利益展开，政治议题、外交政策、国家形象构建等是其关注的焦点。此外，国际传播深受国际政治格局、地缘政治因素及国家间关系的影响，呈现出鲜明的国家意志和政治色彩。

### 2. 全球传播：全球化背景下的信息传播新图景

随着全球化的深入发展，信息传播领域迎来了深刻的变革，全球传播的概念应运而生。全球传播超越了传统的国家界限，将信息传播置于全球化的宏观视野之下，强调信息在全球范围内的自由流动与共享。在这一背景下，传播主体不再局限于国家媒体，跨国公司、非政府组织、社交媒体、个体网民等多元化主体纷纷登上舞台，共同塑造着全球信息传播的新格局。全球传播的内容更加广泛多元，经济、文化、科技、娱乐、社会新闻等各个领域的信息均得以广泛传播，展现了全球文化的多样性和丰富性。同时，全球传播突破了国际政治界限的束缚，信息传播不再完全受制于国家间的政治关系，呈现出更加开放、自由的特点。

### 3. 国际传播与全球传播的异同

一为传播主体的差异与融合。国际传播以国家媒体为主，体现了强烈的国家意志和政治色彩；全球传播强调传播主体的多元化和去中心化，跨国公司、非政府组织、个体网民等成为传播中不可忽视的力量。然而，值得注意的是，即便在全球传播中，国家媒体仍然发挥着重要作用，尤其是在涉及国家利益和重大国际事件时，国家媒体的声音往往更具有影响力。

二为传播内容的侧重与扩展。国际传播往往以政治议题为核心，关注国家间的政策沟通、外交策略等；全球传播更加注重经济、文化、社会等多领域的信息传播，展现了全球文化的多样性和丰富性。但两者并非完全割裂，国际政治议题在全球传播中仍占据重要地位，而经济、文化等内容的传播也往往受到国际政治格局的影响。

三为传播界限的模糊与重塑。国际传播深受国际政治界限的影响，国家间的政治关系往往决定了信息传播的范围和方式；全球传播在一定程度上模糊了这些界限，信息传播更加自由、开放。然而，这并不意味着全球传播完全摆脱了政治因素的影响。随着全球治理体系的不断完善，国际政治因素在全球传播中的作用将更加复杂和微妙。

值得关注的是，在全球传播愿景与现实之间仍存在显著差距。面对复杂的传播环境，我们可以借鉴全球传播理念，利用互联网的扁平化特性，增强个体叙事力量，促进跨文化理解与共鸣。然而，不可忽视的是，政治因素在国际传播中仍具有重要影响。因此，在实践中，我们需要平衡全球传播理念与政治现实，既要倡导开放包容的信息交流，又要灵活应对政治变化，确保信息传播的有效与安全。通过融合两者优势，我们希望推动国际传播向更加开放、和谐的方向发展。

## 三、世界主义视角下的跨文化交流理论

全球化是一种以整体性眼光看待世界的动态过程。在这一过程中，时间和空间不断被压缩，世界日益紧密地联结为一个整体，使原本处于异文化中的“我者”与“他者”走向连接与交往，使不同事物、个体、群体和文化产生直接的交汇与碰撞。在全球化深入发展的同时，不可避免地迎来了世界主义大师乌尔里希·贝克（Ulrich Beck）所指出的“风险社会”——存在文化冲突、生态、资源匮乏等众多全球性危机。面对全球性危机，乌尔里希·贝克等人进一步提出“反思性现代性”这一概念，指涉社会行动者对现代性与自身文化不断反思和改造的过程。在全球化过程中，彼此异化、高度分化的各文明体系并不能凭借一己之力独善其身。全球风险的持续加剧使世界范围内的共同合作成为唯一通路；个体化趋势则致使个人跳脱出传统的固定的社会角色，成为游走于传统与现代的解放力量，即以行动者的姿态在不同文化之间进行交流与往来，由此形成具有世界主义色彩的现代性反思。遗憾的是，文化决定论、文化相对主义、文化帝国主义、文化保守主义与多元文化主义等不同的跨文化交流理论流派的发展难以应对反思性、现代性的时代诉求，于是回应全球化过程及全球社会风险问题的重要理论体系——世界主义应运而生。

世界主义包含对政治、全球治理、文化、伦理、道德、公民性等多方面的讨论。①

① 廖文伟. 世界主义：跨文化交流理论新视角［J］. 河北师范大学学报（哲学社会科学版），2016，39（3）：48-54.

关于其起源，学界一致认可的说法是希腊斯多葛学派的“共同理性”思想——世界共同体中的世界公民相互平等、彼此尊重、各担其责，为世界主义提供了理论养分。将包含不同过程与结果的跨文化交流纳入世界主义视角下进行分析，有助于进一步理解现实中的合作、竞争、冲突及同化等现象。

具体而言，这一理论能够有效解决以往理论中“文化分离”的弊病，充分认识到个体在跨文化交流过程中重要性的文化世界主义，成为分析跨文化交流实践的新视角。[①] 文化世界主义重要代表杰勒德·德兰迪（Gerard Delanty）认为跨文化交流在世界主义理论中可分为文化多样性、自我理解、文化交流与对话、第三文化等四个不同的层次。[②] 文化世界主义跨文化交流的第一个层次——文化多样性，即承认文化的多元性，求同存异。文化多样性重新定义了基本的跨文化交流理论命题，并由此衍生出高度分化、低度整合的文明体系。世界主义中的文化多样性概念承认文化区隔的同时，把文化理解成不断演变的有机体——具有不断整合和融合的倾向。因此，文化变迁也就具有全球意义的普遍性。文化世界主义跨文化交流的第二个层次——自我理解，即突出个体的能动性与主体地位，以个体为核心单位建构理论体系，从而消解集体主义与抽象原则对跨文化交流的阻碍。文化世界主义中独特的道德普遍主义理论认为，在世界公民中不存在例外的自由、平等与尊严，所有个体皆具有追求自身利益的权利以及其行动考虑其他个体的义务。由此，个体的认同建立在个人文化选择和多重身份选择上，每一个体的文化归属具有平等的可选择权和可变动权，也拥有多重文化认同的权利。这不但使个体的公民性内涵得以扩展，而且为不同个体间提供了某种共同属性的联系。个体对自我的理解，也能从单一的文化归属扩展到多元的组成部分上。[③] 文化世界主义跨文化交流的第三个层次——文化交流与对话，构成了促进全球文化生态繁荣与和谐的核心机制。这一层次不仅要求个体与群体间有超越表面化的文化认知，深入文化内核的相互理解与尊重之中，还促使各方在互动过程中展现出高度的开放性与包容性。通过文化交流与对话，不同文化背景的参与者能够跨越界限，进行深度的思想碰撞与知识共享。这一过程不仅促进了文化多样性的展现，更激发了文化的创新活力，使各种文化元素在相互交织中融合出新的文化形态。同时，这种交流与对话还伴随着深刻

① 廖文伟．世界主义：跨文化交流理论新视角［J］．河北师范大学学报（哲学社会科学版），2016，39（3）：48-54.

② SCHEFFLER S. Boundaries and allegiances：problems of justice and responsibility in liberal thought［M］. Oxford：Oxford University Press，2003.

③ 廖文伟．世界主义：跨文化交流理论新视角［J］．河北师范大学学报（哲学社会科学版），2016，39（3）：48-54.

的反思与批判性思考，促使个体与群体对自身文化进行深入的审视，识别并摒弃那些不适应时代进步的元素，同时积极吸纳他者文化中的优秀成果，实现文化的去粗取精、去伪存真。更为重要的是，文化交流与对话还孕育了共同的文化愿景与价值观。在持续的互动与沟通中，不同文化背景的个体与群体逐渐认识到彼此之间的共同之处，形成了对共同目标的追求与认同。这种共同的文化愿景不仅增强了文化间的凝聚力与向心力，更为构建一个基于相互尊重、理解和合作的全球文化共同体提供了坚实的思想基础。个体的多重文化认同有效解决了长久以来跨文化交流理论第三个层次中“文化多元”理解上的困境。J. 沃尔德（J.Waldron）认为世界主义提倡的共享文化，是为了避免狭隘和危险的民族主义，但两者并不完全对立，亦不应将文化规范视为构成自我认同的唯一成分，而应视之为全球问题的解决方案。① 第三文化作为文化世界主义跨文化交流的第四个层次，是区别于以往以西方文化为中心的价值体系的新的共享价值文化。第三文化是以本土文化为地基，不断催生发展着的新文化内涵，是一个把现存的价值规范体系理解为持续变化及不断需要进行诠释的过程，包含特定社会的语言、记忆、经验、知识等多个文化分支，成为公民沟通与社会建构过程的重要基础。跨文化交流与对话的目的就是建立个体与他者所共享的文化规范和世界意识，形成全球范围内的世界主义关系，并解决全球性议题。社会成员能在自我理解的过程中保持反身自省，并看见异质文化中的精华，对自身文化与他者文化进行持续的诠释与吸收，促进跨文化的交流与对话，成为不同文化间相互理解与认同的桥梁。

# 第五节　新思路、路径选择与流派取向

## 一、新思路

### 1. 作为方法的全球化的媒介志

“全球化的媒介志”——媒介与全球化的关系，重点落在国际传播领域——全球化、

① 俞丽霞．世界主义视野中的忠诚与认同［J］．国外社会科学，2015（2）：57-64.

媒介和个人三者之间的关系。[①] 探讨个人如何通过自己的媒介活动（这些活动演变成社会实践）来推动全球化进程，将媒介和个人纳入全球化的研究视野，探讨媒介和个人在全球化进程中扮演的重要角色。这个研究思路不仅超过国际传播的政治、经济范畴，还区别于传统的文化研究，将全球化视为研究的重要语境。

### 2. 新闻报道践行“社会建构”

新闻媒体对国际事务的报道，更多是由特定文化、意识形态及新闻生产逻辑塑造的“社会建构”或“社会呈现”。[②] 吉内肯在其著作《理解国际新闻：批判性导论》中深入研究北美与西欧媒体如何报道国际事务，如何引领其他国家与地区的新闻界定，进而影响了我们对外部世界的感知，还借助不同的理论视角与大量鲜活的案例，挑战了媒介客观性观念。

### 3. 作为“议题群”的国际传播

国际传播不仅是一个学科或研究领域，以组织化探索模式的视角进一步分析，还是一个“议题群”。[③] 如发展理论议题群、地缘政治学与传播议题群、生态与环境保护议题群、影视文化创意及产品贸易议题群等。所谓议题群，是将国际传播作为一个内部结构相对分散的研究领域来分析。

### 4. 在线网络平台助力科学发现

我们正处在前网络科学时代向网络科学时代转型的时期。在网络科学时代，以互联网为基础的在线协作工具将会重塑科学研究和学术工作的方式方法。将在线网络工具运用于科学实践中，可以加快科学发现的速度，并有利于推动许多问题的解决。对于新闻传播专业的学术研究来说，使用在线工具来助力科学发现也是一种可行的路径。

在线网络工具的出现促使科学研究中诞生更为先进的协作模式。在线网络工具可以通过重新分配专家的注意力、调动成员的微专长、互相激发灵感的方式来放大集体智慧。通过在线网络工具，可以最大限度整合集体智慧，并增加人员之间信息交流和传递的速度，从而更高效地解决问题，推动整个科学项目的进展。放大集体智慧有一个必需的基本要求，即参与者必须对知识和技术有着共同的认识，而是否存在实践共识决定了集体智慧能否得到放大。例如，在编程和下棋这样的事情上共识较容易产生，但在政治和艺术等领域，就难以产生强大的实践共识。对于后者，在线工具也无法放大集体智慧。大多数科学领域都有不易撼动的实践共识，这就为放大集体智慧创造了

① 兰塔能 . 媒介与全球化：典藏版［M］. 章宏，译 . 北京：中国传媒大学出版社，2016.
② 吉内肯 . 理解国际新闻：批判性导论［M］. 李红涛，译 . 北京：中国传媒大学出版社，2016.
③ 萨马迪 . 国际传播理论前沿［M］. 吴飞，黄超，译 . 北京：中国传媒大学出版社，2016.

绝佳的机遇。

由在线网络工具支撑的科学信息共享空间的发展对社会影响深远。科学信息共享空间的拓展，扩大了我们所能接触到的知识范围，并拓展了我们在全部知识中探究发现的能力。在线工具出现以前，人类所能接触和掌握的知识不过是人类整体知识当中的一小部分。但在 1990—2020 年的短短 30 年里，我们所能直接接触到的知识范围扩大了有上千倍。与此同时，我们在全部知识中探究发现的能力也随之得到拓展。这改变了整个科学世界的面貌。

近年来，以 ChatGPT 为代表的众多在线网络工具不断涌现，逐渐改变了国际传播生态环境，使其向数智化国际传播转变。学者崔波和黄智尚指出，人机共存、人机共有、人机共创将是国际传播的新面向①。在线网络工具在与既有传播主体的碰撞和融合中，逐渐催生了国际传播新范式，即丰富化国际传播主体类别、多元化叙事模态、算法突破传统“人工”范式。多种在线网络工具的出现，倒逼国际传播生态不断进化发展，以适应新时代的传播需求，在与技术工具不断融合的过程中，为国际传播的内容、形式创新带来新的可能性。

### 5. 作为方法论的媒介考古学

媒介考古学旨在以“考古学”的方式，找寻那些在媒介发展过程中被遗漏、被压抑的线索，让它们彼此展开对话。② 媒介考古学的创新之处在于，它将媒介设备、格式、种类、美学之间的关系分析拓展到数字时代之外，追踪着媒介的融合、分离、偶遇和重叠，将研究的视野置于更加广阔的文化空间，以融入一种媒介间性的视角。同时，媒介考古学关注媒介的物质性，包括其材料的物质性、技术的物质性等。在物质性之外，媒介考古学还要求积极寻访媒介的异质性，即寻找那些失落已久、转瞬即逝、止于想象的另类媒介。③

当下，媒介考古学划分出以弗里德里希·基特勒（Friedrich Kittler）和埃尔基·胡塔莫（Erkki Huhtamo）为代表的两种不同研究取向。其中以弗里德里希·基特勒为代表的德国学者，强调要给予媒介技术更多的重视，重点关注恢复媒介的物质性；以埃尔基·胡塔莫为代表的英美学者关注技术在思想、社会政治语境下的实现，强调技术

① 崔波，黄智尚 .AI 涌现：国际传播生态新物种、新范式和新秩序［J］. 出版广角，2024（3）：21-27.

② 胡塔莫，帕里卡 . 媒介考古学：方法、路径与意涵［M］. 唐海江，主译 . 上海：复旦大学出版社，2018.

③ 施畅 . 视旧如新：媒介考古学的兴起及其问题意识［J］. 新闻与传播研究，2019，26（7）：33-53，126-127.

与文化研究的联系。在此基础上，可以归纳出三条国际传播研究的新路径。

其一，从技术维度研究国际传播。弗里德里希·基特勒所在的德国有强调技术作为一种“原初动力”的传统，他本人也相当关注媒介技术。弗里德里希·基特勒想要以福柯解读书籍和书面文件档案的方式来看待技术媒介，同时他强调，考虑话语的同时必须考虑话语得以存储、转化、传播的物质基础与技术条件。① 就传播而言，技术的发展是传播实现的硬件设施，而聚焦于国际传播这一具体语境，传播技术的重要性目前还未得到足够重视。但不可否认，各国传播技术的发展水平与国际传播的水平大体是同步的。因此，未来的国际传播及其研究不妨从媒介技术维度切入。

其二，从主题入手分析国际传播。埃尔基·胡塔莫致力于将文学研究中的“主题”概念应用于媒介文化领域，利用媒介考古学视域下的“主题过滤器”来筛选文化材料，展示媒介的过去在当下重现的方式，以及媒介的过去如何引导人们当下的态度。媒介考古学可以帮助大众理解与传统相反的、真正新潮的和进步的事物，而不仅仅是研究既存的、披着创新外表的事物。② 在这种意义下，主题研究发展为一种文化批判的工具，有助于发现新奇事物、激励创新和探寻媒介文化的断裂。国际传播也可以用主题研究的方式去挖掘传播霸权与主流叙事下的传播主题，关注未被充分观照的话语，分析文化的断裂与连接。

其三，从非欧洲（西方）中心论视角考察国际传播。从媒介技术和文明发展的非线性历史出发，媒介考古学者提出非欧洲（西方）中心论。近代以来，西方得益于各项科技发明的进步而快速发展，在对外扩张中向他国输出科学技术和现代文明，使西方文化在技术领先的前提下似乎有着天然的优越性。③ 埃尔基·胡塔莫主张文化的多元性，强调媒介考古学要走向国际化，就要对多极化的媒体和技术的历史进行描绘。这种描绘必须建立在对多种文化之间及文化内部的平等考察的基础上。④ 这是考察国际传播的新视角，即将国际平台上争鸣不断的各国媒体置于相对平等的文化语境中加以研究，去勾勒其历史，去考察那些被遗漏、被压抑的所在。

① 施畅．视旧如新：媒介考古学的兴起及其问题意识［J］．新闻与传播研究，2019，26（7）：33-53，126-127.

② 胡塔莫，帕里卡．媒介考古学：方法、路径与意涵［M］．唐海江，主译．上海：复旦大学出版社，2018.

③ 罗艺．媒介考古学的历史、方法及走向：兼评《媒介考古学：方法、路径与意涵》［J］．新闻记者，2020（5）：88-96.

④ 罗艺．媒介考古学的历史、方法及走向：兼评《媒介考古学：方法、路径与意涵》［J］．新闻记者，2020（5）：88-96.

## 二、路径选择

### （一）国际政治及国际关系的基本视角

在国际政治及国际关系的基本视角中，国际信息与传播新秩序的建立是核心议题之一。这一视角深刻反映了全球信息流通权力结构的重塑需求，旨在通过促进信息自由流动增强发展中国家在国际传播体系中的话语权，打破长期以来由少数西方国家主导的信息垄断格局。中心国家与边缘国家的概念揭示了国际信息传播资源分配的不平等性，强调了构建更加均衡、多元的国际信息传播秩序的重要性。发达国家与发展中国家的分野，在国际关系层面上进一步凸显了信息传播能力对于国家软实力提升及国际地位巩固的关键作用。世界体系理论为理解这一复杂互动关系提供了宏观框架。它视全球为一个相互依存、相互影响的整体系统。国际信息与传播新秩序的建立正是这一系统内部力量对比变化与再平衡过程的体现。

### （二）国际传播环境与全球经济之间的关系

国际传播环境与全球经济之间的关系错综复杂，二者相互依存、相互促进。在全球化的浪潮下，各国传播活动日益冲破内卷化的局限，寻求国际化路径，以获取更广阔的市场与资源。在这一过程中，地方经验被赋予全球性意义，通过媒介的传播与转化，成为构建全球理论的重要素材。文化跨界现象频发，媒介制度成为调节不同文化间交流碰撞的关键因素。其灵活性与包容性直接关系到国际传播的有效性。然而，值得注意的是，西方商品逻辑主导下的影视文化往往制造出令人目眩的媒介奇观。这些奇观虽促进了文化产品的全球化流通，但伴随着文化同质化风险，尤其是在后殖民语境下，南亚等地区市场的扩张，未必能自动带来民主理性的提升。因此，构建跨文化政治经济框架显得尤为重要。它倡导在多中心世界中形成新兴的全球传播格局，既尊重文化多样性，又促进资源的优化配置。从达雅·屠苏、李金铨等学者的研究中，我们可以窥见他们对这一趋势的深刻洞察与理论贡献，他们的工作为理解并塑造更加公正、包容的国际传播环境提供了宝贵的思想资源。

## （三）全球传播技术与全球媒体体系：革新与融合

### 1.“新闻＋设计”融合创新，培育未来媒体设计师

在全球化的浪潮中，全球传播技术与全球媒体体系相辅相成，共同推动着信息传播方式的深刻变革。技术创新（如网络平台“新闻＋设计”模式的兴起）不仅整合了新闻与设计的边界，还孕育了新型的设计师（记者式复合型人才）。这些人才利用体验式传播手段，拓宽了全球传播的维度。

通过整合新闻的时效性和设计的视觉性，我们可以创造出更加吸引人的新闻产品。因为设计不仅仅是美化新闻内容，也是通过视觉语言来增强信息的传达力。与此同时，利用人工智能、机器学习等技术来分析受众行为，通过用户反馈来优化不同网络平台的新闻传播策略，不仅有利于创造出更具个性化的新闻设计，也能提高新闻产品的质量与受众满意度。此外，积极鼓励不同学科的设计师进行跨界合作与思维创新，也能够在新闻报道中发挥更大的创造力。

### 2. 流量与参与度：媒体评估的双重维度与融合创新

全球媒体体系正积极适应技术变革，通过构建综合评价体系，既关注用户规模（流量），也重视用户深度（参与度）。尽管两者间的割裂带来挑战，却促使媒体机构不断探索更加健康、可持续的商业模式。

### 3. 产品管理新角色：重塑新闻业的技术桥梁

产品管理的新形式进一步推动了网络平台的进化。技术人员在新闻业中的角色日益重要。他们虽非传统意义上的新闻工作者，却通过制作专项网站、移动应用及交互式产品，为用户提供了参与媒体的新途径，从而挖掘了新的新闻用户群体。

### 4. AI 重塑国际新闻业：从线索到传播的全面智能化

人工智能的全面应用更是国际新闻业的一大革命，从新闻线索的智能收集、自动化新闻写作到编辑监控的智能化，人工智能不仅提高了生产效率，还重塑了新闻生产模式与生产关系。特别是在核查虚假信息、个性化新闻议程设置等方面，人工智能展现出了强大的把关能力和传播效果。

比如，在新闻写作方面，人工智能突出的贡献有以下几方面。第一，自动化新闻领域拓展。自动化新闻从最初简单、模式化、突发事件性的报道不断发展为复杂的、动态的、深度挖掘式报道。第二，数据可视化自动生成、实时更新。数据可视化是一种向读者展示复杂数据信息的有效方式，借助人工智能向自动化、实时化以及更加形

象化、视觉刺激化方面发展。第三，电视直播自动剪辑与播出。随着人工智能技术的不断进步，电视直播还能实现自动剪辑与播出，即利用这一技术能够将新闻进行更精准的识别和编辑，实现新闻内容的快速分发和传播。在视频网站和平台兴起的背景下，人工智能技术在提高效率和降低人工成本方面发挥着重要作用，同时也为电视直播剪辑提供了新的应用场景。利用电视直播自动剪辑技术，不仅能够降低新闻制作的成本，还能够提升新闻报道的质量和效率，为观众带来更加丰富和及时的新闻体验。

### 5. 短视频直播引领互联网叙事新纪元

与此同时，短视频和直播的兴起彻底改写了互联网的叙事规则与传播形式，使互联网从“阅读网络”向“收视平台”转变，用户行为更加碎片化和分众化。这一现象促使主流媒体加速数字化转型，探索发展具有深度叙事与评论功能的“长视频”，以及通过影视改编、播客、VR 等“衍生产品”实现“二次传播”。

### 6. 新闻教育数字化转型：技术融合与人才重塑

面对这一趋势，新闻教育也在发生深刻变革。哥伦比亚大学新闻学院等学府开始要求学生掌握数据挖掘、软件编程等技术，以培养适应数字化转型需求的新型人才。这些变革预示着新闻业正逐步走向技术与内容深度融合的未来。

在全球传播技术与全球媒体体系的深刻变革中，世界主要传媒集团与公司的角色尤为关键。以新闻集团、华纳兄弟探索频道、纳斯帕斯等为代表的跨国传媒巨头，通过整合全球资源、运用先进技术，不仅巩固了自身在全球传媒体系中的核心地位，还促进了全球信息与文化的交流和融合。这些集团不仅在传统媒体领域（如报纸、电视等）保持领先地位，而且在数字化转型中积极探索，发展流媒体、社交媒体等新兴平台，实现了内容生产、分发与消费的全方位革新。它们通过跨国并购、战略合作等方式，构建起覆盖全球的传媒网络，进一步推动了全球传媒体系的融合与重构。例如，新闻集团通过拆分与重组，明确了出版与传媒娱乐两大业务方向，既保留了传统媒体的深度与权威，又积极拥抱了数字媒体的广阔市场；华纳兄弟探索频道凭借其丰富的影视资源与流媒体平台，为全球观众提供了多样化的视听体验，促进了全球文化的交流与理解。这些传媒集团与公司的实践，不仅展示了全球传媒体系融合的必然趋势，也为其他传媒机构提供了可借鉴的经验与路径。

总而言之，全球传播技术与全球媒体体系之间存在着紧密的互动关系。技术创新不断推动媒体体系的升级与重构，而媒体体系通过适应技术变革，拓展信息传播的边界与深度，共同塑造着全球传播的新格局。

## 三、流派取向

### （一）从以民族国家为基本单位到文明学派研究范式

文化形态论的萌芽最初可见于奥斯瓦尔德·斯宾格勒（Oswald Spengler）所著的《西方的没落》。他在书中阐释了人类历史脉络中涌现的八大文明体系，将这些文明的诞生、兴盛至衰落视为人类历史演进的主线。随后，阿诺德·约瑟夫·汤因比（Arnold Joseph Toynbee）在其著作《历史研究》中不仅继承和发展了奥斯瓦尔德·斯宾格勒关于文化形态的观点，还主张人类历史是由众多独特文明交织而成的宏大叙事。塞缪尔·P. 亨廷顿在《文明的冲突与世界秩序的重建》一书中沿袭了阿诺德·约瑟夫·汤因比与奥斯瓦尔德·斯宾格勒对文化分类的洞见，创造性地提出了文明冲突理论，为该学说的疆域开辟了更为广阔的天地。其主要观点如下。

#### 1. 以文明来划分世界体系

从文明的维度审视，冷战后时代的世界版图由七至八大核心文明构筑。步入21世纪，国际架构至少包括六大支柱力量——美国、欧洲联盟、中国、日本、俄罗斯、潜在的印度及众多中等规模与小国，这些力量横跨五大文明体系。另外，还存在若干举足轻重的伊斯兰国家。在此新秩序下，最为普遍、关键且潜藏风险的冲突不再源自社会阶层、贫富差距或经济集团间，而是深植于不同文化实体民众间的分歧。这也预示着文化因素将超越经济与意识形态，成为未来冲突的主导诱因。

#### 2. 中心与边缘的位移

在西方的影响力相对式微之际，亚洲文明在经济、军事及政治领域持续扩张。西方文明一方面展现其中心地位与辉煌成就，另一方面透露出衰落的迹象。尽管在21世纪初期西方文明仍旧在全球最强，但在科技人才、科研实力及技术创新方面保持领先的同时，其他关键资源正逐渐向非西方核心国家转移。非西方文明普遍重视对自身文化价值的认同。

#### 3. 国际秩序的圈论

在全球政治版图重构进程中，主要文明的核心国家正逐步取代冷战时期的双雄格局。文明集团逐渐形成，其构成包括核心国、成员国、文化相近的边境民族，以及出于安全考量而需控制的邻国异文化群体。这些文明集团中的国家围绕核心国家呈同心圆分布，其位置远近映射出对特定文明的认同深度及融入程度。

**4.“文明冲突”理论**

文明间的竞争、抗衡、战争和冲突是驱动西方现代国家体制兴起的发动机；以“现代国家＋资本主义二元属性”为本质特征的欧洲现代文明的形成是前现代欧洲和非同质异类文明力量产生反应的历史后果。这种“文明冲突”理论的核心理念在于，欧洲国家体制之滥觞实为诸多辉煌文明间纷繁冲突的融合成果；这些冲突自上而下地渗透，铸就了多样化的政治架构。

## （二）费尔南·布罗代尔：以世界经济为基本分析单位

法国历史学家费尔南·布罗代尔（Fernand Braudel）在其著作《地中海与菲利普二世时代的地中海世界》（1949）中深入阐释了“经济世界”这一概念的内涵与外延。这些见解对世界经济体系理论的发展产生了深远影响。美国历史学家伊曼纽尔·沃勒斯坦（Immanuel Wallerstein）则在“世界体系”的理论框架下着重剖析了世界经济与资本主义之间相辅相成、不可分割的紧密联系。

## （三）阿芒·马特拉的批判性思维、传播构型与霸权性分析

阿芒·马特拉（Armand Mattelart）是法国著名的批判传播学者，巴黎第八大学传播学教授。其批判传播学研究代表作有《世界传播与文化霸权：思想与战略的历史》《全球传播的起源》。他重点阐释了传播的多层次与多范围构型，涵盖经济、社会、技术及思想层面，揭示了传播技术背后的经济驱动力、社会结构嵌入、技术革新影响及意识形态传播。这些构型在全球化背景下相互作用，形成复杂传播生态，并催生了传播的霸权性概念，即跨国媒体通过控制信息渠道和内容，塑造文化同化趋势，加剧文化霸权。同时，他指出构型过渡中既有技术革新和社会变迁带来的断裂，也保留着传播基本功能与权力逻辑的连续性，共同构成了传播演变的复杂图景。

## （四）基于四种文化取向而产生的不同学派

**1. 文化进化论**

文化进化论指的是人类积累性的集体经验，即“大写的文化”。它强调的是人类共同经验的代际传承。这种文化观最符合我们对文化最常规和最普遍的认识。在这样的文化观下，符号被视作最为重要的工具之一。因为正是对符号表征的使用，人类的

共同经验才具有延续的可能。符号表征使我们能管理并以特定的形式重现我们的经验。于是，这些经验成为积累性和进行性文化传统的一部分。[①]

### 2. 文化功能主义

文化功能主义视文化为一个工作系统，主要聚焦于文化的功能性面向，诸如文化或文化制度在团结与整合社会方面的效能。此理论由波兰裔英国社会人类学家勃洛尼斯拉夫·马林诺夫斯基（Bronislaw Malinowski）和英国人类学家阿尔弗雷德·拉德克利夫 - 布朗（Alfred Radcliffe-Brown）提出。他们认为社会是一个复杂的有机体，其各组成部分通过文化纽带紧密相连，形成统一整体。为构建科学的社会人类学，必须深入剖析文化整体功能的运作机制。一个文化因素的功能指的是它在一个大文化体系中的角色定位，及其与其他文化因素协同维持该体系完整性的相互关系。文化的诞生源自需求，而文化功能的实现则是需求被满足的过程。因此，探究文化时，不能回避对其功能进行研究。每一文化因素均以其独特功能贡献于整体，若某一文化因素无法满足社会需求，则其存续将受到质疑。

### 3. 文化史学派

文化史学派是在文化研究中引入历史的维度，在研究中注重文化在历史进程中的演变。这一学派认为一切文化研究都是历史研究，而且是当代史的研究。对文化进行历史研究的主要目的是：传统社会和技术发展社会的比较，文化稳定和文化变迁的比较，文化帝国主义和文化依附的比较。从事文化研究的学者在运用历史视角进行探究时，往往聚焦于文化现象中的相似性与差异性，以及这些现象所展现的一般性特征与普遍的发展过程。这种研究范式促使他们能够构建出更为广阔和包容的文化研究理论框架。这些理论不仅涵盖了特定文化现象的深度剖析，也体现了跨文化和跨时代的普遍适用性。

### 4. 文化生态学

文化生态学强调我们与文化环境的互动，它主要研究两个层次上的适应：一是文化系统如何适应总体环境；二是由于这种系统的适应，文化制度是如何互相适应的。具体来说，文化生态学的着眼点在于长效的人类发展视角，人类进行性的、积累性的经验作用于环境，并形塑环境。赋予人这一能力的便是文化。通过这个机制，人始于适应环境，终于控制环境。文化生态学还关注人如何借助文化的工具属性来操纵和形

① 施又予 . 具身性与同一性：技术主义视角下的民族文化消解与重构［J］. 传播力研究，2019，3（9）：16-18.

塑生态系统，认为人类不仅制造工具，还制造工具的工具，后者是人表征能力的巅峰。[①]经过发展，到了21世纪，文化生态学在我国已经发展成一门与人类学、社会学、经济学、地理学、生态学、教育学、传播学交叉的新兴学科。文化学是其研究对象，生态学是其主要的研究方法。

## （五）跨文化传播的经典理论：从霍尔到彼得斯

1962年，加拿大著名传播学者马歇尔·麦克卢汉（Marshall McLuhan）提出“地球村”的概念。1969年，美国政治家兹比格涅夫·卡济米尔兹·布热津斯基（Zbigniew Kazimierz Brzezinski）在其专著《两代人之间的美国》中正式提出“全球化”的概念。他认为，随着经济贸易的逐步扩张，全世界国与国之间在政治、经济贸易上互相依存，形成一种更为紧密、更具普惠性的合作关系，世界上出现了一个新的地球村模式或全球化社会。[②]1985年，提奥多尔·拉维特（Theodore Levitt）在《哈佛商报》上发表的一篇题为《市场全球化》的文章，也使用了“全球化”这个词来描述此前20年间世界经济发生的巨大变化，即资本、技术和商品消费在全球范围的扩散，突破了民族国家的疆界。此后，“全球化”一词迅速扩展到经济以外的诸多领域。如今，随着信息技术的加速发展，“全球化”已经成为国际社会时代发展的主旋律。国家疆界不再是想象社群的唯一单位，取而代之的是一个“去国家”的全球化想象社群。[③]在此全球化想象社群中，“大多数重要的价值观、信仰、态度以及行为都根植于文化”[④]，“文化”成为交流与沟通的理想“中间物”，文化的全球化也成为不可逆之势。所谓文化全球化并非文化的一体化或同质化，也不是单纯地承认文化多样性，而是力求以文化差异为前提的不同文化进行全球性的交流与互动的过程[⑤]，以此建构起一个广泛包容、相互作用的文化体系或全球文化生产格局。在此全球文化生产格局之下，不仅文化资本、人员在世界范围内可以自由流动，而且文化信息可以在国家、地区之间频繁流动。因此，跨文化传

① 施又予．具身性与同一性：技术主义视角下的民族文化消解与重构［J］．传播力研究，2019，3（9）：16-18．

② 郭庆光．传播学教程［M］．北京：中国人民大学出版社，1999：242．

③ 李天铎．想象空间与认同并裂：媒介全球化的后果？［C］// 孟建，李亦中，FRIEDRICH S. 冲突·和谐：全球化与亚洲影视．上海：复旦大学出版社，2003：73．

④ 萨默瓦，波特，麦克丹尼尔．跨文化传播：第六版［M］．闵惠泉，贺文发，徐培喜，等译．北京：中国人民大学出版社，2013：2．

⑤ 颜纯钧．全球化：文化差异与文化资本［C］// 孟建，李亦中，FRIEDRICH S. 冲突·和谐：全球化与亚洲影视．上海：复旦大学出版社，2003．

播成了当今社会的必然趋向。[①] 这种传播不只是单向的全球一体化的文化运动，还是一个动态的过程。它在全球化与地域性、同质化与异质化的过程中显现出不同文化力量的博弈和交融。

20 世纪 80 年代，跨文化传播研究由外国语教学界引入中国。学界普遍认为，1980 年许国璋发表的有关外国语教学的 *Culturally-Loaded Words and English Language Teaching* 一文，标志着跨文化传播学在中国的诞生。1983 年何道宽在论文《介绍一门新兴学科——跨文化的交际》中，率先将跨文化传播学作为一门学科介绍给国内学界。此后，相关的国外理论译作陆续被引进中国，如《跨文化传通》《超越文化》《体态与交际》等。自 20 世纪 90 年代起，随着国外相关理论著作和文艺思潮的传入，跨文化传播研究迈入稳定发展的新局面。[②]

从研究内容来看，早期研究跨文化传播的文化人类学家和语言学家大多从微观层面探讨造成文化差异的文化、语言、非语言要素等。这有助于帮助理解微观人际层面的跨文化传播。随着与传播学相关的研究范式和理论的发展完善，跨文化传播研究的理论基础日趋成熟。目前，跨文化传播研究相关热点议题有新闻学与跨文化传播研究、跨文化交际、国际传播、对外宣传等。新闻传播学议题几乎占据了跨文化传播研究领域的半壁江山。[③]

### 1. 无声的语言：爱德华·霍尔及其跨文化传播经典理论

追根溯源，将跨文化传播视为独立的研究领域始于 20 世纪 50 年代，由美国学者首先提出一套知识内涵和理论框架，并且其研究在美国最为发达，著述最多。二战结束后，美国针对不发达国家和地区推出了史称“第四点计划”（Point Four Program）的技术援助。美国人类学家爱德华·霍尔作为该计划的主持人，负责培训美国外交人员的跨文化沟通技能。他的研究横跨人类学、心理学、传播学，他成为跨文化传播学的奠基人，被誉为跨文化传播研究之父[④]，其负责的“第四点计划”被视为跨文化传播系统研究的起点。他在 1955 年发表的第一篇跨文化的非语言传播论文《举止人类学》（*The Anthropology or Manners*）中，首次提出跨文化的范式。随后，他在《无声的语言》（1959）中首创了“Intercultural Communication”（跨文化传播）一词。该著作成为该学

① 邹少芳 . 空间想象与文化输出：全球化语境下中国电影的跨文化传播［M］. 杭州：浙江大学出版社，2019.
② 钱春莲 . 交融与冲突：21 世纪中国电影跨文化传播研究［M］. 上海：上海大学出版社，2021：4.
③ 钱春莲 . 交融与冲突：21 世纪中国电影跨文化传播研究［M］. 上海：上海大学出版社，2021：5.
④ 克莱默，刘杨 . 全球化语境下的跨文化传播［M］. 北京：清华大学出版社，2015：1.

科的开山之作。20 世纪 70 年代末，跨文化传播作为传播学中的一门独立学科正式形成，越来越多的国家和地区的学者加入这一领域的研究。

作为跨文化传播研究的创始人，爱德华·霍尔创建了宏大的理论体系，提出了深刻的洞见与忠告。这与他的学术履历和职业生涯密不可分。几十年里，他的足迹遍布世界，对原始民族和现代民族、东西方文化都进行了实地考察和深刻体验。他坚持理论与实践并重、书斋与田野兼顾，从事教学、科研、心理分析和技术咨询，不仅是闻名遐迩的人类学家、文化学家、心理分析专家，还是政府和企业界的高级顾问。在其奠基之作《无声的语言》中，他提出了崭新的文化理论：挖掘文化的生物学根基，解剖了文化的十大信息系统，以此绘制了类似化学元素周期表的文化教学示意图；借鉴并超越了精神分析和人类学的分层理论，按知觉程度将文化分为显形文化、隐形文化和技术性文化三个层次；借鉴语言学的音位、词汇和句法三分法，按内部构造将文化分为元素、集合和模式。他系统讲解文化变革，提出“文化即交流”的命题，首倡“时间语言”和“空间语言”，并给予生动的解说，意在帮助人们挣脱文化枷锁，逃离文化囚笼。[①]

就跨文化传播研究而言，文化是一个极其重要的概念。爱德华·霍尔认为文化是人外化的一种筛子、屏障和桎梏，“无论他生在何方，赋予人特性的是他的文化，包括他的语调、行为、姿态，他处理时间、空间的方式”[②]。爱德华·霍尔的研究并非从宏观的角度讲述一般文化理论的抽象概念，而是将注意力集中到文化如何面对面影响交往的问题，从空间、接触和声调这样的微观问题入手。他摒弃了人类学家单一的文化研究，关注不同文化的人之间的互动行为。他认为，在某种程度上，人类传播的过程必定要走向表征（Symbolization），在涉及交谈手段（如姿态）时，文化决定着人们选择性地注意某一些事情而忽略另一些事情。[③] 这一路径提供了文化相对主义的方向，文化可以被看作知觉和交流的辩证互动。一方面，人作为社会化的个体，其交流方式和行为深受其文化身份的影响；另一方面，人通过各种交流方式创造并推动文化的演变。在此基础上，爱德华·霍尔和乔治·特拉格（George Trager）通过观察美国人对待时间的方式，提出文化三分法理论，即文化可分为显形文化、隐形文化和技术性文化。他把研究的重点放在人际行为中非语言传播的文化领域，如语调、手势、时间等，试图将这些隐形的文化提升到人们自觉意识的高度。

① 霍尔．无声的语言［M］．何道宽，译．北京：北京大学出版社，2010.

② 霍尔．超越文化［M］．何道宽，译．北京：北京大学出版社，2010：40.

③ 霍尔．无声的语言［M］．何道宽，译．北京：北京大学出版社，2010.

在跨文化传播中，非语言行为与语言行为一样在传递信息、促进双方有效交流方面发挥着不可或缺的作用。非语言成分用广义的词来概括即“文化”。

在爱德华·霍尔的非语言理论思想中，他将文化看作人们的生活方式，以及他们所习得的行为模式、态度和物质的总和，并认为文化从深层持续稳定地控制着人们的行为方式，掩藏着人们行为方式的诸多层面。通过定义文化的基本单位或“元素”（Isolate），将这些元素联系到生物基础上，由此在不同文化间进行对比，从而建立统一的文化理论。爱德华·霍尔提出的非语言理论的核心意义在于学习与理解潜意识层面的交流过程，即理解我们头脑中的潜意识文化（Unconscious Culture），因为“理解和洞见他人心理过程的工作比我们多少人愿意承认的困难得多，而且情况严重得多”[①]。爱德华·霍尔所揭示的作为文化隐藏之物的无声的语言——语调、手势、表情、时间与空间等，无不蕴藏着跨文化交流过程中的文化心理，尤其是非语言传播的文化无意识特点。他以一种跨文化的视角，关注人们非语言的、隐蔽的文化传播模式，使我们意识到文化因素对人际行为的影响。

基于跨文化的视角研究社会交往过程中的人类行为，可以发现文化即意义的学习系统，有助于培养个体特定的共同身份和社群归属感。正如爱德华·霍尔所言，“行为的‘语言’异常的微妙，试图对复杂问题提供非常明确的答案以满足公众的需求，就很有可能会加深误解”[②]。在跨文化交往的情景中，非语言行为必须放到适时的语境中去解读才能有效避免“误解”的加深。爱德华·霍尔指出，社会成员能否注意某事某物受到语境的深刻影响，这种影响在日常交流中尤为显著。不同的文化为人们构建了各具特色的语境倾向。这些倾向不仅塑造了交流的背景，还巧妙地弥补了非语言表达（如肢体语言、面部表情等）可能带来的相对模糊性。语境机制如同一张无形的网，微妙地渗透并影响着浸润在社会文化之中的每一个成员。它不仅是信息传递的媒介，更是我们感知异质文化特性与文化间微妙差异的重要窗口。通过这一窗口，社会成员能够调整自己的注意焦点、解读方式及反应策略，以适应并融入多元化的交流环境。爱德华·霍尔认为至少存在两种语境机制：一种是在个体内部发生的过去经验（内化）的功能或神经系统（先天）的结构，抑或两者兼有；另一种是发生在个体外部的事件发生的情境性语境机制（Situational Contexting）和环境性语境机制（Environmental Contexting）。由此，跨文化传播中抽象的概念具象化为特定的单元或集合，而“语境化”则能够帮助个体更好地理解不同文化背景的人如何以不同的方式认知相同的信息，

① 霍尔．无声的语言［M］．何道宽，译．北京：北京大学出版社，2010.

② 霍尔．超越文化［M］．何道宽，译．北京：北京大学出版社，2010：73.

并防止人体系统因信息超载或异文化冲击而陷入“文化震荡”或“文化窒息”。在此基础上，爱德华·霍尔进一步通过“高低语境”的讨论，说明了文化与人的传播行为之间的关系。所谓“高语境交流，指大多数信息或存于物质环境中，或内化在人的身上，需要经过编码的、显性的、传输出来的信息却少之又少；低语境交流则与之相反，大多数的信息必须包含在传达的信息之中”①。需要指出的是，高低语境的划分是相对的，没有任何一种文化恒定处于语境天平的一端。爱德华·霍尔强调，在跨文化传播的情景中，无论互动双方是个体还是群体，参与者都需提前确定交流的语境。“高低语境”理论不仅为理解人际行为提供了检视路径，还为研究文化差异与文化互动提供了理论养分。

在爱德华·霍尔的跨文化传播经典理论中，他还归纳出两种奠基性的跨文化传播学思想与方法。一是将人类学对单一文化的研究扩展为比较文化研究，关注不同文化的人之间如何互动。此间，文化是人与人之间联系的纽带，也是与“他者”互动的方式。二是将文化研究从宏观视野转向了微观分析，其中最重要的是界定了文化的“基本信息系统”，即互动、联合、生存、两性、领土、时间、学习、消遣、防卫与利用，构成了对文化的立体化理解。其空间行为学把空间当作文化的特殊表现方式，认为一种文化中的人根据其文化感知模式而获得的体验会完全不同于其他文化。同时，在文化身份确认笼罩下的人们往往把“他者”视为他们自己的不可预测的、不可控制的一部分，从而形成交流障碍。为此，必须超越文化的界限与桎梏，把自己从潜意识中的文化网络中解脱出来，与全球范围内的异文化进行交流与传播。

爱德华·霍尔的跨文化传播研究理论与实践警示我们：在跨文化交流中，不能只着眼于显形文化与集合，否则会使交流遭遇壁垒，更应该看到隐形文化、元素、模式、空间、时间在各国文化之间的不同点。只有了解了这些“无声的语言”，才能更好地理解不同文化之间的差异与联系，从而促进跨文化传播有效开展。同时，了解与理解异质文化的过程也是个体、国家甚至是社会反身实践的过程，“他者”文化为“我者”提供了一面审视自我、看见差异的镜子，让我们能够更加深刻、全面地理解自己的文化。这也是跨文化传播研究的另一层意义与价值所在。跨文化传播的前提是理解文化，只有充分地了解与理解文化，才能正确地利用文化，超越文化的时空限制，挣脱文化的枷锁。

### 2. 交流的无奈：约翰·杜翰姆·彼得斯及其跨文化传播经典理论

爱德华·霍尔的跨文化传播研究为后来者留下丰富且深刻的奠基性理论。当其所

① 霍尔．超越文化［M］．何道宽，译．北京：北京大学出版社，2010：82.

关注的"无声的语言"在互联网时代遭遇"交流的无奈"时，跨文化传播学领域便得以激荡出新的面向。

美国当代著名的媒介史学家、传播理论家和传播哲学家约翰·杜翰姆·彼得斯（John Durham Peters）在《奇云：媒介即存有》（2020）等书中系统地阐释了传播哲学与媒介哲学问题。使其在传播学界一举成名的当数其名著《对空言说：传播的观念史》（2017）。该书深刻且富有前瞻性与创造性地探讨了当代人"与幽灵对话"般的交流困境问题，可谓"超越美国传统实证主义传播学研究，阐发了一套将'媒介研究倒了个个'（迈克尔·舒德森语）的交流主张"①。约翰·杜翰姆·彼得斯在书中论述的"撒播"传播观对既有的主流交流观产生了极大震荡。此外，他还对跨文化传播中的他者性问题、传播与身体的关系、媒体中介与心灵的关系等具有时代感的议题展开了讨论，提供了一种跨文化传播研究的新视界。

具体而言，约翰·杜翰姆·彼得斯在《对空言说：传播的观念史》一书中，以对人类自我描述的重大变革——人具有相互交流的能力——在思想、伦理与政治上有何意义之追问为研究起点，首先对"交流是为了实现人与人之间灵魂上的融合"这一梦想进行批判；其次，追本溯源，考察人们普遍具有的"交流失败感"的源头；最后，试图找到一条我们考察交流的新思路，既避免认为"对话"具有道德优势，又避免带上"交流失败"的哀婉情绪。其目的在于追溯现代"交流"思想的渊源并试图阐明为什么现代人的"交流"体验常常给人以陷入死胡同的无奈之感。② 以一种整体性视角来看，全书试图通过回答以下三个问题来建构一个全新的"交流观"：对话还是撒播？"中介性交流"是否可能？为什么交流是政治和伦理问题？实际上，这三个问题在彼得斯的论说体系中是相互勾连、交替出现的。对"'中介性交流'是否可能"这一问题的回答暗含了对传播媒介具有"中间物"属性的看法，这直接导向"对话"和"撒播"两种交流方式的分野。正因为交流不仅是语义问题，还是政治和伦理问题，所以理想的交流状态并非单纯依赖媒介技术赋能，营造一个人们能够公正地参与其中的、充满爱心与宽容的生存环境显得更为重要。

只有对"交流"有正确的认识，才能正视"交流失败"的深层原因。那么，究竟何谓交流？追本溯源，回到 communication 一词本身，交流的原义是指"所有形式的物

① 严兵，陈成．必要的重返：彼得斯与跨文化传播的新视界［J］．浙江社会科学，2021（3）：146-151，161.

② 彼得斯．对空言说：传播的观念史［M］．邓建国，译．上海：上海译文出版社，2017：1.

质迁移或传输”，现在则指“跨越时空的准物质连接”[①]。在传播学中，交流意味着传受双方凭借符号、媒介等双向地传递、接收、反馈信息及交流情感的活动，强调的是一种双向的、带有目的的互动过程。在约翰·杜翰姆·彼得斯看来，“‘交流’是现代人诸多渴望的记录簿。这个词呼唤的是一个理想的乌托邦——人与人之间的误解根本不存在，人人敞开心扉，说话无拘无束”[②]。从这一理想化的梦境中清醒过来后，约翰·杜翰姆·彼得斯言，交流是盘根错节的思想文化问题，它把时代的种种自我冲突编进了自己的代码之中。不只是人与人之间面对面的交流，更是人与文本、动物、机器、地外生物以及整个自我以外的世界的交流——几乎包含了我们所能想到的人的一切指向外界、寻求理解的活动。具体而言，“交流是两颗脑袋借精细无误的符号手段产生的接触”[③]，强调包括肢体、语言和思想衍生的符号在内的“接触”，通过人际、组织和国家或地区范畴得以实现。他将交流界定在接触的层面而没有说交融、交汇或共同体，实际上表现了他对交流或传播的消极认知侧面，一如其英文书名——*Speaking into the Air*（“对空言说”或“交流的无奈”），恰如其分地体现了他对人类共同面临的“交流困境”的沉思。

诚如约翰·杜翰姆·彼得斯所言，“交流”本身就是一场充满未知、误读、龃龉的冒险。抵达相互理解的彼岸的征途仿佛行走独木桥，左边是人与人之间难以逾越的“唯我论”鸿沟，右边是主观意识对客观世界认知纠缠不清的“传心术”深渊。交流的种种失败早就埋下了伏笔。在当今世界，“交流困境”之于跨文化传播而言仍是横亘在个体、组织、国家或地区面前亟待解决的难题。在漫长的历史进程中，“对空言说”的无奈并未随技术的跃变而烟消云散。交流“失败”的成因更多存在于媒介之外的政治和伦理等问题中，“种族、宗教、语言、历史等软性因子的纷繁差异成为人类交流的主要路障。‘文化’似乎是最能将这些盘根错节的软性因子统领起来的概念，正如艾略特颇具诗意的定义，文化涵盖了‘一个民族的全部生活方式，从出生到走进坟墓，从清晨到夜晚，甚至在睡梦之中’，一个跨文化传播的严肃命题应运而生。如果说疆界的跨越处理的是物理性的远距离问题，那么文化的跨越处理的就是人心的差异性问题”。[④]约翰·杜翰姆·彼得斯借用拉尔夫·瓦尔多·爱默生（Ralph Waldo Emerson）、威廉·詹姆斯（William James）以及西奥多·W. 阿多诺（Theodor W. Adorno）的话说：“我们应

① 彼得斯 . 对空言说：传播的观念史［M］. 邓建国，译 . 上海：上海译文出版社，2017：8.
② 彼得斯 . 对空言说：传播的观念史［M］. 邓建国，译 . 上海：上海译文出版社，2017：3.
③ 彼得斯 . 交流的无奈：传播思想史［M］. 何道宽，译 . 北京：华夏出版社，2003：12.
④ 彼得斯 . 对空言说：传播的观念史［M］. 邓建国，译 . 上海：上海译文出版社，2017：23.

该承认，与我们分享这个世界的一切生灵都具有美妙的他者特性（Otherness），而不必悲叹我们无力去发掘它们的内心世界。我们的任务是认识这些生灵的他者特性，而不是按照我们的喜好和形象去改造它们。正如阿多诺所说，人们之间存在着让人羞愧的分歧，唯一能超越这些分歧的就是从这种分歧中获得快乐，这才是交流的理想境界。”

如何通过传播实践跨越不同文化间的他者特性，成为跨文化传播的核心使命。[①] 在此基础上，约翰·杜翰姆·彼得斯为当今跨文化传播实践提供了新视界：跨文化传播应摆脱人心融合的同一化执念，不可脱离现实语境与历史维度，还需审慎处理媒介、心灵与身体的关系。

首先，针对跨文化传播的目的，约翰·杜翰姆·彼得斯一再强调要摆脱人心融合的执念，这与中华文明的跨文化传播相耦合。约翰·杜翰姆·彼得斯强调，人与人之间的互动永远不可能是思想的“交融”，至多仅是思想的舞蹈；在这一舞蹈的过程中，我们只能偶尔触摸对方。因为正是在跨文化传播中致力于追求精神圆满与绝对融合，众多扭曲现象才层出不穷。例如，在全球范围内大行其道的西方价值体系，西方中心主义、西方文化霸权无节制蔓延，以美英为代表的西方强势文化频频制造文化入侵，与非西方文化主体冲突不断。当今世界的种种事实早已表明，西方社会“传教式”的文化霸权传播只会令自身陷入道义与文化困境，并伴随被输入者的觉醒与反抗，最终带来的是不认同、不宽容与不和谐的“交流困境”与传播恶性循环。鉴于此，跨文化传播务必正视其交流目标——追求异质性的共舞与文化互鉴，各美其美，美美与共，而并非消弭差异、走向统一。

其次，约翰·杜翰姆·彼得斯提供了一种从现实语境与历史维度共同思考跨文化传播的路径，具有借鉴意义。约翰·杜翰姆·彼得斯借鉴本雅明的策略，以“纵向共时性”的方式展开研究，这实质上与跨文化传播的本质不谋而合。因为跨文化传播并非单纯的文化内容与传播渠道的缝合，而是一项系统、复杂的工程，包含各种软实力的运作，必须根植于历史文化、着眼于全球治理、服务于国内大局，涉及国际国内政治、文化、经济、科技乃至军事等诸多方面，须采用横向结构剖析与纵向历史挖掘并重的思路。当今世界正经历百年未有之大变局，国际力量对比正在发生近现代以来最具革命性的变化，世界格局朝着多极化方向加速发展。由此带来的世界范围内的地缘政治博弈明显上升，为求维护西方传统霸权的单边主义、保护主义冲击全球治理体系，

① 严兵，陈成．必要的重返：彼得斯与跨文化传播的新视界［J］．浙江社会科学，2021（3）：146-151，161.

三年疫情对国际格局和世界经济产生了强烈震荡。社会结构与历史事件是息息相关的，需结合起来探究，只有做好横向的结构剖析与纵向的历史挖掘，跨文化传播的诸多面向才有展现的可能。

同时，约翰·杜翰姆·彼得斯有洞见地阐释了跨文化传播中人心、中介与肉身的问题。约翰·杜翰姆·彼得斯从传统的无线电、电报、广播出发，阐释了人心、身体与媒体中介之间既让人兴奋又让人紧张的连接关系。传播技术不断膨胀着人类交流欲望，并且身体不在场的"幽灵交流"须得到反思，因为这极易带来"人"的消失。这一洞见对当今数字文明时代背景下的前瞻性意义不容置辩。近年来，人工智能、大数据、云计算等技术的创新跃变在增进信息传播方式的同时，使身体在场的必要性大大减弱，并且不断刺激着人们为去身连接的欲望加码，交流的阈值持续上升。在各种科学技术的鞭策与规训下，个性化制作、精准化推送、互动化传播等一系列日益智能化的传播技术和过度的连接带来了与之相伴相生的"恶果"——宏大叙事的消解、信息茧房、群体极化、共识难题甚至民粹主义的爆发等。对于跨文化传播而言，上述"恶果"带来的"区隔"与"分化"成为不容回避又难以逾越的路障的这一事实警示我们，"以人为本""以人为媒"的在场传播始终是不容忽视的。心灵相通、身体在场、以人为媒、文明共舞才是跨文化传播在当下、在未来的可行通路。

## 课堂圆桌讨论

一、你怎样理解国际传播这一概念？跨学科视野与创意思维如何拓展国际传播理论与方法？

二、对外传播、国际新闻传播、国际传播与跨文化传播是什么关系？国内外对此研究的代表性学者有哪些？

三、现代实践理论与媒介学研究对国际传播研究范式的创新有何启发？

四、面对世界格局前所未有的巨变，在不同文化与文明的交往与碰撞中，如何穿越"区隔"与"交流的无奈"，在跨文化传播与交流中发挥媒介工作者的价值和作用？

# 第二章

# 中国国际传播的发展与现状及特点和面向

## 第一节 中国国际传播的发展与历史性变革及理论面向

要认识中国国际传播的发展与变革，就必须了解其置身的历史性语境，即世界格局的变化与重组和中国自身发展的国情。历史地看，中国对国际传播的认知与实践受三个历史阶段格局意识的影响。这三个阶段性的百年格局意识是：第一个百年，发生在19世纪到20世纪初，老牌资本主义的英法两国相继成立了路透社和法新社，奠定了殖民主义统治时期的第一次全球传播格局；第二个百年，大半个20世纪，美苏两个超级大国利用世界大战和广播、电视以及互联网等信息传播技术的革新发展，打造起各自的势力范围，奠定了其全球争霸的第二次全球传播格局；第三个百年，20世纪末冷战的结束和进入21世纪以来，世界格局急剧变化，出现一超和多强与多极的世界、中国的崛起与新兴经济体的成长壮大，使中国开始走向世界传播舞台的中央，坚定地发出重建世界新秩序和客观讲述世界的声音。①

特别值得提及的是，国际传播理论与实践在20世纪70年代发生的新变化：发展中国家及“不结盟运动”成员国发出“建立一种世界信息与传播新秩序”的呼吁，以此改善国际信息流通的不均衡状态。有的学者认为“由于社会技术的不平衡，信息存在着一种从‘中心’到‘边缘’的单向流动，在‘拥有者’和‘匮乏者’之间造成了很大的差距”“整个信息和传播秩序是国际不平等的一部分，反过来加剧了国际不平等，这种不平等创造并维持了新殖民主义的机制”。②还有的学者认为“传播政策是国家发展的主要因素，各国应将传播政策视作增强国家传播实力的资源”③。到了20世纪80年代，第21届联合国教科文组织提交的调研报告《多种声音，一个世界》主张“发展中国家应当充分发展乡村媒介，建立广播网络，培育其自制节目的能力；培训新闻从业人员，利用媒介促进国家发展；改善国际信息传播的不平衡、不平等，建立国际传播新秩序”④。不过，后来美英两国相继退出联合国教科文组织（1985），这对于建立新的国际传播秩序的努力是一大打击。

---

① 张毓强，于运全.从形象到战略：中国国际传播观察新视角［M］.北京：朝华出版社，2022：78.

② 屠苏.国际传播：沿袭与流变：第三版［M］.胡春阳，姚朵仪，译.上海：复旦大学出版社，2022：32.

③ 钟大年，郭镇之，王纪言.电视跨国传播与民族文化［M］.北京：北京广播学院出版社，1998：39.

④ 汪罗.国际传媒新秩序的逻辑缘起、论争焦点与中国方案［J］.青年记者，2022（9）：59-61.

然而，在国际传播领域，与殖民主义和后殖民主义的斗争以及对媒介帝国主义和文化入侵的反抗，一直是非西方世界和广大发展中国家捍卫国家主权、发展本国经济的首要任务。建构国际传播新秩序的过程，其实就是发展中国家和第三世界国家争夺传播话语权的过程。所以，在此意义上讲，“中国的国际传播特指中国信息的对外传播”[①]。

改革开放以来，随着中国经济和社会发展迅速、国际地位和影响力不断提升，我国与国际社会的交往更加广泛、密切。中国国际传播在不同的历史语境下必然呈现出不同的变革特点，促进了中国在国际传播中的地位和形象的改变，同时在中国国际影响力和话语权不断提升的过程中发挥了至关重要的作用。在当今国际格局加速演变的新形势下，中国国际传播战略的重要性日益凸显，也迎来了历史性的变革。我们看到，21 世纪以来，随着中国的崛起和国际格局的重大变化，遏制中国的势力和单边主义势力十分嚣张。因此，我们应该形成国内国际一盘棋整体推进，多主体参与、多渠道协同、发挥中央和地方国际传播的两级体制的协同互补战略，形成全民参与的国际传播大格局。

## 一、中国国际传播的阶段性及呈现的特征

就概念的意涵而言，有学者认为中国的国际传播特指中国信息的对外传播。这是因为中国的崛起和融入世界经济一体化潮流，中国的也是世界的，中国的“对外传播”业已成为国际传播体系的重要一极并开始走向世界传播舞台的中央，发出平衡世界秩序和客观讲述世界的声音。[②]

事实上，中国国际传播在不同的历史文化语境下和变革的激荡下呈现出不同的阶段性特征。1949—1978 年，新中国成立后到改革开放前，中国国际传播主要采用宣传和宣传品的方式，用图片、文字和音像去传递中国革命和共产主义理念、社会主义建设与发展的历程，把中国的官方观点传达给国外读者和观众。此时，中国在国际传播中主要采取单向宣传的方式，即通过向世界各国传达中国的政治主张和政策措施来提升中国的国际地位和影响力。这种方式在一定程度上起到了宣传效果，但也存在传播态度过“硬”、信息传递不对称、信息传递单一等问题。1978—1992 年，在对外开放和改革开放时期，中国逐渐敞开国门，开始对外互动和多边合作，对外宣传体系逐渐完

① 程曼丽．国际传播学教程［M］．2 版．北京：北京大学出版社，2023：280.

② 程曼丽．国际传播学教程［M］．2 版．北京：北京大学出版社，2023：281.

善。中央电视台的国际频道开播，为中国国际传播奠定了基础。在这段时期，伴随着国际政治格局的动荡演进及中国对外开放战略的逐步推进，中国国际传播活动经历了“介绍—展示”的外宣传播阶段，包括“走出去”战略下的进一步开放阶段、“大外宣”格局下的积极自塑阶段以及“人类命运共同体”理念下参与构建国际传播秩序的新阶段。①

中国国际传播的历史性变革在政治层面上主要表现为改革开放前后实现了从单向传播到双向传播的转变，改革开放后实现了由“单向宣传”到“双向宣传”的方式转变和由“遵从秩序、说明中国”到“参与秩序、宣传中国”的语境转向，同时逐步拓宽了经济、文化等层面的传播领域。

回顾历史，改革开放至20世纪末期间，中国国际传播虽然开始由单向传播向双向传播转变，但仍侧重于政治传播。中国围绕着“向世界说明中国”的主线，以“介绍、解释、说明、展示”等为主体的正面宣介传播方式，依托“两台一报一刊”（中国国际广播电台、中央电视台、《中国日报》、《北京周报》）等传统媒体展开了对中国各方面情况多层次、多角度、多形式的宣传介绍活动，并且积极参与国际交流和合作，通过与其他国家的对话和交流，提升了中国在国际上的话语权和影响力。

## 二、21世纪的新发展与新挑战

进入21世纪，在经济全球化和区域化不断发展，欧洲经济一体化进程日趋加快、北美自由贸易区进一步发展的新形势下，亚洲各国正面临巨大的机遇，也面临许多可以预见和难以预见的严峻挑战，一方面要求亚洲国家加强与世界其他地区的合作，另一方面要求增进亚洲国家之间的交流与合作。如何应对全球化给本地区带来的挑战，保持本地区经济的健康发展，加强相互间的协调与合作，已成为亚洲各国面临的共同课题。2001年，以“促进亚洲经济一体化”为初衷的博鳌亚洲论坛在海南省琼海市博鳌镇正式宣布成立，并每年定期举行年会，旨在为亚洲和世界发展凝聚正能量。同年，中国加入世界贸易组织（WTO），促使经济发展领域成为中国国际传播的重要领域之一。科技与经济的迅速发展和“走出去”的战略为中国国际传播提供了新的历史机遇，计算机网络媒介的迭代更新与国外媒体的交流合作也为中国国际传播带来新的传播可

① 李明德，乔婷．中国国际传播：历史演变、现实背景与前沿问题［J］．西安交通大学学报（社会科学版），2022，42（5）：123-135.

能性。1993—2003 年是国际传播面向 21 世纪的新进程阶段。在该时期，中国国际传播实现了向多元化、多样化的转变。国际传播机构，如中国国际广播电台、香港凤凰卫视等相继创立，加强了宣传。

2003 年至今，中国国际传播已迈入全球化和信息化时期。在这个时期，中国国际传播进入一个快速发展的时期。2004 年，全球首家孔子学院在韩国首尔正式设立，中国的语言文化历史底蕴成为中国国际传播的重要内容。孔子学院以语言为媒介既增进了世界人民对中国文化的了解，也加强了中国与世界各国的教育文化交流合作。2003—2005 年在中法两地举办的“中法文化年”、2006—2007 年在中俄两地举办的中俄国家年等国际友好交流活动为中国文化的国际传播提供了新内容。在广西偏远山区默默奉献 10 年光阴，支教的德国志愿者卢安克淡泊名利，曾婉拒“2006 年感动中国人物”的推荐，但仍以纯粹的爱为孩子们点亮教育的明灯；12 岁时失明，28 岁在西藏开设盲童学校，和丈夫一同带给孩子们知识、爱和梦想的德国盲人女青年萨布瑞亚等更是让世界看到了文化的包容性与共通性。

2008 年北京奥运会与中国举办的多次世界园艺博览会等大型国际交流活动的创办更是为中国国际传播提供了新渠道。同时中国对 2008 年“5・12”四川汶川大地震等突发事件的报道，反映了中国媒体能够有计划、有目的地向世界展现出中国开放合作、积极进取的中国形象以及对处理突发灾难事件的高效率能力和大国担当，展示了“一方有难，八方支援”的中国精神和中国价值，促进了“让世界听到中国声音”的中国国际传播理念深入人心。

2009 年公共外交被提升至政治战略高度，重点媒体国际传播力建设规划出台，中国国际传播转向整体性战略任务。同时，互联网信息技术的高速革新促使媒介生态发生深刻变革，中国实施媒介融合与资源整合战略，构建全媒体传播体系，推进内外宣一体化发展，以应对国外传播环境变化的新格局。2009 年 4 月 20 日，《环球时报》英文版创刊，这是中国第二份面向全国发行的英语综合性报纸，也是唯一向国外传达符合中国基本国情的综合新闻的一份报媒。2010 年，CCTV 音乐频道《中国爱乐乐团成立十周年特别节目》纪录视频，展现了中国爱乐乐团作为音乐领域的国家级艺术团体在国际传播中以中外文化交流的公共外交使者的角色身份，在其音乐表演中融入中国传统音乐元素，并且通过与西方经典音乐的交汇，展现了中国传统文化在现代社会的独特魅力。中国爱乐乐团以柔性的、具有东方色彩的中国传统民族音乐的演唱活动打开了中西方文化交流的窗口，向世界观众清楚地表达了中国愿意与世界对话并已经主动“传播中国声音”，同时希望世界也能宽容地对待中国，真正认识中国。在中国国际传播的态势下，“讲好中国故事，传播好中国声音”的理念支撑着主体自塑的传播实践，大外宣格局基本形成。这表明中国在国际舞台上积极塑造自身形象，力求让世界更加全面和深入地了解中国。

2015 年，面对复杂动荡的国际局势与国际传播秩序，中国加快进行媒体“走出去”的战略布局，正式形成了“1+6+N”（“1”指 CCTV NEWS，“6”指新华社、《人民日报》、中国国际广播电台、中央人民广播电台、中央电视台、中新社，“N”指其他）的立体化大外宣格局。2016 年，中国首个 24 小时英文新闻频道中国国际电视台（CGTN，前身 CCTV NEWS）推出。中国海外记者站开设数量不断增加，国际传媒技术创新成为中国国际传播的重要抓手，逐渐加强与各个国际组织合作和多边合作。2013 年“一带一路”倡议的提出与 2016 年 G20 杭州峰会的举办，促使中国国际传播立足于“构建人类命运共同体”的理念，依托智能传播技术与融媒体发展，积极参与构建国际传播新秩序。

2017 年以来，世界范围内正在经历一场“百年未有之大变局”，地缘政治的大碰撞与大国博弈，美国霸权主义的极度扩张与反霸权力量的逐渐累积，促使二战后建立起来的国际秩序解体，致使国际秩序呈现出区域化和碎片化的态势。变局之下，全球治理在主张“排他性多边主义”及自我中心的霸权主义的反全球化和维护开放性多边主义及全球秩序民主化的两大力量间进行博弈。俄乌冲突的频起引发全球能源危机，新冠疫情暴发重击内外秩序……国际政治形势动荡不安，境外舆论对中国的“妖魔化”程度与霸权主义国家的“西方中心论”等格局仍未改变。同时，在多元世界文化背景下，跨文化交流的社会环境与文化环境更为开放包容，社会在不断发展进步，中国国际传播迎来新的机会。

近年来，改革开放和中国式现代化建设取得新的历史性成就，中国正在不断地迈入新的历史发展阶段。2021 年脱贫攻坚战的胜利，2022 年北京冬奥会的成功举办，抗击新冠疫情的突出成就，2023 年“一带一路”倡议践行 10 周年的伟大成果……2024 年中非合作论坛北京峰会的成功召开，既展示了近年来最大的主场外交，更体现了中非携手引领全球南方现代化事业的新征程，必将有力地推动国际传播的“南方转向”。同时，2024 年巴黎奥运会展现了中国体育的整体突破与新高度，见证了开放自信的中国以及中国体育传播的国际化动能与水平。这些成就代表着中国特色社会主义进入新时代，中华民族伟大复兴进入关键阶段，使中国在世界范围内展现了中国智慧与中国担当，进一步提升了国家形象。同时，多主体、立体式的大外宣格局进一步确立。2021 年以来，全国的省级国际传播中心纷纷涌现，助力中国国际传播话语权的提升和国际传播能力的加强，为中国国际传播提供了新机遇。但是，在全球风险加大、地区冲突加剧、国际舆论局势复杂的时代背景下，我国国际传播面临着新的形势和困境。首先，人工智能作为大数据分析基础设施，可以提升国际传播的适应性和精确性。通过多模态内容生成和虚拟现实技术的结合，打造跨文化融合的“第三空间”，释放基于共情体验的文化流动。这一趋势激发了我们对国际传播新型手段、界面和应用场景的想象，呼唤着对更多元、更高效的传播样态和产品的发掘。因此，国际传播亟待在与人工智能技术的互动中挖掘新的内涵和表达空间，以更好地适应和引领全球数字社会的发展变化。[①] 眼下，生成式人工智能已经开始参与新闻、播客、影视等各类文化产品的全球生产和国际传播。当然，虽然人工智能技术的加持使信息传播技术的发展大幅推进，但美国利用智能媒体技术恶意抹黑和攻击中国，冲击了中国对外传播的效力，极大程度影响了中国在国际舆论环境中的形象和话语权。其次，在当下媒体舆论格局加速变革、混合型媒介环境成为主流的社交媒体时代，中国国际传播仍主要通过中央大型主流媒体和外交部在海外的媒体平台发声，社会各类主体参与度较弱、主体间的联动能力较低，影响了对外传播效率。最后，当前的国际舆论依然存在西强我弱的局面，多元表达并存及政治力量博弈是国际传播中不可避免的伴生问题，以美国为主的西方国家对全球大型社交媒体平台具有绝对的把控优势，而长期以来中国的对外传播多依靠中央主流媒体、多采用国家民族叙事，内容与方式过“硬”，导致国际受众对中国缺乏立体的认知和理解。学者陈虹、秦静结合智能媒体技术冲击对外传播效力、国际传播中的主体联动能力较弱、对外话语叙事失衡阻碍传播效果等问题造成世界信息传播领域的数字鸿沟与信息发展失衡的局面，以及对中国国际传播正面临着历史性的挑战与变革的现实情境的考量，升维了对中国国际传播的认知——以战略传播理念为内涵、以中华文化为基石、以增强国际传播效能为旨归，构建中国特色国际传播战略体系。在此基础上，亟须加强中国特色国际传播战略体系的行动逻辑，创新涵盖多元主体、多种文化、多重语境的中国特色国际传播战略协同模式。[②]

① 常江，杨惠涵 . 生成式人工智能重塑国际传播：趋势与检视［J］. 对外传播，2024（6）：18-22.

② 陈虹，秦静 . 中国特色国际传播战略体系建构框架［J］. 现代传播（中国传媒大学学报），2023，45（1）：55-59，65.

## 三、构建新时代中国国际传播体系的设想

当今，基于中国的和平崛起与世界格局的演变，传播理论和传播业态的发展，中国国际传播实践面临的机遇与挑战的紧迫性表明，构建符合全球传播生态、能够产生传播效果的新时代国际传播体系迫在眉睫，需加大投入的力度。我们要加强对全球传播生态的宏观认识和把握，提升新时代中国国际传播理论的水平，增强国际传播策略的灵活性和针对性。鉴于此，做好以下几个方面的工作是推进新时代国际传播体系建设的关键。第一，坚持以全球传播生态为基础。传播生态既包括媒介、渠道、对象等传播生态内部构成要素之间的关系，也包括与外部环境之间的关系，构建新时代中国国际传播体系需要把全球传播生态的相关者都纳入进去。第二，坚持系统性思维。构建国际传播体系，既要与国家的战略价值、战略位置、战略目标、战略资源、战略安排和战略现实等具体要素高度关联，实现与其他战略系统相匹配，也要对国际传播的理念、主体、客体、内容、运行方式、渠道、人才队伍等诸多方面以系统性思维考量，进行系统性创新。第三，坚持以全球视野把握传播共通意义。在国际传播中，中国应该坚持以全球视野，从根上挖掘传播内容共通的当代价值和世界意义，在全世界取得更大范围的理解和认同。第四，坚持以精准传播策略提升传播效能。构建国际传播体系，在传播策略上必须坚持以用户为导向，努力实现精准传播，注重分层传播、分类传播、分群传播。在全球传播生态发生重大变革的重要机遇期，我国国际传播站在历史新起点，理顺思路，找准关键点，从内外两方面思考。在外部，必须基于全球传播生态，将所有生态相关者纳入考量范围；在内部，必须坚持系统性思维，进行整体打造。同时在理念和策略上，突破固有条框，进行颠覆性创新，从而逐步完成新时代中国国际传播体系的构建。①

此外，新时代中国国际传播体系建设的整体战略布局，还应抓好地方级国际传播中心的建设与规划，充分发挥中央与地方传媒机构在国际传播领域互补与协同创新发展的战略格局。据不完全统计，截至 2024 年 8 月，全国已有 84 家以“国际传播中心”为名的地方传播机构，其中 2024 年以来成立的就有 11 家。② 随着我国省级国际

① 田晓，胡正荣 . 构建基于全球传播生态的新时代中国国际传播体系［J］. 中国广播电视学刊，2022（12）：65-68.

② 刘滢，陈昭彤 .“本土全球化”：地方国际传播中心建设的现状、特征与提升路径［J］. 中国记者，2024（6）：12-15.

传播中心建设的大力推进，我们要警惕省级国际传播中心传播内容同质化、资源有限等问题，要有应对策略，通过创新传播策略和产品体系，实现精准的国际传播。这不仅需要加强与国家级机构的合作，更需要利用智慧全媒体平台，整合区域内的资源，构建起一个自主可控的传播交流平台①，提升省级媒体的国际传播能力，在国际舆论环境中发出更加清晰和有力的声音，为地方在国际舞台上赢得更多的话语权和影响力。

在新的历史阶段与形势下，中国国际传播应与时俱进，创新理念和方法，积极主动地向世界介绍中国并传播中国价值观念与文化理念，为我国经济社会发展与对外交往营造良好的国际舆论氛围的同时，也争取全球事务中的话语权，为维护国家核心利益与塑造国家良好形象贡献力量。

## 四、中国国际传播理论与实践研究的专业视角

21 世纪尤其是近年来，我国国际传播的理论建设在凸显主体性意识和借鉴创新上日渐突出，展示出较强的创新活力与态势。

就国际传播领域的理论创新而言，从国际传播研究范式上看，在以下四大层面有所突破。一是基于传播技术视角进行审视，从对经典的技术主义理论做出新的解释，到科学、技术与社会研究领域和传播研究结合的新思路，我们在学科理论建设上有了发展，并提出了“元软实力”研究的基础模型和“智能鸿沟”等新理论。二是基于传播政治经济学视角进行审视，我们正处于国际权力关系重组的历史过程中，世界格局过渡期的动力特征得到关注和总结，并且针对日益激烈的国际传播冲突有了新的理论阐释，总结出阴谋论谣言的说服框架。三是基于文化研究层面进行审视，我们的议程设置研究填补了文化领域的缺位，并将网络议程设置理论从单一时间截面拓展至时序性视角。四是基于主题对象层面，我们的国际传播研究正在从国家主义范式向全球主义范式迈进。邵鹏和邵培仁联合主编的《全球传播愿景：新世界主义媒介理论研究》（2022）一书从“人类命运共同体”倡议出发，立足“新世界主义”，探索基于中国视角的世界主义理论。学界的国际传播理论与实践研究的视角和方法已从过去单一的各自为政的、学科壁垒坚硬的封闭环境转向开放多元的跨学科交叉范式的综合型研究大

① 胡正荣，李润泽．以智慧全媒体平台赋媒介未来之力：省级国际传播中心的时代机遇［J］．对外传播，2024（1）：15-18.

道，学科边界关涉社会学、人类学、政治学、哲学、经济学等多个门类，并从以往常见的宏观性的质性研究，转向大量应用了田野调查、比较研究、文本分析法、历史分析法、生命故事访谈法等方法、质性与量化共生的研究生态。一些新的模型（如视觉框架分析方法等）得到国内学者的应用。①

从理论研究的多维视角与功能性跨界拓展来看，近年来建立起多层次、立体的、具有中国自主性的理论框架与模型。下面我们先以中宣部国际传播局、中国外文局指导，当代中国与世界研究院策划的“新时代国际传播理论与实践研究”丛书（第一辑）为例来检视。需要说明的是，该成果展示的重要话题与讨论有两个来源：其一是当代中国与世界研究院旗下的《对外传播》杂志的对话性栏目，其二是中国传媒大学国家社科重点项目“新时代中国国际传播实际问题与本土化理论创新研究”。② 课题组计划组织若干“焦点对话”。全书将这些话题性文章编辑成了四个板块。首先，从战略传播与传播战略的视角出发，探析国际传播本土化理论创新的诸多新可能，涉及国家“形”与“像”的讨论、国际传播中的话语权与互惠性理解、中国国际传播中的信息生产与沟通、国家形象的再塑等内容。其次，围绕着中国话语与中国故事展开讨论，强调在国家传播中回到中国和理解中国，从叙事、媒介、科技、消除贫困、生活化议题与国际议题等角度发力，让新时代的中国话语和中国故事与世界进行理性沟通。再次，探讨全球文明史视野中的中国，以奥运国际传播以及《功夫熊猫》《花木兰》等影视作品的国际传播为眼，在全球大变局视野中寻求中华文化走向世界、仪式传播、转文化传播的新可能。最后，将研究问题扩散到平视世界与世界的平视层面，以英国埃塞克斯集装箱事件报道、“新疆棉花”事件为例，分析了国际传播视域下的国民心态、国际传播中的媒体倾向与后真相、国际舆论的生成与构造等议题。整体而言，这些文章深刻地切中当下和未来国际传播的方向和重点，兼顾了议题在理论研究方面的前沿性、学术性和在实践方面的经验价值和探索方向，对国际传播学术研究以及实践探索都具有宝贵价值。

我们在搜索《对外传播》杂志近两年关注和刊载的文章后发现，中国国际传播的理论与实践的研究还呈现出以下特点。一是重视重点话题的探讨，如杜占元的文章《在交流互鉴中向世界贡献中华文明的独特价值》（2023）。二是对我国国际传播与跨文化传播发展史的归纳与总结，如叶珲、刘俊的文章《2022 年中国视听领域国际传播实

① 胡正荣，李润泽 . 2022 年中国国际传播领域理论创新与实践回归［J］. 对外传播，2023（1）：7-10.

② 张毓强，于运全 . 从形象到战略：中国国际传播观察新视角［M］. 北京：朝华出版社，2022：265.

践创新与未来展望》(2023)。三是多维度、多视角的拓展与创新性思考，在科学技术与国际传播的关系层面，如侯迎忠、玉昌林的文章《智能时代的国际传播效果评估要素：研究回顾与趋势前瞻》(2023)，周葆华、吴雨晴的文章《生成式人工智能影响下的国际传播：实践进展与影响路径》(2024)；在媒体外交与国际传播的关系层面，如王众一的文章《以“媒体外交”助力中日民心相通——〈人民中国〉的实践历程及启示》(2023)；在行为体的视觉实践与国际传播的关系层面，如张志安、孙玮的文章《多元主体参与国际传播的视觉实践——以〈华为的100张面孔〉和〈海外员工看中国〉为例》(2023)；在人才培养机制与媒介生产的关系层面，如郭书含的文章《国际传播全媒型人才培养的创新路径》(2023)。四是反映重要主题价值的层面，如吴俊杰、蔡之国的文章《中华优秀文化“走出去”的传播力影响力建构探析》(2023)，王一赛、张毓强的文章《双重认同：铸牢中华民族共同体意识与提升国际传播能力相互赋能》(2024)等。

此外，为提升我国国际传播领域媒体创新实践能力，开展了有针对性的媒体从业者的业务与技能培训，一批实践性强的个案性总结与思考的成果也体现了中国式的专业视角，这对国际传播媒体从业人员思想和媒介素养的提升具有重要的意义和价值。中共中央宣传部新闻局所编的《新闻评论漫谈》一书，在这方面起到了良好的作用。该著中梁建增的文章《国家立场、理性思维、多样评论、电视特色——中央电视台评论节目的立场、选题和制作》清晰地阐明了主流媒体电视评论的价值立场与风格和类型的创新。该著中陈开和的《关于加强国际新闻评论的几点建议》一文，针对随着我国综合国力的不断提升，国际社会对中国的认识和评估进入一个新的阶段，我国发展所面临的国际舆论压力有上升的趋势，我国媒体该如何应对提出了相应的对策：一是认清国际新闻的属性与本质，揭露西方新闻报道的“双标”面目，服务国家利益；二是在国际新闻报道和评论的议程设置中，注意扩大非西方与多极世界的议题选择范围，增强较有深度的常规性、专题性内容，发展中国家的相关选题应该成为我国国际新闻评论的重要方面；三是我国驻外机构和记者多与发展中国家的学者和智库建立联系，同时在国内主流媒体开设相关访谈栏目；四是贴近受众需求，立体呈现相关信息，特别是针对一些“国际新闻类专题栏目呈现给观众的信息中，占压倒性的还是评论员的声音，而相关新闻事件本身的图像和声音信息则相当不足，这就影响了观众对相关新闻事件的认知和判断”①。该专著中方洁的文章《浅谈西方社论的写作传统

① 中共中央宣传部新闻局．新闻评论漫谈［M］．北京：学习出版社，2014：316.

和文体特征》针对国际新闻评论的写作和认知，让媒体从业者知己知彼，从而在此领域更好地应对。作者着重介绍了西方社论的写作传统与社论委员会的构成和社论版的设置，并从三个方面简述了西方社论的文体特征：其一，体现在社论选题的多元性上；其二，社论兼具两项职能，即传递事实性信息和宣扬与倡导所遵循的价值观；其三，在表达论断、观点时较为谨慎和理性，写作者"广泛使用中低量质的情感表达和隐性主观的情态取向避免了将观点强加于读者的印象，增强了文本的协商性"①。这对我国的新闻从业者和受众了解西方社论的说理风格和写作特征提供了一个窗口。另外，于运全主编的《对外传播优秀案例研究（2022）》也为业界和学界的国际传播提供了样本。

最后，《中国国际传播发展报告（2016）》的研究路径和关注的范畴以及对中国国际传播现状的把握与关切态势，使我们避免了一般的基础性教材研究偏重概念与体系性理论的不足。作为一种现状研究，该报告瞄准中国国际传播力与传播战略，检视中国媒体在为中国企业创造良好的国际舆论环境方面所取得的成绩和达到的效果，认为"中国国际传播力的提高需要企业、媒体和社会协同共进，统筹内外资源，树立用户思维，实现精准传播，形成内外融通的国际传播体系"②。报告的研究框架由总报告、企业、媒体、案例和专题五个维度组成，形成专题式的多维议题群落，其中尤为突出的是选题精准、视角独特，如"企业篇"中"'走出去'中国企业开展国际传播面临的挑战与对策""国企品牌海外传播策略研究"，"媒体篇"中"新华社海外社会化媒体传播的路径与效果"，"案例篇"中"四达时代集团国际传播战略发展研究报告"，"专题篇"中"从'命运共同体'概念到全球治理体系的理论演进"等课题，体现出学术研究的贴近现实性、科学性和严谨性，质性研究和量化研究的有机结合，与一些脱离现实而空泛的象牙塔理论形成鲜明对比，这就是研究报告的价值所在。

值得一提的是，2024 年中国外文局发布的《中外文化交流报告（2023）》，以各机构公开文献、数据和案例为依据，体现了传播、文创、教育、科技、旅游、体育等多个文化交流领域积极践行全球文明倡议的务实行动和创新之举。

---

① 中共中央宣传部新闻局．新闻评论漫谈［M］．北京：学习出版社，2014：316.

② 胡正荣，李继东，姬德强．中国国际传播发展报告（2016）［M］．北京：社会科学文献出版社，2016：1.

# 第二节　中国国际新闻传播的现状与特点

## 一、传播内容

### （一）按题材划分

中国国际新闻按照题材进行划分，大致有以下五种类型。

**1. 财经类新闻**

国家经济发展掌握着国家发展的命脉，也是国家对外交往的“硬核”实力。在国际新闻传播中，关注国际经济势态的发展，不仅是对外展示国家经济发展的重要渠道，也是对内拓展国际经济视野的重要渠道。例如，《美西方鼓吹“去风险”加剧世界经济困境》[①]便是新华社对西方经济政策进行锐评，分析国际经济政策利弊的国际新闻。

**2. 社会发展类新闻**

社会的整体发展影响国家发展的总进程。在全球化发展的时代，每个国家都是国际社会的重要成员，每个国家的社会政策都关系着世界的整体发展。例如，《高质量共建“一带一路”启新程》[②]便提及“一带一路”携150多个国家、30多个国际组织的深化发展，开拓出一条通向共同发展的合作之路、机遇之路、繁荣之路。

**3. 国防与安全类新闻**

国防能力和安全问题也是国际新闻持续关注的重要焦点。国家安全建设以及国防实力的强弱关乎着国际局势的稳定性与安全性。党的十八大以来，以习近平同志为核心的党中央统筹把握中华民族伟大复兴战略全局和世界百年未有之大变局，加强国家安全战略谋划和顶层设计，大力推进国家安全领域能力建设。例如，《习近平提出全球安全倡议》[③]向国际社会发出安全号召，共同维护世界和平。

① 新华社评2023年年度国际新闻之一。
② 新华社评2023年年度国际新闻之一。
③ 新华社2022年4月新闻。

#### 4. 体育与卫生类新闻

体育事业与国际公共卫生事业的发展一直是国际社会共同致力发展的目标事业，关乎每一位地球村“村民”的身心健康与发展，也与我国人民日益增长的美好生活需要相契合。例如,《杭州亚运会和亚残运会在亚运史上首次实现碳中和》① 关注碳排放问题，注重体育建设，促进美好生活与发展。

#### 5. 文化与娱乐类新闻

文化是一个国家综合软实力的重要体现。互联网时代使各国文化得以在全球范围内流动，促进了国际文化交流互鉴与文化的跨国传播。例如,《2023 中华文化国际传播论坛举行 向世界讲好中华文明故事》② 便是中国向世界发出的文化邀请，积极践行全球文明倡议，共同推动人类文明的发展进步。

### （二）按体裁划分

新闻体裁是指新闻媒介所传播的新闻文本的各类载体形式，是新闻内容和表现形式的统一体。中国国际新闻体裁多种多样，丰富着新闻表现形态，满足不同受众的阅读需求。具体的题材类型有以下五种。

#### 1. 消息类（简讯或新闻背景）

这类体裁是对新近发生的有社会意义并引起公众兴趣的事实的报道。例如,《习近平接见 2023 年度驻外使节工作会议与会使节并发表重要讲话》简明扼要地报道了国家主席习近平在 2023 年度驻外使节工作会议上作出的重要讲话。

#### 2. 深度报道或特别报道

这类新闻是通过运用解释分析和预测等方法，对重大新闻事件或社会热点问题进行深入挖掘，阐明事件因果关系以揭示其实质意义、本质价值或影响，并追踪和预测其发展趋势的一种报道方式。《深度国际》是中央广播电视总台中文国际频道推出的一档周播国际新闻深度报道栏目。该节目对国际新闻进行深度报道，对国际新闻事实做深层次剖析。节目凭借画面和声音，形象地对重大的国际新闻事件、对未来世界格局有影响的事件、涉及中国或与中国关联的国际事件，做有背景介绍、有分析解释、有归纳预测的报道，以此表达中国立场、发出中国声音。

#### 3. 新闻评论

国际新闻评论是以最新国际事务为评论对象的新闻评论作品。它遵循国家的对外

① 详见中央广播电视总台 2023 年 12 月评出的“2023 年国际十大体育新闻榜单”。

② 《人民日报》（海外版）2023 年 9 月新闻。

政策，反映国家对国际事务的观点和立场。国际新闻评论一般要发挥两方面的作用。一方面，使受众了解当前国际事件的发生背景、原因、与其他事件的联系，可能产生的影响、后果和评论者的态度。另一方面，使全世界了解本国对一般国际事务和具体国际问题的立场和态度，发挥本国在世界事务中应有的作用。①例如，《聚八方之智，共促“一带一路”研究》②对“一带一路”倡议提出10年的辉煌成就进行评论并展望未来发展。

#### 4. 访谈类或谈话类新闻

国际访谈或谈话是邀请在国际上具有重要影响力的人物，对国际问题进行对谈、交流。《风云对话》是凤凰卫视的一档高端人物访谈节目，以“中国心”和“中国眼”看世界，聚焦国际重大新闻事件，专访世界各国政治人物，运用巧妙的手法让他们逐渐褪去伪装，亲自剖析他们的观点，展现他们对国际局势的认知与看法。节目采访了俄罗斯总统普京、巴基斯坦总理贾迈利、俄罗斯驻华大使罗高寿、法国驻华大使蓝峰等重要人物，与他们共话国际问题。

## 二、传播媒介

### （一）广播（频率）、电视（频道）

#### 1. 广播（频率）

中国国际广播电台（英文名称为 China Radio International，简称 CRI）是国务院直属正部级事业单位、中央广播电视总台所属中华人民共和国面向全球广播的新闻国际传播机构，创办于 1941 年 12 月 3 日（起源于延安新华广播电台于 1941 年 12 月 3 日开办的日语广播。延安新华广播电台即中央人民广播电台），使用 65 种语言全天候向世界传播，是全球使用语种最多的国际传播机构。其宗旨是“向世界介绍中国，向中国介绍世界，向世界报道世界，增进中国人民与世界人民之间的了解和友谊”③。

中国国际广播电台的创办经历了三个时期的不断完善与成熟。第一，早期筹备阶段④。1939 年 11 月，国民党进一步确定了以军事反共为主的方针，并开动所有宣传机

① 刘建明. 宣传舆论学大辞典［M］. 北京：经济日报出版社，1993.
② 新华社 2023 年 10 月 21 日的新华时评。
③ 中广网. 中国国际广播电台简介［EB/OL］.（2008-12-14）［2024-05-20］. https://www.cnr.cn/2008zt/08gbfzlt/gjtjj/200812/t20081214_505175929.html.
④ 罗林. 电波纵横喋血地铿锵话语撼人心［EB/OL］.（2006-03-22）［2024-05-20］. https://news.sina.com.cn/c/2006-03-22/16079415308.shtml.

器加紧反共宣传。中国共产党设在国民党统治区的新闻机构受到限制。打破新闻封锁，建立自己的广播电台，已日显迫切。1940 年 3 月 26 日，周恩来、任弼时等从莫斯科回延安，带回第三国际援助的一部广播发射机。发射机被拆开，由陆路经迪化（今乌鲁木齐）、兰州、西安运回延安。途中，几经国民党当局的无理扣压。周恩来反复交涉，才得以将机器安全运回。至此，创建广播电台的条件基本成熟。党中央做出建立人民广播电台的决定，并成立了广播委员会，领导广播电台的筹建工作。第二，新华广播电台时期。1940 年 12 月 30 日，延安新华广播电台开始播音[①]。1941 年 12 月 3 日，延安新华广播电台日语广播开办[②]。1947 年 3 月 21 日，延安新华广播电台改名为陕北新华广播电台[③]。9 月 11 日，陕北新华广播电台开办英语广播[④]。1949 年 3 月 25 日，陕北新华广播电台迁至北平，改名为北平新华广播电台。9 月 27 日，北平新华广播电台改名为北京新华广播电台[⑤]。12 月 5 日，北京新华广播电台改名为中央人民广播电台[⑥]。第三，中国国际广播电台时期。1950 年 4 月 10 日，中央人民广播电台成立国际广播编辑部，呼号“北京广播电台”[⑦]。1978 年 5 月 1 日，中国人民对外广播机构改名为“中华人民共和国国际广播电台”，呼号仍然使用“北京广播电台”（RADIO BEIJING），之后更名为中国国际广播电台[⑧]。2009 年 7 月 16 日，中国国际广播电台移动国际在线在北京启动[⑨]。2011 年 1 月 18 日，中国国际广播电视网络台（CIBN）正式成立[⑩]，这标志着有近 70 年发展历史的中国国际广播电台全面进入新媒体领域。2018 年 3 月，根据《深化党和国家机构改革方案》组建中央广播电视总台，撤销中央电视台（中国国际电视台）、中央人民广播电台、中国国际广播电台建制。对内保留原呼号，对外统一呼号为

① 黄立新，王涛，王家爱 . 1940 年 12 月 30 日，延安新华广播电台开始播音！［EB/OL］.（2019-12-30）［2024-05-20］. https://www.cnr.cn/shanghai/tt/20191230/t20191230_524918092.shtml.

② 【红色广电】延安新华广播电台：人民广播事业的诞生［EB/OL］.（2021-06-02）［2024-05-20］. https://app.gdj.gansu.gov.cn/home/news/detail/aid/27968.html.

③ 中国广播网 . 1947 年 3 月 21 日延安新华广播电台改名为陕北新华广播电台［EB/OL］.（2010-10-27）［2024-05-20］. https://www.cnr.cn/2010zhuanti/jnrwzf/zytdsj/201010/t20101027_507231025.html.

④ 陈正 . 陕北新华广播电台增设英语广播 中国人民的声音传向世界［EB/OL］.（2017-08-13）［2024-05-20］. https://www.chinastory.cn/PCzwdbk/detail_v2/20190911/1006000000039761568155714023325149_1.html.

⑤ 罗林 . 电波纵横喋血地铿锵话语撼人心［EB/OL］.（2006-03-22）［2024-05-20］. https://news.sina.com.cn/c/2006-03-22/16079415308.shtml.

⑥ 中国广播网 . 1949 年 12 月 5 日北京新华广播电台定名为中央人民广播电台［EB/OL］.（2010-10-27）［2024-05-20］. https://www.cnr.cn/2010zhuanti/jnrwzf/zytdsj/201010/t20101027_507231057.html.

⑦ 白润生 . 我国少数民族语言广播的历史沿革、地位与作用［J］. 新闻爱好者，2012（17）：3-7.

⑧ 1978 年 4 月华国锋为国家新闻广播电视事业题词［EB/OL］.（2021-08-11）［2024-05-20］. http://www.huaguofeng.org/nianpu_xq.php?cid=4&id=2055.

⑨ 雷柯 . 中国国际广播电台移动国际在线日前在京启动［N］. 光明日报，2009-07-17（9）.

⑩ 周荣祥 . 中国国际广播电视网络台正式挂牌［N］. 证券时报，2011-01-19（A01）.

"中国之声"①。

总台下设的"环球奇观"是针对环球生活资讯和国际旅游的全国性专业电视频道，于 2006 年 5 月 8 日开播。该频道融趣味性、娱乐性、实用性为一体，以其独特的视角向受众 24 小时滚动播出各类国际资讯、扫描全球奇人奇事。②"国际在线"（CRI Online）是由中国国际广播电台主办的以"国际传播"为特点的政府重点新闻网站，于 1998 年 12 月 26 日正式对外发布，通过 44 个语种以及广、客、闽、潮 4 种方言对全球进行传播，是中国使用语种最多的国际化新媒体平台，主要提供新闻、文化和经济类信息，并且有丰富的音频节目。中文网包括网络电台、新闻、财经、娱乐、教育、体育、文化、旅游等频道。英文网设置了新闻、体育、生活、英语和汉语教学等栏目。其他外语网站结合广播节目的构成设置了不同栏目，一般包括新闻、时事、音乐、经济、文化、旅游、汉语教学等，旨在向世界介绍中国的政治、经济、历史和文化等，被海外听众称为"了解中国最迅速、最便捷、最有效的途径"。2023 年 10 月，中央广播电视总台在北京宣布，与"一带一路"共建国家媒体新一轮合作启动。《人类文明新形态——中国式现代化》（国际版）等总台 30 部多语种精品节目在 52 个"一带一路"共建国家的百家电视、新媒体平台展播。10 月 27 日，由国际在线（中央广播电视总台）和北京大学文化与传播研究所联合主办的 2023 年国际传播沙龙在北京大学举行。

总台拥有报纸、广播、电视、网络和新媒体等传播手段，包含了从第一媒体到第五媒体的全部形态。③内设 44 种语言（不含广、客、闽、潮 4 种方言）的广播节目，对全球进行传播，以及 12 个境外网络电台、3 个中文网络音乐台、2 个方言网络电台和 1 个海峡飞虹网络电台，建有 30 个驻外国记者站，并在中国各省、自治区、直辖市以及香港、澳门特别行政区建有记者站，办有 38 种外文报刊，拥有中国国际广播出版社和中国国际广播音像出版社两家出版社。还开办了 5 套对国内广播的外宣节目："环球资讯广播"、"轻松调频"（EASY FM）、"国际流行音乐广播"（劲曲调频 HIT FM）、"英语环球广播"和"外语教学广播"。

### 2. 电视（频道）

（1）中央广播电视总台栏目④

中央广播电视总台作为国家级电视传播机构，是电视传播四级办台体制中的第一

① 新华社 . 深化党和国家机构改革方案：组建中央广播电视总台［EB/OL］.（2018-03-21）［2024-05-20］. http://m.people.cn/n4/2018/0321/c203-10707133.html.

② 中广网 . 中国国际广播电台简介［EB/OL］.（2008-12-14）［2024-05-20］. https://www.cnr.cn/2008zt/08gbfzlt/gjtj/200812/t20081214_505175929.html.

③ 中广网 . 中国国际广播电台简介［EB/OL］.（2008-12-14）［2024-05-20］. https://www.cnr.cn/2008zt/08gbfzlt/gjtj/200812/t20081214_505175929.html.

④ 资料来源于央视网站电视节目简介。

梯队。它肩负着中国对外传播和国际传播的重要任务，是中国对世界传播中国形象的重要窗口。中央广播电视总台的前身是北京电视台，成立于1958年，并于1976年首次播出全国性的电视新闻联播节目，也就是后来家喻户晓的《新闻联播》。中央广播电视总台所拥有的电视频道众多，涉及新闻、国际、综艺、财经、电影、体育、国防军事、农业农村等多种频道。下面重点介绍几个主要电视频道①。

①中央广播电视总台中文国际频道（频道呼号为CCTV-4）

中文国际频道作为中央广播电视总台唯一面向全球播出的中文频道，于1992年10月1日开播。1995年7月1日，CCTV-4对外正式启用“中国中央电视台国际频道”（CCTV INTERNATIONAL）呼号。2006年，CCTV-4正式增设“中国中央电视台中文国际频道”的二级标识，并进行第四次改版，制定了频道新的战略目标——构建全球华人共享的平台，即“负责的大国话语表达输出平台，中国发展与机遇全面展示平台，中国文化崛起的主流传播平台，全球华人情感共享与交流平台”，从指导思想上，大大强化了华人的概念，创办《华人世界》等栏目。2007年，基于海外国际电视网的发展态势，依据当地观众收视习惯和收视需求，CCTV-4分频为亚洲版、欧洲版和美洲版。中央广播电视总台中文国际频道以“传承中华文明，服务全球华人”为宗旨，架起了与海外观众之间情感沟通的桥梁，成为与华人互动交流的重要平台。中央广播电视总台中文国际频道中的国际新闻传播栏目主要有《今日亚洲》《今日关注》《深度国际》《环球综艺秀》《汉语桥》《中国缘》《鲁健访谈》等。

②中央广播电视总台财经频道（频道呼号为CCTV-2）

中央广播电视总台财经频道是以财经资讯节目为核心、生活服务节目为辅助的电视频道，于1987年正式向全国播出。1993年1月1日，正式起名为经济·综合频道。2000年7月3日，由经济·综合频道改为经济·生活·服务频道。2003年10月20日，由经济·生活·服务频道改为经济频道。2009年，由经济频道更名为财经频道。2014年，高清信号通过中星6A上星播出，开始高、标清同播。2015年，开始在央视总部大楼正式播出。2018年1月1日，CCTV-2节目调整，陆续推出《深度财经》《国际财经报道》《中国财经报道》《财经人物周刊》《中国经济大讲堂》等栏目。2019年10月21日，央视财经频道全新改版，大幅度增加了财经新闻的容量和分量，形成了贯穿全天的新闻资讯流，对财经新闻进行不间断的报道和解读。2023年，该频道相继创新推出美食文旅类节目《澳门双行线——美食文旅来打卡》、大型美食文化探寻类节目

① 正文只做总体介绍，各频道相关栏目信息详见附录。

《中国米食大会》。同年，9月23日至10月8日，该频道参与杭州亚运会赛事转播工作。中央广播电视总台财经频道中国际新闻传播的节目包括《对话》等。

③中央广播电视总台国防军事频道（频道呼号为CCTV-7）

中央广播电视总台国防军事频道（简称央视国防军事频道或央视七套）是报道中国国防和军队建设成就、展示人民军队新风貌、普及国防教育、传播军事知识的重要平台，于2019年8月1日，即第92个八一建军节正式开播[①]，取代了原有的CCTV-7军事·农业频道，成为全新的央视七套。围绕权威性、专业性和丰富性，该频道设置26档栏目，包含全球军事资讯，探索国防军事热点的专题片、纪录片，还有文艺文化类节目；以军事新闻为主的新闻栏目有三档，分别为《国防军事早报》《正午国防军事》《军事报道》。其中，多个节目将创新应用演播室AR等新技术手段，使冰冷的武器、抽象的概念可视化、贴近化，线性的叙事立体化，带给观众全新的视听体验。同时，该频道以深入宣传贯彻落实习近平新时代中国特色社会主义思想，深入阐释习近平强军思想为基本定位，成为报道中国国防和军队建设成就、展示人民军队新风貌，普及国防教育、传播军事知识的重要平台。中央广播电视总台国防军事频道中国际新闻传播的节目包括《防务新观察》等。

④中央广播电视总台新闻频道（频道呼号为CCTV-13）

中央广播电视总台新闻频道（简称央视新闻频道或央视十三套）于2003年5月1日起试播，7月1日起正式播出，至今已走过20余年的发展历程。彼时，新闻频道节目传送通过亚太1A卫星C波段12B转发器覆盖全国，电视用户可通过当地有线电视收看中央电视台新闻频道的节目，全天24小时播出，以播送整点新闻、现场直播、字幕新闻为主。其整点新闻以最快的速度向电视观众提供第一手的国内国际新闻资讯，突出时效性和信息量，实现滚动、递进、更新式报道。整点新闻后，分别安排了各分类新闻，主要有财经、体育、文化、国际四大类。新闻频道的专题节目包括新闻背景、新闻评论、新闻调查、舆论监督、民意调查、法制等各种节目形态，是对整点新闻和分类新闻的补充和深化。[②]每日播出的专题节目有《新闻会客厅》《央视论坛》《法治在线》《国际观察》《社会记录》《共同关注》；每周播出的专题节目有《每周质量报告》《面对面》《中国周刊》《世界周刊》。

2005年3月1日，该频道首次改版，开始注重品牌化效应。2009年5月27日，

① 中国军网．中央广播电视总台CCTV-7国防军事频道将于8月1日正式开播［EB/OL］.（2019-07-26）［2024-05-20］. http://www.mod.gov.cn/gfbw/gfjy_index/4846624.html.

② 参见 http://www.cctv.com/homepage/profile/13/index.shtml。

该频道传输方式由加密传输改为开路传输，使用卫星接收机的用户可免费收看该频道，之后在香港、澳门和其他海外地区落地。同年 7 月 29 日至 8 月 17 日，该频道第三次改版，开始朝资讯化的方向发展。2011 年 7 月 4 日，该频道在凌晨的每个整点时段安排直播至少 10 分钟的《新闻直播间》，并在其他重点时段加大国际新闻的比重。2019 年 7 月 20 日 00:00，启用中央广播电视总台总部 N01 高清演播室，同年 11 月该频道高清版在央视频 APP 正式上线，探索大小屏联动新模式。2020 年 7 月，频道高清信号上星加密传输，并实现高标清同步播出。中央广播电视总台新闻频道中国际新闻传播的节目主要有《高端访谈》《世界周刊》《国际观察》等。

⑤中央广播电视总台奥林匹克频道（频道呼号为 CCTV-16）

中央广播电视总台奥林匹克频道是以播出体育赛事和奥林匹克赛事为主的超高清电视频道[①]，是中央广播电视总台为认真贯彻落实习近平主席的指示精神、稳步推进 2022 年北京冬奥会赛事转播工作而设置的以专门播出奥林匹克赛事为主的电视频道，同时是全球首个 24 小时上星播出的 4K 超高清体育频道和中国大陆地区唯一得到国际奥委会授权使用奥林匹克名称和五环标识的传播平台。2021 年 10 月 25 日开播当天，中央广播电视总台奥林匹克频道推出《逐冰追雪》《奥林匹克人》《五环纪事》等专题节目，11 月 19 日播出文化类节目《艺术里的奥林匹克》，从思想、人文、历史、艺术等角度传播奥林匹克精神。[②]

（2）地方卫视的栏目

地方卫视作为中国电视四级办台传播体制下的第二梯队，肩负着中国各省市自治区的对外传播、国际传播的重要任务。它在更广阔的层级上向世界各国展示了中国政治、经济、文化、科技与社会发展的面貌。限于篇幅以下仅列举出主要的地方卫视栏目。[③]

①深圳卫视（SHENZHEN TV）

深圳卫视是深圳广播电影电视集团旗下的卫星电视频道，于 2004 年 5 月 28 日正式试播，2004 年 6 月 28 日正式开播。2006 年，深圳卫视举办首届中国功夫之星全球电视大赛；同年，被评为“2006 年值得关注的 7 家卫视”。2009 年，在全国首批实现高

① 央视新闻 . 中央广播电视总台央视奥林匹克频道及其数字平台正式开播上线［EB/OL］.（2021-10-25）［2024-05-20］. https://baijiahao.baidu.com/s?id=1714578061990109216&wfr=spider&for=pc.

② 新华社客户端 . 中央广电总台央视奥林匹克频道及其数字平台开播上线［EB/OL］.（2021-10-25）［2024-05-20］. https://baijiahao.baidu.com/s?id=1714606763849240587&wfr=spider&for=pc.

③ 正文只做总体介绍，各频道相关栏目详细信息参见附录。

清播出。2011 年，获得“TV 地标”电视覆盖传播大奖。2016 年，获得“频道社交最具增长性卫视”称号。2017 年，获得第二届深圳知识产权梧桐金奖“最佳服务奖”。2020 年，深圳卫视启动 4K 超高清频道建设，积极探索布局“4K/8K+5G+AR/VR”。2020 年 9 月 30 日，国家广播电视总局直播卫星集成播出平台新增传输“深圳卫视”高清频道。[①] 深圳卫视中国际新闻传播的节目包括《军情直播间》《关键洞察力》《决胜制高点》等。

②东方卫视（DRAGON TV）

东方卫视，全称上海广播电视台东方卫视频道，昵称番茄台，是上海广播电视台和上海文化广播影视集团有限公司（SMG）的上星频道，开播于 2003 年 10 月 23 日。2006 年，获得“网络盛典年度新锐卫视”称号。2007 年，获得 2006 中国电视节目榜年度电视频道奖。2009 年 9 月 28 日，实现高标清同步播出。2016 年，推出社交服务类爆笑减压节目《四大名助》。2017 年，星素喜剧挑战竞技秀《笑声传奇》开播。2018 年精准扶贫公益纪实节目《我们在行动》开播。2021 年，获得“2020 抖音娱乐年度大赏 · 抖音年度影响力平台”称号。[②] 东方卫视中国际新闻传播的节目包括《这就是中国》等。

③东南卫视（SETV）

东南卫视（原名福建卫视东南台，其他名称有福建卫视、海鸥台）是福建省广播影视集团旗下的卫星电视频道，于 1994 年正式开播，是福建省唯一覆盖中国大陆，并在海外有较大影响力的电视媒体。“台海”和“娱乐”是东南卫视的两大特色。东南卫视台标以蓝色和白色为基本色调。蓝色代表了台湾海峡，中间白色是福建的首字母“F”。这个“F”又形似一只白色的海鸥自由飞翔在台湾海峡上，寓意海峡，应和了“海洋时代，中华情怀”的频道口号。东南卫视中国际新闻传播的节目包括《中国正在说》等。

④云南卫视（YUN NAN SATELLITE TV）

云南卫视是云南省上星主频道，是云南第一传媒，是云南新闻宣传的主阵地。云南卫视于 1989 年上星播出，是全国最早上星的频道之一，截至 2021 年覆盖 11.88 亿人。云南卫视承担着“举旗帜、聚民心、育新人、兴文化、展形象”的使命任务，紧紧围绕建设民族团结进步示范区、生态文明建设排头兵、面向南亚东南亚辐射中心三个定位开展内容创作，忠实履行“对内凝聚云南力量，对外塑造云南形象”的媒

① 参见百度百科词条“深圳卫视”。
② 参见百度百科词条“东方卫视”。

体职责。作品《中老铁路正式开通运行》《外国专家在云南》获得中国广播电视大奖 2021—2022 年度广播电视节目奖。[①] 云南卫视中国际新闻传播的节目包括《新视野》等。

⑤湖北电视台（HBTV）

湖北电视台于 1960 年 12 月 1 日开播，是我国成立最早的省级电视台之一。湖北电视台下设湖北卫视、湖北综合频道、湖北经济电视台、湖北公共新闻频道、湖北生活频道、湖北美嘉购物频道、湖北电视台影视频道、湖北体育频道、湖北教育频道、湖北垄上频道、湖北城市电视频道、湖北电视台移动频道，另外还开办快乐成长频道、精彩影视频道、休闲指南频道等 3 个收费数字电视频道。湖北电视台中国际新闻传播的节目包括《非正式会谈》等。

⑥四川卫视（SiChuan Satellite TV）

四川卫视（频道呼号为 SCTV-1，全称为四川广播电视台卫星频道）是四川广播电视台旗下的卫星频道，于 1994 年 10 月上星开播。2003 年 8 月 1 日起，采用亚洲二号卫星 9B 转发器进行数字信号传输，节目覆盖中国、东南亚地区。2011 年，四川卫视确立了品牌标志“中国爱”。2015 年 12 月，四川卫视高清频道上星播出。2014 年 10 月，四川卫视新闻报道获中国新闻奖和长江韬奋奖。2019 年 6 月，四川卫视《围炉音乐会》获 ADMEN 国际大奖。2020 年 1 月，四川卫视全新改版，频道口号为“享你所想”。4 月 8 日，四川卫视标清版本改为 16∶9[②] 播出。2020 年 12 月，四川卫视获得“TV 地标”（2020）年度最具品牌影响力省级卫视。2021 年 1 月，四川卫视推出“向梦想 更热爱”的全新口号和以“熊猫”为核心的全新视觉形象。2023 年 6 月，首档虚实结合、中英双播杂志类节目——《熊猫观察》在四川卫视开播。四川卫视中国际新闻传播的节目包括《看世界》《熊猫观察》等。

（3）凤凰卫视（Phoenix Satellite Television）

凤凰卫视集团（凤凰卫视控股有限公司）是全球性华语卫星电视频道。1996 年 3 月 31 日，凤凰卫视开台成立。该台将全世界包括海外华人观众作为目标受众，辐射范围与业务范围覆盖全球。总部位于中国香港，内地中心在北京、深圳、上海，分别设有制作中心和记者站[③]，现拥有中文台、资讯台、欧洲台、美洲台、电影台和香港台等 6 个电视频道，通过卫星直播平台、有线电视网、移动互联网、网络协议电视（IPTV）

① 参见百度百科词条“云南卫视”。

② 指视频的播放格式。

③ 凤凰卫视在香港取得的只是“非本地电视节目服务牌照”。

及 OTT 平台、国际社交媒体等多种渠道覆盖全球，并在 60 个国家和地区设有记者站，初步建成“台、网、屏、刊、端”融合发展的国际华语媒体传播矩阵。凤凰卫视坚持聚焦国际、向外发展，构建全球电视平台、全球粤语传播、国际传播矩阵、国际合作网络等全媒体传播平台，致力于促进国际交流、推动文化互鉴，持续扩大国际网络传播力和影响力。

凤凰卫视的主持人来自中国大陆、中国香港地区、中国澳门地区和中国台湾地区。凤凰卫视是华语媒体中最有影响力的媒体之一，是中国内地最先获得落地权的香港电视媒体之一。此外，凤凰卫视长期深耕粤港澳，在大湾区拥有最为密集的受众群体，正成为连通粤港澳、推介大湾区的第一媒体。

由钟大年、于文化主编的专著《凤凰考：建构一个新传媒》（2004）以平实的笔触翔实评析了凤凰卫视的发展历程与风格特色，将“凤凰”从建台初始走向 20 世纪初的辉煌历程归纳提炼为凤凰生存空间的八个议题、凤凰品牌战略的八个口号、凤凰节目运作的八个策略、成就凤凰的八场直播、凤凰新闻理念的八个要点、创造电视新形态的八个栏目、凤凰企业文化的八个范式等方面。

凤凰卫视旗下经营互联网媒体业务的凤凰新媒体于 2011 年在纽约证券交易所上市。作为全球领先的跨平台网络新媒体公司，凤凰新媒体整合旗下综合门户凤凰网、手机凤凰网和凤凰视频三大平台，秉承“中华情怀，全球视野，兼容开放，进步力量”的媒体理念，为华人提供互联网、无线通信、电视网的三网融合、无缝衔接的新媒体优质内容与服务。依据中国新闻社与中传新闻学院发布的榜单，凤凰卫视位列世界华文传媒新媒体影响力榜港澳台地区总榜 TOP20 首位。[①] 凤凰卫视集团推出的“凤凰秀”APP 致力于打造全球影响力平台，旗下产品体系整合了电视、客户端、网站、社交媒体和 OTT 等终端。截至 2023 年 3 月，“凤凰秀”APP 累计下载量近 900 万。[②] 具体而言，凤凰卫视集团中的《全球观察团》《与世界对话》《外交官访谈录》《凤凰湾区财经论坛》《世界因你而美丽——影响世界华人盛典》《近观中国》等国际化栏目合力共创品牌文化高光时刻。其中，《全球观察团》是社交化的全球资讯内容品牌，以凤凰卫视集团驻扎全球的 60 个记者站为基础，邀请全球媒体人和资讯达人一同参与制作，为

① 中国新闻网 . 2023 年上半年世界华文传媒新媒体影响力榜［EB/OL］.（2023-10-12）［2024-05-20］. https://baijiahao.baidu.com/s?id=1779542123915241985&wfr=spider&for=pc.

② 明匯智庫 . 明匯智庫 | 交流活動：鳳凰衛視鳳凰秀［EB/OL］.（2023-03-24）［2024-05-20］. https://mp.weixin.qq.com/s/em8wa0y-ECUakgOeZ39x0Q.

海内外用户提供个性化视角的全球观察和解读。《与世界对话》作为最高规格、最具品牌影响力的国际化论坛，根据热点每月拟定国际前瞻性议题，举办12场线下或线上讨论活动，会聚全球一流学者和实践者，激烈交锋，碰撞出智慧火花。凤凰卫视有关国际传播的节目有《军情观察室》《凤凰全球连线》《近观中国》等。

## （二）纸媒

纸媒长期以来一直是我国对外传播、国际传播的主要工具之一。同样，根据其职责和区域性权限，我们将纸媒分为国家级和地方级。

### 1. 国家级纸媒[①]

《人民日报》（海外版）是中国共产党中央委员会的机关报，创刊于1985年7月1日，是中国对外开放综合性中文日报，官方网站为海外网。国内统一刊号为CN11—0066，国内代号为1—96，国外代号为D797，报社位于北京市朝阳区金台西路2号，是中央主流媒体。

《人民日报》（海外版）面向全球发行，是中国在境外发行量最大的综合性中文报纸，也是世界了解中国、中国走向世界的窗口。《人民日报》（海外版）奉行的宗旨是竭诚为海内外读者服务，做读者的知心朋友。其主要读者对象是海外华人、华侨、港澳台同胞、中国在各国的留学生和工作人员，关心中国情况的各国朋友以及来华旅游、探亲、学术交流、从事经贸活动的各界人士。此外，《人民日报》（海外版）也供国内党政机关、群团组织、企事业单位、学校等单位的人员阅读，传达中央的政策，报道改革开放和现代化建设事业，关注社会热点、难点问题。2024年，《人民日报》（海外版）推出“深入学习贯彻习近平文化思想系列述评”专题报道，从政治、经济、科技、教育、文化等方面进行深度解读。

《环球时报》是由中国共产党中央委员会机关报社人民日报社主办的国际新闻报刊，创刊于1993年1月，原名《环球文萃》，1997年改名为《环球时报》。2009年4月20日，《环球时报》（英文版）创刊，这是中国第二份面向全国发行的英语综合性报纸，也是唯一向国外传达符合中国基本国情的综合新闻的一份报媒。2018年3月，《环球时报》获“2017年百强报纸”荣誉。2024年1月26日，“海外看中国”版块中《外媒关注：中国野生大熊猫已增至1900只》，从外媒视角讲述熊猫之于生态与外交层面的重要意义，进一步从他者视角阐述“大熊猫外交”的政治意义。同时该篇文章强调

① 更多简介详见各纸媒官网。

“中国广阔的国家公园使野生大熊猫数量增加”，侧面反映了国际社会对我国生态保护方面取得的成果的肯定与对保护珍稀物种和生物多样性方面的努力的认可。同时，国际媒体报道作为文化符号的我国“国宝”大熊猫，具有文化象征意义与外交政治意义，有助于加强国际社会对中国文化的了解和认同，促进、加强与其他国家的友好关系和合作。

《世界新闻报》由国家广播电影电视总局主管、中国国际广播电台主办，是中国广电集团报刊音像出版集团的龙头报纸，每周一、周四出版。《世界新闻报》创刊于 20 世纪 90 年代初，是中国最早面向市场的国际新闻报纸之一。创刊以来，《世界新闻报》培养了一大批读者群，拥有广泛的社会知名度和影响力。《世界新闻报》致力于打造中国人的全球化成长读本。《世界新闻报》主报每周出版两期，内容强调必读性、可读性和易读性；面向全国大中城市发行，单期发行量约 8 万份，并出版发行《世界观》《世界人》等特刊。《世界新闻报》以中国人的视角报道全球新闻，对热点事件、新闻人物和背景进行及时而深入的报道。深入报道与权威分析是《世界新闻报》的特色。作为国际新闻报道领域的权威媒体，《世界新闻报》受到政府高层、商界名家、学术权威和广大读者的关注。

《参考消息》由新华通讯社主办、参考消息报社编辑出版，于 1931 年 11 月 7 日在江西瑞金创刊，是国内发行量第一、世界排名第五的报纸，拥有日均 340 万份的发行量。1956 年，《参考消息》筹备改版，重新设计报头，最终从鲁迅手迹中搜集了这四个字，并且一直沿用。《参考消息》是中国大陆能够合法直接刊载外电的报纸，每日精选世界各地的最新消息、评论，全方位、多视角报道国际国内新闻，为读者开启了看世界的窗口，开阔了视野。2018 年 3 月，《参考消息》获“2017 年百强报纸”荣誉。2024 年，该报纸持续跟进国际国内相关消息，1 月 25 日首页新闻《习近平向中法建交 60 周年招待会发表视频致辞》，从官方角度发布习近平主席及法国总统马克龙相关致辞内容，为中法关系的未来奠定更加坚实的基础。这篇新闻通过报道习近平主席向中法建交 60 周年招待会发表的视频致辞，能够展示我国向国际社会表达对中法友好关系的重视和支持，有助于加强中法两国之间的政治、经济和文化交流，推动两国关系的进一步发展。同时，报道中提到 2024 年是中法文化旅游年，并呼吁双方以此为契机，举办丰富多彩的活动。对旅游领域双边合作的强调，能够促进两国之间的人文交流和互利合作，同时也体现了我国在对外传播中彰显文化自信和推动文化外交的努力，进一步提升国际社会对中国文化的认知和兴趣。

### 2. 地方性纸媒[①]

《南方周末》创办于 1984 年，由南方报业传媒集团主管主办，以“在这里，读懂中国”为追求，以“正义、良知、爱心、理性”为基本理念。《南方周末》每周四出版，全国发行，是中国发行量最大的新闻周报，覆盖全国各大中城市，每期发行量稳定在 120 万份以上，核心读者群为知识型读者，是南方报业传媒集团旗下一份享誉海内外的综合类周报，也是中国发行量最大、传阅率高、影响最广泛、公信力强的新闻周报。从 20 世纪 90 年代到 21 世纪，《南方周末》坚持大新闻概念，站在时代的高度，以广阔的视野，在党的新闻工作要求和马克思主义新闻观的指导下，认真执行“积极、正向、均衡、稳健”的编辑方针。《南方周末》每期 32 版，分新闻、经济、文化三大版块。“文明互鉴·海外对话”学者系列访谈获得 2022 年度广东新闻奖系列报道类一等奖。作品《新疆棉花遭遇“明枪”与“暗战”》获得第 32 届中国新闻奖国际传播类二等奖。

《Vista 看天下》由宁夏日报报业集团于 2005 年创刊，基本栏目主要有封面故事、时政、财经、社会、娱乐、文化、生活等版块，是国内唯一回顾精彩历史事件、报道和评论时政热点的综合性新闻故事类高端文摘读本（旬刊），是国内唯一开设四个分印点的新闻类期刊，也是全球华文媒体 BPA 认证市场发行量最大的新闻期刊（含港、澳、台地区），在主流人群中具有广泛的影响力，是“新闻故事中的 F1”，以“说新闻，讲故事”为特色，创造了中国媒体的“看天下模式”。

总的来看，近年来，地方性纸媒努力突破地方区域限制，在国际新闻报道中积极参与，涵盖全球各个地区的重要事件和热点话题，不断扩大其自身品牌影响力与全球影响力；在内容层面上，丰富拓宽政治、经济、文化、科技、环境等各个领域的新闻，致力于为用户提供多元化的报道内容；在呈现方式上，通过深入采访、专业分析和评论等方式，努力为观众提供客观、公正的新闻报道，以独立观点呈现，帮助观众更好地理解和解读国际事务；在科技驱动下，积极运用虚拟现实、增强现实和数据可视化等创新技术，通过多媒体融合和交互式内容呈现，提升新闻报道的视听体验，为观众带来更加生动、沉浸式的新闻体验；在国际合作层面，不断加强与其他国际媒体机构、记者团队和专家学者的交流与合作，进一步拓宽报道视角、增加报道深度、提供更加全面和准确的国际新闻报道，打造出多领域、全方位领先的国际新闻传播品牌。

---

① 详见各纸媒官网。

## （三）网络媒体（主流媒体与自媒体）

进入互联网信息时代，网络新兴媒体逐步成为我国对外传播、国际传播的主力军之一。随着媒介融合的大趋势，各级媒体的融合式发展逐步走向深入。融媒体、智媒体建设在各级传媒机构如火如荼地进行。在此，我们重点关注中央级、地方性的主流网络媒体和社会企业的网络平台与社交平台。

### 1. 主流媒体

主流媒体包括央视及地方卫视的网络电视平台、人民网、新华网、环球网等。[①]

央视国际网络有限公司是中国中央广播电视总台的一家全资子公司，成立于 2006 年 4 月 28 日，是中央广播电视总台网络新媒体业务的平台，是中央广播电视总台以电视节目为主的各类信息网络传播和推广的独家授权机构，拥有国家主管部门颁发的开展信息网络转播的全业务资质，包括网络电视、手机电视、IP 电视等。

央视国际网络有限公司是央视网（原名“央视国际网络”）的运营单位。1996 年 12 月，央视国际网络的前身“中央电视台国际互联网站”成立。2006 年 4 月 28 日，央视国际网络全新改版，“央视网络电视”并入央视国际网络。央视国际网络以视频为核心，整合中央广播电视总台以及国内外其他传播机构优质节目资源，提供视频内容的直播、转播、点播、下载以及视音频搜索服务，是目前中国大陆最具实力的互联网和手机视听节目传播机构，具有视频节目存储量最大、采集分发能力最强、合法用户数最多、市场占有率最大的优势。用户覆盖美国、英国、法国、日本、德国等 150 多个国家和地区。

### 2. 社会企业

社会企业包括中国四大门户网站（新浪、网易、搜狐、腾讯）、其他门户网站（爱奇艺、哔哩哔哩、头条）、短视频平台（抖音、快手）等[②]。

（1）中国四大门户网站

中国四大门户网站指的是新浪、网易、搜狐、腾讯四大网站，占领了中国整个门户网站的主要市场。2010—2019 年，中国互联网从博客时代正式进入微博时代，传统门户网站纷纷开始探索“微博”这种整合平台型新兴媒体。从 2020 年至今的发展趋势来看，百度侧重于搜索，拥有大量的新闻类网站，是全球最大的中文搜索引擎，致

① 内容来源于主流媒体官网。

② 内容来源于各门户网站官网。

力于让网民更便捷地获取信息；新浪以新闻为主，拥有数百个全面的新闻类专题内容，能够满足大众的新闻需求，新浪微博是国内最主流的“微博”服务商；搜狐尤以财经为特色，提供电子商务和社交服务等内容，为就业者提供了大量的财经报道，也受到投资者青睐；腾讯以社交应用服务为特点，在社交领域发挥了极大作用，推出即时通信 QQ、微博、微信等平台，让用户能够快速地连接好友，交流、分享，同时腾讯也在游戏领域积极发力，是国内主流的游戏服务商。随着科技的更新迭代，四大门户网站也在持续拓展和优化网站内容与服务，以满足数字媒体时代不断发展的需求。2023 年以后，新媒体行业的发展更加日新月异，流媒体、社交网站等新兴媒体的发展将会带给传统四大门户网站冲击与挑战。

（2）其他门户网站

爱奇艺，是由龚宇于 2010 年 4 月 22 日创立的在线视频网站，其定位为中国高品质视频娱乐服务提供者。哔哩哔哩，英文名称为 bilibili，是中国年轻一代高度聚集的文化社区和视频网站，于 2009 年 6 月 26 日创建，被网友亲切地称为“B 站”。头条号，曾命名为“今日头条媒体平台”，是今日头条旗下媒体 / 自媒体平台，于 2013 年上线，致力于帮助企业、机构、媒体和自媒体在移动端获得更多曝光和关注机会。

（3）短视频平台

① 抖音（Douyin、TikTok）

抖音，是由字节跳动孵化的一款音乐创意短视频社交软件。该软件于 2016 年 9 月 20 日上线，是一个面向全年龄段的短视频社区平台。用户可以通过这款软件选择歌曲，拍摄音乐作品，形成自己的作品。2021 年 1 月 26 日，抖音与央视春晚联合宣布，抖音成为 2021 年中央广播电视总台春节联欢晚会独家红包互动合作伙伴；6 月 21 日，抖音正式上线了网页版内测，其官网页面也进行了改版；9 月 1 日，抖音发布关于进一步加强“饭圈”乱象专项整治的公告。[①]2023 年 9 月，抖音集团入选中国新消费品牌评价机构 iiMedia Ranking（艾媒金榜）发布的《2023 年中国新经济独角兽企业百强榜》，并以估值约 26000 亿元人民币位居第 1 位。[②]

TikTok 是字节跳动旗下的短视频社交平台，于 2017 年 5 月上线，愿景是“激发创造，带来愉悦”（Inspire Creativity and Bring Joy）。2022 年 8 月，抖音及其海外版 TikTok 已有将近 6600 万的下载量。BrandFinance 联合 TradingPedia 公布了 2023 年全

① 参见百度百科词条“抖音”。

② 艾媒网. 艾媒金榜 2023 年中国新经济独角兽企业百强榜 - 艾媒网［EB/OL］.（2023-09-22）［2024-05-20］. https://www.iimedia.cn/c880/95943.html.

球最有价值品牌榜单，TikTok 已从 2022 年的第 18 位跃升至 2023 年的第 10 位。根据数据平台 Tabcut 发布的《TikTok Shop 2024 年度数据报告》，TikTok 的全球下载量已经超过 500 亿次，月活跃用户超过 15 亿，目前 TikTok 已成为全球最热门的短视频社交平台。截至 2024 年 8 月，TikTok 的全球月活跃用户达 15.8 亿，约占全球人口总数的 19.5%，其中美国用户达 1.7 亿，成为 TikTok 用户最多的国家。①

② 快手

快手是北京快手科技有限公司旗下的产品。快手的前身叫"GIF 快手"，诞生于 2011 年 3 月，最初是一款用来制作、分享 GIF 图片的手机应用。2012 年 11 月，快手从纯粹的工具应用转型为短视频社区，用于用户记录和分享生产、生活的平台。2023 年，作为杭州第 19 届亚运会持权转播商及官方短视频分享平台，快手以丰富的亚运内容和硬核的直播技术吸引了 2.3 亿用户每天上快手看亚运会，亚运会相关作品播放量达 531 亿。同年，在全球数字经济大会上，快手获得多项荣誉：自研芯片 SL200 入围"数字经济创新引领成果"；K7 大模型入选北京市人工智能行业赋能典型案例；作为模型伙伴入选了"北京市通用人工智能产业创新伙伴计划"成员。②

## 三、传播手段与技术

### （一）从传统媒体迈向更开阔的全媒体实践

曾祥敏在其著作《融合新闻学》中关注从人际传播到大众传播，从口语、体态语到书籍、报纸、广播、电视这些媒介在新时代的分化、变迁与融合，而互联网将这些媒介都包容其中。在此背景下，聚焦最具融合创新特色的信息生产方式的革新及其主体的国际传播进行学理和实践方法的探讨是有价值的。在全媒体时代，信息传播已经变得更加多样和复杂，涌现出各种不同类型的媒体。于是，在此背景下，我们应从考察传统的国际传播媒介实践转向更开阔的全媒体实践。事实上，多元行为体及不同属性媒体，无论是传统媒体和新媒体（根据媒体的技术发展和传播方式的不同进行划分），还是主流媒体和自媒体（根据所有权和运营方式进行划分），都在国际传播的媒体实践中不同程度地发挥着重要作用。以下将对传统媒体、新媒体、主流媒体和自媒

① Tabcut 特看 .TikTok Shop 2024 年度数据报告［R/OL］.（2025-01-13）［2025-02-20］. https://udu133ckhp.feishu.cn/docx/O9sddBfH3ownsRxe59hcv4Sunhf.

② 参见百度百科词条"快手"。

体的媒体实践与国际传播的关系和功能做一个简要概述。

### 1. 传统媒体

传统媒体是指那些长期以来一直存在的传播形式，包括报纸、电视、广播等。这些媒体通常由专业记者和编辑组成，负责采访、编辑和发布新闻。传统媒体的特点包括专业性、稳定性和广泛的受众基础。在国际传播中，传统媒体扮演着传递官方信息、形塑国际舆论和进行文化交流的角色。① 例如《人民日报》(海外版)、《环球日报》、国际在线等。

### 2. 新媒体

新媒体是指利用互联网技术的媒体形式，如社交媒体、博客、在线视频等。新媒体具有实时性、互动性和去中心化的特点，使个体能够更直接地参与信息的创造和传播。在国际传播中，新媒体成为推动跨国交流、传播多元文化的有力工具。然而，新媒体也带来信息碎片化和可信度的挑战。② 例如 TikTok、推特、脸书、YouTube 等。

### 3. 主流媒体

主流媒体是由政府或官方机构拥有和运营的媒体，旨在传达政府官方立场和信息。在国际传播中，主流媒体承担国家形象宣传的任务，同时也是传递国家政策和解释政府行动的载体和工具。

### 4. 自媒体

自媒体是指个人或小团体通过互联网平台创造和发布内容的媒体形式，如个人博客、自媒体账号等。在国际传播中，自媒体的崛起使更多的个体能够参与信息传播和舆论引导。然而，自媒体面临信息可信度和质量控制的挑战，因为其内容的真实性和客观性可能受到个体观点和立场的影响。③

总体而言，全媒体时代的国际传播环境是一个多元化和复杂的系统，不同类型的媒体相互交织，共同影响着信息传播的过程和效果。在这个背景下，理解和适应不同类型媒体的身体与技术特点，以及它们在国际传播中的作用，对于更好地理解全球事务和促进跨文化交流至关重要。

---

① HALLIN D C，MANCINI P. Comparing media systems：three models of media and politics［M］. Cambridge，Massachusetts：Cambridge University Press，2000.

② CASTELLS M. The rise of the network society［M］. 2nd ed. New Jersey：Wiley-Blackwell，2000.

③ MARWICK A E，LEWIS R. Media manipulation and disinformation online［M］. New York：Data & Society Research Institute，2017.

## （二）走向数智化媒介融合之路的探索实践

21 世纪 20 年代以来，以 ChatGPT 为代表的人工智能不断涌现，加之融媒体时代背景下诞生的新挑战与新需求，我国的新闻传播随之逐渐走向数智化媒介融合阶段。面对新的传播空间及媒介，我们更要重视人工智能的理论与实践的探索和研究。

作为新质生产力标志的人工智能（Artificial Intelligence）是新一轮科技革命和产业变革的重要驱动力量，是研究、开发用于模拟、延伸和扩展人的智能的理论、方法、技术及应用系统的一门新的技术科学。人工智能涉及计算机科学、心理学、哲学和语言学等学科。人工智能是智能学科重要的组成部分，它企图了解智能的实质，并生产出一种新的能以与人类智能相似的方式做出反应的智能机器。人工智能的开发与应用涉及广泛的科学领域，包括机器人、语言识别、图像识别、自然语言处理、专家系统、机器学习、计算机视觉等。从长远来看，人工智能不能仅限于逻辑思维，还要考虑形象思维、灵感思维，这样才能取得突破性进展。

在国际传播方面，伴随着数智技术的发展，生成式人工智能正在演化为国际传播生态中的新物种。[①] 虚拟主播、社交机器人、写作机器人、智能语音助手、神经机器翻译等人工智能技术以生产者身份参与国际传播。比如，ChatGPT 在国际传播中的应用，以具体实践向世界宣告生成式人工智能正在逐步进入国际传播领域。人工智能的加入为国际传播生态带来了翻天覆地的变化，促使国际传播生成新的生态范式。方兴东等人曾提到过，人类传播范式从过去传统大众传播主导的自上而下、集中控制的大教堂模式走向了数字新媒体主导的自下而上、开放分布式的大集市模式，数字传播已成为人类社会主导性的传播新范式。[②] 数字传播更多是受数据驱动，表现出全程智能的特征。在人机互动的传播模式下，人工智能凭借算法推送的信息传播形式，以及“全年无休、随时待命”的工作状态实现信息的全时、全程、全面、全方位传播，不仅突破了时空限制，还突破了物种的限制，让传播场域中的人与非人皆可收到信息。但与此同时，在国际传播生态中，虚假信息泛滥、技术发展失衡、伦理道德风险等问题成为人机互动关系中不可避免的问题；人工智能与国际传播的生态、信息交互、内容关系也会随着技术的发展不断呈现动态变化的趋势，时而转为相互交融，时而转为相互对立。

① 崔波，黄智尚 .AI 涌现：国际传播生态新物种、新范式和新秩序［J］. 出版广角，2024（3）：21-27.

② 方兴东，严峰，钟祥铭 . 大众传播的终结与数字传播的崛起：从大教堂到大集市的传播范式转变历程考察［J］. 现代传播（中国传媒大学学报），2020（7）：132-146.

总之，人工智能给国际新闻传播带来了新的机遇和挑战。它提供了更丰富、交互性更强的新闻体验，并促进了跨文化交流。然而，人工智能治理仍然是国际传播的重要一环，需要多方共治，将政府、平台、用户和人工智能等四个主体的治理相结合，打造一个清朗的国际传播环境。

## 四、传播效果

传播效果，从广义上来讲，是指传播行为产生的客观结果，包括对他人和周围社会实际发生作用的一切影响和后果；从狭义上来讲，是指传播者的某种行为实现其意图或目标的程度。具体而言，传播行为的效果可以体现为信息共享、情趣养成、知识传承、情绪宣泄、审美感受、价值认同、态度改变以及行为转化等方面。在推进我国主流媒体国际传播能力建设过程中，效果评估是不可替代的环节。其价值在于让国际传播的主要成效可以被衡量，并在下一个流程中进行优化。[①] 对于我国的国际新闻传播乃至整个国际传播而言，衡量其效果离不开对上述要素的参照。

### （一）面对国内

习近平总书记在十九届中央政治局第三十次集体学习时首次提出全面提升国际传播效能。党的二十大报告指出："加强国际传播能力建设，全面提升国际传播效能，形成同我国综合国力和国际地位相匹配的国际话语权。"[②] 全面提升传播效能已成为当前国际新闻传播的发力点与发展目标。面向国内，国际新闻传播能够把发生在我国之外新近的、重要的新闻事件等信息传播给国内受众，成为国内受众了解国外世界重要的渠道和窗口。国际新闻传播的效果与效能还体现为一种导向性议程设置，这能够引导国内观众以正确的方式了解国际社会，还能减少国内观众对国际媒体和通讯社的依赖，避免国际媒体的"议程设置"的影响，把握国际话语权，影响国际舆论，营造良好的国际环境，并且在国际新闻的独家性、丰富性以及国际新闻视角的中国化方面具有积极的作用和影响。[③]

中央广播电视总台近五年的新举措及其具有国内外影响力的品牌塑造体现出对传

① 汤景泰，徐铭亮 . 全球主流媒体的传播效果与影响因素分析：基于 Twitter 平台的数据［J］. 新媒体与社会，2023（2）：92-110.

② 王慧 . 全面提升"中国话语"的国际传播效能［J］. 人民论坛，2023（8）：101-103.

③ 毕仁科 . 央视新闻频道国际新闻报道的现状与功能［J］. 今传媒，2015，23（10）：101-102.

播效能的高度重视。第一，2019年以来，总台联合中央有关部委、部分省区市委宣传部、国家重大工程主导单位，以及国内知名品牌企业，共同举办“品牌强国工程”活动，每年一次，与能代表中国参与全球经济文化交流的新时代国家级品牌合作，助力优质企业紧紧抓住时代脉搏，实现企业价值。2023年10月12日，中央广播电视总台2024“品牌强国工程”发布活动在京举行。活动以“奋楫劈波浪，携手共远航”为主题，正式发布全新的2024“品牌强国工程”融媒体传播服务方案。第二，提升国际传播的高技术水平，加强国际传播的重点合作基地建设。2019年，总台与上海市深化战略合作，建设国家多语种影视译制基地，打造上海国际传媒港；2019年，与浙江省深化战略合作，围绕2022年杭州亚运会赛事直播、世界互联网大会、杭州国际动漫节等开展全方位合作，共同打造国家（杭州）短视频基地，建设面向国际、亚洲领先、国内一流的主流视听新媒体高地；2019年，与广东省深化战略合作，设立粤港澳大湾区总部，在深圳设立大湾区新闻采编中心，建立影视制作合作机制，在5G新媒体技术、4K超高清频道落地、4K/8K节目技术研发与超高清产业转化等方面展开深入合作；2022年，与澳门特区政府合作，落实《中央广播电视总台与澳门特别行政区政府深化战略合作框架协议》，为澳门特区建设“一中心、一平台、一基地”提供坚实的载体基础，为对外讲好中国故事、展现澳门特色“一国两制”成功实践谱写多彩的篇章。第三，加快“央视频”的建设，无论打造“央视频”为代表的头部平台，还是“两微一端”及短视频领域的布局，建设具有强大引领力、传播力、影响力的国际一流新型主流媒体都是总台的重要目标。第四，2023年中央广播电视总台工作会议提出，要进一步深化总台从传统广播电视媒体向国际一流原创视音频制作发布的全媒体机构转变、从传统节目制播模式向深化内容生产供给侧结构性改革转变、从传统技术布局向“5G+4K/8K+AI”战略格局转变，坚持以推动高质量发展为主题，创新“思想+艺术+技术”融合传播，奋力实现“满屏皆精品”，坚持科技创新，补短板、促提升、谋发展，进一步提升总台引领力、传播力、影响力。第五，中央广播电视总台2024年海外总站工作会议进一步提出，要以国际传播规律讲好领袖故事、传播好领袖思想，提升国际舆论场话语权，不断增强全球定调引领能力，进一步扩展国际媒体统一战线，强化海外阵地建设。2024年巴黎奥运会举行之际，中央广播电视总台成为中标巴黎奥运会转播项目最多的国际媒体，采用自主研发的转播制作系统和关键设备向中国观众及时有效传达了国际奥林匹克精神及现场赛事，促进了不同国家和文化之间体育精神的交流与理解。

## （二）面向国际

“着力提高国际传播影响力、中华文化感召力、中国形象亲和力、中国话语说服力、国际舆论引导力”，这“五个力”彼此关联，互为支撑，是国际传播战略体系优化升级的战略目标[①]，也是全面提升我国国际新闻传播效能的整体目标。面向国际，中国国际新闻传播乃至整个国际传播的效果主要通过影响力、感召力、亲和力、说服力、引导力以及话语权、公信力等维度来评估。

2023年发布的《全球传播生态蓝皮书：全球传播生态发展报告（2022）》指出，为进一步扩大对外报道传播范围，中国媒体积极扩大“朋友圈”，与外媒合作，通过联合采访、稿件共享、人员交流等合作方式加强对外发声，提升传播效果。例如，新冠疫情期间，中央广播电视总台北美总站与全美电视节目专业协会（NATPE）、美国公共广播电视公司（PBS）、墨西哥6频道以及苹果TV、亚马逊Fire TV等驻在地媒体机构展开合作。北美总站制作的抗击疫情专题纪录片《武汉24小时》在50多个国家的180多家媒体平台播出。地方媒体也积极利用本地资源，拓展合作，加强发声。如《新民晚报》（海外版）累计向18个国家合作华文媒体输出680余篇抗疫报道；东方网海外中心聚焦海外华侨华人资源，通过“美国头条”等自有媒体平台讲述中国防疫故事，还将部分海外用户的友好回复进行多次传播，营造了合作抗疫的积极氛围。

2023年，我国与世界知识产权组织在瑞士日内瓦签署合作意向书，双方将在加强知识产权保护和宣传、开展国际交流活动等方面展开合作，以媒体力量助推全球知识产权治理体系向着更加公正合理的方向发展。2023年，在第三届“一带一路”国际合作高峰论坛即将举办之际，我国与151个国家的682家媒体机构签署新闻服务协议，发起成立了全球首个以“丝路”为纽带的国际影视媒体联盟——“丝绸之路电视共同体”，持续推动“一带一路”媒体合作走深走实。2024年5月，由新华社品牌工作办公室、新华社新闻信息中心组织专家团队编撰的《中国品牌全球传播力研究报告（2024）》正式发布，涵盖丰富的品牌库和国际主流社媒平台数据，为中国品牌的全球传播力排名提供了有力参考。2024年，地方国际传播中心的规模持续增大，继前两年先期挂牌成立的省级国际传播中心（四川国际传播中心，2022；云南省南亚东南亚区域国际传播中心，2022；陕西国际传播中心，2023；武汉国际传播

① 王慧．全面提升“中国话语”的国际传播效能［J］．人民论坛，2023（8）：101-103.

中心，2023）之后，越来越多的省级中心机构涌现，如浙江省国际传播中心、山西省国际传播中心等，不断完善国际传播多元化建设，以地方为节点，对外讲好中国故事。

此外，地方级媒体，如四川卫视2023年创办的国际传播杂志类电视节目《熊猫观察》开播一年多来，以其鲜明的地方性特色、都市化品位、国际化视野，吸引了海内外受众的目光，无论是在高流量上，还是在影响力、感召力、亲和力、说服力、引导力方面都表现突出。湖北卫视播出的（2015年至今）文化访谈类节目《非正式会谈》的国际传播，重视文创性与融媒体运营手段，以其独特的亲和力、感召力、想象力，凸显了跨文化传播的参与性、互动性以及中外文化的互鉴共赏的全球传播方略。

### （三）在多元语境下理解国际传播效能命题①

提出效能命题，实际上是要解决我国国际传播从传统的效果层面转向更加系统全面的效能体系的问题。“加快构建中国话语和中国叙事体系，讲好中国故事、传播好中国声音，展现可信、可爱、可敬的中国形象。加强国际传播能力建设，全面提升国际传播效能，形成同我国综合国力和国际地位相匹配的国际话语权。”党的二十大报告第一次明确地提出国际传播“效能”问题。效能是效果和效率的统一体。与国际传播“效果”相比，“效能”实际上反映出新时代我国国际传播工作的主要特点转向——兼顾效率与效果的有机统一，在一定条件下完成既定传播目标，实现传播效果的作用体系。这里的“条件”指的是当前我国面对的复杂国际舆论中与传播效果相关的国际传播能力建设、制度建设和人力资源体系建设等挑战。因此，我国国际传播效能问题以及中国参与全球治理所发挥的作用问题，要从国际传播的客观要素研究、制度环境研究、平台研究等多元语境出发来全面理解。

首先，国际传播的效能提升要重视传播工作中的一系列客观要素。我国国际传播工作的效能问题要以因时而变的国内外客观环境和各方要素为前提条件加以考量。随着全球化历史进程不断加速变化发展，时至今日，我们可以梳理出基于不同文化、不同区域和不同利益诉求的客观要素变化，也能梳理出基于观念、情感、体验等不同维度的客观要素变化。传播效能的提升就要根据这些客观要素的分异与变化，适时调整自身的传播目标、传播内容和传播渠道，将民族国家所处的发展方位和时代任务与国际环境联系起来，既要积极建构有民族国家自身叙事体系和话语体系的国际传播格局，

① 周庆安.在多元语境下理解国际传播效能命题［J］.新闻记者，2023（1）：10-12.

又要准确把握复杂的国际舆论环境，针对不同的传播对象设计合理的、有针对性的传播策略。

其次，国际传播的效能提升离不开上层建筑层面国家对国际传播制度建设和能力培养问题的重视。党的十八大以来，我国对国际传播的制度重塑和要素重构的重视愈加凸显。以制度建设和要素配置为龙头，牵引国际传播能力的提升，是国际传播效能提升的关键。在提升国际传播效能的实践环节中，要把制度建设与要素配置两个维度结合起来，因其为国际传播效能问题的研究和实践提供了一个更加全面和深入的范畴——传统的传播效果研究逐渐向效能体系延伸，并且历史研究、制度变迁和资源配置也都成为效能研究的范式组成部分。

最后，国际传播的效能提升需要应用不同的平台逻辑来对应不同传播主体的特点。在现今的国际传播格局中，主体已然多元化、细分化、去中心化，国家、政党、企业、高校、智库、意见领袖甚至普通自媒体都早已成为国际传播的多元主体。这些不同主体所擅长的议题不同，传播效能也不尽相同。因此，应用不同的平台逻辑变得更加重要。从传统媒体（国际广播、电视和报刊等）的深耕到各类新媒体的应用发展，国际传播迎来了更加丰富多元、兼容并包的平台。社交媒体的交互性、及时性以及算法带来的权力结构变迁和政治赋权，使国际传播效能变得更具不确定性。因此，更加精准地区分主体、受众和平台，更明确地规划短期传播策略和中长期传播策略，推进国际传播的平台策略，对未来有效提升传播效能十分关键。

总而言之，效能是一个复杂且系统的命题，提升国际传播效能需要国家软实力综合战略体系的建设，通过有效的资源配置和制度优化，使民族国家在国际传播中发挥更大的主体性作用，从而构建与我国综合国力和国际地位相匹配的国际话语权，更好地服务于中国式现代化的叙事和传播。

## 五、传播特点及功能

中国国际新闻传播的特点及功能具体体现为以下五个方面。其特点和功能共同构成了中国国际新闻传播的多元面貌，既满足了国内需求，又有力地参与和塑造了国际舆论格局。

一是社会生活服务功能。中国国际新闻传播首先在社会生活服务方面发挥作用。它通过报道和传递全球各地的新闻，为国内受众提供了解世界、获取国际信息的渠道。

这一功能使国际新闻传播成为连接国内与国际的纽带，满足人们对多元信息的需求。以《人民日报》（海外版）2024 年 1 月 23 日第 10 版《国际观察》版块为例，在《“全球南方”谱写团结自强新篇章（环球热点）》中报道了不结盟运动第 19 次峰会、第三届南方首脑会议，并且详细阐释了中国在会议中所起的作用以及金砖国家的合作机制；在《“我们坚定与中国市场相向而行”——对话三家跨国零售企业负责人》中报道了以永旺、麦当劳、迪卡侬为代表的跨国零售企业在中国市场的发展状态，让受众了解更多的国际社会信息。

二是媒介外交与对外传播的功能。中国通过国际新闻传播展示自身形象，推动对外交流和合作。这种媒介外交功能有助于促进国际理解，增进各国之间的友谊，同时也是中国对外传播的一种重要手段，影响国际社会对中国的看法。《环球时报》2024 年 8 月 27 日的报道《与悟空一起探索中国风景名胜》展示了《黑神话：悟空》中相关的中国风景名胜，通过图文的方式将电子游戏中涉及的中国文化背景进一步展示。这促进了国家与国家之间的文化交流，传播了中国丰富多彩的传统文化和独特的历史名胜，树立了良好的国际交往形象。

三是新闻伦理与职业道德方面的功能。国际新闻传播在维护新闻伦理和职业道德方面发挥了重要作用。通过遵循新闻报道的专业准则，中国国际新闻传播在信息传递的同时注重真实性、客观性和公正性，维护了公众对信息的信任。以新华网《全球连线》栏目 2024 年 11 月 24 日报道《以军空袭贝鲁特市中心 斡旋方促停火》为例，记者以客观真实的语言报道事件，多视角报道和陈述相关人士的看法，提供真实可靠的数据。这展现了力求全面准确地梳理、直击新闻事件的新闻专业主义素养。

四是拟态真实与涵化功能。强势媒体和强势文化相互融合，为国际传播提供了一种拟态真实与涵化的功能。这意味着中国国际新闻传播通过强调本国文化元素，与国际主流媒体互动，创造出更具本土特色的国际传播形式，从而培养了一种独特的国际传播力。我们首先以新华网 2024 年 12 月 10 日的报道《彩云之南秀出“国际范”——国际传播热词里的云南》为例说明。在第三届大象国际传播论坛上，新华网发布“2024 年度中国国际传播热词”，“二十届三中全会”“75 周年”“新质生产力”“中国游”“一带一路”“中非合作论坛”“黑神话：悟空”“中国航天”“世界遗产”“巴黎奥运会”入选。这些热词反映了 2024 年中国的重要时刻与成就，彰显了中国不断提升的全球影响力和积极正面的国际形象。其中，多个热词与云南紧密关联，凸显着云南在中国国际传播中的独特魅力与显著地位。我们再看新华网 2024 年 12 月 28 日的报道《年终报道丨“中文热”推动2024年中阿人文交流跑出加速度》。该报道以中东地区人民学习中文的热情和毅力，以及中文在海外广受欢迎和广泛传播为主题，展示了汉语的文化魅力。

五是国际新闻传播本质的体现。有关中国国际新闻传播本质的认识既蕴含着历史性认知，又着眼于中国崛起与当代国际关系格局的急剧变化的态势。一方面，国际新闻传播的背后渗透着国际政治与国际关系的作用和影响，这在西方国家对非西方世界的信息传播及话语霸权的主导性中表露无遗；另一方面，鉴于中国在当今世界中的位置变化，从建构主义视角和文明交流互鉴理念出发，构建中国新闻话语国际传播的自主知识体系，以构建“人类命运共同体”为核心理念，以“共商共建共享”为基本原则，超越意识形态鸿沟，克服西方世界对中国以及新兴经济体国家的认知偏见，将“协同传播”作为国际新闻传播的新范式，强调建立在合作、交往和多重认同基础上的中国新闻全球传播。新华社2024年6月11日的报道《凝聚同舟共济力量，共创金砖光明未来——王毅在金砖国家外长会晤上的发言》展现了中国尊重文明多样性、践行人类命运共同体理念。这彰显了中国的国际新闻传播话语权的力量，也显示了中国引领文明互鉴互享的影响力的增强。

就电视领域而言，不同电视台的国际新闻传播各具特色。首先，中国中央广播电视总台为服务全球华人推出中文国际频道（CCTV-4）。该频道是中央广播电视总台唯一面向全球播出的中文频道，以媒介外交和对外传播为主。根据当地播出时间和观看习惯，将频道划分为亚洲版、欧洲版与美洲版，满足不同地区华人的观看需求。中文国际频道的常驻节目可以分为新闻类、纪实文艺类、电视剧场、荟萃央视四类内容。其中荟萃央视仅在欧洲版和美洲版的中文国际在线播出，汇集央视其他频道的优秀节目，例如《星光大道》《精彩音乐汇》等，以丰富海外华人的观看视野。其次，地方卫视根据不同地区的特色、文化底蕴、节目定位，产出了丰富多元的国际化新闻类节目。例如，四川卫视根据其特色文化符号——熊猫，制作了一档中英双语的国际新闻节目《熊猫观察》，通过数字虚拟技术制作出活灵活现的熊猫贝贝主持人形象，报道四川的国际大事；深圳卫视的《军情直播间》《决胜制高点》以军事角度，介绍全球一线军情资讯，开辟了地方卫视深耕世界军事报道的新方向。湖北卫视的国际新闻传播以生活服务功能为主，联合社交媒体平台哔哩哔哩打造了一档文化交流互动类的国际节目《非正式会谈》，世界各地的年轻人齐聚一堂，共同探讨不同文化间的碰撞与融合。最后，作为海外最大的全媒体华语传媒集团，凤凰卫视集团自 1996 年开播，如今已初步建成“台、网、屏、刊、端”融合发展的国际华语媒体传播矩阵，立足于香港发展，以“快、准、新”的国际新闻传播特色，多次荣获最具影响力华语传媒，连续 18 年上榜亚洲品牌 500 强，连续 9 年入选世界媒体 500 强等。其《凤凰聚焦》节目以专题报道的深度快反能力，在俄乌冲突爆发的第二天制作播出的《俄乌战局——烽烟背后》创中文台专题节目单期收视之最。

# 第三节　中国国际新闻传播的重要面向及热点领域图谱

我国主流媒体的国际新闻传播体现了主权国家独立自主的外交和内政方针，秉持维护多极的世界与人类文明互鉴的理念，并根据新闻传播的真实性、公正性原则以及新闻价值的诸要素，面向国内国际受众进行“中国声音、全球播报”，通过广播、电视、网络新媒体的全媒体传播矩阵，实行多点到达和全方位覆盖的技术手段与渠道，形成多维度的立体信息传达。同时，各类媒体每年还要评出年度国际十大新闻。以下是 21 世纪以来尤其是近年来中央广播电视总台播出新闻的重要面向及热点新闻领域的重要题材的简图谱。

## 一、国际安全与防务合作方面的若干主题

### （一）静态层面

恐怖组织在中东的泛滥、东海与南海的事态直到中菲南海争端、乌克兰危机到俄乌冲突、叙利亚危机、亚信峰会、马航事件、斯诺登事件、欧洲恐袭、洞朗对峙事件、中俄和平使命军事演习、第七届阿布扎比国际海事防务展、北京香山论坛、全球公共安全合作论坛（连云港）、新疆“反恐去极端化与人权保障”国际研讨会、巴勒斯坦与以色列冲突、黎巴嫩与以色列冲突、北约东扩、印太战略、《2023 年全球高级持续性威胁研究报告》。

## （二）动态层面

国际安全与防务合作是一个复杂且多变的领域，涉及多个国家和地区，以及不同的政治、经济、文化和军事因素。目前来说，恐怖主义、地区冲突以及大国之间的战略竞争等问题已经成为国际安全议程上的常态化主题，而像斯诺登事件、马航事件等属于非常规性主题。在国际安全与防务合作领域，常态化主题与非常规性主题都具有重要性、及时性和接近性。

### 1. 主题呈现的特征

（1）常态化主题与非常规性主题并存

在上述国际安全与防务合作方面的若干主题中，如按照其出现的频率和持续性进行分类，可将恐怖组织在中东的泛滥、东海与南海的事态、叙利亚危机、巴勒斯坦与以色列冲突、黎巴嫩与以色列冲突、北约东扩以及印太战略归为常态化主题，其持续影响时间长，也在一定程度上表现为国际关系格局的变化与不稳定性；乌克兰危机到俄乌冲突、马航事件、斯诺登事件、欧洲恐袭、洞朗对峙事件、中俄和平使命军事演习、第七届阿布扎比国际海事防务展、北京香山论坛、全球公共安全合作论坛（连云港）以及新疆“反恐去极端化与人权保障”国际研讨会属于非常规性主题，其主要特点为突发性和不可预测性，这反映了国际关系运行中的不确定性和维持平衡的紧迫性与艰巨性。

（2）常态化主题与非常规性主题具有重要性

在常态化主题方面，如恐怖组织在中东的泛滥、叙利亚危机等都是具有全球影响力的问题，它们不仅影响地区安全，还可能引发国际恐怖主义、难民危机等跨国问题。在非常规性主题方面，其重要性在于其可能迅速激发国际关系的紧张甚至冲突，危害性不可小觑。如马航事件、斯诺登事件就引发了国际社会广泛关注，进而影响国际航空安全和网络安全。

（3）常态化主题与非常规性主题具有及时性

在常态化主题方面，其及时性在于它们要求持续地关注和定期的政策评估。如恐怖组织在中东的泛滥，需要持续的反恐策略和国际合作；北约东扩、印太战略则需要长期的战略规划和外交协调。在非常规性主题方面，由于其突发性，要求进行迅速反应与决策。如乌克兰危机到俄乌冲突，需要进行迅速的外交和安全评估与应对；像马航事件、斯诺登事件，需要迅速地调查与制定应对的措施。

（4）常态化主题与非常规性主题具有接近性

在常态化主题方面，其可能对所有国家产生影响，但某些主题对特定国家或地区的影响更为直接和显著，如东海与南海的事态直到中菲南海争端，直接涉及争端国家的同时，也可能间接影响周边区域安全或给域外敌对势力的图谋不轨提供机会。在非常规性主题方面，其可能直接影响特定国家或地区。如欧洲恐袭会直接影响受攻击国家，间接影响欧洲其他国家；像洞朗对峙事件，会直接影响中国和印度，间接影响周边国家和地区。

（5）常态化主题与非常规性主题具有功能性增值效应

在国际安全与防务合作领域，常态化主题与非常规性主题均展现出重要的功能性增值效应。恐怖组织、地区争端等常态化主题促使国际社会加强反恐合作、加强国家与地区的政治团结和军事互信，关注人道主义援助和难民问题，加强国际合作以缓解人道主义危机，并推动相关国家通过对话和协商解决争端、维护地区和平稳定。上述非常规性主题凸显了外交和对话等和平解决机制在解决国际冲突中的重要性，安全防务理念与磋商在促进国际合作与交流、提升各国在安全防务领域的相互理解和信任方面具有重要作用。

### 2. 价值与意义、报道形态与手法、受关注度与影响力等方面

（1）价值与意义

以乌克兰危机到俄乌冲突为例，其在国际安全与防务合作领域具有深远的价值与意义。因其被视为冷战结束以来最大的地缘政治冲突，它不仅对全球经济造成重大打击，还可能从根本上改变全球经济和地缘政治秩序。这场冲突加剧了国际政治中的集团对抗和阵营对立，反向助推全球性军备竞赛，增大了大国高强度对抗风险。

（2）报道形态与手法

媒体对于乌克兰危机到俄乌冲突的报道形态与手法反映了现代战争信息战的特点。俄乌冲突的报道形态十分多样化，其中既有传统媒体报道，也有社交媒体平台（如TikTok和照片墙）上的短视频，以及官方账号在YouTube、推特等平台上发布的信息。报道手法也极为多样，包括使用无人机航拍高清画面、人工智能技术，以及深度伪造技术散布信息，制造信息迷雾等。

（3）受关注度与影响力

乌克兰危机到俄乌冲突受到国际社会的广泛关注，其影响不断外溢，激发起各方特别

是欧洲国家的反思。其冲突的报道受到全球观众的注意，无论是通过传统媒体还是社交媒体平台，都显示了这场冲突在国际舞台上的重要性以及对全球政治经济格局的深刻影响。

## 二、经济与社会发展方面的若干主题

### （一）静态层面

上合组织领导人峰会、“一带一路”国际合作高峰论坛、“一带一路”中非合作论坛、APEC 亚太经合组织领导人非正式会议、G20 峰会、全球“南南合作”主题论坛、金砖国家峰会、全球气候峰会、财富论坛、达沃斯论坛、石油输出国组织（OPEC，欧佩克）会议、中国国际进口博览会、中国乡村振兴论坛、中非合作论坛、世界经济论坛等。

### （二）动态层面

在经济与社会发展领域的诸多主题中，上合组织领导人峰会、金砖国家峰会、“一带一路”国际合作高峰论坛等，不仅构成了国际传播中的常态化议题，而且是展现全球治理、经济合作与人文交流的重要平台，其重要性、及时性、普遍性、接近性及功能性增值效应显著。

#### 1. 主题呈现的特征

（1）常态化主题与非常规性主题并存

这些主题中，如金砖国家峰会已成功举办了 16 届，而“一带一路”国际合作高峰论坛，自 2017 年起已成功举办 3 届，成为定期举办的国际盛会，显示出高度的常态化特征。某些特定主题的全球气候峰会或石油输出国组织会议，则根据国际形势变化及特定议题需求召开，具有非常规性，但其适时性和针对性较强。

（2）常态化主题与非常规性主题具有重要性与及时性

这些峰会及论坛往往聚焦全球经济发展的热点与难点，如能源安全、金融稳定、环境保护等，其讨论议题直接关联国际社会的共同关切，体现了高度的重要性和及时性。例如，“一带一路”倡议通过促进互联互通和共同发展，为全球经济复苏注入了新动力，其影响深远且广泛。再有，作为全球新兴经济体代表的金砖国家峰会呼吁建立一个更加多元化的货币体系，提高新兴市场和发展中国家在国际金融机构中的发言权和代表性，推动全球南南合作，影响力越来越大。

（3）常态化主题与非常规性主题具有普遍性与接近性

这些活动吸引了来自世界各地的政府首脑、企业领袖及社会各界人士参与，议题涉及金融、贸易、环境等多个领域，具有普遍性。同时，通过具体项目的实施和合作成果的分享，增强了各国人民之间的了解和互信，提升了议题的接近性。如金砖国家电影节每年由金砖国家轮流举办，通过电影增进了金砖国家之间的文化交流、社会认知、经济合作。

（4）常态化主题与非常规性主题具有功能性增值效应

此类峰会及论坛不仅促进了政策对话与合作共识的达成，还通过项目签约、资金引入等方式，直接推动了相关领域的实质性发展。例如，“一带一路”企业家大会现场近 300 家企业代表签订合作意向，签约金额创历史新高，充分展示了功能性增值效应的实际成果。①

### 2. 价值与意义、报道形态与手法、受关注度与影响力

（1）价值与意义

以“一带一路”国际合作高峰论坛为例，其核心价值在于推动共建“一带一路”进入高质量发展阶段，促进全球互联互通和共同发展繁荣。该论坛不仅是纪念“一带一路”倡议提出 10 周年的重要活动，而且是各方共商高质量共建“一带一路”合作的重要平台，对于构建“人类命运共同体”具有深远意义②。

（2）报道形态与手法

媒体对此类峰会及论坛的报道多采用综合报道、深度访谈、数据分析等多种形态，通过现场直播、专题报道、评论文章等多种手法，全面展现会议进程、讨论热点及合作成果。同时，利用新媒体技术，如社交媒体、短视频等，增强报道的互动性和传播力。

（3）受关注度与影响力

这些峰会及论坛涉及全球经济社会发展的核心议题，因此备受国内外媒体和公众的关注。广泛的报道和传播，不仅提升了相关议题的知名度和影响力，还促进了国际社会对中国的理解和认同。例如，第三届“一带一路”国际合作高峰论坛吸引了来自

---

① 环球网．“一带一路”企业家大会举行！近 300 名中外代表在现场签署合作协议［EB/OL］.（2023-10-17）［2025-02-20］. https://mq.mbd.baidu.com/r/1yhZhhaY2aI?f=cp&rs=3776114260&ruk=4IduS4pJJr7qtMxcEPYSng&u=3c296caa476a2b51.

② 高质量共建“一带一路”，以中国式现代化推动世界现代化进程［EB/OL］.（2024-07-26）［2024-09-20］. http://www.wenming.cn/wmpl_pd/20240725/b0841efb4d6745b2bd68c23d572ece39/c.html.

140 多个国家、30 多个国际组织的代表参会，显示出极高的国际影响力和号召力。

## 三、文化、科技、体育、影视与娱乐等方面的若干主题

### （一）静态层面

世博会、世界园艺博览会、世界大健康博览会、世界互联网大会、奥运会、青奥会、第 19 届（杭州）亚运会、第 31 届世界大学生夏季运动会、第 7 届（武汉）世界军人运动会、第 18 届（成都）世界警察和消防运动会、世界城市日、世界环境日、世界足球杯、世乒赛、世排赛、世羽赛、人工智能赛事、冰桶挑战赛、国际旅游节、饮食文化节、非物质文化遗产保护节、戛纳国际电影节、威尼斯国际电影节、柏林国际电影节、上海国际电影节、荷兰阿姆斯特丹国际纪录片电影节、德国莱比锡国际纪录片短片电影节、法国阳光纪录片节、日本山形国际纪录片节、中国（广州）国际纪录片节以及普利策新闻奖、第 81 届（成都）世界科幻大会、世界新闻摄影大赛（WORLD PRESS PHOTO，简称荷赛）、全球年度图片奖（Pictures of the Year International）、国家地理旅行者摄影大赛、法国 PX3 摄影奖（Prix de la Photographie，Paris）、野外生态摄影大赛（Wildlife Photographer of the Year）、摄影界新闻网度摄影大赛（Photo District News）、哈苏国际摄影奖和 FAPA 艺术摄影奖（Fine Art Photography Awards）、中国国际新闻摄影比赛（华赛）、中国国际摄影艺术展览、中国北京国际美术双年展、熊猫外交、中法文化旅游年暨中法建交 60 周年系列活动、中国微短剧与网文小说出海、《中国影视蓝皮书》、《巴黎评论·作家访谈》系列图书、《沁园春·雪》的德语译介、汉字输入法的演变、费城交响乐团、全球社交媒体用户突破 50 亿、中国人排演古希腊戏剧、社交媒体与年轻人的“抗老焦虑”等。

### （二）动态层面

在文化、科技、体育、影视与娱乐等领域中，奥运会、世运会、亚运会、世锦赛、各类电影节、中国与建交国的交流活动等，以电影文化、体育文化、科幻文化等国际文化公共产品为交流切口，促进文化在全球范围内交流互鉴，人民友好交往，进一步树立国家的对外交往良好形象，成为国际传播领域的重要常态化议题之一，其重要性、及时性、接近性、娱乐性、普遍性及功能性增值效应等特征显著，且蕴含着独特的人

文价值、审美价值与艺术价值。

### 1. 主题具有的特征

（1）常态化主题与非常规性主题并存

上述各类文体活动，诸如奥运会、世运会、亚运会、世锦赛、电影节、国际纪录片节等，均已连续举办多届，是国际传播中重要的常态化主题；但某些特定主题具有显著的时代特征，例如2014年由美国波士顿学院前棒球选手发起的ALS冰桶挑战具有较强的针对性，属于非常规性主题。

（2）常态化主题与非常规性主题具有普遍性与重要性

各类文化、科技、体育、影视与娱乐主题赛事和活动，邀请全球各个国家的选手参与，主题涉及人文、非物质文化遗产、饮食、疾病等诸多领域，具有很强的普遍性；与此同时，通过展示不同主题的文化产品，引发国际社会各界的关注，重要性显著。

（3）常态化主题与非常规性主题具有接近性与娱乐性

众多比赛和活动吸引世界各国的专业人士参与，其中也不乏非专业出身的兴趣爱好者，通过共同参加具体的电影、摄影、体育竞技项目，增进各国文化交流和理解，增加了议题的接近性。另外，以体育项目为例，除了本身的竞技属性，其展现出来的人体运动之美也具有很高的观赏价值和娱乐旨趣。

（4）常态化主题与非常规性主题具有功能性增值效应

一般文体活动或者比赛的举办都会吸引大量的投资商和赞助商参与其中，为活动或者赛事的举办提供直接经济支持，与此同时也会在宣传上加大投入，扩大活动的影响力。例如，第81届世界科幻大会为成都吸引了一批科技创新企业，未来还会有更多企业投入商业航天、电磁空间安全等细分领域。成都郫都区已引进泛科幻类项目15个，总投资额达48.6亿元。一批华语科幻头部奖项（如星云奖等）、IP、文创和科幻装备项目也签约落地。

### 2. 价值与意义、报道形态与手法、受关注度与影响力

（1）价值与意义

以中法文化旅游年暨中法建交60周年系列活动为例，2024年是中法建交60周年，同时迎来了中法文化旅游年，这为两国文化交流与合作开启了新的篇章。中法两国携手举办了一系列文化活动，以加强两国间的文化交流与理解。中法文化旅游年期间，各种丰富多彩的活动陆续展开，包括表演艺术、视觉艺术、文化遗产和旅游推广等多个领域。这些活动不仅展现了两国文化的博大精深，也增进了两国人民之间的情谊。

（2）报道形态与手法

媒体对中法文化旅游年暨中法建交60周年系列活动的报道采用综合报道、人物访谈等多种形态，通过现场专题报道、评论文章等多种手法，展现系列活动的丰富性和多样性、讨论热点事件及经典展览。如中央广播电视总台央视新闻频道推出的时事谈话节目《互鉴》、四川卫视中英双播电视节目《熊猫观察》等，凸显了首脑外交的重要意义、中法两国之间的人文交流与文化互鉴。以巴黎奥运会转播为例，中央广播电视总台巴黎奥运会转播报道规模创下历史之最，通过频道、频率和新媒体客户端播出分发处理超过11000小时的高品质赛事信号，并在境外首次实现全4K的超高清转播制作，为广大受众带来最前沿、最鲜活、最贴近的奥运报道，以奥运视角拓展中法友谊的国际视野。

（3）受关注度与影响力

中法文化旅游年暨中法建交60周年系列活动开展以来，在巴黎吉美博物馆举办的中国唐代文物展、蓬皮杜艺术中心举办的中国当代艺术展，以及在故宫举办的凡尔赛宫文物展等艺术展览备受国内外媒体和公众的关注。分别在两国首都举行文化旅游年开幕活动、文艺演出、教育论坛、文体活动等，通过广泛的报道和传播，进一步加强了中法文化的相互理解和认同。

## 四、重大主题传播与国家治理和全球治理的引领

在当今世界格局的变化与重组中，崛起的中国代表着全球新兴经济体和广大发展中国家的利益，中国经验、中国方案、中国贡献主要通过中央级和地方级主流媒体对外传播出去。可见，作为参与者，我国媒体肩负的责任重大。我们的对外传播必然要根据国家的发展战略以及对外政策来布局并制定高效通达的传播策略和路径。中国共产党与世界政党高层对话、国家领导人出席金砖国家峰会、中非合作论坛及一系列重大国际性会议的重要讲话，不仅成为中国国际新闻或对外传播的主要内容，也是国际社会和媒体所关注的重大主题内容。本节特别简略梳理一下在媒体见证下，我国在国家治理与全球治理方面的重要活动、举措和成果。

### （一）中国脱贫攻坚展现了全球减贫事业的中国方案

2021年2月25日，全国脱贫攻坚总结表彰大会在京举行。习近平总书记庄严

告：我国脱贫攻坚战取得了全面胜利！近 1 亿人脱贫，832 个贫困县全部摘帽。提前 10 年完成联合国 2030 年可持续发展议程的减贫目标。① 摆脱贫困是一个世界性难题，减贫是人类共同肩负的使命。党的十八大以来，习近平总书记站在中华民族伟大复兴和人类减贫事业的历史高度，对全面建成小康社会、打赢脱贫攻坚战做出一系列重要部署。在党中央坚强领导下，我国脱贫攻坚力度之大、规模之广、影响之深前所未有，为全球减贫事业贡献了中国智慧和中国方案。②2018 年 11 月 1 日至 2 日，由中共中央宣传部、财政部、国务院扶贫办、世界银行主办的改革开放与中国扶贫国际论坛在北京举行，围绕改革开放 40 年来中国取得的减贫成就、中国推动减贫脱贫中国理念转化为国际共识、减贫国际合作推动构建人类命运共同体等议题，与会嘉宾进行了深入探讨。③2020 年 10 月 12 日，中共中央对外联络部和中共福建省委联合举办“摆脱贫困与政党的责任”国际理论研讨会。2020 年 12 月 5 日，由中国公共关系协会主办的“2020 中国公共关系发展大会”在京举行，大会以“脱贫攻坚中国经验的全球分享”为主题，并通过公共关系的视角，向世界进行解读。2020 年 12 月 14 日，由中央宣传部、国务院扶贫办主办的人类减贫经验国际论坛在北京开幕，论坛与会人士深化减贫经验交流，广泛凝聚共识，提振减贫信心，为加速全球减贫进程贡献智慧和力量。2021 年 4 月 19 日，在博鳌亚洲论坛 2021 年年会“面向 2030 年的减贫与乡村可持续发展”分论坛上，国内外与会嘉宾聚焦疫情带来的返贫风险，中国在巩固提升脱贫攻坚成果、衔接减贫与乡村振兴上做出的努力，向全球分享中国减贫方案，呼吁加强全球减贫合作。④2023 年 5 月 29 日，以“交流互鉴 合作共赢——推动上合组织国家减贫和乡村可持续发展”为主题的上海合作组织减贫和可持续发展论坛在陕西杨凌开幕，中外嘉宾共研我国和上合组织国家在科教、农业等领域的交流合作，共话发展。2023 年 11 月 1 日，由中国国际扶贫中心、联合国粮食及农业组织、联合国国际农业发展基金、联合国世界粮食计划署和中国互联网新闻中心联合主办的 2023 中非合作论坛—减贫与发展会议暨 2023 全球减贫伙伴研讨会在北京举行，围绕“深化减贫伙伴关系，增强全球发展韧性”主题，与会嘉宾就促进中非减贫与发展合作等内容进行了研讨。2024 年 6 月 4 日，第二届中国—巴西减贫与乡村振兴论坛在北京举行，中巴交流减贫和农村发展

① 王佳宁 . 脱贫攻坚：一个笃定记忆和认同的中国［J］. 中国经济报告，2023（6）：130-136.

② 张效廉 . 为全球减贫事业贡献中国方案［J］. 理论导报，2020（8）：40-41.

③ 共谋发展，推动国际减贫合作——改革开放与中国扶贫国际论坛综述［EB/OL］.（2018-11-02）［2024-05-20］. https://www.gov.cn/xinwen/2018-11/02/content_5336699.htm.

④ 中国农网 . 博鳌亚洲论坛向全球分享中国减贫方案［EB/OL］.（2021-04-20）［2024-05-20］. https://www.farmer.com.cn/2021/04/20/wap_99868854.html.

领域经验。

## （二）中国的生态治理与全球环境保护的贡献和对话

2022 年国际生物多样性日中国主场宣传活动在北京举行，中国政府发布《中国的生物多样性保护》白皮书。中国生物多样性保护与绿色发展基金会（CBCGDF）提交《非洲犀牛在中国现状的初步报告》（*A Preliminary Report on African Rhino Status in China*）科学报告。中国首次作为主席国领导和推动联合国环境领域重大议题谈判，成功举办《生物多样性公约》第十五次缔约方大会（COP15），推动达成历史性兼具雄心和务实平衡的“昆明—蒙特利尔全球生物多样性框架”（“昆蒙框架”），明确 2030 年全球行动目标和 2050 年全球长期目标，开启全球生物多样性治理的新篇章，得到国际社会的广泛赞誉，已成为《生物多样性公约》及其议定书核心预算的最大捐助国。在“南南合作”框架下，中国积极为发展中国家保护生物多样性提供支持，全球 80 多个国家受益。中国将与世界自然保护联盟共同成立“基于自然的解决方案”亚洲中心，搭建生态保护修复领域国际交流窗口平台。作为负责任的发展中国家，中国提出二氧化碳排放力争于 2030 年前达到峰值，努力争取 2060 年前实现碳中和的目标，构建“1+N”政策体系，树立全球气候治理主动担责的标杆。

## （三）中国人权保护与世界人权维护的对话

第十三届全国人民代表大会常务委员会第三十四次会议审议批准了国际劳工组织《1930 年强迫劳动公约》《1957 年废止强迫劳动公约》。2022 年，习近平总书记在《求是》杂志上发表重要文章《坚定不移走中国人权发展道路 更好推动我国人权事业发展》。2021 年，国务院新闻办公室发布《国家人权行动计划（2021—2025 年）》，提出将积极参与全球人权治理。2021 年，国务委员兼外长王毅以视频方式出席联合国人权理事会第 46 届会议高级别会议并发表致辞，强调不仅要保障中国人的人权，还要具有人权保障的世界性眼光。2023 年 2 月 17 日，中国外交部国际司副司长孙磊与欧盟对外行动署亚太总司副总司长帕姆帕罗尼在比利时布鲁塞尔共同主持第 38 次中国欧盟人权对话，强调人权是历史的、具体的、现实的，中国坚持把人权普遍性原则同中国具体实际相结合，坚持以生存权、发展权为首要基本人权，统筹协调保障公民的政治、经济、社会、文化、环境等各方面权利，推动中国人权事业取得历史性成就。2023 年 12 月 4 日，中国人权研究会在北京举行“纪念《世界人权宣言》发表 75 周年”研讨会。

与会者围绕《世界人权宣言》的内容精神和影响意义，围绕习近平总书记关于人权的系列重要论述、新时代中国人权事业发展及其世界贡献，展开交流研讨。

### （四）中国“三大全球倡议”方案为应对全球公共危机做出中国贡献

“三大全球倡议”指的是中共中央总书记、国家主席习近平站在时代前列、把握时代脉搏，引领中国外交为民族复兴尽责、为人类进步提供中国方案，包括全球发展倡议、全球安全倡议、全球文明倡议，为推动人类现代化进程、推动构建人类命运共同体注入强大正能量。

2016 年后，一些美国政客采取贸易战和科技战等违反自由贸易精神的不道德手段遏制中国发展。然而，多极化的世界前景已然十分明确，“全球南方”国家也正在积极拥抱去美元化，酝酿着一场变革[①]。2021 年，习近平主席出席第七十六届联合国大会一般性辩论，提出全球发展倡议，以构建全球发展共同体为目标，坚持发展优先、以人民为中心、普惠包容、创新驱动、人与自然和谐共生、行动导向等理念，推动加快落实联合国 2030 年可持续发展议程。2022 年 6 月，习近平主席主持召开全球发展高层对话会，增强了共谋全球发展的广泛共识。截至 2024 年 9 月，已有 100 多个国家及包括联合国在内的 20 多个国际组织支持和参与全球发展倡议，加入“全球发展倡议之友小组”的国家超过 80 个。中方和国际伙伴一道，搭建起了合作平台，通过设立“全球发展和南南合作基金”等方式加大倡议落实投入，携手应对疫情、饥饿、贫困等紧迫挑战。中国继续加强同“全球发展倡议之友小组”国家沟通协调，坚持共商共建共享，不断充实全球发展倡议项目库，推进“促进粮食生产专项行动”和“全球清洁能源合作伙伴关系”等举措，重振全球发展伙伴关系，推进落实 2030 年可持续发展议程，共享发展机遇，共创全球繁荣。

面对国际安全局势持续复杂变化，2022 年 4 月 21 日，习近平主席在博鳌亚洲论坛 2022 年年会开幕式上以视频方式发表题为《携手迎接挑战，合作开创未来》的主旨演讲，首次提出全球安全倡议，系统阐述了中方促进世界安危与共、维护世界和平安宁的立场主张，强调人类是不可分割的安全共同体。中方倡导以共同、综合、合作、可持续的安全观为理念指引，以相互尊重为基本遵循，以安全不可分割为重要原则，以

① 环球时报 .“全球南方”正在酝酿一场变革［EB/OL］.（2024-03-04）［2024-05-20］. https://baijiahao.baidu.com/s?id=1792545385184064036&wfr=spider&for=pc.

构建安全共同体为长远目标，走出一条对话而不对抗、结伴而不结盟、共赢而非零和的新型安全之路。2023 年 2 月，我国发布《全球安全倡议概念文件》，阐释了倡议的核心理念和原则，明确了重点合作方向和平台机制，展现了中方对维护世界和平的责任担当、对守护全球安全的坚定决心。2023 年 2 月，中国外交部发布《关于政治解决乌克兰危机的中国立场》文件。2023 年 3 月，中国与沙特阿拉伯、伊朗签署并发表联合声明，宣布沙伊双方同意恢复外交关系。这一系列文件和实践表明，中国践行全球安全倡议不断取得新进展。中方将继续坚持相互尊重、开放包容、多边主义、互利共赢、统筹兼顾的原则，坚定支持联合国安全治理核心作用，努力促进大国协调和良性互动，积极推动对话和平解决热点问题，有效应对传统与非传统安全挑战，不断加强全球安全治理体系和能力建设，与世界各国人民一道，共同守护和平安宁的地球村。

2023 年 3 月 15 日，中共中央总书记、国家主席习近平在北京出席中国共产党与世界政党高层对话会，并发表题为《携手同行现代化之路》的主旨讲话。讲话中，习近平主席提出全球文明倡议，表示愿同国际社会一道，努力开创世界各国人文交流、文化交融、民心相通新局面，让世界文明百花园姹紫嫣红、生机盎然。这标志着中国继全球发展倡议和全球安全倡议之后，提出了又一项重要的全球倡议。全球文明倡议倡导尊重世界文明多样性，坚持文明平等、互鉴、对话、包容，以文明交流超越文明隔阂、文明互鉴超越文明冲突、文明包容超越文明优越；倡导弘扬全人类共同价值，提出以宽广胸怀理解不同文明对价值内涵的认识，不将自己的价值观和模式强加于人，不搞意识形态对抗。全球文明倡议倡导加强国际人文交流合作，要求充分挖掘各国历史文化的时代价值，推动各国优秀传统文化在现代化进程中实现创造性转化、创新性发展，共同推动人类文明发展进步。

“全球发展倡议、全球安全倡议、全球文明倡议”三大全球倡议立足世界百年变局，顺应人类发展进步潮流，意义重大，充分体现了以习近平同志为主要代表的中国共产党人深邃的历史眼光、宽广的全球视野、强烈的使命担当。①

### 课堂圆桌讨论

一、走访你的家乡或居住的城市，通过调查研究撰写一篇呈现出地方特色、中国特色的国际传播或国际新闻传播的佳例。

① 刘建超 . 深刻把握构建人类命运共同体理念和“三大全球倡议”的内在关系（深入学习贯彻习近平新时代中国特色社会主义思想）[ EB/OL ] .（2023-08-08）[ 2024-05-20 ] . http://opinion.people.com.cn/n1/2023/0808/c1003-40052237.html.

二、你经常阅读哪些有关国际传播与跨文化传播的中外杂志和图书？尝试通过AI技术绘制一幅这一领域的新知识图谱。

三、面对世界格局的重大变化和数字时代的发展，结合个人的经历简述中国国际新闻传播呈现出哪些新的趋势与特点。根据你的观察，在国际新闻信息的选择和报道中，是什么在起主导作用？

四、你如何理解国际传播领域的“大传播”概念？请用几个关键词来概括和阐释它的几个层次与面向。哪些行为体在参与国家治理和全球治理中起到积极作用？

五、请问中国在哪些重要的国际组织中发挥着引领性的核心作用？近年来有关“一带一路”、金砖国家峰会、中非合作论坛以及全球南方议题，中国主办了哪些论坛？我国传媒界的媒体实践的表现如何？

下篇

# 实践篇

## 案例一

# 媒体篇：主场外交的媒体创意与实践研究专题

## 一、设计理念：跨学科的路径与建构论的视野

美国著名学者迈克尔·诺斯（Michael North）在其著作《创新：一部新事物的历史》中指出，创新本身就是一个跨学科的东西，看待新的认识论是新与旧、创新与保守的交融，不是绝对的，而是相对的，在国际传播主场外交的媒体创意与实践中，创意即创新，既包括对过去外交媒体实践的传承，又有当下对主场外交新的创意实践。

"主场外交"（Host Diplomacy）一词是在 2014 年 3 月 8 日的全国两会记者会上由外交部长王毅在回答记者提问时首次提出的。上海国际问题研究院院长陈东晓将主场外交定义为："在一国（境）内开展的，由东道主政府扮演重要角色，并能对维护和拓展该国国家利益发挥积极影响的各类重要外交活动，包括双边和多边外交活动。"① 广义的国际传播包括所有的国家与国家之间的外交往来行为，例如双边会谈、地区间峰会以及其他与国家利益相关联的事务，带有明显的政治倾向性。在此意义上，国际传播与主场外交相互交织影响。结合公共外交理论、从传播学角度来看，主场外交是由东道主政府组织的一场媒介事件，借此组织者可以依靠国际媒体、社交媒体和外交使者等为传播载体，通过外交宣传和信息传播来传递信息、回应国际事件、塑造国际社会对国家的看法并提升国家形象。同时，组织者能够进一步主动进行议程设置，激活人们对某一话题的讨论，并影响人们对其的认知与价值取向，进一步唤起目标群体的忠诚度和认同感，从而输出意识形态。新时代，我国越来越重视主场外交，它已成为我国主流媒体在对外传播中提高战略能力、增强国际影响力，展示"中国智慧"和"中国方案"的重要舞台。越来越丰富和频繁的主场外交活动为国内媒体的国际传播、对外传播及全球传播提供了便利，也带来了更多创新实践的挑战。

近年来，我国的外交活动愈加积极主动，结合经济外交理论与公共外交理论进行主场外交越来越成为我国外交的亮点和名片。国际经济关系对于国际传播至关重要，一国政府可以通过吸引他国投资、开展经济贸易和与其他国家建立经济伙伴关系的方式来提高其国际地位。中国结合经济外交理论与公共外交理论开展了如 G20 峰会、金砖国家峰会、中国国际进口博览会等一系列主场外交活动，吸引了国际媒体对我国主场外交活动与国际战略的关注，同时进一步宣传了中国在国际交流中的经济实力与商业机会，助推中国国际地位的提升与国家形象的构建。

① 陈东晓. 中国的"主场外交"：机遇、挑战和任务［J］. 国际问题研究，2014（5）：4-16，129.

G20 领导人峰会是一个国际经济合作论坛，于 1999 年 12 月 16 日在德国柏林成立，属于布雷顿森林体系框架内非正式对话的一种机制，成员国由阿根廷、澳大利亚、巴西、加拿大、中国、法国、德国、美国以及欧盟等 20 方组成，代表着全球 2/3 的人口和全球 82% 的国内生产总值。该论坛旨在推动已实现工业化的发达国家和新兴市场国家之间就经济社会发展等实质性问题进行开放性讨论，并对具体问题进一步提出建设性意见和研究计划，以寻求合作，并促进国际金融稳定和经济的持续增长。从 2008 年至 2022 年，二十国集团领导人第一次峰会至第十七次峰会先后在美国华盛顿、英国伦敦、加拿大多伦多、中国杭州以及印度尼西亚巴厘岛等地举行。2023 年 9 月 9 日至 10 日，二十国集团领导人第十八次峰会在印度首都新德里举行。2024 年 11 月 18 日至 19 日在巴西里约热内卢举行了二十国集团领导人第十九次峰会。本届峰会的主题为“构建公正世界和可持续星球”。轮值主席国巴西为此次峰会设置了“社会包容和抗饥饿贫困、全球治理机构改革、能源转型和可持续发展”三大议题。习近平主席在峰会第一阶段会议上宣布了中国支持全球发展的八项行动，中国的影响力在峰会上尽显。外媒和国际社会对 G20 峰会中的中国主张进行了积极评价，认为“中国在 G20 平台上倡导支持全球发展，重点关注‘全球南方’”，中国多年致力于推动提升发展中国家在国际事务中的代表性和话语权，让全球治理中的“南方声音”更加响亮。[①]

金砖国家峰会是由巴西、俄罗斯、印度、中国和南非五个新兴经济体组成的合作机制，旨在推动这些新兴市场国家在全球事务中发挥更为重要的作用。2001 年，美国高盛公司首席经济师吉姆·奥尼尔（Jim O’Neill）首次提出“金砖四国”这一概念，特指巴西（Brazil）、俄罗斯（Russia）、印度（India）和中国（China）四个世界新兴市场国家。2006 年，巴西、俄罗斯、印度和中国四国外长在联合国大会期间举行首次会晤，开启金砖国家合作序幕。2009 年 6 月，金砖国家领导人在俄罗斯叶卡捷琳堡举行首次会晤，推动金砖合作升级至峰会层次，标志着金砖国家这一新兴力量集团的正式形成。2011 年，南非正式加入金砖国家，金砖国家成员由四国扩展为五国，使金砖国家成为一个包括非洲的全球性合作机制，英文名称定为 BRICS。

中国分别于 2011 年、2017 年和 2022 年三次主办金砖国家领导人会晤，先后发布了《三亚宣言》《厦门宣言》《北京宣言》。2022 年金砖国家领导人第十四次会晤以后，作为东道主的中国仍然持续发力，积极团结和推动金砖国家发展振兴及全球南方国家的共同发展，还特别注重文化领域的交流互动与民心相通。金砖国家电影节展于 2022

① 彭训文．全球治理中的“南方声音”更响亮［N］．人民日报（海外版），2024-12-02（10）．

年11月4日至6日在中国上海举办。“首届国际青春诗会——金砖国家专场”于2024年7月先后在杭州和北京两地举行，来自巴西、俄罗斯、印度、南非、沙特阿拉伯、埃及、阿联酋、伊朗、埃塞俄比亚、中国等10个国家的70余名诗人相聚在西子湖畔和长城脚下，开展了学术对话、诗歌朗诵会等一系列文学活动，增进了金砖国家文明交流互鉴。《人民日报》《环球时报》《文艺报》《钱江晚报》等分别通过网络版和报纸以头版、专版、专栏通版以及评论员文章予以报道评论。

2023年1月，南非接任金砖国家轮值主席国。同年8月22日，金砖国家领导人第十五次会晤在南非约翰内斯堡举行。本次会晤以“金砖与非洲：深化伙伴关系，促进彼此增长，实现可持续发展，加强包容性多边主义”为主题，旨在继续促进互利合作，共同推动世界经济朝着更加公正、包容的方向发展。截至2024年，沙特阿拉伯、伊朗、埃及、阿联酋和埃塞俄比亚五国已正式成为成员国，金砖国家已经扩大到10个成员国。此外，还有34个新的国家表示有兴趣加入金砖集团。扩员后的金砖国家集团人口总数约为35亿，占世界人口的45%。现在，金砖国家在全球经济中的份额已上升至37%左右，超过了G7和欧盟（14.5%）。根据2024年1月发布的金砖国家财富报告，金砖国家集团目前持有的可投资财富总额达到45万亿美元，目前生产了全球约44%的原油。从2024年1月1日起，俄罗斯开始担任金砖国家轮值主席国。2024年金砖国家领导人会晤于10月22日至24日在俄罗斯喀山举行。此次会晤标志着金砖合作机制正式迈入“大金砖合作”的新时代。会上围绕“加强多边主义，促进公正的全球发展和安全”的会议主题形成共识，并发表了《金砖国家领导人第十六次会晤喀山宣言》（简称《宣言》）。《宣言》强调，要继续秉持开放、包容、合作、共赢的金砖精神，推动构建更加公正民主的世界秩序。2024年新加入金砖的伊朗、埃及等国以及希望加入金砖的土耳其、老挝等国领导人也表达了对金砖合作机制未来发展以及加强“全球南方”国家合作的期望。

2009年的首次峰会至今，金砖国家每年都举行峰会，致力于推动全球经济增长，通过加强贸易、投资和金融合作，推动国际经济体系的改革。该组织倡导国际治理体系的改革，包括联合国、国际货币基金组织和世界银行等多边组织的改革，同时成立了新开发银行（NDB）和应急储备安排（CRA），为成员国提供资金支持，减轻了其对传统国际金融机构的依赖，以更好地反映新兴经济体在全球事务中的地位。中国作为世界第二大经济体，不仅为其他成员国提供了巨大的市场和合作机会，还积极参与气候变化合作，提出可持续发展目标，为推动全球应对气候变化而努力。中国推动的

“一带一路”倡议倡导多边主义、支持以规则为基础的国际秩序，为金砖国家提供了更多基础设施建设和互联互通的机会，促进了区域经济一体化。总体而言，金砖国家峰会通过加强成员之间的合作，推动全球治理体系的变革，为新兴经济体争取在国际事务中的发言权提供了平台。其中中国作为成员之一，借助主场外交的优势进一步促进了金砖国家的发展和合作。2025 年中国将担任金砖国家轮值主席国，建设“和平金砖”“创新金砖”“绿色金砖”“公正金砖”“人文金砖”的中国方案。该方案将汇聚“全球南方”的磅礴力量，成为国际秩序变革的重要推力。

中国国际进口博览会（CIIE）简称“进博会”，于 2018 年 11 月在上海首次举行，由中华人民共和国商务部和上海市人民政府主办，是世界上第一个以进口为主题的国家级展会，是中国着眼推进新一轮高水平对外开放做出的一项重大决策，是中国政府倡导对外开放、主动向世界开放市场、促进国际贸易的重大举措。2018 年 11 月 5 日，习近平主席在首届进口博览会开幕式的主旨演讲中指出，中国国际进口博览会不仅要年年办下去，而且要办出水平、办出成效、越办越好。2023 年 11 月 5 日至 10 日，第六届进博会在上海的国家会展中心举行，154 个国家、地区和国际组织的来宾，3400 家参展企业、近 41 万名专业观众注册报名，规模创历史新高。第七届进博会于 2024 年 11 月 5 日至 10 日在上海的国家会展中心举行。本次进博会以“新时代，共享未来”为主题，吸引了来自全世界 129 个国家和地区的 3496 家展商参与，其中世界 500 强和行业龙头企业达 297 家，创历届之最，获得了 800 亿美元的订单。展览内容涵盖多个领域，包括高端装备、新材料、医疗器械、海洋工程装备、先进农业技术等，展示了新质生产力的发展方向。值得注意的是，本届进博会的国家展会聚了来自五大洲的 77 个国家和国际组织，展览面积 3 万平方米，法国、马来西亚、尼加拉瓜、沙特阿拉伯、坦桑尼亚、乌兹别克斯坦担任主宾国。此次进博会吸引了大量中外媒体记者的参与，注册记者数量超过了上一届，达到了约 3800 人。进博会官方网站（www.ciie.org）为注册记者提供采访信息、重要公告、展商展品、展台活动、配套活动、媒体手册、服务保障等信息，并提供相关文字、图片、视频稿件和素材下载服务。新浪财经、腾讯新闻、钛媒体 APP、南方 Plus 等网络媒体也积极参与报道，通过文字、图片、视频等多种形式，向全球观众传递了进博会的盛况和亮点。

会展期间，央视通过多个频道，尤其是新闻频道，对这场盛会进行了全面而深入的报道。仅 11 月 9 日，新闻频道的报道就多达 29 条。《午夜新闻》《朝闻天下》《新闻直播间》《24 小时》等新闻资讯栏目从多角度进行了详细报道。除此之外，《客从海上来》等特别节目和特刊报道中穿插着记者现场采访与专家解读，通过参展商、采购团体、各国参展政府官员等人物的讲述，展现了进博会的立体面貌。

自媒体在进博会的报道中同样发挥了重要作用。此届进博会中各大参会方通过发放奖品的方式鼓励自媒体人通过个人小红书、微信公众号、微博等平台，分享自己对进博会的观察和感受。同时，很多参展方也运用自己的自媒体账号为自己引流宣传，如“千寻进口”多次出现在小红书的评论区，邀请网友到其展台进行打卡、领取小礼品。

进博会作为国际性的盛会，吸引了全球媒体的关注。许多国际媒体通过驻华记者或合作伙伴，对进博会进行了报道和转播。在此期间，还举办了多场中外媒体学术沙龙等活动，促进了国内外媒体之间的交流与合作。

2018 年以来，进博会已连续成功举办七届，经过 7 年发展，质量、效益显著提升，国际影响力更加广泛，通过促进全球贸易、支持多边主义，让世界共享中国市场。同时，进博会也展示了中国在国际经济合作中的积极作用，已成为中国构建新发展格局及提升新质生产力的窗口、推动建设高水平开放的平台和为全球提供更多普惠与共享的公共产品。

总体而言，这些以多边主义理论为基础的主场外交活动，多方位强调了国际社会通过合作和协商来解决全球性问题的重要性，而主场外交议程可以支持国家积极参与国际组织、协定和倡导组织，以推动国际问题的解决。我国多次的主场外交活动已成为推动世界经济复苏的重要动力，同时其秉承的公共外交及多边主义原则助推了“人类命运共同体”倡议的建设，引起世界各国的关注，吸引了全球媒体的目光。在新时代语境下，我国主流媒体担负着塑造国家形象、传播中国声音、讲好中国故事的重要任务，而主场外交活动的报道更是国内主流媒体报道的重中之重。如何利用好主场外交的优势，获得良好的传播效果，是国内媒体提高国际传播能力的重点问题。①

我们以跨学科的研究思维观之，国际传播中的主场外交属于科学知识的范畴。约翰·齐曼（John Ziman）认为，科学是“一种特殊的社会建制”，与其他社会建制一样，科学“生产大量的知识”。② 结合国际传播中主场外交的媒体创意，从建构论角度来看，在分析媒体创意与实践的过程中，会使用属于文化语境中的社会程序来进行相关的检验与鉴别，其中蕴含着深刻的人类因素。毕竟在建构论者看来，科学知识必然是被社会建构的。“建构”是一个主动动词，通常暗示着意向性，意味着“生产”知识的社会机制并非自动运转，而是通过被引导，奔向一个理性的目标。如对 G20 峰会进行报道

① 谢润嘉．主场外交背景下主流媒体如何对外传播［N］．中国改革报，2021-03-31（8）．

② 齐曼．真科学：它是什么，它指什么［M］．曾国屏，匡辉，张成岗，译．上海：上海科技教育出版社，2008：5.

时，国内外不同媒体的报道方式体现了不同的文化语境因素。但是从反建构论者的角度来看，科学知识实际上是被“发现”的，从属于物质实体的因果关系或者是内含属性。这也具有一定道理，毕竟主场外交的媒体创意这个概念是由于现实状况的存在而被发现的。因此，回到最初，主场外交的媒体创意与实践既是被发现的，又是被制造的。

当今，我们已处于互联网发达的全球一体化之中。我们应充分认识到互联网发展的六个主要特征——跨界融合、创新驱动、重塑结构、尊重人性、开放生态、连接一切。这对我们进行媒体创意与案例分析都大有启发。就当下的新媒体环境而言，遵循互联网时代的发展规律来进行媒体实践是十分必要的。在当下的媒体实践中，传统媒体与新媒体的合作十分普遍也十分必要。传统媒体为新媒体提供报道资源与采编力量，新媒体则依靠自己的渠道与流量优势为传统媒体招徕更多受众，二者相结合顺应了时代发展潮流。创新驱动更有必要，从 G20 杭州峰会等主场外交的案例中能够透析媒体创意在报道实践上的创新性，从过去单纯地依靠文字图片到现在增加了视频、VR 等互动，形式在不断创新，内容的切入点也从宏观视角逐渐变得更具有平民性与对话性，更加贴近传播地的文化语境，以便更好地促进传播活动。

因此，不论是从跨学科的角度来讲，还是从当下互联网传播的角度来讲，国际传播中主场外交的媒体实践都十分重要。主场外交在发展的过程中，参与主体更为多元化，议题逐渐增多，已成为近年来中国增强对外战略能力的重要平台。具体来说，在中国外交走向全球的过程中，主场外交有助于我们更为有效地在规范倡议、制度建设以及秩序构建等方面贡献力量。东道主可以利用主场的天时、地利、人和等多种优势，拟定有利于本国的议题或议程，这种议程先导性为打破既有的制度非中性奠定了基础。从对外关系的战略能力与布局来看，主场外交成为中国实践自身外交理念与秩序愿景的重要平台。在此平台上，中国自身的形象管理、外在制度建设经验和内在规范价值倡导等领导能力都得到了相应的实践。综上所述，在本案例中将重点谈论近年来我国几场重大三场外交的性质、发展历程、自身特点以及媒体在其中发挥的作用和创意实践，并以此为切口与例证，深入研究我国在国际传播主场外交的媒体创意与实践当中的优劣势所在，找寻创新发展的动力和可行路径，以全面加强我国国际传播能力建设，提升主场外交的效率和国际影响力。

## 二、实现路径：教学流程与布局

我们首先设计出近几年三项比较重大的国际主场外交案例，其中包括 G20 杭州峰会（2016）、金砖国家峰会（2017、2022）、进博会（2019、2020、2023）。以这三场主场外交活动为切入点，引导学生对这三场主场外交活动相关的媒介创意与实践进行资料的搜集，着重收集活动相关信息及媒体报道内容，对活动本身及媒体二次创作后的报道内容进行逐一分析与对比分析。其中，在搜集的过程中，可以根据资料的不同类别及理论的不同领域进行归类，包括“主场外交”概念本身的相关理论及我国开展主场外交的重大意义，也包括相关媒体在参与主场外交时的优势与劣势等。待素材搜集、整理完毕之后，进行小组圆桌讨论，并贯彻执行协同创新策略，对共同搜集的资料进行整理归类，并且根据收集到的信息内容提出自己的看法与观点，再结合新闻传播相关理论知识进行阐述，经课堂讨论、修正等环节后最终形成研究文本。最后，在课堂上将各小组的案例研究文本成果以 PPT 的形式进行分享与交流，教师再与学生进行观点上的碰撞与交流，不断加深和完善关于主场外交媒体实践与创意的内容，师生双主体最终共享一个较为完善的研究文本。

## （一）第一阶段：引导学生了解主场外交活动

### 1. 导入与背景介绍

介绍主场外交的概念，解释东道主政府在本国领土内举办的重大国际活动的价值与作用。引导学生了解近几年我国经历的重大主场外交案例，如 G20 杭州峰会、金砖国家峰会和进博会等。

### 2. 分组与案例选择

分组，每个小组负责研究一个主场外交活动案例，并解释每个案例的背景、目的和国际影响。

## （二）第二阶段：学生主动搜集资料与理论学习

### 1. 资料搜集

学生围绕主场外交案例进行资料搜集，重点关注活动相关信息和媒体报道内容。教师引导学生搜集不同类别的资料，包括活动本身和媒体二次传播后的报道。

### 2. 理论学习与归类

教师讲授“主场外交”概念相关理论，引导学生将搜集到的资料按照不同类别及理论领域进行归类，并探讨我国开展主场外交活动的重大意义，引导学生思考理论与实践的关系。

## （三）第三阶段：小组圆桌讨论与协同创新

### 1. 小组圆桌讨论

学生根据归类的资料进行小组圆桌讨论，分享各自搜集到的信息，讨论传播的优势与阻碍以及媒体在活动中的角色。

### 2. 协同创新策略

引导学生进行协同创新，对共同搜集的资料进行整理归类，提出自己的看法与观点。学生结合新闻传播相关理论知识进行阐述，形成初步的研究文本。

## （四）第四阶段：文本完善与课堂分享

### 1. 文本完善与修正

学生将初步研究的文本在小组内进行修正和完善，反复核查，确保内容准确和有逻辑性。

### 2. PPT 分享与交流

每个小组准备 PPT，将各自的研究成果以 PPT 形式进行分享。在课堂上进行交流，让不同视角的观点进行碰撞，教师提出问题，引导深入讨论。

## （五）第五阶段：总结与深化理解

### 1. 讨论总结

教师与学生共同总结各小组的研究成果，讨论不同案例之间的共性和差异。引导学生思考媒体在主场外交中扮演的角色及对国际传播的影响力。

### 2. 深化理解

结合学生的研究文本和课堂讨论，深化理解主场外交的媒体创意与实践，强调理论与实践相互促进。

通过以上教学流程，学生将有机会深入研究主场外交活动，了解媒体在其中发挥的重要作用，培养各组团队的协作和研究能力，同时提高其对国际传播理论的理解和应用水平。这一课程设计旨在激发学生对国际事务、国际传播及对外传播的兴趣，培养他们对媒体创意与实践的独立思考和分析能力。

# 三、案例展示与引导

## 专题一 G20 杭州峰会

G20 杭州峰会是 2016 年 9 月在中国杭州举行的一次全球性经济峰会，会集了世界各国的领导人和国际组织代表，旨在讨论全球经济治理、推动经济增长和促进国际合作。2016 年 G20 杭州峰会的主题为“构建创新（innovative）、活力（invigorated）、联动（interconnected）、包容（inclusive）的世界经济”，被国际舆论简称为 4 个“I”，其目的是要结合世界经济形势，回应各国发展需求，既治标以求眼下稳增长，又治本以谋长远添动力。

图 2-1 G20 杭州峰会

专家表示，作为本届 G20 杭州峰会东道国，中国在 G20 治理平台更多地承担“领导者”角色，加强大国间协调，必将深刻地影响全球经济治理模式，中国作为全球经济治理方向制定者和“稳定器”的作用将会日益凸显，全球治理中的中国声音将不断增强。G20 杭州峰会将进一步凝聚各国的共识与力量，构建新型全球经济稳定机制，为世界经济的繁荣和稳定做出更大贡献。可以肯定地说，G20 杭州峰会将会镌刻深深的“中国印记”。

G20 杭州峰会在国际传播上具有独特的特点。G20 杭州峰会于 9 月初登场。早在 2 月，中新社就对 G20 杭州峰会系列选题进行了精心推敲和策划，并在每一个报道节点，如倒计时一百天、倒计时一个月等接力推出选题。特别是进入 8 月中下旬，选题密集“打包”推出。在此次 G20 杭州峰会报道的议题设置上，中新社凸显“三个注重”：注重“政经兼顾”，注重宏大主题“软着陆”，注重“借嘴说话”。

所谓“政经兼顾”——G20 杭州峰会不仅是经济盛会，更有不少政治意涵。因此，前期的选题策划中，除了经济议题，中新社还策划了《杭州峰会再启“主场外交”中国将亮软实力与硬干货》《大外交也有民生温度》等议题，从主场外交梳理和外交对民生影响等角度，外延了 G20 杭州峰会议题。

所谓宏大主题“软着陆”——G20 杭州峰会影响深远，主题宏大，但宏大主题如果处理不好，很容易将普通民众和海外受众“拒之千里”。因此，中新社在策划“全球经济治理”选题的时候，从民众耳熟能详的“杭帮菜”入手，把杭帮菜的慢炖、创新融入文中，将中国饮食的精致主义、好客主义嫁接到 G20 全球治理平台，最终成稿《G20 精烹“合作大菜”全球经济治理博采众长》。

所谓“借嘴说话”——G20 杭州峰会不是中国自弹自唱，需要 G20 其他成员的支持和认同。从这一点看，借台发声、借嘴说话，充分反映国际社会的认同感就显得非常重要。因此，整个会期，中新社精心设题，努力突破，围绕 G20 杭州峰会核心话题采访了诸多外国知名智库人士、专家、政要人物，从预热到热评，从会前、会中到会后，请他们从“外眼”的角度远观 G20 杭州峰会，从而实现了“站在世界看中国”。

G20 杭州峰会的国际传播的特点，体现了其本身的互联网特征。在“尊重人性”方面，虽然 G20 峰会本身聚焦的更多的是经济方面的议题，但是在进行对外报道时，并没有完全聚焦于这些僵硬的议题，而是将峰会本身的民生温度以及中国的饮食文化传递给受众。当然，“创新驱动”更是此次峰会报道的一大特征。在此次峰会的对外报道中，除了传统的媒介报道，文艺晚会也是此次文化输出的一大亮点。G20 峰会文艺晚会美轮美奂，是继 2008 年北京奥运会开幕式之后、截至 2016 年前，最受海外受众关注的文艺晚会之一。文艺晚会的创新形式使此次的对外报道显得更加有文化厚度与人文色彩。

从国际新闻传播学科的角度来看，G20 杭州峰会及其相关新闻报道发挥了一系列主场外交的优势。一是国际形象展示。该峰会是中国在全球舞台上展示国际形象的重要机会。通过相关主题新闻报道，中国有机会向世界展示杭州城市的现代化、开放和宜居特征，从而影响国际社会对中国城市发展的印象。二是信息传递和解释。媒体在报道该峰会时，能够传递和解释中国的政策、立场和倡议，有助于国际社会更好地理解中国在全球经济事务中的角色和愿景。三是搭建对话交流平台。该峰会为各国领导人提供了一个重要的对话交流平台，通过相关新闻报道，各国领导人的发言、讨论和协商过程能够被传播到全球，有助于营造国际社会对话与合作的良好氛围。四是国际社交媒体的活跃应用。峰会期间，国际社交媒体成为信息传递的重要渠道。各国领导人通过社交媒体发布信息，有助于推动更多的公众参与对话。五是文化软实力展示。通过相关新闻报道，该峰会还展示了中国的文化和对外交往的友好态度，从而增强中国的文化软实力，在国际舆论场上构建正面的中国形象。六是国际议题关注。该峰会的相关新闻报道推广宣传了应对全球性挑战的中国方案，有助于引起国际社会对全球经济、气候变化、贸易等重要议题的关注，促使各国共同思考和应对全球性挑战。

从学科理论角度来看，G20 杭州峰会的媒体实践拓展了认识“主场外交”价值与创意的跨学科研究的边界。首先从科学知识的建构论角度来讲，媒体对 G20 杭州峰会的报道，包含着对此次会议本身的特点的挖掘。比如，举办地杭州的乌镇特色以及杭州阿里巴巴集团的现场叙述与报道，便是对峰会本身的特点的挖掘。想要让参会者或者国外媒体与受众感受到杭州作为举办会议城市的契合之处，便需要媒体进行某种程度上的建构。比如，杭州作为此次 G20 峰会的举办地，对杭州的城市宣传自不待言。如何做好杭州的城市宣传，使中外受众既感到亲切又有吸引力和新闻性亦是一个颇费思量的问题。G20 峰会首次花落中国，但并未选择一线城市北上广，而是选择杭州，其实这本身就是新闻。正如时任中国新闻社社长章新新点题道：“G20 峰会，为什么是杭州？”在此思路下，中新社记者采写播发了《信息经济成“一号工程” 杭州踏准全球经济前沿“鼓点”》，道出杭州作为“天堂硅谷”，既拥有灿烂历史，又驶入通往“未来”的信息经济高速公路，是其得以成为 G20 峰会举办地的深层原因，杭州因此实现了旧菜新作、海外落地。此次 G20 峰会还推出了京杭大运河、乌镇、跨贸小镇等外围采访线路。中新社报道组在“实操”中发现，将静态的城市宣传与新鲜热络的 G20 峰会巧妙结合，就会发生不一样的“化学反应”，如此次中新社推出的《G20 峰会召开在即 杭州将运河文化展现给世界》就是很好的例子。

### 思考与讨论

一、请问 G20 是一个什么样的组织？其运作对世界经济社会的发展有何意义？中国在其中发挥了怎样的作用？

二、从跨学科研究的视野出发，阐释 G20 杭州峰会的组织创意与媒体创意。

三、从国际新闻传播学的视角观察 G20 杭州峰会，分析媒体通过何种途径和手段发挥主场外交的优势作用。

四、简述城市与媒体对重大的国际性会议和发挥主场外交的优势起到怎样的作用。

## 专题二　金砖国家峰会（2017，2022，2023）

### 1. 厦门：第九次金砖国家峰会（2017）

金砖国家领导人第九次会晤于 2017 年 9 月 3 日至 5 日在福建省厦门市举行。会晤主题为“深化金砖伙伴关系，开辟更加光明未来”。其间，还举行了主题为“深化互利合作，促进共同发展”的新兴市场国家与发展中国家对话会。中国国家主席习近平主持会晤和对话会，并出席金砖国家工商论坛开幕式等有关活动。

以 2017 年为界，过去十年，金砖机制为发展中国家做出了表率，之后的十年，金砖机制将在国际事务中代表更广泛的发展中国家利益。① 每一次峰会的成功举办都奠定了金砖国家合作的基础，并成为这一新兴力量集团的开端。2017 年，中国提出“金砖 +”概念，将在现有金砖五国的基础上，遵循全球化原则，吸纳更多重要且有经济活力的发展中国家加入。这是金砖机制发展的重要里程碑，在进一步推动全球治理体系改善的同时，将全面提升金砖机制的代表性和影响力。

此次峰会在国际传播的语境下具有一些突出和创新的内容。这些内容在推动金砖国家合作、加强国际影响力方面具有重要意义。一是金砖国家对全球治理的共同承诺。峰会上金砖国家领导人强调对多边主义和全球治理体系的支持，表达了共同推动全球经济增长、维护国际贸易体系、应对气候变化等全球性问题的决心。这些表态通过国际传播媒体传递，有助于提升金砖国家在全球事务中的积极形象。二是创新合作机制。峰会上金砖国家提出一系列创新的合作机制，包括金砖国家新工业革命伙伴关系、金砖国家文化伙伴关系等。这些新机制旨在加强各领域的合作，通过国际传播传递了金砖国家在创新和发展方面的共同努力。三是数字经济合作倡议。金砖国家峰会

① 中国网 . 厦门金砖峰会将为世界带来什么［EB/OL］.（2017-08-28）［2024-05-20］. https://news.china.com/focus/bricsxm/news/13000834/20170828/31207777_1.html.

将数字经济合作置于议程前沿，提出促进数字经济发展的倡议。这对推动信息技术和数字经济的国际合作具有重要意义，并通过国际传播影响了全球对数字经济发展的关注。四是金砖国家领导人的公开对话。此次峰会注重领导人的公开对话和互动。这些对话内容通过国际媒体得到广泛传播，而领导人之间的开放性对话有助于展示金砖国家之间的良好关系，同时也为国际社会提供了更深入了解金砖国家合作动态的机会。五是强调可持续发展和全球治理改革。此次峰会上，金砖国家领导人强调可持续发展目标，支持全球治理体系改革，提出一系列在国际事务中促进平等和公正的主张。这些表态通过国际传播传递，推动了金砖国家在全球事务中的领导角色。总体而言，2017 年第九次金砖国家峰会通过一系列突出和创新的内容，通过国际传播媒体成功地强调了金砖国家在全球事务中的积极作用，并推动了国际社会对金砖国家的关注和认同。

聚焦此次金砖峰会的国际传播特点时我们可以看到，第一个特点是“量身定制”，有的放矢，有针对性地讲好“金砖故事”。不同地区受众有不同的信息需求和接受特点，一套话语满足不了所有人，一个腔调难以唱遍天下，有了精准的受众定位，才可能做出受众喜爱的新闻“菜品”，实现精细化传播。新华社国际部每天通过英文、法文、西文、俄文、阿文五个语种的发稿线路向全球提供新闻信息服务。不同语种的线路面向不同的地区受众，因此需要根据各自目标受众群体的特点和需求设计组织报道。甚至在需要的情况下，可以按照“一国一策”的传播策略进行报道，以真正提升报道的有效性。这个举措恰到好处地体现了当下互联网报道过程中以人为本、尊重人性的原则，通过精准的受众定位来进行以人为本的金砖故事宣传。

第二个特点是借船出海，乘势而上，顺应社交媒体传播规律。习近平总书记 2016 年 2 月 19 日在党的新闻舆论工作座谈会上的重要讲话中指出，做好党的新闻舆论工作要尊重新闻传播规律，创新方法手段，切实提高传播力、引导力、影响力、公信力。要创新理念、内容、体裁、形式、方法、手段、业态、体制、机制，增强针对性和实效性。随着海外社交媒体（简称海媒）的迅猛发展，创新已经成为新闻传播的生命力之源。海媒直播形式因其时效性、现场感、互动性强的特点更易获得用户关注。厦门会晤前夕，新华社国际部联合其他部门，组织新华社驻厦门、上海、印度新德里、莫斯科、巴西里约热内卢和南非约翰内斯堡六地记者，推出《不一般的金砖“成果”展》五国六地全球接力视频直播，全方位、多角度呈现金砖国家合作成果，新华社客户端、新华国际微博两个对内平台同步直播。这是首次在新华社海媒平台实现全球六场直播无缝衔接，也是首次打通对内对外新媒体平台。直播在脸书、推特和 YouTube 三个平台总浏览量超过 255 万，其中推特平台直播还被 Periscope 主页转发并在其首页推送集中展示，对内平台点击量超过 73 万。这个特征既体现了当下互联网时代的跨界融合，又体现了社交媒体渠道的创新驱动。新华社本身是传统媒体，但是通过与社交媒体的有效结合，实现了更加高效的跨界联动。依靠传统媒体本身的资源再加上社交媒体广泛的传播力，这种跨界联动使对外传播效果再次放大。

第三个特点是创新驱动。利用社交媒体借船出海，其实就是创新了传统的对外传播渠道。此外，此次传媒盛会还在对外传播的途径上进行了多种形式的创新：以直播和图片故事形式集萃亮点；推出问卷调查，吸引 2000 多名网友参与；发挥外籍记者的优势，在新闻现场进行“外采外”等。

当然，金砖峰会的媒体对外传播的创新属性也体现了其跨学科属性。按照艺术史的记载，创新是一个必要的偏离，是对规则的突破，但是又要遵守另外一些规则。传统媒体采用社交媒体作为其传播途径，其实恰恰体现了其对传统规则的突破，也是对新规则的适应。

### 2. 北京：金砖国家领导人第十四次会晤和全球发展高层对话会（2022）

2022 年 6 月 23 日至 24 日，习近平主席以视频方式分别主持金砖国家领导人第十四次会晤、全球发展高层对话会并发表重要讲话。国务委员兼外长王毅说，继三亚会晤和厦门会晤之后，在北京，中国第三次主办金砖国家领导人会晤，这是党的二十大之前最重要的主场外交活动，对于共同维护国际公平正义、重振全球发展事业、推动构建人类命运共同体具有重要意义。至此，金砖国家合作机制已经走过 16 年的辉煌历史。在此过程中，各国合作的根基不断巩固、合作的范围不断扩大，已经在经贸、财金、科技、工业、农业、文化、教育、卫生、智库、友城等数十个领域开展务实合作的全方位、多层次架构。近几年，“金砖五国”在国际上的影响力和吸引力不断增强。金砖国家始终秉持公平、公正、主动的态度推进全球管理体制的变革，在世界和区域问题上发表“金砖”呼声，既增强了发展中国家的信心及其在世界上的话语能力，又推进了南南合作。金砖国家的合作已获得越来越多发展中国家的认同，五个成员国的实力也在不断提升，其合作的影响已超出五个成员国的范围，并在推动全球经济增长、完善全球治理、推动国际关系的民主化方面发挥了积极作用。中国愿借着金砖国家领导人第十四次会晤的机会，弘扬“开放包容、合作共赢”的金砖精神，深化各个方面合作，共同迈向新的道路。

图 2-2　金砖国家峰会

金砖国家领导人第十四次会晤通过并发布了《金砖国家领导人第十四次会晤北京宣言》(简称《北京宣言》)，其包括加强和改革全球治理、团结抗击疫情、维护和平与安全等 8 个方面的 75 条内容。《北京宣言》强调，加强人文交往对于促进五个成员国之间的了解和友谊以及促进合作具有重要意义。《北京宣言》还着重指出，在全球治理的加强和改革过程中，可以采用具有创新性和包容性的诸如数码和技术手段的解决办法，提高全球治理的开放性、代表性和参与性。此外，金砖五国应齐心协力，共同应对新冠疫情的大流行，保证所有人，尤其是发展中国家的人们能够获得安全、有效、易得且支付得起的诊断工具、药品、疫苗等关键医药物资。金砖国家还应在全球健康管理方面扮演领导者角色，为联合国有关机构提供支持。在国际局势方面，金砖国家支持俄罗斯与乌克兰之间的对话，关心乌克兰境内和外部的人道局势，支持联合国秘书长、联合国各机构和红十字会的人道、中立和公正的工作，以维护国际和平与安全。最后，后疫情时期，各国应携手面对全球经济风险挑战造成的诸多问题，推动实现后疫情时代强劲、持续、平衡和包容的经济复苏，清晰认知自身的经济发展水平，理智应对数字鸿沟等问题。

金砖“中国年”活动将达成 37 项重大成果，在数量和质量上达到金砖合作新高度。国务委员兼外长王毅将其归纳为“十大亮点”。第一，为维护国际公平正义发出金砖强音，《北京宣言》突出支持多边主义、完善全球治理制度等方面的共同主张。第二，加强“金砖五国”疫情防线，建立“金砖五国”疫苗研究基地，建立面向发展中国家的联合研发和生产综合平台，助力构建人类卫生健康共同体。第三，为推动构建开放型世界经济做出金砖贡献，为建立多边贸易体制和完善国际贸易制度的“金砖”协商做出一致努力。第四，巩固“金砖”打击腐败的决心，进一步推进《金砖国家拒绝腐败避风港倡议》，加强与国际的反腐、追逃等领域的务实协作，构建新型全球反腐败治理体系。第五，大力建设金砖一体化大市场，签订《金砖国家政府间关于海关事务的合作与行政互助协定》，发布《金砖国家贸易投资与可持续发展倡议》，推动贸易便利化和经济复苏。第六，为维护全球粮食安全注入金砖动力，签署第一个《金砖国家粮食安全合作战略》，设立农业和农村发展论坛。第七，挖掘“金砖国家”的创新发展潜能。建立金砖国家技术转移中心网络，举办可持续发展大数据论坛，促进五国经济的转型与发展。第八，扩大五个国家的前沿技术领域的交流合作，通过构建“金砖国家航天合作机制”，促进航天技术的交流与创新。第九，把握数字经济发展的时代机遇。达成“金砖国家数字经济伙伴关系框架”，发出“金砖制造业数字化转型合作倡议”，共同实现跨越式发展。第十，打造面向未来的高质量技术人才储备库。建立“金砖国家职业教育联盟’，举办职业技能大赛、可持续发展目标解决方案大赛、女性创新大赛，促进五国人才链、产业链、创新链衔接。

### 3. 约翰内斯堡：金砖国家领导人第十五次会晤（2023）

2023 年 8 月 23 日上午（当地时间），金砖国家领导人第十五次会晤在约翰内斯堡杉藤会议中心举行。南非总统拉马福萨主持会晤。中国国家主席习近平、巴西总统卢拉、印度总理莫迪和俄罗斯总统普京（线上）出席。五国领导人围绕“金砖与非洲：深化伙伴关系，促进彼此增长，实现可持续发展，加强包容性多边主义”主题，就金砖合作及共同关心的重大国际问题深入交换意见，达成广泛共识。习近平主席发表题为《团结协作谋发展 勇于担当促和平》的重要讲话。金砖国家领导人会晤对于国际新闻传播具有重要意义：金砖国家作为全球新兴经济体的代表，其会晤成果将引起国际社会的广泛关注；金砖国家领导人会晤是多边合作的典范，其秉持的国际合作与共赢的精神，对稳定全球经济、促进可持续发展具有积极影响；金砖国家领导人会晤是国际舞台上新兴力量的集结，对于平衡全球力量格局、推动多极化具有重要意义。

### 4. 金砖国家峰会及其新闻报道的主场外交

金砖国家峰会是由巴西、俄罗斯、印度、中国和南非这五个新兴市场国家组成的合作机制，峰会旨在推动这些国家在国际事务中发挥更为重要的作用。从国际新闻传播学科理论的角度来看，金砖国家峰会及其相关新闻报道发挥了一系列主场外交的优势。

（1）塑造集体形象

金砖国家峰会是这五个国家展示集体形象、合作精神的重要平台。新闻报道通过突出金砖国家峰会的成功召开和各国领导人的合作共识，形塑了金砖国家集体的正面形象。

（2）传递共同立场

新闻报道有助于传递金砖国家在全球经济治理、气候变化、国际贸易等方面的共同立场，有助于加强金砖国家在国际事务中的声音，提升其国际话语权。

（3）国内舆论引导

金砖国家峰会的新闻报道对国内舆论有引导作用，通过突出峰会的重要性、成果和对本国的积极影响，有助于形成国内对金砖国家合作的支持和认同。

（4）提升国际话语权

金砖国家通过新闻报道向国际社会传递其在全球治理中的态度和理念，推动了这些国家在国际话语权方面的提升。同时，峰会期间，各国领导人的讲话和协商过程通过媒体传播引起国际社会的广泛关注。

（5）增强国际影响力

金砖国家峰会的新闻报道有助于加强这些国家在国际事务中的影响力，通过展示金砖国家对全球事务的关注和积极参与，有助于提升其在国际社会的地位。

（6）深化国际合作

新闻报道为金砖国家提供了一个平台，使这些国家在峰会期间能够深化合作，共同探讨解决共同面临的问题，有助于推动国际合作，加强金砖国家之间的战略伙伴关系。

总体而言，金砖国家峰会及其相关新闻报道通过国际新闻传播，成功地发挥了主场外交的优势，促进了国际合作，优化了国家形象，提升了国际话语权，体现了媒体在国际关系中的重要角色。

### 思考与讨论

一、简述金砖国家的框架及其成员国名单，并回答作为东道主的中国已成功举办了几届金砖国家峰会，其贡献何在。

二、结合外交理论与传播理论，探讨金砖国家峰会的传播策略对于国际社会的合作有何重要作用。

三、通过观察媒体的创新实践，阐释金砖国家峰会传播中的信息采集和信息渠道的选择对于国际治理和国家建构的哪种方向性影响最为显著。

四、从在俄罗斯喀山举行的 2024 金砖国家领导人峰会，预测 2025 金砖国家北京峰会主场外交有何创新策略。

## 专题三　媒体对主场外交活动的传播策略：以第二届进博会为例（2019）

### （一）概况介绍

中国国际进口博览会（简称进博会）在全球博览会中是以进口为主题的唯一的国家级的博览会。[①] 自 2018 年开始，中国国际进口博览会的举办日期定为 11 月 5 日至 10 日，举办地为中国上海。举办中国国际进口博览会，是中国着眼于推进新一轮高水平对外开放做出的重大决策，是中国主动向世界开放市场的重大举措，是全力构建贸易自由化、经济全球化产业链和供应链新格局的具体实践。进博会搭建“买全球、卖全球”的开放平台，体现了中国同世界分享市场机遇、推动世界经济复苏的真诚愿望，彰显了中国以合作谋共赢的开放胸怀，有助于促进中国经济高质量发展，更好满足人民美好生活需要。

2019 年 11 月 5 日至 10 日，第二届中国国际进口博览会在中国上海国家会展中心举行。本届进博会旨在强调在中国的主场上应发挥作为东道主国家的能动性，表达更多的中国理念和中国方案，以获得更多的国际话语权，并作为展示中国的窗口，推动中国经贸合作、国际制度改革，提升国家的国际影响力。

进博会开设“中国国际进口博览会”官方网站，主要设置“新闻中心”“国家展”“企业商业展”“经贸论坛”“配套活动”“展会服务”“城市保障”等专栏，在官网上进行报道，从不同方面满足各类人群的需要，从而进一步优化报道的效果。中国国

① 截至 2024 年，中国国际进口博览会已举办七届。2024 年 11 月 5 日至 10 日，第七届中国国际进口博览会在上海举办。

际进口博览会微信公众号是推送最新资讯和提供服务的官方平台，能够向各类人群进一步传递博览会的最新消息。

## （二）国内媒体对进博会的传播策略

### 1. 进博会媒体传播内容

国内媒体对进博会的报道主要分为三个阶段：预热报道、大面积报道和后续总结报道。

（1）预热报道

本届进博会展前的热点资讯主要集中于三大方向。一是围绕展前媒体吹风会的报道。商务部于 2019 年 10 月 29 日举行了中外媒体吹风会，受到各大媒体的广泛关注。其中，国家主席习近平出席活动、虹桥国际经济论坛的活动安排，以及本届进博会的备展、参展情况，是媒体传播最多的主题。二是本届进博会吸引了外国首脑和大量外企的关注。包括法国总统马克龙在内的多国首脑将出席进博会。同时，众多海外企业高度重视中国消费市场，并积极参与进博会。本届进博会的参展企业规模整体超越了上一届。三是对进博会中即将亮相的“专精尖特”产品的前瞻报道。本届进博会中，世界 500 强和行业龙头企业参展数量超过首届，更多新产品、新技术、新服务将在本届进博会中“全球首发、中国首展”。

此外，一些媒体还对上一届进博会的交易团合同完成情况进行了报道。同时，本届展会中 5G 信号全覆盖、“进宝”智能机器人等高科技服务设施也成为一部分媒体的关注点。

（2）大面积报道

2018 年 11 月 5 日，新华社第一时间发布了国家主席习近平出席首届进博会开幕式的新闻，以及发布了习近平主席的题为《共建创新包容的开放型世界经济》的主旨演讲全文，各大主流媒体第一时间进行深入解析。央视新闻新媒体发布《习近平主席将与中外领导人一起参观国家馆》等快讯及“独家 V 观”系列。

（3）后续总结报道

后续总结报道的数量比较少，主要集中于各个网站做的一些数据新闻。

### 2. 进博会媒体传播渠道与形态

在媒体报道形态上，进博会既有广播、微博、微信等输出渠道，又通过短视频、直播、数字 + 动画和 VR-E 观展等新兴方式展开多样化报道。例如，上海广播打通东广新闻台、上海新闻广播、上海交通广播、第一财经广播四大频率版面，打造进博会专属频率“进博 FM”。《人民日报》选择通过微信 H5 界面，并套用时下流行的锦鲤营销互动模式，实现与受众的互动。2018 年 11 月 4 日，人民日报社新媒体中心通过微信推文《“进博”答题大赛来了，幸运“锦鲤”没准就是你！》发起的“进博”答题大赛，产生了良好的效果。人民日报社新媒体中心的作品微视频《中国外贸一分钟》以“一分钟”为维度，呈现中国扩大开放对世界的影响和贡献。央视新闻频道播出的《客从海上来——首届中国国际进口博览会特别节目》第一期节目中，主持人位于中央广播电视总台在外滩边设立的总台演播室，连线前方传来的直升机直播报道，带领观众从空中感受喜迎盛会的上海。“数字进博会”通过“数字 + 动画”形式，生动展示“进博会来了”、前世今生“不一般的进博会”、好玩“进博会之最”等进博会特色亮点。进博会还推出 VR-E 观展——通过实景技术，在展会期间共选取拍摄了 1300 多个展台，共计 4600 多个 VR 场景，馆内漫游全部采用全景一体机拍摄。

## （三）国内媒体在主场外交报道方面需提升的空间

主场外交报道无论是在国际传播中还是在政治传播中都举足轻重，尽管近年来不断创新报道路径，但对主场外交报道的研究不足仍然造成了其发挥影响力、传播力、引导力的瓶颈。

### 1. 重视国家话语叙事对新闻舆论工作的引导力、影响力、传播力的影响

主流媒体作为主流价值的“主心骨”和意识形态的“定盘星”，在构建宏观议题方面发挥着“社会公器”作用，但时政报道惯有的“大切口”“小落点”通病常常影响传播效果。主场外交报道同样不可避免地有时政新闻报道的弊病，因此在一定程度上影响了新闻舆论工作的引导力、影响力及其传播力。

### 2. 弥补互动机制尚未健全的短板

当前舆论环境下，微博成为“观点集散地”和“民意的集散地”，但由于微博用户准入门槛较低，媒介素养缺乏的网民缺乏对主场外交应有的关注，对微博中关于主场外交报道的互动仍然难以调动起来。

### 3. 关注主场外交务实成果和后续跟进报道存量

近年来，中国外交活动更加积极主动，主场外交接连不断，国庆阅兵、世界军运会、世界进口博览会、世界互联网大会等系列活动主场外交活动轮番精彩上演，让世界看到了一个开拓创新、勇于担当的中国形象。但主流媒体对务实成果的解读具有同

质化和稀缺性的特点，报道多集中于彰显团结友好、共迎挑战等国家间友谊和合作方面，对务实成果的解读较少，对主场外交活动产生的后续影响也缺乏跟进。

## （四）主场外交对做精时政类报道的思考

### 1. 精耕内容，坚持内容为王，是做好时政报道的“硬通货”

主场外交报道在传播理念中仍然有把国际传播等同于国际宣传的缺陷，在业务操作中也存在意义宽泛、报道模式程序化、国家话语叙事抽象晦涩以及与人民群众较大的疏离感等问题。如何最大程度以使命引领、以创新驱动做好做精主场外交报道，对于国际传播与时政类新闻报道具有双重启示性意义。

除了常见的消息、通讯、配发新闻评论和深度报道等手段，主场外交报道在内容的可视化方面迫切需要开足马力。通过对主场外交“硬信息”可视化解读，在每场主场外交进行前预告本场主场外交会议议程，该场主场外交进行后梳理发言、总结要点、解读议程，使主场外交的报道跳出时政报道的程序性束缚，有利于实现内容精耕与形式创新的有机统一。

### 2. 精湛业务，提升主场外交报道队伍的脚力、眼力、脑力、笔力

媒体竞争的关键是人才竞争，媒体优势的核心是人才优势。相较于两会这块各家媒体的“必争之地”，主场外交报道无论是记者的投入量还是记者的出彩性都比不上前者。

全方位提升主场外交报道新闻舆论工作队伍的脚力、眼力、脑力、笔力，要将新闻业务水准从稚嫩走向精湛，需要政治素养、理论素养、业务素养、文化素养同步跟进，实现引导国际舆论与提高舆论引导艺术相统一，构建新的对话话语体系，并打造融通中外的新概念、新范式、新表述，展现真实、客观、立体、全面的中国形象，以高水平的脚力、眼力、脑力、笔力推出有温度、有深度、有品质的新闻作品。

### 3. 渠道延伸，以相通相融的传播渠道沟通中外、连接世界

在国际传播中和时政报道中，要更好地实现“借船出海”和“造船出海”，发掘更多全球媒介事件中的中国机会，以贴近性为依托、以社交化为突破、以国际性为范围、以感召力为手段，以相通相融的传播渠道沟通中外、连接世界。不但要“自己讲”，更要“别人讲”。

### 4. 技术助力，激发人工智能“头雁效应”

随着互联网技术高歌猛进，新闻生产活动与技术的嵌合越来越紧密，技术赋能往往可以为新闻生产活动提供更多可能性。在央视主场外交报道的媒介表现中，与两会

报道相比，技术支撑略显薄弱。数据助力、场景驱动，做好做精主场外交报道需要技术护航。比如采用传感器开辟信息采集新维度，借助虚拟现实技术、增强现实技术、混合现实技术打造沉浸式体验，采用机器人写作记录主场外交内容，释放新闻生产力，以便集中力量攻克具有预测性、解释性和分析性的深度报道，同时创新版式，做到整体性和个性化的有机统一，启用 AI 人工智能主播等，为新闻生产流程的各个环节插上科技的翅膀。

## （五）国内外媒体针对进博会的报道比较

### 1. 关注维度差异化

中外媒体关注点的差异比较明显。*China Daily* 聚焦进博会本身和上海的“经济中心”的地位。其中“opening up”“largest economic center”“the frontier of the reform”“provide more opportunities”等相关搭配对进博会的开创性、对经济贸易发展的推动力、对上海今后的发展做了翔实的阐述。

外国媒体对此次进博会的经济大环境关注较多，主要集中在“中美贸易战”、市场经济的发展、进博会带来的负面影响等。其中“fictions with the United States”“world's largest exporter”“the trade conflict”等相关搭配显示出此次进博会在特殊时间的特殊意义。

### 2. 态度立场两极化

在 *China Daily* 的语料中，共提及上海 22 次，在所有主题词中排列第三。语料中多次强调进博会选址上海的意义，相关词组如“play pivotal roles”“make efforts to become an international financialcenter”“to make Shanghai a more shining city”“support Shanghai's intention to serve as a hub for newproduct releases”，不吝对上海的称赞，对其在国内的重要地位有所阐释，同时提出未来上海不断提升国际影响力，成为国际金融中心的愿景。

在外媒的语料中，共提及上海 14 次，位列第 19，上海多作为进博会地点介绍性提及，相关词句如“Shanghai expo will be of little consequence to U.S. and other companies”“Shanghai expo also gives Beijing a chance to repair its image following complaints about its ‘Belt and Road’ initiative”。西方媒体多将此次进博会作为一个媒介，与中美经济合作关系、“一带一路”大背景相结合，对其积极意义和上海城市形象的支撑三缄其口。作为能够在世界范围内展示上海形象的媒介，对近年来上海的全方位的发展几乎没有提到。

相比中国媒体对上海承担进博会任务几十年以来的创新进步和对其未来发展前景的充分肯定，西方媒体更多聚焦近年来上海发展的步伐、局限性，以及在贸易战的背景下发展的不确定性。两方媒体对此次进博会的报道分别持积极和消极两种态度，对上海形象的塑造力度也大相径庭。

不论西方采用何种态度报道上海城市形象，上海形象的传播仍要依靠媒体这个重要媒介。在文化和意识形态的碰撞下，如何更好地沟通交流，并通过大型活动来增进西方对中国城市的理解仍是一个重大课题。

## （六）中国形象建构：媒体报道的应对策略

随着国家综合实力不断提升，“中国威胁论”“中国霸权论”等抹黑观点一度甚嚣尘上，中国所面临的国际舆论环境依然不容乐观。通过对全球媒体的进博会报道进行分析可以看出，各国媒体报道时受其自身利益、立场、价值观、文化等多种因素制约。因此，在构建中国国际形象时，我们既要充分考虑国别因素，也要有跨国界传播的意识，建立起对外传播的应对之策。

在提升国际传播能力、增强中国国际话语权的进程中，国内媒体需要有的放矢，对国际社会的疑问进行有针对性的回应，兼顾宏观叙事和微观讨论，从政治、经济、文化、社会等多个角度进行具体阐释，并辅之以实际行动构建中国形象。

### 1. 有的放矢，定向传播

国际传播需要有针对性地传播与回应。中国媒体不仅要展示进博会究竟“是什么”，更要解释“为什么”举办此次展会，并主动启发办展国和参展国媒体及国民所在国家与个人能从进博会中获得什么。

### 2. 丰富主体，多样传播

在跨文化、跨国界的传播语境中，文化背景间的差异、政治利益的冲突以及意识形态的对立，都有可能导致公众恶意曲解或对抗解读报道内容。所以，站在传播受方的角度确定传播主题、使用目标受众熟悉的语言组织传播内容、用其惯用的思维逻辑分析传播事件非常重要。

### 3. 打通渠道，多向传播

在传统媒体报道的同时，应加强新兴媒体的传播力度，提高进博会的传播力与影响力，使其更加深入民众内心。更重要的是，要善于打通传播渠道，实现多向传播。

可以通过参会人员、在华外籍人员、志愿者等对进博会相关内容、相关活动进行二次普及，消除国外媒体报道中的各类“噪声”“杂音”。

### 4. 创新模式，主动传播

要创新传播方式，避免外宣思维过强的传播内容，努力塑造“接地气”的、真实的中国形象；在影视作品内容的选取上应追求共同价值，避免“强国叙事”可能造成的“大国”恐慌；报道视角上着眼于小人物，从细节切入，争取引起各民族广泛的情感共鸣；在故事建构上兼具传播性、故事性和趣味性，争取传播效果的最大化。

### 思考与讨论

一、深讨从闻名于世的广交会到中国国际进口博览会，中国会展国际传播有哪些经验与教训值得研究。

二、通过梳理已举办的七届中国国际进口博览会，分析媒体如何进行国际传播并对其效果进行评估。

三、就如何提升国际传播力而言，试将第二届中国国际进口博览会与2024年举办的第七届进行比较研究。

## 案例二

# 体育篇：国际重大体育赛事及活动的媒介呈现与博弈研究专题

## 一、设计理念：聚焦文化、科技、生态及政治诸要素对传播与话语建构的影响

体育新闻是国际新闻中的一个重要领域。体育赛事在现代传媒意义上是一种媒介仪式，是人类体育能力、竞争文化的集中展示，也是举办地的发展情况、所在国家综合国力的集中展示，包括经济发展的“硬实力”与文化传播的“软实力”。软实力理论认为，包括文化、价值观、政治体制等在内的软实力是国家吸引力和影响力的来源。在国际重大赛事中，可以通过文化宣传的方式，借用国际赛事交流的平台来展示国家的文化、历史和传统，改善国家形象，促进国际的理解与合作。体育赛事按照参赛人群、举办时节有一定的分类和针对性，按时节，可分为夏季运动会、冬季运动会；按人群，可分为残疾人运动会、军人运动会、大学生运动会等；按周期、时长，可分为综合运动会、单项锦标赛和联赛等。它们从不同层面、用不同特色项目展现了特定群体、项目参与者的风貌，也从体育领域的不同角度形成地区、国家的一张“名片”。

体育外交理论决定了体育新闻天生地带有深刻而显著的国际传播特性。体育外交理论强调国际体育赛事作为外交工具的重要性。一方面，体育赛事通常是国际行为，许多国家、地区共同参与。体育比赛的新闻播报和实况转播，在悠久的历史中，往往也是新闻报道技术的前沿：从最早的广播、电报通讯实况到如今的网络传播，体现出体育新闻对实效性的高度要求。这种网络传播方式利用了体育的普遍吸引力，以增进国家间的互信和合作。另一方面，体育赛事实际上是一个不同国家、民族文化交往的大“论坛”，既有友好的沟通交往，也有矛盾和摩擦。体育比赛的背后往往带有政治、文化的“底色”。国家可以通过举办或参与重大赛事来优化国际形象、改善外交关系甚至解决国际争端。更深层次地，从国际关系与全球化理论层面来讲，国际体育赛事是全球化的重要组成部分，可以影响国际关系。体育运动早已渗透各国人民的日常生活，国际体育赛事凭借竞技魅力吸引了来自不同国家和文化的运动员与观众，促进跨文化交流的同时有助于各国人民理解和尊重不同的文化与背景。同时，国际体育赛事有助于增强国家认同感。人们在支持自己国家或地区的运动队时，会产生一种强烈的认同感，有助于传播国家的文化、价值观和特点，也可以加强国际社会对国家的了解和尊重。奥运精神是跨越民族、地域的友谊的体现，奥运赛事更是增强国家认同感的重要

形式。体育文化随着人们的体育实践逐步形成，不仅被记录在大型赛事中，而且被记录在不同民族国家相关的影视资料里，其中尤以体育题材纪录片为代表。它刻录了现代人类的体育实践和体育文化，连接了体育活动与社会、民族的关系。

对于体育新闻和体育文化传播的研究，以往较为常见的路径是关注体育赛事的胜利、失败、合作和竞争等赛况，聚焦于偏微观的运动比赛过程，而对于其可以影响国际社会对国家看法的精神文化层面的研究则较为简略，通常由比赛过程的艰苦“自然而然”地得出运动员拼搏奋进精神的可贵。这样的模式虽然力求详细地展示比赛过程，但对体育新闻传播、体育文化及其深层次的社会影响探讨是不充分的。国际体育赛事吸引了全球性的媒体关注，国际传媒的广泛报道使与会国家的国家形象传播到世界各地，也为国家向国际观众传递特定信息创造了机会。研究者有必要在体育赛事整体上（包括开幕式、比赛过程、场馆建设、文化特色、著名人物、体育项目发展、对地区与国家形象的展示、集体记忆建构等方面）做出更多努力。

本案例针对体育活动的国际传播研究，重点关注的创新点包括以下几个方面。第一，对体育赛事进行考察，更加深层次地探究体育赛事对参赛群体、举办地的形象展示以及与体育比赛相关的社会政治、文化影响，结合集体记忆研究、文化叙事学等学科知识进行观察阐释。第二，对体育题材纪录片及赛会影像资料进行观看和分析研究，引导学生了解不同民族、国家，不同项目的发展情况，以及片中人物个体、群体的体育实践、成长历程，从而研究其制作、叙事方法，从个体、部分群体中见微知著，了解体现在体育中的社会、国家历史文化进程。第三，重点关注“互联网 +”、综合采访、多元发布。体育直播、新闻播报等带有鲜明的新媒体特征，展示出在众多新闻门类里最积极与新媒体融合的特质。教师要带领学生观察探讨“互联网 +”时代下，体育新闻传播的创新特征和变革脉络。

## 二、实现路径：教学流程与布局

课程实践环节分为以下四个阶段。

第一阶段：教师布置选题，提供“体育赛事研究——专项或奥运”“体育题材纪录片研究”等课题，推荐一些体育赛事资料、体育题材纪录片作品，也可由学习者自行发现，与教师协商选择。

第二阶段：学生根据学习兴趣自行选择相关主题，并组成固定人数小组。小组成员就选题搜集相关资料，如搜寻与赛事相关的百科介绍、新闻报道、历史资料、文献资料等，并在研读相关文本资料后，观看开幕式、闭幕式与比赛等相关影视资料，从理论视角与实践层面综合分析参赛代表队、运动员的表现和重点展示形象、文化等。同时，还有另一个研讨方向供学生选择——自行选择并观看感兴趣的体育题材纪录片，进一步了解某体育项目及相关人物的发展、成长过程，尤其关注体育赛事与社会、民族、国家的联系。总体上注重学术切入点、观察点创新，争取得出具有创新性的成果。

第三阶段：学生小组商讨选题，并对其内容进行分析，以理论结合实践的方式总结框架，并与教师进行商讨。小组成员商讨后，根据内容制作文本讲稿、PPT 等相关资料，形成研究文本，在课堂上逐一进行展示。

第四阶段：学生与课堂上其他同学、教师展开讨论、交流。教师总结每个小组的研究文本的优劣之处。小组成员与教师进一步交流，修改、润色研究文本。

另外，学生的研究交流活动并不限于课堂上。课后，师生将利用新媒体工具在课程群组里继续探讨、交流。学生可开放地分享一些有关主题的视频、新闻资料，与课程群的同伴进行讨论。教师要将课堂内容拓展到方方面面，为学生营造一个良好的学习环境。

## 三、案例展示与引导

### 专题一 “能”与“域”的升位：2022 年北京冬奥会之探视

作为全球瞩目的体育竞技运动会，北京冬奥会提供了一个世界文明互鉴的舞台，这也是一块构建中国的全球话语体系的试验田[①]。继 2008 年北京夏季奥运会中国体育对外传播能力的一次大跃升之后，2022 年的北京冬季奥运会又一次让中国登上了对外展现国家实力和中华文化的国际舞台，是中国在面对不断变化的国际局势和国际环境，依旧秉持中国与世界发展共进退的国家意志定力的完美体现。面对后疫情时代下的多重不确定性，此次北京冬季奥运会为中国话语与国际话语接轨提供了桥梁。正是在复杂多样的国际舆论环境下，体育传播伴随着媒介技术、人文与生态发展带来的机遇与挑战走向了世界舞台。如此检验中国对外传播能力影响之大的媒体实践应当成为教科书的研究对象。为此，本专题试图从“能”与“域”的矩阵结构去观察本届冬奥会的

① 郭晴，杨茜．使命、机遇与挑战：对北京冬奥会国际传播的思考［J］．体育科学，2020，40（11）：3-9.

对外传播能力与影响力。这里的“能”既指体育之能（物质或技术），也指传播之能（技术或渠道）和国家之能（综合国力或文化软实力）。“域”的视界则分为三层：一为国际传播环境与中国的奥运；二为体育世界本体之奥运；三为中国对外传播中的奥运。同时，在“能”与“域”之间相互作用形成一种结构性合力，便成就了本届冬奥会。

## 一、北京冬奥会之“能”的升位与强大磁场力

围绕北京冬奥会所展示之能的观察，我们得从体育之“能”、传播之“能”和国家之“能”三个层面加以解析，探讨它们如何作用于北京冬奥会的对外传播实践。

### （一）体育之“能”

北京冬奥会的体育之“能”，不仅向全世界展现了中国在体育赛事组织方面的能力、运动员们的卓越技能与拼搏精神，还深刻影响了体育产业的发展、中西体育文化的交流融合，以及在科技领域的创新与提升。北京冬奥会上，中国代表团以 9 金 4 银 2 铜的战绩高居金牌榜第三位，创下了参加冬奥会以来的历史最佳战绩。运动员们在多个项目上实现了突破，如谷爱凌在自由式滑雪女子大跳台、坡面障碍技巧、U 型场地技巧三个项目上夺得 2 金 1 银；苏翊鸣在单板滑雪男子大跳台项目中获得金牌，成为中国首个单板滑雪冬奥冠军。运动员们用实际行动诠释了“我能”比“我赢”更重要的精神内涵。面对挑战，他们勇于突破自我，展现了顽强拼搏、永不言弃的体育精神。这种精神不仅激励了无数观众，也为中国体育事业树立了新的标杆。北京冬奥会的成功举办，极大地推动了中国体育产业的发展。国产体育品牌纷纷赞助各国代表团，数百名运动员、教练员和代表团工作人员身穿中国品牌服装，为中国品牌提供了国际展示的舞台。比赛期间建成的大量高难度、高水准的滑雪场和比赛场馆在赛后继续服务于冰雪运动的普及与发展，推动中国冰雪产业的长期繁荣。北京冬奥会开闭幕式、赛事组织、场馆设计等多个环节充分展示了中国文化的独特魅力。来自世界各地的运动员和观众带来了各自的体育文化，促进了中西体育文化的交流与融合。同时，赛事举办期间，我国首次使用 8K 公共信号进行直播，涵盖开幕仪式、闭幕仪式、滑冰、滑雪等。5G+8K 技术使北京冬奥会成为史上“最清晰”冬奥会。冰壶比赛中使用“子弹时间”技术，让人们能够享受任意视角切换、自由缩放、随时暂停、定格旋转等观赛体验。冬奥会还创新性地使用了大量无人机采集赛事信息，这为新媒体技术融入体育信

息采集提供了先机。基于受众个性化、多元化的收看需求，先进的技术手段为人们提供了更多样的观赛体验，实现了技术为人服务的功能，使电子信息技术的传播成为人的感官的全面延伸，而赛事转播回归到体育项目及运动员这一重点上来，转播内容真实、直接、客观。无人机赛事的报道更突出了受众的感受，沉浸式的转播增强了受众对冰雪运动的认知与喜爱，进一步提升了冰雪运动的普及程度。冬奥会利用新媒体技术转播的过程，不仅是见证各种新技术走向成熟的过程，也是推进包括新媒体在内的各类技术在大型体育赛事中的应用的过程。新技术在冬奥会赛事的实践应用中不断催化和完善，各项技术交替融合，共同为冬奥赛事传播提供强劲的技术保障。此外，VR自由视角、云转播技术、数字孪生技术、全息虚拟影像等技术都被应用到北京冬奥会中，首次在赛事转播中使用的3D回放技术与虚拟分析技术给受众带去更加清晰、真实、沉浸的赛事转播体验。通过这些技术的拓展，我们可以看出，北京冬奥会不仅是一场体育盛事，也是中国科技实力和创新能力的展示窗口、中西体育精神与体育文化的交流窗口，对推动体育产业和相关技术的发展具有重要意义。

### （二）传播之“能”

北京冬奥会的传播之“能”体现在多个方面，包括传播策略的创新、传播渠道的融合、传播力量的放大、传播内容的丰富以及传播效果的显著。传播策略方面，北京冬奥会通过设计独特的标志、吉祥物（如冰墩墩）、口号（如“一起向未来”）等，塑造了易于识别的品牌形象，增强了品牌的辨识度和记忆点；利用电视、广播、报纸、杂志、社交媒体等多种渠道，进行全方位、多角度的宣传报道，不仅扩大了宣传的覆盖面，还提高了信息的到达率和传播效果；一系列与冬奥会相关的主题活动（如倒计时活动、火炬传递、文化展览等）的策划和组织，不仅吸引了公众的广泛关注，还增强了公众对冬奥会的参与感和认同感。传播渠道方面，北京冬奥会充分利用电视、广播等传统媒体的优势，同时积极拥抱新媒体，通过社交媒体、短视频平台等途径进行融合传播，使信息能够更快速、更广泛地传播给受众；线上直播、短视频、社交媒体互动等与线下活动的结合形成了线上线下联动的传播格局，这种互动传播方式不仅提高了受众的参与度，还增强了传播效果；北京冬奥会还积极与国际知名媒体机构建立合作关系，通过新闻报道、专题访谈等多种形式，向全球展示冬奥会的筹备进展、赛事亮点和文化内涵，不仅提升了北京冬奥会的国际影响力，还促进了中外文化的交流与互鉴。传播力量方面，现代传播技术推动了跨国资本的流动、国际传播与远距离的人际交往，新媒体技术催生的多渠道网络生产者构成了北京冬奥会国际传播的新生力量，合理借鉴“现代性”与消费主义运作机制，有助于中国文化在全球范围的传播与文化认同。[①] 多元形式的媒体技术充分放大了北京冬奥会的传播力量，将赛事期间的媒体运行、安保、交通、科技、赛事水平、运动员的表现能力、精神风貌、中国人民的日常生活等方面进行生动呈现。传播内容方面，赛事报道包括比赛过程、运动员风采、赛事亮点等，可以说是对冬奥会各项赛事进行了全面、深入的报道。这些报道不仅满足了受众对赛事信息的需求，还激发了受众对冰雪运动的兴趣和热情。北京冬奥会还以体育赛事为媒介，积极展示了中国的历史文化、民族特色和时代风貌，向世界传递了中国的文化魅力和精神风貌，这种文化交流不仅增强了受众对中国的了解和认同，还促进了中外文化的交流与融合；借助冬奥会这一平台，中国还向世界展示了北京及张家口等城市的独特魅力和发展成就，不仅能提高城市的知名度和美誉度，还能促进当地旅游业的发展。传播效果方面，北京冬奥会创下了参赛和获得奖牌的国家和地区数量历史新高，吸引了全球众多国家和地区的关注与参与；冬奥会还在全球社交平台上吸引了超 30 亿网民的关注，显示出极高的全球关注度；通过冬奥会的成功举办和广泛传播，中国向世界展示了一个可信、可爱、可敬的国家形象。这种国家形象的提升不仅增强了国际社会对中国的认知和认同，还为中国在国际舞台上赢得更多的尊重和支持。从文化传播角度来看，北京冬奥会以更为多元、包容和年轻化的方式，借助高科技和数字化手段，探索了基于文明共生、共享和共荣理念的跨文化传播新模式。这种文化传播模式不仅促进了中外文化的交流与互鉴，还为中国文化的国际传播提供了新的思路和路径。

### （三）国家之“能”

瑞士学者穆勒将夏季奥运会看作当代媒介事件中唯一的巨型事件，其访客的吸引力、媒介化到达率、成本和变革性影响力的变量在社会上的影响力都是非常巨大的。虽然冬奥会受季节性、地域性的限制，参与人数有限，但冬奥会同样可以成为巨型媒介事件。冬奥会有利于推动全世界不同国家、不同民族更好地实现文化共生，充分体现以人为本的人文价值观念[②]。北京冬奥会的成功举办，进一步提升了中国的国际影响

① 邵鹏．国际传播的中国愿景与路径：评吴飞教授专著《国际传播的理论、现状和发展趋势研究》[J]．东南传播，2019（12）：72-73.

② 刘贺娟，姜媛媛．文化共生视角下北京冬奥会视觉传播的人文特点研究［J］．当代电视，2022（4）：27-31，37.

力。各国运动员和媒体对中国有了更深刻的认识，中国博大精深的传统文化和现代化建设的成就得到了广泛传播。北京冬奥会的赛事宣传片中，借助诸如书法、戏剧、舞狮等中国的传统文化样态，在新时代的历史语境下，展现出中国文化的独特魅力，向世界展示中国体育文化的历史性、现代性与丰富性。宣传片还重视展现运动员的特质。例如，隋文静、韩聪在花样滑冰双人滑自由滑决赛表演结束之后，流泪的特写镜头呈现了他们多年艰苦训练终获成功的复杂情感；日本花样滑冰运动员羽生结弦亲吻冰面的经典镜头以及对“天才少女”谷爱凌背后故事的跟踪报道，都体现了以人为本的思想。通过对运动员的形象和运动项目的特点进行展现，观众不再只注重成绩，而更多地开始关注比赛的观赏性、运动员的拼搏与努力和比赛中所呈现的强大的体育精神及其展现出的健康向上的状态。同时，北京冬奥会的赛事传播多平台同步进行，使人们能够最大限度地参与这项大型体育赛事。在传播过程中呈现出多线、多点的报道，从不同角度对大型体育赛事进行呈现，这既是民众参与的途径与手段，又是群众参与共同塑造时代记忆与集体记忆的方式。北京冬奥会等大型赛事的举办会带来更多隐形的社会红利。2023 年 5 月 6 日，北京 2022 年冬奥会和冬残奥会组织委员会发布的《北京冬奥组委财务收支报告》[①] 指出，北京冬奥组委的收入主要来源于四个方面：一是国际奥委会资助的 37.8 亿元（人民币，下同），是国际奥委会按协议分配给主办城市的国际市场开发收入和电视转播权收入分成；二是市场开发收入 111.3 亿元，是北京冬奥组委会根据《主办城市合同》，在国际奥委会授权下实施的国内市场开发和特许经营收入；三是其他收入 4.8 亿元，包括利息、收费卡和资产处置等各类其他收入；四是票务收入，按照疫情防控要求，为保障涉奥人员和观众的健康安全，北京冬奥组委未销售门票，无票务收入。国际奥委会表示，2022 年北京冬奥会真正做到了“与众不同”，开创了历史上性别最平衡的冬奥会，吸引的新观众创下纪录，极大地推动了世界冬季运动的发展，还在极其困难的情况下实现财政盈余，并且宣布将把北京冬奥会组织预算中的 1040 万美元盈余捐赠给中国奥委会，旨在支持中国体育事业的发展，特别是支持 3.46 亿中国人继续参与冬季运动。冬奥会的成功举办说明大型体育赛事的组织、策划与举办是展示国家形象、国家文化、国家力量的舞台。奥林匹克格言“更快、更高、更强——更团结”不仅是对体育精神的期望，也是对全人类美好希望的投射，让受众深刻体会运动员的拼搏精神，使国家与民族荣誉感得到焕发、社会凝聚力得到增强。

① 国际奥委会“回赠”北京冬奥会 1040 万美元盈余，支持中国体育事业发展［EB/OL］.（2023-05-08）［2024-05-20］. https://baijiahao.baidu.com/s?id=1765276995264345290&wfr=spider&for=pc.

同时，大型体育赛事有利于促进和谐社会的建设，为社会稳定、和谐、可持续发展贡献力量。

## 二、北京冬奥会之“域”的升位与视界的联通

要探讨北京冬奥会的成功及其全球影响力的进一步提升，得从国际传播环境、体育世界本体和中国对外传播三个维度着眼，观察中国与体育、与世界、与人的发展的关系，如此三层视界的和谐与交融体现了当代中国体育对外传播的境界。

### （一）国际传播环境与中国的奥运

北京冬奥会的国际传播是一个多维度、多层次的复杂过程，涉及战略规划、内容设计、媒体运行、效果评估等多个方面，对于提升中国在国际舞台上的影响力和话语权具有重要意义。20 世纪 70 年代，海泽 - 迪特里希・菲舍尔（Heiz-Dietrich Fischer）和约翰・C. 梅里尔（John C. Meril）对国际传播进行了定义。他们认为国际传播不是简单的信息跨国流动，而是政府间的信息交换。国际传播涉及国家核心利益，它的战略目的是夯实民意基础①，实现国家的政治和文化影响。北京冬奥会的传播既是赛事传播，也是典型的国际传播。北京冬奥会的传播主体是中国政府和国际奥委会，其执行机构为 2022 年北京冬奥组委会。因此，北京冬奥会国际传播主体具有交叉性和双重性，这决定了北京冬奥会国际传播需要同时权衡中国政府和国际奥委会的价值观与利益需求。对国际奥委会而言，扩大奥林匹克运动在全球的影响力，传递“卓越、友谊、尊重、和平、团结”的奥林匹克价值观是其对北京冬奥会国际传播的期待。

北京冬奥会的成功举办对中国乃至国际传播环境都产生了深远的影响。在提升中国国际形象方面，北京冬奥会向世界展示了中国在基础设施建设、科技创新、组织管理等方面的强大实力，不仅增强了国际社会对中国的信任和尊重，也为中国在国际舞台上赢得更多赞誉和支持。冬奥会作为中国文化和世界文化交流的桥梁，通过开幕式、闭幕式、比赛场馆设计等多个环节，向全球观众展示了中国传统文化的魅力、中国奥运的匠心以及现代中国的风采。这种文化的传播，有助于增进各国人民对中国的了解和认同，提升中国的文化软实力。在促进国际交流与合作方面，北京冬奥会为各国运动员、教练员、裁判员等提供了交流的平台，促进了体育领域的国际合作与交流。同

① 刘琛. 国际传播理论及其发展的主要阶段与反思［J］. 中国人民大学学报，2017，31（5）：112-121.

时，冬奥会也吸引了全球媒体和观众的关注，为各国人民之间的文化交流提供了契机。在冬奥会期间，各国运动员之间的友谊和团结精神也得到了充分展现。他们相互尊重、相互学习、相互帮助，共同追求体育精神的崇高目标。这种友谊的增进有助于推动构建“人类命运共同体”，促进世界的和平与发展。在推动国际传播环境的变革方面，北京冬奥会期间我国通过多种渠道和方式加强了对冬奥会的国际传播，打破了西方媒体对国际舆论的垄断和主导。中国媒体通过报道冬奥会的筹备和举办过程，展示了中国的真实面貌和积极形象，增强了国际社会对中国的了解和认知。同时，北京冬奥会充分利用新媒体和社交媒体的传播优势，通过短视频、直播、互动等方式吸引了全球观众的关注和参与，不仅提高了传播效率、扩大了覆盖面，也增强了传播内容的吸引力和感染力。此外，北京冬奥会的成功举办也为中国未来举办大型国际活动提供了宝贵的经验。中国可以借鉴冬奥会的组织管理和传播策略，不断优化和完善自身的国际传播体系。通过冬奥会的国际传播实践，中国可以进一步拓展传播渠道和平台，加强与全球媒体和受众的沟通与联系。这将有助于提升中国在国际传播领域的影响力和话语权。

### （二）体育世界本体之奥运

2020 年 4 月，国际奥委会主席巴赫在致奥林匹克运动的公开信中提及：“体育是唯一能将人们团结在一起的活动，无论他们的社会、政治、宗教或文化背景如何。体育是把社会凝聚在一起的黏合剂。”① 但在后疫情时代，正如英国皇家国际事务研究所所长罗宾·尼布莱特（Robin Niblett）所指出的那样，新冠疫情正在迫使政府、企业和社会加强长期应对经济孤立的能力。在这样的背景下，世界几乎不可能回到 21 世纪初那种互利共赢的全球化状态。一旦各国再无意愿保护全球经济一体化所带来的共同利益，那么 20 世纪建立起来的全球经济治理架构将迅速萎缩。② 疫情使世界各国关闭国门，降低了国际合作的愿望，与疫情相伴而生的各种阴谋论也使国家与国家之间、国家与国际组织之间产生了猜忌和舆论冲突。

从奥林匹克运动发展的历史来看，奥运会是一种团结与和平的象征，历史上的“神圣休战”是奥林匹克运动的神话，也是促使世界走向团结与合作的重要文化力量。北京冬奥会是疫情之后弥合冲突的重大契机和重要力量。从讲述中国体育故事出发，

---

① 巴赫发表公开信 奥运会超出任何政治或其他分歧［EB/OL］.（2020-04-30）［2024-05-20］. https://sports.cctv.com/2020/04/30/ARTICIHlcTvhvB8IME0xYoG7200430.shtml.

② 全球 13 位思想家预测：疫情后世界秩序将何去何从？［EB/OL］.（2020-04-08）［2024-05-20］. http://symbiosism.com.cn/3679.html.

采用跨文化传播的思维描述北京冬奥会的组织与筹备、呈现中国式现代化的力量与现代体育的发展图景，是中国体育国际传播的题中之义和创意所在。于是，媒体参与体育国际传播之中，例如中国网积极向海外网友宣传介绍北京冬奥会，制作推出数据图解《冬奥关键词》、海报《冬奥场馆巡礼》《冬奥项目知多少》，通过生动形象的画面和客观具体的数字，向外国网民宣传介绍中国绿色办奥、安全办奥的亮点。此外，媒体还聚焦国内外运动员，推出《北京冬奥中国之星》《你们是骄傲！冬奥健儿》等作品，展现冬奥会运动健儿挥洒青春、奋力拼搏的风采。

## （三）中国对外传播中的奥运

北京冬奥会的成功举办无疑为中国对外传播注入了新的活力和动力。作为中国举办的又一次世界级体育盛会，它展示了中国作为大国的综合实力和组织能力。通过高标准的赛事组织、场馆建设和安全保障，中国向世界传递了积极、开放、自信的形象。冬奥会不仅是体育竞技的舞台，更是弘扬奥林匹克精神的阵地。中国通过冬奥会的举办，进一步推广了“更快、更高、更强——更团结”的奥林匹克格言，展现了追求卓越、尊重规则、团结协作的精神风貌。同时，此届北京冬奥会更是对中国对外传播格局中生态文明建设理念以及“绿色办奥”理念的深化。2022 年北京冬奥会的办奥理念为“绿色、共享、开放、廉洁”，也就是绿色办奥、共享办奥、开放办奥、廉洁办奥。“绿色办奥”由理念转化为实际行动，内化为生态文明建设理念，外化为绿色场馆设施。赛时确保赛场车辆 80% 以上使用节能与清洁能源，并对原有奥运场馆进行二次利用，把“水立方”变成了“冰立方”，赛场大巴车全部使用氢能源，3 大赛区 26 场馆 100% 绿电供应。北京冬奥组委会为保证赛事的正常运行与举办，提前对赛区的生态环境进行摸底调查，采取多种措施保护赛区周围的动植物，在施工过程中对珍贵树种进行系统监测管理，赛后进行赛场生态修复；为动物搭建人工通道便于其迁徙，在开展活动时充分保障了生物多样性，实现人与自然和谐发展。与此同时，低碳环保的技术创新是促进经济长期发展、实现碳中和以及碳达峰的关键因素，对长期节能减排起了决定性作用。事实证明，北京冬奥会从能源支持到技术创新，从场馆设施到工作服饰都采用了技术创新手段，达到了低碳环保的目的。如开幕式主火炬使用氢燃料，充分体现了低碳环保的理念，燃放的烟花也是高科技环保产品；点火方式融合科技元素，将设计理念与国家理念、全球环保共识融合，通过奥运平台向全世界传播；开幕式和闭幕式减少参演人数，采用人工智能和高科技的呈现方式；场馆以建筑节能为主要目的，进行了有针对性的改进，构成一个完整的建筑循环体系，从而增加了场馆的使用周期，提高了环保节能效果。同时，场馆制冷剂采用最低碳环保的制冷产品。二氧化碳跨临界制冷技术是冬奥场馆“冰丝带”的一大亮点，主要是为了最大程度减少碳排放。“绿色办奥”的技术创新措施与经验，为我国的生态文明建设和可持续发展、冬奥会主办城市未来的技术创新与可持续发展提供了很有价值的借鉴。

## 三、北京冬奥会之“能”与“域”的相互作用

正是在“能”与“域”的相互作用下，北京冬奥会通过体育、传播和技术等多方面的能力建设及其在不同领域中的作用，形成了一种结构性合力。这种合力不仅推动了赛事的成功举办，也促进了中国声音和价值观的全球传播。尤其是在后疫情背景下，北京冬奥会成为促进国际团结与合作的重要契机，展示了体育作为社会凝聚力黏合剂的重要功能。

首先，北京冬奥会“能”与“域”的相互作用体现为技术与传播的结合。如上述提到的 5G、8K、VR 等前沿新媒体技术的广泛运用，使北京冬奥会成为史上“最清晰”的冬奥会。与此同时，无人机采集赛事信息的创新性使用，也为新媒体技术融入体育信息采集提供先机。首次在赛事转播中使用的 3D 回放技术与虚拟分析技术，也给观众带来前所未有的沉浸观赛体验，极大提升赛事传播质量的同时，也展示了中国在新媒体技术领域的创新能力和应用实力。

其次，北京冬奥会“能”与“域”的相互作用体现为文化与社会责任的融合。在文化多样性方面，北京冬奥会通过开幕式和闭幕式的创意表演、赛事宣传片以及对中国文化元素的巧妙融合，向世界展示了中国丰富的文化遗产和现代文化创新，体现了中国的文化自信和时代精神。在社会责任履行方面，绿色办奥的理念贯穿于北京冬奥会整个赛事的筹备和运行中。从节能减排到生态保护，北京冬奥会展现了对环境的深切关怀和对可持续发展的承诺。

最后，北京冬奥会“能”与“域”的相互作用体现为体育精神的弘扬与经济社会发展的融合。一方面，通过运动员的卓越表现和赛事的公平竞争，北京冬奥会弘扬了体育精神，激励了人们追求卓越、友谊和尊重，促进了社会正能量的传播和奥林匹克价值观的普及。另一方面，赛事的成功举办带动了基础设施建设、旅游、体育产业等相关领域的发展，也促进了经济效益提升和社会进步，反映出大型体育赛事在促进社

会和谐、增强国家凝聚力方面的重要作用。

国际奥委会主席巴赫指出，我们正在共同穿越黑暗的隧道，“无论这条黑暗的隧道有多长，我们都会一起走过尽头，奥运圣火就是隧道尽头的光”。[①] 提倡“尊重、友谊、对话、包容、团结、和平”的奥林匹克主义既包含了中华传统文化中“和而不同”“求同存异”的优秀思想因子，也提供了超越民族主义和国家主义的全球价值观。北京冬奥会将中国话语和国际传播接轨，在体育赛事、技术传播、生态保护和人文情怀方面向世界展示中国作为一个国际大国，在体育赛事方面肩负起的国家责任，实现了“相互理解、友谊长久、团结一致和公平竞争”的奥林匹克精神和文化的广泛传播的同时，也向世界传递了中国声音。

## 专题二　第 31 届大运会：创意与面向世界的城市传播

世界大学生运动会（FISU World University Games，简称“大运会”），由国际大学生体育联合会（International University Sports Federation，简称“国际大体联”）主办，始于 1959 年，其前身为国际大学生运动会，是规模仅次于奥运会的世界大型综合性运动会，素有“小奥运会”之称，包括“夏季运动会”“冬季运动会”，每两年举办一届，只限在校大学生和毕业不超过两年的大学生（年龄限制为 17—28 岁）参加。青年是国家的未来，也是世界的未来。世界大学生运动会是全世界青年人的聚会，青春、梦想、激情、友谊已然成为它的主旋律和代名词。

2018 年 12 月 13 日，国际大体联在葡萄牙布拉加市召开常委会会议，宣布中国成都获得第 31 届世界大学生夏季运动会（见图 2-3）举办权。这是中国西部地区成功申办的首个世界级综合性运动会[②]，是继 2022 北京冬奥会之后国内举办的首个国际综合体育赛事，也是继冬奥会、冬残奥会后中国举办的参加国家最多和入境人数最多的大型活动之一。

① 中国新闻网．巴赫：生命高于一切 奥运圣火是黑暗隧道尽头的光［EB/OL］.（2020-03-23）［2025-02-22］. https://baijiahao.baidu.com/s?id=1661921034837312443&wfr=spider&for=pc.

② 借势大运会接旗仪式打好“熊猫文化牌”：记“来自熊猫故乡的邀请”系列外宣活动［J］. 对外传播，2019（11）：63-64.

图 2-3　成都第 31 届世界大学生夏季运动会

体育强国建设是实现中国梦的重要组成部分。成都大运会是面向全球的重大体育文化国际交流活动，是推动体育强国的重要载体。这场体育文化盛宴积极地向世界宣传成都这座有 2300 多年建城史的国家历史文化名城汇聚和展示世界青年青春逐梦、勇毅奋发的精神面貌；向全世界宣示，中国将继续以更加开放的姿态拥抱世界、拥抱未来。总之，在成都举办的第 31 届世界大运会既肩负着展示国家对外形象的重大使命，也是成都提升城市国际化水平、深化国际交流、推动对外开放、增强城市品牌美誉度的重大契机。从国际传播角度来看，此次大运会精心筹备与策划了一系列多方发力的城市建设和传播活动，向世界讲述青春故事与中国故事、青春梦与中国梦。

缘此，我们对这一前一后在腾飞的中国之华北与西南地区举行重大国际体育赛事产生了浓厚兴趣，借此通过前文之冬奥会和本案之大运会，可近距离观察新世纪第二个十年中国体育的对外传播面貌和品格以及体育的中国与世界的关系。故而本专题将深问中国体育对外传播如何进一步推进，这一传播力首先从传播理念与创意层面去挖掘和考察，相较于北京之于冬奥会，就媒介地理学视角观之，发掘历史悠久又极具现代感的成都之意涵及其功能作用，将成都及其地域文化抑或多重成都之形象传递给世界各国的青年们，注意发挥体育赛事的增值效应，是我们观察大运会对外传播创意实践的目的。于是，本专题将聚焦于创意与城市传播这两个关键词。

## 一、创意实践：破圈合作，构筑体育增值新亮点

第 31 届（成都）世界大学生夏季运动会充分运用自身区位优势，集纳多方智慧，将体育与科技、国漫 IP、“运动 + 生活”健康生活模式相结合，这种破圈合作的创意实践为体育赛事增值平添了诸多新亮点。

### （一）科技创意：大运会开闭幕式蕴藏的科技魅力

2023 年 7 月 28 日当晚，“用科技实现创意”的开幕式点亮了成都东安湖体育公园主体育场，现场一片沸腾。以“绿色、智慧、活力、共享”为办赛理念的成都大运会，智慧元素、科技元素在赛场内外随处可见。科技创新成为本次大运会开幕式出圈的原动力，“机器人总动员”服务赛事保障，“智慧大脑”助力场馆运行……由朱红、明黄、翠绿、湖蓝 4 种渐变色组成的“蓉火”火焰明亮而飘逸，而这背后凝聚了研发单位的多项技术。科技与艺术的交融互动，让开幕式精彩纷呈。“蓉火”火炬是由可循环使用的铝材料制成，为确保火炬在传递中“超长待机”并保持不灭，研发团队融合了航天技术中的燃烧方案；低硫、无重金属的高科技环保焰火，以及点火仪式中缓缓升起的火炬盘需要复杂的升降技术和 LED 成像技术的支撑，以保证圣火点燃的最佳视觉效果。8 月 8 日晚的闭幕式也采用先进黑科技来丰富视觉效果和传播效果。一台名为 Walker X 的机器人骑着平衡车出现在舞台上，与一位跳机械舞的舞者进行互动。当 Walker X 骑着平衡车下场后，随之而来的是 4 台身高 1.3 米的大熊猫机器人。它们手拿自拍杆，像在场的大运会拍客一样将闭幕式的盛况直播给全世界观众。上场时间仅有 4 分钟的 Walker X 和大熊猫机器人背后凝聚了很多核心技术，集成了丰富的人机交互技术、高难度的平衡控制技术、稳定的步态控制技术、复杂的路径规划技术、多传感器融合的定位技术等多项人形机器人核心技术。① 同时，数字媒体艺术也为闭幕式赋能。闭幕式全程是开放式、互动式、贴近式表演，舞台后区设有帐篷营地及观演互动区，观众可在外场随着高科技屏幕视效参与内场闭幕演出互动。为了增强直播活跃度和现场感，闭幕式现场设有四个机位，实时捕捉观众的表情并投放在舞台屏幕上。观众的即时留言互动也通过现场“弹幕屏”“点赞屏”动态呈现，以现在时、直播态方式

① 红星新闻 . 酷炫“黑科技”亮相成都大运会背后：成都人工智能产业增速位居全国第一［EB/OL］.（2023-08-09）［2024-05-20］. https://baijiahao.baidu.com/s?id=1773742978250799717&wfr=spider&for=pc.

让观众亲身参与直播。带折角关系的裸眼立体演绎空间让三组裸眼 3D“蓉宝”惊艳亮相，“跳”出屏幕，生动立体，憨态可掬。

## （二）国漫 IP 创意：“哪吒”与“蓉宝”同台竞技

2023 年 2 月 5 日，成都大运会 3D 动画宣传片《哪吒蓉宝奇遇记》面向全球发布。在震撼的 3D 特效下，哪吒的世界与蓉宝的世界交相辉映，正如五湖四海的运动健儿相约成都，世界也在这里相遇。该片通过神话变身的形式，将中国神话与城市文化相结合，国家级非遗川剧吐火为蓉宝融入了生生不息的火，蓉宝吸收了巴蜀地区的烟火气之后“浴火重生”，完成了角色成长的关键一步，也借此向世界展示了中国非遗文化的魅力。从“青城天下幽”“天府之土，沃野千里”的盛景，到千年以前杜甫所见的“喧然名都会”，再到“大国栋梁”东安湖体育公园……哪吒与蓉宝一路竞技，传统文化与现代体育也随之交汇和融合，呈现出中华文明一步步的辉煌。此外，影片还通过动漫角色在竞技中走向团结的线索，展示了“我”成长为“我们”的竞技体育精神。大熊猫蓉宝向全世界展示世界大运会团结合作的信念，讲述着“命运与共”的世界命题，使和平、友谊、进步的主旋律响彻大运会赛场。

## （三）高校联动创意：学子助力志愿活动预热大运会

大型国际赛事离不开志愿者的努力和付出。此次大运会志愿者包括通用志愿者和语言、竞赛、颁奖礼仪、升旗手等专业志愿者，共 2 万余名，来自 34 所高校。2023 年 3 月 28 日至 31 日，成都大运会代表团团长春季会议在成都举行，全球共有 79 个代表团参会，其中 33 个代表团现场参会，46 个代表团通过线上方式参会。成都 10 所高校的 200 余名志愿者参与服务工作。他们热情的服务、友善的态度、专业的精神、流利的语言，给国际大体联官员、各参会代表团成员留下了深刻印象。此外，四川高校也通过一系列体育活动为迎接大运会而蓄力。以四川大学为例，四川大学“爱成都・迎大运”系列活动不仅点燃了师生的运动热情，也彰显了川大人的社会责任感与担当。2023 年 4 月 22 日，一场以“乐享青春・在新的春天再出发”为主题的四川大学全球校友骑行活动在成都桂溪生态公园拉开序幕。四川大学的 600 余名校友及在校师生沿着成都环域绿道骑行，通过骑行打卡，实地感受成都践行新发展理念、建设公园城市示范区的显著成效，引导全球校友及全校师生树立“尊重自然、顺应自然、保护自然”的生态文明理念。此次活动既是四川大学走出校园、面向社会的体育文化活动，也是高校践行环保理念、参与城市建设的典范活动，向世界展示了高校与学子迎接大运会、拥抱健康生活的热情。

### （四）生活新方式创意：天府绿道引领健康生活新风尚

绿道，是一个城市的绿脉，是城市跳动的活力，是体育惠民的新载体，也是世界流行的“运动 + 生活”健康生活新模式。据悉，成都天府绿道全程规划 1.69 万公里，涵盖 1920 公里区域绿道、5380 公里城区绿道及 9630 公里社区绿道三级绿道体系，建成后将是全国规划最长的城市绿道慢行系统，也将成为世界规模最大的绿道系统。[①]从 2018 年开始，成都抓住天府绿道建设机遇，以“运动成都·绿道健身”为主题进行了一系列探索和实践。为了迎接第 31 届世界大学生夏季运动会，《遇见“最美的运动”——2023 年“爱成都·迎大运，做文明市民”全民健身专项行动方案》将精心策划“万千市民畅跑绿道·倡导健康新生活”天府绿道健康行主题活动视为首个工作任务。以天府绿道为纽带的全民健身公共服务体系将更加完善，运动休闲正成为这座西部特大城市向世界展示出的健康、优雅、时尚的新生活方式。

## 二、城市传播：借势体育赛事，塑造成都多元国际形象

回顾南京青奥会、北京冬奥会等一系列国际性高规格的大型体育赛事活动，体育盛会已成为展示举办城市人文魅力和城市形象的绝佳平台。在成都举办的大运会将城市品牌塑造贯穿于整个赛事始终，将一张精彩的城市名片呈现给国际社会。

### （一）符号生成：熊猫符号深化成都城市形象

2019 年 7 月 12 日至 14 日，在意大利那不勒斯举办的国际大学生体育联合会会旗交接仪式中，成都提前深度策划，精心设置议题，以大熊猫为形象代言，举办了“来自熊猫故乡的邀请”系列活动。在大运会接旗仪式期间，成都以“熊猫文化品牌”为城市名片，深度挖掘“熊猫符号”，开展了熊猫艺术体操、熊猫咖啡、熊猫印章、熊猫彩绘等丰富多彩的线上线下联动的主题活动，不仅引发体验成都的热潮，成功吸引了国外政要、大运会官员、运动员等社会各界人士的广泛参与，还一度活跃在外国友

① 天府绿道已建 785 公里开工 1178 公里 将成全球最长绿道系统 [ EB/OL ] .（2023-02-05）[ 2024-05-20 ] . https://baijiahao.baidu.com/s?id=1591520754147180253&wfr=spider&for=pc.

人的社交账号上。这一举措将“熊猫文化”与城市形象紧密结合，深度勾勒城市风貌。多形态的传播方式使传播效果得以聚拢，宣传效能也因聚拢而发生聚变，从而取得良好的国际传播效果。

## （二）理念建设：国际化传播策略扩大城市传播声量

成都在大运会国际传播能力建设方面秉持“办好一次会，搞活一座城”的理念，积极制定传播策略，进一步扩大赛前传播活动辐射效应，讲好中国故事、四川故事和成都故事，全面提升城市影响力和美誉度。锦观新闻记者陈伟总结道：在策略层面，统筹进行大运会国际传播策划，将城市发展理念融入其中，强化国际化表达，以国际化站位、国际化视角、国际化语言进行创新性传播；在实施层面，依据城市品牌战略核心，提前规划与开展面向国际媒体的新闻发布准备工作、危机处置与舆论引导的预案准备工作、面向媒体的采访线路准备工作等；在内容层面，以小切口讲好成都大故事，注重对城市文化元素的挖掘和塑造，将体育精神与城市文化价值相融合，展现丰富、生动、立体、有温度的成都形象；在技术层面，构建全媒体多维度的交互传播格局，实施全平台矩阵化传播，对赛事进行多元化、个性化解读，更加全面、多维地展示成都形象。注重向全球青年一代传播，利用全球热门社交平台，提升城市传播的吸引力，展现成都开放、多元的城市形象。

## （三）媒体转播：全球转播打通城市传播窗口

大型国际赛事的全球转播在其国际传播体系建设与规划中是极为重要的一环。做好大运会全球转播策划与实施工作，才能让世界目光在第一时间聚焦成都、聚焦中国。第 31 届世界大学生夏季运动会世界转播商大会于 2023 年 4 月 7 日下午在成都举行。大会以线上线下结合的方式召开，全球 50 余家转播商代表参加会议，介绍了成都大运会的转播规划、制作方案和转播商服务计划。国际大体联代理主席雷诺·艾德（Leonz Eder）视频致辞，并向全球转播商发出转播报道成都大运会的邀请——让赛事触达全球更多观众，让全球观众共享这场充满活力的青春盛会。成都大运会依托龙泉驿区东安湖畔的东安书院，建设了成都大运会国际广播中心（IBC）。IBC 作为大运会主媒体中心（MMC）的一部分，是大运会电视转播的运行中心、信号枢纽和各持权转播商的前方总部。国际广播中心赛时将汇集来自开幕式、闭幕式场馆和各竞赛场馆的转播信号，并通过光缆、卫星、互联网等渠道，将实时信息送达全球，并为持权转播商现场提供全媒体演播室录制、视频编辑、配音和评论、节目拷贝、节目分发等转播服务。

### （四）成都经验：一体格局构建城市传播矩阵

作为国内在城市品牌塑造与国际形象传播领域起步最早的城市之一，成都凭借敏锐的国际眼光、先进的品牌意识、创新的发展思路，形成了展现成都发展愿景、展示天府文化魅力的城市形象传播格局，形成了有口皆碑的“成都经验”。近年来，成都加强与人民网、新华网等中央媒体海外传播平台的协调联动，推进与境外高端主流媒体和国际顶尖智库的常态化、机制化的交流合作，与腾讯、TikTok、36氪等头部平台探索未知，全面拓展国际传播渠道；持续推动每日经济新闻、GoChengDu等市级媒体海外传播建设，谋划海外传播布局，搭建对外平台，持续推动市级媒体加快融入国际互联网、融入海外舆论场，持续推进城市形象国际传播。如此多位一体、高效联动的国际传播网络为大运会走向世界做了充足的准备。“谋赛”与“谋城”相结合，赛事、外事、城市联动，成都全力以赴、精益求精地做好赛事筹办各项工作，准确把握开放办赛特点，抓住主场外交机遇，向全世界深入推介成都、宣传成都。

近年来，成都积极打造世界赛事名城，以筹办各类国际赛事为契机，把独特的城市传播创意实践、城市传播的“成都经验”推介给全世界。正如国际世界运动会协会主席何塞·佩鲁雷纳所言，第31届世界大学生夏季运动会将为2025年举办的成都世运会奠定坚实基础，留下宝贵遗产。同时，这场流动的青春盛宴，向世界展示成都的文化底色、创新势能、城市品牌与生活美学；极力展示中国的“新时代”，向全世界讲述一个贯穿着富强、民主、文明、和谐、美丽的发展追求，以人民为中心的发展思想，肩负着创构未来城市形态的时代使命，承载着回应人民美好生活向往的责任担当，标定了新时代城市建设发展的价值取向的中国故事。成都大运，中国之声，全球共赏。

## 专题三　2024年巴黎奥运会：中国体育与媒体中国之近观

2024年巴黎奥运会，又称第33届夏季奥林匹克运动会，于当地时间2024年7月26日至8月11日在法国巴黎举行。与以往多在体育场馆内展演相异，此次奥运会开幕式在塞纳河畔举行，其创意独到，让体育融入了城市，也成功地实现了体育与文化的完美结合，为现代奥运会增添了独特的氛围和难忘的记忆。这场体育盛宴不仅会聚了世界各地的顶尖运动员，还成为展现国家实力与文化魅力的国际舞台。

这次中国体育的整体出场与巴黎奥运会相拥抱同样引人注目，它表现出三大鲜明特征：一是中国体育在国际赛场上取得了显著成绩，运动员们奋力拼搏，为国争光，屡次打破历史纪录，赢得了广泛的赞誉；二是中国体育企业积极参与，亮相巴黎体育场馆，彰显了中国体育产业的快速发展与国际影响力的稳步提升；三是中国媒体高调走出国门，成为奥运全球传播的一支重要力量，同时也将中国元素深度融入奥运会的各个环节，实现了从2008北京奥运会中国主场向本届奥运会巴黎客场的华丽转身。

尤为值得一提的是，2024年正值中法建交60周年。在这一历史性时刻，两国在体育领域的交流与合作留下了深刻的印记。回顾巴黎奥运会与中国体育的紧密联系，两国在体育交流方面取得的丰硕成果以及对未来合作前景的积极展望愈加清晰。从这一视角出发，客观地评估中国体育在国际舞台上的地位与作用，以及中国媒体在传播中国声音、塑造国家形象方面的努力与成效，更有叠加性的意义。

由此看来，聚焦本届巴黎奥运会与中国体育和媒体中国，从中法友谊、体育发展、文化交流与国际传播等多个层面观之都是很有分量和价值的，值得做专题研究。为此，本专题将对巴黎奥运会中的中国体育和中国媒体这两条主线进行重点考察，审视以体育为媒介的文化交流、国力展演和国际传播，并评估中国媒体在巴黎奥运会上的实际贡献，以期为未来的国际体育交流与合作提供有益参考和启示。

## 一、巴黎赛场：中国体育展示“中国风”势头强劲

在全球化日益加深的今天，体育作为无国界的语言，成为国家间文化交流与软实力展示的重要平台。中国体育以其独特的魅力和深厚的文化底蕴，正在国际舞台上绽放越来越耀眼的光芒。2024年巴黎奥运会是中国体育向世界展示自身实力与风采的绝佳舞台。中国体育引领着一股强劲的“中国风”吹向世界，以体育精神构筑中国国际形象、传递中国文化、彰显中国文化软实力，为提升中华文化传播效能贡献力量。

### （一）巴黎奥运会：中国体育的体格与风貌

在巴黎奥运会上，中国体育代表团派出由众多顶尖运动员组成的强大阵容，他们充分发挥自身优势，不论是在传统项目还是在新兴项目的比赛中都实现了突破。跳水新星全红婵和陈芋汐在跳水项目女子双人10米台决赛中以领先第二名43.20分的巨大

优势夺金；“莎头”组合（王楚钦、孙颖莎）拿下国乒奥运历史上首枚混双金牌；潘展乐站上了男子 100 米自由泳最高领奖台，并且大幅度刷新了世界纪录；郑钦文夺得网球女单冠军，创下中国网球历届奥运会最好成绩……中国运动健儿们在优势项目上精益求精、在传统项目上勇创佳绩、在新兴项目上敢于挑战，是多年如一日的训练、磨砺、坚持才使如今的中国体育在国际奥运会赛场上灿烂绽放。他们在 11 个大项 14 个分项上获得 40 金、27 银、24 铜共 91 枚奖牌，取得了我国 1984 年全面参加夏季奥运会以来境外参赛历史最好成绩。这些奖牌不仅是对运动员个人实力的认可，更是中国体育竞技实力不断提升的直接体现。

在 8 月 11 日召开的巴黎“中国之家”新闻发布会上，巴黎奥运会中国体育代表团副团长周进强在介绍中国队本届奥运会参赛情况时还提到，除了金牌数量和质量的突破，本届奥运会中国体育代表团还实现了金牌项目覆盖面以及培养输送金牌运动员省份数量的突破。①

除了奖牌，中国运动员在巴黎奥运会上展现出的精神风貌同样值得赞叹。他们用汗水与泪水践行着“更快、更高、更强——更团结”的奥林匹克格言，用实际行动诠释着顽强拼搏、永不言败的体育精神。我们看到，在田径赛道上，中国名将杨佳玉在坚持中突破自我，激励无数年轻运动员勇往直前；在游泳池中，潘展乐等新晋小将的坚忍与毅力，向世界展示中国运动员的卓越品质。这些精神风貌的展现，成为“中国风”中最为动人的篇章。

中国体育在诸多方面的不断发展，展现了我国竞技体育的新成就，也为一代代有能力、敢拼搏、有闯劲的中国运动员提供了追逐梦想的机会。中国体育在世界奥运盛事中以拼搏为旋律、以坚韧为底色，将一抹抹鲜艳的“中国红”绽放在一个又一个颁奖台上，不断续写中国体育发展史的辉煌篇章，也塑造了强有力的中国体育国际形象。

### （二）以体育为媒：中国国力的有力展演

这次中国体育走出国门，展现了中国体育事业的发展，实际上反映了国家经济、科技实力与文化软实力的强有力的支撑作用。如此以不分国界的体育为媒介传播中国精神、中国文化，也有利于国家形象的塑造与传播以及国家影响力的提升。

近年来，随着中国经济的快速发展和综合国力的不断提升，中国体育事业迎来了

① 扈建华．续写中国竞技体育辉煌 展现新时代青年良好风貌：中国体育代表团实现巴黎奥运会参赛目标［EB/OL］．（2024-08-12）［2024-10-20］．https://www.sport.gov.cn/n315/n20067006/c28002398/content.html.

前所未有的发展机遇。在巴黎奥运会上，中国体育代表团体现了拥有着更加先进的训练设施、更加科学的训练方法以及更加完善的保障体系等资源优势。这些资源优势展现了中国雄厚的经济实力和巨大的发展潜力。在科技日新月异的今天，科技力量正以前所未有的方式赋能体育事业。中国体育在巴黎奥运会上体现了充分利用科技手段提升竞技水平和传播效果的发展路径。科技手段的应用不仅展示了中国科技的强大实力和创新能力，还为中国体育在国际舞台上的精彩表现提供了有力保障。体育作为文化交流的重要载体之一，在传播文化软实力方面具有独特优势。在巴黎奥运会上，中国体育通过多种方式向世界展示其独特的文化魅力。比如，在开幕式上通过文艺表演展现中国文化的博大精深，在运动员的服装设计中融入中国元素以彰显中国特色等。这些举措不仅增强了全球观众对中国文化的理解和认同，也促进了中外文化的交流与互鉴。同时，全球性盛事是国家形象展示的重要窗口。在巴黎奥运会上，中国体育代表团的表现直接关联到中国国家形象的塑造。中国运动员在赛场上的拼搏精神、团结协作的集体主义精神，以及尊重对手、遵守规则的体育道德风尚，都成为中国国家形象的重要组成部分。这些正面形象的传播有助于提升中国在国际社会中的声誉和地位，增强国际社会对中国的信任和尊重。这样一来，中国体育的国际影响力也得到了进一步拓展。中国运动员的优异成绩和精彩表现吸引了全球媒体的关注和报道，从而引发了国际社会对中国体育的广泛讨论和关注。这种关注不局限于体育领域本身，而是延伸到中国的经济、文化、科技等多个方面，这有利于促进国家之间的文化互鉴和友好合作。

由上观之，2024 年巴黎奥运会是中国体育在世界体坛展示“中国风”的重要契机。中国体育代表团以优异的成绩和卓越的表现向世界展示了多元立体的中国形象、中国文化、体育精神及文化软实力；同时，通过国际传播和文化交流，中国进一步加强了与世界各国的友好关系和文化互鉴。在这个过程中，中国体育不仅成为国家实力和国际影响力的重要展示窗口，还为推动全球体育事业的发展和文化多样性的繁荣贡献了中国智慧和力量。中国体育在巴黎奥运会上的精彩表现，让全球共同见证“中国风”在世界舞台上的绚丽绽放。

## 二、中国媒体：见证“中国情”悦动全球

据统计，2024 年上半年，又有 10 余家地方级传媒机构陆续成立国际传播中心。这

就与国家级主流媒体——中央广播电视总台、新华社、人民日报社（包括旗下的环球时报社）共同构筑起中国国际传播主力军的宏大力量。它们运用多语种精准传播策略，从语言层面打破文化壁垒，降低文化折扣。截至 2024 年 6 月底，国内主要媒体机构在海外三大社交媒体平台共有 170 余个粉丝量百万级以上的头部账号，中央广播电视总台 CGTN、中国日报 China Daily Facebook 平台账号粉丝规模达亿级，[①] 为巴黎奥运会中国媒体的国际传播筑牢受众群基础做出了贡献。回看此次巴黎奥运会中国媒体于客场之中进行的传播实践，有以下几个特点：一是媒体运营生态的建立；二是叙事话语的迭代；三是对公共关系的有效经营和国家形象的自塑做出了努力。

## （一）体育视界：国门外中国媒体运营的整体提升

讲好奥运故事，传播好中国声音，需要以科技创新不断打造体育赛事传播新生态。我国新闻生态系统中各类媒体的科技创新传播实践可谓真正实现了科技赋能运营媒体生态，进而为体育传播探索新的可能性。我们首先观察媒体组合拳的形成。巴黎奥运会期间，中央广播电视总台高调地走出国门，作为中标巴黎奥运会转播项目最多的国际媒体，作为巴黎奥运会全媒体持权转播机构，总台与咪咕、抖音、快手、腾讯四家平台达成了版权方面的合作，此次转播报道规模创下历史之最，平台数量与合同金额均超过历届奥运会。特别是通过总台承担公用信号制作的乒乓球、羽毛球等单项赛事节目，能更好地传播品牌理念，助力中国体育事业发展。“中国红”转播车首次为夏季奥运会制作 8K 国际公用信号，代表了中国媒体在奥运征程上的又一次突破。这台配备 8K 超高清转播车首次采用“4K 超高清 + 三维声”制作开闭幕式和赛事节目，有效提升了视觉呈现的细腻度与逼真感。其次是商业平台。咪咕视频平台基于其自主研发的文体行业大模型，启用“AI 智能解说 + 智能字幕”创新形式，并升级方言字幕技术，满足用户多样化、个性化需求。最后是中国品牌与中国制造。摘得射击男子 50 米步枪三枚金牌的刘宇坤比赛时穿的就是我国拥有完全自主知识产权的“冠军甲”。这款射击服彻底改变了射击比赛鞋服长期被国外品牌垄断的局面。此外，奥运比赛中 100 万余个官方硅胶手环均出自中国制造。中国运动装备企业也以科技创新为引擎 [②]，合力构筑

① 传媒观察丨2024 上半年中国主流媒体海外社媒传播效果观察［EB/OL］.（2024-08-14）［2024-09-20］. https://baijiahao.baidu.com/s?id=1807355862514929622&wfr=spider&for=pc.

② 巴黎奥运会：讲述了怎样的中国故事［EB/OL］.（2024-08-12）［2024-09-20］.https://mp.weixin.qq.com/s?__biz=Mzg5Mjc3NzQzMA%3D%3D&mid=2247534847&idx=1&sn=7a55e3d6c29c454e1197e3f49d4c6aff&scene=45#wechat_redirect.

起中国品牌新形象。

同时，在巴黎奥运会期间，我国还利用多种媒体渠道构建了全方位的传播矩阵，以确保中国体育的声音能够传递到世界的每一个角落。从传统媒体（如总台）的全程直播到新媒体（如微博、抖音、快手等社交平台）的实时互动，再到海外媒体的合作报道，中国体育的国际传播形成立体化的矩阵效应。这种多元化的传播方式不仅扩大了信息的覆盖面、提高了信息的到达率，还增强了传播的互动性和参与性，使中国体育的故事更加生动、鲜活地呈现在世界观众面前。

## （二）舆论场中的个体叙事与集体荣耀的叠加

奥运会“个人—国家”交织的特殊性质为个体叙事与集体叙事提供了充分融合的空间，消解了我国传统媒体刻板化的话语叙事模式。从个体叙事与集体荣耀的层面来说，某种程度上，奥运冠军已经成为集体荣耀与国家形象建构的重要符码，运动员的个体叙事也成为中国媒体报道的重点之一。既往重大体育赛事中，中国官方媒体一般会通过对运动员的个人故事、奋斗历程、训练细节等的深入报道，展示中国运动员的专业能力，突出其个人魅力和拼搏精神，最终将此汇聚至国家集体层面的精神宣传。此次巴黎奥运会期间，国际舆论场中的个体叙事不再以官方媒体为唯一主导，运动员个体主动置于前景之中，使其鲜明风格与个性更具可见性。这种叙事方式有助于人性化“运动员”这一叙事客体，还原其主体地位，并且也超越了过去以成败论英雄的狭隘。体操运动员张博恒虽与金牌失之交臂，但他的意志和精气神还在，由此引起各国观众的情感共鸣。具体而言，奥运会中耀眼夺目的新一代体育新星在形象表达上已突破了过去“用成绩说话”的框架，积极乐观、自信从容的个性化表达逐渐居于主导地位。[①] 例如，观察游泳运动员潘展乐在国际舆论场中的相关话题传播，便可窥见其对于改变中国运动员在国际舆论场中刻板印象的突出作用。中国主流媒体也配合运动员的鲜明个性，降低了新闻报道框架中的苦难叙事和宏大叙事比例，充分结合社交媒体平台热点趋势和舆论走向，如央视新闻发布的《潘展乐“这段先别播”现在可以播了》《从“水灵灵的 00 后开始扛事”说起……》等相关报道，将国家话语与集体精神融入中国运动员年轻一代的个体叙事中，同时以运动员个体视角表达集体荣誉与集体精神的力量。

① 巴黎奥运会舆论场新叙事 探索塑造中国运动员冠军形象新路径［EB/OL］.（2024-08-20）［2024-09-20］. http://yqpd.gscn.com.cn/system/2024/08/20/013187762.shtml.

## （三）公共关系的运营与国家形象的塑造

在这一届巴黎奥运会赛事中，中国金牌数与美国并列第一，运动员们取得了优异成绩，为提升我国国家形象、修正国外刻板印象提供了有利的舆论环境。体育作为一个世界共通的国际语言，能够起到弥合国际冲突和分歧的黏合剂作用。在此次的客场传播中，中国媒体以体育为文化交流主轴，传播中华优秀传统文化和体育精神的同时尊重差异性与文化多样性。中国传媒助力巴黎奥运，围绕本届奥运会生产的各式各样的具有中国元素的产品云集巴黎也装点了巴黎，从奥运场上的一些突发事件的果断解决，也可窥视到中国综合力量的强大和积极自塑国家形象的决心之有力。

我们再次打量构思巧妙奇幻的开幕式，中国媒体在转播过程中的解说也充分体现了中国式智慧。开幕式随着转播的镜头，向全球观众呈现了一场非凡而灵动的庆典。其间，流动性从一种精神表达转变为真正意义上的空间流动，成为文化与观点交融的舞台。开幕式的表演中，玛丽·安托瓦内特的表演以一种近乎戏谑的方式呈现，引发了对历史尊重的讨论。该表演模仿“最后的晚餐”的场景，将变装皇后和一位头戴光环皇冠、体态丰腴的女性纳入其中，这种对传统宗教场景的现代诠释，更是激起了一部分人的强烈不满。然而面对这一奥运客场的变异与迥异东方的风格，中国媒体的全球传播姿态，透露出对世界文化多样性的尊重和对东西方文化呈现出的和而不同之境界。体育的镜头和声音不仅关注奥运赛事的精彩与竞技精神，还着重解读开幕式中的文化象征和社会议题，这一策略促进了全球观众对中国的再认知。这样一种从容而宽容的姿态，显示出中国媒体的开放性与包容性，也加强了与不同文化背景观众的情感连接，从而进一步巩固了中国在国际舞台上的地位。正如现代奥林匹克之父顾拜旦所指出的，奥林匹克不是一场竞赛，而是一种源于内心的文化交流与融合。尽管此次巴黎奥运会开幕式暗含法国社会政治态度与奥林匹克在西方霸权下难逃政治奇观化的困境，但通过考察此次巴黎奥运会中国媒体的表现，仍可见其努力超越隔阂，追求融合的希冀。

奥运会期间中国媒体还持续在多方面为促进良好的公共关系和塑造国家形象而努力。首先，中国媒体在报道中展现出广阔的国际视野和敏锐的新闻嗅觉，不仅关注中国运动员的表现，还关注其他国家和地区的运动员与赛事动态。这种客观、公正的报道态度有助于提升中国媒体在国际上的公信力和接近性。其次，通过奥运报道，中国媒体促进了中外文化的交流与互鉴。报道中融入了中国元素和文化特色，同时也展示了其他国家和地区的文化风情，增进了国际社会对中国的了解和认知。此外，中国媒体在报道中积极展示中国的国家形象，包括政治稳定、经济发展、社会进步和文化繁荣等方面。通过展示中国运动员的拼搏精神和中国体育事业的发展成就，中国媒体向世界传递了积极向上的国家形象与价值观。

### （四）中国媒体新闻报道溢出性之反思

我们注意到，为了能够实现赛前、赛时、赛后内容全覆盖，全方位呈现巴黎奥运会的重要比赛和运动员风采，向世界展现中国精神，传递中国声音，我国特地组建了一支由 2400 名记者组成的，在文字、摄影、视频、融媒体等多个领域具有专业能力的庞大新闻团队远赴巴黎。在巴黎奥运会期间，中国媒体新闻报道总体上是积极、准确且及时的，为公众提供了大量的赛事信息、相关报道以及丰富的文化信息。然而，部分新闻报道或采访的“不专业”招致一些批评与质疑，激发了媒体内部的自我反思，也引起了社会各界对新闻职业道德、专业素养等深层次问题的深入思考与讨论。

由此可见，巴黎奥运会期间我国媒体的一些新闻报道尤其是一些平台舆论场中个别网友的复杂心态乃至不良反馈，带来一些负面影响和消极因素。这确实是一个不可忽视的问题，需要引起我们的高度重视和深刻反思。在中国媒体在奥运会等重大国际赛事中的报道能力和水平不断提升，为传播中国声音、展示中国形象做出积极的贡献的背景之下，加强新闻报道专业性、对新闻工作者职业道德和职业操守的培养迫在眉睫。期待在未来的国际赛事报道中，中国媒体及舆论场以更加专业的姿态，以客观、真实、全面的态度报道和共享赛事文化，更好地满足公众对新闻信息的需求和期待，从而进一步提升我国媒体的公信力和国际影响力。

#### 思考与讨论

一、大型国际体育赛事新闻报道中的哪些要素和主题最具吸引力与引领性？

二、从 2022 北京冬奥会到 2024 巴黎奥运会，重大国际体育赛事开幕式、闭幕式及赛事设计体现出怎样的创意特色与体育文化的叙事策略？

三、请针对 2022 北京冬奥会、2023 成都大运会和 2024 巴黎奥运会的组织传播与大众传播，探究如何构建中国话语与国际传播的表述方式。

四、在重大国际体育赛事的报道中，我国媒体怎样调控“大国主场”与“世界多元文化”叙事的热点和平衡？

五、通过考察体育、城市、文化和经济的多重关系，探究我国如何提升重大体育赛事的国际传播与跨文化传播的途径和手段。

# 案例三

# 外交篇：熊猫外交与中国熊猫品牌的媒介塑形研究

## 一、设计理念：公共外交理论视野下的熊猫外交与媒体行动

在现代国际政治研究领域，公共外交作为一个术语，早在20世纪60年代就由美国塔夫兹大学弗莱彻法律与外交学院院长埃德蒙·古利恩（Edmund Gullion）在该学院爱德华·默罗公共外交研究中心成立时提出。他认为，“公共外交旨在处理公众态度对政府外交政策的形成和实施的影响”。

近年来，尤其是“9·11”事件之后，学者对“公共外交”的表述各不相同，讨论主要集中在以下几个方面。

首先，关于公共外交的行为主体的讨论。部分学者认为公共外交的主体是各国政府，或是各国政府与有政府背景的非政府行为体。部分学者认为，在对外交往过程中起到公共外交作用的、无政府背景的非政府行为体和个人也是公共外交的主体。其次，关于公共外交的对象。有学者认为，公共外交的对象不仅仅是目标国公民，还要通过影响目标国公民进而影响该国的政府，即公共外交的最终对象是目标国政府。学者周蕾认为，从对象来看，公共外交大致可分为两类：一是外向维度的界定，将公共外交主体界定为本国政府，对象界定为外国公众，目标是为本国在国际社会中树立良好的形象，为其外交政策目标的顺利实现营造良好的国际舆论环境；二是内外双向维度的界定，通常将一个国家公共外交的实现分为“面向国内的”和“面向国外的”这两个维度，对象分别指向国内公众和国外公众，达到赢得民心的目的——争取国内民众对外交工作的理解和支持，促进国外公众理解自己的外交政策，进而促进该国制定对自己有利的政策。[①] 再次，关于公共外交的内容。美国著名公共外交学者尼古拉斯·J. 卡尔（Nicolas J. Cull）将公共外交的内容分为倾听（listening）、主张（advocacy）、文化外交（cultural diplomacy）、互访外交（exchange diplomacy）、国际广播（international broadcasting）五个方面。[②] 最后，关于公共外交的形式。公共外交可以通过与国外公众直接交流和间接交流的方式赢得其对一个国家文化、制度与模式的理解和认同。[③] 此外，国内外学者在公共外交的目的、作用上也有不同的看法。综上，本案例认为新公共外

① 周蕾．公众外交：全球化时代的国家战略工具——公众外交研究综述［J］．前沿，2008（10）：198-200.

② 饶春．公共外交中文化传播机构的网络传播分析及对孔子学院的启示［J］．新余学院学报，2017，22（4）：76-80.

③ 蒋昌建．波动中的软实力与新公共外交［J］．现代传播（中国传媒大学学报），2011（8）：55-60.

交可定义为：在以社会媒体为代表的新媒体技术日趋活跃的信息传播环境中，由政府主导，民间非政府组织和私人机构参与，旨在在他国公众中培植对本国的良好认知，以文化交流活动为主要载体，针对他国公众，尤其是精英阶层的外交活动。其中，公共外交实施目标与外交政策一致，国内政策与外交政策一致，有助于提升公共外交的实施效果。①

当代公共外交的发展来自众多因素的推动。高飞认为，公共外交形成的条件，一是信息传播手段的进步。要获得公众的支持乃至促进本国外交政策影响目标国政府，就要有稳定可靠的沟通手段。二是国际行为主体的多元化。国际行为主体都是由人组成的，公共外交可以直接影响民众和其所在的国际行为主体。三是国际关系的新形势显示了观念的巨大建构作用，公共外交着眼于观念领域，重视回应公众的意见，充分利用现代媒体扩大与国内外公众的交流和沟通，目的是树立良好的国际形象。四是公共外交以多元主体为对象，以公众舆论为手段，其得以发挥作用的前提条件是市民社会的成熟与发展。随着互联网等信息技术的发展，民众参与公共事务的可能性增大，推进了全球公民社会的发展，从而大大增强了民众对外交的关心程度和影响能力。②在开展公共外交的各主体中，中央政府层面的中宣部、外交部、国务院新闻办、教育部、文化和旅游部等部门居于主导地位。它们通过调动各种资源，集中力量开展一些大型公共外交与人文交流活动，并赋予这些活动较高的权威性。

我们注意到一些有代表性的中国元素为我们开展公共外交提供了丰富的资源，如汉语、中医、熊猫、长城、春节、高铁以及我国航天成果“月壤”（月球样品）催生出的“月球外交”等都是外国人了解中国的重要媒介。其中大熊猫作为中国的国宝，以其憨态可掬的外表和被赋予的独特身份，在促进中国与世界各国的交往中发挥着重要的作用，因而被视为中国的文化名片、外交信使。它在国际上的声望有目共睹，有两个标签格外彰显。一个是被赋予耀眼的Logo——国际上肩负环境保护职能的非政府组织，世界自然基金会（WWF）就采用大熊猫的形象作为其Logo标识。另一个是众所周知的“熊猫外交”的佳话，即特指“中国通过向境外赠送或租借大熊猫增进友好关系的外交方式。新中国成立后，在20世纪50年代至80年代，中国先后向苏联、朝鲜、美国、日本、法国、英国、墨西哥、西班牙、德国等9个国家赠送了23只大熊猫。1972年，在美国总统尼克松访华之际，中国表示将向美国赠送一对大熊猫，这被

① 郑华.新公共外交内涵对中国公共外交的启示［J］.世界经济与政治，2011（4）：143-153，160.

② 高飞.公共外交的界定、形成条件及其作用［J］.外交评论（外交学院学报），2005（3）：105-112.

认为是‘熊猫外交’史上最著名的事件，很好地烘托了当时中美关系的良好氛围”①。因此，1972年被美国人称为“大熊猫年”。“1982年中国停止向海外赠送大熊猫，并开启了以合作研究为目的的向海外租借大熊猫的模式。当前与中国开展大熊猫合作研究的有美国、日本、法国、韩国、荷兰等十多个国家，共有超过60只大熊猫旅居海外。”②当今“熊猫外交”的意涵又有了新的变化，政治色彩的意味淡去，更多的是传递民间亲善和作为全球生态环境保护的象征。由此看来，熊猫文化符号使中国构建起正面良好的国际形象，其意义和作用不可小觑。首先，从外交文化理论层面来看，“熊猫外交”通过分享中国文化中珍贵的熊猫资源来提升国家形象、加强国际文化交流，有助于改善国际关系、提高国际社会对中国文化的理解。其次，从国家形象塑造理论来看，熊猫作为珍稀动物，象征着保护环境和生物多样性的价值观，中国通过租借熊猫展示了对这些价值观的承诺。最后，从公共外交理论来看，中国向他国租借熊猫通常伴随着科研、环境保护和动物培育项目的研究推进，熊猫外交作为情感纽带，也是一种改善国际关系、增进国际民众对中国的理解认知，推动共同的环保和科研目标的国际合作方式。

1963年，四川卧龙国家级自然保护区成立。它是我国建立最早、栖息地面积最大、以保护大熊猫及高山森林生态系统为主的综合性自然保护区。1983年，四川建立了一个特殊的繁育中心，并命名为中国保护大熊猫研究中心，它就是中国大熊猫保护研究中心的前身。2015年，中国大熊猫保护研究中心在四川卧龙大熊猫基地内正式挂牌成立。新成立的研究中心不局限于四川一地，而是整合国内大熊猫科研资源，在四川、北京、上海和广东等地新设或增加大熊猫科研机构、保护基地。③现在，由卧龙、都江堰、雅安碧峰峡三个基地组成的中国大熊猫保护研究中心，已成为我国规模最大、世界一流的大熊猫科研与自然保护教育基地。2021年，大熊猫国家公园正式设立，地跨四川、陕西、甘肃三省，纵横秦岭、岷山、邛崃山、大相岭、小相岭五大山系，覆盖大部分野生大熊猫种群及其栖息地。公园2.7万平方公里范围内栖息着1631只野生大熊猫。④2023年，大熊猫国家保护研究中心揭牌仪式在成都举行。同年，西华师范大学专门成立了大熊猫学院，2024年招收了50名本科生。

① 于婉莹．新时代熊猫魅力助力中国公共外交［J］．公共外交季刊，2023（2）：75-81，136.

② 于婉莹．新时代熊猫魅力助力中国公共外交［J］．公共外交季刊，2023（2）：75-81，136.

③ 中国保护大熊猫研究中心正式挂牌成立［EB/OL］．（2015-12-29）［2024-05-20］．http://www.xinhuanet.com/politics/2015-12/29/c_1117615302.htm.

④ 大熊猫国家公园试点三年 已具备评估验收条件［EB/OL］．（2020-08-25）［2024-05-20］．https://baijiahao.baidu.com/s?id=1675980966347122114&wfr=spider&for=pc.

此外，世界自然基金会（WWF）中国办公室于2017年10月27日在“上海国际自然保护周”期间发起设立“国际熊猫日”，倡议国内外社会各界像关爱大熊猫一样，关注和支持其他物种及自然生态环境的保护工作。此后每年的这一日都要举办“国际熊猫日”系列活动。再早一些时候，1993年，在中国发起拯救大熊猫运动10周年之际，成都举办了“国际熊猫节”，以后每年的9月22日成了“国际熊猫节”。据悉，日本东京女子大学教授家永真幸曾撰写过有关中国“熊猫外交”的著作，日本NHK台制作了《家族历史》之“熊猫浜家”的节目[①]。

从“熊猫外交”到熊猫文化的全球传播，展示了中国与世界的关系越来越紧密。2013年，央视网面向全球网民打造了现象级的以熊猫为主题的全媒体平台——iPanda（熊猫频道），让全球的熊猫迷可以全天候观看大熊猫直播或点播视频，传递和平、友爱和生态保护的理念。[②]熊猫频道在YouTube上的单个视频最高播放量已经超过了2500万人次。成都大熊猫繁育研究基地的大熊猫“和花”与北京动物园的“萌兰”已经成为家喻户晓的“国民明星”。另外，中央广播电视总台制作了纪录片《大熊猫国家公园》（2023）。2023年，我国首档虚实结合、中英双播、聚焦国际传播的视频化杂志类节目《熊猫观察》在四川卫视开播了。2024年，以四川方言为特色，集生活服务与娱乐消费于一体的音频客户端“熊猫享听”正式上线发布，四川广播电视台“熊猫家族”迎来新成员。舞剧《大熊猫》于2023年在成都城市音乐厅正式首演。峨眉电影集团出品的动作喜剧片《熊猫计划》（2024）在2024阿联酋“中国电影周”展映。哔哩哔哩播出的视频有“国际观察21：熊猫外交，新中国的历史缩影”[③]。广东旅游出版社出版了绘本《中国国家公园·大熊猫国家公园》（2022）。其实，电影史上首部由真实大熊猫参与主演的电影故事片是20世纪80年代峨眉电影制片厂与香港综艺国际电影公司合作的《熊猫历险记》（1983）。在重大的国际体育赛事中，大熊猫是出镜率最高的吉祥物。比如，“冰墩墩”在2022年北京冬奥会上走红世界；大熊猫作为成都的城市符号，在2023年成都世界大学生运动会上完美亮相。即便是在世界影坛，熊猫的人气也令人刮目相看。美国动画影片《功夫熊猫》于2008年上映获得全球票房6.3亿美元，随后《功夫熊猫2》《功夫熊猫3》《功夫熊猫4》陆续上映。

① NHK台节目《家族历史》之“熊猫浜家”[中字]（Part2）[EB/OL].（2020-03-30）[2024-05-20]. https://www.bilibili.com/video/BV1sK41177NZ/?spm_id_from=333.337.search-card.all.click.

② 王文斌.熊猫频道与国际传播[M].北京：中华书局，2018.

③ 熊猫外交：新中国的历史缩影丨国际观察21[EB/OL].（2023-03-25）[2024-05-20]. https://www.bilibili.com/video/BV1mT411z7AC/?spm_id_from=333.337.search-card.all.click.

可见，熊猫外交与全球传播不仅是我国的对外传播的文化方略，也是中国文旅融入世界的亮丽一环。据统计，2024 年“五一”假期，26.4 万游客参观了成都大熊猫繁育研究基地，成都全市共接待游客 200 万人次，旅游总收入达 150.6 亿元。2024 年，四川诞生了全国首个熊猫旅游专列。此外，在韩国诞生的“福宝”返回中国前，大熊猫相关商品销售量飙升至 270 万件，同比增长 60%。在日本东京上野动物园出生的大熊猫“香香”在不到 6 年内创造了约 4.33 亿美元的经济价值。① 在法国圣艾尼昂市博瓦勒野生动物园诞生的首只大熊猫“圆梦”成为该园的最大亮点。尽管 2023 年“圆梦”已返回中国，但一尊 2.5 米高的青铜雕塑于 2024 年 3 月落成，在那里欢迎着来园参观的广大游客。② 这说明，国宝熊猫文化符号已成为中国文化外交的一个重要品牌，它使众多国家和国际媒体对中国的文化魅力抱有好感，发挥出关键的文化外交软实力的战略作用。难怪日媒曾称“‘熊猫外交’是日中关系风向标”“在巩固两个亚洲邻国关系方面发挥着关键作用”。③ 就其影响力而言，德国学者福尔克·哈蒂格（Falk Hartig）总结道：“‘大熊猫’吸引的公众人数远比中国孔子学院、China Daily、CCTV 或其他任何艺术团体多得多。”④ 即使在今天，在美国与中国总体局势紧张的情况下，美国加利福尼亚州出于历史和经济原因寻求与中国建立友好关系的努力也并未止步，借助“熊猫外交”，加利福尼亚州正努力实现“拥抱大熊猫”的愿景。⑤ 从效果来看，“熊猫外交”是中国获得赞誉最多、回应最正面的形象提升项目。⑥2024 年 7 月在青岛召开的首届美国汉学家大会上，加州大学伯克利分校历史系教授高棣民在接受《环球时报》采访时说：“有人说中国是一条龙，是威胁，我们必须杀死这条龙。其他人说，不，中国是一只憨态可掬的大熊猫，我更倾向于拥抱大熊猫。”⑦

为此，我们拟选取以下几个关键点作为本案例研究的对象。第一，从我国外交的顶层设计来看，助推新中国外交打开局面的有大家所熟悉的熊猫外交和乒乓球外交，这既是新中国文化外交的特色与创新，也是一种公共文化品牌的国际传播的表征，需

① 源自香港《华南早报》2024 年 8 月 10 日的报道，该报道于 2024 年 8 月 12 日被《环球时报》转载。

② 源自法国蓝色电视台 2024 年 4 月 1 日的报道，该报道于 2024 年 4 月 3 日被《环球时报》转载。

③ 源自日本《读卖新闻》旗下“日本新闻”网站 2024 年 2 月 26 日的报道，该报道于 2023 年 2 月 27 日被《环球时报》转载。

④ 环球网．美媒：大熊猫为中国在全球争取善意［EB/OL］．（2024-01-15）［2024-05-20］．https://baijiahao.baidu.com/s?id=1788111179273395836&wfr=spider&for=pc.

⑤ 美媒：华盛顿与中国保持距离，加州却对中国进行“大熊猫拥抱”［EB/OL］．（2024-04-23）［2024-05-20］．https://3w.huanqiu.com/a/de583b/4HVBue7TZZE.

⑥ 赵丽君．“熊猫外交”的效果研究［J］．公共外交季刊，2018（1）：103-110，148.

⑦ 环球时报．美国汉学家高棣民接受《环球时报》采访：我更倾向于“拥抱熊猫”［EB/OL］．（2024-08-05）［2025-02-22］．https://news.sina.cn/znl/2024-08-05/detail-inchqank5914163.d.html.

要我们认真研究和总结。第二，基于熊猫文化广泛的国际影响力，加上四川拥有得天独厚的熊猫资源优势，2018 年在北京举办的“大熊猫国际文化周”引发了较高的国际关注，成功地塑造了四川乃至中国腾飞的形象。2023 年又涌现出两件具有国际传播热度的事件，其一是国家级金熊猫奖评选活动落户成都，有力地推动了中华文化的全球传播，其二是一档独具区域性和国际传播特色的创新性电视节目《熊猫观察》开播，将中国西部最具活力和发展潜力之一的四川与悠久的历史文化名城成都全方位地展现于世界舞台。

## 二、实现路径：教学流程与布局

本案例从案例创意、理论知识背景、相关选题对象及课堂设计交流布局等方面着眼案例实现路径，探讨课堂形式，具体流程如下。

### （一）引入国际传播、跨文化传播以及公共外交理论知识

在课程开始之前，教师引导学生熟悉公共外交理论基础知识，如公共外交的定义、目的、重要性等。这可以通过分发教材、提供在线资源或简短的讲座来完成。

### （二）选定课题主题及案例设计

学生可以在教师提供的主题范围内选择一个具体的研究对象，如熊猫外交、中国大熊猫国际文化周、金熊猫奖评选活动的中国文化全球推广以及四川卫视的国际传播节目《熊猫观察》，然后分组整理出研究思路，并选取相关的理论视野作为研究的切入点，搭建起各自专题研究的框架。

### （三）小组文献调研及资料搜集

学生根据选定的主题，在课前进行文献调研，了解相关理论和实践，同时开始搜集与选定主题案例相关的资料。以选定主题为切入点，教师引导学生搜集与熊猫外交相关的外交策略和国际传播实践方面的资料，包括书籍、学术文章、历史文件、媒体报道、政府文件等资料。学生可以分成小组，每组负责一个案例。

### （四）分组讨论，完成研究文本制作

在搜集资料的过程中，为了深入了解主题，学生可以分组讨论所收集的信息，完

成现状综述、创意分析、外交意义等多方面内容。同时，学生分组贯彻执行协同创新策略，可以分享其研究进展以互相启发，提出新的观点和创意。授课教师参与研讨过程，并提供相关指导。

### （五）师生交流分享

学生将研究成果以案例研究、理论背景、分析和结论等框架整理成PPT，用于在课堂上分享展示。教师及业界导师和专家与学生交流互动，通过深入细致的对话，形成有意义的师生交流和学术讨论。

通过以上步骤，课程的教学流程更为清晰和合理，同时学生能够深入理解公共外交理论，运用所学知识进行实际研究，最终形成完善的研究文本，促进知识的传播与创意实践。

## 三、案例展示与引导

## 专题一　国家形象建构视角下的熊猫外交

党的十八大以来，以习近平同志为核心的党中央高度重视国家软实力建设，特别是对外传播与国际传播能力建设，强调要讲好中国故事，传播好中国声音，努力形成与我国综合国力相匹配的话语权和影响力，改善和提升我国国际形象，并将此作为国家的重大战略决策。

熊猫外交是中国积极运用软实力的典范。软实力强调通过文化、价值观等吸引力来塑造国家形象。通过赠送国宝熊猫，中国提升了在国际上的吸引力，传递了友好、和平的形象，从而改善了与其他国家的关系，在改善中国国家形象方面做出了特别的贡献。当前研究表明，熊猫外交在外交上的地位和贡献已经得到广泛认可，但其对中国国家形象改善的重要贡献鲜有讨论且远远被低估。

### （一）国家形象视角下熊猫外交研究的意义

梳理和回顾熊猫外交，可以更好地服务于我国国家形象的塑造。粗略来看，熊猫外交对中国国家形象塑造具有以下优势。

一是熊猫外交能够跨越政治藩篱，塑造中国正面的“野生动物保护专家”形象。西方国家、海外媒体和公众对中国诸多问题意见尖锐，但对于中国政府对大熊猫的保护工作是难得的一致称赞。对于我国政府来说，开展熊猫外交已经成功塑造了中国负责任的“野生动物保护专家”的形象。

二是大熊猫契合“和”文化，文化外交的形式有助于塑造中国和平友好的国家形象。熊猫是中国的国宝，象征和平、友谊、团结，熊猫外交从开始就象征着两个国家之间和平友好的关系。大熊猫本性淳善，以竹子为食，品性温和，通过将熊猫赠送给其他国家，中国通过文化外交传递了积极的信息，强调文化共鸣，增进国家间的理解和认同，完美地契合中华民族的“和”文化。

三是通过媒体报道、社交媒体等渠道，中国成功地将熊猫外交打造成引人注目的公共外交活动，有助于塑造正面的国家形象，提升国际社会对中国的好感度。

## （二）熊猫外交的发展历程和现状

### 1. 熊猫外交的历史渊源

在唐朝武则天、唐玄宗时期，熊猫就作为礼物随着日本的使者跨越重洋。据日本《皇家年鉴》记载，早在武后垂拱元年（685 年），临朝称制的太后武则天就曾送给日本天武天皇两只“白熊”和 70 张“白熊”毛皮。据大熊猫专家胡锦矗考证，此“白熊”即今之大熊猫。熊猫外交始于“大熊猫热”（Panda Mania）。1868 年，法国传教士阿尔芒·戴维（Armand David）将大熊猫标本送到巴黎，掀起了“大熊猫热”。1869—1946 年，超过 200 个西方人千里迢迢来到中国寻找大熊猫。真正意义上的熊猫外交始于 20 世纪 40 年代的抗日战争时期。1941 年，当时的中华民国政府将大熊猫作为“珍贵而具有中国特色的国礼”赠送给美国，以答谢美国联合援华会对中国抗日战争的大力支援。大熊猫被赋予“亲善大使”身份，成为“和平”和“友谊”的象征。

### 2. 新中国成立后的熊猫外交

新中国成立后，海外的“大熊猫热”始终热度不减，“熊猫外交”继续发挥重要作用，为中国外交增添了浓墨重彩的一笔。1972 年，尼克松总统访华之际，为答谢美国将两头麝香牛赠送给中国，周恩来总理在欢迎尼克松总统的宴会上，将大熊猫“玲玲”和“兴兴”赠送给美国。此后，“熊猫外交”频繁。1957—1982 年，先后有 23 只大熊猫被赠送给苏联、朝鲜、美国、日本、法国、英国、墨西哥、西班牙、德国等 9 个国家。

由于担心数量非常有限的大熊猫种群日益减少，同时为响应保护濒危动物的全球性号召，从 1982 年开始，中国停止赠送大熊猫，结束向海外纯政治性的赠送模式，而转向租借方式。在海外国家的邀请下，中国先后组织了数十次“大熊猫访问团”出访各国。1996 年美国加利福尼亚州圣迭戈动物园首次接收大熊猫，2024 年“云川”和“鑫宝”是 20 多年来首批从中国来到美国旅居的大熊猫。美国 ABC《早安美国》节目称，中美两国都在庆祝“熊猫外交”的恢复。

### 3. 熊猫外交的现状

21 世纪后，熊猫外交的开展方式由租借改为合作研究。2007 年 9 月 12 日，国家林业局举行发布会宣布：“中国不再向国外赠送大熊猫，但仍可以与国外开展合作研究。”从此，中国开启了与海外合作研究模式的熊猫外交。截至 2017 年 10 月，我国与全球 12 个国家的 14 个动物园建立了大熊猫长期合作研究关系，共有 40 只中国籍大熊猫（含出生幼崽）生活在海外。

熊猫外交对中国国家形象的改善主要通过两种途径完成：一是直接的熊猫外交，二是间接的熊猫外交。前者通过直接向海外专业动物园租借大熊猫开展合作研究，赢得海外公众好感；后者通过推进国内保护大熊猫工作，赢得国际声誉。

## （三）熊猫外交塑造的中国国家形象分析

直接和间接的熊猫外交不仅改善了中国的整体形象，也改善了中国政府的形象。

### 1. 熊猫外交对中国国家形象的影响

（1）1972 年，熊猫外交的国际影响力

新中国成立后，最轰动的熊猫外交是 1972 年的熊猫外交：尼克松总统访华后的中国对美国的熊猫外交。大熊猫受到美国公众的喜爱，它们带给美国公众的中国形象是“非常正面的”。美国公众对大熊猫的态度几乎可以说是“狂热的”。《华盛顿邮报》如此描述美国人对大熊猫的热爱：“自从尼克松访华，如他所承诺的那样带回两只毛茸茸的礼物，美国人从此深深爱上了大熊猫。”《华盛顿邮报》的报道呈现了大熊猫到达华盛顿后引发的“熊猫热”：华盛顿国家动物园大熊猫馆开放后三天，“在大熊猫馆水晶玻璃前排队的游客达到了每小时 1200 名，只为一瞥上周日从中华人民共和国来的大熊猫”；“甚至有游客在熊猫馆开放后一连三天前往动物园，只是为了看大熊猫睁开眼睛”。华盛顿国家动物园熊猫馆开放后一年内，约有 110 万名游客参观了大熊猫馆。

从上述这些报道可以看出，熊猫外交塑造了一个可爱而不古板、温和而不霸道的中国形象。上述所有报道都摒弃了此前西方媒体惯用的“红色中国”这一倾向性表述

方式，取而代之的是更加庄重、严肃和中性的“中华人民共和国”一词，用“中华人民共和国的大熊猫”这种明确的表述方式指出大熊猫和中国之间的联系，赋予中国“良善温和”的形象。

（2）中美合作研究以来，熊猫外交的扩散影响

1996年以来的熊猫外交同样对中国整体形象起到普遍正面的作用。1996年中国与美国开展大熊猫国际合作研究项目以来，美国已经有4个动物园借展大熊猫，包括圣地亚哥动物园、亚特兰大动物园、华盛顿国家动物园和孟菲斯动物园。这4家美国动物园的游客量每年达到700万余人，占美国总人口的2.3%。大熊猫馆是去动物园的美国人的必看展区。这样庞大的受众是其他任何提升国家形象的项目都无法相比的。参观大熊猫的行为往往是以家庭或学校为单位完成的，大熊猫获得的喜爱来自不同的年龄层次。

如今，大熊猫已经超越一般“可爱动物”的概念，成为“最高尚的动物”，带着“和平”和“友谊”的寓意，拉近了海外公众和中国之间的距离，尤其是在“中国威胁论”此起彼伏的背景下，给严肃的中国形象添加了“温情”“友好”的一面。

### 2. 熊猫外交对中国政府形象的改善

中国推进国内大熊猫保护工作赢得了国际声誉和海外公众的好评。中国政府目前已经成为全球“野生动物保护”非常成功的范例。西方的专业组织和媒体甚至对中国政府的野生动物保护模式进行了总结——中国野生动物保护的成功有赖于中国政府强有力的介入、引导和支持——供其他国家学习和借鉴。

中国全球“野生动物保护专家”形象赢得西方专业组织和主流媒体的正面称赞和报道。第一，西方的专业组织盛赞中国政府的野生动物保护工作。世界野生动物基金会（WWF）副主席赞扬中国政府：“中国在大熊猫栖息地重建、拓展和新栖息地建设方面工作非常出色，中国树立了杰出的榜样——只要政府致力于保护动物，就能发生奇迹。”2016年9月4日，国际自然保护联盟（IUCN）宣布大熊猫正式从“濒危”变成“易危”，充分肯定了中国政府的努力；世界野生动物基金会称赞中国保护大熊猫的工作“了不起”。

第二，西方主流媒体的正面报道倾向赋予中国“全球野生动物保护专家”的身份。西方主流媒体BBC连续发布系列报道热情称赞并感谢中国政府为保护大熊猫做出的贡献。2016年9月4日，BBC以“大熊猫脱离濒危名单”为题庆祝中国大熊猫“脱濒危”，盛赞中国政府对“大熊猫脱危”的巨大贡献。2016年9月5日，BBC的报道鲜明地

表示“感谢中国在过去几十年中对该物种的保护，大熊猫的数量得以增长”。同一天，BBC 再次称赞中国政府保护大熊猫的具体工作和贡献。美国的《华盛顿邮报》在连续几天的多篇报道中同样称赞中国政府在大熊猫保护工作中的表现，认为在大熊猫保护工作上，“中国政府工作出色”；大熊猫“脱濒危”证明“中国政府对这一物种的保护是有效的”；“中国政府多年来致力于大熊猫栖息地的保护和重建，大熊猫成功地从国际自然保护联盟‘濒危物种’名单上移到‘易危’名单”。海外媒体对“大熊猫”议题的正面报道倾向蔓延到中国政府对其他“濒危”动物的大力保护上，比如中国政府对藏羚羊、麋鹿等的保护工作。熊猫外交不仅改善了中国的整体形象，也为中国政府赢得了“全球野生动物保护专家”的形象。

## （四）提升熊猫外交改善国家形象效果的对策

熊猫外交是我国提升国家形象的有效手段。随着我国国际地位的提升，熊猫外交将扮演更加重要的角色。进一步挖掘熊猫文化，能助力熊猫外交最大化发挥其国家形象提升的作用。

### 1. 充分重视熊猫文化传播与跨文化交流，淡化商业色彩

通过赠送熊猫，中国不仅是对他国的友好表达，而且是在进行文化传播。在合作研究模式下，美国的动物园成为中国大熊猫文化的海外传播中转站。因此，重视大熊猫科学研究、提倡合作研究，既能为保护大熊猫工作做出贡献，又有利于传播大熊猫文化，更有助于促进跨文化交流，加深国家之间的了解，从而在全球范围内建立更紧密的关系。

此外，中国虽然是大熊猫的输出国，但在大熊猫科普知识传播方面和文化传播方面，可借鉴国外大熊猫所在动物园的做法。海外对大熊猫的宣传特点是：高度重视、理念先进、宣传内容丰富、形式多样、宣传设施齐备、互动丰富多彩、网站信息丰富、公关管理到位、从业人员素质高。例如，每年中小学校都会来到动物园开展各种形式的教育活动，动物园每天都在固定时间讲解大熊猫的习性和饲养方法等。这种教育和商业相结合的传播模式，能够有效淡化大熊猫的商业内涵。

### 2. 重视熊猫符号文化产品和文化产业的开发

熊猫不仅是一种动物，而且是中国国家的象征。在象征传播中，熊猫成为一个强大的符号，代表了中国的文化、价值观以及对和平的追求。这样的象征性传播有助于在国际舞台上塑造积极的形象。淡化熊猫外交的商业气息，并不意味着放弃熊猫文化

产业或文化产品的开发。相反，熊猫文化的发掘有助于梳理中国的“和”形象和“包容”形象。

美国好莱坞一贯善于利用他国文化来推进美国的电影事业。痴迷异域文化的好莱坞派拉蒙影业，曾以大熊猫和中国功夫为主题拍出风靡全球的《功夫熊猫》系列电影。“大熊猫之国”的中国却在熊猫文化产品开发方面有待进一步挖掘，文化产品相对较为单一。文化产业和文化产品往往可以提升传播力，熊猫文化也是如此。事实上，熊猫文化产品值得开发并大有潜力。大熊猫是“全球明星”，注定受到万众瞩目，受全球公众，尤其是儿童的喜爱。儿童是世界的未来，开发熊猫主题的儿童文化产品，将有助于熊猫外交发挥长久影响力，直接关乎未来中国国家形象。

### 3. 充分利用媒体效应与公共关系设置大熊猫议题

国内熊猫繁殖基地开始利用新媒体来宣传熊猫文化，例如，利用专业网站、开设微博，开设了“熊猫频道”（iPanda）来开展熊猫文化活动。但这些网站、微博甚至“熊猫频道”的内容主要以直播和卖萌为卖点，缺乏文化支撑。这方面，海外的经验可以为我们提供借鉴。比如，美国多数动物园熊猫馆都会开辟大面积的宣传展区，图文并茂地介绍中国熊猫外交的历史。华盛顿国家动物园仍陈列着 1972 年尼克松带回中国国礼大熊猫时的箱笼。海外几乎所有动物园的熊猫馆都会在每只大熊猫的出生、首次亮相、百日、生日、产崽、返回中国等中国传统中非常重要的时刻策划一系列宣传活动，并于当地的社交媒体上发布实时动态，间接传播了中国传统文化。从大熊猫相关微博动态的评论区来看，大熊猫视频几乎是海外所有“中国”相关议题中最正面、最和谐的。通过广泛的媒体报道，熊猫外交可以吸引全球的关注，而这种媒体效应有助于扩大外交活动的影响力，为中国在国际上建立更积极的形象提供有力支持。

此外，熊猫外交在提升国家形象方面具有非常大的潜力，因此，深度挖掘熊猫文化助力熊猫外交，必然能够对中国国家形象的改善和提升发挥更大的作用。

### 思考与讨论

一、为什么我国要提出熊猫外交？其考量是什么？它基于什么样的外交理念？熊猫外交与我国熊猫文化的建设有何关系？

二、传媒在我国熊猫外交中起到了什么样的作用？请思考在理论上如何进行传播学与外交学的融合式研究，进而拓展外交学主题研究的外延和传播学主题研究的边界。

三、当今熊猫文化蔚然兴起的动力何在？简述熊猫文化的内涵与外延。

四、传媒在熊猫文化的兴起和国际传播中扮演的角色如何？起到什么样的作用？

五、具有国际化的熊猫文化的兴起将怎样推动当代中国的教育创新发展和传播学的学科发展？

## 专题二　大熊猫国际文化周创意分析

### （一）首届中国大熊猫国际文化周概况

首届中国大熊猫国际文化周于 2018 年 8 月 21 日至 8 月 26 日在北京中华世纪坛盛大举行（见图 2-4）。此次活动由国务院新闻办公室指导，国家林业和草原局、中国人民对外友好协会、四川省人民政府、陕西省人民政府、甘肃省人民政府联合举办。其核心主题为“熊猫文化世界共享”，旨在推动以大熊猫文化为代表的中华文化走向国际舞台。

图 2-4　首届中国大熊猫国际文化周开幕式

此次活动发布内容主要集中在中国大熊猫保护研究领域的成果上。活动吸引了来自政府、社会、文化、企业等多个领域的重要参会人员。其中，国家林业和草原局副局长李春良，中国大熊猫保护研究中心党委书记张志忠，五洲传播中心副主任井水清，四川省委书记彭清华，四川省委副书记、省长尹力等重要领导出席并发表了重要讲话。与此同时，国务院新闻办副主任郭卫民，中国人民对外友好协会会长李小林，泰中友好协会会长、泰国前副总理功・塔帕朗西等国内外嘉宾也为活动增添了亮点。

此外，活动吸引了来自澳大利亚、比利时、丹麦、芬兰、加拿大、美国、尼泊尔、日本、新加坡、英国、越南等国的驻华使馆官员，以及来自全国的知名熊猫专家、文化文艺界代表、中外企业家等嘉宾的热情参与，形成了一场政府、社会、专业领域交流的盛宴。

“1+1+8”系列活动拓展了活动的深度与广度。2018 年 8 月 21 日傍晚，首届中国大熊猫国际文化周“熊猫中国・四川之夜”主题活动在北京举行。四川省委书记彭清华，中国人民对外友好协会会长李小林，国家林业和草原局副局长李春良，泰中友好协会会长、泰国前副总理功・塔帕朗西出席活动并致辞。四川省委副书记、省长尹力，国务院新闻办副主任郭卫民，中国轻工业联合会会长张崇和等出席活动。来自澳大利亚、比利时、丹麦、芬兰、加拿大、美国、尼泊尔、日本、新加坡、英国、越南等国的驻华使馆官员，全国知名熊猫专家、国内文化文艺界代表、中外知名企业家代表等出席活动。

主题活动开始前，参会的领导和嘉宾一同前往活动展示区参观大熊猫文化展，了解大熊猫保护繁育、文化推广、特色旅游开发和成都大熊猫繁育研究基地建设发展等情况。一幅幅精美的图片、一个个精致的展品，生动展示了国宝大熊猫生活、休憩的场景和作为“友谊使者”旅居各国的情况，全面反映了各国人民对大熊猫的喜爱之情。

本届中国大熊猫国际文化周以“熊猫文化，世界共享”为主题，符合文化交流大势，顺应各国人民的期待。“熊猫中国・四川之夜”主题活动是这次中国大熊猫国际文化周的首场活动，其以独特的文化表达和视听盛宴为特色，凸显了四川悠久的历史和独特的文化底蕴，通过精彩的表演、音乐和艺术呈现，为观众带来一场身临其境的文化盛宴。

文化周期间，四川省还举办四川主题展、川航大熊猫主题航班、“熊猫日记”VR 或 AR 作品征集、大熊猫文化国际传播心得分享会、优秀大熊猫摄影作品展、大熊猫主题书籍作家分享会等一系列丰富多彩的活动。这些配套活动进一步丰富了文化周的内容，为观众提供了全方位的文化体验。这些不同形式的活动，让观众更加全面地了解和感受四川的丰富文化内涵，传播熊猫文化，加强人文交流，让全世界人民进一步了解大熊猫、喜爱大熊猫、保护大熊猫，生动展示“大熊猫家园”四川的秀美山川、厚重文化和独特魅力。

## （二）大熊猫国际文化周创意分析

### 1. 以熊猫频道为载体，拓宽对外传播渠道

在本届大熊猫国际文化周中，中央广播电视总台创办的熊猫频道是政府针对国外公众的传播渠道，也是借助网络传递本国信息的外交形式，旨在通过日常沟通提升国家品牌形象。

在熊猫频道设立的“熊猫专题”中可以找到“中国大熊猫国际文化周”栏目。该栏目囊括了本届文化周的相关活动安排和详细的资讯，以传播熊猫文化的方式，打造熊猫和蔼可亲的形象，联合国内外媒体平台，提升国际知名度，让熊猫形象和中国文化深入人心。

（1）投放形式多样，提升信息接收度

熊猫频道由央视国际网络有限公司主办，隶属于中央广播电视总台网络电视台（CNTV），是一个以熊猫为主角、24 小时向全球直播成都大熊猫繁育研究基地的大熊猫生活实况的频道。该频道于 2013 年 8 月正式上线，主要由“直播秀场”“滚滚视频”“高清趣图”“熊猫播报”“熊猫专题”“直播中国”六个部分组成。

打开熊猫频道的网页，没有普通门户网站那么多的栏目、标题、主页或者图片。其主题非常简单：以熊猫为切入点引来粉丝，向海内外传播中国的自然风光、山川古迹等文化。“中国大熊猫国际文化周”栏目由导读栏、大熊猫文化国际传播分享会、“熊猫中国·四川之夜”、大熊猫主题书籍分享会四个部分组成，以图片、文字资讯和视频形式，从展现熊猫萌宠有趣的形象，延展到介绍中国优秀文化、展示中国新形象的外宣内容。

图文形式主要体现为硬新闻和嘉宾采访。其中有熊猫频道原创作品，如《川航首架空客 A350 飞机抵蓉，助飞“熊猫之路”》，也有从《华西都市报》《四川日报》等媒体转载的文章。将硬新闻以详细的图文形式呈现，全面广泛地追踪新闻现场，增强叙事的逻辑性，方便受众阅读。在进行内容编辑的同时，图文形式可以提升信息到达率与受众认同度。此外，熊猫频道与交互性更强的传统媒体进行整合营销传播，适当增

加了内容链接，当受众点击后即可跳转至熊猫频道官网或相关账号，有利于完成跨平台间的受众导流，可以增强受众的活跃度、拓展平台覆盖广度。

本届文化周专题中的视频主要用于开幕式、发布会等新闻发布。此外，还有熊猫直播环节，由主持人和工作人员为观众介绍熊猫外交的历史发展和本次活动的概况。视频和直播节目均由熊猫频道自制，实时直播的形式吸引了年轻观众，视频报道将新闻可视化呈现，增强了受众临场感。熊猫频道发挥视频的视觉传播优势，对大熊猫进行多角度拍摄，增强文字、图片、短视频、表情包以及直播的趣味性，以融合传播方式避免受众审美疲劳。

在公共外交关系建立的过程中，我们不难发现熊猫这一中国特色符号在全球具备较好的接受度。所以，不少传统媒体都将熊猫形象品牌化，淡化媒体的政治色彩，突出熊猫自身的外形和性格特点，传递友好忠诚的熊猫文化；自创熊猫表情包和日常生活视频，吸引了国内外粉丝对中国文化的关注；聚焦熊猫稀有动物的身份属性，有助于维护我国在保护动物和生态方面的努力形象。我国在尊重他国文化、宗教的基础上，借鉴熊猫频道品牌发展路径，甚至直接在熊猫频道投放平台植入原生信息，提升目标信息的传播力与接受度，缓解目前政治结构、经济体制等差异引起的文化不适应感，继而更好地弘扬中华文化。

（2）多平台融合，加强国际传播互动

根据央视网对注册用户进行的统计，熊猫频道目前已覆盖全球超过 204 个国家和地区，海外访问占比超过 40%。截至 2017 年 8 月 31 日，熊猫频道海外社交账号总粉丝突破 1000 万；在脸书平台，相关帖文总浏览量突破 45 亿次。2016 年至 2017 年，熊猫频道对外发布的原创素材被 BBC、CNN、美国之音等 722 家媒体采用 7365 次，成为境外以熊猫为主题的传播中国文化的最大专业系列账号，同时也是全球唯一的以大熊猫为主题的社区网络频道。

合作运营商为了更好地传播熊猫符号，综合运用国内外的多方社交平台，搭建了微博、微信公众号、熊猫频道、秒拍、脸书、推特、照片墙、YouTube 8 个平台的社交媒介矩阵。微博、微信公众号等中文平台统一命名为“iPanda 熊猫频道”；涉外传播平台脸书、推特命名为“iPanda”，照片墙命名为“iPanda Channel”。其中，熊猫频道通过 100 多架高清摄影机 24 小时向全世界直播熊猫的生活实况，一年内获得超过 4000 万人次的网络访问量，成为全球最大的野生动物主题新媒体平台。脸书上熊猫账号的粉丝超过 1200 万，照片墙粉丝超过 16 万、推特粉丝为 1.1 万。Walt Disney World 作为迪士尼主题乐园业务的主账号，同期粉丝数为1500万。脸书上熊猫账号具有媲美迪士尼乐园的国际传播力，是对外传播熊猫形象的主阵地。

熊猫账号的国际化传播增强了熊猫与其粉丝之间的黏性，互联网扁平化的结构促进了熊猫爱好者的集结与互动，他们通过评论、点赞、转发、打赏、弹幕等方式产生情感共鸣。受众因对熊猫符号的喜爱而产生强大的舆论效果，提升了熊猫品牌的知名度与影响力。传统媒体借助新媒体进行信息传播，将公共外交中"以我为主"的立场转变为"以国外受众为主"，改变了原有的话语体系，让国外受众共同参与本国信息的传播与交流，能够为各行为主体开展公共外交提供思想指引，从而起到整合公共外交资源的作用。

社交媒体就是互动的平台，即传播者和受众之间要有通畅的沟通平台和共同生活体验的互动，使二者产生共鸣。沟通平台的搭建不仅要依靠本国的媒体，还要善于借用外国的媒体以及网络媒体。通过这些活动，中方可以了解西方公众对中国媒体报道的看法，帮助改进中国媒体的工作，同时有利于加深西方媒体对中国的了解，使西方更加客观、准确和全面地报道中国。

### 2. 多元叙事方式，助推文化软实力

文化"走出去"战略是近几年来我国关于文化发展最突出的主题之一。它不仅有助于推动我国文化产业国际化的战略转型，也有助于加深国际社会对中国的全面认识。进入21世纪以来，遍地开花的孔子学院和蓬勃开展的"文化年"活动，对国外民众了解中国文化产生了积极作用。文化传播正在以自身特有的魅力推动公共外交搭建一个国际化的流通渠道和传播平台。

20世纪90年代初，美国学者约瑟夫·S. 奈提出软实力理论。"软实力"是相对于国家经济、科技与军事等"硬实力"而言的，"软实力是通过吸引而非强迫或收买的手段来达己所愿的能力。它源于一个国家的文化、政治观念和政策的吸引力"[①]，既包括价值观念、生活方式和社会制度的强大吸引力和感召力，也包括建立在此基础上的广泛同化力和规制力。作为综合国力的重要组成部分，软实力的提升对经济发展具有重要的促进作用。现代社会仅仅通过经贸手段追求经济利益的模式已经过时，经济与文化、品牌、情感、价值观等越来越紧密地结合在一起。一些城市利用公共外交推行形象营销策略，通过软实力的吸引力产生了经济上的巨大增值效果。比如，伦敦打造"创意文化之都"、西班牙毕尔巴鄂的复兴、成都打造"天府熊猫之都"等。

---

① 奈．软力量：世界政坛成功之道［M］．吴晓辉，钱程，译．北京：东方出版社，2005：2.

文化作为一种软实力，是提升国家综合实力的公共外交手段，具体是指一国政府利用其文化资源和成就，在海外推广本国文化。从传播学意义上来看，文化外交与公共外交有着很高的趋同性。文化外交即国际文化传播，它同时包含对外人际传播和国际大众传播。文化传播是公共外交中长期目标得以实现的基础。

要做到这一点，传播主体要学会用叙事的表达方式，通俗地讲，就是要学会“讲故事”。这符合人类共同的沟通习惯，比空喊口号和只讲道理更富有感染力，在宣传方面往往能起到事半功倍的效果。叙事的呈现途径可以是媒体的新闻报道，也可以是国家领导人的对外演讲，还可以是更为直观的影视剧作品、文学作品、商业广告等。近年来，描写熊猫形象的电影、文学作品为观众更加形象地展现了熊猫的外貌和特性，其中不乏外国出品的熊猫电影和动画制作。熊猫话题不再局限于中国影视作品，逐渐受到国际知名导演和制片人的青睐，通过电影等动态叙事方式呈现在观众面前，传播中国文化“正能量”，进而使国际青年群体对中国文化有了全新的认知，展现了中国国家形象的完整镜像。

（1）创作熊猫影像，兼顾趣味性与历史记忆

本届文化周开幕式现场播放了《我是中国大熊猫》宣传片。该片以大熊猫为第一视角，讲述了中国大熊猫保护的研究成果、国际交流以及未来的发展，在展示大熊猫可爱友善形象的同时，让大众看到了中国大熊猫文化从古至今在对外文化交流中所起的重要作用。该宣传片巧妙地结合动画创作，增强了视频的趣味性，以大熊猫兄妹的故事为我们揭开首届中国大熊猫国际文化周的序幕。

此外，在首届中国大熊猫国际文化周“熊猫中国·四川之夜”宣传片中，我们看到了更为活泼可爱的熊猫形象。视频旋律极具跳动感，展现了从大熊猫幼崽到成年熊猫的变化过程，介绍不同熊猫名字的由来，凸显熊猫的萌宠特性；以简单易懂的网红“滚滚天团”为绰号，吸引观众的好奇心，将文化周举办信息与视频结合，在短短一分钟的时间内，使观众聚焦快节奏的字眼和图片，达到更为直接和快捷的传播目的。

大熊猫作为最有潜力成为代表中国的和善可亲的动漫形象，在两则宣传视频中已呼之欲出。文化产品市场的全球化，要求我们探索文化载体的最大可能，以此来谋求世界的接受度。文化传播是整合公共外交各个行为主体的重要平台，而开放式文化交流的一个重要特点就是各国人民互相鼓励不同国籍的人接受自己的文化要素。文化的交流必然是一个互相融合的过程，文化的博弈也一定不是零和博弈。在本届文化周，四川以大熊猫为主题，着力打造出一个独一无二的、类似于日本“熊本熊”的独特形

象，让全世界的观众更为直接地感知熊猫的魅力。

说起传播大熊猫文化，电影的作用不可小觑。2016年，在陆川执导的影片《我们诞生在中国》中，大熊猫丫丫和美美的母女情让无数观众动容。2017年，该影片在北美上映，也将这份感动带到大洋彼岸。作为大熊猫的家乡，四川对大熊猫文化的影像化挖掘由来已久。20世纪80年代，中国与日本合拍的《熊猫的故事》曾经感动了无数观众。8月21日至26日，首届中国大熊猫国际文化周电影展上展映的四部影片中就有《熊猫的故事》。其他三部影片分别为《熊猫回家路》《我们诞生在中国》《熊猫历险记》。电影展映丰富了文化周的内容，同时告诉大家，熊猫既是一个生物物种的代表、生态文明的代表，也是文化品牌的代表。

由于当今时代在信息传播中呈现的某种“碎片化”“快餐化”特征，很多人更倾向于从影像中获取信息。“熊猫电影”结合电影原有的优势，融合动画特效，打造出为全球观众所喜爱的“功夫熊猫”形象。善于充分运用电影科技，让世界民众可以更直接、更生动地获得文化交流的空间和条件，充分发挥有广大民众参与的公共外交功能，引导国际民众更亲切地接触当代中国，更全面、客观地认识当代中国。随着公共外交行为主体多元化时代的到来，如何有效发挥各行为主体的优势，使公共外交的效果最大化，已经成为当前迫切需要解决的问题。文化传播涉及的本国价值观和意识形态取向，公共外交具有的文化传播因素，决定了其在今后很长一段时间内都将在国家的对外战略中占有重要地位。这也是突破西方媒体镜像壁垒、消除国家形象的传播误解、减少国家形象的文化折扣、有效增强中国国家形象国际传播的重要新路径之一。

（2）主题书籍分享会，注重教育传播

冷战结束后，中国的公共外交有了明显改变，摆脱了传统的宣传观念，逐步建立现代公共外交理念。教育作为公共外交手段之一，是一国政府、社会组织等从各种角度向外国公众表达本国国情、说明本国政策、解释外国对本国的不解之处，并在国际交流中了解对方的一种活动。随着近年来国际化触角逐渐延伸至神州大地各行各业，各级各类图书活动都或多或少涉足公共外交，以便把国外先进的理念和做法引进来，把本地资源推出去。

本届文化周在国家图书馆举办了大熊猫主题书籍分享会。除了五位嘉宾分享的大熊猫主题书籍，现场还展示了大批关于大熊猫的“川版好书”。其中，由四川少年儿童出版社重点打造的《我们的竹林》《我是大熊猫》《我爱熊猫》同时在本次活动中亮相，受到国外各大出版社的关注。《我是大熊猫》与以往关于大熊猫的科普作品不同，全书以第一人称写就，从“坐月子”的大熊猫妈妈“疲惫而忧郁的眼睛”开头，配上软萌生动的大熊猫照片，用通俗易懂的语言全面讲述了大熊猫的前世今生。由于受到国外读者的欢迎，本书首先推出的是英文版，而不是中文版。如今，这本书已经成为中国驻外大使馆馈赠国外友人的重点礼品读物。这本书部分版权输出已到达法国、英国、比利时等多个国家，阅读覆盖欧美。

网红读物《我爱熊猫》携手法国桃李出版社在法国出版发行。书中有150多张萌翻天的大熊猫照片，内文以富有童趣、活泼的语言引导小朋友了解大熊猫的生活习性和当今生存状态，从小树立尊重自然、保护地球的环保意识。该书目前在法国亚马逊等四大网络渠道进行销售。法国凤凰书店等均接受了该书的销售合作，联络书店达到3600家；比利时大型书店LIBRAIRIEPOINTVIRGULE也向法国出版社征订了该书；欧洲最大的经销商MEDIADIFFUSION认可该书的品质，增加熊猫类图书产品进入该经销商渠道。该书已被法国国家图书馆选中收入馆藏。

《我们的竹林》是2014年由四川少年儿童出版社与成都大熊猫繁育研究基地合作出版的儿童绘本。该书的作者是美国的赛娜·贝克索博士。她从1999年开始任职于成都大熊猫繁育研究基地。在她的帮助下，成都熊猫基地成立了专门的保护教育部，开展了一系列与生物多样性保护有关的环境教育项目。她从一位女性的视角，结合自己多年来的研究成果，完成了《我们的竹林》的文字创作，讲述了大熊猫妈妈带着它的宝贝奔走，为宝贝的幸福倾尽全力的温情故事，让读者感受到大熊猫的母子情和生活现状。该书出版后，成为成都大熊猫繁育研究基地的畅销书籍。2018年3月，该书在法国出版发行，受到法国国家自然保护学会的关注，该学会特别在其权威学会杂志上推荐该书。

通过教育手段进行的公共外交活动，体现了我们从“对外宣传”走向“国际传播”的过程，书籍尤其呈现出对全球青年群体巨大的媒介亲和力、观念穿透力和文化影响力。它们是青年群体触感外在世界最重要的媒介平台。与争取改变前几代外国民众对中国国家形象的刻板印象不同，通过有的放矢的书籍内容生产与应用策划，能够在国际青年面前呈现出具有崭新活力的中国形象。书籍体现了文化传播所具有的开放性、多元性和融合性特征，通过振兴本国文化，为世界文化繁荣贡献本民族的优秀文化因素成为可能，从而使本国文化软实力资源转化为软实力优势成为可能。

### 3. 文创技术+IP，搭建对外经济合作平台

公共外交具有注重运用“软实力”和“巧实力”、渠道广泛、柔性灵活等特点。这些特点不仅体现在文化交流和民间交往中，也体现在经贸合作领域，对国际经济合作

起到重要的促进作用，必将成为中国经济发展的新助力。公共外交有助于提升国家软实力和国际竞争力，从而提升国家的经济“内力”。

本届文化周的“熊猫中国·四川主题展”有一个大熊猫文创展示区，虽然面积不大，却颇受观众欢迎。比如，在熊猫邮局，许多观众纷纷写下对亲朋好友的祝福，投进邮筒；有的看见熊猫印章，跃跃欲试；还有人迫不及待地扫描二维码，听大熊猫“唱歌”。成都天府熊猫文化传播有限公司的“Heart Panda”彩绘大熊猫系列文创产品更是让许多观众爱不释手。

首届中国大熊猫国际文化周主题展中，由四川墨谷数字科技有限公司布置的两个大熊猫VR体验区场面火爆。在体验区，观众能通过VR技术触摸大熊猫、给大熊猫喂竹子、喂奶、体验如何零距离“吸猫”。参与者只需要戴上VR设备，通过手柄选择熊猫乐园和育幼室两种场景。进入熊猫乐园，乘着竹筏缓缓划到树林里，上岸后，一只憨态可掬的大熊猫走到面前。参与者通过手柄操作，可以抚摸大熊猫的头部，接触时还有触感；在育幼室，可以给刚出生的大熊猫幼崽喂奶。

VR体验区旁边是自贡海天文化股份有限公司打造的6组造型不同的大熊猫彩灯，其中不仅有功夫熊猫这样极具辨识度的形象，还有大熊猫打麻将等颇有四川生活气息的灯组。这里也成为观众参展“打卡”的地方。彩灯旁边还有大熊猫彩绘DIY体验。观众可以在白色的模具上给大熊猫“装扮”。

首届中国大熊猫国际文化周为四川企业大熊猫文化品牌“走出去”引流，实现了政府“搭台”、企业“唱戏”，让这些企业收获满满。文化周的文创活动将传统的人文艺术融入现代时尚，进行创新创意表达，使熊猫文化的价值得到最大限度的体现和传递。对于科技公司来说，增强互动和体验是核心竞争力。大熊猫作为国宝，普通观众很难有机会与其亲密接触。VR技术就解决了这一“痛点”，让观众参与熊猫的日常生活中，更直观地了解大熊猫。

在首届中国大熊猫国际文化周期间，本地政府对大熊猫文化非常重视，进一步坚定了企业做大熊猫文创产品的信心。首届中国大熊猫国际文化周给文创企业搭建了高规格的平台，让他们有更多机会展示自身技术，接触海外投资商。大熊猫本身自带的丰富文化价值和创造潜力，足以让四川省打造出具有代表性、国际范儿的熊猫文化品牌。目前，我们要借用国际传播能力建设，讲好中国故事，传播好中国声音，向世界展现真实、立体、全面的中国，将社会主义核心价值观和文化产品有机结合，从而提高文化产品的国际竞争力，提升中国文化的吸引力和感召力。

## （三）首届中国大熊猫国际文化周的公共外交启示

公共外交的核心部分是国际传播，传播决定了国家的影响力。传统的政府外交，是一种少数对少数的、领导人之间的、外交官之间的外交，倚重的是领导人和外交官的能力。公共外交既继承了传统外交工作的诸多特征，又倚重和借助大众传播，实现国家层面对国外大众的外交。其本质就是通过传播来影响国际公众的态度，塑造本国形象。作为身处不同政治、经济、文化和历史背景下的国外公众，其对一个国家的认知和态度在很大程度上由媒体主宰。从这个角度可以说，国际传播是公共外交的核心载体，是决定公共外交成败的重要因素。没有传播，就没有公共外交。

### 1. 首届中国大熊猫国际文化周活动创意及国际传播影响力总结

首届中国大熊猫国际文化周通过独特的创意活动，以多种多样的互动形式，以大众喜闻乐见的图书、电影等多元载体展示了中华文化的独特魅力，凸显了国际传播的重要性和影响力。

首先，以大熊猫为代表的中国文化符号成为沟通的纽带。符号学和文化符号理论认为，符号是文化交流的媒介。大熊猫作为中国独特的文化符号，成功地引起了国际观众的关注。这一独特符号的运用，促使国际社会更深入地了解中国文化，从而加强了文化的交流与理解。

其次，活动设计体现了跨文化传播的策略。跨文化传播理论强调在文化差异背景下的信息传递。文化周以巧妙的方式融入四川的地方特色，通过文化差异的展示，吸引了国际观众的兴趣。这样的跨文化传播策略不仅为国际观众提供了新奇的文化体验，也增进了对文化多样性的尊重和理解。

再次，网络化传播理论对活动的影响力也起到了关键作用。活动通过社交媒体、网络直播等方式进行全球传播，借助互联网技术迅速扩大了受众范围。这种广泛而迅速的传播方式，有助于将中国文化推向全球，形成更为广泛的国际共鸣，实现了文化软实力的有效提升。

最后，文化周的成功还在一定程度上契合了全球化理论的观点。全球化理论认为，文化、经济和社会现象在全球范围内相互联系与影响。通过中国大熊猫国际文化周，中国的文化元素成功走向世界，为国际社会提供了更加丰富的文化资源，促进了全球文化的多元发展。

综上所述，首届中国大熊猫国际文化周通过创意的活动设计，成功运用国际传播理论中的相关概念，实现了在全球范围内的文化传播和交流，为中华文化在国际舞台上的传播树立了良好的典范。美中不足的是，尽管电影产业与功夫熊猫等文化符号在国际上取得了显著成功，但这些成就仍然主要源自多年前的创作，未能持续推陈出新，熊猫文化的创新和原创度亟待不断努力与进步。同时，首届中国大熊猫国际文化周在传播影响力方面存在较大短板；相关媒体报道相对匮乏，多为政府发布的通稿，缺乏多样性和深度；国内公众对该活动的了解程度较低，而国际上的传播效果也不理想。尽管熊猫频道在国际网络平台上有一定受众，但对于本次文化周，无论是视频播放量还是相关报道的阅读量都未达到理想水平。因此，在提升熊猫文化的全球传播效果方面，我们需要在创新和原创性上不断努力，并加强媒体报道的多样性与深度。

### 2. 首届中国大熊猫国际文化周活动创意及国际传播影响力启示

在当代国际政治中，“受众”的态度在很大程度上取决于媒体所提供的“拟态环境”。人的态度和行为已经不再是对客观环境的理解，而变成对媒体提供甚至提示的某种“拟态环境”的反应。这个理论对于公共外交的意义在于：国际传播决定了国家的影响力。媒体对某国的信息搜集和传播能力、美誉度和公信力及构成特征等，均对公众对该国的态度产生巨大影响。根据首届中国大熊猫国际文化周在媒体传播方面的表现，我们得到以下几点启示。

（1）媒体促成内政外交一体化

在互联网高速发展的今天，内政、外交领域的博弈被放大，新兴媒体催生内政外交交叉融合，内政外交的边界越来越模糊，媒体对内政外交的影响力不断加大。无论是内政管理还是外交活动，都应高度重视舆论的引导，发挥媒体的积极作用。

（2）当代媒体形成公共外交舆论场

当代媒体实际上已经成为一种社会全员参与的“新闻广场”。在这个“广场”中，公民通过对外交事件的讨论、评价等方式发声，从而对外交的环境、政策实施过程和结果产生影响。公众借助传媒的参与，使外交工作的“路线图”由传统的中央政府对中央政府的“两点一线”转化为“多点多维”，即借助媒体的“广场效应”使传统政治外交的“两点一线”转变为“多点多维”。通过公众参与，公共外交进一步社会化，外交工作的内涵和影响力都获得充分的扩大。尤其是海外受众的参与和互动，能够更好地树立国家形象，促成我国的文化输出。

首届中国大熊猫国际文化周活动在公共外交舆论场方面的建立上并没有形成一定的影响力。可以说，这个舆论场还不够成熟，并没有成功建立。

（3）新媒体成为公共外交的博弈场

以互联网为代表的新媒体，凭借其高度的信息扩散能力和多向互动的全通性特征，已经成为并会越来越成为基于意识形态和国家利益之争的政治博弈平台。目前，全球访问量最多的 100 个网站中有 94% 设在美国。全球 7240 万个网站中，美国占 73.4%。在网络信息资源中，英文信息约占 90%。网络等新媒体的传播具有开放、多元、瞬时、互动、无障碍等传统媒体难以企及的优势，因此成为直接干预外交议程和结果的工具。可见，新媒体已经逐渐成为公共外交的博弈场，在促进国际传播、提升我国的国际影响力的路途中，应当重视新媒体的作用和威力，在新媒体博弈中取得优势。

（4）复合型国际传播人才培养

一位合格的国际传播人才，不仅是一位媒体人，也是一位外交官，不仅具备对媒介各种信息的选择能力、理解能力、质疑能力、评估能力以及思辨的反应能力，还能够处理国际事务、维护国家形象、争取国家利益、处理政治与媒介关系。《中国青年报》曾在一篇报道中引用了两位长期观察国际事务的专业人士的话：一方面，中国外交在透明化、“平民化”方面确实做了很多事情，另一方面，外交系统人员对与大众传媒沟通的熟悉程度仍然不够。这主要是因为在传统的政府外交中，我们不用过多和媒体打交道。在现代国际传播的人才培养方面，我们既要传授国际政治及相关的博弈之道，又要懂得利用媒体，培养复合型人才，推动我国的国际传播从“对外宣传”走向真正的国际传播。

（5）加强国际传播，提升国家软实力

国家软实力的核心因素是，成功地说服或者影响他国完成其不愿意完成或者对他国利益没有好处的事情。一国的国际传播手段先进、传播能力强、美誉度高，该国的文化理念和价值观念就能广为流传，就能掌握影响世界、影响人心的话语权。“熊猫文化，世界共享”本就是一个极好的中国故事的传播载体，通过憨态可掬的熊猫，可以树立中国爱好和平、善良友好的形象。当熊猫传播成为中国的象征性符号时，一个爱好和平的大国形象就不言而喻了。

中国文化国际传播需要实现六个转向：立足点要从“以我为主”转向“以国外受众为主”，话语体系要从“中国官方语言”转向“国外受众语言”，传播方法要从“讲道理”转向“说故事”，主体要从“官办”走向“民办”，内容要从“政经利益”走向“文化交流”，传播模式要从“被动应付”走向“主动设置”。提升传播力，才能提升我国的国际影响力。

### 思考与讨论

一、就品牌战略的传播而言，阐释熊猫品牌的多重建构为新时代中国的国际关系构筑和国家形象建构所起的作用。

二、中国“熊猫外交”为现代外交的国际传播策略带来了何种启示?

三、结合智能传播，思考如何继续优化大熊猫国际文化周的对外传播效果，以及如何与中国公共外交政策形成合力。

四、基于当今世界发展的大背景，从大熊猫国际文化周的创意与组织传播，浅谈如何构建大熊猫国际文化周的参与式文化。

## 专题三　公共外交视角下首届金熊猫奖的创意传播及策略探讨

伴随着互联网时代和全球经济一体化步伐的加速，国际传播与公共外交的主体更加多样化。影视节展不仅是一种跨文化交流活动和国际传播的载体，也可衍化为一种公共外交的作业。这种由政府做后盾、民间组织相互合作开展的文化交流展览和节庆活动是展现本国良好国际形象、影响国外精英和公众情感与态度的重要平台。其中，影视奖项的评选活动作为影视作品交流和各国文化传播的载体，在世界各地的发展影响广大，如欧洲的三大电影节、美国的奥斯卡金像奖和中国的上海电视节白玉兰奖等。这些奖项的影响力早已超出艺术领域，大大地促进和加深了各国人民之间的理解与认知。

在此背景下，中国的崛起不仅是经济的腾飞，更应是综合国力的飞跃和中华文化的影响力在全球的极大提升。鉴于当今国际格局的变化与大国竞争的加剧，2023 年新增设的国家级金熊猫奖落户四川省成都市，并于 2023 年 9 月在成都举行了首届评选活动（见图 2-5）。作为一个国际化的影视奖项，它的意义并不仅仅是评选出优秀的影视作品和颁发荣誉，还要搭建起一个国际交流平台，在传递作品的艺术与审美、推广优秀的中华文化的同时，促进来自全球各地的影视创作者交流互鉴，推动构建人类命运共同体。本专题将基于媒介地理学与媒介公共外交实践功能的视角，重点关注金熊猫奖创意主体、品牌创意和塑造、创意渠道、创意的实践活动（传播效果）四个方面，以期验证该奖项设置及其评选活动的执行效果与价值功能。

图 2-5 首届金熊猫奖评选活动于 2023 年在成都举行（摄影：向宇）

## （一）金熊猫奖创设的媒介地理学考

### 1. 金熊猫奖创设考量与主办方成都的地方性标识

保罗・亚当斯在有关媒介地理学的论述中有关于四象限的划分，其中之一便是“媒介中的地方”。[①] 在现代媒介景观下，人们对于地方和区域的认识很大一部分来源于媒介，而媒介有关区域地理的表征与人们对地理事实的经验是相互影响和呼应的。在这次金熊猫奖评选活动中，我们可以从选择成都作为主办方以及对成都的整个媒介化呈现中看到媒介地理学视角的运用，从而启发我们进一步思考：为什么金熊猫奖评选活动要选在成都开展？在地域、媒介表征与受众接受之间的互动中，人们对成都的认识又是如何构建的？

金熊猫奖评选活动永久落户四川，每两年开展一次，旨在打造辐射国际、以构建人类命运共同体为主题的影视交流活动。之所以选择成都，是基于多方位、多维度的

① 亚当斯．媒介与传播地理学［M］．袁艳，译．北京：中国传媒大学出版社，2020.

考虑：在“一带一路”背景下，四川成都具有重要的战略节点意义，川蜀文化的深厚底蕴，以及大熊猫这一享誉中外的重要文化符号的坚实传播基础。在国内外对成都这座城市的印象中，熊猫、火锅、麻将是最深刻的标签，这在很大程度上得益于成都的城市宣传。对于更大范围的国际受众来说，熊猫与成都的媒介关联更大。根据国际传播中的以受众意识为本位的策略，熊猫这一形象在国际上的受欢迎程度和影响力是显著的，这在各类文化活动或体育赛事的开展中都可窥见。因此，选择在成都举办金熊猫奖评选活动，是对既有成功媒介地理符号的运用，这一理念深刻体现并贯穿于整个活动的进程中。同时，从区域上讲也有其他原因：相对于东部影视艺术节的蓬勃，西部影视艺术节的发展较不平衡，需格外重视；四川传统文化和自然风光具有作为优秀影视创作沃土的可能和潜力。“四川多样的自然环境为电影拍摄带来丰富选择。”凭借电影《宇宙探索编辑部》提名金熊猫奖最佳电影编剧奖的导演孔大山这样说道。[①] 除了自然环境和人文历史为影视拍摄提供环境选择，四川在文化产品输出上也不断推陈出新、屡创佳绩。总之，金熊猫奖评选活动落户四川成都的选择是观照宏观和微观，横贯东西，以城市古今意蕴为落点，联动国际的综合因素下的考量。其中重要的因素是对地理文化符号知名度与既有国际认同感的再运用和再创造，这和其打造拥有中国风范的国际文化交流活动的目的是相呼应的。金熊猫奖力求在以文化影响力为线索的传播活动中推动中国文化软实力的提升和国家形象的构建，助力创作出更多彰显全人类共同价值的影视文化产品。

在整个活动中，成都的地域文化通过媒介化手段不断呈现和塑造着。首届金熊猫奖评选活动的主体活动和配套活动围绕着“金熊猫”这一符号形象展开，其中主体活动和“熊猫带你看世界”的展览活动中“金熊猫”这一媒介化符号不断出现，并结构着活动的主题风格与基调。同时，在配套活动中，主办方为嘉宾安排了三条文旅路线，包括都江堰水利工程、三星堆博物馆和成都金沙遗址博物馆的参观游览，从实际的地理体验中加深有关巴蜀文化的记忆。可见，金熊猫奖的活动安排以成都地域文化为基础，与成都的媒介化呈现构成互文，融贯于各活动环节，是基于城市和地区优秀历史文化资源的整体传播策略。

### 2. 金熊猫奖创意轴心：地方性与全球性的对话关系

金熊猫奖评选活动的开展是以成都地理文化资源为依托、以巴蜀文化为主线展开的，将活动的举办嵌入属于成都的文化空间中，不仅通过各类视觉文化符号体验，还

① 卢星宇，泽登旺姆．金熊猫“寻”蜀：天府之国正成影视沃土［N］．成都日报，2023-09-22（2）．

借助实践感、空间感强的具体活动让来宾切身感受。同时，活动辐射到城市中，营造出金熊猫典礼的盛大氛围。借由这样一种把具有共同身份或某一团体的人聚集在一起的仪式活动，在传播者与受众、实践与表征体验中，输出成都的文化符号，传达中国传统文化中包容、和谐的主旨。

2017 年，成都举办的金砖国家电影节，主要聚焦于中国、巴西、俄罗斯、印度、南非五个金砖国家，探讨金砖国家电影发展之路。[①] 这次为金砖国家特别设置的电影节，从评委构成到奖项设置，都展现出传播和宣传金砖国家优秀电影的目的。同时，这次活动也借用了"熊猫"的概念，在五个国家的文化交流中展现出促进交融和实现公共外交的目的。可以看到，在成都举办的两次电影节既有相似之处，也有不同之处。相似之处在于基于成都的电影活动都强调地方性和全球性的对话，即国际视野。不同之处在于，金熊猫奖评选活动的视野不局限于发展中国家、金砖国家，从更加广泛的视野上追求全球文化的交流。

可见，此次金熊猫奖评选活动是对标更高级别的国际电影节而举办的，同时具有较强的公共外交属性。这就需要我们从对标同级别电影节的视野看待这次活动的举办。可以看到，在传播力和影响力上若要走向真正的国际电影节规格，金熊猫奖评选活动还有许多需要提升和发展的地方，这注定是需要时间和投入的工程。同时，放置于国际传播视野的活动，需要更加注重地方性与全球性文化多层面的对话关系，特别是金熊猫奖评选活动选址成都的特征更加凸显了这一点。成都的地方性文化是与金熊猫奖评选活动的传播相辅相成的，这就意味着成都文化与国际文化的对话将贯彻整体活动的各方面。

### （二）创意主体策略：营造整体传播环境，体现浓郁的跨文化性特征

电影和电影节的跨文化性已成为学界和业界的共识。复旦大学新闻学院的孟建和符艺娜认为，国际 A 类电影节是国际公认的"各国电影最高竞赛方式"，同时，它们更是"民族文化交流互鉴平台"以及"国际审美风格展示场域"，是跨文化传播的新场域。[②] 金熊猫奖评选活动虽然不是国际 A 类电影节，但它同样是包含电影在内的国际文

① 新华社．金砖国家电影节在成都开幕 金砖五国联手打造文化盛宴［EB/OL］．（2017-06-23）［2024-05-20］．http://www.xinhuanet.com/world/2017-06/23/c_1121201675.htm.

② 孟建，符艺娜．跨文化传播的新场域：基于国际 A 类电影节获奖中国电影的研究［J］．上海交通大学学报（哲学社会科学版），2023，31（9）：33-52.

化交流活动。主办方作为创意的主体，其奖项的设置和评选都追求国际化原则，具有跨文化性。下面从线上和线下两个方面考察作为创意主体的金熊猫奖评选活动主办方如何营造整体传播环境，以促进跨文化交流的顺利推进。

在金熊猫奖的国际传播策略中，其不仅作为一个专业的影视作品评选活动而存在，也作为中华文化的传播者活跃在国际舞台上，努力在他国公众中培植对本国的良好认知。从线上到线下，从各类活动到配套活动的辐射，金熊猫奖评选活动的主办方以川蜀文化和中华传统文化为创意载体，营造一种整体的文化传播环境。

在线下，金熊猫奖评选活动主办方为来宾准备了“体验四川”活动。活动包括三条精品文旅路线，分别是都江堰水利工程、三星堆博物馆和成都金沙遗址博物馆。都江堰水利工程展示了古代中国人民的智慧和吃苦耐劳、战胜自然的不屈精神；三星堆博物馆和成都金沙遗址博物馆流露出千年前古蜀文明的神秘性和震撼力。来宾通过对名山大川和悠久古迹的实地探索，感悟到了天府之国的独特文化魅力。这些活动推动了以川蜀文化为代表的中华优秀传统文化从中国走向世界。

同时，在 2023 年 9 月 21 日举办的金熊猫盛典上，一个个精彩的节目表演蕴含着巴蜀和中国的文化特色，给世界各国的嘉宾带来沉浸式的文化体验。盛典开场的表演《文明之约》以太阳神鸟为开场，舞台两侧的青铜人面像威严神秘，演员们身着原始服饰敲击印着神秘花纹的大鼓，在竹林和山野之间尽情歌舞，展现了一幅生动、震撼的巴蜀生活画卷。此外，还有中国经典乐曲《茉莉花》、羌族舞蹈《肩铃舞》等节目。

除了文化旅行和节目表演，在线上，中国的影视作品本身也作为中华文化的载体走出国门，让世界认识到一个传统和现代兼具、活力和深沉并存的中国。例如，拿下金熊猫奖最佳动画片奖项的《中国奇谭》，由八个根植于中国传统文化的独立的故事构成。中式山水画的画风、中国神话的背景以及种种充满中式想象力和民族性的哲学思考，都向世界展现了中华文化的魅力。

## （三）创意渠道与媒介融合

### 1. 主体活动创意

首届金熊猫奖评选活动的主体活动和配套活动围绕着颁奖典礼、专业论坛、文化参观等多种类型活动展开。其中主体活动和“熊猫带你看世界”的展览活动在天府国际会议中心开展。这一会议中心坐落在秦皇湖畔，厚重的文化气息十足，无论是外观设计还是选址地点都让来宾尽情体会到天府之国的典雅大气、古韵悠然。同时，在配套活动中，主办方为嘉宾安排了三条文旅路线，包括都江堰水利工程、三星堆博物馆和成都金沙遗址博物馆，让来宾在参观活动中体会巴蜀文化和四川风貌。可见，金熊猫奖的活动安排以巴蜀文化为基础，将其融贯于各活动环节，是基于城市和地区优秀历史文化资源的整体传播策略。文化软实力在国际影响力和国家实力中的重要性随着时代发展越发凸显，特别是具有文化价值内涵的资源和产品的传播在提升文化软实力、增强国际传播影响力的布局中显得尤为重要。在金熊猫奖的国际传播策略中也彰显着这一智慧，即文化传播不是孤立的，而是整体的、潜移默化的、努力用“一个声音说话”的。这便需要从线上到线下，从各类主体活动到配套活动的辐射，营造一种整体的文化传播环境。这体现在此次金熊猫奖的活动布置中，通过带领嘉宾参观成都特有的文化景点，共同输出关于成都的关键词和印象，以打造关于成都的融“厚重、古韵、现代、艺术”等多种元素为一体的文化记忆。

在城市承接大型文化活动的传播策略中，要想运用好当地的特色文化，将城市宣传与活动主题相结合一直是必要且值得关注的环节。这依赖于城市本身独有的传统文化和现代文化资源。成都作为新旧交融、多元文化融合的城市，具有优秀的文化资源：有三星堆、金沙遗址古蜀文明、茶文化、酒文化、现代都市文化；麻将、火锅、熊猫等多种关键词汇聚于一体。可以说，成都的城市资源和形象是多样的、包容的。在承接大型文化活动时，如何通过文化资源办好活动，如何借用文化活动做好城市传播和国际传播，是此类仪式性传播活动的重点问题。通过线下真实的体验，嘉宾身处成都的城市空间，感受成都特有的悠闲、朝气蓬勃的氛围。有嘉宾表示，走在成都的街头，让他有在这里拍摄取景的想法。同时，精品文旅路线的参观又将嘉宾带到历史中的成都，通过各类活动切身感受城市的古往今来和文化氛围。

在视觉与实践上共同进行城市文化叙事，让受众沉浸在整体的文化氛围中，潜移默化地体悟、接受和喜爱城市文化，并形成态度上、情感上的认同。这种传播策略是双向的、实践的、整体的，其对文化软实力和影响力的提升是重要的。在此过程中，受众通过真实体验感悟巴蜀文化，能够形成有关巴蜀文化的正面印象，从而提升中国传统文化的影响力。通过活动的开展，我们能够逐渐达到国际文化传播的目的。

### 2. 数字公共外交

从公共外交传播策略和特点来看，公共外交的内涵在于强调受众的双向交流活动，同时注重传播目标的细分化、差异化，追求提升本国形象的知名度、增强受众的认同感。在目前开展的各类具有公共外交意义的活动中，有官方组织、非官方组织等多主体参与，主体构成上具有多元性。同时，在传播的具体内容上也呈现出多样性和文化软实力越发强势的取向。金熊猫奖评选活动基于人类命运共同体的战略布局，其定位是面向国内外的国际评选，以促进中西方影视文化交流为主题。可见，该活动的举办具有公共外交上的战略考量，而金熊猫奖的公共外交策略体现在通过多种形式开展的活动。通过这些活动的实践，我们可以加深对公共外交与国际传播结合的认识，并思考如何更好地实现这一目的。

在此次活动中，最典型的以国外公众为目标进行的文化传播活动便是线上开展的“我们的 panda”短视频、图文全球征集活动。这一活动借助外国公众对熊猫这一文化符号的情感认同，通过受众线上共创的方式，进一步吸引国外受众加深对熊猫及中国文化的印象和好感。在金熊猫奖评选活动开始前，主办方在 2023 年 7 月启动了“我们的 panda”短视频、图文全球征集活动，面向全球国际受众征集文化创意作品，最终在活动上选出若干优秀作品进行展播。这一方式的创新在于数字化公共外交手段的运用。数字化公共外交是运用数字技术和新媒体技术，在社交平台进行的文化传播交流活动。它突破了传统公共外交和经典外交手段的限制，以一种更加开放和多主体的形式进行，体现出多元化、分众化、精准化的新型数字化外交手段特点。“我们的 panda”短视频、图文全球征集活动以熊猫这一知名形象，呼唤所有喜爱熊猫和中国文化的国际友人参与，共创文化价值内涵。在这一活动中，通过熊猫符号，主办方鼓励全球受众与“熊猫”互动，通过新媒体技术等多种方式进行受众端的创作。在呈现方式上，包括但不限于图文、视频，在传播方式上主要通过社交平台、新媒体平台传播。这种国际交流方式是分众的、用户端的，强调接受方的创作与输出，区别于传统公共外交以传播者为中心的思维，邀请接受方参与关于“panda”的文本创作，共同书写关于熊猫的符号内涵和形象内涵。此种价值共创理念不仅体现出此次金熊猫奖评选活动的国际化视野，而且在数字化交流和创作中加深了国际受众对熊猫和中国文化的了解和认知。应该说，这样一种双向的、受众书写的传播活动与金熊猫奖评选活动主旨相呼应，有利于体现人类命运共同体的内涵。从国际传播的现实性方面来看，此类数字化公共外交活动也是值得借鉴和进一步挖掘的。如何在文化符号的传播中强调受众的参与、通过受众端的互动提升文化传播的效果，这都是值得关注和强调的问题。相对于传播者端的宣传，这一方式在受众认知和态度转变上具有深刻意义。

## （四）品牌创意和塑造：巧妙运用熊猫符号架起文化桥梁

公共外交是以文化传播为主要方式，包括文化交流活动等多种形式的各类国际活动。从公共外交传播策略来说，其内涵在于面对受众的双向交流活动，强调传播的双向性和受众本位。此次金熊猫奖评选活动，从标识到串联活动的主题，使用国内外公众熟知的形象——熊猫，塑造了自身独特的品牌。

熊猫这一形象在国际传播中具有重要的文化意义。对于广大国际受众来说，熊猫的标识性强、特征明显、识别性高且具有记忆点。运用熊猫可使受众直接将活动与中国、成都、包容等概念连接起来。这得益于长期以来我国熊猫外交和形象宣传的积累。金熊猫奖创造性地运用熊猫符号，并将其贯穿于国际文化交流活动全程，借助熊猫的国际影响力，从视觉设计和活动安排上打造“金熊猫”的品牌IP。

以金熊猫为概念的视觉形象设计为系列设计，首先是金熊猫标识。该活动的Logo主体是一只憨态可掬的熊猫，外形设计为圆形。其中，熊猫双手环绕，成“太极”样式，凸显出文化包容、文明互鉴的主题，强调文化交流的互动、和谐含义。在颜色设计上，采用金色且显出流动性的球形光泽，光彩流动，与“金熊猫”这一名称相呼应。总体而言，标识虚实相生、浑厚敦圆，运用简洁、直接的视觉冲击，借助熊猫形象展现人类命运共同体包容互鉴、文明共生的主题。

其次，在吉祥物设计上，选择熊猫正面形象，主体熊猫圆润可爱，憨态可掬。其中一只手举起，似乎在打招呼微笑，表现出可爱、亲切的形态，凸显出和谐交流的氛围。同时，熊猫周身轮廓散发着淡淡的金光，像是沐浴在金光之下，充满朝气和希望，与“金熊猫”主题相呼应，在视觉上给人留下深刻印象。

最后，在奖杯的设计上，整体镀金，采用流线型的竹子概念作为主体，流畅的线条简约大方。同时，“竹节”奖杯的杯身上印有竹叶元素，完善了“竹子”这一主题。在竹节奖杯的顶端，融合金熊猫Logo形态，憨态可爱。总体而言，竹身和熊猫相结合，创意一足，呼应主题。奖杯给人优雅流畅的感觉，体现出高洁雅致、节节高升的寓意。

金熊猫奖评选活动在视觉设计上以熊猫为主体，以金色光泽为主体色调，设计风格简洁优雅。在视觉传播上，具有直观明了的特点，给受众带来感官冲击力，从而留下深刻印象；在符号内涵上，运用了太极、虚实元素，具有包容互鉴、文明交流和价值共生的丰富内涵。同时，运用竹子、竹叶元素，一是与熊猫相对应，二是与竹子在中华传统文化中高雅品格、步步高升的君子内涵相结合，将其运用于奖杯的设计十分恰当。在整个颁奖典礼主体活动和文化交流活动的各个环节，此视觉设计概念贯穿整体，反复强调“金熊猫”的视觉符号，有利于符号传播，从而增强受众认知。

## （五）策略与执行效果评估

### 1. 喜中有忧，海外受众的实际触达率有待提升

金熊猫奖跨文化传播的创意活动的国际受众不仅包括来自全球各地参加评选的影视从业人员和专家媒体，也包括互联网上可以超时空、超距离接收信息的全球范围内的公众。作为中华文化的接受者，这些受众能否排除文化障碍和隔阂，与评奖活动共情并产生认同，进而达到公共外交中利用文化交流活动影响他国公众态度的目的，还需要进一步的考察。

金熊猫奖的一些特色活动的确吸引了外国友人体悟中华文化，并且产生了积极的正向反馈。例如，在“我与熊猫面对面”活动中，首届金熊猫奖评委和嘉宾可以亲身体验“投壶”“扔沙包”等中国古代趣味运动，欣赏“工夫茶”“糖画”“捏泥人”等非遗项目。一名来自美国的青年古琴演奏家雅克布·查尔斯谈道：“在这边（中国），古琴是一种修身养性的乐器，这和乐器在西方用于‘演奏’的想法很不一样，很特别，吸引到我。”[①] 中国先人寄托在乐器上的思想感情和人文哲学突破了传播障碍与传播隔阂，超越了不同文化背景，被外国演奏家看见和体悟，继而碰撞出对中外古典音乐的新的阐释方法和话语模式，这正是一次成功的文化交流活动。此外，主办方举办的“我们的 panda”短视频、图文全球征集活动，2023 年 7 月 19 日开启以来，受到全球网友的关注。截至 8 月 19 日，活动通过社交媒体挑战赛等多种形式累计收到视频、图文投稿超 5 万部。全网活动流量超 2.5 亿，在全球互联网和社交媒体上取得了优秀的传播成绩。

但是，在金熊猫奖对中华文化的传播过程中，存在被忽视和遮蔽的地方。首先，传者本位的思想依然存在，忽视对受众实际体验的研究和重视。对于金熊猫奖推出的文化活动，目前国内的新闻媒体习惯于单一的正向报道，缺少多视角、真正的国际传

① 封面新闻．近距离看大熊猫、体验中国非遗项目 首届金熊猫奖嘉宾在“游戏”中交流文化［EB/OL］.（2023-09-19）［2024-05-20］. https://baijiahao.baidu.com/s?id=1777479313300804913&wfr=spider&for=pc.

播意义的考察。官方网站的活动介绍和政府官员的采访构成了多数报道的主要内容，对于传播效果的“应然”和“实然”没有进行深入挖掘与分析。其次，受众面的广泛性有待商榷。目前，金熊猫奖的跨文化传播对象多集中于参加评选的影视从业人员和专家媒体，多通过线下参观、实际体验的方式进行，包括川蜀文化在内的中华传统文化的传递，对全球受众的传播力不足。以 CGTN 在 YouTube 平台发布的金熊猫奖相关视频为例，浏览人次最高的只有 2230，点赞量为 223，评论数为 71，其他视频的浏览人次为 100—2000 不等，点赞量和评论数为个位数。可以看出，全球受众对金熊猫奖的关注度并不够，很难支撑起该奖项的国际定位。

总之，金熊猫奖的创意活动设置，一方面成功地借助影视交流的平台让外国友人体悟中华文化，另一方面存在传者本位的“自说自话”现象，其跨文化传播的实际效果还有很大进步空间。作为一个国际性奖项，金熊猫奖若要承载起提升中华文化感召力的重任，还需要组织人员和相关媒体转换思路，以受众为导向，跳离枯燥的国际宏大叙事，利用开放渠道和亲切语态真正让中华文化触达不同文化背景的海外受众。

### 2. 文化折扣的障碍与有待提升的空间

对成都知名地域文化的运用是借助头脑中熟知的地理想象，但将受众注意力抓取后，是否进一步挖掘可被传播的巴蜀文化，在这次活动中是存在探讨空间的。根据媒介地理学理论，还应探讨有关成都的地理想象是否得到了丰富和扩展、受众在感受熟知的媒介印象之外是否加深了对成都文化的感知等问题。感知强化不仅体现在既有记忆的强化上，而且体现在记忆增量与价值认同上。成都兼具历史底蕴和现代发展，既有“新”的绽放，又有“旧”的厚重与古老。金沙遗址、三星堆、杜甫草堂等展现了人文传统；春熙路、动漫展、玉林路彰显现代都市气质。对于举办方来说，不能仅停留在强调已有认知的层面，更要进一步思考符号创新是否足够、地理文化资源挖掘是否做得好。具体到这次金熊猫奖评选活动中，即反思其文化符号再创造的创新是否成功，从活动传播度和影响力角度来说还存在哪些不足；另外，除了熊猫符号，其他巴蜀地域文化的宣传和媒介化呈现也存在局限性，如对地域想象的增量做得不足。总体上讲，挖掘和强调城市关键词，用整体宣传策略共同“大写”一个主题，勾连活动的开展，是这次金熊猫奖评选活动的主要做法。同时，金熊猫奖力求从宏观到微观、从线上到线下、从视觉到实践，共同进行城市文化叙事，但在认知度与影响力的效果层面有待检验。可以看到，活动的目标是宏大的，在依托公共外交策略手段的运用上主要通过强调中外闻名的熊猫符号，以此作为起点构建活动。这一策略是基于成都这一城市的应有之义，抓住标志性符号进行再创造可以在短时间内快速吸引受众的注意力。但是，此次活动是否向国际输出了更多的文化信息，是值得商榷和思考的。

### 思考与讨论

一、从品牌创新的视角观之，首届金熊猫奖的设计有何意义？如何在当今的国际关系中发挥文化外交的积极作用？

二、请结合国内外各类奖项设计及成功的会展案例进行策略性探讨，阐释如何进一步打造金熊猫奖评选活动的创意传播。

三、就大外宣而言，结合参与式文化的理念，针对首届金熊猫奖评选活动的实际情况，试分析有哪些要素可进一步提升其公信力和影响力。

## 专题四　《熊猫观察》：国际传播的电视品牌创新与“走出去”之文化破圈

### （一）节目简介

《熊猫观察》是国内首档虚实结合、中英双播、聚焦国际传播的视频化杂志类节目，于 2023 年 6 月 30 日 21:20 正式上线[①]，在四川卫视和四川观察同步播出（见图 2-6）。该节目塑造了国内首个数字熊猫虚拟主播“贝贝”，采用国内先进的新闻演播综合体——N1 演播厅进行制作。“英文女主播 +AR 熊猫主播”的中英双播制式，配合“虚拟 + 现实”双重场景交织互动的表现形式，将节目在制播方面的创新特色展现得淋漓尽致。

① 截至 2024 年 2 月 25 日，《熊猫观察》共播出 40 期，关注川内国际热点资讯的同时，也在走出海外拓展朋友圈，不断扩大节目的国际传播与跨文化影响力，成为四川国际传播的名片，有力助推我国的文化外交与公共外交活动。

图 2-6 《熊猫观察》节目宣传照片

同时，该节目作为一档文化类国际传播节目，在内容方面精耕细作，不仅聚焦四川美好生活、人文地理，而且重点关注川内的国际传播、国际交流活动等，集中展现了四川多民族的特性和跨文化传播的文化生态。值得一提的是，该节目充分发挥了大熊猫之乡的“大熊猫”符号的独特作用，透过大熊猫这一“四川国际名片”看四川、看中国。节目的宣传语是 World In Eyes（你我眼中的世界），意为节目将以数字大熊猫的视角带领观众放眼世界，紧贴节目定位，以视频化杂志的形式展示和推广国际化的四川形象，关注当下国际活动、国际友人生活创业的美好图景和对外经贸交流热潮，展示四川开放、包容的良好形象，让国内外观众看见开放的、国际化的四川和多元立体的中国，让世界更好地了解四川、了解中国。总的来看，该节目的创意实践大致可分为三点。一是突出“熊猫”这一特色符号的象征和代言作用。“熊猫”不仅是四川的亮丽名片，也是中国友好、和平形象的一种象征。随着“功夫熊猫”品牌的全球出圈和国宝大熊猫旅居多国，其更是国际社会共同关注和喜爱的一种可爱的文化形象。二是借助虚拟现实技术和先进的制播技术，打造更符合互联网时代注重视觉效果的碎片化收视习惯的视频化杂志型内容，小而美，多且广，科技性与现实性兼具。三是创新构建不同于传统的单一传播形式的融媒体传播矩阵，传统电视媒体与新媒体共同发力，传播力强，覆盖面广。通过节目符号象征、制作方式、播出形式、传播方式、内容特色等方面的一系列创新，《熊猫观察》以数字技术赋能内容特色，以优质内容打响好感传播，以传播矩阵助力节目出圈，以文化底蕴吸引国内外受众的目光，致力于做到思想性、艺术性和文化性的有机统一，为大运成都、开放四川、大美中国代言。据悉，《熊猫观察》入选国家广电总局2023年第二季度广播电视创新创优节目，在蓝鹰融合传播大赏颁奖中获评“2023年度省域品牌传播赋能力”优秀节目。

## （二）节目形式创新

### 1. 视频化杂志形态集锦丰富内容

杂志型广播电视节目是纸媒杂志与广播电视节目的一种融合形态，因类似定期出版的杂志的编排方式而得名，是按照传播主体的意图，对一系列不同内容和形式的节目进行综合编排，在固定时间播出的广播电视专栏节目。节目多采用相对固定的主持人，内设有专题性的小栏目。杂志型广播电视节目大致可分为新闻性、文艺性和综合性三类。新闻性杂志型广播电视节目既有纯新闻性杂志节目，也有集新闻性、知识性、文艺性、服务性于一体的新闻杂志节目。文艺性杂志型广播电视节目形式活泼、灵活多样，具有较强的欣赏性和娱乐性。综合性杂志型广播电视节目兼有知识性、趣味性和服务性等多种内容。①

《熊猫观察》作为国内首档视频化杂志型节目，是以杂志的编排方式结构视频化内容、有固定的主持人主持且定期播出的广播电视节目。作为一档聚焦当下四川国际活动、国际友人美好生活、对外经贸交流热潮和展示四川开放包容、多元立体良好形象的视频化杂志型节目，《熊猫观察》打破了传统杂志型节目新闻性、文艺性和综合性的分类窠臼，展现出博采众长、融会贯通的综合优势，兼具新闻性、文艺性，不仅追踪川内的国际热点资讯，而且以大熊猫的视角描绘四川独有的人文景观，集锦值得关注的特色内容，带给观众如同观看杂志般的丰富感和愉悦感。该节目基于打造视频化杂志节目这一定位，有意探索内容表达、传播形式的多元性，以“美图＋妙解”的形式品味丰富、精彩的四川文化，以强化互动性和体验感的“熊猫观察”版块促进中外交流与文化互通，以微纪录形式呈现那些生活、工作、旅居在四川的中外人士，眼观东西，超越国界，多维立体地呈现四川的活力与魅力、开放与包容。②

---

① 目前尚未有权威的“杂志型广播电视节目”的界定，本条的解释适当参考了“电视新闻杂志”的界说。请参阅中国大百科全书（第三版）·文学卷数字版，见 https://www.zgbk.com/。

② 广电独家．四川人把熊猫拉去做主播了！另类破圈的《熊猫观察》在热议中走向国际化［EB/OL］.（2023-07-03）［2024-05-20］. https://mp.weixin.qq.com/s/P85Xutdy8RZeh5BbBFekYw.

### 2. 虚拟现实技术赋能视觉新意

打造出彩的节目形式，除了找准定位、垂直深耕，离不开不断进步的现代科学技术的赋能。读图时代的到来促使人们依赖视听感知和理解世界，影像的强势冲击不仅使大众媒介传播的视觉化不断加强，还促成了视觉文化的产生。跨越时空的视觉传输满足了人们对信息和娱乐的需求，电影、电视也越来越注重视觉效果的营造，为人们带来不同的视觉享受和视觉冲击。随着虚拟现实技术在其发展过程中质量显著提高，电视节目逐渐将虚拟现实技术运用到节目制作过程中。应用虚拟现实技术，主要是将可实现的或者未实现的事物或环境通过使用计算机的方式进行模拟生成，在电视节目中打造一种“拟态”的真实感。其主要应用于虚拟演播室、新闻现场模拟及对原理流程的演示过程中，给人以更为清晰、震撼的视觉效果。

在《熊猫观察》节目中，节目场景的设置采用了先进的虚拟现实技术，打造了兼具科技感与美感的虚拟演播厅场景，整体氛围清新时尚、明丽大方，呼应节目定位，与主持人的形象相得益彰。同时，该节目还通过 VIZ 系统在线合成并使用先进的动态捕捉技术，创作了中国首个虚拟熊猫数字主播“贝贝”。① 贝贝精通普通话、四川话和英语，有“可爱达人、沟通高手”之称，具有温暖、丰富的“灵魂”，兼具人性化思维特点和特异化的“熊猫视觉”。随着人工智能模型的改进优化以及数据资源的丰富完善，贝贝将逐步与机器学习（ML）、深度学习（DL）、强化学习（RL）等其他人工智能技术相结合，实现更强大和更智能的内容服务功能，以满足多种节目场景需求。② 与贝贝搭档的真人女主播温婉大方、言谈得体。二者在性格、风格、形象等方面相互配合，形成端庄而不失有趣的主持风格。值得一提的是，依托于数字虚拟技术，贝贝的技能不止于在演播厅主持节目，节目组通过虚拟技术让其有了更多视觉新意。在官宣亮相的系列视频中，它不仅会双语主持，还擅长脱口秀，语言技能满分。节目组在网络平台上发布多个熊猫 VLOG，全程记录了贝贝上岗的过程。贝贝带大家先后参观了演播厅、了解首次主持的情况，还大跳网络舞蹈，以热情幽默、温暖可爱的形象吸引了大量粉丝。虚拟现实技术赋予节目越发生动形象、丰富立体的视觉效果，同时通过憨态可掬的熊猫形象反向赋予了虚拟现实技术人格化、接地气的魅力。据悉，该节目不仅在演播室内以虚拟现实技术赋能视觉新意，还将尝试让 AR 主播贝贝走出演播室，带

① 影视制作杂志 . 国宝熊猫当导游？首档虚实结合中英双播杂志类节目《熊猫观察》让四川文化走出国门［EB/OL］.（2023-10-09）［2024-05-20］. https://mp.weixin.qq.com/s/gDh3Uohxs6iK3C8O9vtaBQ.

② 影视制作杂志 . 国宝熊猫当导游？首档虚实结合中英双播杂志类节目《熊猫观察》让四川文化走出国门［EB/OL］.（2023-10-09）［2024-05-20］. https://mp.weixin.qq.com/s/gDh3Uohxs6iK3C8O9vtaBQ.

领全球观众穿行在天府之国，漫游城市山川，洞见人文风情，去往城市乡村，感悟烟火人生，让全球观众身临其境地体验四川，全面深入地了解中国。由此可见，将虚拟现实技术运用于电视节目的制作过程中，对于电视节目的形式创新有极大的价值，同时赋予电视节目国际传播更多亮点和新意。

### （三）节目内容特色

《熊猫观察》的内容特色集中体现为两大特色版块聚焦热点资讯、川内国际两种视角辐射全球动态、双重内容取向兼顾地方性与开放性。从节目内容表达、主题选材等维度出发，《熊猫观察》深耕节目模式，精选节目主题与故事，生动、具象地呈现博大丰富的地理和人文，亲切、真实地传递中国式生活场景和中国人的价值观，展现自信、可爱、可敬的中国形象。[①] 在版块设计上，节目设置了“熊猫追热点”“熊猫在观察”两个版块，内容选择可以说是包罗万象，既有亲切的大城小事，如网红熊猫花花首次登上杂志封面、三星堆在 2023 年 7 月 28 日重新开馆、在成都坐高铁可直通香港等，又有超强影响力的区域性、国际性主题活动，如中国西部国际博览会、金熊猫奖评选活动、世界大学生夏季运动会、世界科幻大会等，充分体现了其杂志般的丰富特色。在内容选材上，该节目平衡兼顾了地方性与开放性，一方面展现充满地域特色的四川文化，另一方面聚焦四川内的国际活动热点，把握国内国际两种视点，满足观众知晓身边事、放眼国际动态的双重需求，实现信息增量，增强观众的获得感和审美愉悦感。

具体而言，“熊猫追热点”之新鲜性与实效性，“熊猫在观察”之趣味性与生动性，将该节目在内容设计方面的特色与创新展现得淋漓尽致。“熊猫追热点”版块以不同于新闻资讯的方式，深入挖掘涉川国际活动中的高光时刻，揭秘不被人熟知的幕后故事。在这一版块中，观众可以与国际友人隔空打卡各式各样的国际活动，了解四川的“朋友圈”——四川国际友城系列短视频、第十九届中国西部国际博览会、第 31 届世界大学生夏季运动会、2023 金熊猫奖、2023 世界科幻大会、第十六届四川电视节等在川举办的国际活动，都在《熊猫观察》上进行了国际化呈现。“熊猫在观察”版块以 AR 主播视角和国际视角交替观察全面、生动、立体、真实的四川，设置有“品四川”“故事汇”“放映室”三个单元。该版块不仅带观众了解当下发生在四川的热点事件、重大事迹，而且展示了四川的自然地理风貌、历史文化景观、人文美食风俗等；通过微纪录

① 广电独家 . 四川人把熊猫拉去做主播了！另类破圈的《熊猫观察》在热议中走向国际化［EB/OL］.（2023-07-03）［2024-05-20］. https://mp.weixin.qq.com/s/P85Xutdy8RZeh5BbBFekYw.

的形式、故事化的叙事方式，以国际视角观察和感受中国的活力与魅力、开放与包容；通过影像视频集锦的方式，阐释推介悠久的历史文化和当下生活的烟火漫卷、安逸自在。①

以2023年6月30日的第一期节目为例，“熊猫追热点”版块聚焦了三星堆将要闭馆迎新以及中国西部国际博览会开幕综述等热点话题，发现开放中的四川新生机、新风情、新趣味，带领观众感受多元的四川。“熊猫在观察”版块通过系列故事汇，以国际视角感受四川的开放与包容。英国网红托比逛马鞍路粽子一条街，以幽默、接地气的方式分享了四川的烟火生活；美国籍女主持人柳素英到成都博物馆参观“汉字中国——方正之间的中华文明”展览，通过汉字了解中国；31位记者组成的外国媒体代表团来川采访报道，感受四川的魅力；贝贝带领大家走进大运会的赛前幕后，全方位展现生活化的大运，通过独具四川特色的荷花菜品、先进舒适的大运村以及美观实用的天府绿道观察运动员的“吃住行”。我们再将目光聚焦到2023年7月23日的第六期节目中。这期节目紧跟前一日大运村举行开村仪式这一实时热点，着眼于大运会展现出的成都包容开放的新景色、新气象进行深度观察报道。“熊猫追热点”版块追踪大运会开幕前夕的准备工作，走进凤凰山体育公园和高新体育中心探究环保、科技如何赋能大运会，以及“黑科技”加持场馆建设如何更加智能、高效地为大运会赛事赋能。“熊猫在观察”版块带领大家走进友好省份——巴基斯坦的旁遮普省，讲述了在旁遮普省发生的新奇故事。巴基斯坦驻成都总领事馆代总领事阿迦·胡楠通过自己的亲身经历和独特视角讲述他与成都的故事，并向运动健儿与大运会送上了美好祝愿。其中，“品四川”单元介绍了本届大运会奖牌的绶带创新性使用传承千年的蜀锦织造技艺的奥秘；讲述了成都与友好城市俄罗斯的伏尔加格勒共同主办了“自己和世界 人类的交通”国际儿童艺术创作大赛的故事；追踪熊猫家族近期喜事——大熊猫爱宝诞下双胞胎、欣欣过生日、圆梦旅法回国以及贝贝又多了一个一起玩耍的好朋友等。2023年9月24日的第十八期节目将镜头对准了金熊猫奖这一以影视为载体，以大熊猫为文化符号，以促进人类文明交流互鉴、推动构建人类命运共同体为主旨的国际文化交流活动，带领观众一同回顾金熊猫奖期间那些令人难忘且极富意义的时刻。“熊猫追热点”版块追踪了首届金熊猫国际文化论坛盛况。随着观察员Barbara的视角，观众在这场围绕落实全球文明倡议、深化文明交流互鉴、携手构建人类命运共同体等议题展开的学术盛宴中收获满满，深入了解全球化时代文化传播、文明互鉴的重要性。同时，节目延

① 四川交通广播．国内首个数字熊猫主播亮相！《熊猫观察》6月30日开播［EB/OL］.（2023-06-30）［2024-05-20］. https://mp.weixin.qq.com/s/CpVaexhKM0OrVxszdEJTiw.

续打造“贝贝的朋友圈”系列——贝贝与多位影视艺术大咖展开对话。本期重点采访了首届金熊猫奖评奖委员会纪录片单元主席、英国导演、制片人柯文思对影视艺术发展与国际传播的相关看法。“故事汇”单元聚焦中东地区颇具影响力和知名度的导演兼制片人纳杰达·伊斯梅尔·安佐尔的金熊猫之旅，讲述这位对电影制作富有极大热情、有趣而和善的导演眼中的中国艺术与文化，以及他在四川体验到的风土人情。该期节目将一场国际传播与跨文化传播活动的台前幕后及各个侧面生动且深入地予以展现，并且揭示了金熊猫奖标识背后“和谐共生”的中国智慧，用现代化传播手段与国际化传播矩阵将中华优秀传统文化内涵与文化自信传递给世界观众。2023 年 10 月 15 日的第二十一期节目展现了历史与科技交融的多元化的成都文化以及引人入胜的泰国文化。在“熊猫在观察”版块中，喜欢诗人杜甫的孟加拉国青年杜天圆梦杜甫草堂，探访了“偶像”的故居，感受杜甫草堂的清幽诗意与中国传统文化的独特魅力；熊猫观察员宋晨和一位新朋友一同打卡泰国曼谷唐人街，体验中华文化在海外的传承和发展；四川大学留学生米兰探索 110 岁的四川大学博物馆的奥秘，带领观众一同领略微缩的西南动植物和历史百科全书，体验四川以及西南地区的历史和自然文化。“故事汇”单元探察了“象”往的生活，去泰国清迈观察大象的生活，而在 3000 年前，成都平原也曾生活着成群的亚洲象。节目通过趣味横生的内容，展现了成都与泰国的奇妙缘分。2023 年 11 月 5 日的第二十四期节目以“四川艺术”和“四川朋友圈”为切入口，展现了巴蜀文化的独特人文底蕴以及成都这座城市的国际“出圈”魅力，也揭示了传统艺术文化的现代性与国际性传播特色。本期节目近距离展现了画师呷绒翁都历时 1 年 7 个月绘制的中国绘画史上首幅以唐卡艺术展现自然山水的画作《香巴拉画卷》。精妙绝伦而富有古韵的画作为四川新添了一抹艺术色彩。此外，其他不同种类的艺术形式也在节目中出现，中国艺术文化随着节目的国际传播走进世界视野中。在“熊猫在观察”版块中，熊猫观察员景良前往第十四届中国音乐金钟奖开幕式彩排现场，带领国内外观众近距离感受这场阵容强大、群星闪耀的音乐盛宴。音乐无国界，其背后的艺术之思与文化之思随着跳动的音符辐射全球。节目的老朋友江喃带领观众走进第八届成都国际非遗节，体验中国书法、品尝成都特色美食，感受笔下与舌尖上的中国。“品四川”单元还展示了成都在“交朋友”方面的艺术——与吉尔吉斯斯坦的首都比什凯克建立了友好合作的关系，这不仅再一次拓展了成都的“朋友圈”，也将成都开放合作、兼容并包的城市特色作为交友名片推广至世界。

四川卫视《熊猫观察》以“小而美”的轻盈姿态，从不同视角创新内容的表达方式，全景式地展现了一方水土的人文风情与社会生活，将地方性与开放性、国内国际两个视角以及文化地方性与审美普适性巧妙地交织在一起，传递美美与共、开放共享的思想，推动四川走向世界，让世界看见四川。这种不拘一格、不落窠臼的尝试是中国故事、中国声音、中国形象走向国际的实践与见证，亦是文化自信背景下中华优秀传统文化现代化传播与国际化传播的实践和见证。

## （四）传播形态创新

在传播形态的创新方面，《熊猫观察》从虚拟现实技术入手，将传统电视大屏和新技术结合，用视觉语言的丰富呈现将更多的内容、主题通过“贝贝”之口向观众传达，增强了内容传达的亲和力和趣味性。节目立足全球视野，升级对外传播的策略方式，主打“四川卫视全矩阵 + 国际国内传播渠道”的融合传播形式，依托全矩阵与国际国内传播渠道协同发力，增强节目的国际传播效能，有意探索内容表达、传播形式的多元性，以“美图 + 妙解”的形式来品味丰富、精彩的中国，以强化互动性和体验感的“观察”版块促进中外交流、文化互通，以微纪录的形式讲述那些生活、工作、旅居在四川的中外人士的故事，多维呈现四川的活力与魅力、开放与包容。

节目想要出圈，就一定要在传播方式上下功夫。早在节目播出之初，四川卫视就联合四川观察及其全媒体宣传体系，在全网对《熊猫观察》进行预告，同时在微博以热点话题“熊猫届的显眼包”“熊猫版宝贝在干嘛”等引发全网的关注与讨论。在节目播出期间，以“熊猫博主带你逛懂成都”“熊猫主播带你刷四川朋友圈”“熊猫视角看成都大运会”的话题对节目进行持续宣传，从熊猫主播的独特视角出发，带领海内外观众领略与众不同的四川风光。与此同时，节目注重国内外多平台内容宣发，通过四川广播电视台国际国内传播渠道协同发力，让中国声音抵达国际场域。目前，国内的新媒体账号有小红书、微信公众号、视频号，国外的新媒体账号有 YouTube、推特、脸书、TikTok 等，国内外账号根据平台属性发布原创短视频及大屏端节目的二创内容。[①]节目根据海内外平台不同传播特性，以外国友人亲身体验的方式彰显四川的文化生活与发展活力，优选传播主题和话题，用心挖掘国际友人与中国的不解之缘。节目的第一期讲述了土耳其人阿布作为“洋女婿”在四川泸州生活的故事。他通过直播带货介绍泸州特产，探讨了千年来中国对外交流贸易的历史渊源。节目通过这种他者叙事的

① 影视制作杂志．国宝熊猫当导游？首档虚实结合中英双播杂志类节目《熊猫观察》让四川文化走出国门［EB/OL］.（2023-10-09）［2024-05-20］. https://mp.weixin.qq.com/s/gDh3Uohxs6iK3C8O9vtaBQ.

口吻讲述真实的四川故事、中国故事，将中外民间交流展现在屏幕前，展现具有中国特色的人间烟火。在 2023 年 7 月 23 日播出的第四期中，英国小伙卢克带领他的两位小伙伴（来自澳大利亚的杰西和来自瑞士的拉娜）体验成都的热门户外运动——天府绿道骑行、美式橄榄球以及交子公园户外跑，通过在具体场景中沉浸式体验成都不同的运动方式，带领观众领略别样的成都生活。在夜晚，卢克一行人来到三色路，体验丰富的夜生活，既可以玩滑板，又可以品尝成都特色小吃蛋烘糕、麻辣兔头以及毛豆花生，随后还一起穿汉服体验融创乐园的奇妙欢乐。节目展现了成都生活的一隅，通过场景传播的方式真实地再现了成都人的日常，摆脱了过去单一演播室报道的单调和乏味。在真实场景中沉浸式云体验悠闲的成都生活，这种碎片化的故事汇叙事方式，在传播语态上更加具有亲和力，并且和人们的日常生活贴近，更符合现代人观看和阅读的习惯，从而使节目覆盖国内国际众多观众，极大地扩大了节目的传播影响力。截至 2024 年 5 月，《熊猫观察》节目传播至海内外 40 多个国家，覆盖超 11 种语言。在国内，多平台相关话题总阅读量超 10 亿，“四川卫视熊猫观察”成为微博、小红书、抖音等平台中的热门话题。节目受到光明网、人民网、新华网、中国青年网、中国日报网等多家央级媒体点赞。①

节目通过融媒体矩阵的搭建，在节目叙事、传播形态、元素构成上和国际接轨，与国际友人深度交流合作，向全球展示中国的魅力和活力。节目通过四川广播电视台全媒体矩阵及国际国内传播渠道协同发力，让中国声音抵达国际场域，进入大众内心，构建传播双方共通的价值空间。

## （五）国际传播特色

作为一档双语播出的跨文化全球传播节目，四川卫视《熊猫观察》从内至外无不强化国际属性。在符号打造方面，节目多维创新国际化的内在表达，充分利用熊猫这个国际大 IP。《熊猫观察》采用 AR 主播的国际视角交替观察，既有主观视角的信息传递，又有第三方视角的真实体验，强化内容的客观性与视野的国际性，同时凭借大熊猫富有亲和力、软萌的形象增强好感效应，进一步拉近海内外观众的心理距离，让中国文化走向国际。《熊猫观察》乘着技术的航船登上了纽约时代广场大屏幕，吸引全球目光，使“贝贝”的鲜活国际形象深入人心。在创意编排方面，节目设置了中英双语主持人、对外采访记者以及参与节目拍摄的国际友人，通过主持人串联起碎片化的节目主题。外派的国际观察员托比、梅梅、柳素英等深入四川的不同地区采访四川朋友

① 四川卫视《熊猫观察》节目组提供。

圈，记录国际友人的访问活动，从来自 26 个国家的记者团造访绵阳、成都和宜宾，到以色列驻华大使潘绮瑞访川，系列活动无不展示四川开放的广度和融入世界的深度。在节目内容方面，《熊猫观察》以展现多元、友好的成都城市形象为传播底色，通过众多国际友人的视角观察在四川开展的多项国际性活动，带领观众领略四川作为中国的西南第一城的先进性、国际性与开放性，以杂志编排的方式呈现出一幅幅中外互通交流的和谐画面。

值得关注的是，节目以 World In Eyes 为宣传语，意为以数字大熊猫的视角展开，关注西南四川，体验天府四川的美食、美景、美好生活；分享三星堆文化、三国文化、三苏文化、藏羌彝民族文化等独有文化，打破传统演播厅的新闻播报形式，深入实地采访沟通，把电视节目推向新的虚拟现实空间，带来全新的场景体验。在 2023 年 12 月 31 日播出的第三十二期节目中，熊猫贝贝和女主播共同预告了此期节目将要播出的热点信息，以国际友人的视角见证"重逢"的四川，以此为迎接新年的到来创造节日氛围。彼时我们见证了绵竹非遗年画、《重逢三星堆》的演出，同时还随运动爱好者陈光来到汶川羌人谷滑雪场感受冬日的"速度与激情"。2024 年 2 月 11 日播出的第三十八期节目呈现了中法建交 60 周年龙年生肖邮票正式在法国巴黎发布、"星耀中国：三星堆·金沙古蜀文明展"在上海博物馆开幕、苏东坡 987 周年诞辰文化活动顺利进行等盛况，还展现了国际友人春节期间在四川自贡、阆中、眉山等地感受到的浓浓的中国年味与烟火气。放眼当今中国，《熊猫观察》是在现代化进程中不断提高"讲故事"的能力的典型范例，注重把握国际传播的方向感和语感，助力提升中国在国际舆论场上的声量与形象，用心、用情讲好中国故事，传播好中国声音。节目在国际传播形式和语态上具有创新表达，为节目的全球化传播奠定了内容基石，推动了海内外的文化传播与交流，进而得到国际社会和海外受众的情感、价值、文化等方面的认同，做到了一站式解锁国际属性拉满的内容密码。

## 总　结

四川卫视《熊猫观察》是技术与艺术、文化高度融合的一次成功尝试。节目将具有本土特色的熊猫主体化，通过技术赋予了能够活跃在网络之中的生物熊猫鲜活生命，并通过融媒体传播矩阵，让"贝贝"走向国际、走向世界，不仅在国际化传播方面打开了通路，还多维释放本土文化符号"大熊猫"背后的人文魅力以及文化底蕴。同时，该节目既以中英双语消弭国际传播的语言壁垒，也以双重视角展示四川的人间烟火与文化特色，符合现代社会潮流，极具全球传播优势，将四川多民族、多文化融合的特质和国际化属性展现得淋漓尽致，彰显着在国际化大趋势中中国的积极主动与文化自信，为人文价值的多维输出提供了有机载体，最终达成“以故事书写人文温度，以四川故事传播中国声音”的创作目标，为四川的外宣名片提供了更为温暖的人文注脚。

以发展的眼光来看，节目以熊猫为跨文化传播的符号，用新媒体语言让熊猫的形象活跃在屏幕前的尝试值得肯定，但如何突破“贝贝”作为一个具象化的传播工具和客观化的虚拟形象的限制，为其赋予更多主体性意识，从而使其成为代表中国精神的鲜活个体这一问题仍值得深思。“贝贝”在讲述自己的故事、四川的故事、中国的故事的时候，应当具有鲜明的个体特色，让虚拟现实技术虚拟出的形象更加人格化。这一点可以对标著名的动漫形象，诸如米老鼠、玲娜贝儿等，既突出作为虚拟形象的“贝贝”是生物熊猫的代表，又赋予其人格特征。作为现实和虚拟交汇处的“贝贝”，应当更加突出作为国际传播符号的公共性、世界性、思想性特征，从节目内部走出去，扩大其国际传播的声量。另外，节目在融媒体矩阵搭建方面还可进一步蓄积发力，在电视放送和网络宣传之间形成紧密的传播链条，大小屏紧密联动、优势互补，搭乘互联网传播的顺风车，提升节目传播的长尾效应。节目还可从故事化叙事的角度来思考如何将单向传播转变为互动式的双向传递，更好地发挥杂志类电视节目的优势。

毋庸置疑，四川卫视《熊猫观察》节目在个性化内容传播上独具特色，以亲民的传播语态有机地将多元、开放的国际化四川呈现在大众面前，为中国文化的国际化传播打开了新思路。通过本土特色符号的打造，《熊猫观察》节目结合种种创新打法，为后续的电视节目提供了持续性的参考价值。四川卫视也通过“观察”系列品牌持续破圈，打破区域传播壁垒，扩大自身传播力和国际影响力。

### 思考与讨论

一、通过收看央视网熊猫频道和阅读汪文斌《熊猫频道与国际传播》一书，试分析央视网的熊猫频道与四川卫视的《熊猫观察》二者有哪些差异性和共性？此外，再结合四川卫视旗下的《熊猫奇遇记》栏目，谈谈如何推进综合型、协同式的国际传播向前发展。

二、结合节目定位与传播目的，试分析《熊猫观察》在地方卫视中是如何创意与破局的，它对提升我国对外传播格局能力有何作用。

三、作为一档双语播出的杂志型国际传播类节目，《熊猫观察》如何充分利用四川的区域性优势资源，将在地性与全球视野有机结合，并充分发挥人工智能技术的优势，进一步提升了节目的传播力和亲和力？

案例四

# 文化篇：中国影视的对外传播与跨文化传播系列专题研究

## 一、设计理念：和而不同与跨文化传播的媒体实践

人类目前面对的是一个充满高度不确定性的全球化时代。一方面，技术的进步带来了全新的数字媒体技术和数字媒体传播平台，使全世界的信息流通更加迅速便捷，文化的流动更加频繁，人们之间交流的手段和渠道不断更迭，传媒通道中的跨文化传播的实践不断创新；另一方面，技术的进步同时带来一个突出的问题，即全球化和逆全球化思潮。这一思潮将人类带入一个充满争议和交流困难的时代。

跨文化传播能够帮助建立与发展各国间跨文化传播的关系，进而构建一个多元化的世界。跨文化传播始终要思考的问题是如何跨越不同的文化进行有效的互动、沟通与交流，最终达成文化间的理解。我们只有掌握了更多的跨文化传播的规律，才能更好地帮助人们互相理解与合作。

对外传播是一个国家或文化体系针对另一个国家或文化体系所开展的信息交流活动，其目标是让信息接受国了解信息输出国，培养一种友善的态度和合作的愿望，并创造一个有利于信息输出国的国际舆论环境，取得最高程度的国际支持与合作。

中国的国家形象是对中国的理论、实践和精神的聚焦与浓缩，是进行国际舆论引导和斗争的手段，影响着国际社会对中国的认知和评价，也影响着中国发展、稳定和变革的外部环境。国家形象的塑造离不开大众媒介这一载体。中国积极从传媒实践中探索和拓展与世界进行沟通和对话的手段与理念，历来重视利用传媒，特别是大众喜爱的影视作品进行跨文化传播和对外传播，也重视借助影像节展作为“引进来”“走出去”的文艺宣传平台的国际影响力，以电影这一文化产品为介质进行对外传播与跨文化交流，进而向世界传递中国声音，展现国家形象。基于这样的理念，我们以广受观众喜爱的中国电视文艺节目和具有国际影响力的电影节展的对外传播与跨文化传播实践作为切入点，结合跨文化传播和对外传播相关理论，探究中国媒体实践中跨文化传播和对外传播的现状、特点和不足之处，进而提出相关的建议和对策，以期助力提升中国电视节目的跨文化传播和对外传播的能力。

## 二、实现路径：教学流程与布局

本案例在内容布局方面聚焦对媒介形态性的表达，关注跨文化传播中效用突出的

媒介实践——电视节目与影像节展的丰富话语与生动表现。首先，教师布置选题，把电视节目《汉语桥》《中国缘》《环球综艺秀》《鲁健访谈》《熊猫观察》以及国际电影节作为研究对象。学生小组就选题搜集相关资料，并进行首次课堂汇报。汇报内容主要为展示经验材料与经验文本。在汇报过程中，教师及时补充相关概念及研究背景，由师生共同商榷研究路径，协同构建研究结构，并在不断的讨论与商榷中撰写、修改初步研究结论，最终优选出六个辨识度明显的研究选题，由各小组进行再次细化与深入分析。

其次，各小组对各自选题进行完善后，进行第二次汇报。电视组分析与探讨了《汉语桥》等三个电视节目的跨文化传播媒体实践，包括节目内容创意和传播方式创新等方面。影视组分析与探讨了中国影视会展系列的三个品牌的对外传播创意与实践，包括北京国际电影节、上海国际电影节、中国（广州）国际纪录片节。

最后，各小组将各自汇报的内容整理成文稿，进行逻辑与重点内容汇报，由教师进行点评与建议，在各组已经形成的内容上，做最后的补充与修改，最终各自形成内容与结构都完整的研究文本。同时，教师将在课程群中继续发布中国影视的对外传播和跨文化传播的相关内容，与学生保持持续的交流与沟通，探索更多研究的可能性。

## 三、案例展示与引导

## 专题一　系列电视节目：跨文化传播的创意与实践

### 子案例Ⅰ　《汉语桥》：世界大学生的打卡地

——文化竞技类节目的跨文化传播创新

#### （一）节目简介

“汉语桥”是由孔子学院总部和国家汉办举办的世界大学生中文比赛，自 2002 年开始至今，已成功举办 23 届。比赛选手皆为出生并成长于国外、母语并非汉语、非中国国籍的高校在校生。他们通过比拼汉语语言能力、中国国情知识储备等内容决出冠军。2008 年是此项比赛的一个特殊节点——“汉语桥”正式落户湖南，由湖南卫视和湖南教育台共同承办。至此，《汉语桥》便成了将比赛过程进行电视呈现的一档节目。“激发各国学生学习汉语的积极性，增进世界对中华文化的理解”是赛事举办的初衷。事实上，每一届“汉语桥”都在此主旨下，进行着不同程度与维度的创意探索。

图 2-7　第 21 届“汉语桥”世界大学生中文比赛

## （二）节目内容创意

### 1. 内容环节：文化与趣味兼具，拉近交流距离

近年来，一系列制作不俗的文化节目涌现，让此类节目的模式形态和传播路径有了更多的可能性，如《朗读者》《中国成语大会》等，都在艺术性与可视性方面找到了相应的平衡点，获得较好的口碑与数据表现。《汉语桥》作为文化类节目的主要代表之一也不例外，在内容方面，不能曲高和寡，学会“俯身”与观众沟通是创办节目的题中之义。

每一届《汉语桥》在内容环节上的打磨和呈现都具备相当的时效性，上至国家形象传播、文化价值引领的诉求，下至受众偏好、荧屏内容发展趋势，其都做到了精准的把握。它将极富文化性的答题环节与极具趣味性的游戏闯关环节相结合，拉近与受众的交流距离，实现内容上的创新。

2016 年，在娱乐内容充斥荧屏，年轻群体对传统文化缺乏兴趣时，《汉语桥》融合当红文化综艺的内容，以丰富的形式、多元的内容和有趣的细节打磨等优势，打造了精彩赛事，在年轻人群中掀起了一股“传统文化热”。2017 年的《汉语桥》回归，不仅以“汉语”作为创作的核心理念，围绕着“汉语”进行节目设计，由“汉语”拆分成字、词、句三个创意模块，还引进真人秀拍摄方式，引入魔术元素，将古今陆上和海上丝绸之路与当今的“一带一路”贯穿起来，在时光变化中展示源远流长的中外交流史，充分展示了中国人民的创新智慧。节目从综艺视听习惯、时政热点话题等不同角度契合了年轻人的需求，在一定程度上承载着时代的气息，契合了不同时期的文化传播需求。2018 年的《汉语桥》打造了“汉语大课堂”的版块，将课堂搬进舞台，搭建了一个更为舒适有趣的知识场域。节目整体设定为一次中外交流大考，每期分为答题环节和游戏闯关环节，由三位各具特色的“中外出题官”为选手出题。这些“中外出题官”包括艺术家、老师、主持人、曲艺家和各行各业的普通人：有曾获得“汉语桥”冠军的学长贝乐泰和大卫；有立志于用声音记录一座城市，收集了 20 世纪 50 年代前的 200 多种老北京声音的“老北京声音博物馆”创始人秦思源；等等。这些出题官怀揣着与中国有关的奇妙缘分和独特故事来到节目现场，除了完成考题设置的任务，还能让观众在一个更为亲切的话语空间中进行交流，更直接地体验到学习汉语的乐趣。此外，本届节目还设置了“百里挑一”“蹦蹦床绕口令”“看字识图”等关卡，让年轻观众不仅可以在《汉语桥》中学习汉语知识，还可以感受到学习汉语的新颖方式与乐趣。

### 2. 赛制设计：重语言竞技，重文化传播交流

落户湖南卫视以来，《汉语桥》每年的赛制都在不断升级，但总体上，节目始终注重语言的竞技以及文化的交流传播，在此基础上打造出既有趣又不失文化内涵的比拼形式。2015 年的《汉语桥》打破以往模式，在全面回归演播厅的基础上，首次引入中外比拼概念，每期节目中有由 15 位明星主持组成的中国主播团和 30 位海外选手同台比拼汉语知识。中国主播团在中华文化背景和母语环境的优势下，能否完胜外国选手，走到最后，这是节目的悬念之一，也是节目的亮点之一。

2017 年的《汉语桥》，不同于以往海选—晋级—决赛的繁复流程，改版为 5 场洲冠军争夺赛 +1 场总决赛的更加精练的赛制模式。洲冠军赛由五大洲的参赛者进行洲内巅

峰对决。每场对决由围绕“字”“词”“句”展开的三轮比赛组成：第一轮是围绕“词”展开的“中外大学生互动对话赛”；第二轮是围绕“字”展开的“一字通关赛”；第三轮是围绕“句”展开的“行令挑战赛”。总决赛冠军在 5 名洲冠军中决出。他们要依次通过三轮比赛：第一轮是“我的汉语朋友圈”多媒体互动演讲赛，即选手用最具中国特色的社交平台——“朋友圈”，发布自己和中国的故事，用年轻人最熟悉的方式和口吻介绍他们对中国的感情，展示中国当代先进科技文化成果；第二轮是“丝路明珠”创意魔术竞答赛；第三轮是巅峰对决赛。

### 3. 呈现形式：户外注重体验，棚内舞美吸睛

《汉语桥》在节目呈现形式上一改国内以往对外节目的直接输出模式，开始尝试让外国人融入中国人的生活，让外国人主动感受真正的中国人、中国历史、中国文化。

2016 年的《汉语桥》节目中首次加入户外文化体验环节。选手到岳麓书院等地感受中国人文环境，触摸中国文化，丰富他们的中国认识。之后几届“汉语桥”的选手还前往青岛海水稻中心、张家界武陵源区、科大讯飞、洞庭湖生态等地进行文化体验，和当地人互动，既呼应了“天下一家”的活动主题，又丰富了选手在中国的文化体验。从一定程度上说，这样的体验创新有利于“汉语桥”向国际友人讲好新时代中国故事，展现新时代的中国形象。棚内的呈现更为丰富多彩，酷炫舞美惊艳四座，既是视觉盛宴，又为刺激的比拼增加紧张的氛围。在 2017 年《汉语桥》的“一字冲关赛”中，大屏幕呈现出“百字墙”，满满高科技风格的汉字在大屏幕上此起彼伏，好似真的看到一堵盛满汉语文化精髓的墙壁。在答题过程中，大屏幕又变身“能量条”“进度条”，一直贯穿地面的 LED，从选手脚底穿过。随着答题时间慢慢减少，能量条不断降低，营造了满满的紧迫感和高科技的体验感。

### 4. 参赛选手：注重多元个性化，造就汉语传播使者

随着节目不断升级，《汉语桥》越来越注重培育多元个性的“汉语迷”，并为培养未来汉语的传播使者做出贡献。2017 年的《汉语桥》每期聚焦一个洲的选手，通过三轮比赛产生洲冠军。从赛制的设计可以看出单人展示的机会较往季增多，团队更注重对选手本人个性的塑造和展示。因为懂汉语的外国人毕竟是少数群体，所以每个人身上的故事、与中国结缘的故事自然是一大看点，理应尽量深挖。同时，为塑造选手个人更为丰富立体的形象，节目组将真人秀拍摄方式引入棚内竞技：让选手戴上 A500 头戴设备，并且桌上都有固定的 GoPro，同时单机跟人，共 50 多个机位同步开录，最大限度地塑造与还原选手的个性和形象。

从“汉语桥”中走出来的优秀参赛选手在汉语传播活动中有了不俗的表现。在2018年《汉语桥》的第五期，第十二届“汉语桥”总冠军贝乐泰（澳大利亚选手）来到现场担任出题官。贝乐泰表示，参加“汉语桥”比赛不仅让他更好地学习了汉语，还让他在2014年有幸参加了联合国总部举办的一场活动——在全球195个国家和地区的代表面前，用中文做一个关于“多种文化对世界和个人的重要性”的主题演讲。

## （三）传播方式创新

第一，国内与国外社交媒体相结合，传播中国文化。第十六届“汉语桥”世界大学生中文比赛的总决赛中的“我的汉语朋友圈”互动演讲赛，首次将汉语考查与选手的社交媒体生活进行融合连接。例如，2017年“汉语桥”亚洲冠军沙米尔就在关于“我的汉语朋友圈”的互动演讲中讲述了自己和外公外婆动人的中国情结。

第二，融趣味性、知识性于一体，实现全媒体互动。宣传组根据比赛环节的趣味性和汉字文化的知识性两方面，有针对性地进行推广。例如，在新浪微博上与节目相关的话题“寻找最美汉字”阅读量达2176.7万人次，讨论量为1.4万人次；“30个字读懂中国”阅读量达4.5万人次。以2015年第十四届“汉语桥”世界大学生中文比赛为例，大赛在“汉语桥”官网设置网络人气投票专区，由观众为最喜爱的选手投票，从而提升了选手与广大受众的参与度，增强了文化传播过程中的信息流动性。

第三，色彩、图像、声音相结合。“汉语桥”比赛是一个通过电视进行传播的大型文化竞技类节目，无论是从色彩的多样性、图像的高清晰度，还是从声音的后期处理的角度来说，其呈现的效果越来越完美，越来越真实。例如，在第十六届比赛决赛第一环节的“互动对话赛”中，尽管节目在演播室进行，但是节目组创造性地采用真人秀的拍摄方式，实时记录选手与中国大学生的互动情景以及选手的答题情况，并通过电视播放出来，让坐在电视机前的观众通过色彩、图像以及声音的完美结合同样感受到比赛现场的紧张感、刺激感。另外，在题目呈现方式上，节目组采用图片、视频、音频以及舞台化的表演，使整个比赛不仅有激烈的竞争，还有视听上的盛宴。

第四，电视、电台、网络同时播放。“汉语桥”世界大学生中文比赛由孔子学院总部、国家汉办与湖南省人民政府主办，湖南省教育厅和湖南广播电视台承办，湖南卫视、湖南大众职业技术学院和湖南教育电视台协办，并在芒果TV、湖南教育电视台和网络孔子学院同步播出。另外，电台也是“汉语桥”的重要视听平台。例如，2016年非洲赛区博茨瓦纳预赛情况很大一部分是通过电台传递的。也就是说“汉语桥”比赛在湖南卫视直播的同时，观众还能通过电台随时收听、通过网络随时收看。

第五，多元化宣传方式。“汉语桥”比赛自2008年落户湖南卫视起，便成为湖南卫视全力打造的文化类竞技节目，对比赛的宣传向着多元化趋势演变。每年的“汉语桥”比赛海选开始之际，湖南卫视都会成立“海搜小组”，对海外各大赛区预赛情况进行跟踪拍摄；在华决赛开始前，会通过各种平台、方式对比赛进行预热宣传，例如，“汉语桥”官方微博、微信，湖南卫视官方微博、微信，孔子学院官网等；在比赛进行中，竭力邀请明星指导老师，如唐国强、尤勇等；在总决赛及闭幕式上，邀请韩红、尚雯婕、胡彦斌等实力唱将为选手加油助阵。可以说，每年“汉语桥”比赛之际，无论是在比赛前的宣传和比赛时的报道中，还是在比赛后对参赛选手的回访中，湖南卫视都在努力拓展“汉语桥”的受众群体。

## 总　结

创新是节目成功的关键因素。近十年来，荧幕上的各种“现象级”节目，无一不是在节目策划、生产、包装、推广等环节有所创新。从评委选冠军到观众选冠军，从电视独播到台网互动，从唱歌跳舞到认汉字、背诗词，在文化与市场上双赢的电视节目，都离不开创新这一关键词。电视作为文化领域的“快餐”，新陈代谢的速度非常快，如果没有持续的创新，就只能与俗套为伍。创新赋予不同电视节目独特的文化吸引力，不同的创新点成为电视节目的核心竞争力。观众既爱听“好歌曲”，又崇拜“汉字英雄”；既喜欢点评辛辣的嘉宾，又追捧循循善诱的“导师”。这就是电视节目创新带来的差异化竞争力，这种差异化客观上繁荣了电视节目市场。

融合是节目创新的重要推动力。对于电视节目来说，人的融合、机制的融合、资本的融合是创新的三大推动力。不同背景、不同经历的人组成的团队，更利于融合各家所长、碰撞出新思路。电视节目制作力量多元化是中国电视节目市场的趋势，不同机制的制作方、播出方之间的协作与融合使电视市场主体更加丰富，使节目选题、节目形式、播出平台有了更多的可能。新思路、新观点的落地，离不开资本的支持。多元化的资金来源，有利于分担创新成本、提升创新信心，为节目创新提供风险担保。打造强大的新型主流媒体和新型媒体集团需要创新节目，节目创新又离不开媒体融合。在这条逻辑链中，节目创新是媒体融合的落脚点，媒体融合是节目创新的重要推动力。

# 子案例Ⅱ 《中国缘》：以"缘"为媒 融通世界

## ——中外双向视角下的跨文化人物纪实节目创新

## （一）节目简介

《中国缘》是中央广播电视总台华语环球节目中心的跨文化人物纪实节目，也是中国国内首档讲述中外结缘故事的跨文化节目。《中国缘》节目自2017年播出起就顺应时代发展潮流，以国际视野把握时代脉搏，创作出大量优质的视听作品，截至2023年6月，已播出9个系列专题、180期节目。节目放眼全球，以"缘"为纽带，每期用30分钟的时间，以国际传播的视角深度讲述中国融通世界的故事，向世界展现真实、立体、全面的中国，传播中华文化，体现开放包容、自强不息的中华精神，同时展现世界多样文明的交流互鉴，以更好地促进"联接中外、沟通世界"。

## （二）节目内容创意

### 1. 叙事主体：多元化视角下的叙事创新

叙事主体是叙事交流过程中的讲述者。信息必须通过叙事主体的交流叙述才能传达给接受者。因此，叙事主体既是信息交流的传播者，也是叙事行为的组织者。任何一个以叙述事件为表现形式的文本都离不开叙事主体。《中国缘》的每一期节目会选取一位与中国结缘深厚的外国友人作为叙事主体。他们既是节目拍摄的重要对象，也是中国故事的记录主体。作为"外显叙事者"，他们在节目中自述工作内容、生活态度、与中国如何结缘等问题，旁白为其做侧面补充。这种自述与旁白"他述"结合的方式能够将外国友人个人命运起伏沉落的故事展现得较为全面且立体，从而能更好地以个体故事作为小切口诠释与传播中国的经济发展历程和历史文化底蕴等宏大议题。

做好国际传播，需要面向国际受众，"第三文化人"[①] 在国际传播中扮演着重要角

① 史安斌，童桐．平台世界主义视域下的"第三文化人"：国际传播的一种协商视角［J］．传媒观察，2022（8）：5-12.

色。“第三文化人”[①] 具有多重文化背景和经验，作为国际传播交流的叙事主体，能够融合不同文化之间的认知和理解。

2017 年的“六一”儿童节期间与“十一”国庆节期间，《中国缘》节目推出的两个 6 集系列节目——《外国人在中国 · 我爱你中国》和《外国人在中国 · 萌娃》，均以“第三文化人”（长期生活和工作在中国，并对中国有深入了解的“中国通”和跨国家庭的“萌娃”）作为叙事主体。《外国人在中国 · 我爱你中国》选取了中国东西南北中的 6 个不同城市，记录 6 个分别来自美国、英国、法国、加拿大、德国的外国人——“洋媳妇”美珊与凤翔泥塑的泥塑情、已故俄侨设计师巴吉赤的女儿巴莉雅与哈尔滨的城市情缘、痴迷于中国少数民族传统文化的戴安娜的冒险之旅、“洋魔术师”与山西太行山下“魔术村”的奇遇、太极教练“陈高兴”、常德外教“洋好人”詹姆斯在中国生活的故事，用外国人的视角反映中国的发展变化，抒写他们的中国心、中国情、中国梦。《外国人在中国 · 萌娃》以五组跨国家庭的“混血儿”萌娃体验中华传统文化的方式展开，通过记录中外萌娃搭档学习少林寺武功、陕西空心挂面、南海舞狮、中国蹴鞠、蒙古式摔跤过程中的趣事，展现了不同文化下不同家庭的家风家教，从孩子的角度反映了中华传统文化的传承，以国际化视角讲述了中外家庭“家风、家教、家训”的故事，彰显中华文化的独特魅力，被国家新闻出版广电总局列为 2017 年第二季度优秀纪录片。“中国通”与“混血儿”作为“第三文化人”，具有跨文化的背景和经验，能够理解不同文化间的差异与冲突。将其作为叙事主体，能够更好地推动国际传播，展现多元文化的价值与美。

纪录片可以通过生动的影像、真实的故事和人物，跨越国别、寻找共鸣，建立人与人之间的情感联系。2019 年，适逢中法建交 55 周年，中法关系正处在承前启后的重要时刻。因此，2020 年《中国缘》推出九季精品纪录片《中国缘 · 法国行》，探访拍摄了法国前总统戴高乐家族（见图 2-8）、蓬皮杜家族、法国首位华人国会议员陈文雄、知名汉学家白乐桑等在中法友好交往中发挥重要作用的名望家族与知名人物，通过弱化不同国别人物的政治背景，寻求中法文化相似之处，记录和表达了中法两国人民友谊的美好回忆以及深化中法全面战略伙伴关系的真诚愿望。节目在真实报道的基础上，以柔性、灵活的方式进行外宣，通过展示中法两国人民之间的互动、友谊和合作，以及鲜活的细节，关注人物内心情感，以独特的双向视角进行讲述，增进两国人民的友

① “第三文化人”（Third Culture Person/Individual，简称 TCP 或 TCI）概念是由 20 世纪 60 年代美国社会和人类学家鲁斯 · 尤西姆（Ruth Useem）提出的“第三文化孩童”（TCK）的概念演变而来，具体是指那些成长时期被父母置于异文化环境中成长或是双亲来自不同文化背景的人。

谊和亲近感，加强民间交往和人文纽带，促进国际文化传播交流与包容对话，也为观众带来耳目一新的感受。

图 2-8　《中国缘》节目截图

传播者在传播活动中处于信息传播链条的第一个环节，是传播行为的引发者，也是传播过程中信息的主动发出者，在电视节目中一般作为“内隐叙事者”[①]出现。2022年，《中国缘》制作的《中国缘·传播者》系列节目（6 集）打破传统节目选取叙事主体的常规思路，创新地将一般作为“内隐叙事者”的“传播者”转为镜头前的“外显叙事者”，并以他们为叙事主体，采访拍摄了中央广播电视总台中国国际电视台（CGTN）俄语部评论员谢平、中央广播电视总台中国国际电视台俄语部主持人安娜、新华社国际部阿拉伯文改稿专家哈莱、中国外文局外文出版社荣誉英文主编大卫·弗格森、海南国际传播中心“海外传播官”拖米、英国摄影师布鲁斯等 6 位资深外籍媒体人，以外籍媒体人的独特视角观察和记录中国的发展变迁。创新的叙事切口使《中国缘》节目在国际传播中充分发挥“传播者”以影像记录、以经历见证、以文字解读中国的优势，对外传播好真实的中国故事。

### 2. 叙述视角：国际化视角下的他者叙事

跨文化传播的困难之处在于意义在话语呈现过程中的流失、消解甚至是误解。纪录片作为一种话语同样面临这样的挑战。因此，在对外传播中要从国外受众的不同特点出发，用他者之眼直观地表达事实，从而消除交流的壁垒。[②]《中国缘》每一集都以

① “内隐叙事者”是指在叙事过程中身份隐蔽，但对叙事文本具有强大操控权和影响力的叙事主体。

② 漻亚楠．他者视角下的中国故事创新叙事：以中国新闻奖国际传播奖作品为例［J］．编辑之友，2020（8）：75-79.

不同国籍、职业、身份、年龄的外国友人为叙事主体，讲述他们与中国的故事，实现了中国故事的他者化表达，从“我讲”变成了“他讲”，呈现他们在中国的奋斗历程及内心情感，以独特的“国际视角”，以小见大地反映出中国社会的发展和时代的变化。

2018 年国庆节期间，《中国缘》推出的跨文化纪录片《爱上中国》共分为《军歌嘹亮》《秘鲁家族的中国缘》《百岁老人的中国故事（上下两集）》《中国国企聘请的首位洋厂长》《网红“洋教授”的中国科普梦》《驻村第一书记和他的“洋助理”》7 集。《百岁老人的中国故事（上下两集）》讲述了 103 周岁的加拿大人伊莎白·柯鲁克在中国为人类学、教育学努力的一生。从妙龄少女到白发苍苍的百岁老人，伊莎白见证、参与了 20 世纪中国的百年巨变。在《中国国企聘请的首位洋厂长》中，来自德国的退休专家威尔纳·格里希开创了改革开放后中国企业聘用外籍厂长的先河。这个不留情面的“质量先生”不仅治厂有方，而且亲眼见证了中国改革开放的伟大征程。在《网红“洋教授”的中国科普梦》中，从英国来到中国的知名化学家戴伟踏着改革的春风，用行动紧扣中国时代发展的脉搏，在科普工作上不断努力，永无止境。《秘鲁家族的中国缘》以中秘建交的“使者”安东尼奥·阿尔塞为叙述主体，讲述了两个秘鲁家族与中国的缘分和故事。1970 年，阿尔塞的小女儿梅梅在北京出生，却罹患败血症。在周恩来的帮助下，这个秘鲁小女孩从此身体里流淌着中国人民解放军的血。这种“血脉传承”不仅体现了阿尔塞一家人与中国特别的缘分和情感，也彰显着中秘两国的密切联系。

纪实节目《中国缘·爱上中国》通过国际友人的视角讲述中国故事，用“外国人视角”见证中国的发展、共享中国荣光，以他们个人命运的变化折射中国改革开放 40 年以来的发展与成就，献礼新中国成立 70 周年。

### 3. 叙事内容：全球化背景下的共同追求

2012 年以来，随着“人类命运共同体”和“一带一路”倡议的提出，中国全球传播理念进入一个全新阶段。“共赢”和“共享”成为当下中国全球传播的核心议题。“共享”和“共赢”的战略目标超越了国家本位和民族主义的狭隘视角，是中国对世界主义思想的一种延伸和实践。[①] 世界主义视角下的跨文化交流理论将规范视角作为立足点，把文化规范作为个体行事与反思、与他者互动以及相互评估彼此的文化与认同的纲领性存在，在引导个体在不断与异文化群体接触的同时，对自身文化与他者文化进行糅合，以共同促进良好世界文化的构建。人与自然等与人类生存密切相关的普适性话题

---

① 向安玲，沈阳 . 多种声音，一个方向：国家战略议题的对外传播［J］. 现代传播（中国传媒大学学报），2021，43（11）：54-59.

逐渐成为全球传播的重要内容，寻找文化普适性与情感共通性等内容为国际传播弱化政治色彩、淡化意识形态与文化背景等提供了切口，也为文化层面的公共外交提供了更大的可能性。

纪实节目《中国缘》以“美食”“情感”“追梦”等为主题线索，讲述和串联世界各国友人与中国的故事和交流，展现了人类共同的情感、价值观和生活方式，阐述了关于“中外一家亲”“人类命运共同体”的独特节目内涵。普适性的叙事内容能够迅速打破不同文化背景的人群间的壁垒，共通化的情感表达能够快速拉近人与人之间的距离，促进中国文化的国际传播与国际文化的交融，共同推进人类命运共同体的构建进程。

美食不仅能够满足人们对食物的生理需求，还是一种关于不同地区文化历史和生活方式的表达媒介。2022 年 5 月 22 日至 7 月 3 日，《中国缘》制作的《京城洋厨》系列节目讲述了来自墨西哥、比利时、日本、意大利、德国、阿塞拜疆的 6 位外国主厨通过美食结缘中国的故事。来自比利时的莫劳在 20 世纪 80 年代，因为看好改革开放后的中国发展，带着厨艺和一本“厨房里的秘籍”来到中国，在北京开了一家比利时餐厅，制作原汁原味的比利时菜，以美食为媒介与中国结缘。75 岁的他以美食为窗口见证了中国改革开放 40 年的巨变。一对热爱美食的挚友——土库曼斯坦的阿力和阿塞拜疆的雷杰普，组成跨国美食搭档，远赴中国创业，融合了中东地区与地中海地区的烹饪风格，用滋滋冒油的土耳其烤肉、充满异域风情的沙煮咖啡、仪式感满满的瓦罐牛肉等在北京的一家土耳其餐厅里奏响“餐厅进行曲”。《京城洋厨》以美食为媒介，向国人乃至世界展现中国观念与世界他国观念的碰撞和融合，展现中外美食文化的交流互鉴，向世界积极展示中国的人文风貌。

情感能够跨越地域文化背景，给人们带来喜悦、幸福和满足感，也能够给予人面对困难与挑战的力量和动力。2018 年春节期间播出的《中国缘・中国爱情》系列选取 8 组中外结合的跨国情侣，在辞旧迎新之际，回望跨国家庭在 2017 年发生的故事，展望 2018 年新的梦想。他们有的完成了梦想中的婚礼，有的迎来新生命的诞生，有的为爱奔走终成眷属，有的履行了对家庭爱的承诺。节目通过精彩的纪实故事，展现跨国家庭的梦想，展现中外文化的差异，用国际化的传播视角展现中国独特的婚俗文化和年俗文化。8 集节目不仅呈现了中外普通人之间的跨国情缘，也展现出各地不同的传统婚俗文化，同时记录了跨国家庭在理解尊重的基础上不断融合的过程，在中外视角下重申家庭理念，重构家国情怀。2019 年春节期间播出的《中国缘・追梦情缘》系列以人物个体命运为切口，通过海外华人、国际友人、世界名人三个维度，不仅呈现了跨国家庭的真情实感和中外文化的交流传承，而且用15位主人公海内外逐梦的故事，串联起“中外一家亲”的和谐篇章。《中国缘·追梦情缘》系列节目组奔赴新加坡、英国、法国、澳大利亚等国，通过全球大量实景拍摄，展现海外华人在海外寻梦筑梦的历程，通过独特的中外双向视角，呈现出中华优秀传统文化在海内外的生命力与影响力。

## （三）呈现形式

### 1. 纪录式的真实客观

《中国缘》节目为了更准确、真实地还原故事，引入大量历史资料、原始照片与影像，做到了纪录式的真实客观。如《爱上中国》第二集选用周恩来和安东尼奥·阿尔塞等合影的历史瞬间、安东尼奥·阿尔塞女儿梅梅和救治医生的合照等，直观而真实地还原了一家人记忆中的那段故事。《爱上中国》从这些国际友人在中国工作、生活的日常故事讲起，通过细节化的呈现和多视角的讲述还原了他们与中国的故事和情感。通过阿尔塞一家人的不同视角和个人生活细节的呈现，不仅安东尼奥·阿尔塞与中国的不解之缘和故事得以清晰呈现，阿尔塞一家人所代表的秘鲁与中国特别的缘分和情感也呼之欲出。

纪录式的真实客观表达给观众观察中国提供了更多元的视角。《爱上中国》深度讲述了中国与世界结缘的故事，展现出“中外一家亲”的和谐梦想，体现出“人类命运共同体”的理念。该纪录片一经播出，就受到了中外观众的广泛关注。[①] 在这档跨文化纪录片中，“中外一家亲”不再是单纯的口号或解说词。节目中每一个真实发生的故事都向观众展示了国际友人“爱上中国”的缘由与情感，并让世界聆听属于他们的中国故事。

### 2. 交叉式的时空叙事

多时空叙事结构是把在不同时间、空间发生的事件拆分成段落，交错地叙述，有别于线性叙事的一种叙事模式，能够更还原历史、贴近现实，促进国际传播与跨文化交流。《中国缘》节目对历史影像的细节实践与道具运用助推了时间上历史与当下巧妙结合、空间上国内和国外交叉剪辑的双时空叙事格局的构建。

① 2018年国庆节期间，仅首播当天，其收视率较2017年同期增长20%；收视份额达2.93，较2017年同期增长27%，较2016年同期增长42%。

《中国缘·爱上中国》节目将人类学家、教育家、新中国英语教学园地的拓荒人伊莎白·柯鲁克以及中国改革开放后国企聘请的第一位“洋厂长”威尔纳·格里希等为新中国建设做出重要贡献的国际友人的故事，与老照片、老视频等影像资料结合，搬上荧屏，诠释“新”的历史故事。比如，在讲述百岁老人伊莎白一家六代与中国结缘的故事时，《中国缘》节目通过挖掘外国人在中国奋斗、为中国奉献宝贵青春的故事，讲述百岁老人伊莎白见证、参与20世纪中国百年巨变的故事。

交叉时空叙事不仅能让观众看到当下的纪实故事，而且通过老照片、老视频回望历史，为观众还原了真实的历史，让历史变得不朽。《中国缘·爱上中国》为观众展现了国际友人与中国同呼吸、共命运的历程。他们的经历不仅是个人青春奋斗史，更是对新中国70年来发展的见证和记忆。

### 3. 专题式的系列制作

讲好中国故事，展现真实、立体、全面的中国，是视听作品创作中必须回应的时代关切。《中国缘》节目在常规节目的制作之外，会在相应节庆的时间节点推出系列栏目。2017年“六一”儿童节期间，《中国缘》节目推出6集系列节目《外国人在中国·萌娃》，同年国庆节期间推出6集系列节目《外国人在中国·我爱你中国》。2018年国庆节期间7集跨文化纪录片《中国缘·爱上中国》与2019年12月《中国缘·爱上中国城》在中文国际频道播出，以献礼新中国成立70周年。2019年适逢中法两国建交55周年，因此《中国缘》在2020年推出9集精品纪录片《中国缘·法国行》，讲述中法友好故事。2020年上海合作组织峰会召开前夕，《中国缘》推出《上合：我们共同的梦想》。2021年在中国—东盟建立对话关系30周年之际，《中国缘》推出7集系列周播节目《澜湄路上的中国建设者》。2022年除夕，《中国缘》推出7集系列年文化纪录片《年的味道》，5月推出《中国缘·京城洋厨》与《中国缘·传播者》系列节目。2023年6月，《中国缘》推出《中国缘·解码中国》系列节目。

《中国缘》节目专题式的系列制作在国际传播中具有深入挖掘主题、增加观众参与度、建立品牌和口碑、持续曝光和发挥影响力、可持续发展和延伸等优势，能够更好地满足观众的需求，增强节目在国际传播中的影响力和认知度。首先，《中国缘》专题式的系列制作对特定的“缘”主题进行深入挖掘和全面呈现，为节目建立独特的品牌形象和口碑，提升了国际传播效果。其次，在《中国缘》系列节目中，观众跟随主题的发展和深入，加深了对内容主题的理解和兴趣，逐渐建立起与节目的情感联系和共鸣，更可能持续关注和参与节目。最后，《中国缘》节目在社交媒体平台上持续曝光和传播，在建立良好品牌与口碑的同时引发了观众的更多期待，系列节目与主题能够延续节目的影响力和传播效果，扩大观众群体，实现长期、优质的国际传播。

## （四）传播方式

### 1. 大小屏联动：央视平台 + 官网

《中国缘》纪实节目通过电视端 CCTV-4 固定时段播出和网络端央视网《中国缘》首页随时随地播出的联动传播方式，可以有效地促进“大小屏”联动，扩大观众群体，增强观众参与度和互动性，提升品牌形象和影响力，满足观众多样化的观赏需求，提升《中国缘》节目的国际传播效果。

首先，《中国缘》纪实节目电视端和网络端的联动传播能够有效弥补传统电视节目单渠道传播的不足。节目同时在传统电视媒体和在线媒体等多渠道上进行播出，契合不同受众群体的观看习惯，实现了场景互补，扩大了节目的观众群体和覆盖范围。其次，联动传播方式可以促进观众对《中国缘》进行跨平台互动。电视端与网络端的观众均可以在观看节目后通过网络端《中国缘》首页进行互动评论、分享和讨论，增强了观众的参与度与用户黏性，增强了节目曝光度与社交媒体影响力。再次，央视作为国家级媒体，拥有广泛的国内和国际观众群体，联动传播可以借助央视的品牌影响力和媒体资源，提升《中国缘》节目在国内外的品牌形象和知名度。最后，通过小屏联动大屏的传播方式，观众可以通过电视端观看《中国缘》节目，同时在网络端《中国缘》首页获得诸如幕后花絮、专题报道等更多的补充内容和扩展信息，促进线上线下的融合，并为观众提供更丰富的观赏体验。

### 2. 对外传播的多渠道：多语种字幕与三大区域的传播板块

《中国缘》纪实节目播出的 6 年间，以不同文化背景下的人际传播与中外双向的国际化叙事视角作为讲好中国故事的小切口，亚、欧、美三大区域的传播平台及相应的播出时间，结合多种语言组合的字幕与总台中文国际频道的专业传播平台等，实现了国际传播的实践创新①，促进了中国故事的全球传播。《中国缘》节目伴随着全球人类发展战略的逐步推进与中外共通的情感文化理念交融交汇，以中外双向视角为出发点，体现中外文化的碰撞与交融，打造国际频道文化类节目新名片，引领国际传播

① 《中国缘》亚洲版首播时间（北京时间）为周日 22:00—22:30，重播时间（北京时间）为周一 3:15—3:45、6:30—7:00；欧洲版首播时间（北京时间）为周一 3:30—4:00，重播时间（北京时间）为周一 13:00—13:30、周日 7:30—8:00；美洲版首播时间（北京时间）为周一 11:30—12:00，重播时间（北京时间）为周一 17:00—17:30。

新趋势。

## 总 结

在全球化传播、国际化交流的语境下，文化是不同民族国家交流的重要纽带。[①] 中国国家形象的正面建构与国际传播，不仅需要提升综合国力，还需要提升文化产品的整体制作水准，并加强正面信息的传播力度。相较于传统的国家形象宣传片、权威媒体报道及官方新闻等风格严肃、议题宏大、单向传播且具有浓重意识形态的展示路径，影视作品在构建、传播国家形象的过程中呈现出持久和潜移默化的特性，国际民众抵触情绪较弱、接纳情绪更高。在国际传播方面，《中国缘》作为纪实节目在塑造与传播国家形象的过程中更具有亲和力、更贴近民众生活。

# 子案例Ⅲ 《环球综艺秀》：文化互鉴与共享之舞台

——文化类综艺节目的跨文化传播创新

## （一）节目简介

中央广播电视总台中文国际频道（CCTV-4）秉持“传承中华文化、服务全球华人”的频道宗旨，于 2019 年将老牌节目《中华情》进行改版并推出了跨国文化综艺节目《环球综艺秀》（见图 2-9）。该节目立足国际平台，用综艺联结“人类命运共同体”，用文艺“向世界贡献中国智慧”，打造一个立足于当下、放眼全球与世界的“文艺文明互鉴”平台。《环球综艺秀》节目邀请世界各国的优秀艺术家参与表演经典文艺作品，包含音乐、舞蹈、杂技、魔术、达人创新等各种艺术形式，和中国的优秀艺术作品共同演绎，让一个又一个美轮美奂、令人惊叹的表演进行同台互鉴、交流、互动，同时利用网络融媒体手段进行短视频传播，打造一个“文化共融”平台。本案例从节目创意、节目编码和传播形式三方面探讨《环球综艺秀》的跨文化传播创新实践，为在全球化语境下提升文化类电视节目的国际传播力提供了有益思路。

① 蔡盈洲．电视剧跨文化传播：从品牌到国家形象［J］．中国电视，2017（1）：74-77，1.

图 2-9 《环球综艺秀》节目截图

## （二）创新表达：融合中华文化与世界文明的文艺共通性

世界各国的经典文明，为人类进步与发展提供了丰厚的思想资源。在全球互联的时代，如何更好地实现文明交流互通成为重要议题。这迫切需要我们对经典文明进行“创造性转化和创新性发展”。创造性转化就是以全新的眼光去审视文化传统；创新性发展是在新的环境下、面对新的问题，基于自身文化传统并结合其他文明的优秀成分而做出的新的回应。[①]《环球综艺秀》就是“创造性转化和创新性发展”理论的实践成果之一。作为一档立足于国际化视野的文化类综艺节目，其设计创意充满巧思。节目旨在搭建一个世界文化艺术交汇与互鉴的综艺舞台，并立足国际平台，通过综艺的形式让中华文明与世界文明融通和互鉴，展现中华文化在跨国家、跨民族、跨文化之中的强大生命力。

### 1.“各美其美”：中外经典与现代文明的感性碰撞

《环球综艺秀》用综艺联结“人类命运共同体”，用文艺“向世界贡献中国智慧”，打造了一个放眼全球、放眼世界的文明艺术互鉴平台。作为中国优秀制作团队倾力打造的高端综艺节目范式，其以一种更加活泼、现代化的方式，使存在于文字之间的传统经典变得更加生动立体。例如，在题材选择上，节目优先选择在各国艺术节上获奖

① 干春松．“各美其美、美美与共”与人类命运共同体［J］．人民论坛·学术前沿，2017（12）：28-34.

的具有中国文化特色的作品。荣获第十二届匈牙利布达佩斯艺术节金奖的杂技作品《荷塘月色—集体蹬伞》改编自朱自清的散文《荷塘月色》，赋予伞艺术化的丰富内涵，一改伞以往遮风挡雨的工具性作用，而使伞在杂技表演者的手中成为活灵活现的荷花，将舞台幻化为池塘，各色“荷花”共同呈现出散文作品中所描述的“荷塘月色”，“中国杂技”+“中国文学”碰撞出独具东方特色的舞台呈现。《环球综艺秀》以中华传统为内核，将中国文化软实力蕴含在节目中，作为支撑中外舞台交流的内在动力，引起具有跨文化性质的情感碰撞与互动。

同时，节目注重表演作品国别的多样性，强调多元并包、兼收并蓄，以独特的视角和敏锐的艺术感知，将国外不同地区、不同民族的特色文化请到中国的舞台上，用文化切磋、艺术共赏的方式实现了“人类命运共同体”倡导背景下的文化交流。例如，节目邀请阿根廷舞团 Agentia Passion 热情演绎民间舞蹈，将阿根廷古老的舞蹈道具“舞绳”和传统舞蹈“马兰博”呈现于舞台，反映了对“即将失传”的古老传统的敬畏和重视，引发对不同国家处于“失落”边缘的古老文化的追索；邀请西班牙马戏节金奖获得者曹凯表演《踢踏弹球舞》，以张力十足的舞台表现获得了现场观众的好评。通过节目内不同中外经典与现代文明的碰撞，展现了在全球化背景下文明共赏的多样性与丰富性。节奏部落人声乐团不拘泥于固定的音乐形式，用阿卡贝拉的方式将《哈利·波特》《星球大战》《猫和老鼠》《碟中谍》中的经典旋律串联起来，用音乐代替各国语言进行交流，使不同的文化从节目辐射向大众，实现文化发展的百花齐放。

### 2.“美美与共”：以民间文化交流增进公共外交

相较于关注宏观政治问题的时政类节目（如《这就是中国》《海峡两岸》等），在跨文化传播以及国际传播方面，《环球综艺秀》一改以往的思想论政之风，不讲严肃敏感的国际舆论与政治思想，而是从文艺与文化出发，从微观角度挖掘个人的跨文化经历，以艺术的形式、小叙事的方式为感性的各国文化寻找共鸣，发现民间文化交流的交汇点，同时也在交流中塑造中华文化形象，实现公共外交。

就节目编排立意而言，用综艺连接“人类命运共同体”是《环球综艺秀》的定位，强调用文化、文艺、文明之间的相互沟通，建立一种全球性的交流机制。面对全球化和本土化的差异，确立一种共享的价值观念是不同文明之间减少冲突、达成互相理解的前提。因此，建立一个横跨文明和信仰的文化交流机制十分重要，而《环球综艺秀》以中外文化为肌理，以确立共同价值底线、寻求共同的价值目标为协商机制。节目为世界艺术搭建了民间交流的平台，并在这个平台上实现了平等的艺术对话。节目里不同艺术类别的碰撞打破了艺术壁垒，生成了许多新鲜的艺术火花，丰富和创新了艺术审美机制，提供了文化交流的宝贵契机。节目运用这个契机，让更多的民间艺术被认识，重新走向人们的视野，脱离被边缘化的困境，例如，西班牙北方传统舞蹈霍塔舞以及肯尼亚的蜂蜜酒。

在节目表演的符号化呈现上，《环球综艺秀》非常尊重各国文化的差异性，在文化差异中寻求艺术共鸣，在艺术展示的基础上将中国文化自信与中国的艺术胸怀呈现得淋漓尽致。阿吉太组合在演绎彝族歌曲《星星照亮回家的路》时混合使用中文和彝语，极具民族特色；国际观察团能够抓住音乐中的民族说唱和现代音乐的融合之美；成家班龙韵武艺团用精湛的艺术功底和深厚的武术基础，以及现代化的舞美设计，还原出江湖之感、武林之风，为观众带来一场柔美与力度完美结合的《功夫水袖》表演，尽展中华文化的侠义之气。文化因为具有差异性而各具特色，文化因为有艺术共鸣之力而更能让人体会文化之中蕴含的多元普遍性。文艺交流是国际社会了解中国的重要途径。各国文艺不仅是本国美学精神的集中表达，而且深刻体现了人类共同美好未来的愿景，形成了饱含时代精神的艺术创造。

在节目传播的功能上，节目以高质量的表演和高水平的制作得到观众好评的同时，也肩负起挖掘文化交流最大公约数的使命。《环球综艺秀》的目标对象是国内外的民众，这正好和公共外交的行为对象一致。“公共外交常常被一个国家用来影响本国和国外的公众，以达到制造舆论向对手施压的目的。”[①] 也就是说，公共外交要完成的使命，一方面是动员本国的民众支持自己的外交行动，另一方面是促进国外的公众理解自己的外交政策。这恰恰符合《环球综艺秀》的宗旨，一方面动员国内公众参与发扬本土优秀文化的活动，另一方面帮助国外公众理解中国文化，达到文化互动的效果，使国家形象在文化传播中更加生动具体。

### （三）节目元素编码：运用跨文化符号丰富叙事的国际性视野

文艺是世界的语言，是人类共同情感、命运、价值的表达。《环球综艺秀》以舞台表演形式汇聚世界艺术之精华，开辟世界文艺交流的国际窗口，在众多电视综艺节目中独具特色；在整体节目设计上融合了主持人、国际观察团、表演嘉宾三种视角对文化的理解与互动，以跨文化交流为基础探索专业性节目的大众化出路，体现出“艺术联通世界”的跨文化魅力。

① 高飞．公共外交的界定、形成条件及其作用［J］．外交评论（外交学院学报），2005（3）：105-112.

### 1. 节目嘉宾国际化，他者表达凸显文化共鸣

《环球综艺秀》采用了综艺节目中常见的“节目表演 + 访谈”的节目形式，由国际观察团、主持人、表演嘉宾组成节目成员团，每期都会通过主持人与表演嘉宾、国际观察团的互动来展现“国际视野”与“多元包容”。

节目每期的“国际观察团”由来自俄罗斯、埃及、澳大利亚、意大利、多米尼克、肯尼亚、西班牙等国的 5 位国际友人组成。作为节目常驻嘉宾，观察团成员均有在中国学习、工作和生活的丰富经历。他们的品鉴和点评兼具中国人的审美情趣与外国人的文化体验。正如节目制片人、总导演王锋所言：“充分挖掘国际品鉴（观察）团的想法，尊重他们的表达方式，国际品鉴（观察）团的视角注定是独特的。”国际观察团在节目中与嘉宾和主持人积极互动，从国际视野的角度畅谈见闻，将中外文化有机联系在一起，触发文化共鸣，为中国观众提供了别样的审美情趣，从而展现出一种中西文明作用于一身的综合视角。国际观察团是中华文化受到世界人民理解、认可的生动见证。与许多表演嘉宾相同的是，国际观察团在做自我介绍时会毫不掩饰地表达自己对中国的喜爱，也会在每一个节目过后用中文表达出不同于中国观众的欣赏视角，显示出中外文化互动的化学反应。澳大利亚籍观察团常驻嘉宾李百可在中国生活了 20 多年，曾经为多部知名国产影视剧英文版配音，比如《步步惊心》《哪吒之魔童降世》等。对于李百可而言，她在中国找到了人生的方向，中国文化让她拥有了第二家乡的温暖感觉。就读于天津师范大学的博士生、肯尼亚籍嘉宾茹丝，就职于中国互联网公司的西班牙籍嘉宾刘大树等，都怀揣着一腔热爱来到中国，希望通过《环球综艺秀》的舞台向更多的世界同胞展示文化交汇之美。

《环球综艺秀》打破了国与国之间的文化界限，将包容、开放、平等、共赏的理念寓于节目中，尤其体现在表演嘉宾的多元组成上。世界知名歌唱家维塔斯携女儿阿拉与中国歌唱家李玉刚共同演唱《莫斯科郊外的晚上》，为观众呈现出文化交融、文明携手的新鲜碰撞。中孝介与成方圆作为中日歌唱家代表共同献上歌曲表演《我只在乎你》。音符化作中日友谊之桥上绚烂的花朵，引起了中日电视观众的真挚共鸣。表演嘉宾斯琴格日乐用近 50 个民族的民族语言“你好”和朗朗上口的旋律创作出《你好》这首特别的歌曲。在《环球综艺秀》的舞台上，她将“你好”转化为连接民族情感、世界情感的纽带，现场邀请国际观察团的成员用各自国家的语言唱出“你好”，让音乐拉近彼此距离，用旋律了解世界不同地区的文化。亲切的“你好”背后是“你好”所代

表的跨文化符号性意义。这不仅是一句简单的问候，而且是开启国际化交往的窗口，是世界文化和谐交流、共同繁荣的美好愿景，也是《环球综艺秀》节目理念的生动表达，向人类文明发出邀请，用世界文艺诉说真情。

**2. 节目风格的大众化路径，共筑交流平台**

《环球综艺秀》将跨文化交流题材与综艺节目形态相互融合，在保证专业性的基础上，将更多的跨文化话题推及更大范围的人群中。这是中央广播电视总台在布局综艺战略过程中，将媒介价值与思考进行最大化释放的一次积极探索。跨文化交流的话题显然是当下被重点关注和探讨的一个问题。随着各国友好建交，以及全球化时代的到来，跨文化交流的社会基础变得越来越大，且带上了时代特征。与以往流行于屏幕上的节目不同的是，《环球综艺秀》将专业性放在了节目结构搭建和内容表达的中心上，从主题确定、环节设计到参与人员的搭配上，都体现出极强的专业性；《环球综艺秀》采用时下流行的综艺语言，探索出大众化的传播路径，让更多观众能够参与进来，引发更广泛的社会共鸣。

专业性是这档节目区别于以往类似节目的最大风格特征。为了保证专业性，节目邀请中央广播电视总台华语环球节目中心制片与高级编辑、中国传媒大学影视金融创新传播研究所导师王锋作为总导演，2 名主持人、由 5 位年轻的国际友人组成的国际观察团与来自世界各地的表演嘉宾，在这个跨文化交流互鉴的舞台中共同成长。阿吉朵组合带来了登上过 2019 纽约时装周、2023 上海时装周的千年彝绣，国际观察团成员便化身为时尚模特，多方面展示中式刺绣的国际魅力，将少数民族生活之美带到《环球综艺秀》的舞台，使非遗传统彝族服饰在节目上揭开神秘面纱，引得国际观察团大为赞叹。华人男高音歌唱家范竞马把抹不去的家乡记忆融进歌里，引得国际观察团成员纷纷唱起家乡民歌，用不同的语言表达共同的思乡之情。《环球综艺秀》的特色不仅在于多种艺术形式相结合的表层融合，而且在于节目内涵的深层融合。从多视角出发把握东西方文明、不同地域文明之间的内在联系和历史脉络，才能更好地实现新时代的艺术交流。

## （四）模式多元：从内容到传播形式的多元革新

作为一档具有创新性质的跨文化综艺节目，从舞台设计到内容，从大屏播放到跨屏互动，多元的模式创新使《环球综艺秀》在众多文艺类综艺节目中独树一帜。在舞台所搭建的交流空间中，世界各国的艺术价值会重新被发现，突破了国家与民族的界限，形成世界文化共享的浓厚氛围。

### 1. 内容编排，探寻艺术与审美的公约数

对于《环球综艺秀》的选题要求与表达形式，其制片人、总导演王锋表示：在把握节目选题时，一方面重视“跨文化”标识，彰显各国文化的独特魅力，另一方面兼顾电视节目的内容可看性，在节目形式的排列组合上更具巧思。在《环球综艺秀》的舞台上，各国文化的精彩呈现给观众留下了深刻印象，有魔术、武术、杂技、音乐等类型多样的艺术，还有不同艺术类别的多元融合，“魔术 + 武术”“书法 + 杂技”“装置表演 + 现场互动”等排列组合的无穷性在这个神奇舞台上得到了实现。此外，节目关注年轻观众的审美特点，用“跨界”“分享”“偶像”等关键词形成节目亮点，进一步拓宽了受众的年龄层。

从视觉修辞的角度来看，节目中绚丽多样、兼具国际风采的舞台设计与舞台表演相得益彰，为观众带来了震撼的视觉冲击，通过视觉语言传达信息、表达情感，促进文化的多元化交流。节目舞美因此获得广泛好评。该节目的舞美概念名称一经发布，就引发国内外文化友人的共鸣，该节目的视觉指导尚天宝将其命名为“艺术 DNA”。《环球综艺秀》节目将人类绚烂多姿的文化以富有科技感、未来感的舞美呈现出来，从视觉、听觉等方面丰富了电视观众的感官体验，呈现出较好的节目效果，成为各国优秀艺术作品展示的“加分项”，为艺术作品的呈现提供了更多的可能性。视觉指导尚天宝介绍：“人类文明的发展离不开自然科学和精神文化，此次的舞美就是二者的完美结合。整体舞美造型类似 DNA 双螺旋的结构，由规律的双螺旋结构扩大化到整体不规则的绸缎飘逸感，由规则创造不规则的多样可能性，这也是世界各地文化多元性的象征。”通过舞美设计图可以看到，整体灯束装置呈向心环绕状态，寓意着多元文化相互的交流是一个包容、平和的过程。DNA 携带着传承基因，希望这个舞台上展示的世界多元文化能够被更多人了解，能够更好地传承下去。

在《环球综艺秀》的舞台上，没有选拔和评比，只有自由、完整的诠释。顶尖表演团队同台切磋，既展示了独立个体的特色，也融合了不同国家的艺术与审美。这样的国际视角和国际眼光，带来的是前所未有的舞台呈现。比如，节目里中国武术与魔术的结合，来自西方的玄妙气质为古老的东方力量罩上一丝神秘色彩，为观众带来一场融会贯通的饕餮盛宴；紧张刺激的火舞表演可以和细腻柔美的肩上芭蕾同台；大洋

彼岸的文化可以与华夏文明碰撞，无界限与禁锢。《环球综艺秀》给予每一种文化展示的空间，从视觉上以一种抽象的、客观的方式反映各种文化的特点，从而在跨文化交流中，使信息得到更清晰的表达和更恰当的解读，减少文化折扣。对艺术的追求，是无差别的坚守与传承。多姿多彩，百花齐放，文化不止有一种色彩。艺术以“人”传播，也以“国”传播，而对于文化的敬畏，则是代代相同。

### 2. 媒介融合，实现跨文化“多屏作业”

以网络为代表的新兴媒体具有跨越国界和快速到达等特点，是与生俱来的全球传播载体。[①]《环球综艺秀》深刻把握当前融合媒体、智能媒体的特点，将传统电视节目和新媒体传播手段进行有机融合，实现了文化类综艺节目的“多屏作业”。节目分别在中文国际频道亚洲版、欧洲版、美洲版播出，同时在抖音、头条和央视频网站播出，连接大屏、中屏、小屏，进一步提高了节目的知名度和话题度。萨顶顶在节目中演唱《左手指月》一度登上新浪微博热搜榜，获得了来自微博网友的热烈好评。此外，节目组开通新浪官方微博及微信公众号[②]，将节目信息、节目预告、精彩回顾、片段集锦等内容投放在官方宣传平台，将节目中优秀的表演作品在多家平台广泛传播。

在节目中，通过视频连线的方式将中国北京与法国阿尔卑斯山脉、西班牙卡斯特利翁远程连接，实现隔空对唱和文化的隔空碰撞。节目还介绍了曾经在中国生活 12 年的摩洛哥女孩迪娜。她通过抖音持续更新她在摩洛哥大街小巷传唱的中国歌曲，已拥有 200 多万关注者。迪娜在视频中给观众展现了摩洛哥的人文风情，通过动人的歌喉向她的家乡人传递中国音乐和中国传统服饰。美国原创歌手王韵蓝通过短视频发布个人中文弹唱视频《后来》《城里的月光》，深受广大网友喜爱。她自己提道：“没有什么比音乐以及视频更能连接全世界的人。”在节目中，迪娜、王韵蓝以“小屏”和国际观察团、主持人相见，在节目播出时又通过“大屏”和广大观众相见，拉近了文化与文化、人与人之间的时空距离。媒体技术让音乐连接了世界人民，也让各国文化在全球范围内进行交融互鉴，以媒介融合增强跨文化传播力。

---

① 马超．华语电视媒体对外文化传播实践研究：中央广播电视总台中文国际电视频道的相关探索［J］．教育传媒研究，2018（4）：67-70.

② 目前处于停更状态，《环球综艺秀》具体节目和花絮可以登录网页或者下载央视频 APP 进行观看。

## 总 结

作为一档站在国家高度、承载“文明互鉴”功能的电视节目，《环球综艺秀》致力于用综艺的形式将中西方文明、文化、文艺进行交流互鉴和融合发展的呈现。在创意上，节目深刻融合中华文明和世界文明，发掘中外经典文化与现代文明结合的可能性，碰撞出艺术火花，以跨文化交流的最大公约数为基础，构建了中外文化民间性公共外交的桥梁，以文化为基实现相互理解。在编码上，节目采用“访谈＋节目表演”的形式，通过国际观察团打开文化视野，引发情感共鸣，表演嘉宾多元化拓展文化交流空间。在呈现上，每期节目选取不同的表演编排形式，将跨文化魅力与艺术可看性相结合，通过传统媒体与新媒体的“多屏”合作，让媒体连接世界人民。

《环球综艺秀》不仅填补了我国跨文化综艺节目的市场空白，而且与同类型综艺电视节目相比，它是一档基于分享与合作、交流与对话的世界文明背景而主动呈现的“各美其美，美人之美，美美与共，天下大同”的中国节目，其中蕴含的人类命运共同体的观念得到越来越多的国家和民众的理解与支持，为世界艺术互鉴做出了自己的贡献。这是中华文明在新的轴心时代为人类提供的“实践性智慧”。该节目已经超越了综艺的定义，实现了以文化之名，为世界文明站台的效果。

### 思考与讨论

一、回顾21世纪的第二个十年，中国电视的国际传播与跨文化传播，在文化类综艺节目和文化竞技类节目以及新闻专题与人物纪实节目方面广受海内外观众的喜爱。试从创意与传播的角度分析《汉语桥》《中国缘》如何在节目的互动与发挥电视节目的参与式文化特征上获得成功。它们的表现形态虽然各异，但叙事策略和技巧值得同学们观察和研究。

二、《环球综艺秀》通过哪些仪式环节体现节目的多元化审美以及不同民族间的文化互鉴，并提升节目的国际传播力？

三、近年来，地方卫视的国际传播与跨文化传播节目方兴未艾，如《熊猫观察》《熊猫奇遇记》《非正式会谈》成为出圈的名牌。地方卫视是否可以走出一条有别于央视的国际传播之道？如何创新？尤其是在加强广播电视国际传播跨区域合作方面你有何设想？

# 专题二　中国影视会展系列对外传播创意与实践

## 子案例Ⅰ　全球化视野下北京国际电影节对外传播策略研究

21 世纪，各国对文化软实力越发重视。电影这一重要传播媒介与艺术形式承载着国家的精神和价值观念、凝聚着民族文化内涵，担负着公共外交、国际传播、提升和彰显文化软实力的责任，因其传播形式的大众化，艺术样式的生动性等特点，在传播国家文化和民族精神时有着得天独厚的优势。比如，好莱坞通过所谓的“美国大片”向世界人民宣扬以美国精神为主体的价值观和世界观。此外，画面作为电影语言的重要组成部分，在跨文化传播的编码与解码中进一步克服了语言和文字的传播隔阂，可以直接作用于受众的感知系统，更容易被不同民族、不同文化的受众接受。因此，电影可以说是沟通不同国家文化的桥梁。

随着全球化的不断发展，文化的全球化传播形成了不可阻挡之势。在这一过程中，作为“世界电影之窗”的国际电影节，其影响力越来越深远。其中影响力最大的是几项国际知名电影节。其借助影视文化的“盛宴”，实现了对文化的传播，以及对文化产业的触动，其价值得到了广泛而深入的体现。同时，电影节也是一个集文化、艺术、商业等于一体的媒介仪式与媒介事件，其为电影制作人、发行商、影迷、明星等搭建了一个电影创作与文化交流的综合平台。中国目前已经成为全球第二大电影市场。作为华语电影节之一的北京国际电影节，2001 年创办以来，不断提升国际化、专业化的水准，其在影视对外传播方面已经形成自身的策略与模式，具有一定的研究价值。

### （一）国际电影节概述

#### 1. 国际电影节的起源与分类

电影节起源于欧洲，最初仅是世界优秀电影交流展示的平台。随着经济全球化的发展，其不再单纯服务于电影作品的传播，而是在此基础上，带动了相关产业社会效益和经济效益的共同发展。近几年，电影节已经发展成为重要的文化盛事，同时也是由制片人、交易商、组织者、媒体、观众等多重元素构成的多元化的媒介仪式，借助明星嘉宾、权威评委、开幕红毯、全球直播等传播内容和形式体现着其作为媒介仪式的神圣性、表演性及参与性。

1932 年，世界上第一个国际电影节——威尼斯国际电影节设立。自此，国际电影节如雨后春笋般迅速发展。目前，全世界被国际制片人协会审批认可的国际电影节已超过 50 个，其中戛纳国际电影节、柏林国际电影节与威尼斯国际电影节为世界三大电影节。就性质而言，电影节可以分为综合性、专业性、地区性三类。就技术上的差别来看，电影节共分为四类，一是非专门类竞赛型电影节，二是专门类竞赛型电影节，三是非竞赛型电影节，四是纪录片和短片电影节。以规模和水准来看，电影节可以划分成两大级别，即 A 类和 A 类以外。A 类电影节评选标准严格，影响力大。目前，世界上共有 15 个 A 类电影节。我国上海国际电影节就是 A 类电影节。

### 2. 北京国际电影节

我国电影从 1950 年开始参加国际电影节的展映，开启了中国电影对外传播的路径，使中国电影、中国文化、中国形象逐步走出国门，与国际接轨。然而，任何电影节都必然代表着某种意义上的文化主张与价值取向，承载着一定的意识形态与价值观念。我国电影的国际传播不光要“走出去”，还要以自身为桥梁推动中外影视文化交流，将国外优质影视产品“请进来”，从而提升我国在国际舞台上的文化软实力和话语权。

北京国际电影节作为华语国际电影节之一，创办于 2011 年，以“共享资源，共赢未来”为主旨，走过了高端起步、跨越提升、与国际接轨、全面升级的发展历程，形成了独具特色的“大师（Master）、大众（Mass）、大市场（Market）”的“3M”定位和风格，在嘉宾星光度、参赛参展影片质量及国际影响力等方面持续发力，已经成为北京市每年举办的最具国际影响力的大型文化活动，亦是国际交流的大平台、电影市场的风向标、新人新作的孵化器、城市文化的新品牌。这一电影节不断将中华优秀传统文化与国际电影语言相结合，汇聚了国内国际的电影资源，聚焦了全球电影行业的前沿话题。可以说，北京国际电影节在我国的主流文化传播层面打开了一个对外传播的窗口。

图 2-10　第 14 届北京国际电影节开幕式

## （二）北京国际电影节对外传播多元策略分析

本案例将从北京国际电影节的传播理念、传播内容及传播渠道三个角度出发，系统分析北京国际电影节开办以来对外传播的多元策略，揭示其逐步成为大型国际交流平台的发展历程。

### 1. 传播理念：立足优秀传统文化，彰显文化自信

爱德华·霍尔曾提出文化与传播的同构理论：文化即传播，传播即文化。北京国际电影节一直以来都注重对我国优秀传统文化与中华民族精神的传播。首先，主竞赛单元“天坛奖”秉承着“天人合一，美美与共”的价值理念，强调人与自然和谐共生，一方面体现了北京国际电影节独有的民族气质，另一方面顺应了世界思想文化的发展潮流和全人类共同的价值取向。同时，在电影文化的交流中，必然会面临不同价值体系的碰撞与摩擦，而“美美与共”的过程就是互补、交融、整合、创新的过程。这一理念从古代哲学思想体系出发，既体现了中华文化兼容并蓄的和谐思维，又兼具新时代的精神，倡导国家与国家、民族与民族之间电影文化的平等交流和互补。这种“和而不同”的文化诉求与价值理念是中国电影进行对外传播的文化策略，是全球化背景下我国电影走向国际的生存之道，也是提升华语电影节国际影响力与我国文化软实力的有力引擎。

其次，北京国际电影节以中国传统文化为依托，在多个方面凸显中华文化元素，彰显文化自信。主竞赛单元“天坛奖”的奖杯设计汲取了中国汉代侍女拂袖彩陶俑的造型特点与石雕的雕刻手法，将中国传统舞蹈水袖舞与天坛剪影相结合，是北京国际电影节“共享资源、共赢未来”主旨理念的重要象征。除此之外，历届北京国际电影节还开展相关活动弘扬中华文化。比如，第三届北京国际电影节开展的“北京民族电影展”放映近年来优秀的民族题材国产电影，向国内外观众全天候展播我国民族电影，展示中华多彩文化魅力。第五届北京国际电影节专门设立了“经典京剧电影单元”，用生动的京剧表演形式讲述中国故事，传递中国声音，彰显了我国在新时代下的文化自信。

### 2. 传播内容：基于国际化视野，丰富电影节内涵

（1）融汇国内外优秀影片

北京国际电影节的宗旨为“融汇国内国际电影资源、搭建展示交流交易平台”，不仅让中国电影“走出去”展现给世界，也把世界优秀影片“引进来”。2011 年第一届举办以来，北京国际电影节便以广阔的胸怀吸纳来自世界各地的优秀作品，与全球优秀的电影人交流互鉴，第一年开办便有 480 部国内外影片在北京进行展映，开办 5 年间，有超过 90 个国家和地区的 1370 部影片参加北京展映。以北京国际电影节的核心“天坛奖”来看，每年都会有来自亚洲、欧洲、非洲、美洲等地区的超过 400 部电影参加角逐（见表 2-1），奖项评委由全世界顶尖国际电影人组成。由此可见，北京国际电影节在其展映影片上具有多国别、多视角、多题材的特点，以兼容并蓄的国际化视野为世界优秀影片提供了一个公平包容的舞台，充分展现了世界不同文明与多元文化的魅力。

表 2-1 “天坛奖”历届参赛影片统计①

| 届别 | 第三届 | 第四届 | 第五届 | 第六届 | 第七届 | 第八届 | 第九届 |
|---|---|---|---|---|---|---|---|
| 参赛影片（部） | 531 | 837 | 930 | 433 | 424 | 569 | 668 |
| 国家和地区（个） | 56 | 88 | 90 | 42 | 59 | 71 | 107 |

（2）设立多领域展映单元

北京国际电影节开办 7 年时已获得飞速发展，不论是电影节的规模，还是自身的

① 数据来源于北京国际电影节官网：http://www.bjiff.com。

丰富度都有了极大的提高。除了“天坛奖”这个主竞赛单元奖项，北京国际电影节还充分利用城市特色，从行业发展前沿出发，在多个领域创立了不同的展映单元，在丰富电影节特色的同时还有助于其国际影响力的提升。

例如，第五届北京国际电影节首次开设“经典京剧电影单元”。京剧作为我国的国粹、北京的城市名片，在国际传播方面有着天然的感召力。将该类题材的电影作为单独的展映单元，有助于中国传统文化走向海外。2014年第四届北京国际电影节首设“注目未来”国际展映单元。该单元旨在“鼓励电影创新精神，激发电影艺术的创造活力；发掘电影新人，增进各国青年影人间的合作与交流”，以加强对国内外优秀青年电影人的关注，发掘世界电影的新生力量，推动全球影视的积极发展。“中外电影合作论坛”邀请国内外电影人探讨跨国合拍电影，以促进中外电影业界合作交流为重任，以引导中国电影产业国际化为方向，努力为中国电影扎根本土、推向全球提供新的发展思路，助力我国电影人和电影产业与国际的交流、合作。近年来，纪录片在政治传播和文化传播方面起着越来越重要的作用，全球化背景下中外经济、文化和社会发展的合作与交往日益频繁和深化。作为中国文化符号表征的纪录片开启了国际传播的重要通道，承担着国家信息传播、国际文化交流、历史文化传承的重任。因此，北京国际电影节特别关注纪录片这一艺术形式，专门开设“纪录单元”，以国际化的视野、专业化的引领提高了北京国际电影节在纪录片领域的影响力，也推动了我国纪录片的国际化发展。除此之外，诸如“一带一路”展映单元、“国际电影市场论坛”等都在北京国际电影节的国际传播方面起着举足轻重的作用，为华语电影节的国际化发展提供了极大的借鉴意义。

### 3. 传播渠道：借力多种传播方式，打造国际化形象

（1）参会嘉宾引发明星效应

电影节的国际传播从不局限于银幕，而是通过立体多样的传播路径打通国内外交流之路。历届北京国际电影节不论是红毯嘉宾还是奖项评委，都不乏知名国际影星的参与。美国电影协会、法国电影联盟、意大利影像工业协会、韩国电影振兴委员会、英国电影协会等国际知名行业协会主席，威尼斯国际电影节、蒙特利尔国际电影节等十几个国际知名电影节主席，著名导演卡梅隆、吕克·贝松，著名演员娜塔莉·波特曼、基努·里维斯、李敏镐，派拉蒙影业全球首席运营官弗雷德里克·亨茨贝瑞、漫

威公司总裁西蒙·菲利普斯等都曾到访北京国际电影节。他们可以说是整个电影节中最具活力、最具话题性以及最受关注的一部分，可以引发受众与电影节的互动，从而为电影节带来一定的明人效应。电影明星不仅是一个身份，而且是具有强烈感召力和传播力的象征符号，尤其是一些国际知名影星，可以拉近国内外观众的距离，并实现不同文化间的交流。比如，第九届北京国际电影节开幕式便会聚了国内外电影人，以新中国第一部中外合拍儿童电影《风筝》为故事开篇；迪丽热巴、吴谨言通过优美的舞蹈展现中西文化的碰撞与融合；宋佳与英国的布雷克组合共同表演的歌舞节目《爱影之城》等，吸引了大批国内外观众的关注，彰显了北京国际电影节的国际化发展路径。此外，电影节的评委会组成也在很大程度上决定了电影节的全面性、权威性和专业性，以及国际化、公平化的品牌形象。以 2019 年 4 月在北京举办的第九届北京国际电影节为例，此次“天坛奖”评审团由 7 位著名国际影人组成，分别是美国著名导演罗伯·明可夫，智利导演西尔维奥·盖约齐，中国内地知名导演、编剧曹保平，俄罗斯著名导演谢尔盖·德瓦茨沃伊，中国香港著名演员刘嘉玲，伊朗国宝级电影大师马基德·马基迪，好莱坞英国导演西蒙·韦斯特。可以看出，北京国际电影节在评审团的构成方面涵盖了不同大洲、不同国家和地区的知名导演、制片人与演员，在充分体现电影节权威性和国际性的同时，能够加强我国电影行业与世界的交流，助推北京国际电影节的对外传播。

（2）市场化运作搭建国际交易平台

随着经济全球化的发展，国际电影节的商业性特征越来越突出。北京国际电影节“融汇国内国际电影资源、搭建展示交流交易平台”的宗旨也体现了文化交流和商业拓展的两大属性。自第一届开始，电影交易市场就成了北京国际电影节不可或缺的部分。其中“电影市场”板块作为北京国际电影节最重要的板块之一，其主要内容包括“市场展示交易、项目创投及洽谈、产业项目路演、签约仪式、市场放映、研讨会和行业沙龙”等，已经形成了一个综合、高端的国际化交流交易平台，努力以展会带动交易，以交流促成合作。每届都有来自上百个国家的企业、机构进行交易，电影市场的交易规模不断扩大，交易额逐步攀升。第九届北京国际电影节的签约金额高达 309 亿元，已是第一届的十倍有余（见表 2-2）。北京国际电影节的交易市场有效地推动了电影的跨国制作与合作，为全球优质电影项目、投资机构等搭建了一个国际化的交流平台，为华语电影市场树立了良好的品牌形象，为中国电影与国际市场的合作提供了广阔的机会，在商业层面打通了对外传播的渠道。

表 2-2 北京国际电影节交易市场统计①

| 届别 | 签约项目 | 签约金额（亿元人民币） |
|---|---|---|
| 第一届 | 10 | 27.94 |
| 第二届 | 20 | 52.73 |
| 第三届 | 27 | 87.31 |
| 第四届 | 32 | 105.21 |
| 第五届 | 36 | 138.45 |
| 第六届 | 49 | 163.31 |
| 第七届 | 56 | 174.58 |
| 第八届 | 38 | 260.80 |
| 第九届 | 40 | 309.03 |

（3）多媒体联动传递中国电影声音

北京国际电影节作为全球电影行业的国际性盛会，是国内外媒体争相报道的对象，每届都有上千位境内外媒体记者全程参与。北京国际电影节主办方在展会期间，借助多种传播媒介，运用多种传播技术，力图将最精彩的一面展现给全国人民乃至全世界，打造北京国际电影节的良好口碑与国际形象。以第九届北京国际电影节为例，电影节开幕式除了在传统媒体上同步直播，北京国际电影节官方微博还以图文直播形式带领观众一览开幕式全程。当今社会受众碎片化、移动化的接收方式使短视频成为主流的传播渠道。北京国际电影节开设了抖音、微视频、快手的官方账号，打通了新旧媒体之间的传播壁垒，拉近了与年轻受众的距离，有助于传播效果实现最大化。中央广播电视总台在电影节开幕式与闭幕式的现场、电影嘉年华场馆等都覆盖了 5G 信号，并首次通过总台 5G 媒体应用实验室实现在总台央视新闻移动端的超高清信号直播，“5G+4K+AI”的全新战略格局为北京国际电影节的国内外传播助力。

## （三）北京国际电影节对外传播的未来发展路径

北京国际电影节自创办至今发展迅速，成就瞩目，对我国电影行业的国际交流与影视的国际传播有着巨大的贡献，同时也有助于我国国家形象的塑造，提升了我国在

① 数据来源于北京国际电影节官网：http://www.bjiff.com。

世界电影行业的国际地位。其在华语电影节中具有一定影响力与号召力，能够代表我国电影产业的发展现状与国际地位。然而，不容忽视的是，与国际顶尖电影节相比，北京国际电影节仍存在着较大的差距，尤其在对外传播能力方面还有提升空间。比如，作为主竞赛单元的“天坛奖”，与其他老牌电影节相比影响力还不足，电影节的商业价值所带来的经济效益也有所欠缺等。因此，针对目前尚存的这些不足，我们有必要提出一些有针对性的建议，助力北京国际电影节未来的对外传播发展。

### 1. 提升“天坛奖”的权威性与影响力

国际制片人协会规定，任何国家的任何一部影片都只能参加一次 A 类电影节的评选。因此，北京国际电影节必然面临着与国际顶尖电影节的片源争夺，整个电影节的片源水平受到制约，参赛影片缺少国际大片的身影，获奖影片多为小众、小成本的国际电影，选片的艺术水准与影响力方面也较低。这在很大程度上削弱了北京国际电影节“天坛奖”的国际影响力、权威性与专业度。此外，“天人合一，美美与共”的核心理念与意识形态以及北京的城市特色与品牌定位并未显著地体现在参展影片和选片标准中。世界上著名的国际电影节都力图特色鲜明地追求文化格调和艺术风貌的独树一帜。戛纳国际电影节以拥有近 40 年电影交易市场经验而著称，柏林国际电影节是展示电影最新思想潮流的锋线，威尼斯国际电影节是汇聚新锐电影的中心，圣丹斯电影节偏好独立电影，东京国际电影节和釜山国际电影节致力于发现亚洲地区的新电影与新导演等。所以，北京国际电影节应在未来的对外传播方面从北京自身的特色出发，以“天坛奖”的核心理念为支撑，通过独具特色的文化定位和品牌形象实现电影节的可持续发展，由此吸引更高水准的国内外优秀影片参展，提升“天坛奖”以及整个电影节的权威性和影响力，为北京城市文化的对外传播与国家形象的海外建构添砖加瓦。

### 2. 加速搭建国际化的交易市场

电影节除了具有极高的文化价值、艺术价值、社会价值，其商业价值也不容小觑。北京国际电影节自创办起就开设了“电影市场”板块，其交易额逐年攀升。但与国际顶尖电影节相比，北京国际电影节交易市场的规模、创投国际项目所占比重等都还存在差距，尤其是交易项目、市场对我国电影市场的影响较小。因此，北京国际电影节在市场化运作方面还有较大提升空间，今后仍需进一步扩大海外市场，尽快搭建起国际化交易平台。处在当今全球化背景之下，国际电影节的打造更应将注意力放在国际社会中，以吸引更多优秀的投资商、发行商、创投项目等资源，提升北京国际电影节对外传播的影响力和号召力。

## 总　结

国际电影节作为全球电影艺术交流的平台，作为世界优秀电影人齐聚一堂的盛宴，具有多重重要意义与价值。尤其在当今全球化的发展视野下，其对一国文化软实力的增强、国家形象的塑造、国际地位的提升与国际话语权的确立等都起着重要作用。北京国际电影节作为我国乃至亚洲极具影响力的国际电影节之一，近几年得到了长足的发展和进步。通过对历届北京国际电影节的研究，本案例发现其在对外传播方面形成了自身的多元传播策略与特色。在传播理念上，北京国际电影节围绕主竞赛单元“天坛奖”的“天人合一，美美与共”的价值理念向世界传递了我国优秀传统文化与中华民族精神；在传播内容上，北京国际电影节以兼容并蓄的包容性汇聚了国内外优秀影片，开设了诸多具有国际化视野的展映单元，打造了自身的特色；在传播渠道上，多位国际影星和评审嘉宾所产生的明星效应拉近了与国内外观众的距离，市场化的运作搭建了一个国际化的电影交易平台，并运用多种传播媒介立体化地传递电影节声音。

然而，北京国际电影节目前仍在权威性、专业度和影响力方面与国际顶尖电影节有较大差距，国际交易市场的建设也处于探索起步阶段。北京国际电影节若要进一步提升其国际化水准，增强对外传播的能力，仍需要不断向国外 A 类电影节借鉴交流，围绕核心价值理念打造出自身的品牌价值和特色，加强海外市场的拓展，在一众国际电影节中脱颖而出，向世界展现新时代下我国电影产业的繁荣发展，传播我国优秀传统文化与民族精神。

# 子案例Ⅱ　上海国际电影节跨文化交流新范式

电影作为大众文化生活重要的组成部分，来源于生活又高于生活，可以反映一个国家的精神生活状态。因此，电影是适合国际传播的媒介，可以向外国展示自己的民族文化，形塑良好的国家形象。

## （一）上海国际电影节简介

上海是中国电影的发源地。2019 年 6 月 15 日，第 22 届上海国际电影节拉开帷幕

（见图 2-11）。为期 9 天的电影节，在即将迎来新中国成立 70 周年之际，以“世界影视，中国主场，上海气质”为特色，让上海这座城市闪耀着属于电影的璀璨之光。

图 2-11　第 22 届上海国际电影节金爵盛典现场

### 1. 成长历程

上海国际电影节是中国第一个获国际电影制片人协会认可的全球 15 个国际 A 类电影节之一，也是中国唯一的国际 A 类电影节，1993 年首次举办，1994 年获得国际电影制片人协会承认。上海国际电影节于每年 6 月上旬举行，最高奖名称为金爵奖，下设 8 个奖项，都由来自各国的国际评委评审产生。上海国际电影节的宗旨是：增进各国、各地区电影界人士之间的相互了解和友谊，促进世界电影艺术的繁荣。从第 5 届（2001 年）起上海国际电影节改为每年举办一届。每年 6 月，为期 9 天的上海国际电影节如约而至，已成为上海文娱生活的一个重要景观。

### 2. 影响力及地位

举办上海国际电影节的目的是呈现并鼓励多元艺术创作。创办以来，其在专业架构及服务、社会影响力等方面迅速提升，被誉为“全球成长最快的国际电影节”。金爵奖是上海国际电影节的核心，是电影节赋予优秀电影人最新作品的最高荣誉。亚洲新人奖则推动亚洲电影原创力与生产力的结合，同时向世界推荐亚洲电影产业新生力量，以期让世界关注中国乃至亚洲电影的未来。此外，上海国际电影节还举办了手机电影节短片大赛，通过短片这个影像载体，为电影产业的持续发展孵化、发现新人，拓展发行渠道，探索新媒体领域中的新疆域。

上海国际电影节的金爵奖评选，公信力有口皆碑。此前获得金爵奖最佳影片的蒙古国电影《再别天堂》、菲律宾电影《三轮浮生》，获评委会大奖的伊朗电影《筹款风波》获奖后在所在国引发广泛反响，客观上起到推动当地电影发展的作用。可以看出，这些获奖电影都来自亚洲欠发达国家。在我们的日常生活中，美国英雄式的好莱坞大片才能算得上大制作票房热门。但是，上海国际电影节评选的电影都是一些非好莱坞式大制作的片子。这体现了上海国际电影节多年来坚持“立足亚洲”的定位，可以积极推动亚洲电影文化的发展，促进中国与亚洲其他国家的文化交流。

### （二）获奖作品分析

电影媒介作为传播国家形象的有力推手，是一种艺术性很强的艺术创作，也是在商业包裹中的文化作品。电影作品总能在一定程度上传达一个国家的社会价值观、国家意识形态、人民信仰、民族生活方式、民风民俗等。

之前曾获金爵奖最佳影片的伊朗电影《梦之城堡》属于儿童电影。作为伊朗电影在国际影坛扬名立万的法宝，伊朗儿童电影已获誉无数。以《小鞋子》的大获全胜为代表，伊朗儿童电影在 20 世纪 90 年代后期不断创作出令世界人民赞不绝口的精品电影。进入 21 世纪，随着电影政策的进一步开放，伊朗影坛呈现出多姿多彩的样貌。儿童电影虽不再是伊朗电影的主流，但儿童在伊朗电影中的戏份依然很重。

说到伊朗，很多人的第一印象是：保守的伊斯兰国家，被经济制裁导致闭关锁国，人民生活困苦，随时处于战争爆发的边缘等。之所以造成这一印象，是因为大多数人仅从各类新闻报道上很片面地去了解这个国家，正如部分外国友人在外媒有差别报道之下对我国有所误解一样。除了去实地考察伊朗这个国家的风土人情，还有什么途径能对这个伊斯兰国家一窥究竟呢？电影是个非常不错的渠道。电影节是提高电影艺术创作水准，发展电影贸易和促进电影艺术工作交流的文化活动。举办国际影展，为了解世界各国架起了无形却坚固的桥梁。正如习近平总书记强调的那样，文明的繁盛、人类的进步，离不开求同存异、开放包容，离不开文明交流、互学互鉴。历史呼唤着人类文明同放异彩，不同文明应该和谐共生、相得益彰，共同为人类发展提供精神力量。

又如获金爵奖评委会大奖的格鲁吉亚电影《呼吸之间》，该片讲述了社会边缘人员重新融入社会的艰辛。社会边缘人员难以重新回归正常的生活，到底是社会环境的缘故还是人的缘故，这并非一个国家的问题，而是大多国家都会面临的社会治理问题。因此，本片的意义不再着眼于某个国家的某些细枝末节的问题，而是将人类普适性问题以戏剧性的故事通过镜头语言娓娓道来，并留下空间供观众思考。这样的电影具有生命力和探索力，聚焦社会问题、探寻解决方案并追求真理的过程，始终会吸引一大批观众。

## （三）电影文化交流中如何讲好中国故事，传播好中国声音

故事是人类文化的基本元素和重要标识。党的十八大以来，习近平总书记反复强调要“讲好中国故事”。这说明讲好中国故事对于鼓舞人民并让世界了解一个真实、立体、全面的中国而言意义重大，是宣传思想工作的重要职责。我们应当抓住上海国际电影节的契机，结合语境讲好中国故事，传播好中国声音。

### 1. 电影文化交流中的城市形象建构

电影节按照传播载体划分，可以分为活动空间媒介传播、电影产品传播、人际交流传播、大众媒介传播、设备终端传播。作为举办地的上海，通过一系列传播活动不断建构国人和国外友人心中的新上海形象。

被誉为东方明珠的上海，在国际上一直享有盛誉。以近几年上海举办的一些盛大国际交流活动为例，可以对上海城市形象建构的脉络进行梳理。城市形象是城市综合实力和现实特征的外化表现，由自身实力的提高和现实环境的改善决定。无论是前几年的上海世界博览会，还是近年的上海进口博览会，其最主要的目的都是通过展示城市风貌来塑造中国国家形象与城市形象。同样，每年的上海国际电影节也将形象展演目标贯穿始终，吸引各国一同展示国家形象。

受众对某个城市形象的认知主要由大众传播以及人际传播共同塑造。早期的上海在人们眼中是中国最大的城市。上海经济发达，产品丰富，这是通过物质实在能够感知到的。随着大众传媒的发展以及视觉时代的来临，这些观念逐渐发生了转变，以影像为代表的“表象”对于上海城市形象建构的作用已经超越了物质实在，并逐渐居于主导地位。居伊·德波（Guy Debord）指出了这一点，当代“社会存在的主导性本质主要体现为一种被展现的图景性”。在视觉主导的逻辑下，城市事件在城市形象建构中的作用开始不断受到重视。电影节正是以影像构建城市形象的众多城市事件中的一种重要力量。电影节不仅能够汇聚世界电影资源，还是推动中国电影走出去的重要平台，

同时对上海这座城市的形象塑造亦有重要作用。

上海国际电影节这样大型的国际活动，会在短时间内为城市博得高关注度，是城市进行公共外交的有利时机。此类事件对于一座城市形象的传播与形塑是十分重要的，它体现在经济、政治、文化等方面。城市文化是展现一座城市发展脉络和历史图谱的重要载体，承载着城市精神品格和理想追求。因此，上海国际电影节也是一个塑造城市形象的媒介和对外交流的接口。

上海国际电影节作为重要的城市事件，在提升上海形象及我国国家形象，提升中国文化影响力等方面的积极意义不言而喻。未来，上海要继续发挥城市优势，以各类国际活动为契机，以多方位交流为目的，广泛开展民间交流活动，让大众传播与人际传播合流，共同为城市传播助势，为传播中华文化开辟新道路。

**2. 在国际化视野下，电影如何讲述中国故事**

国际电影节既是传播国家形象的新媒介，也是中国电影产业改革创新的实验基地，更是世界电影人用文化来沟通与表达的重要交流平台。应如何运用国际化思维讲好中国故事呢？诚如冯友兰先生所言，“盖举世列强，虽新而不古；希腊罗马，有古而无今，惟我国家，亘古亘今”，我们应满怀文化自信讲好中国故事，突出中国特色，讲述中华优秀传统文化故事，让全世界共享中国故事。

提到中国故事，国外受众能联想到什么呢？再回顾国内电影对中国故事的表达，能看到的更多是关于宏大主题的影视创作。在国际视野下进行跨文化传播时，更多要考虑国外受众的信息接收习惯以及话语体系问题。所以，问题不在于主题是否宏大，而是以何种切入点以及叙事方式进行影视创作。这样才能既满足国家主体性认同的需求，又适应国际传播中存在文化差异的语境，从而在国内国外市场取得良好的效果。

（1）宏大叙事电影如何对接国外观众

张毓强教授评价电影《我和我的祖国》时谈到，这部以中华人民共和国成立、中国第一颗原子弹爆炸成功等七大历史事件为背景的电影，在展示历史图景的同时，注重用个体的人生轨迹折射其所处时代的历史发展，将重大历史事件与小人物的命运联系在一起。毋庸置疑，该片赢得了国内受众的普遍认同，但在国外著名影评网站烂番茄上，评论数寥寥无几，并且从评论内容来看，几乎所有评论都倾向于认为这是一部宣传电影，故事性只存在部分片段。有的国外观众可能了解中国部分历史，就能明白对于经历这些事件的中国人来说其中的意义是多么深厚。但是大多国外观众并不了解中国，不了解中国历史，会认为该片历史与故事混合，宣传意义占据上风。关于宏大叙事主题的电影，往往在国内会收获很高的口碑和票房，但是在国外的效果不尽如人意。可能有人会说这些事件是中国历史，不需要国外观众理解和认可，但是要想让国外了解中国道路、接受中国道路，首先需要他们了解并接受中国故事。

姬德强教授从文化传播的角度谈到，宏大主题往往来源于集体主义的文化语境，有着塑造集体共识的传播目的。对强调个体主义的文化来说，这种案例往往在解读时会产生问题。这是两种不同的文化阐释逻辑的基本差异。姬教授还倾向于将宏大叙事理解为元叙事："它所处理的是一些根本的问题，而各个文化都对这种元叙事有着独特的贡献。在这个意义上，中国的宏大叙事只有放置在人类命运共同体的框架里，才会产生广泛的传播力和影响力。"

我们再回到金爵奖最佳影片《梦之城堡》上。影片关注的是更具普适性的话题——父母在儿童成长过程中扮演的角色与承担的责任，从小切口出发对整个宏大主题进行阐释与表达。影片的视角始终是由小见大，在讲述故事的过程中展现了伊朗这个国家一些细枝末节的情况，使观众不仅可以通过影片收获笑与泪，还能通过形象具体的镜头语言了解这个国家的故事，并从中读出一个国家的社会价值观、意识形态、民族信仰、民风民俗等。

近年来，我国的新主流电影的叙事和制作，无论在业界还是在观众口碑中都非常值得称道，这是主流意识形态进行话语体系转型、语态转型的有益尝试。但从国际传播角度来看，主流电影无论从主题表达还是内容创作上来说都存在局限性，虽然"中国的故事"进行了"国际化表达"的创新，但是频频面临难以唤起"全球化观看"的尴尬境地。

这背后的原因值得思索。首先，需要考虑整个国际大环境。国际传播能力与一国的政治、经济、文化、历史密切相关。在多重因素作用下，目前国际传播总体呈现"西强我弱"的格局，并且已维持较长时间。对我国来说，在一些关键事件上，少有强有力的发声渠道，真相无法及时有效传达；"中国威胁论"等污名化、妖魔化的话语时常见于西方媒体，外宣话语权并未完全掌握在我们自己手中。其次，谈到讲好中国故事，上文提到的宏大叙事占据主流、本土化策略未被充分利用，是一个显著困境。以讲述"中国梦"为例，仅用传统的宏大叙事手段，缺乏对外传播的软性思维，效果欠佳。国外受众更倾向于那些关注普通人的个人视角下的故事与经历。因此，没有相应的传播策略加持，"集中化""片段化"的传播难以收获理想的传播效果，反而容易引起国外受众的反感。

（2）提高国际传播能力，占领话语权高地

在进行文化交流与跨文化传播时，需要重视国际话语权的建设。目前我国的国际传播能力还有待提高，为此，我国应进一步发挥好大众传媒的作用。大众传媒可以运用先进的传播技术和手段大规模地生产、复制和传播信息，是最有力的制度化传播手段，在国际传播中发挥着重要作用。欧美等西方国家，尤其是美国正是借助了大众传媒这一强有力的传播手段，利用文化工业大规模生产文化商品，向其他国家进行文化输出。文化商品中往往蕴含着对资本主义价值观和文化的肯定，对输入国的文化和意识形态造成了冲击，造成文化多样性的减少。例如，美国的好莱坞大片往往渗透着个人英雄主义观念，容易对集体主义观念造成冲击。美国好莱坞影片在很大程度上影响了全球观众对美国的认知，而西方世界以外的国家往往难以用同等力度进行反向文化输出。

由于长期以来国际政治经济体系的不平等，广大发展中国家经济实力较弱，在国际传播中处于不利位置，而文化帝国主义则依托强大的国家政治经济实力，掌握了文化霸权。因此，发展中国家在面对美国为首的西方国家的文化输出时往往没有还手之力。政治经济地位的不平等导致的传播地位和实力的不平等，致使诸如 BBC 等掌控国际话语权的西方传媒对亚非拉国家的报道往往充满偏见和不公正，而亚非拉国家囿于没有话语权而无力改变。文化帝国主义并非开始即存在，而是在当前国际传播的新现象、新格局下提出的理论。我们应当警惕西方国家输出的新自由主义意识形态，坚持从国情出发，坚守自身的文化独特性。

上海国际电影节不仅是展示平台，也是自由交流的论坛，在这里可以通过电影这一媒介引导人们更加全面、客观地认识外部世界，认识当代中国。

（3）5G 时代电影媒介中的创新传播方式

在国际性展会上，大众传媒发挥着重要的作用。如金爵盛典暨红毯秀由中央广播电视总台 4K 频道进行 5G+4K 直播：采用 4K 的超高清晰度摄影机，画面分辨率是高清（HD）的 4 倍；5G 网络支撑超高清影像传输的优势明显，特别是高带宽、低时延等特点，让直播观看更加流畅。技术上的创新运用，可以更加形象具体地呈现出这一届电影节的独特风格，实现了电影艺术与高新技术的高度融合。高清晰度转播的视听方式，让观众对精彩的电影盛会更加触手可及，是吸引更多观众关注电影艺术非常有效的举措。

尼古拉斯·尼葛洛庞蒂（Nicholas Negroponte）的媒体融合概念指出，技术是媒体融合发展的关键性推动力。其认为在技术进步中，计算机工业、出版印刷工业和广播电影工业正在趋向融合。站在技术的角度看，移动通信技术从1G到5G的每一次迭代升级，都是一次革命性的突破。在1G时代，人们只能通过通信网络打电话，这个时期称为“语音时代”；在2G时代，互联网刚刚起步，人们只能打开简单的网页查询信息，可称为“文字时代”；在3G环境下，用户除了拥有PC电脑，还有平板电脑和智能手机，可实现图文信息的传输，称为“图片时代”；在4G阶段，微信、微博、新闻客户端及其他APP迅速崛起，成为新的信息分发渠道，平台类及传统媒体的短视频产品得到极大发展，可谓“视频时代”。相较于前四代通信网络，5G具有高速率、大容量、泛在网、低功耗、低延时等特点，能实现人与人、人与物、物与物的广泛连接，使人类社会进入真正的“万物互联”时代，即物联网时代。

文化娱乐产业是中国消费升级驱动下新经济的代表之一。电影产业是文化娱乐产业中市场化程度最高、规模发展最快的一个分支。但是我国在电影产业收益、产业链完善度等方面，与世界电影强国仍有差距，同时这也意味着我国电影产业存在巨大的发展潜力。那么5G时代会给我国电影产业以及文化娱乐生活带来什么改变呢？结合本届上海国际电影节，下文将展望未来电影产业会面临的发展机遇与变迁。

无论处于什么时代，电影的核心都是内容创作。优质内容的创作与开发是未来整个电影产业链的核心。5G时代仍然呼唤口碑、票房俱佳的电影作品。除了对优质内容的打磨，在互联网、大数据、线上线下交互快速发展的今天，高效智能的宣发模式对电影票房的助力也是功不可没的。发行企业要及时研究受众观影心理，进行多样化的电影宣传。同时，电影宣发要“走出去”，研判国外受众习惯，抓住推广机遇，讲好中国故事。

不仅如此，5G的建设发展将为电影产业带来新的发展机遇。目前来看，变化可能主要体现在电影呈现形式和渠道上，如借助VR设备，发展线上电影院等。由于3D和IMAX技术的发展，电影呈现形式已经从平面到立体，未来随着5G浪潮对VR技术的推进，电影在视觉感官体验上的浸入感会进一步加强。在5G时代，随着物联网的普及和商用，将真正实现人们日常所言的“万物皆媒”，媒体泛在化将成为现实。在渠道上，5G解决了高品质影音信号传输速度问题，由此可能衍生出线上电影院模式，通过家庭投影或大屏设备，同步接收高品质电影数字信号。点播电影院的出现以及网络电影的发展将会对行业重新制定标准提出新的要求。

随着AR技术和VR技术的增强，未来视听内容的形态将会不断扩展。结合5G技术高速率、大容量的特点，将会让 VR 技术的应用更加常态化，观众可以借助 VR 技术身临其境地沉浸在电影内容中，感受电影传达出的思想与情感。当然这样的话，观众的观看体验将会极大优化。影视产品将会实现真正的“多媒体化”，人类的各种感官，如视觉、嗅觉、听觉、味觉、触觉等，都将在这个过程中发挥作用，甚至完全展开，相互配合，形成沉浸式的观影体验。

总之，电影节既可以展现各参展国对影视艺术的表达与热爱，也可以汇集多元文化进行交流互鉴。举办了 24 届的上海国际电影节借此机会让国内外热爱电影的人们欢聚一堂，享受影视艺术带来的视觉与思想上的双重涤荡；展现上海这座国际化大都市的活力与魅力，为更好地展现中国国家形象，讲好中国故事做了良好的示范。展望未来，科技将会带来翻天覆地的变化，5G 时代将会到来，给影迷带来更为沉浸式的享受。

## （四）“一带一路”牵手上海国际电影节

习近平总书记在 2013 年秋提出“一带一路”倡议以来，上海国际电影节积极响应，设立“丝绸之路”影展单元、“一带一路”国际展映单元、“一带一路”电影周，通过签订战略合作协议、交流合作机制备忘录，成立“一带一路”电影节联盟等举措，逐年提升合作能级，不断扩大合作范围，将“一带一路”落实为贯穿每届电影节始终的办节主题，促使越来越多国家的电影节和电影机构的合作意向转化为切实行动。这表明“一带一路”牵手上海国际电影节，既有利于“一带一路”国际合作的深化与拓展，又是检验中国对外传播实力，实现中国文化“走出去”的良好机会。为此，我们借助跨文化传播学的视角，探索电影节对外传播的优化与可能。

### 1.“一带一路”新契机与媒介生态新格局

新时期以来，我国先后提出了“走出去”、“提升国家文化软实力”、“中国梦”等国家发展战略，特别是“一带一路”倡议的实施给电影节的发展带来了机遇。习近平总书记指出，以“一带一路”建设为契机，开展跨国互联互通，提高贸易和投资合作水平，推动国际产能和装备制造合作，本质上是通过提高有效供给来催生新的需求，实现世界经济再平衡。特别是在当前世界经济持续低迷的情况下，如果能够使顺周期下形成的巨大产能和建设能力走出去，将有利于稳定当前的世界经济形势。电影节与“一带一路”建设之间有许多发展契合点，可以为“一带一路”提供以影像为媒介的文化交流渠道，搭建中外文化交流平台。同时，国内电影节也应抓住全面推进“一带一路”建设的发展机遇期。

“一带一路”建设是我国在新的历史条件下实行全方位对外开放的重大举措、推行互利共赢的重要平台。在“一带一路”的背景之下，推动中外影视跨文化交流，进一步推动中国电影产业跨国发展显得至关重要。电影承载着国家形象、价值观念、精神和文化等元素，是一国文化软实力和国际话语权的重要组成部分。追溯以往中国电影对外传播的路径，无论是《黄土地》《霸王别姬》《红高粱》《菊豆》等第五代电影人拍摄的文艺片，还是《卧虎藏龙》《英雄》《功夫》《一代宗师》等票房与口碑俱佳的武侠片，中国电影的对外传播主要“与代表性的导演相关联，与中国特色鲜明的叙事相关联，与中国印记明显的文化符号相关联”。

爱德华·霍尔在其跨文化传播的奠基之作《无声的语言》中强调了文化间传播中的高、低语境。“一带一路”共建国家高、低语境的差别可谓此起彼伏，成为实现“一带一路”共建国家“民心相通”的一道屏障。爱德华·W. 萨义德（Edward W. Said）在《东方学》中认为：“东方几乎是被欧洲人凭空创造出来的地方，自古以来就代表着罗曼司、异国情调、美丽的风景、难忘的回忆、非凡的经历。”因此，中国形象自近代开始出于社会历史原因长期处于西方中心主义的“他塑”中。全球化语境下，电影作为跨文化传播中的重要媒介发挥着意义深远的作用。事实表明，在电影的跨文化传播过程中，由于来自不同文化背景的受众在语言文字、思维方式、生活习惯及价值观上的差异，他们在观看影视作品时，在认知能力、理解程度和吸引力等方面的效果都会大打折扣。这就是“文化折扣”现象。

文化传播学意义上的学术词汇“文化折扣”这一概念是由加拿大学者科林·霍斯金斯（Colin Hoskins）和罗尔夫·米卢斯（Rolf Mirus）提出的。他们认为，根植于某种特定文化的影视产品，如电视节目、电影等，在国内很受欢迎，但由于其文化内涵很难被其他区域的受众认同或理解，其文化价值在国际贸易中会有所降低。中国电影的跨文化传播，出于种种原因，始终处于输入与输出的失衡状态，其中“文化折扣”的影响不容小觑。

**2. 紧贴“一带一路”，助力文化输出**

经过 5 年的建设，从 2018 年秋天起，上海国际电影节全新启动“一带一路”电影巡展机制。第 21 届上海国际电影节期间，来自全球 29 个国家的 31 个电影节和电影机构签约成立了“一带一路”电影节联盟；“一带一路”电影周期间，各国电影作品密集展映，满足了广大观众的观影期待；各国电影人在电影市场“一带一路”主题馆推广活动，在“一带一路”文化圆桌论坛以及“一带一路”电影之夜，纷纷推介各自电影文化特色，倾诉相互交流合作愿望，描绘未来共同发展蓝图。在连续数年夯实合作基础上全新开启的“一带一路”电影巡展机制，将以展映、展示和展览的方式，推动“一带一路”电影节联盟签约机构所属国家的影片、影人和电影企业参加各国的电影节、影展、电影市场，通过举办电影放映、观众见面会、项目洽谈会、设立市场展台等活动，交流互鉴、人文互通、增进互信，进一步推动共建“一带一路”人文合作走深走实。

正如有论者所言，“电影节在为普罗大众提供嘉年华的同时，也为塑造所在国的国际文化形象发挥举足轻重的作用。一个电影节不仅与一个国家的电影文化相联系，还与电影节举办国家与城市的综合实力相响应。凭借中国这样的大国背景，上海国际电影节应当是一个吸引全球目光、经济携带文化的最佳途径”。截至 2019 年 9 月，“一带一路”电影节联盟从成立时的 29 个国家的 32 个成员机构增为 33 个国家的 38 个成员机构。依托“一带一路”电影节联盟的平台优势，上海国际电影节开启了“一带一路”电影巡展机制，通过电影展映、展览和展示，不但把“上影节”的“一带一路”电影文化交流合作从节内扩展为全年，以更大力度推动了中国电影“走出去”传播中国文化、讲述中国故事，还促使“一带一路”电影文化的交流互鉴转化为促进联盟成员国电影产业发展和丰富各国观众文化生活的实效。因此，上海国际电影节的“一带一路”电影巡展机制产生了广泛影响，受到了“一带一路”共建国家和众多国家地区电影节机构的积极响应，更多国家的电影节纷纷要求加入。

第 22 届上海国际电影节“一带一路”电影周展映了由“一带一路”电影节联盟各成员机构推荐的二十余部影片。其中 8 部影片入围电影周三项荣誉的评选，这三项荣誉是“媒体关注影片”“媒体关注电影人”“最受观众喜爱影片”。本届上海国际电影节“一带一路”电影周影展的主题是“生活之光”，展映的影片来自二十余个不同国家。丰富的语言、文化、社会、历史背景，让这些影片呈现出丰富的人物与情节。本次电影周的 24 部影片类型丰富，喜剧片、惊悚片、爱情片、战争片、苦情片、时代片、儿童片应有尽有，甚至还有实验电影；题材也很多元，但无论是什么样的故事与题材，超越语言与文化背景的对“真善美”的追求和表达都存在于这些影片之中。24 部影片在用精彩的视听语言向观众展现各国多元文化图景的同时，也让观众感受到人心中共有的光亮。

詹姆斯·W. 凯瑞（James W. Carey）认为，纪录片在传播中反映了社会的政治秩序、经济秩序与“仪式秩序”。所谓的“仪式秩序”其实就是一种既定的文化秩序。中国形象的传播面临着西方文化霸权的挑战，特别是西方社会在其现代性思想的推动下建构了“西方的中国形象”，并在全球范围内掌握了较为丰富的媒介资源以及国际话语权，从而建立了自身的存在感与优越性。选片注重“生活之光”的主题，突出了对人性的关切与对日常生活的细微观照，这样的视角切口小而美，对于中国一直以来面临的“他者化”的刻板印象来讲，有助于中国国际形象的塑造以及跨文化交流的有益探索。

### 3. 出路：提升实力，促进交流

为了助力上影节更好地进行跨文化传播，我们可以从以下三大方面进行耕耘。第一，充分展现自身特色，形成独特品牌；第二，确定价值取向，体现中国风格；第三，稳定组织架构，提高办节质量。

（1）展现自身特色，形成独特品牌

电影节要充分展现自身特色，形成品牌。因为一旦成为品牌，电影节便能准确表达一定的立场或者态度，并且将这种独特的立场和态度延续下去，进而成为电影人优秀的行业平台。同时，电影节本身也能通过自身的品牌化效应赢利。目前，“上影节”存在定位不清晰的问题。一个成熟的电影节需要在不断探索和比较的基础上寻求自身的特色，从而形成一种优势资源。国际著名的电影节都有自己非常鲜明的特色。例如，威尼斯国际电影节聚焦各国的电影实验者，注重具有新颖的电影拍摄形式和独特的电影手法的影片，“电影为严肃的艺术服务”成为威尼斯国际电影节的宗旨，“艺术性”成为威尼斯国际电影节独特的品牌特色；奥斯卡金像奖认为社会环境、时代精神和主旨比电影本身的艺术性更重要，更注重主流和非争议性的电影类型；柏林国际电影节比较有特色的是其独特的政治色彩……这些著名的国际电影节都因其独特的目标定位和优势定位而获得了长足的发展，形成了广泛的国际影响力和市场价值。这是上影节需要学习的地方。国内电影节都需要在国际化和民族性、全球化和本土性、商业需求和艺术坚持之间寻求平衡，同时找到自身的独特性，从而通过鲜明的特色塑造自身的品牌，获得可持续性的发展。

（2）确定价值取向，体现中国风格

著名影视研究学者陈犀禾指出，当代中国电影中最重要的理论话语是国家理论。中国梦作为国家建设的宏伟目标，对当下中国电影，尤其是纪录片对国家理论的建构产生了重要影响。在如今电影学界强烈呼吁“重写电影史”及建立“中国电影学派”的浪潮中，中国梦话语应是其中重要的理论来源。习近平总书记在 2014 年 10 月 15 日文艺工作座谈会上的讲话中强调，实现中华民族伟大复兴的中国梦，文艺的作用不可替代。中国梦与当代影视理论的结合，不仅强调了中国纪录片应当具备的体现国家意志、维护国家利益的纪录片内涵的本体论思考，也强调了其应当具有全球化的视野，展现真实、立体、全面的国家形象，避免中国纪录片的“自我东方化”倾向。换言之，其既强调中华民族的立场和主体性，又强调使中国文化成为世界文化中具有重要地位和向心力的一环。作为中国唯一的A类电影节，享受着国际地位的上海国际电影节应该立足本土，这样才能走向世界。

虽说国际性电影节应该看到国际性的电影趋势，必须对世界电影有全面的展现，但是一个电影节应该有自己的选择重心。国外的一些电影节目标比较明确，即给国外来的人看今年自己国家的影片，但上海国际电影节因为国情可能无法全面提供这一方面的内容。所以上海国际电影节可以选择其他电影节比较缺乏的部分，选择自己的特色来定位。从第21届开始，上海国际电影节已经将“一带一路”融入自己的展映单元中，但是在选片上应将国际视野和立足本土相结合，不应陷入迎合他者固有东方印象的怪圈，选取展示真实、立体、全面的中国形象的电影，促进跨文化对等、客观交流。

（3）稳定组织架构，提高办节质量

要看一个电影节的“力道”，主要通过三个方面：艺术含量、市场开发和国际影响力。想要提高跨文化传播的能力，还得自身整体实力够硬。作为一个大型的活动，电影节存在产生多方面效益的可能性。我们需要不断地创新思路，扩展电影节功能，充分发挥节展效应。我们需要探索电影节多层次赢利模式。提高电影节收益的利润率是电影节能够长期稳定举办的经济保障。虽然政府每年都会给予国内重要电影节一定的支持，但是只有电影节自身通过创新不断推进市场化运作，发挥自身造血功能，才能实现真正的可持续发展。在拓展赢利模式方面，除了举办专题影展、商家展会等，电影节应举办更多的新片推介会、明星见面会等。这样一方面能够通过有影响力的明星的聚集带动城市旅游业发展，提升城市的文化水平，另一方面能够通过预售票款的方式获得经济效益。就目前国内电影节的情况来看，在电影节上举办明星见面会的风气还未形成，参与电影节的群众层面还较为狭窄。通过吸引更多有社会影响力的明星举行营利性的明星见面会，是拓展赢利模式的重要渠道之一。影视会展作为一种市场行为，尽管为文化产业服务，但需要维持自身的生存发展，因此需要流畅的资金周转。必须打破谈文化只讲社会效益而不讲市场效益的观念，给予其体制机制的保障，才能真正促进会展经济发展，让市场为电影节搭台。商业效应增大了，进而能为文化交流提供经济支撑。

未来，在“一带一路”背景下中外影视跨文化交流会更频繁，中国影视产业的发展在深耕本土、不断传承创新之外，还需要放眼国际，主动承担起文化输出、交流互鉴的责任，从而给“一带一路”共建国家的民众提供更多的视听产品，为“一带一路”留下更多值得珍藏的文化记忆与历史记忆。

## 子案例Ⅲ　融媒体时代中国（广州）国际纪录片节国际传播研究

### 前　言

#### 1. 研究背景

近年来，为了在传统媒体与新兴媒体融合方面取得实质性进展，我国各大传播媒体纷纷设立与融媒体相关的研发部门或编辑部门。例如，新华社成立“融合发展中心”和“产品研究院”，《人民日报》组建“中央厨房”。这些机构的设立不仅意味着传统对外传播机构的组织结构发生变革，而且对加强对外传播效果起到了直接的推动作用。与传统对外报道相比，融媒体对外传播具有一定优势。①

在融媒体时代的大背景下，互联网的发展使世界各国不同区域的人可通过互联网开放平台接收信息，表达交流。在新闻传播方式多元化的时代，增强国际影响力成为对外传播事业的目标。中国的对外传播面临着新的挑战和机遇，拓展对外传播渠道成为我国外宣工作的主要任务。下文将谈及中国影视会展对外传播的实践。

#### 2. 中国（广州）国际纪录片节的发展

中国（广州）国际纪录片节（GZDOC，以下简称“广州国际纪录片节”）设立于2003年，由国家广播电视总局和广东省人民政府主办、广州市人民政府和广东省广播电视局承办，广州市文化广电旅游局执行，广州环球瑞都文化传播有限公司运营统筹，是国内唯一具备纪录片投融资、交易功能的国家级专业平台，是中国纪录片产业脉动风向标——国家产业政策和国际发展趋势的官方权威发布平台，已成为集评奖、预售、培训、论坛、市场、内容为一体的综合文化盛会。

广州国际纪录片节作为国际八大纪录片专业节展之一，重视国际合作与交流，现

① 刘滢．融媒体对外传播的优势、问题与改进思路［J］．对外传播，2016（11）：9-11.

已与40多个国际著名纪录片专业电影节与机构建立了友好合作关系，融入国际纪录片的市场体系中，是国际纪录片产业链上的重要一环。广州国际纪录片节始终坚持着一个目标：凝聚全球纪录片行业的力量，促进中国本土纪录片走向世界，开拓纪录片的市场和产业新模式。

2019年12月9日至12日，广州国际纪录片节在中国广州举行（见图2-12）。作为中国唯一的国家级纪录片年度盛会，吸引近千家，逾4000位最具影响力的中外纪录片播放媒体、制作机构的买家、供片商代表和制片人齐聚广州。期间日程设置包括纪录片评优、纪录片公众展播、纪录片市场信息交流与培训、纪录片专业论坛、纪录片项目投融资推介、开幕式、颁奖典礼，以及各国驻广州总领事馆和国内纪录片播放媒体举办的主题活动等。[①]

图2-12　第20届中国（广州）国际纪录片节开幕式

广州国际纪录片节的举办对国内纪录片的发展具有重要意义。该节展主要包括金红棉优秀纪录片评选、金红棉展映、纪录片预售、大学生纪录片大赛等活动，使我国优秀品质的纪录片“走出去”的同时，有助于我国树立文化强国的国际形象。

### 3. 中国（广州）国际纪录片节对外传播的意义

（1）走向国际市场的桥梁

中国（广州）纪录片节作为国内首个引进提案预售（Pitch）国际模式的节展，积

① 数据来源：http://tech.163.com/19/1212/10/F06KKKMR000999LD.html。

极探索国际合拍、国际平台传播、商业化发行等新路径。纪录片预售大多针对正在制作中或正在策划的纪录片项目。这些项目可以通过预售的方式从国内外的电视台或者制作公司拿到资金，或者采取联合制作的方式执行这个项目。像国际知名的 BBC、Discovery、美国国家地理、德国二台等媒体机构都会派制片人或相关人员参与中国（广州）纪录片节发起的纪录片预售活动，寻找优秀的项目和合作伙伴。这样的商业模式不仅更便利地为我国优质纪录片筹到更多资金，也有助于满载中国好故事的纪录片更广泛地传播到世界各地，以纪录片的形式让世界“读懂中国”。近些年来，《归途列车》《铁拳出击》等国内纪录片获得国际买家的青睐，获得国际资金的支持。这正是纪录片预售模式的穿针引线，使好的纪录片题材直通国际市场。

预售活动给急于了解国际市场的纪录片人和关注中国题材的国际制片人提供了一个绝佳的沟通机会，使双方可以面对面地交流纪录片的策划、拍摄、制作思路和国际动态。特别是在正式预售的环节，国际买家会非常客观地评价项目的策划思路、拍摄手法和剪辑方式，并有针对性地建议项目的传播渠道等。对于那些计划投放国际市场的制作机构来说，这是一个难得的机会，可以在短时间内迅速获得精确而丰富的信息。

（2）纪录片推广的优良平台

广州国际纪录片节向全球纪录片制作、播放、发行机构，独立制作人以及社会各界广泛征集反映历史文化、社会人文、自然环保、科技教育、民俗风情等内容题材的纪录长片、纪录短片和系列影片，邀请中外纪录片界的专家、著名导演和制作人组成国际评审团，对参赛作品进行初评、复评、终评，最终评选出 12 部优胜作品，以向全球优秀纪录片工作者和其创作成果致敬，鼓励成长中的中国纪录片制作机构和个人，促进国际纪录片文化艺术的交流与融合。

除了评选金红棉优秀纪录片这一重要展会单元，广州国际纪录片节还有纪录片展映活动单元，向国内外的同行介绍项目的精华并展示项目的片花。即使纪录片没有得到国际资金支持和合作的机会，纪录片本身和其制作机构也能获得一次推广宣传，而且效果显著，有利于展示我国的深厚文化内涵。

## （一）融媒体报道下 2019 中国（广州）国际纪录片传播实践

### 1. 主体：主动出击对外传播，塑造国家形象

在 2019 年广州国际纪录片节的对外传播中，我国媒体掌握了主要的传播话语权。新技术的高速发展正将纪录片行业带上变革之路。在 2019 年广州国际纪录片节上，

5G+4K+AI 成为行业新趋势。节展共收到 402 部 / 集 4K 纪实作品参展参评，包括《他乡的童年》《风味人间》等。期间还开设了 4K 超高清纪实内容与产业板块和 5G、AI 等相关论坛，成为此次会展对外传播的一大亮点。

在本届会展中，重磅活动除了金红棉优秀纪录片评选、金红棉影展、5G、AI 的相关国际论坛，还设有“中国故事”提案大会等活动单元。这些独一无二的亮点，不仅为中国纪录片搭建了更专业的展示舞台，还为其实现良好的对外传播提供助力，同时将激励中国纪录片创作继续讲好中国故事、彰显中国特色。中国传媒只有这样才能获得国际影响力，真正行使国家的话语权。

### 2. 平台：充分利用社交媒体，增强互动性

随着社交媒体在日常生活中的普及，更多人喜欢通过社交媒体浏览资讯。社交媒体以传播速度快、效果强、范围广、成本低，创造了一种用户广泛参与、互动式的国际传播模式。有数据表明，全球传播的活跃区域正从传统媒体转向网络媒体，特别是网络社交媒体，因其开放性、参与性、对话性、双向传播性改变了对外传播的话语方式。

本届广州国际纪录片节有 695 家机构参与，除了中央广播电视总台、上海广播电视台等国内主流媒体机构，还有优酷、哔哩哔哩等互联网平台，国家地理频道、英国广播公司、芬兰广播公司、日本放送协会等国际播出机构。官方媒体与网络新平台携手共建舆论场，建立与国外受众间的联系，直接向受众传递信息，获得第一手反馈信息，增强受众忠诚度。

除了官方媒体，本届广州国际纪录片节还联动新媒体矩阵，广州国际纪录片节的官方微信和微博都在第一时间更新有关 GZDOC2019 金红棉优秀纪录片的文章，还在微博上及时发布一系列互动快闪视频，吸引注意力、扩大影响力。

### 3. 渠道：整合利用境外本土化传播资源，延伸对外传播渠道

利用所在国的传播渠道与平台进行国际传播已构成国际传播界的新常态。“本土化”策略能够延伸对外传播渠道，取得更好的传播效果。所谓“本土化”是指将某一事物转换成符合本地特定要求的过程。这一过程旨在使外来事物在保持其核心价值的同时，适应并融入本地的文化、环境、法规、市场需求及消费者习惯等。在国际传播领域，本土化策略能够使国际传播主体更好地适应某一区域市场受众的媒体接触特点和需求。这一策略的实施涉及内容生产、传播形式、传播渠道等各个方面，旨在通过本地化的传播手段，实现与受众之间的语言转换和文化对接，增强国际传播效果。

2019 广州国际纪录片节采取了“本土化”国际传播策略，以迎合信息投放地受众

需求与喜好的短视频、趣图、动漫等不同传播形式在不同平台进行传播，以提升传播效果；利用海外受众熟悉的渠道、报道方式和语言进行内容传播，以增强海外受众对中国文化的好感和认同感。例如，除了在微博上发布回顾2019广州国际纪录片节的“暴风时刻”的短视频，还将此视频放在国外的社交软件上，获得了较为可观的浏览量以及国外观众的客观评价。由此可见，2019广州国际纪录片节的本土化传播策略让更多国外观众看到其专业性与国际性，有助于扩大其全球影响力。

#### 4. 叙事：改变对外传播的话语策略，采用“他说”策略

对外传播应讲求特有的方法和技巧，将观点隐藏在客观、公正的报道中，更容易得到受众的信任。“他说”策略，即借别人之口说出自己想要说的话，可以打消受众的防范心理，增强受众对报道的认同感。

自2017年开始，广州国际纪录片节一直推出采访系列，包括广州国际纪录片节大师班、导演系列等。例如，2019年采访《他乡的童年》的导演周轶君，介绍她的创作背景、她对中国教育纪录片的思索以及她的整个拍摄体验。这部纪录片走访了芬兰、日本、印度、以色列和英国，最后回到中国，探讨了不同文化背景下的教育模式，并思考在当前文化背景下，中国教育所折射出的时代性和文化性。

本届广州国际纪录片节通过优秀导演的“他说”展现中国纪录片的良好发展和中国纪录片产业的飞速发展。不再以“宣传”“说教”为主导，而以他者的角度去构建“事实”，这样的对外传播话语策略更有说服力与传播吸引力。

### （二）中国（广州）国际纪录片节国际传播力面临的挑战与提升策略

#### 1. 广州国际纪录片节国际传播力面临的挑战

（1）中西方国际传播阻力

中国文化对外传播的影响力有限，全球文化传播“西强东弱”的格局并未改变。一方面，中国文化对外传播的影响广度有限。据统计，80家世界级的传媒集团中，中国仅占3个，互联网上90%以上的信息都是英语，来自华文媒体的信息量只占全球信息量的4%。由于中西方的媒介宏观社会环境差异、媒介性质差异、媒体人传播技巧的差异等，中西媒介难以融合。社会政治形态严重影响对外传播的到达率以及有效性。与大国地位极不相称的信息供给能力制约了中国文化对外传播的影响广度。另一方面，语言沟通障碍致使中国文化对外传播的影响深度有限。中国文化在对外传播中多使用

英语或汉语，具有语言沟通障碍，这使中国文化对外传播对知识文化水平较高的精英阶层影响较大，而对大多数普通民众的影响较小，不利于民心相通目标的实现。

（2）融媒体新闻对外传播生产链尚缺

2019广州国际纪录片节合作的媒体矩阵涵盖了传统主流媒体以及行业新生网络平台爱奇艺、哔哩哔哩等，并采用新技术多媒体形式进行传播，使传播影响力覆盖范围更广。然而，融媒体新闻对外传播的生产链没有建立起来，官方甚至没有境外的官方合作媒体，仅仅与国内媒体合作进行传播，传播内容难以抵达国外受众。传统局面仍然没有被打破，西方媒体掌握国际话语霸权，而中国媒体国际传播乏力。因此，外国受众的参与性没有被很好地调动起来，没有真正体现融媒体时代的要义。

（3）融媒体产品缺乏延续性，不能持续传播

面对竞争日益激烈的国际传播背景，中国融媒体产品大多是一些试验性的新闻产品，尽管有一些产品初步形成了系列，但是制作周期一般较长，前后的产品不能产生影响力叠加效果。每年广州国际纪录片节只有12月短暂的几天举办活动，其官方账号在海外社交网络上的账号难以实现常态化运行。融媒体新闻产品的生产需要新闻人才和技术人才的通力合作，只有这种跨界的合作常态化了，融媒体产品才能持续生产和传播，才能更好地满足全球受众需求。

### 2. 广州国际纪录片节国际传播力的提升策略

（1）创新传播方式

中国媒体可利用境外的多种媒体平台进行对外传播，除了在脸书、推特上建立账号，向国外受众定期推送感兴趣的内容，还要在评论区与受众互动，培养受众的忠诚度。如中国新华新闻电视网（CNC）在YouTube上开通了CNC新闻视频，在脸书、推特上推广CNC World的节目。随着国外转载率日益提升，其国际影响力逐步增强，中国外文报刊渐渐不再局限于国内视野，而是借船出海。

在YouTube上推送有关中国文化的纪录片，不仅展现了我国纪录片题材的广泛、制作的成熟，也成功传播了正面的、积极的中华民族形象，让世界更加了解中国文化。同时，积极创办运营外文网站、客户端、微信平台等媒介，能够着力构建深层次、多角度、全方位的国际传播新格局，全面提升中国新闻媒体的国际传播力、引导力。

（2）改进传播策略

互联网时代，人们在互联网开放平台上交流产生的信息即UGC（User Generated Content），专门加以整理、收集、分析后就成为大数据。所谓大数据，即多渠道数据的

总和，应用大数据能提高对外传播能力。广州国际纪录片节对外传播遇到的最大阻碍就是“文化折扣”。通过海量的网络传播信息与媒体报道数据，大数据能够在某个特定的国家或地区，找出目标受众的实际接触与评价，同传媒预期的信息覆盖及传播效果间存在的差异，进而发现信息传播中的“文化折扣”及该折扣产生的环节，并针对发生问题的环节进行修正，以弥补传播中的不足，从而最大限度地保证对外传播的效果。

除此之外，利用大数据可进行多维度的海外受众分析。大数据能精确记录受众的新媒体接触习惯，提供精准的多维度受众分析数据。根据互联网的大数据，在广州国际纪录片节的对外传播中了解国内外受众的媒体接触习惯，把握其心理需求，对受众感兴趣的内容进行量化分析，从而精准地传播有关广州国际纪录片节的相关内容信息。这样的新闻制作以及分发方式才符合融媒体新闻的生产逻辑。

（3）增加文化含量

文化传播可增进各国相互了解，促进合作，具有润物细无声的作用。广州国际纪录片节的对外传播，应该增加中国文化传播含量，扩展中国文化题材，弘扬博大精深的中国文化，如饮食、中医药、诸子百家思想、传统艺术等，讲述中国故事，从而引发受众兴趣，使其认识到中华文化是一种兼收并蓄的文化，而中国则是文化之林、礼仪之邦。对外传播须先跨越文化边界，以独特的中华文化、价值观的影响力和亲和力，赢得国际受众的接受与认可。

为获得良好的国际传播效果，应选择与国际话题接轨的内容，同时还要注意采用外国受众能接受的方式，避免由于意识形态、政治制度、宗教信仰等差异引发误解、国际争端。要着力寻找传受双方共同关心的话题，如以环境、体育娱乐、卫生保健、青少年教育等题材的纪录片为报道的切入点，提出中国式的解读，增强受众对中国文化的认同感。

智利纪录片导演帕特里克·古兹曼（Patricio Guzmán）曾说过，纪录片对于国家就如同相册对于家庭一样。纪录片作为跨文化、跨时空的独特媒介形态，以“光与影”这一世界通用语言承担着促进文化交流、让世界了解中国的重要使命。随着全球化的深入发展，世界不同民族、不同国家不断融合，纪录片在国际交流中扮演着重要角色，其有效的对外传播是增加文化软实力、展现国家形象的重要手段。因此，用世界语言讲述中国故事，创作出外国观众能看懂、能接受的纪录片作品是我国纪录片创作者亟待解决的问题。解决这一问题的关键是我们的创作理念要与世界接轨，具有开阔的国际视野和独特的美学魅力。广州国际纪录片节本身就是一个对外传播的绝好机会。在融媒体背景下，本届广州国际纪录片节对外传播从平台的扩展到叙事的成熟都展现了我国纪录片市场的发展以及我国文化强国的国际形象。所以，在时代背景不断变化下，我国各种影视会展都应该借助新技术、新理念发挥其对外传播的重要作用。

### 思考与讨论

一、中国的影视会展系列对外传播成绩斐然，请梳理一下随着我国建设文化强国的战略布局，近年来新设立了哪些具有影响力的国际影视节展。请借鉴媒介地理学的理论，描绘这些节展的形象图谱及其呈现出的特征性，并阐释如何发挥我国的国际影视节在跨文化传播与交流中的中介作用。

二、尝试借鉴现代视觉文化研究及其修辞理论，观察近年来我国有影响力的国际影视节的视觉修辞实践，分析其采用了哪些符号传达中国国际传播的理念与意涵及其美感体验。

三、观察和比较全球化背景下，中外举办的影视节展如何利用智能化手段，创新性地开展国际传播活动，并且展望生成式人工智能在国际影视节展中的运用。

## 案例五

# 公共品牌塑造篇Ⅰ："一带一路"倡议的全球传播

## 一、设计理念：传播手段的创新之举与比较的视野、体现全球治理的中国理念

近年来，随着区域地缘冲突不断、大国阵营对抗逐步加剧，国际格局不断变化。国际政治格局呈现出多极化、经济全球化的发展趋势，使和谐发展成为世界各国的共同追求。全球传播是以整个世界为范围进行的跨国传播，重视全球人类关注的普遍性问题（如生态、反恐、能源等），同时其在不断发展的技术环境中呈现出多元化的传播主体、方式及表现形式与情景，将媒介系统具象化的同时形成新的媒介环境，引起媒介世界的变化，并进一步影响国际社会的发展。人文活动的传播交流在推动全球化进程中发挥着重要作用。于是，在百年未有之大变局背景下，全球传播能够淡化传统国际传播的意识形态锋芒，以建构主义的姿态连接全球共同合作的需求与意愿，是对国际传播的超越与发展；从文化传播活动层面引导各国顺应世界多极化趋势，协调和管理诸如环境、气候变化、贸易、金融、能源、健康、安全等方面的全球性问题和事务。“全球治理”旨在实践中促进国际合作和协调，寻求解决全球问题的可持续和综合方案，并增进全球公共利益和福祉。2012 年以来，随着“人类命运共同体”（A Community of Shared Future for Mankind）理念和“一带一路”（The Belt and Road）倡议的提出，中国全球传播理念进入一个全新阶段，“共赢”和“共享”成了当下中国全球传播中的核心议题。“共享”和“共赢”的战略目标超越了国家本位和民族主义的狭隘视角，是中国对世界主义思想的一种延伸和实践[①]。“一带一路”倡议是中国首次提出全球化治理的重要理论和实践方案，遵循全球战略思维，是全球传播内容的重要关注对象。

总的来看，“一带一路”倡议是中国提出的重要国际合作倡议，旨在促进亚洲、欧洲和非洲等共建国家之间的合作，推动其在基础设施建设、经济合作、文化交流等领域的发展。更重要的是，其作为一种全球治理的公共产品，具有全球传播的价值与意义。具体而言，其为全球化治理提供了五大方面的解决方案：一是在制度层面要加强政策沟通；二是在基础设施层面要加强道路联通；三是在经济层面要加强贸易畅通；四是在金融层面要加强货币流通；五是在文化层面要加强民心相通。由此可见，“一带一路”建设的成功，弘扬了全人类共同价值，为世界贡献了独特的中国智慧，表明不

① 向安玲，沈阳 . 多种声音，一个方向：国家战略议题的对外传播［J］. 现代传播（中国传媒大学学报），2021，43（11）：54-59.

同文明、文化、人文和发展阶段的差异可以跨越，极大拓展了中国战略腾挪空间和战略纵深。全面总结“一带一路”十年的成功实践，挖掘其中的重要经验启示与蕴意，是推动共建“一带一路”在下一个十年走深走实，行稳致远的重要基础①。

有目共睹的是，近年来“一带一路”倡议在中国的倡导与共建国家的支持下，将全球化治理解决方案落到了实处。一是中国鼓励共建国家加强经济合作和贸易往来，共同推动基础设施建设和产能合作，促进地区经济融合与发展，提高生产力和资源配置效率，促进全球经济增长。二是着眼于连接亚欧非各国的基础设施建设，包括港口、公路、铁路、能源等项目，助力共建国家发展的同时，也为全球基础设施建设提供了经验与模板，推动全球基础设施建设水平不断提升。三是通过推动互联互通，为全球企业提供更多合作与投资机遇，同时针对发展中国家和地区的基础设施建设和经济合作，有效促进当地减贫事业的发展，改善民生生活，为其经济发展提供机遇。四是文化交流合作活动的开展与深入，促进沿线国家和地区文明互鉴、交流发展，为文化合作搭建桥梁。五是以开放、包容、合作、共赢的理念，推动区域和全球合作，加强全球治理，倡导国际社会以平等、互利的方式解决诸如气候变化、粮食安全等全球性问题。

在信息化时代，“一带一路”倡议是实现互联互通最快捷、有效的途径。互联网领域企业家马化腾认为，“互联网＋”是一种“寓大于小”的生态战略，具有跨界合作、创新驱动、重塑结构、尊重人性、开放生态和连接一切六大特征。“一带一路”作为以“合作共赢’为主旨的“中国方案”，充分体现了“互联网＋”的战略思想，其就像一个开放的众创平台，试图将每一个共建国家相连，共享基础设施、科技甚至文化，以打造国家之间彼此打通、融合的新局面，建设新型全球化，共同构建人类命运共同体。

此外，在以“一带一路”为平台的全球治理的新背景与格局下，我国媒体积极挖掘传播内容、创新传播方式，试图打造多媒体、多平台、多渠道的融合传播方式，向世界推介中国的治理理念，着力塑造中国品牌，为“一带一路”倡议在全球传播中打造能将传播价值最大化、具有变革性的媒介矩阵。同时，继 2017“一带一路”媒体合作论坛在中国甘肃敦煌举行，2019 首届“一带一路”新闻合作联盟（The Belt and Road News Network）理事会议在人民日报社成功召开及“一带一路”新闻合作联盟网站正式上线之后，2024“一带一路”媒体合作论坛于 2024 年 8 月在成都举行并发布了《“一

① 陈文玲，谢兰兰．共建“一带一路”十年的成功实践、经验与启示［J］．全球化，2023（4）：12-26，134.

带一路”媒体合作成都倡议》。因此，考察“一带一路”相关主题的国际新闻报道，中外媒体在不同框架与视点下的传播内容、传播力、执行力与影响力是具有现实意义的。

本案例将观察时值划分为“前五年（2013—2018）”“后五年（2019—2023）”两大阶段进行对比分析，以便观察国内外传播媒体在时间维度上对“一带一路”倡议报道的参与度、融合度及策略变化，注重不同媒体间的报道重点及其媒体效能，从媒体的多元矩阵和立体传播效果中探求融媒体变革下全球传播中的“一带一路”，从质疑声中反观实践过程中面临的阻力和需要克服的难题，从而更好地发挥融合传播优势，用更加有力的传播实践印证“一带一路”建设的必要性。同时，更好地把握“一带一路”倡议带来的机遇与发展，着力推动构建“人类命运共同体”，为解决全球性问题做出积极贡献。

今天，新时代的全球观众有着更大的自主权和选择权，横跨多个媒体接收信息成为新型的消费习惯。通过不同媒体平台间的积极合作、多屏和跨屏的综合性传播，这其实就是亨利·詹金斯（Henry Jenkins）所说的媒体间的“融合”。亨利·詹金斯认为，融合不仅是一种技术过程，还代表了一种文化变迁，包括横跨多种媒体平台的内容流动、多种媒体产业之间的合作以及那些四处寻求各种娱乐体验的媒体受众的迁移行为。“一带一路”倡议正是在跨媒介叙事中慢慢由抽象转为具体，势必会得到更多的积极、正面反馈。

综上，“互联网+”“媒体融合”等时代语境为“一带一路”倡议在国际传播上提供了更广阔、更高效的传播平台，使其在全球范围内产生更积极的影响。同时，通过充分利用现代传播手段，中国可以更好地向世界传递其发展理念和合作愿景，促进国际合作与交流，增进国际友谊与合作关系。更重要的是，“一带一路”倡议不仅涉及国家间的政治、经济甚至文化交流等主题，而且其广泛的覆盖面与精准的触达率在国际传播能力建设中体现了创新性的传播思路。探求不同媒体对“一带一路”相关新闻报道是否符合全球传播的发展规律、是否有利于建设中国品牌等问题，从实践观察中寻求问题答案并探索解决方案是新时代国际传播研究课题的延伸，理应成为国际新闻传播研究课程中的题中应有之义。对于本课教学而言，这一案例可以引导学生思考在“互联网+”、融媒体的背景下，在建设新型国际关系格局的今天，国际新闻传播中出现的新主题、新内容及新型传播技术与方式应得到重视和研究，同时，注意培养学生拓展传播学、政治学、文化学以及经济学等知识的跨学科视野，以此形成对国际新闻传播研究的多维度理解。

## 二、实现路径：教学流程与布局

本着以理论引领实践的教学思路，从认知建立、理论准备、小组探讨、师生交流等方面着眼案例实现路径，探讨课堂教学的形式。

第一，案例开始前，教师首先引导学生建立对“一带一路”倡议的总体认知，深入了解倡议的概念、属性、主体内容、传播形态及其带来的国际反响。

第二，结合本书上篇相关理论与研究视角及其方法，熟悉并运用国际传播、全球传播及全球治理等相关理论基础知识，尤其对国际新闻传播中出现的新主题、新内容及新型传播技术与方式加以重视和学习。

第三，引导学生自主搜集“一带一路”相关文献资料，讨论具体的研究视角与框架，并在研究实践中从不同维度进行思考。同时将传播学知识与政治学、经济学等知识结合起来，在这些内容中发掘创新的传播思路、内容及方式，以体会新时代的国际新闻传播实践的动态。

第四，学生分组讨论案例内容，将收集的各项成果，如“一带一路”新闻报道、纪录片、企业家大会、政府间合作平台、非政府合作平台以及2023—2024年举办的国际会议等多方面内容梳理成典型的主题系列，并在课堂上以PPT形式呈现。

第五，教师对学生课堂呈现的研讨及分享过程进行点评，在讨论与交流中提供进一步研究指导，最终形成师生共创的研究文本。

## 三、案例展示与引导

### 专题一　国家顶层设计与全球治理的公共品牌

#### 子案例Ⅰ　“一带一路”倡议的提出与内容框架

“一带一路”（One Belt and One Road，缩写为OBAOR或OBOR）是“丝绸之路经济带”和“21世纪海上丝绸之路”的简称。“一带一路”不是一个实体和机制，而是合作发展的理念和倡议，充分依靠中国与有关国家既有的双多边机制，借助既有的、行之有效的区域合作平台来贯彻与实施。“一带一路”贯穿欧亚大陆，东边连接亚太经济圈，西边进入欧洲经济圈。无论是在发展经济、改善民生方面，还是在应对危机、加快产业调整方面，许多共建国家同我国有着共同利益。历史上，陆上丝绸之路和海上丝绸之路就是我国同中亚、东南亚、南亚、西亚、东非、欧洲经贸和文化交流的大通道，“一带一路”倡议是对古丝绸之路的传承和提升，获得了国内外的广泛认同。

“一带一路”倡议历经十年发展，推动构建人类命运共同体，与时代并行、与世界共进。2013 年 9 月和 10 月，中国国家主席习近平在出访中亚和东南亚国家期间，先后提出共建“丝绸之路经济带”和“21 世纪海上丝绸之路”的重大倡议，并开始简称为共建“一带一路”倡议。2015 年 3 月 28 日，经国务院授权，国家发展和改革委员会、外交部、商务部联合发布了《推动共建丝绸之路经济带和 21 世纪海上丝绸之路的愿景与行动》；2017 年 5 月，推进“一带一路”建设工作领导小组办公室发布了《共建“一带一路”：理念、实践与中国的贡献》的文件。习近平总书记在党的十九大报告中指出，中国将积极促进“一带一路”国际合作，努力实现政策沟通、设施联通、贸易畅通、资金融通、民心相通，打造国际合作新平台，增添共同发展新动力。2022 年 10 月，党的二十大报告指出，“共建‘一带一路’成为深受欢迎的国际公共产品和国际合作平台”，并提出了“推动共建‘一带一路’高质量发展”的要求。“一带一路”倡议依靠中国与有关国家既有的双多边机制，借助既有的、行之有效的区域合作平台，旨在借用古代丝绸之路的历史符号，高举和平发展的旗帜，积极发展与共建国家的经济合作伙伴关系，共同打造政治互信、经济融合、文化包容的利益共同体、命运共同体和责任共同体。

本案例注重“一带一路”倡议建设成果的梳理与展示，把践行“一带一路”倡议的成就与报道分为 5 周年（前 5 年，2013—2018）与 10 周年（后 5 年，2019—2023）两个阶段来进行考察梳理，关切“一带一路”倡议的内容与践行“一带一路”倡议所取得的成就及其相关主题的新闻报道两个层面，从不同角度和时间尺度深入了解该倡议的发展成就与媒介的传播力状况。

本案例对“一带一路”倡议的两个五年的成果进行梳理，从时间的纵向上看，可以观察“一带一路”倡议的实施在短期与长期显现出的效果。5 周年节点主要观察倡议实施前期所取得的成果及其影响力，而 5 周年节点则可以深入分析长期效应和持续发展的趋势，同时通过对比观察与分析有助于揭示前期传播环境与措施的有效性，以及后期传播环境的整合与推进情况。

## （一）前期阶段：5 周年（前 5 年，2013—2018）品牌成果

“一带一路”倡议自 2013 年提出至 2018 年，已取得长足发展。在 2019 年举行的“一带一路”国际合作高峰论坛上，负责筹划工作的杨洁篪指出，“一带一路”倡议提出以来，有关国际合作取得了重大进展，主要体现在四个方面：一是“一带一路”倡议同各方发展规划和政策对接不断展开；二是共建“一带一路”带动全球互联互通不断加强；三是共建“一带一路”国际合作平台不断完善；四是共建“一带一路”助力共建国家经济发展和民生改善的成功故事不断涌现。

通过对 2013—2018 年国际合作倡议成果的梳理，我们可以看到：首先，“一带一路”体现了一种新型全球传播范式——中式全球传播。中国通过“一带一路”倡议与多个国家进行多方面的合作，从基础设施合作慢慢深入科技、文化，从单独个体的建设慢慢深入融合平台建设。这一系列成果正是中国对新型全球化的实践，在审视现实和传播的基础上，由“通”到“化”，体现了建构主义传播观。其次“一带一路”倡议体现了“互联网 +”的战略思想和“众创空间”理念。简单来看，可以把“一带一路”倡议看作国家与国家之间的大型众创合作平台，在此倡议下达成的各种合作平台可以看作一个个小的众创合作平台。相关国家在各个合作平台下发挥最大价值，收获最大利益，在愈加成熟的平台生态下，共同构建人类命运共同体。最后，“一带一路”倡议体现了“和谐”的中国治理理念。通过这些合作，有助于荡涤极端利已、狭隘功利的价值取向，弥合对抗、冲突造成的鸿沟，进一步构建相互尊重、合作共赢的国际关系。

## （二）后期阶段：10 周年（后 5 年，2019—2023）品牌成果

2023 年是“一带一路”倡议提出 10 周年。相较于前 5 年，这 5 年间“一带一路”倡议相关文化交流活动更为多元丰富，主要体现在以下几个方面。

### 1. 公共产品（阅读出版活动、成果展）的公共性与国际性不断提升

2023 年 6 月 16 日，由中国人民大学习近平新时代中国特色社会主义思想研究院主办，中国公共外交协会、安徽少年儿童出版社协办的王义桅新著《“一带一路”的灯光》发布会暨“一带一路”10 周年研讨会指出，《“一带一路”的灯光》是专门为青少年创作的、解读“一带一路”倡议内涵的全彩读本。与会者一致认为，“一带一路”与联合

国2030年可持续发展目标（SDG）的融合之道，具有鲜明的时代意义。发布仪式上，中国公共外交协会副会长罗林泉大使首先提出，“一带一路”倡议是中国发起、各方共建、世界共享的优质公共倡议，是为落实2030年议程贡献的中国智慧和中国方案，在理念、目标、举措等方面与2030年议程高度契合，并为落实可持续发展目标提供有力支持，注入强大动力。罗大使进而指出，中国将以主办第三届“一带一路”国际合作高峰论坛为契机，与各有关方面一道推动“一带一路”取得更丰硕的成果，为加快落实2030年议程，实现各国共同发展做出更大贡献。

2023年10月，在第三届“一带一路”国际合作高峰论坛召开之际，中央广播电视总台推出系列纪录片《一带一路上的中国名片》。该片对“一带一路”十年进行全景回望，讲述“一带一路”上“中国名片”的故事，生动展现共建“一带一路”十年来取得的丰硕成果。片中的叙事逻辑以宏大叙事与亲历者平民化视角的个人叙事相结合，使“一带一路”故事以极具个性化的形式在该片中呈现；以国际友人的口吻讲述中国“一带一路”倡议的成果，并以“他者叙事”的客观性视角传达了其对“一带一路”倡议的积极态度，在国际传播语境中更具说服力；通过对十年间中国与国际各行业的建设与成就进行记录，其间充盈着温情瞬间，而诗意化的情感传播形式在跨文化语境下展现出“一带一路”倡议的可行性、适配性和亲和性。那些通过真实的图像、声音记录和呈现十年来“一带一路”倡议在推进过程中各类群体、不同文化背景与国度的鲜活故事，拓宽了“一带一路”倡议在国际传播中的公共性与国际性特征。

### 2. 学术交流研讨会作为重要的传播载体

2023年7月，中国社会科学院亚太与全球战略研究院主办的“高质量共建‘一带一路’：成就、挑战与路径选择”学术研讨会在北京举行。会上专家学者从多方面对共建“一带一路”的成就与挑战、共建“一带一路”的可持续性及机制建设等议题展开深入讨论，并对未来高质量共建“一带一路”的实现路径进行展望。

英国剑桥大学政治与国际关系前高级研究员马丁·雅克（Martin Jacques）以《这十年，“一带一路”倡议已经改变世界》为题，探讨了中国与世界关系的巨大转变，从国际公共产品的角度探讨了“一带一路”倡议的重要性，从全球共同发展问题、新型关系、全球联盟、中国哲学的关键原则、合作平台五个方面对“一带一路”倡议进行了分析与探讨，并且对比西方态度，凸显“一带一路”倡议的聚焦性作用。

### 3. 国际高峰论坛成为全球治理的最强音

2023年下半年，我国举办了第三届“一带一路”国际合作高峰论坛。在此，特邀专家展开圆桌对话，总结共建“一带一路”十年来的成绩与经验，分析共建“一带一路”在当前形势下的重大意义。卢山冰表示，十年间包括“一带一路”倡议提出、制定战略规划、发布愿景和行动、建设两个金融平台、召开三次座谈会、举办两届国际合作高峰论坛等诸多重要节点。范黎波表示，党中央先后在“一带一路”建设3周年、5周年、8周年之际召开了三次“一带一路”建设工作座谈会，以此为节点对共建“一带一路”推进历程进行梳理，把前期的成形阶段描述为“大写意”阶段，而5周年座谈会标志着共建“一带一路”进入“工笔画”阶段。毛新雅表示，从“大写意”到“工笔画”的转变，不仅体现在国家战略部署层面，也体现在除基础设施外，一批聚人心、接地气的“小而美”民生项目的实施，反映在体现健康、绿色、数字、创新等领域的合作新空间的扩展等具体的企业行为和项目中。

范黎波表示，十年来，共建“一带一路”已在深化各国政策沟通、推动全球互联互通、重塑国际贸易格局、拉动世界经济增长等方面发挥了重要作用，并通过三方面概括了“一带一路”10年来所取得的成绩。一是共建“一带一路”倡议得到越来越多国家和国际组织的积极响应，成为当今世界深受欢迎的国际公共产品和国际合作平台。截至2023年1月，中国已与151个国家和23个国际组织签署两百余份合作文件，涵盖互联互通、贸易、投资、金融、社会、海洋、电子商务、科技、民生、人文等领域。二是基础设施互通互联水平不断提升。10年来，在各方共同努力下，“六廊六路多国多港”的互联互通架构基本形成，一大批互利共赢项目成功落地。三是经贸投资合作不断拓展。一方面，共建国家、地区贸易自由化、便利化水平持续提升；另一方面，共建国家、地区产业链、供应链合作更加密切。

## 子案例Ⅱ “一带一路”倡议特别报道及其比较研究

### ——基于两个节点（2018年与2023年）的考察

本案例注重“一带一路”倡议特别报道的内容分析。倡议提出10周年来，其在传播形态与传播介质层面结出了累累硕果，包括相关纪录片的出品、召开的各种论坛、专家会议等，其内容体量十分丰富。为了便于观察与分析不同阶段下的报道内容特点与异同，我们将倡议的报道内容分为5周年（前5年，2013—2018）与10周年（后5

年，2019—2023）两个阶段进行纵向梳理、分析，主要从国内媒体角度切入进行考察，同时特别注重不同媒介平台对“一带一路”倡议的传播模态，从传统媒体与新媒体两大新旧媒介深入挖掘，观察分析随着时间推移不同媒体平台对“一带一路”倡议进行报道的态度和倾向性。

## （一）“一带一路”倡议5周年（2013—2018）特别报道内容分析

### 1. 传统媒体关注的视域

2018年8月27日，中共中央总书记、国家主席、中央军委主席习近平在北京人民大会堂出席推进“一带一路”建设工作5周年座谈会并发表重要讲话。他强调，共建“一带一路”顺应了全球治理体系变革的内在要求，彰显了同舟共济、权责共担的命运共同体意识，为完善全球治理体系变革提供了新思路新方案。

（1）《人民日报》

《人民日报》进行了题为《谱写合作共赢新篇章——一带一路倡议五周年特别报道》的特别报道。《人民日报》的特别报道是一系列对“一带一路”倡议提出5周年来实现的成果的呈现和总结，主要从国家层面进行了回顾总结，并重点报道了经济、基建、科技创新三个方面。报道整体比较笼统宏观，在细节故事的挖掘方面较为缺乏。但是报道多处采用了条块式的梳理，使时间、数据类的报道可视化，直观，便于理解。

（2）央视新闻频道

“一带一路”倡议提出5周年之际，央视记者再出发，循着国内国际“一带一路”建设的进展，沿途调研、随船采访，探访一带一路建设的成果，推出《行走“一带一路”》，探访当地的风土民情，记录中国“一带一路”项目给各国人民带来的实实在在的变化。

（3）《中国财经报道》

2018年8月27日，“一带一路”5周年之际，央视《中国财经报道》节目推出了“一带一路”倡议5周年的特别版块，梳理了“一带一路”倡议5周年大事记，并且从中欧班列的大变化、义乌贸易及成都建设国际门户枢纽等方面展现了“一带一路”五年以来的重要成果。

### 2. 新媒体关注的视域

（1）新华网

新华网进行了题为《大道致远，海纳百川——习近平主席提出“一带一路”倡议5周年记》的报道。该报道包含一篇文字报道，一个视频报道，以及多张数据图片和新闻配图。报道从“一带一路”发展中的一个个小故事切入来讲述这5年来，“一带一路”倡议给中国和其他国家在5个相通方面带来的便利和发展，将发展成果做了较为全面和细节的呈现。其中的报道视频通过采访各国的民众，从当地人口中讲述出“一带一路”倡议给他们的生活带来的变化，让观众切身感受到“一带一路”倡议的影响力。同时，新华社制作了多张图片新闻、数据新闻，将“一带一路”的发展历程、成果数据进行可视化，让报道生动有趣，增加了报道的可读性和传播力。

（2）《每日经济新闻》

《每日经济新闻》对“一带一路”倡议5周年进行了特别报道，包括以下报道。《5年启示录：大国之道，大道之行》介绍了5年来，“一带一路”贯穿亚、欧、非大陆，从经济互融到人文互通，形成陆海内外联动、东西双向互济的开放新格局。《走进“创新之国”以色列：中国资本的新目的地》主要讲述以色列的高新技术向外输出以及中国和以色列之间越来越频繁的交往。《每经专访上海国际问题研究院比较政治和公共政策所所长于宏源：对外交往活力 成都领跑新一线城市》介绍了“一带一路”倡议实施以来，中国多个地区经贸类指数、交往类指数大幅上升，中国城市对外交往展现出更为强大的活力。《中欧班列破万列背后：中国“多式联运”架起世界通道》介绍了5年以来，“一带一路”在交通运输方面的新格局，中欧班列将铁路干线发展成为国际贸易通道，打破了半个多世纪以来，海运作为国际贸易主通道的格局，形成海陆并举、海陆贯通的新型国际物流通道。《“一带一路”下的中国城市开放样本 成都：内陆腹地连接全球经济》，从城市的角度出发，讲述了“一带一路”倡议从理念转向现实，为中西部城市的高质量发展提供了重大的历史机遇。

（3）《环球时报》

《环球时报》对“一带一路”倡议5周年进行了相关报道。首先在报道类型方面，《环球时报》对于“一带一路”倡议相关内容的报道自2013年9月开始，除了常规的消息、评论，还特地设置了《外交官谈“一带一路”商机》《聚焦“一带一路”》等专栏，对“一带一路”倡议进行深度报道和阐释。其中消息占比62%，社评占比12%，深度报道、评论和专访分别占比10%、10%、6%（见图2-13）。其次在报道篇幅上，该报篇幅为中篇的报道占比将近一半，其次是短篇，占比 30%，最后是占比 22% 的长篇（见图 2-14）。再次在报道主题方面，《环球时报》相关报道主要围绕以下几个主题：一是展现国际社会对“一带一路”倡议的支持以及美日等国企业对“一带一路”倡议的正面态度，总体占比 28%；二是对“一带一路”倡议的介绍，包括其最新发展进程、相关会议论坛和专家解读，占比达 40%；三是对西方媒体对“一带一路”倡议的歪曲抹黑进行回应，占比为 22%（见图 2-15）。最后在报道形式上，该报对“一带一路”倡议 5 周年的报道以传统图文报道为主，在报纸端，“一带一路”倡议 5 周年相关报道中附有图片的占比 40%，可见图文报道是常见的一种报道形式（见图 2-16）。

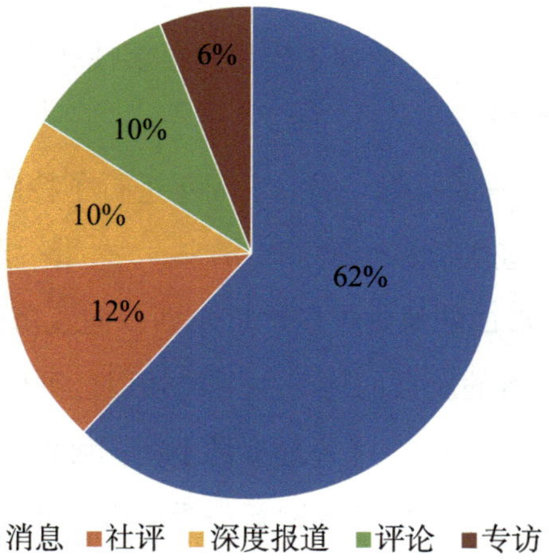


图 2-13 “一带一路”倡议 5 周年《环球时报》新闻报道类型

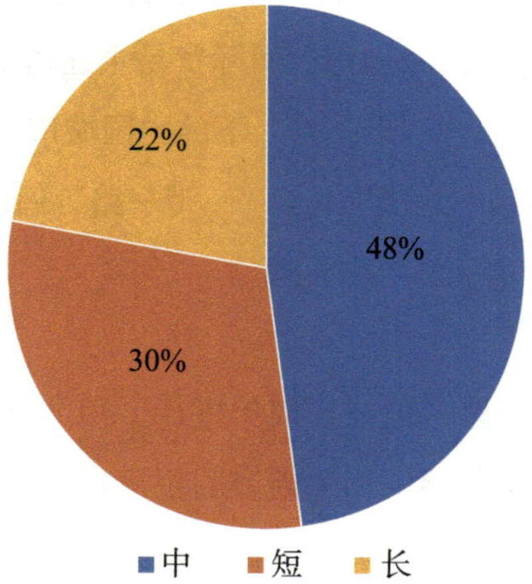


图 2-14 “一带一路”倡议 5 周年《环球时报》新闻报道篇幅

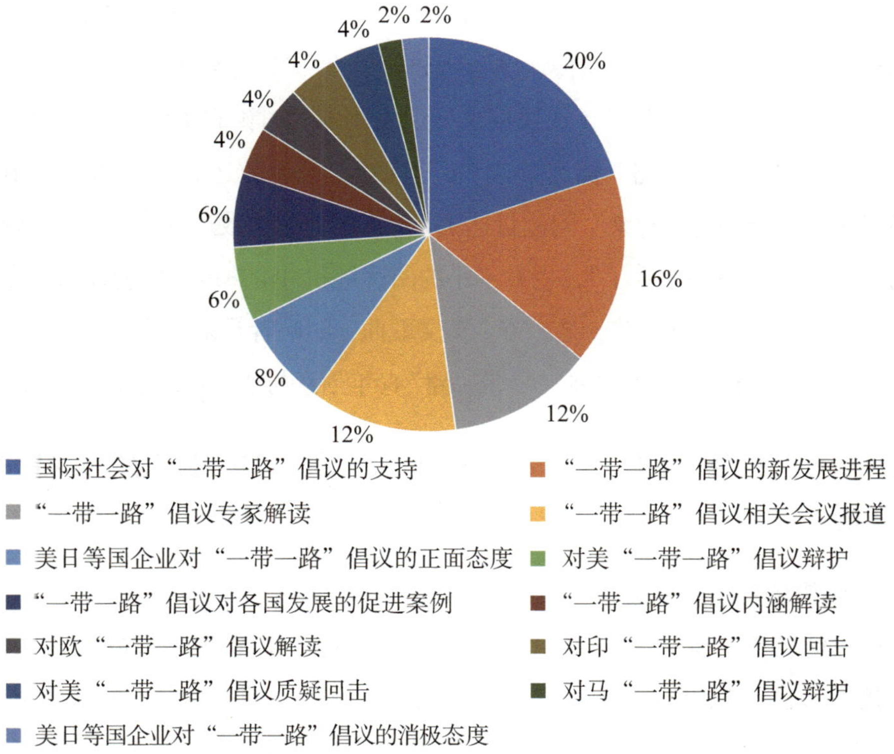


图 2-15 “一带一路”倡议 5 周年《环球时报》新闻报道主题

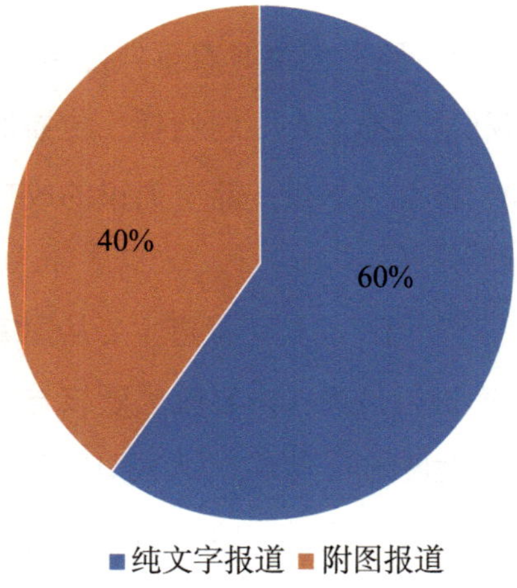


图 2-16 “一带一路”倡议 5 周年《环球时报》新闻报道形式

（4）微博

微博也有“一带一路”倡议 5 周年的相关报道。以央视新闻微直播《探访甘肃阳关古遗址 感受丝路重镇上的“诗和远方”》为例，央视记者采用直播报道的形式，带领观众探访甘肃阳关古遗址，讲述“西出阳关无故人”如何演变为“商贾络绎不绝”的精彩故事。媒体还开设相关微博话题，比如“聚焦一带一路”（央视新闻）、“一带一路 5 岁了”“一带一路一起来”（人民网）等引发网友的讨论和关注。其中由央视新闻主持的话题“聚焦一带一路”阅读量达 8.6 亿人次，讨论数达 21.3 万人次；由人民网主持的话题“一带一路一起来”阅读量达 1.4 亿人次，讨论数达 3.5 万人次；网友自发发起的话题“一带一路 5 岁了”，也有不小的阅读量和讨论热度。微博还采用微视频报道，比如《我想给世界修条路》是一首全英文歌曲，演唱者是来自共建“一带一路”65 个国家的青年，记录各国青年参加“一带一路”青年创意与遗产论坛期间的欢乐与友谊。

## （二）“一带一路”倡议 10 周年（2019—2023）特别报道内容分析

### 1. 传统媒体关注的视域

在现代信息技术高度发展的背景下，国家级及地方媒体相关新闻报道的内容、形式、传播效果已呈现出包括多渠道、多形式、多样化、即时化和互动化等特点。对“一带一路”倡议 10 周年的相关报道进行分析具有重要意义，这些报道可以反映该倡议过去 10 年取得的发展和成就。

（1）《人民日报》

《人民日报》在报道“一带一路”倡议时着重宣传和弘扬中国共产党的决策部署，更加突出政治、战略和国家利益层面，在主题选择、传播形式上均具有焦点性。其重点关注国家层面的相关活动，强调“一带一路”倡议的成功实践及其对国家发展和国际合作的重要意义。

《人民日报》对“一带一路”倡议的相关报道主要从国家领导人对外交流讲话与 10 周年来的发展历程和成果方面进行传播，内容较为硬核与宏观，传统媒体的传播特质较为明显。在媒体融合与时代发展的潮流下，《人民日报》也亟须进行变革——加强媒体融合、拓展新的传播渠道，增强“一带一路”倡议相关报道的传播力和影响力；提升内容创新与多样性，以具有深度、独特性的报道满足不同读者的需求；强化国际视野，以更客观的态度报道“一带一路”倡议，传递中国在全球事务中的立场和声音；参与互联网时代的互动交流，加强用户参与度，提高传媒产品的用户体验，以适应新的传媒环境和读者需求，确保在新的传媒环境下仍能发挥其对“一带一路”倡议重要的宣传作用。

（2）《中国日报》

2023 年 6 月 19 日的《“一带一路”十周年研讨会暨〈‘一带一路’的灯光〉新书发布会在京举办》以文字的形式对“一带一路”倡议 10 周年研讨会暨《“一带一路”的灯光》新书发布会进行了报道。2023 年 5 月 22 日的《“一带一路”中非体育外交论坛成功举办》以文字的形式对“一带一路”中非体育外交论坛进行了报道。中外嘉宾围绕体育与中非命运共同体、体育与民心相通两个议题展开的交流与讨论内容是该文报道的重点。2023 年 5 月 22 日的《共话十年硕果，展望未来方向——“2023‘一带一路’青年说”活动成功举办》以文字的形式对“2023‘一带一路’青年说”活动进行了报道。海内外青年学生代表与专家学者参会，与近百名清华学子共同回顾“一带一路”倡议 10 年硕果，展望未来发展方向。

《中国日报》均以文字的形式对“一带一路”倡议相关活动进行报道，稿件均概述活动背景、主办方及参与人员，以相关人员的主题采访为重点内容。报道内容条理清晰、板块鲜明，对相关活动的深入报道可以让受众更好地、更全面地了解活动内容。作为国际传媒与中国官方媒体的代表，《中国日报》在对“一带一路”倡议相关报道中，侧重宣传倡议的政策主张和发展成果，关注国际合作与影响，反映国际视角和文化交流，以提升全球对“一带一路”倡议的认知和理解。但其单一的文字形式的报道方式在现代信息技术高度发展的背景下稍显劣势，应顺应全媒体时代的发展而对其传播形式进行融合调整，促进内容改革与平台升级，这样才能获得更多关注与流量。

（3）新华社

① 视点一　合作项目及建设者

《“一带一路”十周年与中国老挝合作国际论坛在老挝召开》分为两篇报道。其中 2023 年 7 月 7 日的报道，内容简洁直观，以论坛活动现场的视频为主要内容，文字辅助介绍论坛召开详情，分析东盟在绿色发展上的前景和需求，对中国和东盟未来开展“一带一路”绿色合作做出展望。2023 年 7 月 6 日的报道以老挝工作人员在 D887 次国际旅客列车上表演的一张照片开篇，通过老挝人民的口吻讲述“一带一路”和“中老合作”对其国家经济建设及人民生活水平的帮助与提高。两篇同名报道以文字相辅，分别侧重于视频和图片融媒体的报道形式，从宏观的国家战略与国际关系和微观的人民生活两个角度展示“一带一路”倡议 10 周年的成果。

② 视点二　作为话语建构者的专家及学者

2023 年 2 月 9 日的《专家学者共议“一带一路”十周年发展历程》报道以图片和

文字相结合的形式简要介绍“一带一路”倡议迈入10周年的进展与评估研讨会暨系列讲座启动仪式的概况。拥有扎实的学术背景和丰富的研究经验的专家学者的参与，为论坛的讨论提供了理论支持，赋予其学术深度，明确的议程和组织结构的论坛确保了讨论的高效性、有序性。媒体紧抓专家学者的角色性与论坛的形式性，对论坛活动进行客观准确的报道，为读者提供了权威而有价值的信息。2023年5月22日的《共建“一带一路”倡议十周年西港特区成果展在柬埔寨举行》报道简要介绍共建“一带一路”倡议10周年西港特区成果展的概况，用图片、视频、实物相结合的形式证明中柬合作不仅为两国人民带来了实实在在的利益，也为地区和平与繁荣做出了积极贡献。

从对“中老合作”等单一项目的报道到对共建“一带一路”倡议10周年西港特区成果展的报道，这些新闻报道串联起了“一带一路”倡议提出的10年间，中国与共建国家所做出的共同努力与取得的成果，让“一带一路”倡议绘制的蓝图由点到线再到面逐渐实现。

③ 视点三　作为公共领域对话者的中外嘉宾

2023年6月1日的《在上海·圆桌派：“一带一路”十周年如何让全球受益？》报道以类似于“访谈节目”的主持人对话中外嘉宾的形式，结合全英文的对话及中文字幕，仅6分钟的视频从多元角度报道了“一带一路”倡议10周年的斐然成就；并展望“一带一路”倡议的未来发展，扩大国际传播覆盖面的同时，以超过百万的浏览量彰显了在新媒体时代下视频、图片结合文字的融媒体传播方式的优越性。

④ 视点四　多重角色身份的民意代表

《“一带一路”十周年：10个故事见证蓝图变实景》邀请了10位全国两会代表委员，听他们讲述“一带一路”倡议的“故事汇”。该文以图文结合和分段式小标题的编排方式介绍了“一带一路”倡议10年以来10个全国两会代表委员的故事。兼具公共性与权威性的全国两会代表委员的传播角色，以人物故事的小切口串联“一带一路”倡议10年发展的宏大命题，创新了讲好中国故事的方式、中国故事传播的角度。

综上，新华社作为国家通讯社，其媒体定位是向全球传播中国的新闻和信息，对于“一带一路”倡议10周年相关主题报道注重客观全面，其视点多集中在会议论坛的召开、访谈特辑与故事特辑等方面，多以视频、图片结合文字的融媒体稿件为主，以微观切口和宏观角度相结合的叙事方式展现“一带一路”倡议10周年的成就。较之5周年相关主题报道，10周年相关主题报道更注重报道“一带一路”倡议在国际社会的反响和影响，客观地报道“一带一路”倡议在经济、文化、民生等方面的实际影响，关注各国间的合作与交流。同时其多平台渠道报道传播与互动性更强的融媒体报道方式等符合当下全媒体时代的传播特征与受众特质。

（4）《环球时报》

《环球日报》2023 年 10 月 12 日头版文章《“一带一路”十年成果丰硕 国际社会给予高度评价 习近平将出席“一带一路”盛会》，以中外两种观点传达出诸多重要信息。第一，外交部发言人华春莹 11 日宣布“高质量共建‘一带一路’，携手实现共同发展繁荣”主题的“一带一路”国际合作高峰论坛将于 10 月 17 日至 18 日在北京举行，国家主席习近平同志将出席高峰论坛开幕式并发表主旨演讲，为来华出席高峰论坛的嘉宾举行欢迎宴会和双边活动。第二，2023 年 10 月 10 日发布的《共建“一带一路”：构建人类命运共同体的重大实践》白皮书显示，截至 2023 年 6 月底，中国与五大洲的 150 多个国家、30 多个国际组织签署了 200 多份共建“一带一路”合作文件，形成一大批标志性项目和惠及民生的“小而美”项目。第三，文中接受采访的国际人士表示其热切期待本届“一带一路”国际合作高峰论坛的举行，并高度评价“一带一路”倡议为共建国家的社会发展和民生福祉带来的切实好处。外媒俄国际事务理事会网站表示“共建‘一带一路’倡议已成为全球经济稳定因素，北京从一开始就没有把它定位为政治项目，而是互利的经济项目。经过 10 年的实施，证明该倡议不是要把世界分为‘自己人’和‘他人’，而是提供共同的胜利，加强互联互通，是合作而不是竞争”。

### 2. 新媒体关注的视域

“一带一路”倡议提出 10 年来，我国信息技术不断发展、更迭和革新。互联网逐步赋予了个人媒体创作和传播的能力，自媒体平台上的内容成为新闻报道的一部分，增加了新闻来源的多样性。报道内容不再局限于文字，还包括图片、视频、音频等多种形式。多媒体与自媒体相结合的报道，使信息更为生动、直观，增强读者阅读体验的同时拓宽了受众群体年龄与地域的边界，进一步促进了报道的跨文化交流与国际性传播。

（1）《环球交叉点》

《环球交叉点》是上海电视台、东方卫视与中国国际广播电台联合制作的一档新闻专题节目。其微信视频号与抖音视频号于 2022 年 10 月 21 日发布的《迈向世界舞台中央 十年・瞬间：一带一路（2013）》以在演播室的国际评论员的旁白解说配合节目中的视频和代表着“瞬间”的照片相结合的形式，用 10 个瞬间从挑战与机遇两个角度回望“一带一路”倡议提出的 10 年间中国与世界的互动。不到 5 分钟的视频报道了过去 10 年世界面临的诸多挑战，新冠疫情、经济复苏、地区冲突、能源危机，百年未有之大变局加速演进；过去 10 年，世界也充满了希望，“一带一路”、《巴黎协定》、全球发展倡议、人类命运共同体，中国正稳步迈向世界舞台的中央。

《环球交叉点》视频号秉持着“深度国际访谈，独家热点解读”的节目理念，采用短片、照片、主持人演播室串联的形式，结合横屏、5 分钟左右的短时长及醒目花字的包装等形式，符合全媒体时代下受众碎片化阅读的习惯，有利于从海量的信息碎片中捕捉世界发展的轨迹，提炼出对中国观众最有价值的内容，协助正在融入世界的中国人对周遭的环境有一个全面和理性的认识。

（2）央视网

央视网 2023 年 6 月 22 日发布的视频《这十年——一带一路·向阳而生》以快节奏片头开篇，集结了世界进入 21 世纪 20 余年间遇到的各类危机的视频报道及新闻解说的背景，梳理了“一带一路”倡议自 2013 年提出至 2023 年间的重要历史节点，并用醒目的数据、多角度对成果进行展示的视频与图片将“一带一路”倡议提出 10 年间的成果进行了总结。有力的数据支撑与对成果的多角度报道，使观众客观、全面地了解这 10 年的风雨兼程与辉煌历程。视频以“交通”为叙事起点，梳理总结了诸多事例，以讲述从“中国工程”到“中国智慧”与“中国力量”的发展。视频最后用“当今世界正在经历百年未有之大变局，实现中华民族伟大复兴正处于关键时期，大道同行、美美与共、合而共谋，这是中华文明的精髓所在，也是在寻求人类共同发展与共同价值时给出的中国方案”的旁白解说对宏大画面进行收尾，气势磅礴、荡气回肠。

央视网发布的视频《这十年——一带一路·向阳而生》完全以电视节目的标准进行制作——以精美画面结合雄浑有力的旁白解说为主，以各历史节点与发展年份的细致清晰的数据梳理 10 年间的重大事件，视频节奏张弛有度、叙事结构清晰，多元化的信息内容结合多渠道的传播方式，拓宽了国际传播的形式与途径。

（3）《环球时报》

首先，在报道类型方面，《环球时报》对“一带一路”倡议 10 周年的报道中消息占比相较于 5 周年时有所下降，但总体上仍居第一；评论以及深度报道类型新闻报道总体相对稳定，变化幅度不太明显；专访报道类型有所增加，主要集中在国内领导人以及对“一带一路”倡议持友好态度的国外领导人（如俄罗斯、巴基斯坦等）对“一带一路”倡议的看法，态度以正面报道为主（见图 2-17）。其次，在报道篇幅方面，报道为中篇幅的比例有所下降，但仍位居第一，短篇幅报道和长篇幅报道数量均有所增加。总体而言，报道以中短篇幅报道为主，长篇幅报道相对较少，这一点与 5 周年时的新闻报道相比并无明显变化（见图 2-18）。其次，在报道主题方面，《环球时报》相关报道的主题以展现国际社会对“一带一路”倡议的积极态度与支持为主，占比达64%；对“一带一路”倡议的介绍与最新进展占比相较5周年时更小；对西方国家质疑的回击报道占比仅为4%（见图2-19）。由此可见，《环球时报》在进行国际传播与国家形象建设方面更加注重传播好中国自己的声音，讲好“一带一路”中国故事，树立开放包容的大国形象，不落入西方媒体的“自证陷阱”之中。最后，在报道形式上，该报的相关报道同样以图文为主，这一比例从5周年时的40%上升至66%（见图2-20）。这表明附有图片的报道更具有处于“版面强势”地位的优势和视觉上的显著性，更能突出其话题的重要性，使相关报道能第一时间抓住受众的注意力，提升“一带一路”倡议在受众心中的认知度。此外，图片作为一种视觉语言，能够冲破语境的限制，以更加直观有力的方式向全球受众展现出“一带一路”倡议的建设成就。

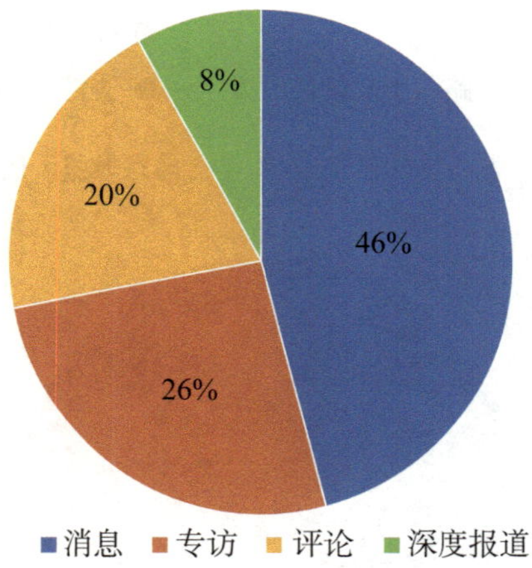

图 2-17 “一带一路”倡议 10 周年《环球时报》新闻报道类型

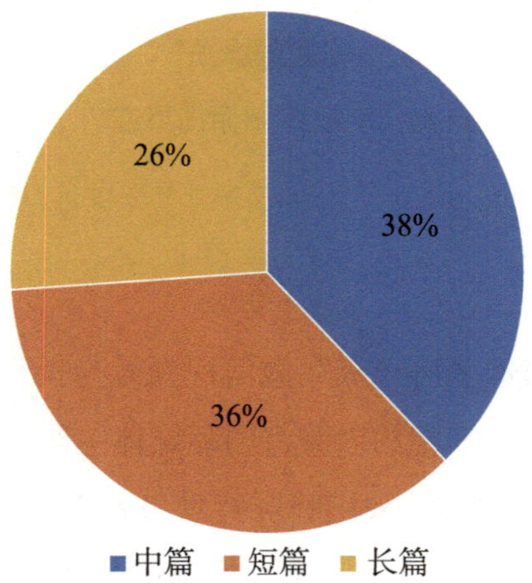

图 2-18 “一带一路”倡议 10 周年《环球时报》新闻报道篇幅

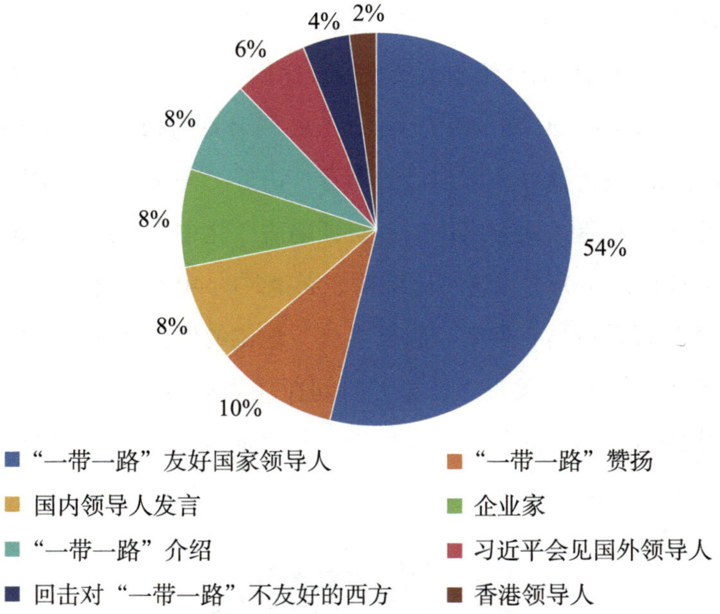


图 2-19 "一带一路"倡议 10 周年《环球时报》新闻报道主题

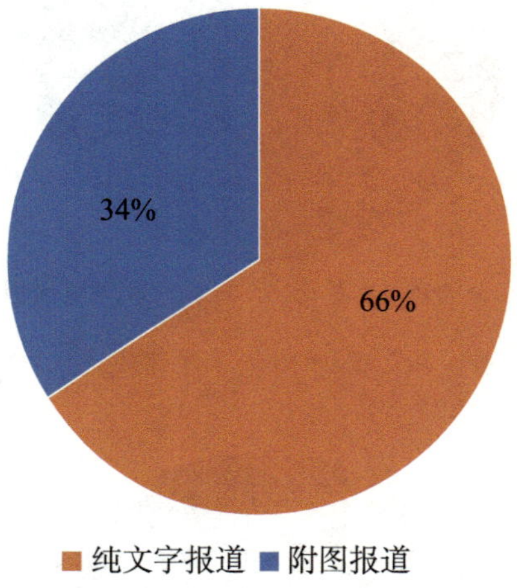


图 2-20 "一带一路"倡议 10 周年《环球时报》新闻报道形式

（4）市县融媒体

2023 年 7 月 15 日"鄂尔多斯融媒"微信视频号与抖音视频号围绕"2023 中国有约'一带一路'倡议十周年——相约内蒙古国际媒体主题采访活动"，发布了四条短视频，且视频时长均在 1 分钟左右，采用竖屏背景包裹横屏视频的方式，结合无旁白解说与快节奏的背景音乐等，更为适合当下新媒体时代用户的短视频阅读习惯。同时，其具有吸引力的标题也会提升传播效果。

鄂尔多斯市位于中国内蒙古高原的西南部，同时与俄罗斯的西伯利亚联邦紧密相连，是“一带一路”倡议中连接中国与俄罗斯等北欧国家的重要节点城市。从媒介地理学角度看，“鄂尔多斯融媒”面临着跨越不同文化、语言和传媒体制的挑战，同时这种跨文化的交流环境使“鄂尔多斯融媒”成为加深中外友好交往、增进相互了解的平台。其通过多语种报道等方式将来自国内外的关于“一带一路”倡议的重要信息、政策、项目等传递给不同地区的受众，同时将各地的动态进行反馈，形成信息的双向流动，推动“一带一路”倡议的理念在不同文化背景下传播，促进民心相通。

同时，鄂尔多斯市融媒体中心作为市级基层传播单位，有别于中央一级的传播平台，其更接近当地民众，能够更好地获取基层的真实情况和民意。这使“鄂尔多斯融媒”在报道“一带一路”倡议相关内容时，能够更加客观地反映当地居民对倡议实施的看法、感受和需求，为相关政策制定者和项目推进者提供有益的参考。鄂尔多斯市作为重要节点城市，在诸多“一带一路”相关项目中扮演着重要角色。“鄂尔多斯融媒”可以充分利用多媒体手段，展示鄂尔多斯市这10年来的经济发展成果与地方文化和风土人情，加深国际国内公众对鄂尔多斯市和“一带一路”倡议的认知和了解。

### 3.“一带一路”倡议10周年报道的成功之处的表现

（1）内容层面

全媒体时代下的“一带一路”倡议10周年相关报道不再局限于简单的宏观概述，做到了从微观角度关注特定项目、地区或个人的具体案例和故事，力求平衡宏大叙事与微观叙事的比例，重视微观个体叙事对受众的情感唤起。同时，相关报道也不再局限于表面的信息，更倾向于深入挖掘，如从国家层面宏观角度分析“一带一路”倡议的整体发展情况。此外，报道通过呈现来自不同领域的专家学者、政府官员、企业家、普通民众等多个角色的视点，从不同维度展现了“一带一路”倡议的影响和成果。

（2）形式层面

在全媒体时代，“一带一路”倡议10周年相关报道已经摆脱了传统纸媒的限制，而是利用报纸、电视、新闻网站、社交媒体等多种渠道同步发布，以满足不同受众的需求。报道形式更加多样化，不仅有文字报道，还有图片、视频、音频等多媒体形式，使信息更生动、直观。一些专业机构和个人也通过微博、抖音、微信视频号等平台发布与“一带一路”倡议相关的短视频、小视频等，还通过可视化等形式增强“一带一路”倡议介绍类新闻的可读性；借助VR、AR等技术打造沉浸式新闻，生动呈现“一带一路”倡议给共建国家带来的变化等，由此吸引更多年轻受众。

（3）传播层面

随着全球化进程的加速，“一带一路”倡议10周年相关报道虽然仅面向国内读者，但内容上更加注重引入国际传播的信息，在相关会展、国际论坛、高峰会等场合进行现场报道，增强报道的实践感。同时，采访外国专家、合作伙伴、受益国居民等，使报道更贴近国际社会关切的视角。此外，将文化、经济、人文等因素融入报道中，增强了“一带一路”倡议的全球影响力。

（4）三级传播体制的功能性与互补性作用

从组织传播与区域传播的角度审视，新华社、《人民日报》、《中国日报》等中央官方媒体，上海电视台与东方卫视等省级电视台，鄂尔多斯市地级融媒体中心，以及县级融媒体中心构成了四级传播体制，在“一带一路”倡议相关报道中发挥了各自的作用。

中央官方媒体作为国家最高层次的媒体，拥有多种媒体形式，且具有广泛的影响力和传播覆盖面。在“一带一路”倡议的相关报道中，中央官方媒体注重宣传国家对该倡议的全球性意义和政策方向，其报道内容多以宏观层面的政策解读、高层领导会晤、重大合作项目等为主要关注点。中央官方媒体在媒介技术的运用上较为成熟，电视、广播、报纸、新媒体等多渠道的传播方式助力“一带一路”倡议的相关报道辐射到全国范围，传递国家层面对该倡议的重视和支持。中央官方媒体通过整合各媒体平台实现内容的多样化呈现，借助大数据分析、人工智能等新技术手段优化信息推送策略、提供更丰富的报道形式，满足不同受众的需求。

省级电视台作为地区级别的区域传播媒体，在地方范围内有较强的传播力和影响力，更关注“一带一路”倡议在所在省份的具体实践和影响，其媒介形式主要集中在电视台、官方网站和微博等部分新媒体平台。在“一带一路”倡议的相关报道中，省级电视台重点报道“一带一路”倡议对本地区经济、文化、社会等方面的影响和推动作用，以及相关项目在本地区的落地情况。同时，省级电视台在融合传播方面也在逐步发展，努力将电视和新媒体进行有机结合，实现内容的跨平台传播，提高“一带一路”倡议报道信息传播的覆盖率。

市级融媒体中心作为基层媒体单位，是多平台传播与融合的代表，其报道方式与理念更贴近当地民众。在“一带一路”倡议的相关报道中，市级融媒体中心更加关注本地与“一带一路”倡议的连接和合作，通过多种媒介资源与信息整合，深入报道本地与“一带一路”倡议相关的项目合作、文化交流、人员往来等方面的情况，提供更立体、全面的报道，满足不同受众的需求，反映本地在该倡议实施中所扮演的角色与所做的贡献。

综合而言，在全媒体时代，“一带一路”倡议10周年相关报道相较于5周年相关报道更加注重内容的深耕、视角的多样和形式的多样化，从而吸引更广泛的受众，丰富了报道内容、角度与形式，促进世界对“一带一路”倡议的理解与对中国的正面认知。这种多元化的报道方式有助于加深人们对“一带一路”倡议的认识，进一步推动国际交流与合作，推进世界的共同发展。

## 子案例Ⅲ　国际传播“丝路奖”助力“一带一路”民心相通

2019年《第二届“一带一路”国际合作高峰论坛成果清单》明确规定：人民日报社与有关国家媒体共同建设“一带一路”新闻合作联盟，评选国际传播“丝路奖”。国际传播“丝路奖”是为鼓励与引导共建“一带一路”国家和地区新闻媒体机构互学互鉴、讲好“一带一路”故事而设立的。作为一个新设立的国际传播奖项，“一带一路”新闻合作联盟秘书处探索创新，扎实开展相关工作，广泛听取各方意见，合理设计评选规则和方案，有序推进作品征集、评委会组成设置等事项。

2022年7月20日，首届国际传播“丝路奖”评审委员会会议在北京举行（见图2-21），评选共设深度报道奖、新闻评论奖、摄影作品奖、视频作品奖、全球抗击新冠疫情短视频奖和特殊贡献奖六大奖项。其中，全球抗击新冠疫情短视频奖是根据近两年世界各国抗疫工作专门设立的奖项，体现了国际传播“丝路奖”的人文关怀。最终，各奖项针对共建“一带一路”国家和地区的媒体机构或者个人开放征集，共有来自80个国家和地区的4485件作品参评，其覆盖面之广，参与度之高，体现出“一带一路”国际传播的吸引力。

国际传播“丝路奖”的评审委员会由来自中国、埃及、阿联酋等多个国家的21名委员组成，人民日报社副总编辑方江山为评审委员会主任。会议采取线上线下相结合的方式举行，由方江山主持，经“一带一路”新闻合作联盟秘书处介绍，再由各评委线上投票产生复评结果。评选过程公开、透明，充分体现出规范性、权威性、开放性和国际性。综合各评委意见，最终《哈萨克斯坦与“一带一路”倡议：路向何方》等19件作品入围国际传播“丝路奖”相关作品奖，而巴基斯坦“丝路之友”俱乐部负责人、巴中学会主席穆沙希德·侯赛因·赛义德（Mushahid Hussain Sayed）等友好人士入围首届国际传播“丝路奖”特殊贡献奖终评对象。

图 2-21 首届国际传播"丝路奖"评选委员会会议现场

方江山在主持会议时指出，媒体是引领社会舆情民意、促进国家和地区间民心相通、讲好共建"一带一路"故事的重要力量。国际传播"丝路奖"评选，以发扬和平合作、开放包容、互学互鉴、互利共赢为核心的丝路精神为宗旨，表彰认同、传播、阐释共建"一带一路"合作理念和实践的媒体同人、各界人士，凝聚人人重视发展、大家共谋合作的共识，助力携手构建人类命运共同体的伟大实践。

"这是一个具有重大意义的奖项。"南非独立传媒集团总编辑阿尼兹·萨利（Aniz Sali）表示，媒体在抵制虚假信息、提供公正客观报道方面发挥着重要作用。国际传播"丝路奖"的设立和评选，为高质量共建"一带一路"贡献媒体力量。巴基斯坦战斗媒体集团总经理萨尔曼德·阿里（Salmande Ali）表示："国际传播'丝路奖'让共建'一带一路'国家和地区人民的声音、发展的故事被更多人听见和了解，为共同战胜疫情、促进经济复苏注入了正能量。"新华社总编室副主任班玮表示，"一带一路"不是独角戏，而是大合唱。首届国际传播"丝路奖"的参评作品基于对共建"一带一路"的真实体验，不少作品发人深省、真实感人。

共建"一带一路"追求的是发展，崇尚的是共赢，传递的是希望。在共建"一带一路"国家和地区，每天都真实发生着精彩的奋斗故事、成功故事、圆梦故事、幸福故事。首届国际传播"丝路奖"评选呈现了这些美好瞬间。让我们与共建"一带一路"国家和地区的媒体一道向前，以实际行动更加自信、更加坚定、更加自觉、更加有效地讲好高质量共建“一带一路”的精彩故事。

**思考与讨论**

一、我国设置国际传播“丝路奖”作用何在？

二、“一带一路”新闻合作联盟有哪些国家参与？

三、第二届国际传播“丝路奖”奖项设置有何新特色？

四、请阐释传媒是如何传达全球治理的中国理念及其创意特色的。

## 专题二　国际媒体眼中的“一带一路”

“一带一路”倡议提出的10年间，“一带一路”建设逐渐从理念转化为行动，从愿景转变为现实，并取得丰硕成果。由此，国际媒体纷纷发表对“一带一路”倡议的见解。在此，我们主要针对5周年与10周年两大特定时间节点，选取不同的国外媒体的报道进行研究，包括谷歌、脸书、推特、YouTube、TikTok几大具有全球影响力的平台，同时依据相关学者的研究文献及查阅相关国际媒体报道资料进行综合观察分析，标示出受制于不同文化背景的各国媒体对“一带一路”倡议的解读以及对“一带一路”倡议所持的立场态度。

本专题主要通过查阅文献、报道资料，并结合不同平台的代表性数据进行分析，碍于无法依靠大数据检索信息获取更为全面、庞大的数据信息，因而本专题不可避免地存在一定的局限性。

### （一）“一带一路”倡议5周年（2013—2018）特别报道内容分析

“一带一路”倡议提出5周年之际，国际上的媒体对其进行了全媒体式报道。谷歌、脸书、推特、YouTube几大平台在其传播过程中遵循既定的传播规律，通过多样的传播方式进行了内容的多元表达，为受众呈现出“一带一路”倡议5年以来发生的具体变化，也为不同群体提供了看待同一问题的多元观点，尤其有利于外国受众更好地理解“一带一路”倡议。

**1. 谷歌**

以“一带一路5周年特别报道”为关键词进行搜索，谷歌上只能搜索到57条结果，分6页显示，其中还有一些相似度极高的条目被隐藏。这个条目数量与“一带一路”倡议的体量相比是极小的，而且以中文为传播载体，覆盖范围很小。在57条结果中，只有一条是非中国大陆的网站，点击进入后只有标题，没有内容。以“一带一路”为关键词进行搜索，搜索到的视频多为负面报道，可见我国的国际传播能力还有待提高。

**2. 脸书**

点开脸书人民日报的主页，搜索“一带一路”，最新的消息还停留在2023年7月。再前面一条就是2017年5月更新的一条直播帖，完全没有和“一带一路5周年特别报道”相关的内容。以“人民日报 一带一路”为关键词才搜索出一条与“5周年特别节目”有关的视频，上传该视频的账号是一个名为“海峡导报”的不知名媒体。这一条内容是外国留学生眼中的“一带一路”，应该与人民日报融媒体的5周年专题相关。在脸书上以“Belt and Road”为关键词进行搜索，搜索到较多内容，文字加图片的动态明显少于视频动态。发布者主要以CHINA XINHUA NEWS、GUANGMING DAILY、CCTV、CGTN、CHINA DAILY为主，其中CGTN发布的动态占到了多数，并且点赞数量较高，基本能达到700人次左右，评论量为100条左右，而直播视频的互动量则要高许多，一般点赞量能达到3000人次，评论能达到800条左右，有些播放量能达到12万人次。

**3. 推特**

相比脸书上以官方话语为主，推特上带“Belt and Road”发布状态的个人账号更多，非官方宣传账号更多，并且推特上图文形式的状态居多，和脸书上以视频为主形成了鲜明的对照。出于时间原因，我们无法得出结论，国际社会对“一带一路”倡议的看法到底是正向的还是负向的，故在此不做传播效果的推论。

**4. YouTube**

在YouTube上以“Belt and Road”为关键词进行搜索，搜索结果中上传最多视频的账号为“NEW CHINA TV”，点开主页后发现，和新华网海外版的Logo一样。由此提出一个问题：在不同的社交平台上用不同的名字发布视频，是否不利于“话语的统一”“身份的识别”？

“一带一路”倡议5周年的报道体现出以下两方面的特点。

第一，以传统媒体为主要舆论场，以新媒体为辅助阵地，对“一带一路”倡议

5 周年进行全媒体式的报道。充分发挥新媒体优势，将多种传播形式相结合，如短视频、直播、图片新闻、微博话题等，使传播内容具有可视性，更加生动有趣。传播内容全方位地覆盖了多方观点，不仅仅局限于自我认知，还囊括了国际方面的评价、普通百姓的看法以及相关专家的意见，从多角度为受众呈现“一带一路”倡议提出 5 年以来带来的变化。针对不同媒体平台受众特点进行精准投放，通过制作短视频，利用明星效应及同龄人的影响吸引青年群体的关注。通过实地走访的方式记录并报道了“一带一路”倡议提出 5 年以来所取得的初步成就，使报道内容更具真实性、客观性。

第二，国外网上关于“一带一路”的动态大多集中于中国大陆媒体的宣传，主流话语多，个人话语少，缺乏互动性，传播中缺少双向沟通，同时对于国外不认可“一带一路”的情绪也没有较好的疏通渠道。以 VOA 为代表的外媒从反面一味地抹黑，以 BBC、华盛顿邮报为代表的理性探讨、不乏警觉，中国主流媒体在墙外发声的正面宣导形成了三股舆论力量，提供了不同视角去看待同一问题，对于外国人理解“一带一路”，形成自己的独立观点，其实是有益处的。中国大陆主流媒体发布在外网的“一带一路”视频多以小切口、平凡人的故事为主，短小、可看性强，符合传播规律，能形成一定的传播效果。

## （二）“一带一路”倡议 10 周年（2019—2023）特别报道内容分析

10 年来，共建“一带一路”已成为开放包容、互利互惠、合作共赢的国际合作平台和国际社会普遍欢迎的全球公共产品。在“一带一路”倡议 10 周年之际，我们分析 10 周年国际媒体对“一带一路”的特别报道，选取谷歌、脸书、推特、YouTube、TikTok 几大具有全球影响力的搜索引擎及社交平台对相关报道进行检索，从搜索引擎（谷歌）、社交媒体平台（脸书与推特）和以短视频为主的短视频平台（YouTube、TikTok）几个界面进行分析。我们搜索的数据信息更加多元、丰富，由此可以更加综合、全面地评价国外媒体对我国“一带一路”倡议的态度及倾向，为日后提升“一带一路”影响力和传播力，提高国际社会对“一带一路”倡议的认可度提供依据。

### 1. 谷歌

首先从网页搜索平台谷歌开始进行有关报道的观察。选择谷歌作为研究搜索的内容平台，主要是由于其作为全球最大的搜索引擎之一，在互联网行业中具有不可撼动的地位。具体而言，谷歌具有以下几大优势和特点。一是全球市场占有率高。截至2023年4月，谷歌在全球搜索引擎市场的占有率超过92%。二是其智能化的搜索技术能提高搜索结果的准确性。三是其具有多语种支持的功能。谷歌可以满足不同地区用户的需求。四是其提供了自由度高的搜索体验。谷歌拥有多种搜索选项和过滤器，用户能够根据个人需求和偏好进行搜索。

在对“一带一路”倡议10周年特别报道的内容分析中，我们以“Belt and Road”为关键词在谷歌网页进行搜索，并过滤筛选出与新闻有关的内容，显示了约198000条结果。从海量的信息内容中，我们可以看到“一带一路”在国外的讨论度也较高。为了方便研究，我们根据网页排序选取前20条信息进行统计，同时选取北美、欧洲与亚洲区域代表性国家的媒体报道情况进行综合分析。总体而言，国外对于“一带一路”倡议的相关报道趋于客观，但负面报道仍占据一定比例。

（1）北美地区

在“一带一路”倡议有关的媒体报道中，我们选取以美国为代表的主流媒体报道进行考察。在谷歌网页上，分别以“Washington Post Belt and Road”与“New York Times Belt and Road”为关键词进行搜索，可以看到美国主流媒体《华盛顿邮报》以及《纽约时报》对“一带一路”相关的报道内容呈现的倾向大部分为负面，如《华盛顿邮报》报道中部分标题写道“中国‘一带一路’倡议被遗忘的受害者”[①]“为什么各国希望退出中国的‘一带一路’”[②]等内容。可见，尽管美国媒体标榜客观、公正，在报道中尽量采纳多种消息源，但形式上的“不偏不倚”并不能掩盖其根深蒂固的意识形态偏见及作为强势媒体的“傲慢”。美国主流媒体念念不忘对“一带一路”倡议的动机、可行性进行质疑。很多时候，这些质疑、怀疑和担忧已经超越了正常的媒体职业道德。

（2）欧洲地区

在以“Belt and Road”为关键词在谷歌网页搜索选取的前20条报道内容中，我们观察到欧洲媒体对“一带一路”矛盾态度的呈现。同样是英国的媒体，路透社和《金融时报》两篇报道的倾向就有所差异。2023年7月，路透社在一篇题为《意大利梅洛尼称拜登从未提出“一带一路”成员资格问题》的报道中，称“梅洛尼领导着唯一加

① 来源于Google搜索“Washington Post Belt and Road”网页《华盛顿邮报》报道内容，见https://www.washingtonpost.com/opinions/2019/04/23/forgotten-victims-chinas-belt-road-initiative/。

② 来源于Google搜索“Washington Post Belt and Road”网页《华盛顿邮报》报道内容，见https://www.washingtonpost.com/world/2018/08/22/why-countries-might-want-out-chinas-belt-road/。

入中国'一带一路'计划的西方大国。该计划设想重建古老的丝绸之路，通过大量基础设施支出将中国与亚洲、欧洲及其他地区连接起来"[①]，可见其意在阐明中意双方愿意进行合作。但据其后的相关报道，意大利总理梅洛尼将会在2023年7月27日访美，届时将会与拜登进行会面，而此前已有媒体称，梅洛尼已决定退出与中方签署的这项合作。另一家媒体《金融时报》则在标题中写道"欧盟应以自己的'一带一路'为目标"。文章中还提到，欧洲对世界的忽视与中国的"一带一路"倡议形成鲜明对比，后者利用地缘政治和基础设施重塑贸易模式，使其受益——包括让一些欧盟国家首脑转向。[②]这其实是对中国"一带一路"倡议的误读。民族国家发展历史与路径的差异，由此表现为不同的地缘政治观。

（3）亚洲地区

通过网络搜索"一带一路"共建国家的报道与传播，可以看到在党的二十大召开后，"一带一路"共建国家对中国式现代化高度关注和认可，很多国家主流媒体对此进行了持续关注和报道。总体看来，大多数"一带一路"共建国家主流媒体赞赏中国式现代化走和平发展道路，认同中国基于本国国情走出了一条不同于西方现代化的道路，为"一带一路"共建国家实现现代化提供了新的选择和借鉴，因而对"一带一路"的相关报道持积极正面态度。[③]马来西亚媒体The Star高度赞赏中国式现代化，认为中国和平崛起表明西方现代化不是实现现代化的唯一道路，以人民为中心的现代化建设符合马克思主义的最高理想和价值追求，其目标是造福人民，最终实现每个人的全面发展。[④]巴基斯坦媒体解读中国式现代化的内涵、发展、成因和效果，高度赞赏中国式现代化打破了西方TINA（There is No Alternative，别无选择）对现代化实践和理论的垄断。[⑤]老挝媒体认为习近平总书记提出了一条创新、协调、绿色、开放、共享的中国式

① Reuters. Italy's Meloni says Biden never raised issue of Belt and Road membership［EB/OL］.（2023-07-24）［2024-05-20］. https://www.reuters.com/world/china/italys-meloni-says-biden-never-raised-issue-belt-road-membership-2023-07-23/.

② Financial Times. The EU should aim for its own Belt and Road［EB/OL］.（2023-07-16）［2024-05-20］. https://www.ft.com/content/ea111ba0-9660-42a3-86ad-3134362c703a.

③ 汪东萍，陈燕金. 中国式现代化在"一带一路"沿线国家的报道与传播［EB/OL］.（2023-03-29）［2024-05-20］. https://www.baidu.com/link?url=RW1f_tegIL-4-tmiKUir_vkyMwiOpCfe7cbmGOzNt7hrfMMT44O83Sb42zva6buhgZe7CdEDl59OUuPmh08njhpchSmb3aiuEXWsH-x_dgy&wd=&eqid=c659fcc30007bdd00000000664c2730e.

④ Embassy of the People's Republic of China in Malaysia. Ambassador Ouyang Yujing Publishes an Article in Malaysian Media［EB/OL］.（2023-04-24）［2024-05-20］. http://my.china-embassy.gov.cn/eng/sgxw/202304/t20230424_11064343.htm.

⑤ Mian Abrar. Green development：China accelerates modernization of human-nature harmony［EB/OL］.（2023-07-18）［2024-05-20］. https://www.pakistantoday.com.pk/2023/07/18/268373/.

现代化发展道路。[①] 印度尼西亚《今日印尼》电子版报道称，印度尼西亚共和国驻华大使周浩黎在第十一届世界和平论坛中，参加了主题为“‘一带一路’合作：绿色和数字转型”分组会议，分享了关于印度尼西亚与中国双边关系发展和“一带一路”与“全球海洋支点”相契合及印度尼西亚与中国未来数字和绿色能源合作展望的看法。越南媒体 *VietNam News* 在 2023 年 6 月的一篇报道中对胡志明市开展“一带一路”三号项目以及其给城市及市民带来的实际效用进行了详细介绍，可见其对“一带一路”倡议同样持支持态度。[②]

### 2. 脸书与推特

脸书与推特都是全球常用的社交平台，其功能既相似又存在差异。脸书上的用户主要关注个人关系，其本质是关系型社交。这意味着用户更倾向于与家人、朋友和同事分享个人状态等。因此，关于“一带一路”倡议的讨论可能会更加亲密和个人化。推特的本质是信息传播型社交平台。用户在平台上通过推文来发布信息、想法和新闻。平台上的内容通常更加公开和实时，即相关讨论可能更加直接和迅速，涵盖来自不同国家和群体的观点，包括学者、公众人物和普通用户等。将两大平台放置在一起进行比较，主要是因为二者都是同类型社交媒体平台，都拥有全球极广泛的使用群体，可以看出两大平台关于“一带一路”倡议的报道内容中，不同国家地区群体对同一事件报道的立场有何差异。由于两大平台搜索功能的特殊性，我们主要按关键词检索和信息检索的方式进行内容搜集与观察。

（1）关键词检索

在脸书上，以“Belt and Road”为关键词进行搜索，可以搜索到的信息相对丰富，图文信息与视频动态兼有。发布的正面积极报道的主要信息来源是国内主要新闻媒体及“一带一路”相关的网站平台，正向报道信息主要来自包括但不限于 China Science、Modern China、WE ARE CHINA、People’s Daily-Hong Kong、China Xinhua News、CGTN、CGTN Frontline、China Daily、Phoenix TV 凤凰卫视、The Belt and Road News Network、Belt and Road 等。其中 CGTN 发布的“一带一路”相关信息占比较大，其主页通过检索带有“Belt and Road”标签的内容达到 50 条，且内容点赞数在几百人次

① 汪东萍，陈燕金 . 中国式现代化在“一带一路”沿线国家的报道与传播［EB/OL］.（2023-03-29）［2024-05-20］. https://www.baidu.com/link?url=RW1f_tegIL-4-tmiKUir_vkyMwiOpCfe7cbmGOzNt7hrfMMT44O83Sb42zva6buhgZe7CdEDl59OUuPmh08njhpchSmb3aiuEXWsH-x_dgy&wd=&eqid=c659fcc30007bdd00000000664c2730e.

② Viet Name News. Construction of Belt Road through HCM City to start on Sunday［EB/OL］.（2023-06-16）［2024-05-20］. https://vietnamnews.vn/society/1549879/construction-of-belt-road-3-through-hcm-city-to-start-on-sunday.html.

至几万人次不等。可见，其内容信息不仅较其他发布平台更为丰富，而且认可度较高。但在关键词检索的页面中，我们很少看到脸书平台外媒对我国“一带一路”倡议的正向报道内容。因此，下面采取账号检索方式，即直接找到部分国家媒体账号，再进一步搜索“一带一路”相关内容，以此进行分析。

（2）账号检索

在脸书与推特上，“一带一路”的相关负面素材主要通过欧美等发达国家的媒体传播，部分媒体在传播过程中往往会二次加工，曲解扭曲“一带一路”，从而对“一带一路”造成负面影响。如通过脸书进入 The New York Times Chinese -Simplified（纽约时报中文网）进行“一带一路”关键词筛选，大部分新闻呈现的是负面内容。由此可以看到美国舆论善用脸书这类新媒体平台发布对“一带一路”的负面信息，并以意识形态为名阻挠对“一带一路”倡议的正面宣传。在检索过程中，我们还看到印度部分媒体追随西方媒体，也对“一带一路”倡议提出批评。如脸书中的 Newznow 媒体账号，在 2023 年 4 月的一则视频推文中称，因中国在缅甸的影响力越来越大，因而当地的卡拉丹项目再次受到动摇。①

欧洲不同国家的媒体在脸书上对“一带一路”倡议看法不一。以英国为例，在搜索内容中，英国主要的两家主流媒体 *Financial Times*（《金融时报》）与路透社在有关“一带一路”的报道中态度倾向有所差异。《金融时报》2019 年 5 月的一篇相关报道质疑中国的做法，认为“一带一路”倡议让他国陷入对中国的债务陷阱；② 在路透社有关“一带一路”的相关报道（如《中国愿意与美国合作开展“重建更美好的世界”倡议》等）中，媒体的态度主要偏向于中立及对相关事实进行客观陈述，而不发表负面意见。在脸书上搜索的法国媒体中，其中代表性的媒体法新社共发布了两条相关信息，一条是 2018 年 8 月发布的视频报道，阐述的是哈萨克斯坦领导人努尔苏丹·纳扎尔巴耶夫（Nursultan Nazarbayev）对现代化的里海港口表示欢迎，该国希望该港口将与中国庞大的“一带一路”基础设施项目联系起来③；另一条信息是有关中国与泰国高速发展的丝

① NewzNow. বস্মিৃতৰি গৰ্ভৰপৰা উঠি আহছিে কালাদান［EB/OL］.（2023-03-04）［2024-05-20］. https://www.facebook.com/NewzNowNE/videos/179037308201293.

② Financial Times. Charts that show why Italy wants China’s Belt and Road Initiative［EB/OL］.（2019-03-22）［2024-05-20］. https://www.ft.com/content/23e0245a-4b2e-11e9-bbc9-6917dce3dc62?fbclid=IwAR1VantQCb-l8wEWqip6buXup2rnj0kLRYhrODBw-%20lcgt0tIbEBoUWaICUQ.

③ AFP News Agency. Kazakh leader touts port on China’s ‘Silk Road’［EB/OL］.（2018-08-12）［2024-05-20］. https://www.facebook.com/AFPnewsenglish/videos/1952920024745991.

路联通地图[①]。通过两则内容可以看出其没有明显的报道偏向。

如果说在脸书上检索“一带一路”相关内容信息的主导方是官方话语，那么推特上带“Belt and Road”发布状态的除了中国媒体等官方账号，也不乏许多个人账号对“一带一路”等相关内容进行意见发表，其中非大陆官方的宣传账号也较脸书上更多，并且推特上发布的信息大部分是图文形式，与脸书上主导的视频传播的方式有所区别。

由于推特平台类似于国内微博，通过检索关键词“Belt and Road”的信息数量庞大，无法一一进行筛选统计，我们只能通过搜索观察的现象尝试推论。总体而言，通过推特检索出的各类信息，官方账号和个人的账号均有发布，且大部分为图文内容。大部分西方媒体及个人账号发布的“一带一路”相关内容，即不同国家地区的官方和群众对“一带一路”倡议及建设的态度呈现出复杂的态势。如一位名为“LBO_Guy”的用户在评价“一带一路”相关报道时表示，“虽然中国与美国和欧盟的贸易关系似乎处于不稳定状态，但东南亚及其‘一带一路’伙伴的情况要顺利一些，值得关注”[②]，其中既表达了对中国与欧盟及美国的贸易关系的担忧，也有对中国与东南亚国家合作发展的肯定。另一位用户则直接指责中国为亚洲地区的殖民者，而非民主的国家。[③]我们可以看到，不同地区的用户对“一带一路”的看法是多样的，虽然部分账号表示出对“一带一路”倡议的认可，但很多西方账号意在丑化“一带一路”。

### 3. YouTube

接下来，我们将观察视角转向 YouTube 平台，首先对其平台身份、属性的代表性进行说明。YouTube 是全球最大的视频分享平台之一，拥有广泛的影响力，作为一个允许用户上传、分享和观看视频的在线平台，其在全球范围内拥有庞大的用户群体，用户可以在 YouTube 上找到各种类型的视频。正是由于其巨大的用户群体和视频传播能力，YouTube 在全球具有重要的影响力。很多重要事件、话题和文化现象都会在 YouTube 上得到广泛讨论和传播。因此，我们也选取在该平台上考察外媒对“一带一路”倡议 10 周年的态度。

本专题主要通过 YouTube 以“Belt and Road”为关键词进行搜索，并对搜索结果中的播放次数进行过滤，筛选出播放量排名前 20 位的视频内容作为分析单元（统计截

① AFP News Agency. Thailand’s China-built high-speed rail，on track but delayed［EB/OL］.（2023-04-12）［2024-05-20］. https://www.facebook.com/AFPnewsenglish/posts/6180075172030434.

② LBO_Guy. While China’s trade relations with the U.S.［EB/OL］.（2023-07-18）［2024-05-20］. https://twitter.com/The_Analyst_Lab/status/1681292931133587458.

③ LengFing. Calling itself democratic countries imperialists［EB/OL］.（2023-07-20）［2024-05-20］. https://twitter.com/LengFing/status/1681967101815422977.

至 2023 年 8 月 8 日，见表 2-3），同时结合不同国家媒体账号内容的检索信息进行综合分析，并将按照报道的不同态度和倾向进行具体分析。总体而言，美国媒体发布的内容播放量较大，其次是德国、中国和印度的媒体（见图 2-22）。媒体中既有中立、正向积极的声音，也包含对“一带一路”倡议及和他国具体合作举措的歪曲和误解（见图 2-23）。

表 2-3　YouTube 关键词“Belt and Road”搜索播放量排名前 20 视频

| 账号 | 国家 | 标题 | 播放量（万次） |
|---|---|---|---|
| Think School | 美国 | How India is TRAPPING China with its Military STRATEGY?：Geopolitical Case study | 1317 |
| Vox | 美国 | China’s trillion dollar plan to dominate global trade | 847 |
| DW Documentary | 德国 | The New Silk Road，Part 1：From China to Pakistan \| DW Documentary | 425 |
| WION | 印度 | Gravitas Plus：The Belt & Road initiative | 266 |
| PolyMatter | 美国 | The Truth About China in Africa | 245 |
| CGTN | 中国 | Uzbek president arrives in Beijing for Belt and Road Forum | 184 |
| George Downs \| WSJ | 美国 | Kenya’s $3.8 Billion Chinese-Built Railway Shows Why Belt and Road Is Being Reworked | 158 |
| WION | 印度 | Gravitas Plus：China is Weaponising the Belt and Road Initiative | 155 |
| HKTDC | 中国 | Belt and Road Summit 2021：“Greener” Bay Area—through the Sustainable Finance Lens | 152 |
| Bloomberg Originals | 美国 | How China’s Flagship Belt and Road Project Stalled out | 149 |
| HKTDC | 中国 | Belt and Road Summit 2021：Capital Raising and Financing through Hong Kong | 147 |
| VICE News | 美国 | China’s One Belt One Road Could Make Or Break This Poor European Country（HBO） | 138 |
| Think School | 美国 | How China is TRAPPING INDIA using Pakistan & Sri Lanka?：Geopolitics Case study（China’s Trade plan） | 138 |
| CNBC International TV | 英国 | The New Silk Road：Ambition and Opportunity | 120 |
| My Channel Video | 巴基斯坦 | CPEC explained Belt and Roadl nitiative | 97 |

续表

| 账号 | 国家 | 标题 | 播放量（万次） |
|---|---|---|---|
| DW Documentary | 德国 | China's gateway to Europe - the NewSilk Road（1/2） | 92 |
| DW Documentary | 德国 | China's New Silk Road in Europe | 90 |
| CAN | 加拿大 | How will China's Belt and Road initiative impact Uzbekistan? | 85 |
| Open to Debate | 美国 | The Belt & Road Initiative ls a TrillionDollar Blunder | 75 |
| DW Documentary | 德国 | China's gateway to Europe - the NewSilk Road（2/2） | 74 |

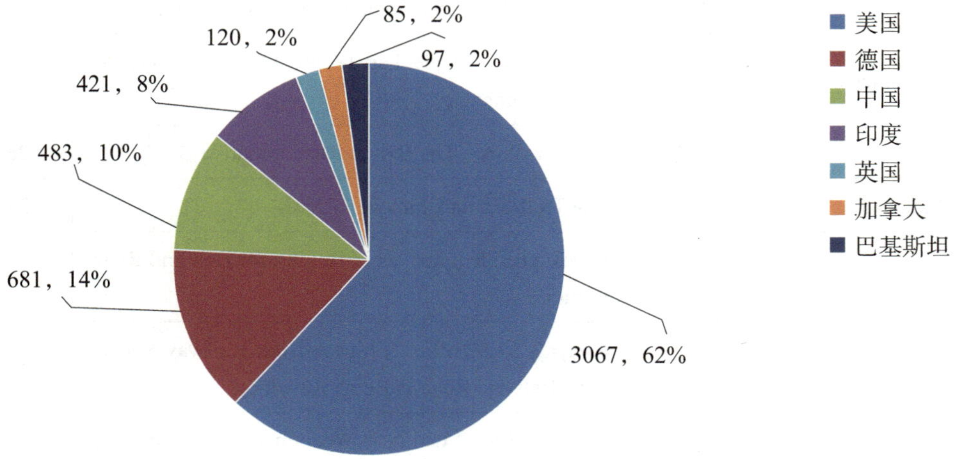


图 2-22　以“Belt and Road”为关键词在 YouTube 上进行搜索，播放量排名前 20 位的视频账号所属国家及播放量情况

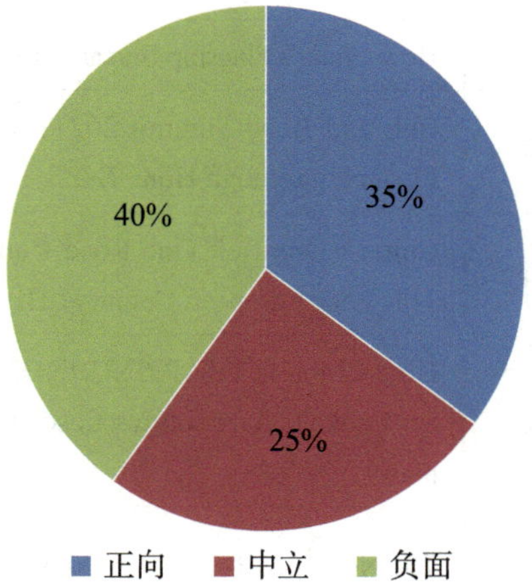


图 2-23　以“Belt and Road”为关键词在 YouTube 上进行搜索，播放量排名前 20 位的视频账号所持态度占比

（1）报道态度呈中立、正向

在播放量排名前20位的账号中，积极正向、客观公正地解读政策信息的账号除了国内官方账号，如“中央通讯社”、香港贸发局等，还有德国之声纪录片这个德国公共、国有的国际广播公司账号，且该账号发布的视频占了20%。可见，德国部分媒体对“一带一路”倡议的态度总体上是客观理性的，倾向性不太明显。东南亚、中亚、西亚和非洲国家作为“一带一路”的重要合作伙伴，其主流媒体在进行相关报道时，报道态度以正面为主。该区域发展中国家所占比例比较高，因而“一带一路”倡议促进共建国家协同发展、互惠互利的举措得到广泛响应。例如“一带一路”共建国家之一的巴基斯坦，在其BOL新闻（BOL News）中前后发布了多条与“一带一路”相关的报道内容，如“伊姆兰·汗总理谈中巴经济走廊及其对巴基斯坦的优势”“巴基斯坦大胜 | 第一个海鲜集装箱到达中国 ”“中巴经济走廊项目 | 中巴经济走廊 | 阿萨德·哈拉尔为巴基斯坦人带来好消息”等内容[①]，都是正向看待“一带一路”带来的诸多发展与机遇。

（2）报道态度呈质疑负向

在播放量排名前20位的账号中，印度媒体WION以及美国账号OpentoDebate、Think School等，都对中国“一带一路”倡议保持怀疑或批判的态度。其中印度因受西方媒体的严重影响，在报道中严重曲解“一带一路”的重要作用，甚至抹黑“一带一路”倡议。如一篇来自印度媒体WION的报道直接在标题声称“中国正在将‘一带一路’武器化”。[②] 美国虽不是“一带一路”倡议的共建国家，也非正式参与国，但美国媒体对“一带一路”倡议表现出浓厚的兴趣与关注。在播放量排名前20位的报道中，美国媒体呈现的主要是负面信息。尽管之前部分美媒谈到中美在“一带一路”建设上合作的可能性，但对“一带一路”倡议的动机、可行性以及倡议潜在影响，始终充满质疑与担忧。在检索的信息中，美国账号OpentoDebate直接在标题中写道“‘一带一路’倡议是一个万亿美元的错误”，[③] 而另一个账号Think School则将“一带一路”理解为是中国的贸易计划。[④] 其中美国最大的国际广播公司Voice of America（美国之音），虽然报

① BOL News. Belt and Road Initiative News［EB/OL］.（2023-10-30）［2024-05-20］. https://www.youtube.com/watch?v=tU2L9BdTIFw&ab_channel=BOLNews.

② WION. Gravitas Plus：The Belt & Road initiative［EB/OL］.（2021-02-27）［2024-05-20］. https://www.youtube.com/watch?v=Rjx1iuY9D2s&ab_channel=WION.

③ Open to Debate. The Belt & Road Initiative Is a Trillion-Dollar Blunder || Debate［EB/OL］.（2019-03-02）［2024-05-20］. https://www.youtube.com/watch?v=fgXmUubTIYw&ab_channel=OpentoDebate.

④ Think School. How China is TRAPPING INDIA using Pakistan & Sri Lanka?：Geopolitics Case study（China's Trade plan）［EB/OL］.（2022-04-27）［2024-05-20］. https://www.youtube.com/watch?v=8352JG8CCoE&t=87s&ab_channel=ThinkSchool.

道态度褒贬兼具，如既有报道较为客观地阐述“中国的‘一带一路’倡议：过去、现在和未来”，即近年来中国对全球的发展项目一直在进行资助，但多篇报道对“一带一路”倡议进行了批判和质疑。如题为“中国乌干达道路建设债务、依赖”的一篇报道，阐述了中国向乌干达提供数亿美元的贷款用于修建新公路，然而一些乌干达人质疑这些项目的好处等；在一篇名为“中国‘受够了’美国对‘一带一路’的批评”的报道中，该媒体借助美国国务卿迈克·蓬佩奥（Mike Pompeo）之口，表示中国不透明的融资可能会使许多国家陷入不可持续的债务。①

#### 4. TikTok

同样是视频传播平台，TikTok 与 YouTube 有所不同的是，其是中国公司开发的 APP，是中国企业“出口”到海外的一款软件。2017 年 5 月 TikTok 上线以来，曾多次登上美国、印度、德国、法国、日本、印尼和俄罗斯等地 AppStore 或 GooglePlay 总榜的首位，尤其受到 Z 世代年轻受众的欢迎。目前 TikTok 面向中国大陆地区以外的其他国家和地区（包括港澳台），已经覆盖 150 多个国家，成为全球范围内的社交媒体平台，拥有数十亿的用户数量，尤其是在美国等西方国家受到青睐。通过分析该平台相关新闻媒体账号对“一带一路”倡议 10 周年的报道，可以更好地观察在以 Z 世代群体为主、极具影响力的社交媒体平台上，我国“一带一路”倡议在国外媒体尤其是美国等西方媒体上的报道情况。

根据牛津大学路透社新闻研究所《2022 年数字新闻报告》的统计②，约有一半（49%）的主流机构媒体现在定期在 TikTok 上发布内容。但不同国家主流机构媒体入驻 TikTok 的比例差距明显。绝大多数印度尼西亚（90%）、西班牙（86%）、法国（86%）和英国（81%）的机构媒体在 TikTok 上保持较为活跃的更新频率，美国有超过四分之三的出版商（77%）入驻了 TikTok 并定期更新。但由于 TikTok 新闻账号主页并未提供搜索功能，我们无法通过账号搜寻并检索账号发布内容中有关“一带一路”的信息，只能在 TikTok 主页直接搜索关键词“Belt and Road Initiative”进行相关报道分析。

目前，该话题的相关视频浏览量 3200 多万人次，大部分视频为个人账号所发，少部分为官方账号。这些视频中，观看量较大的视频账号部分持中立态度，如个人账号“jeffrey1012”发布的视频“The BRI Initiative，as the west slumbers，china advances”，

① Voice of America. China's Belt and Road Initiative：Past，Present and Future［EB/OL］.（2023-02-28）［2024-05-20］. https://www.youtube.com/watch?v=ga1rh1-Sqxw&ab_channel=VoiceofAmerica.

② 王沛楠，纽曼 . TikTok 新闻业：全球新闻业的音视频转向探索［J］. 青年记者，2023（1）：102-103.

对“一带一路”倡议进行了客观评价，播放量为35.5k①。此外，还有部分视频持消极态度，但观看量相对较少，如个人账号“willhessert”发布的视频“China's Belt and Road Initiative Will Account For 40% of All Global Trade：China's Plan For World Domination”将“一带一路”倡议的目的归结为统治世界，播放量为8768。与此同时，也有部分账号持积极态度，如古巴媒体账号“Pamphlets”发布的视频“China ready to work with Brazil”对客观事实进行陈述报道②。作为“一带一路”倡议共建国之一，古巴一直对“一带一路”倡议秉持友好态度。在新华网的一篇相关报道中，古巴国际政治研究中心高级研究员言加拉多表示“‘一带一路’倡议是遵循共商共建共享原则的开放性实践，加强了多极化世界的建设，旨在建立适应发展与和平需要的公平秩序”③。

此外，中国周边包括东南亚、南亚与中亚的部分账号也表达了对“一带一路”倡议的认同。账号“send.story”发布的视频“gears up its China-built high-speed train which is a part of China's Belt and Road initiative”，提倡在印度尼西亚加快中国高速列车制造，用实际行动支持“一带一路”倡议。账号“bunheng.soth”发布的视频“រថភ្លើងល្បឿនលឿនធ្វើដំណើរពីស្រុកវាំងវៀង”，介绍了在“一带一路”倡议下中国帮助当地所制造的高速列车，从万荣到琅勃拉邦北部仅需一个半小时。由此可见其对“一带一路”倡议成果的肯定。账号“frontline_focus”发布的视频“China and Pakistan are all-weather strategic cooperation partners”表现了中国和巴基斯坦的深厚友谊和对“一带一路”倡议的支持。账号“likechina2021”发布的视频“China-Uzbekistan hydropower projects”介绍了中国 - 乌兹别克斯坦水电项目确保了乌兹别克斯坦的电力供应，同样体现了乌兹别克斯坦对“一带一路”倡议的支持。

### 思考与讨论

一、请思考中国提出的“一带一路”倡议与全球治理和全球南方的未来发展有何关系？

二、通过大数据挖掘和分析“一带一路”倡议10年来国外媒体报道的变化以及原因。

---

① jeffrey1012. The BRI Initiative［EB/OL］.（2023-04-26）［2024-05-20］. https://www.tiktok.com/@jeffrey1012/video/7226185869378571538.

② Pamphletz. China ready to work with Brazil［EB/OL］.（2023-04-12）［2024-05-20］. https://www.tiktok.com/@pamphletz/video/7220893562399968518.

③ 新华网 . 多国人士在古巴探讨“一带一路”倡议十周年实践情况［EB/OL］.（2023-07-07）［2024-05-20］. http://www.news.cn/2023-07/07/c_1129737505.htm.

三、请观察不同媒体对同一主题、事件的新闻报道的切入点与侧重点是否相同。如果不相同，受什么影响？

四、探讨在全球传播的背景下如何更好地做好对“一带一路”倡议的品牌建构。

五、请观察和总结国内电视四级传播体制对“一带一路”报道实践的优势与互补的能效在何处。

案例六

# 公共品牌塑造篇Ⅱ：科技创新与人工智能及中国科幻文艺崛起的全球传播研究

## 一、设计理念：开发全球传播的公共产品与中国声音的塑造

随着全球互联网络的兴起，新媒体技术日渐成为信息传播的新渠道、文化繁荣的新平台、经济发展的新引擎、社会治理的新载体、全球合作的倍增器，成为驱动中国与全球人类命运共同体合作发展的重要纽带。技术的发展会催生新的业态与产业发展。我国的科技创新与科幻文艺事业的健康发展离不开国际合作与市场产业链的良性循环；同样，世界的发展也离不开崛起的中国与中国制造。近年来，中国的5G通信技术引领世界，推动世界经济和社会文化向前发展。但在单边主义和大国博弈的严峻国际背景下，科技领域的竞争与美国霸权思维遏制中国的战略已成为事实，科技发展与市场领域的博弈已然成为国际新闻传播关注的热点。此外，还有一个热度现象值得关注，以ChatGPT为代表的新一代生成式人工智能（Generative Artificial Intelligence，简称GenAI），表现出在高质量对话、复杂推理、语境学习、跨任务泛化（包括多语言任务）等方面的强大能力，并呈现出从自然语言交互向多模态交互发展的趋势。目前，生成式人工智能已经开始参与新闻、播客、影视等各类文化产品的全球生产和国际传播。① 在理论层面，2024年9月，中央广播电视总台国际在线联合腾讯共同主办了以“AI与全球叙事：重塑国际传播生态”为主题的2024年国际传播沙龙。在实践层面，我国主流媒体十分重视人工智能治理的国际合作与风险管控这一全球传播的公共品牌的打造。中央广播电视总台于2024年4月播出的《鲁健访谈·对话薛澜》就是这一方面较为成功的案例。它突破了传统的电视谈话类节目的固有形式，显示出国际传播的强磁场性。

可喜的是，具有全球传播意义的中国科幻文艺发展迅猛，广受大众青睐的文化产品得到跨国流通，显示了其作为全球公共产品的文化属性与市场属性。纵观中国的科幻文艺，电影《流浪地球》（2019）在国内外走红并引发热议以来，对“科幻”“科学”等内容的关注已成为社会舆论的常态。2023（成都）世界科幻大会的顺利召开更是吸引了世界科幻界的目光。作为世界瞩目的科幻盛会，世界科幻大会在中国的首次召开，见证了中式科幻想象力走向国际视野。大会凭借其组织传播和品牌构建活动，逐步构建了具有世界影响力的中国科幻品牌。2024年，多位中国科幻作家和多部科幻相关作

① 周葆华，吴雨晴.生成式人工智能影响下的国际传播：实践进展与影响路径［J］.对外传播，2024（6）：4-8.

品入围雨果奖，印证了当前中国科幻文学在世界崛起的趋势，也将东方人文哲思带至英语世界[①]。2024 年 4 月 27 日，第八届中国科幻大会开幕。作为国家级科幻盛会，中国科幻大会助力中国科幻文化和科幻产业繁荣发展，将合作共赢、共同发展的思想传播给世界。有数据显示，2018—2023 年，中国科幻的全球搜索热度逐年上升，并在 2023 年达到峰值，比 2018 年高出 37 倍。[②]2023 年，中国科幻产业总营收为 1132.9 亿元，同比增长 29.1%。[③] 中国科幻也在发展中进行立体产业化，在影视、文学、文创等多个领域向世界展示中国科幻的创新力量。

科幻作家刘慈欣创作的《三体》被认为是中国科幻文学的里程碑。2023 年，根据刘慈欣同名科幻小说改编的电视剧《三体》在 CCTV-8 等平台上线，首播以来该剧凭借着出色的品质赢得话题度与口碑双丰收。毫无疑问，这部剧在一定程度上开拓了国产科幻剧的版图，将硬科幻引入电视剧，在剧集中呈现出电影般的质感，在科幻文艺作品的创作中实现了创新和突破。电视剧版《三体》依托顶级科幻 IP，豆瓣网 44.3 万人评分 8.7 分，曾获白玉兰提名，获得的热度和口碑说明了国产科幻剧开拓和发展的潜力和可能。该剧不仅国内口碑热度高，而且走出国门，在腾讯视频海外站和 YouTube 官方频道上获得海外观众的欢迎和好评。[④]《三体》电视剧的成功对国产科幻剧的创作具有重要意义，也为国产科幻文艺作品“走出去”开辟了新范式。2024 年 3 月 21 日，Netflix（网飞版）美剧《三体》首播，引起海内外各界广泛关注。作为一部由中国科幻文学作品改编的海外剧集，其市场并不局限于中国，因此剧集在原著基础上有改动。从全球传播角度来讲，网飞版《三体》的改编是为了适应不同文化的审美，有利于海外受众理解剧情。《三体》“出海”，一方面对提升原著作品在海外的关注度和销量有积极作用，另一方面对于促进中国科幻文学“走出去”、推动中国科幻电影崛起也具有重要价值。虽然剧集面临“魔改”等批评，但是从经济效益和文化传播角度来讲，网飞翻拍《三体》具有一定的积极作用。

我们看到，尤其是以科幻电影、科幻品牌活动为代表的中国国际公共产品，在内容题材、国际影响力与关注全球发展问题方面，显示出与国际社会接轨并且高度契合的面貌。科幻文艺作品和世界级的科幻活动是向世界展现我国科技创新发展的重要窗

① 环球网 . 雨果奖为什么“盯”上中国科幻文学？［EB/OL］.（2024-04-15）［2024-05-20］. https://baijiahao.baidu.com/s?id=1796352451187669000&wfr=spider&for=pc.

② 数据来源于中国科幻研究中心发布的《中国科幻海外传播报告（2018—2023 年）》。

③ 数据来源于中国科幻研究中心、南方科技大学科学与人类想象力研究中心共同发布的《2024 中国科幻产业报告》。

④ 张吉 . 电视剧《三体》展现中国式硬科幻的影像魅力［N］. 天津日报，2023-03-07（10）.

口，也是向国际展示我国高质量创新的快速转化成果，倡导用科学的视角承担作为世界大国的责任，引导国际社会共绘未来世界发展的蓝图。同时，以科幻作品作为全球传播中的公共产品，也是邀请全球关注科幻发展的一种期许。未来发展离不开科技的进步，电影中基于现实描绘的未来世界，很可能会在将来成为现实。以当下映射未来，以文字书写发展，以镜头呈现科技的多重可能，科幻文艺作品的意义远不止于当下，不止于国际，更是着眼于全球发展的未来。

与此同时，世界科幻大会作为国际综合性的科幻盛会，构筑起中国科幻和未来科技发展、国际科幻文化沟通的桥梁。大会能够在中国首次落地说明了国际科幻界对中国科幻发展的高度认可，是中国科幻百年发展以来的一次里程碑式的进步。世界科幻的目光已然转向中国；也是向世界展示中国科幻、科技的前沿创新以及新生代科幻力量的重要契机，邀请了罗伯特·索耶，本·亚洛等国际著名科幻作家、爱好者、从业者。科幻文化作为一种跨文化交流和国际文化互鉴的重要组成部分，将科幻的历史文化内涵和现在与未来的科技发展相结合，是一种既着眼于文化源流的科幻元素又关乎国际当前以及未来科技发展的文化集合，科幻文化的发展程度代表着一个国家的科技文化发展水平与科学文化素养。2023（成都）世界科幻大会便是对中国科幻目前发展的阶段性成果的一个总结。同时，中国科幻也在不断开拓创新，在国际化的科幻产业交流中立足于中国特色科幻元素融入世界科幻发展的洪流之中。

目前，我国的科技新闻和科学文艺作品的国际传播能力与欧美发达国家还存在一定差距。世界大国、强国已经把科普工作纳入国家科技政策和战略规划中，日本、加拿大和欧盟等主要发达国家 20 世纪 90 年代初的全民科技普及水平基本上与该阶段持平。我国现阶段的科普传播工作还不能完全满足公众的需求。以我国传统纸媒类科普杂志《科幻世界》为例，在融媒体传播时代，微博、微信、抖音等平台的迅速发展，进一步拓展了科普知识呈现的方式。除了传统报刊，还可以借助直播、视频、H5 等方式进行传播。该杂志虽然尝试搭建新媒体运营矩阵，拍摄短视频、组织科普活动，但数量不够多、分享渠道不够广、直播活动较少等问题导致融合科普传播质量不高，受众不够广泛，仍有很大的进步空间。在立体化国际传播时代，考察我国新媒体科技传播的发展水平，探究我国新媒体科技传播与我国科普传播的内在联系，构建科技传播整合创新路径，是当前我国科普传播的重大现实需求。

事实上，中国在世界上的形象很大程度上仍是“他塑”而非“自塑”。在国际语境层面，中国面临“西强我弱”的国际舆论传播格局。中国新闻媒体的国际传播能力还不够强，中国的对外阐释技巧、传播力度还不够，当代中国价值的国际知晓率和认同度还不高，存在着信息流进流出的“逆差”、中国真实形象和西方主观印象的“反差”、软实力和硬实力的“落差”。在传播基础技术方面，我国的5G技术处于被西方打压的状态，以美国为首的西方以先进的技术和高速的传播速率长期在国际上占据发声的主导权。长久以来，中国真实的科技发展实力一直被“看低”，被“打压”，谁掌握技术谁就掌握领导权。从更深层次来看，中国在国际上有理说不清的一个重要原因是面对全球数字化、信息化、网络化、智能化的跨文化语境，中国尚未建立起自主创新，以全程媒体、全息媒体、全效媒体、全员媒体为支撑的对外传播话语体系。

尽管我国科技新闻和科学影视文艺作品的国际传播能力长期落后于科技发展的水平，这关联着我国科技大国国家形象的塑造，但随着5G技术、5G网络的全面商用化发展，我国的互联网应用已经逐渐受到世界各国的青睐。2023年5月15日，《环球时报》报道称，[①] 从谷歌和苹果应用商店对95个市场的手机应用（APP）下载榜前5名统计来看，在上榜的475款APP中，中国APP占比高达33%，较2020年上涨8个百分点。按产品来看，字节跳动旗下的TikTok在82个市场中进入五强。快时尚购物应用希音（Shein）在10个市场进入五强，在欧洲和南美发展势头强劲。按国别来看，中国应用在美国市场下载榜五强中占得四席，2023年一季度美国和加拿大应用商店下载量冠军均为中国的购物APP。分析人士认为，中国市场高度重视科技创新和用户反馈，在中国市场取得成功的应用继续发展海外市场，拥有强大的竞争力。2024年2月26日，世界移动通信大会在巴塞罗那会展中心召开，来自中国的企业成为世界关注的焦点。华为在展会期间公布了前沿的5G-A技术，这项技术有望成为5G与6G之间的桥梁。2024年6月28日，世界移动通信大会又在上海落下帷幕，来自全球124个国家和地区的近4万名与会者，一起感受5G、人工智能（AI）、数智制造等技术和产业发展趋势。据说，“升级版”的5G-A在网络速度、时延、连接数等方面能力显著提升，并引入通感一体、无源物联、内生智能等技术，从而更好地匹配人联、物联、车联、高端制造、感知等更为复杂的应用场景。2024年被认为是5G-A商用发展的关键之年，首个面向5G-A的技术标准近日也在上海宣布冻结。再有“人工智能”是2024MWC上海展的高频热词，中国联通与中国外文局联合打造了元景文创大模型，文物“活化”以智能“通”古今，吸引了现场的中外观众。华为和中兴等厂商也纷纷在展台展

① 环球时报．全球热门APP，33%来自中国［EB/OL］．（2023-05-15）［2024-05-20］．https://m.huanqiu.com/article/4Cts4iRBQEV.

示 5G-A 通感一体、空天地一体等技术在低空经济方面的最新进展。[①] 我们还应看到，全球 6G 标准化工作已正式进入实质性阶段，6G 关键窗口期各国都在抓紧布局。面对如此激烈的高科技博弈，包括人工智能治理及风险应对与国际合作，我们需要相应的国际传播语境、国际传播渠道、国际传播形式，树立起新时期中国科学技术的新质生产力和科学文艺重新发展的国际地位。我国在塑造科技强国形象的征程中，需要梳理科技新媒体传播的发展状况，需要从中央到地方的传统媒体与新媒体的紧密协作与整合创新，顶层设计出科技全媒体传播创新路径，以多终端、多渠道、多形式的传播手段，传输世界人民都喜闻乐见的科学知识、科技人物，包括人工智能全球治理在内的科研大事以及科学文艺作品，拓展我国科技新闻和科学文艺作品的国际传播的深度和广度。

综上所述，科技之于个人、社会、国家、民族具有非同一般的意义，也是当今举世瞩目的重要研究领域，在国内及国际社会都具有非常高的关注度。科技新闻及人工智能治理的中国声音、科幻文艺的中国创新、2023 年落地中国成都的世界科幻大会的组织传播及其品牌构建活动，以及中国移动在 2024 年世界移动通信大会（MWC 上海）期间举办的以“牵手出海共创产品全球新未来”为主题的产品出海论坛并与合作伙伴共同发布了产品出海合作倡议，这些活动正是在全球传播中扩大中国声音传播范围的重要手段，因此被国际新闻传播及国际传播研究课程中列为重要的案例对象。

## 二、实现路径：教学流程与布局

在全球一体化和网络时代，各国文化产业的发展促使世界文化交流与合作更加频繁和紧密。科技通信技术的发明与市场推广既是国际新闻传播、全球传播的重要内容。鉴于此，国际新闻传播研究课程高度重视对作为全球性公共产品的中国科技新闻、科幻文艺以及科幻品牌活动的国际传播与全球传播展开专题研究，引导学生利用认知传播学、国际政治心理学、经济学、社会学、语言学等多学科知识，通过对同一案例研究对象的不同角度的细节把握，挖掘出世界文化的多样性与丰富性及多极世界的中国声音，进一步激发学生思考在复杂喧嚣的国际传播语境中，如何通过科幻文艺作品（影视）在国际上展现“中国智慧”，如何通过世界科幻大会的组织传播及其品牌构建

① 经济参考报 . 直击 2024 年世界移动通信大会（上海）三大热点［EB/OL］.（2024-07-01）［2024-10-20］. http://www.xinhuanet.com/tech/20240701/30a82815822d42298e92e8be99917d30/c.html.

活动扩大中国科幻品牌的国际传播范围，以及作为新一代青年人如何站在全球视野下以“创造性的心灵”助力中国科幻优秀的全球性公共产品的传播。

指导老师结合国内外科幻影视作品的繁荣及中国科幻文艺事业的创新发展，课前让学生收集和阅读世界科幻文艺史及传播史文献和相关的作品视频资料。然后，安排学生分组进行讨论和撰写课堂发言提纲，启发学生要以国际传播、全球传播和跨文化传播的视野来审视中国科学文艺与科技新闻的国际传播现象与价值，将具有国际影响力的科技新闻、科幻电影及世界性科幻活动视为全球性公共产品予以考察和分析。其后，经与老师课堂交流，学生做好 PPT 后在课堂上展示和对话。

综上，本案例的具体研究如下。首先，选取 5G 通信技术的发展与运用，作为科技新闻国际传播的研究对象，同时结合我国信息产业生产的领军者华为企业蒙受美国单边主义霸凌打压的现象，研讨科技发展与国际新闻传播的关系。其次，聚焦总台电视节目《鲁健访谈・对话薛澜》，关注人工智能的国际传播与中国声音的话语建构。再次，重点关注作为全球性公共产品的中国科幻文艺之一的科幻电影的崛起及其全球传播的价值与意义。最后，从全球公共品牌塑造的角度，分析 2023（成都）世界科幻大会的国际传播策略及其品牌构建活动。

## 三、案例展示与引导

### 专题一　为中国企业走出去发声——《人民日报》对 5G 通信技术的报道简析

中国 5G 通信技术的创新发展是中国高科技技术向前发展的写照，也是当代中国硬实力及综合国力的体现。中国信息产业的高端产品畅销国际市场反映了世界产业链的良性循环。然而，随着中国的崛起，近年来大国博弈的加剧与美国单边主义的霸权战略对中国的遏制与围堵，反映在科技创新与国际贸易中，科技与财经新闻报道背后呈现出全球传播与国际传播的色彩与风格特征。这些现象的发生为我们提供了认识国际新闻和全球传播理论与实践的机会。

5G 通常被视为提供宽带接入的第五代蜂窝网络技术。国际电信标准组织第三代合作伙伴计划（3GPP）将任何使用“5GNR”（5G 新无线电）软件的系统定义为“5G”。

这一定义在 2018 年年底开始被普遍使用。中国的 5G 通信技术研究处于全球领先地位，2019 年 10 月 31 日，三大运营商公布 5G 商用套餐，并于当年 11 月 1 日正式上线 5G 商用套餐。2019 年是中国的 5G 元年。

《人民日报》报道称：高清视频、AR（增强现实）、VR（虚拟现实）等技术的潜力，将在 5G 时代得到真正的释放。5G 和云计算等技术联合，通过 5G+AR 导览的形式，可以在智慧城市、购物、旅游等日常生活与消费领域极大提升城市品质和生活品质，例如商业街多个关键位置加入 AR 区域旅游攻略，构成旅游攻略路线图，基于年轻群体打卡定位的游玩风潮，将百年老店、主推店铺等多样的体验形式串联其中，构成步行街购物游玩主题。不仅如此，5G 还将颠覆传统教育方式。未来，人们可以随时随地进行视频学习，使学习不再需要以教室为基础，教育资源的界限将被打破。利用 5G、物联网等技术，未来整个城市都能建设成智慧城市。通过打造统一的 5G 智慧平台，推动本地多个传统领域的提档升级。其中掌上智慧政务将有助于提高政府办公、监管、服务、决策的智能化水平，更好地为人们提供方便、个性化的服务。上海诺基亚贝尔客户运营首席技术官常疆说，5G 将赋能各行业数字化转型，打造全连接的数字生活和经济发展，惠及我们生活的方方面面。

《人民日报》作为官方主流媒体，在对 5G 通信技术的报道中采取多种形式阐明观点，并倾向于引用数据来论证观点，更具有科学性和客观性，在报道姿态上整体比较积极，对于 5G 通信技术对科技发展的积极影响表示肯定。5G 技术的飞速发展印证了雷·库兹韦尔（Ray Kurzweil）在《奇点临近》中提到的摩尔定律，技术的进步每 1—2 年数据量会翻倍，这样计算机的运算速度会越来越快。而且，这种快不是线性的，而是指数级的。技术是人类社会变迁的核心驱动力量，国际传播在人类传播活动中的重要性日益凸显，5G 等新兴技术正在悄悄改变着全球传播生态。全媒体、跨文化、精细化、多语种是下一个阶段国际传播战略实施的关键词，而 5G 是连接其他各项新技术的基础。在全面升级的新传播基础设施的助力下，国际传播有望拉开新时代的大幕，展现更丰富的图景，国际传播理论和实践将出现新的转向。因此，对于 5G 通信技术的报道应当列入国际新闻的课程，供学生研究和讨论。

## 思考与讨论

一、做一个关于世界移动通信大会（Mobile World Congress，简称 MWC）的发展与行业引领的小报告，再根据你的用户体验，谈谈 5G 通信技术的主导及其 6G 技术的新开发对全球国际新闻生产与传播带来了何等效益与增益。

二、由于中国华为企业的5G通信技术在全球的引领性，近年来国外关于5G通信的不同态度是源于文化差异还是意识形态的偏见？

三、请阅读读雷·库兹韦尔的《奇点临近》、爱德华·阿什福德·李的《协同进化：人类与机器融合的未来》，试阐释5G等新兴技术及人工智能革命如何改变着全球传播生态，将拉开新时代国际传播的大幕。

## 专题二　人工智能与全球治理的中国声音：基于《鲁健访谈·对话薛澜》的观察

2024年4月19日，第3届全球媒体创新论坛举办在即，作为分论坛的承办方之一，中央广播电视总台华语环球节目中心《鲁健访谈》有何举动呢？本专题通过观察这一国家级对外传播和国际传播重要窗口在AI时代的全球传播中所扮演的角色和所起的作用，窥探中国媒体创新的引领性与塑造全球治理公共产品的时代追求。此期的《鲁健访谈》(20240426)特别值得关注，它将视线对准人工智能国际合作与全球治理领域，聚焦我国人工智能全球治理教育培训的高地——清华大学苏世民书院[①]这一国际合作的顶级品牌，针对人工智能的开发和运用以及存在的风险与挑战，围绕全球合作管控风险、共同治理等话题展开深入探讨。在节目中，通过对话国家新一代人工智能治理专业委员会主任、清华大学苏世民书院院长以及人工智能国际治理研究院院长薛澜，探讨人工智能全球治理的路径等问题。显然，这一话题具有全球性和公共性，为中国媒体打造全球传播的公共性品牌提供了机遇。为此，我们的观察将围绕三个方面的视点与话题展开，即对这档电视节目的内容编排和场景运用进行分析，以此观察国家级电视媒体的国际传播与全球传播力的水准，并对节目的内容生产，即话语建构的路径进行研究。

① 清华大学苏世民书院是清华大学专门为未来世界的领导者持续提升全球领导力而精心设计的硕士项目。2013年4月21日，“清华大学苏世民学者项目”正式启动。2015年10月，清华大学苏世民书院正式成立。书院课程设置围绕全球事务、中国发展、领导力三大基石，通过精心设计的课程，为学生提供全方位认识和探索中国与世界的独特机会。通过整合全球一流教育资源，依托清华大学综合实力，苏世民书院致力于培养了解中国与世界的未来全球领袖，打造独特的全球对话平台，努力成为促进中国和世界高等教育创新的先行者（资料来源于百度百科）。

## （一）国际传播力的提升：节目编排的创新与多重场景空间叙事增强话题的传播力度

就节目创意与编排而言，此档节目在话题热度及谈话对象的选择上是有考究和针对性的。它追求双重公共品牌的呈现与塑造。第一维度是对话嘉宾的身份与场所空间本身凸显了其高含金量。节目首先展示了具有国际知名度的中国高端教育重镇苏世民书院——由清华大学和美国黑石集团董事长苏世民[①]合作设立。该机构以“致力于培养了解中国与世界的未来全球领袖”的硕士学位项目为己任，紧紧围绕全球事务、中国发展和领导力三大基石拓展创新人才培养模式。书院在全球各大区的录取比例为 20% 来自中国（含港澳台），40% 来自美国，40% 来自世界其他国家和地区。同时，苏世民学者项目[②]（Schwarzman Scholars）面向全球公开招聘的 10 名国际知名学者或顶级业界专家作为讲席教授。2015 年 10 月，清华大学苏世民书院正式成立，首批入学的共有来自 31 个国家的 110 名学生。截至 2023 年 9 月，苏世民书院已有七届毕业生，超过 900 名校友分布在全球 80 余个国家和地区。其次，对话嘉宾薛澜教授的出场带来了话题性贡献与效应。薛教授身兼数职，担任清华大学苏世民书院现任院长、清华大学人工智能国际治理研究院院长、中国科技政策研究中心主任，兼任国务院学位委员会公共管理学科评议组联合召集人、国家新一代人工智能治理专业委员会主任、中国科学学与科技政策研究会副理事长、美国卡内基梅隆大学兼职教授、美国布鲁金斯学会非常任高级研究员、联合国互联网治理论坛（IGF）领导小组委员、联合国公共行政专家委员会成员（CEPA）、联合国可持续发展解决方案网络（UNSDSN）理事会成员等职。他的主要研究领域为公共政策与公共管理、科技创新政策、危机管理及全球治理等，已出版《战略性新兴产业：政策与治理创新研究》《中国科技发展与政策（1978—2018）》《科技全球化与中国发展》《应对气候变化的风险治理》等多部研究性著作，已发表《关于中国“一带一路”倡议推动联合国〈2030 年可持续发展议程〉的思考》《迈向公共管理范式的全球治理：基于“问题—主体—机制”框架的分析》《为全球治理贡献中国智慧》等多篇重要论文。可见，节目一开场就巧妙地亮出了第一道光环——具有国际能见度的清华大学苏世民书院及其现任院长薛澜为下面即将开启的话题预热和造势。第

① 苏世民，即史蒂夫·A. 施瓦茨曼（Stephen A. Schwarzman），黑石集团（Blackstone）董事长、首席执行官兼联合创始人，凭借千亿资产于“2024 胡润全球富豪榜”位列第 35 位，同时也是清华大学苏世民学者项目创始理事，曾获《福布斯杂志》“金融界最具影响力人物榜”榜首、《时代》“最具影响力百强人物榜”等荣誉。

② 苏世民先生的重要捐赠还包括帮助牛津大学建立一所全新的人文学科中心、帮助麻省理工学院建立苏世民计算机学院、帮助耶鲁大学建立极具意义的首个校园中心等。

二维度是主持人与嘉宾共同推进的话题域的展开与深化。

下面，我们从电视节目呈现的谈话的物理空间说起。在节目中，访谈空间超越了传统演播厅访谈模式的封闭性，将苏世民书院这个空间场景作为访谈的起点，同时将话题的展开与多个场景的空间交叉叙事有机结合。这既避免了传统的演播厅式的坐而论道的单一性与枯燥乏味，又对话题的深入展开提供了多维度、多视角的感知机会与现场的带入感。在节目最后又收拢回来，展示苏世民书院开设的人工智能相关课程，以及苏世民先生对人工智能和计算机领域的支持，当代年轻人对开发利用人工智能领域的热情。通过这种将话题的建构与场景多重空间叙事的有机统一的编排方式，较好地实现了节目的宗旨——双重公共品牌的呈现与塑造。

具体而言，该节目对传统访谈节目的超越是从三个层面实现的。首先，从物理空间角度上，该节目超越了单一的固定在演播厅内节目的结构形式，突破了封闭式的访谈。传统的访谈节目一般以演播厅为背景，以主持人和嘉宾对话为主要场景，此期节目打破了这一固化模式。一方面，主持人鲁健走出演播厅，实现不同空间的叙事转换，就人工智能技术的国际合作和全球治理问题与不同人物进行对话；另一方面，跨越时空的人工智能相关的视听场景为访谈话题提供了资料与数据支撑。其次，访谈的开展不仅集中在薛澜身上，而是多视点进行。主持人鲁健来到清华大学苏世民书院，和薛澜一起与两位人工智能专业相关的外国同学进行对话，这是第一个场景。随后，鲁健与薛澜在苏世民书院的公共空间进行正式访谈（见图 2-24），这一场景类似于演播厅访谈，只不过空间转移到了户外。

随着访谈话题的深入，相关的视频资料在观众面前铺陈展开。节目通过不同时空的切换和多种视听符号的应用，增强访谈内容的说服力，为观众塑造沉浸式的场景体验。最后，谈话空间通过交叉叙事、复调叙事增强了话题域的表现力和丰富度。主线是鲁健和薛澜的对话交流，副线是书院留学生场景、他国的沙特阿拉伯场景、相关领域的专家视频、北京 AI 安全国际对话闭门论坛场景、达沃斯论坛场景（见图 2-25、图 2-26、图 2-27、图 2-28、图 2-29）等，最终又回到书院的主场景。例如，当提到沙特阿拉伯对人工智能的重视时，节目画面通过充满科技感的地图定位到沙特阿拉伯，快速完成不同场景的切换，包括科技公司的工作画面、电脑屏幕里滚动的代码以及人工智能机器人的展示等。鲁健与不同领域的专家进行对谈作为支线，最终汇流到与薛澜的对话中，完成了多场景叙事的融合。这样的复合叙事方式相较于传统灌输式方式更生动、更具有说服力。

图 2-24 主持人与薛澜在书院

图 2-25 采访书院里的两位外国留学生

图 2-26 第三届全球人工智能峰会在沙特阿拉伯开幕

图 2-27 相关领域的专家视频

图 2-28　北京 AI 安全国际对话闭门论坛

图 2-29　达沃斯论坛场景

在打破传统演播厅录制访谈的框架下，该期节目通过多样化场景的运用和转换将书院本体空间和国际空间结合起来。这样的场景变换契合该期节目的主题，打造出本体空间与国际空间的对话感，使节目有了一种全球视野。对话和交流发生在不同的场景内，这拓宽了节目本身的视野和角度，营造出更加广阔的交流与对话场域。场景的切换让访谈不再局限于一家之言，而是在与国际的对话中实现参与、共享和共振，从而具备一种共识的相遇。空间和场景变换带来的全球视域与人工智能国际合作、全球治理的主题相互呼应，体现了该话题的探讨是在国际视野下进行的，需要全球的广泛关涉和共同参与。

人工智能作为全球传播的重要且迫切的主题，其合理的运用与发展及其潜在的风险和挑战必然引起世界范围内的关注与讨论。面对全球变局，人工智能在国际舆论场上的交锋与对话就显得尤为重要。因此，在全球传播的议程设置和话语建构中，我们更应该注重相关话题的中国声音的传达。《鲁健访谈》节目选择苏世民书院作为谈话空间，以清华大学苏世民书院院长、人工智能国际治理研究院院长薛澜为主谈嘉宾，以中国声音的传达为主，辅以国际声音的互动与对话，一方面可以真切地为人工智能技术的发展贡献中国力量和中国智慧，另一方面可以体现中国诉求和中国方案。

《鲁健访谈》通过对场景叙事的突破与创新，成功地将访谈节目提升到了一个新的高度。从苏世民书院这一独特的全球治理之公共产品作为访谈地点，使节目不仅为观众带来了全新的视觉体验，而且在内容的深度和广度上实现了拓展。特别是针对人工智能领域的话语建构，指出了技术发展给人类社会带来的积极影响，也提出了技术发展可能带来的风险和挑战。通过具体的案例分析和数据支撑，节目向观众展示了人工智能技术的巨大潜力和广阔前景，探讨了国际合作与全球治理的迫切需求。

## （二）公共产品的话语建构 1：人工智能技术发展风险的评估和管控

在鲁健与薛澜的对话中，除了关注人工智能带来的机遇，还关注该技术可能带来的风险和挑战。这种由技术带来的风险可能牵涉从个人微观层面到整体社会宏观层面的结构性问题。

从技术带给个体的潜在风险来说，人工智能技术会涉及个人隐私安全、假信息泛滥以及个人心理挑战等多方面问题。这期节目特别提及沙特阿拉伯对人工智能和大数据的战略布局，力图挖掘数据的潜能。这是因为沙特阿拉伯强烈意识到生成式人工智能的巨大经济价值。毫无疑问，人工智能的经济价值必然建立在庞大的数据基础之上。在智能时代，数据成为一种资源。用户数据收集是一切智能得以展开的前提，而这必然会牵涉个人隐私权的保护和让渡问题。更不用说在商业利益驱使下，个人隐私泄露的风险。其中，薛澜提到由人脸识别技术带来的个人经济风险，用户面部识别信息一旦被窃取则会造成难以避免的经济损失。隐私权的讨论在人工智能和大数据的发展下是必要的。如何掌握好个人隐私的边界，企业和相关机构如何在合理范围内使用用户数据，这都亟待相关法律法规和机构的推动，甚至是跨越全球的共同治理。另外，“真实”“产生幻觉”是人工智能技术发展下社会关注的重点概念。这折射出智能时代下人们对于真实与虚假边界混淆的焦虑。假信息泛滥、网络谣言等问题如果不加以防范，会实实在在影响个体的信息判断和网络生活。个体嵌入虚拟生活，甚至是未来与人工智能的互动，则会为个人带来更多心理挑战问题。个体接受来自虚拟世界的廉价情感满足，从而产生依赖和成瘾等各类心理问题，这也是技术带来的隐忧之一。从更深层次上讲，则会牵涉人类主体生成的问题，人与机器的互动、人工智能对个人的替代程度等伦理问题是传统伦理观念所缺失的盲区。

从更加宏观的层面来说，人工智能技术可能会增强人类社会的不确定性。首先，政治有可能变得更加混乱，因为出现在社交媒体和电视机前的面容和讲演词汇也许是伪造的。通过人工智能技术生成的深度伪造视频，可以将某人的言行完全篡改，进而破坏其声誉，甚至扰乱公共秩序，危害国家安全。2023 年 2 月，美国芝加哥市长选举前夕，一段民主党候选人保罗・瓦拉斯侃侃而谈的音频出现在社交媒体上，后来被证明是人工智能合成的，给社会舆论和政治选举造成不良影响。其次，人工智能技术的应用也给网络安全带来了新的挑战，尤其是在诈骗方面。通过社交工程和钓鱼攻击，黑客可以利用人工智能技术创造出逼真的虚假身份和情境，诱使人们泄露个人敏感信息或者进行金融诈骗。而且，人工智能技术还可以被用来自动执行大规模的网络诈骗活动，例如，通过自动生成的虚假账号进行电话诈骗或者电子邮件诈骗。再次，人工智能技术对就业市场的冲击。尽管人工智能技术的普及可以带来效率提升和新的产业发展，但会导致一些传统的工作岗位被自动化取代，特别是那些重复性高、低技能的工作更容易受到影响。这可能加剧社会的不平等和贫富差距，进而导致失业率上升和就业市场结构的深刻变化。最后，从科技伦理的角度来说，未来与脑机接口、生物芯片等技术结合的人工智能技术的控制问题需要被考虑。正如薛澜教授所言，未来，碳基文明和硅基文明应该如何发展是一个未解的难题，人类可能面对的新的文明冲突并不是危言耸听，需要各个国家加以重视。

### （三）公共产品的话语建构 2：人工智能全球治理的国际机制的期待与合作的诉求

随着人工智能技术的不断发展，其在国际传播和全球治理中所发挥的作用愈加受到世界各个国家的重视。目前，有关人工智能治理的通用国际规范与道德准则仍在探索中。虽然规范尚未建立，但在全球多个国家和组织先后出台的人工智能治理方案中仍可窥得其积极态度。例如，中国先后发布《生成式人工智能服务管理暂行办法》《全球人工智能治理倡议》；美国发布首个生成式人工智能监管规定；欧盟《人工智能法案》也在历经 36 个小时的“马拉松式”谈判后达成临时协议；首届人工智能安全峰会举办，包括中国、美国、英国在内的 28 个国家和欧盟共同签署了《布莱奇利宣言》等。[①] 因此，结合人工智能治理的国际合作案例，探索人工智能治理的国际机制建立之路，在当下来说十分必要。

### 1. 人工智能全球治理的国际合作通览

据人工智能、算法、自动化事件和争议（AIAAIC）数据库显示，2021 年新报告的人工智能事件和争议数量是 2012 年的 26 倍。[②] 伴随着人工智能与社会嵌入及交织程度的加深，人工智能技术的滥用现象已经极为严重。世界各国均从早期以科技伦理、技术标准、自律承诺等为代表的“软法”治理，逐步转向更为成熟的“软法与硬法双规并行、刚柔并济”的新型治理模式，也就是在软法规制之外，各国均实质探索符合本国实际的人工智能监管方案，以法律强制约束力确保人工智能技术研发及应用的安全、可信、可控。[③]

2019 年 6 月，在二十国集团（G20）部长级会议上，世界主要经济大国首次就人工智能发展和管理原则达成一致，提出了“G20 人工智能原则”。2021 年 11 月，联合国教科文组织正式通过首份关于人工智能伦理的全球框架协议《人工智能伦理问题建议书》，提出了人工智能治理的目标、价值观和原则等。2022 年 11 月，中国外交部发布的《中国关于加强人工智能伦理治理的立场文件》指出，各国政府应鼓励在人工智能领域开展跨国家、跨领域、跨文化交流与协作，确保各国共享技术惠益，推动各国共同参与国际人工智能伦理重大议题探索和规则制定，反对构建排他性集团、恶意阻挠他国技术发展的行为。

目前，直接规制人工智能的国际规则相对稀缺，间接规制人工智能的国际规则相对成熟。其中较为典型的是以数字治理为核心内容的数字经济规则，其主要有两种形

---

① 鲁健访谈 . 薛澜：人类智慧 PK 人工智能风险，人类能赢！［EB/OL］.（2024-04-26）［2024-05-20］. https://mp.weixin.qq.com/s?__biz=MjM5ODI4NTE0MQ==&mid=2654023773&idx=1&sn=b57a864977452c8e8f2da25f9e1cbd4e&chksm=bcee7834a873727d0d891e7cb25d1af91d5474bd60a4f5e09b9acf5abd9743b1b4d3c3f1152f&scene=27.

② MASLEJ N，FATTORINI L，BRYNJOLFSSON E，et al. Artificial intelligence index report 2023［EB/OL］.（2024-02-03）［2024-05-20］. https://aiindex.stanford.edu/wp-content/uploads/2023/04/HAI_AI-Index-Report_2023.pdf.

③ 张欣，宋雨鑫 . 全球人工智能治理的格局、特征与趋势洞察［J］. 数字法治，2024（1）：199-212.

式。一是专门数字经济协定中的人工智能规定。2020 年 6 月，新加坡、新西兰和智利三国通过视频会议的方式线上签署了《数字经济伙伴关系协定》（DEPA）。这是全球范围内首个区域性数字经济协定。中国于 2021 年 11 月正式向 DEPA 保存方新西兰提出加入申请。其中，第 8.2 条明确提出缔约方应共建以道德规范为底层逻辑的人工智能治理框架，倡导人工智能技术发展应当透明、公正、可解释。二是《全面与进步跨太平洋伙伴关系协定》这类与人工智能相关的数字贸易规则条款，体现了人工智能在国际贸易领域的发展。

人工智能全球治理主要形成了三类治理主体：一是以非营利技术社群或非政府组织、营利性企业或产业协会形式出现的多方主体；二是以主权政府形式出现的多边主体；三是以政府间机构形式出现的全球性治理平台。值得注意的是，不同治理主体并非同时发挥重要作用，这一特点主要体现在 2012 年至 2022 年。在 2023 年前后，该特点发生变化，以联合国、欧盟、美国、英国以及中国的相关政策或策略性行动为标志，各国政府和国际组织在人工智能全球治理领域的参与程度和战略部署明显提升。[①]

以联合国为例，2023 年，联合国着手组建全球性的人工智能治理机构，并着力推进凝聚多方共识的《全球数字契约》制定进程。在当年 7 月，联合国安理会首次举行“人工智能与安全问题高级别公开会议”。联合国秘书长安东尼奥·古特雷斯（António Guterres）呼吁成立类似于国际原子能机构的国际人工智能监管机构。随后在 8 月，秘书长又启动了“联合国人工智能高级别顾问委员会”的成立进程，最终于 10 月成立了由 39 名专家组成的联合国人工智能高级别咨询机构，致力于为人工智能全球治理提供政策方案建议，并协调、推动其他主体的治理行动。此外，在 2023 年的 AI 安全峰会上提出的全球第一份针对人工智能这一新兴技术的国际性声明《布莱奇利宣言》，旨在关注对未来强大的人工智能模型构成人类生存威胁的担忧，以及对人工智能当前增加有害信息或偏见信息的担忧。

### 2. 对建立人工智能治理国际机制的期待

国际机制的建立相当于“共识”的形成，即对于应当如何看待人工智能治理，如何使用人工智能进行治理等问题应均有共同遵守的规范。一方面，这将有效增强人工智能治理领域技术研发和应用的发展与国际合作；另一方面，这能够有效减少数字鸿

① 贾开，俞晗之，薛澜．人工智能全球治理新阶段的特征、赤字与改革方向［J/OL］．国际论坛，2024（3）：1-17［2024-05-20］．https://doi.org/10.13549/j.cnki.cn11-3959/d.2024.03.004.

沟等问题的出现，推动构建人类命运共同体。可见，人工智能治理国际机制的建立是十分重要且必要的议题。

此前，学者傅莹已经指出，人工智能国际治理的有效机制至少应包含动态的更新能力、技术的源头治理、多角度的细节刻画、有效的归因机制、场景的合理划分等五个关键要素。[①] 关于以上几点，除了傅莹所指出的治理机制自我更新能力，实际上还可以涉及治理机制建成过程中各个主体的角色与职能问题，即政府与企业，各国政府与各国企业间通过合作与分工达成高效的治理生态，将这种大胆的、开拓性的敏捷程序与谨慎的、传统的监管程序进行匹配。[②]

正如在《鲁健访谈·对话薛澜》中薛澜所指出，目前各个国家和组织对人工智能治理的宏观原则存在基本共识，但对于人工智能治理的具体准则和措施，国际社会仍然未达成共识。这些机制之间没有上下级的关系，大家形成共识并不容易。

就目前人工智能治理技术的发展格局来看，中美两国仍处于世界前列，极有可能主导这场变革。目前，人工智能军备竞赛、人工智能发展与资本的深度融合以及技术变革中的政治问题等均对人工智能治理国际机制的建立形成干扰。因此，目前亟待建立的人工智能治理国际机制中，有三点原则需要遵守：一是坚持政府主导，企业提供技术支持；二是保证人工智能治理的非排他性和无偏见性；三是建立良好的迭代机制和程序。

正如媒介理论家保罗·莱文森（Paul Levinson）所言，“任何技术都是刀子的翻版”，技术本身并无好坏，关键是我们用怎样的方式去使用技术。因此，在人工智能迅速发展的现在，我们亟须探讨人工智能发展可能面临的风险，各国应通力合作，探寻治理路径，促进技术向好发展，造福人类。

### 思考与讨论

一、技术力量在推进国际传播格局重塑方面发挥着重要作用。面对人工智能的发展，我们如何有效地推进人工智能的全球治理？全球 6G 标准化工作进入实质性阶段，在此窗口期，世界各国是怎样布局的？

二、对《鲁健访谈》栏目整体进行考察，并总结其在对外传播和国际传播中的表现。

---

① 傅莹.人工智能的治理和国际机制的关键要素［J］.人民论坛，2020（4）：6-8.

② 张璐瑶.敏捷治理与人工智能治理机制创新［D］.上海：上海国际问题研究院，2023.

三、针对清华大学苏世民书院这一全球传播公共品牌的创建，谈谈其对我国高等教育的启示意义以及对培养高素质国际传播与全球治理管理者的示范意义。

四、薛澜院长有哪些重要的科研学术成果？他在人工智能治理与社会风险管控上是如何展示中国智慧的？

# 专题三　中国科幻文艺的崛起与全球公共产品的塑造

## 子案例 I　中国科幻文艺（影视）的崛起与全球传播的价值意义

作为后起之秀的中国科幻文艺在 21 世纪迎来了快速发展。2019 年，被誉为中国的科幻电影元年开启之作的作品《流浪地球》获得第 32 届中国电影金鸡奖、第 35 届大众电影百花奖等 6 项电影节大奖，得到世界影坛的公认与肯定。续集《流浪地球 2》又荣获第 36 届中国电影金鸡奖最佳故事片奖，其票房收入超过 45 亿元人民币。同样，根据科幻作家刘慈欣所斩获第 73 届世界科幻大会的雨果最佳长篇小说奖（2015）的《三体》（第一部于 2006 年在《科幻世界》杂志连载，同年获中国科幻银河奖特别奖，而后“三体三部曲”自 2014 年至 2016 年在美国出版发行）改编的电视连续剧《三体》（30 集，2023）分别斩获第 32 届中国电视金鹰奖最佳电视剧奖、第 34 届中国电视剧飞天奖优秀电视剧奖和第 29 届上海电视节白玉兰奖国际传播奖。中国科幻研究中心联合腾讯企鹅有调共同公布的《“三体” IP 出海观察报告》显示，2014—2023 年，《三体》在 20 多个国家荣登热搜榜 Top5，涵盖亚洲、美洲、欧洲和非洲等。[①]2024 年 2 月，《三体》在美国 NBCU 流媒体平台 Peacock 上线播出，俄罗斯排名前三的流媒体平台 OKKO 引进《三体》并自行配音播出，反响热烈，用户评分 8.1。截至目前，该剧发行至全球 20 多个主流媒体平台，在 YouTube 平台播放次数超千万，观看时长超过 1 亿分钟，在北美 OTT 平台 VIKI 上获得 9.2 分的高分评价。[②] 此外，刘慈欣还荣获“克拉克

① 数据来源于中国科幻研究中心联合腾讯企鹅有调共同公布的《“三体” IP 出海观察报告》。

② 朱新梅 . 中国节目为全球观众带来视听盛宴［N］. 文艺报 · 影视版，2024-10-18（8）.

想象力服务社会奖”（2018），并受 BBC 邀请加盟科学纪录片的制作（2020），其作品《流浪地球》（源自《三体》）等被改编为电影。海外公司还将拍摄其作品《超星际纪元》的英文电影和电视剧版本（2023）。科幻研究者吴岩在首届百万钓鱼城科幻大奖中获得科幻教育家的殊荣（2023），还担任全球华语科幻星云奖评委会主任和美国科幻研究会（SFRA）中国籍会员。2023 年下半年，成都举办了第 81 届世界科幻大会，聚集了来自世界各地的科幻电影导演、制片人、演员、科幻文学作家、评论家、出版人以及研究者等各界人士。

事实上，科幻影视已然成为中国当代影视的重要组成部分，与中国的科幻文学及其传播共司拱卫中国科幻文艺创作与传播的殿堂。同时，在全球化时代，中国的科幻文艺（影视与文学）生产也融入世界科幻文艺的领地与市场。当前在我国科幻影视尤其是电影中，以《流浪地球》为代表的硬核科幻与以《独行月球》为代表的软科幻占领头部科幻市场，并获得多项电影节大奖。当下，中国科幻电影活跃在电影市场上，科幻电影的成熟程度，实际上代表着中国电影工业在创造力、想象力、电影制作技术、优秀创作人才等方面的整体实力。此外，对于我国营造科技大国的国家形象和“中国电影走出去”的文化战略来说，科幻影片因其自身类型特质而成为最具有潜力的电影类型。克里斯蒂安·黑尔曼（Christian Hellmann）在《世界科幻电影史》一书中认为，“科幻电影所描写的是，发生在一个虚构的，但原则上是可能产生的模式世界中的戏剧性事件”。为此，本专题重点讨论近年来影响较大的中国科幻电影发展现状，观照其全球传播力与影响力的提升。

放眼国际影坛，21 世纪的前十年之前，科幻电影领域长期存在着由好莱坞科幻电影主导、国产科幻电影影响偏弱的局面。美国电影学者路易斯·贾内梯（Louis Giannetti）指出：“各种类型片的区别是在风格、题材和价值观念方面各有一系列特殊的程式。类型片也是一种集中和组织故事素材的适当方式。”借此观察国产科幻电影所谓的边缘化，在一定程度上来看其实也是类型定位策略的一种失败，是科幻电影类型化不明确导致的结果。从我国电影发展的历史来看，科幻电影一直是中国电影类型中欠缺与薄弱的一环，其作品大都非创作者的科幻自觉，而是受社会和政治环境的影响，创作的目的性与功利性较强，存在过度依赖视觉冲击、进行文本的单纯移植等问题，进而影响国产科幻电影的持续发展。因此，国产科幻电影发展所存在的问题，不仅与其创作环境和条件有关系，而且与国产电影的创作历史和倾向、国产科幻文学氛围的缺失、科幻思维的集体缺席等因素有关系。

2019年（被视为科幻电影元年）以来，中国科幻电影不断发力，不乏获奖佳作问世。《流浪地球》（2019）获得第32届中国电影金鸡奖最佳故事片、第35届大众电影百花奖最佳导演奖；《太空群落》（2021）获基辅国际电影节最佳影片、奥地利国际电影节最佳外语片双项国际大奖；《独行月球》（2022）获得第41届香港电影金像奖提名、第35届中国电影金鸡奖多项提名、第16届亚洲电影大奖提名；《宇宙探索编辑部》（2023）获第2届科幻星球奖最佳科幻电影奖项、平遥国际电影展“费穆荣誉最佳影片”、第36届中国电影金鸡奖最佳编剧奖，并且入围第十二届北京国际电影节“注目未来”单元。这都印证了中国科幻电影发展的不断进步。未来，中国科幻题材网文IP将逐步影视化，往届银河奖获奖作品《夜的命名术》《泰坦无人声》《我们生活在南京》的影视化改编也在进行中。

随着电影工业水平、制作能力以及美学表达的提升，中国科幻电影的进步与壮大，使我们观察基于科学理论而架设严密庞大的世界观的国产“硬科幻”电影成为可能。通常而言，“硬科幻”电影在影像上倾向于展现光怪陆离或眩目惊心的景观图景，但科幻电影并不意味着是以奇观为主的纯粹“视效大片”，其对科学理论的合理运用与人类问题的现实想象也是最为重要的一环。它“既蕴含当代科学的理念，更携带人类对自身、对现象世界甚至超验世界的认知渴望与人文反思”，是人类对未来的想象集合体。《流浪地球》被一致认为打开了中国“硬科幻”电影的大门，影片在维持高质量制作的基础上严谨地遵循了科学理论，合理地设想了相应的危机及其解决方案，融合了中国式思维与秉承家国故土文化的基因、对人类命运共同体的思考，不同于西方挪亚方舟式的逃离，而是展现了中国在面对人类命运的未来挑战中具有的担当精神、合作精神与引领性的勇气。

《独行月球》代表了中国科幻电影当下发展的另外一个向度。相较于严格按照科学逻辑与影像技术建构起来的“硬科幻”电影，《独行月球》探索出的一条科幻电影本土化创作经验在某种层面更具“可复制性”，其在“科幻+”模式上的尝试融合了科幻与喜剧两种类型气质，在市场需求、商业投资与艺术创新上寻找到新的平衡点。可以说，“科幻+”模式的应用为中国科幻电影在当下的爆发提供了切实可行的路径，各种电影类型在科幻元素的助力下亦实现多元化拓展。有趣的是，尽管该片沿用了大量的科幻类型元素，却是作为喜剧而被观众接受的，在视觉效果与美术形式上也以喜剧为主，“在有效消解科幻电影的严肃性的同时，极大提升了喜剧类型的视觉观赏性”，科幻元素则被用来增添视觉吸引力与想象空间。“软科幻”电影仍然不能脱离科幻的母题来进行创作。2017年上映的《记忆大师》是近年来“软科幻”电影的代表作之一，在科幻的高概念下是对人性的一种哲学思辨。科幻电影融入了经典的悬疑元素，将软科幻与硬推理完美结合，类似于《银翼杀手》一般的范式，将故事人物的命运与人性相连接，放置于未知的科幻世界中，这无疑给国产“软科幻”电影提供了很好的思路。低成本的投入下高概念的设定显得极其重要。人物的命运发生在我们未知的科幻世界，但所面临的挑战与应对策略应该立足于当下我们所处的社会，这是一种很好的发展思路。同时，应该从科幻作品中衍生出属于中国的科幻文化，真正地做到科幻与叙事的重点突出与有机结合。中国“软科幻”电影应该更多地在科幻电影文化的构建上下功夫，更多地培养一种科幻化的思维模式，对科幻的内涵以及对未来科幻世界中的道德、伦理、哲学等进一步进行合理化的探究与思辨，在科幻文化的视域下进行创作，将现在的思维与未来有可能发生的现实世界交会，在不同的思维场域中激起有趣而合理的火花。这就是国产“软科幻”电影应该继续探索的思路。

相较于“软科幻”电影的创作，当下真正具有“硬科幻”电影意义的似乎只有《流浪地球》《流浪地球2》两部作品。前者以46.88亿元人民币在中国电影票房总榜上排名第五；后者上映50天，总票房破40亿元，成为中国影史第10部票房破40亿元的影片。它们的成功极大地提振了行业信心。只要持续不断地涌现中国“硬科幻”电影，形成科学思维、电影创作与想象力消费之间的高质量互动，就能真正积累科幻电影的创作经验，为其自身发展及互动融合提供可持续发展的道路。其制作的精良与叙事的宏大无疑是对国产科幻电影的一次振奋人心的创作，体现出国产电影工业美学体系的逐步完善，以及主流的思想价值观的完美融入。商业娱乐性与对人类未来命运的深切关注同时呈现在电影中，将成本的投入更多地放在对视觉奇观的呈现中，故事叙事一反传统的好莱坞叙事程式。导演对整体故事的把控无疑体现了他对科幻这一概念的自我认知。东方审美特性的融入带给国产“硬科幻”电影一次质的飞跃，也是国产“硬科幻”电影所要走的必经之路。在科技特效制作向着好莱坞迎头赶上的过程中，主流思想应该被融入国产“硬科幻”电影中，形成一种文化认同，这对于国产“硬科幻”电影的发展是大有裨益的，是应该被重视和不断提及的中心思路。值得注意的是，不像其他以科学逻辑、高新技术支撑为主的“硬科幻”电影或是本土化的“软科幻”电影，中国出现了一部像《这个男人来自地球》这样完全以故事创意而非靠烧钱奇观取胜的科幻影片——《宇宙探索编辑部》。该片的导演将这部电影归类为“民间科幻”。电影将他们在探索宇宙过程中呼唤爱的精神世界呈现了出来——一种科幻热背后蕴藏的精神寻根与精神图谱。《宇宙探索编辑部》将科幻热源追溯到20世纪中国曾经辉煌一时的“文化热”。影片既没有特效也没有科学，在现代的系统化、工程化、实验化的科学体系面前，影片仅仅将中国对科幻的传承以电影的形式进行了体现，为国产科幻电影的未来发展拓宽了一条崭新路径。

科幻电影从国内走向国际，凸显着我国文化产业持续发展和实力的增强，逐渐在世界电影市场与全球治理中发挥更积极的作用，包括在全球公共产品的供给方面承担更多责任。

首先，全球传播的共享性从内容题材的选取上看，中国科幻电影文化在内容上具有高度开放性和全面包容性。科幻电影的相关题材包括但不限于全球未来发展、宇宙变化、AI人工智能等众多方面。其在影片中提出的问题和解决措施能够在全球范围内的现实世界，为未来世界的发展提供中国方案。如在《流浪地球》中，影片没有局限于类似弗雷德里克·R. 杰姆逊（Fredric R. Jameson）所说的“民族寓言”[①]。根据剧情，由于太阳急速衰老膨胀，地球面临被太阳吞没的危险。为此，世界各国组建联合政府，倾全球之力在地球表面建造上万座发动机，以推动地球离开太阳系，开启流浪之旅。与好莱坞电影中常见的唯有“天选之子”方能登上“挪亚方舟”的处理方式不同，上述行动的主体始终是作为整体的人类，而非某个或某些国家；拯救的对象也是作为整体的人类文明，而非某个或某些文明。《流浪地球》由此具有了直面人类生存困境的全球视野，其中的人物也在一定程度上超越了具体国籍，具有了人类寻求自我拯救的象征意义。又如在《流浪地球2》中，在面临全人类共同危机的时候，中国方主动提出要推动地球流浪计划，不放弃任何一个地球人。同时，中方宇航员主动提出50岁以上的老宇航员自动出列完成月球引爆任务，将未来世界留给年轻一代，凸显出中华文明中的众人休戚与共、患难相助的人类命运共同体意识。换言之，科幻电影虽以展现未来世界为重点，但其能够辐射当下的全球电影市场，向世界上所有国家与地区开放中国科幻文化。在《今日影评》栏目中，导演郭帆表示，“科幻是一个国家的晴雨表，科幻异军突起，代表着一个民族的振兴”。作为一个高度依托国家工业化、电子化实力的艺术门类，科幻电影反映着文化软实力的消长，折射出综合国力的强弱，也在相当程度上取决于一个国家的文化诉求。如今，随着人类命运共同体思想日益深入人心，可以想见，未来中国科幻电影将有可能在更加广阔的文化视野上实现全面提升，能够站在

① 杰姆逊，张京媛．处于跨国资本主义时代中的第三世界文学［J］．当代电影，1989（6）：47-59.

全球治理的高度思考人类普遍的生存困境。

其次，从全球传播的影响力观察，基于内容题材的普适性，中国科幻电影并非只针对国内观众。中国科幻电影中以尊重世界各国的文化为出发点，以共同建设美好未来为原则，从而达到未来世界和谐发展的愿望与期盼。据 IMDb（互联网电影数据库）① 统计，从 2023 年 1 月 27 日开始，《流浪地球 2》铺开至北美 142 家影院，周末票房达到 144 万美元，正好位列榜单第 10 名，单馆收益为 1.01 万美元。《流浪地球 2》自 2023 年 1 月 22 日起公映，截至 1 月 29 日，《流浪地球 2》累计票房达到 301 万美元。相较之下，2019 年 2 月《流浪地球》上映，首周末北美票房达 169 万美元，前 6 天累计至 219 万美元。种种数据表明，中国科幻电影在海外反响也相当热烈，同时也说明中国科幻电影并不是封闭的文化独语，其潜在的观众涵盖世界上的各个国家和地区，不仅能推动中国科幻文化“走出去”，还有利于向世界展现中国力量。中国科幻电影和全球各国科幻电影一道，共同致力于世界科幻电影文化的繁荣发展，开启了包容性的新时代科幻电影发展模式。这种非竞争性的全球公共产品的文化供给，从根本上区别于西方霸权主义国家在科幻电影中的强权输出。

最后，全球公共产品强调通过国际合作解决国际社会共同关注的发展问题，这与中国科幻电影出海的核心内涵高度契合。中国科幻电影致力于向世界展现未来世界发展的中国想法和中国理念，期望共同打造开放包容、合作共存的未来发展模式。中国电影中蕴含的发展性理念，是对国际合作及全球治理新模式的积极探索，有助于世界和平发展。中国科幻电影作为一种向世界发出中国未来发展倡议的发声筒，是我国在新的历史发展时期努力推动的“全球性文化产品的成果”，是“全球人造共享品”的新方向。作为新型全球化的动力和载体，中国科幻电影已在逐步参与国际话语体系的建构，凭借逐步扩大的辐射面将中国想象与全球发展的可能性呈现在世界面前，引发各国受众的关注。

毋庸置疑，科幻电影在中国的生产与消费俨然成为一种社会现象，推动着中国由电影大国向电影强国持续迈进。中国科幻电影潜力巨大，但仍有相当长的路要走。随着越来越多的电影人投身科幻电影创作、主管部门政策性的专项支持以及研究者对科幻类型创作理论的梳理与整合，中国科幻电影的前行之路将愈加宽阔。改革开放以来，

① 互联网电影资料库（Internet Movie Database，简称 IMDb）是一个关于电影演员、电影、电视节目、电视明星、电子游戏和电影制作的在线数据库。IMDb 创建于 1990 年 10 月 17 日，从 1998 年开始成为 Amazon 公司旗下网站。对于电影的评分，目前使用最多的就是 IMDb 评分。这部分的数据来自 https://baijiahao.baidu.com/s?id=1757335164830568050&wfr=spider&for=pc。

中国日益走向国际舞台中央，当今世界版图和政治秩序正在发生巨大变化。在互联网、大数据、云计算、人工智能、物联网、区块链、5G 手机等新技术新媒介日新月异，电影与科技的关系越来越密切，高科技对电影创作的影响越来越深入，电影本身的科技含量越来越高的情况下，科幻电影不仅仅展现着电影传播和电影欣赏本身的水平，而且逐渐成为一个国家文化软实力的象征。在“中国电影走出去”的号召与愿景之下，科幻电影将成为中国国际传播的重要载体和名片，关系到国家形象的塑造和传播。因此，国际新闻传播课程理应将科幻电影列入其中，供学生交流和讨论，使课程更好地服务于国家当下所需与中外文化艺术的互鉴共赏。

## 子案例Ⅱ　2023（成都）世界科幻大会国际传播策略的分析

世界科幻大会是由世界科幻协会主办，是全球最受瞩目、历史最悠久，规模和影响力最大的科幻文化主题活动之一，首次举办于 1939 年，每年举办一届，邀请世界范围内的科幻人士共同参与，共同推动科幻世界的发展。从 1953 年第 11 届世界科幻大会起，每年大会都会评选被誉为“科幻文学界的诺贝尔奖”的雨果奖[①]，予以表彰世界科幻事业年度优秀人才。2015 年 8 月 23 日，刘慈欣凭借其《三体》系列第一部《地球往事》成为我国获得世界科幻大会雨果奖最佳长篇小说奖的第一人。2016 年，郝景芳凭借小说《北京折叠》获得第 74 届世界科幻大会雨果奖最佳中短篇小说奖。2023 年海漄以《时空画师》获得第 81 届世界科幻大会雨果奖最佳中短篇小说奖。优秀科幻作品的陆续获奖见证着中国科幻的不断成长，是中国科幻走出国门、走向世界的里程碑。

2021 年 12 月 18 日，成都成功申办 2023 年第 81 届世界科幻大会，在与法国尼斯、美国孟菲斯、加拿大温尼伯的竞标中胜出。这是中国首次举办世界综合性科幻类盛会，成都因此成为亚洲第二个、中国首个举办世界最高规格科幻盛会的城市。与此同时，由四川省科学技术协会主办的第六届中国（成都）国际科幻大会也一并启幕。[②] 国内外

① 雨果奖（Hugo Award），正式名称为“科幻成就奖”（The Science Fiction Achievement Award），是为纪念“科幻杂志之父”雨果·根斯巴克（Hugo Gernsback），由世界科幻协会（World Science Fiction Society，简称 WSFS）颁发的奖项。自 1953 年起，每年在世界科幻大会上颁发。雨果奖和星云奖是科幻文学领域的国际最高奖项，被誉为“科幻文学界的诺贝尔奖”。

② 中国（成都）国际科幻大会是我国历史最悠久、国际化程度最高的科幻活动品牌，也为 2023 成都世界科幻大会的成功申办提供了重要支撑，首次举办于 1991 年。第六届中国（成都）国际科幻大会由四川省科学技术协会、郫都区人民政府联合主办。

知名科幻作家、科幻影视产业人士、科幻译者、学者、活动家齐聚一堂，高扬想象力风帆，夯实成都作为中国“科幻之都”的地位。这两大科幻界国际盛事的召开，离不开成都市科幻协会、中国科幻界的不懈努力和全球科幻界对中国科幻发展的认可。

世界科幻大会是面向全球的重大科幻文化文艺交流活动，是推动科幻事业国际化发展的重要载体。这场科幻文化盛宴积极地向世界宣传成都这座与科幻拥有不解之缘的历史名城，拥抱世界，共建、共创科幻的活力姿态；汇聚和展示世界青年创新想象，思维活跃的精神面貌；展现中国科幻产业链的多元组成和丰富多样；向全世界宣示，中国科幻与国际科幻接轨，共造未来科幻新纪元的开放趋势。总之，在成都举办的第81届世界科幻大会与第六届中国（成都）国际科幻大会，既肩负着展示国家对外形象的重大使命，也是成都提升城市国际化水平、深化国际交流、推动对外开放、增强城市品牌美誉度的重大契机。下面我们重点观察此次在成都同时召开的两个大会在国际公共产品的塑造与国际传播策略层面的表现，并指出其国际传播力的提升空间。

在国际公共产品的品牌塑造上，本届世界科幻大会致力于打造具有中国特色的标志性科幻元素，开展活动为大会影响力造势。本届世界科幻大会落地于成都，成都平原号称天府之国，极具本土特色的三星堆文化、大熊猫、特色豆瓣酱等为科幻大会视觉设计融合地方元素提供了契机——开幕式上古蜀文明与现代四川的碰撞，大会吉祥物“科梦”对熊猫赋予未来科技感，“味觉”增刊凸显成都特色，雨果奖奖杯底座有一只熊猫向天空招手，向未来致意。大会举行前，《科幻世界》杂志社举办首届四川省青少年科幻创作征集活动——“我和科幻有个约会”进校园主题活动，培养新生代科幻想象力。大会期间，中国电信与大会组委会深度合作，把信息技术、云服务应用到大会各个环节，并依托天翼云、CDN 网络等精心打造了线上元宇宙空间和线下 XR 展厅。世界科幻大会组委会组织了多场沙龙和科幻研讨会、科幻展览、新书售卖活动，为期5天的时间内吸引了2万多名科幻爱好者的参与。[①]

虽然本次大会较为注重全球公共产品的品牌性构建，但从大会的组织传播与大众传播的国际化程度和传播力角度审视，本次大会在国际传播的整体规划与准备及相关资源调配和整合方面还有较大的提升空间。这主要体现在以下四个方面。

第一，电视传播策划不力，窄化科幻影响力。电视节目相较于新媒体平台在传播力、受众覆盖上虽有不足，但目前仍然是主流的传播平台且具有官方的权威性。但事

① 红星新闻．超2万名幻迷相聚这一周！成都，闪耀浩渺星空［EB/OL］.（2023-10-22）［2024-05-20］. https://baijiahao.baidu.com/s?id=1780474578634242120&wfr=spider&for=pc.

实上，与世界科幻大会相关的电视节目及报道，仅有成都电视台在会前及会议召开期间有一条简讯报道，中国电信在 IPTV 中开辟的《i 成都》栏目以及四川卫视《熊猫观察》节目在“熊猫追热点”版块中对此次大会予以简要报道。从大会的组织传播与大众传播的国际化角度审视，电视节目中的报道并没有很好地体现 2023（成都）世界科幻大会的国际化宣传，并且仅在成都进行区域化节目播出，窄化了受众面，使最终传播效果受损。

四川卫视《熊猫观察》节目通过记录会场盛况、介绍不同场馆的功能分区、采访科幻迷与科幻从业者，并且以外国主持人的视角深入了解世界科幻大会，通过双语播报展现本次世界科幻大会的国际范儿。本身在内容策划和制作架构上凸显了国际化传播水准，但由于该节目于四川卫视固定时间段播出，仅在微信公众号上推出完整版视频，且微博上仅以微博话题“四川卫视熊猫观察”的形式出现，话题中只有节目片段，没有很好地利用互联网的大众传播功能，难以使其真正地向大众普及。虽然其立足于四川、放眼于世界，但是将播放的平台局限在电视节目和微博话题上，在大热的抖音和哔哩哔哩等平台均没有专门的社交账号，在新媒体社交平台充斥着海量信息的当下，难以形成聚合性的传播效应。同时，尽管《熊猫观察》在脸书平台上发布了 8 条和大会相关的视频，但平均播放量仅有 43 人次[①]，相比账号下有关 2023 成都大运会和 2023 杭州亚运会的成千上万的播放量而言，本次世界科幻大会的国际传播效果相形见绌。

大会合作方中国电信开通的《i 成都》栏目实际上只是电视屏幕上多屏空间中的一个小屏窗口，推出的是“科幻城市，奇妙之路”为期 24 天的投稿活动，需观众点开后方能进入。在传播渠道上，投稿活动窗口仅在装有中国电信宽带的成都地区电视上才能够看到，没有在社交媒体平台和互联网上进行广泛宣传以吸引科幻爱好者参与，并且只有通过《i 成都》栏目下的小窗口才能看到投稿活动，多种复杂的打开方式使投稿活动的参与度和火热程度并不理想。在栏目定位上，“科幻城市，奇妙之路”投稿活动更多是为了盘活电信宽带电视使用者的活跃度，并不是立足于宣传世界科幻大会的重要性和国际意义。一边是投稿窗口，一边是科幻专区。科幻专区收录的是目前大热的中国科幻电影，需要收费观看。其本身是引导用户进行付费观看的商业化操作，其目的并不是对大会进行国际化宣传。在具体投稿内容上，投稿的作品大多是 UGC 短视频，虽然激发了一定的公众参与性，但是就世界科幻大会的国际传播效力而言，其参

① 截至 2023 年 11 月 13 日，统计《熊猫观察》在脸书平台上 8 条与 2023（成都）世界科幻大会相关视频的平均播放量。

与用户并不是面向全国、全世界，并没有将活动进行国际化定位，视频内容质量参差不齐，并没有扎实、系统、深度地、广泛地传播本届科幻大会，并没有详细地传播科普、科幻知识，并没有起到向世界展示中国科幻成果的作用。电视节目作为主流传播平台，完全可以利用其完备的组织策划团队，打造出一个系统、全面、多维的国内和国际传播平台，沟通世界科幻。但遗憾的是，这样系统化的国际传播并没有出现。

第二，融媒体布局不足，国际话语权缺失。本届世界科幻大会在对融媒体国际传播资源的配置上，并没有在大会前后制定系统化的传播策略，导致最终的传播效果不理想。全球媒体监测机构 Meltwater 和社交媒体机构 We are Social 联合发布的调查报告显示，全球社交媒体活跃用户数量已突破 50 亿大关，而世界人口总数约为 80 亿。[①]然而，本届世界科幻大会并没有充分利用社交媒体庞大的人口基数带来的传播优势，还属于小圈子文化。在微博上搜索“世界科幻大会”“2023 世界科幻大会来啦”等相关话题，仅在大会开幕当天及大会举行期间互动量、阅读量、讨论量就有飙升。10 月 18 日当天“2023 成都世界科幻大会”话题有 6706 万阅读量，10 月 16 日至 17 日仅有 134 万和 154 万阅读量，在 10 月 19 日跌至 880 万；讨论量在大会期间达到小高峰，日均 3147 条[②]；互动量在 10 月 20 日高达 2.9 万。但平日互动量、阅读量、讨论量仅为百位，《科幻世界》官方微博发布的与世界科幻大会相关的微博点赞数与评论数也鲜有过百，“2023 成都世界科幻大会”的官方微博账号仅有 5259 位粉丝[③]。同样地，2023 世界科幻大会除了开设公众号和微博号，并没有很好地利用国内外的大众社交媒体平台对大会进行广泛宣传。从数据来看，作为具有国际影响力的世界综合性科幻文化活动，在国内的普及率和受众触及率较低，中国科幻的影响力并没有在国内真正地落地，仅能在一时激发起群众的热情，不能对有兴趣的群众进行持续转化。

在国际社交媒体平台脸书以及 TikTok 中，2023（成都）世界科幻大会并没有在官方账号进行持续性的国际传播，平台上有关大会的视频与图文以 PUGC 和 UGC 内容为主。在大会前后，国际权威媒体机构一直在对 2023（成都）科幻大会进行持续关注。例如，法新社在其 10 月 21 日的报道[④]中关注到了大会展现出女性作家在中国科幻界日益突出的地位，她们的存在感不断增强已成为该领域最明显的趋势之一。阿根廷“政

① 崔韦．法媒：全球社交媒体用户突破 50 亿，脸书用户数量最多［EB/OL］.（2024-02-02）［2024-05-20］. https://baijiahao.baidu.com/s?id=1789744722934349960&wfr=spider&for=pc.

② 数据来自微博话题“2023 世界科幻大会来啦”。

③ 截至 2023 年 10 月 22 日，2023 世界科幻大会结束时。

④ 参考消息．世界科幻大会首次走进中国，美媒称成都成中国“科幻重镇”［EB/OL］.（2023-10-23）［2024-05-20］. https://baijiahao.baidu.com/s?id=1780531987415259373&wfr=spider&for=pc.

治沟通”网站、日本《朝日新闻》、美国《国家地理》杂志网站等众多媒体均有对本届世界科幻大会的相关报道和评论，以积极的语态展现世界科幻大会在中国成都的盛况。世界各国的科幻迷们也齐聚一堂，共赏科幻嘉年华。其中日本研究中国近现代文学的专家上原香织（音译）在接受日本媒体《朝日新闻》采访时表示：“在中国，人们对科幻领域知识产权的期待日益高涨。在《三体》之后涌现出不少高质量作品。”① 国际媒体对中国科幻的态度恰恰可以说明中国科幻文化目前的发展已经呈现出不可阻挡的态势，与世界科幻文化交相辉映。我们本可以在这样良好的科幻交流氛围中，让更多的国际受众听到中国科幻的声音，共同见证中国科幻的百年历程，使中国科幻更好地走出去，但是由于并没有形成系统性的矩阵式融合传播，在社交媒体平台的话题讨论度远低于应有的国际定位。

第三，科幻活动圈层化、商业化严重，阻碍中国科幻品牌塑造。科幻不应该是束之高阁、高高在上的文化活动，应该是带露珠、冒热气、沾泥土面向所有公众的。2023（成都）世界科幻大会联合主席陈石曾说道，国外的世界科幻大会，对幻迷圈很有吸引力，但不出圈，他们的核心会员就两万多人，每年来的人变化不是很大，形成了自己的社群文化，要进入这个社群是有文化门槛的②。世界科幻界的天然“会员门槛”，自然而言阻隔了一大批科幻爱好者的进入，形成独特的科幻圈层。本届大会需要买票入场，参与大会具有一定的门槛，并且有很多临时知晓科幻大会并且对其感兴趣的科幻爱好者错过了购票时间，无法入场，再加上内部人员锁票等现象，大多普通民众很难直接参与进来。此外，与往届世界科幻大会不同的是，本届大会的展厅在科幻迷展厅的基础上开设了企业展厅，其中有大量的赞助商品牌推广和企业参与占据了一楼展厅的大部分位置，售卖各种文创产品，展示新兴科技，使整个场馆的商业化严重。相比之下，科幻迷展厅更为简单——“一张桌子、一面旗帜、一张介绍卡片或者二维码，他们来自大学社团、国外的科幻组织，还有未成名的业余作者……有点儿像大学社团的招新现场。”③ 大会更多的展示空间留给了商业，应当作为主角的“科幻”却被放置在角落。另外，往届的大会都会专门设置“缅怀纪念活动”，纪念世界科幻中的经典瞬间和重要的科幻人物。例如，2017 年，英国科幻作家布莱恩·威尔逊·奥尔迪

① 参考消息 . 日媒：中国科幻迎来蓬勃发展势头［EB/OL］.（2023-11-13）［2024-05-20］. https://baijiahao.baidu.com/s?id=1782425810330830202&wfr=spider&for=pc.

② 王华震 . 当世界科幻大会来到中国：“许多超出以往经历的东西”［EB/OL］.（2023-11-03）［2024-05-20］. https://static.nfapp.southcn.com/content/202311/03/c8261913.html.

③ 王华震 . 当世界科幻大会来到中国：“许多超出以往经历的东西”［EB/OL］.（2023-11-03）［2024-05-20］. https://static.nfapp.southcn.com/content/202311/03/c8261913.html.

斯（Brian Wilson Aldiss）去世，当年第75届（芬兰）世界科幻大会设有一个小小的空间，里面展陈着他生前的作品、照片，以及一些他收藏的宝贝，一台朴素的黑白电视机播放着他生前的采访视频。2019年的都柏林世界科幻大会上，专门缅怀了在前一年纵火事件中丧生的京都动漫工作室的工作人员。[①] 但在本届大会上，许多怀旧展览都因为"空间不够""科技企业的入局"等，被压缩展览空间或者取消展览。如今的中国科幻已经被产业化、商业化、网络化等新时代的互联网洪流汹涌冲击，科幻迷们和企业更多的是追逐更具有"商业价值"的科幻IP。

网络流量带来的商业价值是巨大的，但是将传统经典的科幻文化边缘化，过度拥抱商业带来的巨大利润，易使科幻走进劣币驱逐良币的循环之中。与此同时，科幻体验区大多以滚动播放的动画为主，大多是面向青少年的科幻科普类内容。例如，时光隧道是利用投影仪投影模糊的流光，缺乏真正现代化的科幻元素。会场内更多的区域被售卖文创产品的商摊占据，以引导消费和签售科幻作品为主。世界科幻大会应当是中国科幻的精神与审美、中国科幻文学与影视的创新语言和人文情怀与世界科幻对话交流的重要契机，2023（成都）世界科幻大会是世界性科幻文化共享活动，但从前期宣传到大会进行，其展现出面向少部分群体的圈层性活动性质，普通公众难以参与和深入其中，最后仅仅参与购买相关文创产品和小说，这并不符合推广中国科幻文化和世界科幻文化的初衷。

第四，组织策划颗粒度不足，笼统化安排难以体现大会"世界性"。颗粒度早期主要应用于物理、生物、摄影艺术，指材料、系统或者信息由可区分的碎片组成的程度。目前颗粒度的概念已经在哲学、信息检索、自然语言处理等领域中具有相关的定义和阐述，泛指事件或描述对象的详细程度和测量单位[②]。本案例主要将其阐释为组织策划活动的细化程度。就国际化服务而言，第81届（成都）世界科幻大会并没有清晰的组织逻辑。既然是举办世界性的国际科幻盛会，首先就要充分考虑到大会的前期策划与宣传，期间的日程设置与安排，后期的持续性报道与展望，既要展现中国特色，又要具备世界价值。但是大会融媒体矩阵搭建不力，错过了国际传播的窗口期，冗杂的购票换票流程，展厅设置过度商业化、圈层化，科幻大众化趋势明显不足，场馆基础设施不完备，闭馆时间不清晰等问题使本届大会的科幻传播力和影响力被削弱，难以得到大众的认可，始终将其圈定为世界"科幻迷"的大会。相比较来说，日本横滨2007

① 天爵．我们共同的星舰：世界科幻大会上的趣味活动［J］．科幻世界，2023（增刊）：27-33.

② 段淳林，崔钰婷．颗粒度、信息质量和临场感：计算广告品牌传播的新维度——基于TOE理论的研究视角［J］．武汉大学学报（哲学社会科学版），2022，75（1）：79-90.

年世界科幻大会的站点工作凸显出组织颗粒度的细化。会场安排了 200 位委员会成员负责大会期间的各项事宜，为了照顾到每一位参会者，大会细化了每位成员的分工，其中还包括一名克林贡语翻译。会场有人专门负责残疾人通道、托儿照管服务（周末免费）、举办极具日本特色的俳句比赛和化装舞会，安排晚餐巡游以及各种参会细则，充分考虑了每一位参赛者的需求。甚至目前还能通过第 65 届（横滨）世界科幻大会官网回顾当年的科幻盛况，还能回溯第 66 届和第 68 届世界科幻大会的与会信息、当年雨果奖获奖情况、展览、周边酒店、主要议程以及志愿信息等。就具体活动设置而言，2023 成都世界科幻大会对于沙龙主题的丰富化还存在明显短板。除却展览和颁奖，大会的主题内容就是沙龙对谈以及粉丝文化。2004 年波士顿世界科幻大会举行了 1733[①] 场丰富的沙龙，涵盖专业出版、作家创作、多媒体技术、科技人文等众多领域，当年的参会人数达到了当时之最——6008 位，参会率达到了 80%。2022 年举办的第 80 届（芝加哥）世界科幻大会[②]上，猫咪、太空站生存、巨物等成为沙龙话题，以寻常宠物为科幻讲座切口更能引发大众关注，将日常生活中的猫咪和科幻联系在一起，凸显想象力的丰富多样，太空站生存问题与巨物的产生和搭建也重在如何将科幻概念传递给听众，同时讲述科技与现实相结合的可能性。2021 年第 79 届（华盛顿）世界科幻大会上提到的科技改造外貌、科幻中的气候问题、食物如何塑造世界、真名还是笔名等，都设置有线下观看和线上直播的双渠道，让没能到场的科幻迷也能参与沙龙。但本届（第 81 届）世界科幻大会除了开幕式、闭幕式和颁奖，大部分沙龙是没有办法通过线上渠道观看的。线上仅有 32 场沙龙可在大会指定的线上直播平台"元宇宙无尽之旅[③]"的指定时间段观看，就国际传播而言并没有进行双语播报，难以真正"邀请"到广泛的、潜在的科幻受众共同参与。2023（成都）中国科幻大会定位为世界性活动，但是具体的组织形式和传播方式难以突破，中国科幻始终难以走进中国大众以及国际科幻受众的视野。与此同时，从本质上说，世界科幻大会作为在欧美文明语境和英语世界双重主导下极为重要的一个科幻活动，首次落地成都还存在适应性和本土化的问题。前几届世界科幻大会举办国都有举办历史和更深厚的科幻文化，未来中国能否继续举办世界科幻大会仍然是值得期待的。

2023（成都）世界科幻大会的国际传播，核心问题是要把握大会"世界性"与"中国性"的选择，官方性还是民间性，以及中国科幻对外话语权这三个问题，所有的具

① 2007 年（横滨）世界科幻大会网址：http://www.nippon2007.us/。

② 2022 年（芝加哥）世界科幻大会网址：https://chicon.org/。

③ 2023 年（成都）世界科幻大会指定线上直播平台：https://online.chengduworldcon.com（现已无法登录）。

体传播实践都应围绕这三个问题进行顶层设计。但本届大会更像是对科幻的一个浮光掠影式的嘉年华活动，一个在成都开展的城市科幻秀，并没有统筹多元传播主体，也没有根据目标受众对科幻文化的消费习惯和媒介使用习惯进行传播布局，就连国内的系统性播报也没有，以世界科幻大会为宣传名片，但实际上展现出的科幻张力并没有深入人心。中国科幻未来想要把握机遇，持续提升，一定要抓住精准传播的区域化，对不同地区进行不同方式的科幻文化辐射；抓住核心的内容建设问题，以具有中国内涵的科幻故事凸显共享性的文化价值，既要有科幻辨识度，也要有文化吸引力；加强"硬件"设施的建设，如媒体宣传矩阵的搭建、新兴数字技术的运用等。银河奖、中国（成都）国际科幻大会、未来科幻大师奖等品牌均具有全国甚至全球影响力，但未得到有效的品牌扶持和市场转化[①]，未推动中国科幻更好地走向国际。

近年来，由于互联网技术和数字多媒体技术的发展，越来越多的科技创新走进人们的视野。科幻也在技术不断发展的基础上搭乘想象力的巨轮扬帆起航，众多科幻产业的出现使科幻并不局限于文学之中，创造出更多的影视、展览、文创周边、沙龙研讨、学术会议等，让科幻蔓延开来的枝杈伸展到各个领域。科幻要不断保持生命力，吸引更多的关注，似乎商业化、立体化、产业化就是避不开的趋势。不可否认的是，作为一个世界性的科幻盛事，第 81 届（成都）世界科幻大会的成功召开向世界发出一个信号：中国逐步迈向科幻强国。科幻未来的发展道阻且长，但只要秉持文化自信，立足于文化根基，在国际传播的实践中坚持不断地创新拓展，与时代同频，与国际接轨，拓展渠道和受众，中国科幻的未来值得期待。

思考与讨论

一、请在搜集并观摩中外的科幻影视作品后，阐述科幻文艺（影视）的创作与传播在互联网时代的未来走向以及其作为全球公共文化产品对中国构建文化强国的战略目标的价值意义。

二、请以 2023（成都）世界科幻大会为观察对象，总结如何通过此类广受中外青年群体喜爱的国际性会展，全方位创新地方城市组织传播的理念，实现多元主体参与的、协同有序的公共文化产品的共享与文化互鉴，培育出更多影响面广、具有地方特色和中国品牌效应的全球性公共产品。

---

① 成都市人民政府研究室课题组 . 推动成都由科幻文化中心向科幻产业中心转变［J］. 先锋，2023（9）：49-51.

三、从全球传播的价值层面和文化创意产业的视角，审视和比较刘慈欣的科幻作品《三体》的中美改编现象，探讨《流浪地球》《流浪地球2》获得成功的要素与手段，并结合世界主义视角下的跨文化交流理论，分析中美各自制作的作品的传播效应与文本意义。

## 案例七

# 公共品牌塑造篇Ⅲ：人类减贫事业之中国方案共享篇

## 一、设计理念：知识社会学的视野与全球治理理论的观照

中华人民共和国作为工人阶级领导的、以工农联盟为基础的、人民民主专政的社会主义国家，打好脱贫攻坚战是社会主义的本质要求，也是中国共产党对国家、对人民的庄严承诺。1984 年 9 月，中共中央、国务院发布《关于帮助贫困地区尽快改变面貌的通知》，中国大规模扶贫工作的序幕拉开。党的十八大以来，以习近平同志为核心的党中央高度重视扶贫开发工作，先后出台一系列扶贫相关方针政策，涉及扶贫开发面临的新形势、扶贫开发的核心构成要素、扶贫开发的实施路径、扶贫开发的体制保障等多个方面。

在这一肩负着人民期望与中华民族伟大复兴的中国梦的重大战略的推进过程中，媒体发挥着不可忽视的作用。在新的时代条件下，党的新闻舆论工作的职责和使命是：高举旗帜、引领导向，围绕中心、服务大局，团结人民、鼓舞士气，成风化人、凝心聚力，澄清谬误、明辨是非，联接中外、沟通世界。新媒体时代下，主流媒体的权威性和公信力使其担负起义不容辞的责任。在扶贫工作中，主流媒体应当高举“全面建成小康社会”的大旗，引领互帮互助、共同富裕的正确导向，深入人民群众内部，讲好沾泥土、带露珠、冒热气的生动扶贫故事，鼓舞贫困地区人民的士气，并通过讲述结对帮扶的故事呈现各民族间的团结互助。同时，在地球村与全球传播背景下，主流媒体作为国际社会和世界各国人民了解中国的窗口，是中国进行国际传播、优化国家形象、构建人类命运共同体必不可少的平台和渠道。

主流媒体对外宣传我国减贫事业成果，是凸显全球治理的中国方案和中国声音的重要窗口。知识社会学认为现实是社会建构的过程，并对这一建构过程进行分析。主流媒体作为一种社会组织，是现实的定义者之一，并参与现实的建构。彼得·伯格（Peter Berger）认为，现实存在常识现实和个人现实两个层次。[①] 在常识现实这一层次中，主流媒体发挥的作用在于制作以脱贫攻坚为主题的影像作品，建构受众关于贫富情况、扶贫政策和中国力量的认知和理解，使其在认知层面趋向一致。在影像作品的制作和传播过程中，主要是通过社会互动及语言和知识完成的。影像作品的叙事结构即影片的“语言和知识”，其中不同影像语言的运用和表达、层次的划分与拼接形成了不同的叙事结构，以面向差异化的受众对象和内容需要。社会互动是通过公

① 伯格，卢克曼．现实的社会建构：知识社会学论纲［M］．吴肃然，译．北京：北京大学出版社，2019.

开平台（如电视台、网络视频平台、微信公众平台等）播出，以及观众观看来实现与媒体和政府之间的互动。需要注意的是，这种互动多数是间接的，如通过观看新闻报道、社交媒体、影像作品中的他人行为并进行解读来实现。在个人现实这一层次中，由于近年来短视频社交平台的崛起，减贫题材纪录影像作品逐渐呈现出UGC的趋势：不同地区的用户通过拍摄自家的减贫故事，运用媒介力量参与国家减贫发展的时代潮流中。主流媒体的减贫纪录影像中的个人叙事展现在不同地区和不同人身上并非千篇一律。受众自身具有隐匿、分散且各不相同的特点，当其对家乡或某地的认知与叙事空间或人物主线叙事结构的影像作品相遇，内化后便形成了个人的现实。

此外，从知识社会学的视角出发，在社会现实建构过程中存在三个重要节点：外化、客体化和内化。外化是第一阶段，即社会是人的产物，贫困、脱贫攻坚、共同富裕等并不是社会赋予的概念，而是人类活动的产物。人类贫困的外化表现在生物学（身体与居住环境）、社会学（等级、身份及社会关系的层面）、文化学（知识与受教育程度）以及政治学（各项权利的享有与保障，特别是生存权与发展权等）等方面。自然条件的恶劣、生产力的低下、生产关系的不适应、社会的动荡、地区的冲突与战争、人口、知识和教育等要素都是贫困滋生的根源。随着西部大开发和东西部产业结构的调整，全国人民上下齐心，各地帮扶支援，如此脱贫攻坚的伟大实践与共同富裕的小康社会已成为中国式现代化的鲜明特征和集体共识。因此，客体化依附于制度化和正当化的手段来实现。在此，重点关注第二阶段——正当化。它能够修复与现实相对应的“知识”，避免其在不同年代的传承过程中可能发生的“断裂”。主流媒体拍摄减贫题材影像作品正是使用正当化的方式修复这种“文化断裂”。传播学者丹尼斯·麦奎尔（Denis McQuail）认为，媒体具备“去地域性”和“去时间性”，能够打破时空限制，成为人们生存和交往的桥梁。这种特性给予媒介修复文化断裂的能力，日益丰富化的作品体裁、非常态化播出的趋势也在不断增强媒介的修复能力。在新媒体平台播出的微纪录片正是修复不同年龄阶段群体代际鸿沟的新形式。正当化能够将制度化后的现实变得相对客观有效、主观合理。主流媒体强有力的公信力和权威性、系统化的采编制播生产流程和稳定的受众群为其达到有效的客体化提供了先决条件。减贫题材纪录片采用纪实风格，对现实予以观照。相较于其他叙事手法，纪实风格更符合这类题材的特征，也更符合观众的心理需求，这就为客观性与受众审美诉求的满足提供了保证。因此，减贫题材纪录影像作品促进并巩固了人民的社会认同、国家认同以及各国人民对中国式现代化的了解。

就纪录片创作的题材类型而言，减贫题材纪录片当属社会类中的一个子类，即一种主题鲜明的题材类别。我国的扶贫开发最早开始于改革开放时期，故这类片子也叫扶贫题材纪录片。它客观记录了中国减贫事业的方方面面，于是我们可以将减贫题材纪录片从总体上界定为一种拍摄在国家政策的引导下，记录扶贫工作的主体方、扶贫的对象和脱贫致富的事业状况的纪录影像。我国的减贫题材的纪录影像作品的叙事主题主要包含两个层面：其一围绕着“以人为本”，聚焦脱贫群众，表现他们通过外部帮扶、精神自足两种形式实现由外向内的脱贫转变；其二便是以“绿水青山就是金山银山”为叙事主题，围绕人与自然的和谐共生以及绿色产业可持续发展两个方面展开叙事。此外，减贫纪录影像也采用多种叙事方法，使纪录影像不仅展现了脱贫实况，而且展现了脱贫背后的意蕴。首先，灵活多变的叙事视角，以纵览脱贫概况的全知角度、具象化脱贫的内知角度、注重观察体验的外知角度展现叙事主题。其次，多重脱贫事件并行凸显主题、脱贫事件主线与副线交织丰富情节、事件层层深入剖析脱贫问题。层次分明的叙事结构也让减贫题材能够深入浅出地展现叙事主题。再次，在脱贫攻坚题材电视纪录片叙事中，内部节奏和外部节奏服务于叙事主题与叙事结构。内部节奏呈现电视纪录片内容，外部节奏以造型形式存在，两者结合才能营造更好的叙事环境，引起观众的感同身受。最后，影像作品的叙事语言是纪录片作为声画合一的艺术作品的基本保障，直接决定了作品的效果。在减贫题材影像中，画内音和解说词的运用加深了受众对脱贫攻坚的认知，同时写实性和表现性的画面又能深化主题内涵，让镜头语言来说话，传达出言语之外的意蕴。

减贫题材纪录影像作品孕育于党中央提出的全面决胜脱贫攻坚战役之下。党中央明确提出要精准扶贫①以来，脱贫攻坚题材纪录影像不断涌现。我国的第一部减贫题材的纪录片诞生于2018年。导演焦波深入贵州20个极贫乡镇，记录一年时间内脱贫攻坚带给当地翻天覆地的变化以及感人故事，这些题材汇聚成《出山记》，获得了第16届中国（广州）国际纪录片节优秀纪录长片奖。随后，主流媒体主导拍摄了众多主旋律减贫纪录片，例如《一亿人的脱贫故事》（2021）、《中国减贫密码》（2021）

① 2014年12月13日闭幕的中央经济工作会议透露出2015年经济工作的一系列新动向，其中一项就是要在扶贫方面做到精准扶贫。

等，多角度、多层次展现我国的脱贫成就以及脱贫项目切实带给广大老百姓的生活变化。除此之外，还有采用国际合作方式拍摄的减贫纪录片，也让国际视角参与我国的脱贫故事叙事中。国内第一部以外国人视角解读中国减贫的纪录片是《中国脱贫攻坚》（2019）。中国第一部国际减贫纪录片《明月何曾是两乡——中国国际减贫东亚行动》（2020）以及日本导演竹内亮拍摄的《走近大凉山》（2021），让世界看到真实的大凉山的脱贫变化。历时4年半的创作，2023年，我国首部院线脱贫攻坚纪录电影《落地生根》公映了。它真实记录了中国乡村“一步千年”的命运变迁史，见证了中国脱贫攻坚的伟大奇迹，书写了一部浓缩的中国脱贫攻坚影像志。

文化振兴是乡村振兴的根和魂，减贫实践又与乡村振兴发展息息相关，减贫题材纪录影像作品为乡村振兴凝聚了文化力量。中国农业电影电视中心党委书记、主任、总编辑宁启文在《落地生根》公映时致辞并表示，中国农业电影电视中心作为对农宣传的国家队和主力军，将充分发挥70多年电影创作的实力，加大力度“做优电影大屏”，真正把“电影文化”转化为惠农利民的关怀，深入服务乡村建设。而且要坚持用脚步丈量土地、用真情服务“三农”，争取创作出更多优秀的“三农”题材电影，在全社会共同努力下，努力复苏农村电影市场，助力实现乡村全面振兴和建设农业强国目标。

中国的减贫实践不仅能够提升国内贫困地区的生活水平，也是中国积极参与全球治理，凸显大国担当，为世界减贫事业提供中国智慧和中国方案的重要一环。全球治理旨在促进国际合作和协调、寻求解决全球问题的可持续和综合方案、增进全球公共利益和福祉，且通常是由国家、国际组织、民间社会和私营企业等各方共同参与的合作过程。在这个过程中，它们可以制定规则、协商合作、制定政策、决策和行动等，以共同应对全球性问题和挑战。中国参与全球治理的基本原则是共商共建共享共赢、国内与国际统筹、尽力与量力兼顾、有效与增量结合、共同但有区别的责任。中国始终坚持同世界其他地区分享减贫经验，积极开展国际减贫交流与合作，应对世界贫困问题。首届中国—东盟社会发展与减贫论坛于2007年举行。截至2024年，该论坛已举办16届。2014年，中国提出“东亚减贫合作倡议”，在柬埔寨、老挝、缅甸开展东亚减贫示范合作技术援助项目，积极帮助欠发达地区提高减贫能力。2020年，经过全党全国各族人民共同努力，脱贫攻坚战取得了全面胜利，现行标准下9899万农村贫困人口全部脱贫，832个贫困县全部摘帽，12.8万个贫困村全部出列，区域性整体贫困得到解决，完成了消除绝对贫困的艰巨任务，提振了全球贫困治理的信心。2023年11月13日至17日，国家乡村振兴局在北京举办全国脱贫攻坚交流基地建设及国际传播能力提升培训班，全国15个省振兴局分管负责人、处室负责人和基地考察点代表共75人参加培训班，持续深化学习贯彻习近平总书记重要指示批示精神，深刻认识讲好中国乡村振兴故事的重要性和必要性。因此，在中国参与全球治理、为世界提供减贫方案和中国智慧的进程中，减贫类纪录影像作品的对外传播起到了积极的推动作用。

## 二、实现路径：教学流程与布局

首先，授课老师为学生提供相关理论资源，特别是与研究目标相匹配的全球治理理论、知识社会学及周边外交理论的参考资源，同时在课堂上布置“减贫纪录片”视频及其评论的搜集任务，并以表格的形式呈现出来。四位学生在此基础上分别负责“网络视频平台”“主流媒体减贫纪录片”“金鹰纪实和纪实人文”“减贫题材影视作品”四个部分的影片信息搜集和整理工作，由一位学生汇总并进一步丰富表格内容与影片详细信息，最终形成“减贫题材影像作品资料库”。针对该资料库，上述同学进行可视化处理，并以此资料库为研究对象或以此资料库中部分典型影片为样本，在充分了解资料库整体情况、相关理论（如国家治理与全球治理、知识社会学、政治修辞、空间理论等）以及案例的基础上，形成完整的研究文本路径。

其次，安排学生进行文献资料阅读，如《现实的社会构建》《全球治理：概念与理论》《纪录片导论》等。除了课堂上的研究交流活动，课后师生要共建课程群组，在该群组里继续探讨与交流减贫题材影像作品的相关内容。教师与学生可开放地分享一些与专题相关的视频、新闻资料、微信推文等，并在群里进行讨论。

再次，本案例的具体研究路径设计如下：第一，针对减贫题材影像作品的人物形象的建构特点、政治修辞、现实传播路径与国际化表达进行分析；第二，关注全球减贫事业中的中国经验并予以阐述。

最后，案例主体部分搭建完成后，通过系列的思考讨论题引发延伸性思考。

# 三、案例展示与引导

## 专题一　减贫题材纪实影像作品的全球传播多视角剖析

## 子案例Ⅰ　减贫题材纪实影像作品人物形象的建构特点

### （一）《第一书记》（2020）：侧重人物描写

《第一书记》是新华社全媒编辑中心联合国务院扶贫办《中国扶贫》杂志社共同推出的系列微纪录片。该片单集时长 15 分钟，叙事节奏紧凑，故事结构合理，采用第一人称的叙事手法，以自传式的讲述方法记录第一书记的扶贫历程。

图 2-30　纪录片《第一书记》截图

影片全系列采用大致相同的叙事结构。首先由作为主角和线索的第一书记以第一人称口吻介绍自己参与扶贫项目的原因和工作的地点。同时，影片镜头采用航拍展现连绵的大山与大山之间稀疏的村落，交代贫困村所处的环境背景。随后采用全景或远景拍摄人物，将人物置身于环境中。同时，第一书记讲述该村面临的贫困问题和现状，由当地村民的讨论或开会的场景进行佐证。在引出一系列问题后，随着第一书记的叙述，镜头跟随着他探寻解决之道。或考察地形地貌，或入户访谈村民，或带队下地劳动，或开会讨论问题，通过不断的智慧凝聚和辛苦劳作克服了重重困难，解决了该村的实际问题，实现了脱贫攻坚的目标。

在这一系列作品中，对人物形象的塑造主要通过“代入感”来实现。通过第一视角拍摄，观众可以设身处地地感受第一书记所处的环境、所面临的困难、条件的艰苦、工作的辛劳。除了部分特写镜头，大多数时候，镜头所扮演的角色并非“客观的观察者”，而是“全程的跟随者”。镜头没有使用太多特殊的拍摄手法，也没有用华丽的文案和刻意的镜头去捕捉，给人以真实的记录感。

### （二）《海兰江畔稻花香》（2019）：以“村”为单位的叙事思路

这部纪录片讲述了同一条扶贫道路在 6 个不同的村庄如何践行的故事，以精准扶贫为表现重点，以乡村脱贫攻坚的主线贯穿始终，充分表现在这块充满浓郁民族风情的边疆土地上，海兰江畔的延边人民运用智慧和力量，在国家强有力的政策扶持下，在党和政府的深切关怀下，在脱贫致富先锋人物的带领下，在他们自强不息的努力下，挣脱贫困的泥淖，奔向美好的生活，打造出今天的“海兰江畔稻花香”的故事。

图 2-31 纪录片《海兰江畔稻花香》片头截图

这部纪录片通过扶贫道路固定化的拍摄方法，将叙事的目光聚焦于“人”身上。各村面临的问题丰富多样却又有共同之处，在解决这些不同问题的过程中，不同扶贫干部展现出独到的思想、个性和智慧。创作组记录了四类采访对象：一是脱贫帮扶干部，如响应精准扶贫的村干部、第一书记、驻村帮扶干部等；二是农村致富带头人，如返乡创业的企业家、传授致富经验的致富带头人、踊跃提供就业岗位的带富先锋等；三是百姓中的脱贫先锋，如通过激发群众内生动力，拒绝等、靠、要，积极自主脱贫致富的个人；四是当地党委、政府，如在精准扶贫政策落实过程中，高度重视扶贫工作，压实主体责任，保证工作落实的领导干部。镜头记录了扶贫干部与村干部、村民之间的冲突和思想上的碰撞，将扶贫干部的性格特点与人格魅力体现了出来，体现了中华民族传统的“求同存异”的哲学思考，也体现出当地党委、政府对扶贫工作的重视和进行精准帮扶、凸显帮扶成果、扎实基础设施建设的实践。

### （三）《山水间的家》（2022—2023）：“新村民”见证乡村振兴发展

相较于前两部纪录片基于村民与村庄故事的视角，《山水间的家》以“新村民”为切入点，邀请明星嘉宾参与感受乡村变化，通过身份的转化使扶贫发展成果能够更好地触达更多观众。《山水间的家》是中央广播电视总台、中华人民共和国文化和旅游部联合推出的文旅探访节目，由撒贝宁、鲁健等担任常驻嘉宾，节目共 12 期。该节目邀请“公众人物 + 文化学者”组成“山水小分队”，接受山水间的邀约，送出山水间的寄语和完成山水间的“乡村推介”。《山水间的家》包括《山水间的家》（第一季）、《山水间的家》（第二季）。

《山水间的家》通过讲述“山水”间“人”与“家”的故事，展现乡村人民不断增强的获得感、幸福感、自豪感，也为观众、乡村和社会营造出强烈的“获得感”。对于中华儿女而言，“家是最小国，国是千万家”，借助家庭这一中转站，个人与国家紧密相连，爱家就是爱国。强烈的家国感成为千年来中国这片土地上强大的精神力量，成为维系中国万千游子的情感纽带，成为中华民族的集体意识。

节目以纪录片与综艺节目融合的多重复合型叙事，增强观众尤其是年轻人对山水家乡的认同感。《山水间的家》每期由主持人、公众人物和文化学者组成两组团队分别去一座村落，以“新村民”的身份体验当地的风土人情、衣食住行和生产经营活动等，使观众沉浸于嘉宾“第一视角”的见证之中，捕捉每一处蕴藏惊喜的乡村风物，了解各村落不同的振兴模式，触摸到每一片土地的脉搏。该片打破纪录片的边界，将综艺节目的及时性与无滤镜式的纪录片拍摄手法融于一体，让明星嘉宾融入乡村，感知10年间前后变化对比。同时，《山水间的家》使用了“双线并行”的叙事架构，把24个乡村样本容纳于12期节目中，在对比中对乡村振兴发展之路进行思考，将媒介本身融入全球贫困治理的进程中，给中国乡村发展提供了全面的示范意义和参考价值。《山水间的家》把文化旅游融合与乡村传播有机结合，不仅促进文化、旅游和全媒体产生叠加效应，也为文化、旅游融合发展树立了榜样、积累了传播经验。

图2-32 纪录片《山水间的家》截图

## （四）国际纪录片：“他者”视角下的中国减贫影像纪录

减贫题材影像作品人物形象的构建方式是多样的，除了从国内视角来观察，还可以通过“他者”视角共同见证脱贫致富的发展历程。《旅游让世界和生活更美好》是每集3—5分钟的微纪录片，主要播放平台为脸书，讲述系列人物如何通过发展特色旅游业实现脱贫。在短短几分钟的纪录片中，没有旁白，没有对政策的宣传，只有人物陈述、乡村景色和一些字幕。每一集都以一个创新旅游景点的负责人为主角，用生动的语言讲述他创办景点的初衷、遇到的困难和最终的成果。系列视频将一个个人物并联起来，组成了以旅游为线索的人物群像，从旅游这个微小的切入点看中国脱贫攻坚的努力和成就。值得一提的是，这部微纪录片反复强调在纷杂的都市中乡村与自然的美妙之处，将人的脱贫致富与山清水秀的自然风光结合起来，在传播中国减贫经验的同时也向世界传递着中国的环保理念以及“天人合一”的哲学思想。

除了风景拍摄，还有国际友人参与体验中国减贫历程。《行进中的中国》与《前线之声：中国脱贫攻坚》都是由一位外国记者扮演“体验者”，深入各个乡村去探寻中国减贫的秘密。这种第三人称的故事讲述方式，没有刻意去体现某些人的特殊贡献，也没有去突出某些政策，甚至还要强调“矛盾”。这种做法实际上是以“观众”为主体，不以经过太多设计的镜头来“帮助”观众构建人物形象，而是让观众从“客观事实”中自己判断、自己感悟，从而建立起对“真实”的认知。

## 子案例Ⅱ　减贫题材纪实影像作品蕴含的政治修辞

在减贫题材纪录片的创作中，创作者可以通过记录、诠释、论证、共情等多种方式达到政治修辞的目的。大型脱贫攻坚系列纪录片《承诺》由中央广播电视总台出品，中央新影北京发现纪实传媒承制，是中宣部纪录中国传播工程项目，也是中央广播电视总台重点纪录片项目。该片拍摄制作历时 3 年，跨越中国 12 个省份，总行程累计数万公里，拍摄素材累计超过 2000 小时。该片共 5 集，分别为《山水之外》《故土与新家》《与时代同行》《文化家底是个宝》《让未来更美好》。每集近 50 分钟，由两个故事穿插讲述，通过对具体事件和具体人物长期的跟踪拍摄和故事性的编排，让观众产生情感共鸣，以真实记录的方式，多角度展示中国脱贫攻坚进程。

在使用“纪录”这一修辞手法时，纪录片《承诺》的创作采用解说模式与观察模式相结合的手法，有限的解说与更多无声的观察相结合，使人物形象更加丰满、更具有说服力。《承诺》的第三集《与时代同行》以人物小周的农产品售卖为主线，讲述了小周从传统的集市售卖农产品到在小梁县长的带动下参加电商培训，最后开拓线上销售渠道的电商脱贫故事。国家政策的支持、人物生活的变化等细节暗含其中，以翔实的过程记录展开政治修辞，以最自然的方式唤起政治认同。

图 2-33 纪录片《承诺》截图

在使用“诠释”这一修辞手段时，《承诺》的第二集《故土与新家》在结尾通过柔和亲切的话语，将我国扶贫脱贫的整个进程、所采取的措施政策、所取得的成绩效果有效地传达给观众，加之画面的视觉辅助，增强了观众的接受性与认同感。

在运用修辞手法“论证”方面，《承诺》系列纪录片的片头采用蒙太奇的手法，自然地理风光的远景和贫困地区人民的生活场景交替呈现，通过初升的朝阳、无垠的荒漠、碧波万顷的湖水等画面的转换表达出自然美景之地的人们面临着严重的贫困问题。悠长平静的配乐中夹杂着一丝自然的虫鸣等噪声，人声缓缓道来，“有些农民他根本都没有钱看病”，“住在这里他们绝对没有再发展的希望”，画面再次出现热烈的朝阳，象征着脱贫攻坚事业给人民带来美好生活的希望。随之，人声转为扶贫干部的口述，“人民群众对美好生活的向往就是我们的奋斗目标”。接下来的画面由具体的脱贫过程的画面剪辑而成，炸山开路，现代化养殖，人们欣喜拥抱……最后呈现庄严的几个字“2020 年现行标准下”“农村贫困人口全部脱贫”“是党中央向全国人民做出的郑重承诺”，在人们的喜悦笑脸中，片头结束，开始了正片的讲述。

在运用修辞手法“共情”方面，《承诺》第一集开头，在一片敲锣打鼓的喜庆声中，“不忘初心，从严治党”的标语融入民俗庆祝活动的道具中。接着，画面中出现几十只竖立着五星红旗的渔船，随着一声“渔民开捕”，镜头拉回湖面的渔船。这些符号结合人们洋溢着喜悦的笑脸，象征着人民对国家政策的认同与支持，观众仿佛也得到了一种“不在场”的愉悦。

## 子案例Ⅲ 减贫题材纪实影像作品的现实传播路径

中央广播电视总台面向国内外观众，在突出国家站位与国际视野的同时，也关注平民脱贫生活。2016 年 10 月 17 日，纪录片《消除贫困·中国人权在行动》在央视中文国际频道播出。2018 年 4 月 23 日至 25 日，央视首部脱贫攻坚题材纪录片《山路弯弯》在纪录频道播出。2020 年 8 月 22 日，中央广播电视总台影视剧纪录片中心推出系列纪录片《2020 我们的脱贫故事》。2021 年 2 月 18 日至 25 日，央视综合频道播放中央宣传部指导中央广播电视总台摄制的脱贫攻坚政论专题片《摆脱贫困》。同年 4 月 10 日至 11 日，《脱贫，健康先行》在中央广播电视总台中文国际频道播出。同年 10 月 6 日，《云上人家》在央视新闻频道播出。2022 年 8 月 27 日《山水间的家》（第一季）在中央广播电视总台综合频道播出，是中央广播电视总台、中华人民共和国文化和旅游部联合推出的文旅探访节目，由撒贝宁、鲁健等担任常驻嘉宾。2023 年 8 月 5 日《山水间的家》（第二季）于中央广播电视总台综合频道播出。

地方卫视将关注对象放在本地的脱贫故事上，如由湖南省委宣传办和省扶贫办、湖南广播电视台新闻中心出品的纪录片《这八年——精准扶贫在湖南》讲述了吃得苦、耐得难的湖南人在三湘大地上以“精准”为要义书写的壮丽脱贫篇章；粤桂合拍的大型纪录片《同饮一江水》在广西、广东两省区党委、政府高度重视和宣传部门具体指导下，由两省区广电部门联合摄制完成；黄河流域省区市电视台联制的系列纪录片《脱贫攻坚：黄河大合唱》之《长河奔流》通过徐博、李财、秦振邦和谢宏义的故事，展示了宁夏影视服务旅游扶贫、葡萄种植扶贫、金融信用扶贫、乡村旅游扶贫等四种精准扶贫模式。

网络视听平台也积极拍摄减贫题材纪实影像作品。2018 年，腾讯视频率先出品 8 集系列纪录片《扶贫 1+1》。2020 年，由国家广播电视总局、北京市广播电视局指导，优酷出品的 50 集系列微纪录片《追光者：脱贫攻坚人物志》上线播出。2022 年，由国务院新闻办公室监制，中宣部对外推广局、国家广播电视总局网络视听节目管理司指导，中国报道杂志社解读中国工作室联合腾讯视频、福建省广播影视集团、深圳市委宣传部共同出品，邀请两届奥斯卡奖获得者柯文思执导的纪录片《柴米油盐之上》登陆腾讯视频，并且获得第十六届精神文明建设“五个一工程”优秀作品奖（电视类）。

同年，由广电总局网络视听司特别指导，马栏山视频文创园特别支持，湖南省委宣传部、湖南省委网信办、湖南省精神文明办、湖南省广播电视局指导，芒果 TV 制作的微纪录片《这十年》在芒果 TV 播出。2023 年，讲述沙瓦怒族村生活变迁的纪录片《沙瓦公路》在看看新闻播出。

随着短视频社交平台的崛起，越来越多的 UGC、PUGC 的减贫影像逐渐出现。以快手为例，在 2023 年世界互联网大会乌镇峰会“数字减贫与公益慈善”分论坛上，北京快手科技有限公司副总裁徐静芸提到过，在推进数字减贫与乡村振兴方面，快手在全国挖掘培养 100 多位“幸福乡村带头人”，通过提供流量、运营指导、数字素养培训等支持，通过短视频拍摄记录生活变化，逐渐走出贫困。抖音平台通过开启“我的农村生活”“乡村振兴 dou 行动”“新农人计划 2023”等对参与话题的自媒体博主视频进行流量扶持，通过信息技术、文化的交流，使城镇居民更好地了解乡村，了解中国乡村振兴的真实变化。

除了上述近年来在中央广播电视总台、地方卫视、网络视听平台以及短视频社交平台播出的减贫题材的纪录影像，减贫题材纪实影像作品的现实传播路径还包括参与影展、打造多平台传播矩阵、译制为多种语言促进海外传播以及互联网人际传播。

首先，积极参与影展。2018 年，聚焦遵义市务川仡佬族苗族自治县脱贫攻坚故事的纪录片《出山记》先后获得第八届北京国际电影节纪录单元评委会最佳作品奖、第 24 届中国纪录片学术盛典长片十佳作品、中国（广州）国际纪录片节最高奖“金红棉”优秀纪录长片奖；2019 年获得第 26 届北京大学生电影节特别单元优秀纪录片奖。2022 年，《山水间的家》（第一季）获第 28 届上海电视节白玉兰奖最佳综艺节目奖。

其次，打造多平台传播矩阵。2020 年 10 月，东南卫视《中国正在说》中《天路——脱贫攻坚的德格实践》和《天路——东西部协作扶贫的昌都实践》不仅在电视端播出，还在微博、哔哩哔哩、央视频、今日头条等 10 家平台同步网络直播，总观看量突破 2000 万人次。栏目组还将节目剪辑成几十秒到一分钟不等的片段，在抖音、快手等短视频平台进行碎片化传播。另外，栏目组还在微博开设话题、发布图文视频，引发关注。

再次，将影片译制成多种语言在海外播出。《中国扶贫在路上》已被译成英语、法语、德语、日语、韩语等多个外语版本，并从 2020 年开始陆续在全球播放。《中国减贫密码》已被译成英语、西班牙语、阿拉伯语、意大利语、葡萄牙语等数十种语言，在欧洲、非洲、亚太、拉美地区 20 多个国家的电视台、网站、互联网终端播出，全球覆盖观众群超过30亿。

最后，借助互联网人际传播能够推动实现传播效果最大化。《走进大凉山》导演竹内亮在拥有近500万粉丝的个人微博账号中讲述自己拍摄该纪录片的原因与心路历程，并开设直播与粉丝交流纪录片内容。在此微博下，明星吉克隽逸、音乐人程壁、时尚达人水蛋蛋、体育视频自媒体皇马新闻等多个极具影响力的大V评论转发，引发二次传播，让该片收获了极大的关注与热度，实现了不同粉丝圈层的破壁。纪录电影《星光》在微博平台上最先是由《人民日报》官方账号发布影片推荐信息，该条信息又被吴磊、刘昊然、杨幂等诸多高热度、高流量的明星带话题转发。截至2024年7月21日，原微博的视频播放量高达4405万，相关话题阅读量达到70.9亿。

## 子案例Ⅳ 减贫题材纪实影像作品的国际化表达探析

2020年3月6日，习近平总书记在决战决胜脱贫攻坚座谈会上指出脱贫攻坚不仅要做得好，而且要讲得好。纪实影像作为忠实呈现真实生活的客观载体，以冷静、平实、公正的视角记录个体的生命轨迹与时代的风貌变迁。用影像作品来讲好中国脱贫攻坚故事，是向世界传播中国减贫智慧、分享中国减贫经验、提供中国减贫方案的有效途径，在彰显中国脱贫攻坚世界意义的同时还有利于体现人类命运共同体理念下的中国担当。

纪实影像跨越时间、空间、社会乃至国别等多重条件的限制，关于扶贫日常生活中的不同部分被搭建起一座桥梁，被整合为一个意义的集合体。在全球化语境下，消除贫困已成为人类共同的理想与目标。在关于“全球性减贫知识”的生产中，中国减贫题材纪实影像作品将中国减贫经验保存、积累，在影像的传播中形成互动的知识库，建构起世界观众对中国减贫事业的认识。对于中国故事，西方纪录片从“他者”视角出发，惯于用批判的眼光看待，而中国纪录片惯于正面宣传。面对这种生产观念的不同，中国减贫题材纪实影像作品要想以较低的“文化折扣”讲好中国减贫故事，还需在创作理念、题材选择和叙事模式方面进行国际化表达。

### （一）纪实影像创作理念的国际化

纪实影像因其高度反映现实生活而具有“国家相册”的美称，它不仅是一种表达手段，还是投射创作者价值理念的“容器”。近年来，逆全球化思潮兴起，国与国之间的争端变得愈加频繁，民众与民众之间的分歧也有扩大的趋势。中国减贫题材纪录片想要突破国家与民族的“屏障”，建构并缝合世界观众对中国脱贫攻坚的认识，创作者在坚持客观真实的基础上，还需接轨国际化的审美偏好，尽量规避意识形态方面的刻意宣传，以“第三方”视角冷静观察，关注人类共同的情怀与普遍价值，并在不同民族、种族中寻找共鸣。

### 1. 以人类共同的情怀寻找共鸣

此处人类共同的情怀可以从两个层面来谈，一是减贫类纪实影像作品的站位要高，二是其立意要美。前者指创作者要寻求某种能贯通全球的价值观念与目标导向，在世界意义上肯定中国减贫成就。事实上，中国的脱贫攻坚是一种人权保障行为。不管对于哪个国家来说，生存权和发展权都是最基本的人权，中国让一亿多人顺利脱贫，便是中国在世界人权话题下的具体实践。后者指创作者应在艰苦的扶贫斗争中、朴实的脱贫生活里展示普通人追求幸福生活的时代风貌，从平凡人中看到生活的温度与感动。虽然国家与民族不同、社会环境不同，但世界人民对真善美的追求是一致的。2020 年，中共中央对外联络部新闻办公室与国家广播电视总局国际合作司联合推出六种语言版本的系列微纪录片《中国扶贫人物故事》。纪录片分为“领”“变”“新”“移”“友”五个篇章，每一篇章都聚焦扶贫一线的普通人物，用一个个极具生活气息的故事打造人物群像：有扎根岩博数十年、巾帼不让须眉的奋斗者胡巧琴，有从条件恶劣的贫困山区搬到设施齐全的移民村、开始新生活的马玉霞，有不远万里来到中国、在云南省行医扶贫的德国医生夏爱克……这些普通人既是脱贫振兴路上的践行者，也是贫困县乡美丽蝶变的见证者。他们在讲述个体故事的同时，也化为时代缩影，投射出漫漫脱贫路上那些真挚的感受与美好的追求。

### 2. 用冷静客观的观察打动人心

许多欧洲纪录片创作者喜欢捕捉转瞬即逝的“本真”，对任何可能对真实带来破坏的表现手法都保持警惕。他们同被拍摄者建立某种联系，用镜头去感受他们的喜怒哀乐，让纪录片不仅仅反映现实生活，还要表露出触达心灵的真情。正如英国著名纪录片导演菲尔·阿格兰（Phil Agland）所说：“一个毫无防备的轻松的流露真我的时刻，才是我们最需要去追寻的。”近几年，大批减贫题材纪实影像作品采用观察式记录的方式，跟踪拍摄底层小人物在脱贫之路上的真实感受与体验。这些纪录片在脱贫攻坚的大时代主题下关注小人物的个体命运，侧重在日常生活中捕捉人物的情绪，用细节展现个体在帮扶过程中的精神变化与物质提升。纪录片《2020我们的脱贫故事》由八位导演率领团队，用细腻真实的镜头展示了底层群众的生活状态。影片多处采用延时摄影的方法记录贫困户在脱贫前和脱贫后最本真的样貌，并用极大的篇幅记录了这些贫困区域中村民与村民之间、村民与扶贫干部之间极具生活气息的互动场景。《2020我们的脱贫故事》以一种对现实生活的朴素记录，反映出小人物的感受体验，极具人情味与感染力。

图2-34　纪录片《2020我们的脱贫故事》截图

## （二）纪实影像拍摄视角的国际化

在全球减贫事业中，中国减贫样本与减贫方案具有一定的世界意义。当前，世界各国都在立足实际，探索符合本国国情的减贫道路。在共建“一带一路”国际合作中，许多发展中国家希望分享中国减贫经验。2021年2月28日，新华社国家高端智库面向全球发布《中国减贫学》智库报告，中国成功的减贫实践已经孕育出了中国特色反贫困理论。知识社会学认为，现实是由社会建构的。在客观现实的建构过程中，制度化是客体化的产生逻辑，而正当化把制度化的现实变得在客观上有效，主观上合理。中国特色反贫困理论的提出已经完成了正当化的第三个层次——理论化，而减贫题材纪实影像的忠实记录帮助完成正当化的最高层次，即象征世界的建构。中国脱贫攻坚的智慧与模式要想真正传播到全球各地，引起世界各国对中国减贫学的思考与借鉴，纪录片在进行影像表达时，就不能将观察视野局限在中国国内的人和事，而应以世界性的眼光将中国脱贫模式在国外的生动实践中纳入主体范围内进行考察，或在外国人的视角下解读中国脱贫故事，完成极具国际视野的主观、客观双重层面的媒介化的现实建构。

### 1. 中国脱贫模式走向东亚村庄

2014 年 11 月 13 日，国家领导人在出席东盟与中日韩（10+3）领导人会议时，中国表示缩小差距、减少贫困、改善民生是亚洲地区国家面临的首要任务。2016 年 12 月，中国国务院扶贫办和中国国际扶贫中心推动实施了“中国 - 东亚减贫示范合作项目”。根据项目设计，中国在老挝、柬埔寨、缅甸 3 个国家的 6 个村庄试点，开展为期 3 年的社区合作减贫工作。3 年后，首部中国国际减贫合作题材纪录片《充满希望的村庄》播出。该片记录了中国“整村推进”和“精准扶贫”理念在“一带一路”共建国家的落地开花、生根结果，其跟踪拍摄的故事展示了中国为构建人类命运共同体做出的努力。从帮助当地开展道路、供水等基础设施建设到扶持种植、养殖等农业产业，从提供物资进行社区环境治理到派遣专家进行培训活动，这些举措一步步改善了村庄的风貌，提升了村民的生活条件。在“一带一路”倡议的背景下，纪录片用真实客观的镜头展示了中国负责任的大国形象。

### 2. 中国脱贫故事的“他者”解读

跨文化传播的困难之处在于意义在话语呈现过程中的流失、消解甚至是误解。中国脱贫故事在面向外国受众进行国际化传播时，不同的意识形态会产生一定的“惯性认识”。这种“惯性认识”无形中增加了交流沟通的壁垒，甚至还会引起对抗式解码。因此，在对外传播中强调要从国外受众的不同特点出发，用他者之眼直观和表达事实，从而消解交流的无奈。中英合拍的两集纪录片《行进中的中国》（见图 2-45）围绕中国如何应对全球新冠疫情蔓延和极度贫困问题，邀请两位外籍主持人安龙和珍妮进行深入观察和采访。从中国西南部的农场和种植园到东部的特大城市，再到西北部的大沙漠，摄制组跟随两位外籍主持人的步伐，以一个个真实鲜活的人物故事和案例，展示了中国既要克服疫情又要坚持脱贫攻坚的决心、智慧和能力。《做客中国：遇见美好生活》采用介入式的创作方法，邀请三位外国友人到中国美丽乡村做客，亲身参与当地的生活和劳作，见证多种扶贫举措在乡村精准实施后村民生活发生的巨变。外国友人在纪录片中的感受和体验能以一种天然的情感共通性感染外国观众，这种意识形态的相通能在一定程度上减少跨文化交流的障碍，并引起外国观众的共鸣。

## （三）纪实影像叙事模式的国际化

对于纪实影像来说，故事内容的真实性与客观性仍然是创作者最为追求并为之坚守的。不管是早期的“直接电影”还是现在的纪录片常用的“情景再现”“搬演”等拍摄方法与技巧，其本质都是为内容的真实性与表现性服务。各类社会现实浩如烟海，怎样才能从中挖掘出最有价值、最能体现主题的线索，并将内容真实记录、组织、叙述出来，最后清晰、完整地呈现给观众，同样是创作者在整个拍摄过程中需要反复考虑的问题。

### 1. 以点带线、以线带面的故事组织方式

英国导演菲尔·阿格兰曾以“在大海中寻找小岛”来形容自己叙述复杂故事的方法。最初，所有的现实生活在导演面前就像一片汪洋大海，一个理念就是一个小岛。通过观察拍摄对象，各种联系被建立起来，小岛逐渐扩大。与此同时，更多的小岛也被不断发现，一幅完整的画面逐渐浮现。脱贫攻坚的漫长跨度使纪实影像作品在进行内容编排时必须选取重要的时间片段来做基底，把握住最有价值的瞬间，完成以点带线、以线带面的叙事过程。导演组在确保真实性的前提下，对不同地域的扶贫工作进行多样呈现，然后再将这些故事进行人为排序并串联起来，形成对扶贫工作的多角度阐释。《我的扶贫年》以几个东北村落精准扶贫之路为切入点，记录了在春节即将到来的一个月里，三位驻村书记和他们的村民们在脱贫攻坚、辞旧迎新之际的工作与生活。在《我的扶贫年》中，这些“小岛”是天平村、青背村、大北山村。以这些村落为支点，纪录片以春节前村里的一件件琐碎的小事为线，素描出驻村书记艰苦繁忙的扶贫生活以及如今温暖喜庆的脱贫之“年”。伟大的故事，总是由无数个平凡人书写。在这些平凡的春节故事里，我们似乎能看到中国数百万扶贫干部的辛勤背影，看见东北乡土上热火朝天的生活。

### 2. 拍摄对象全然“在场”的自叙式语态

叙事学关于语态方式的界定包括异叙式、同叙式和自叙式。异叙式的叙述人通常与事件无关，处于事件之外，是纯粹的第三者；同叙式的叙述人参与事件，但并非事件的核心人物；自叙式的叙述人是推动事件发展的主要角色，是讲述事件的第一手信源。长久以来，中国纪实影像作品采用异叙式的叙事语态，叙述人是全知全能的画外音或解说词，带有浓重的官方与权威色彩，说教意味较浓。从国际化来看，许多欧洲

的纪实影像总能以合适的视角切入故事。相比于给观众讲道理或说教，它们更注重对内容本质的呈现。自叙式语态是近几年减贫题材纪实影像作品常用的一种叙事方式。纪录片《中国扶贫人物故事》跟踪拍摄主要人物，全片没有“上帝之声”式的解说词，所有的故事都以纪录片被拍摄对象口述为主。这些口述或夹杂着方言，或带有讲述人的个人特点。正是这些真实又接地气的口述细节给故事注入灵魂，增强了故事的感染力与共情力，让观众自然地融入故事。

### 思考与讨论

一、就学科价值与功能层面而言，请回答纪录片的研究关涉哪些重要学科。从作为大概念的国际传播出发，谈谈中国纪录片对国家形象的塑造、“一带一路”倡议的实施和全球南方的携手共进起到哪些作用。

二、具体而言，在纪录片的拍摄与制作中，特别是针对拍摄减贫题材纪录影像作品时，在人物形象的构建上拍摄者应秉持何种拍摄理念？此外，你认为在纪录片的制作中，如何保持素材的真实性与叙事艺术的吸引性的有机统一？

三、请观察我国的减贫题材纪录影像是怎样体现中国的国家治理能力和建设文明、富强的中国式现代化的决心和意志的。

## 专题二　全球减贫事业的中国经验供给

消除贫困是人类的共同理想，是“联合国 2030 年可持续发展目标”（SDGs）的首要任务。较长一段时间以来，由于气候变化、新冠疫情和地区冲突等复杂挑战，全球减贫进程受到重创。根据联合国开发计划署于 2024 年 10 月 17 日发布的《2024 年全球多维贫困指数》报告，全球大约有 11 亿人生活在极端贫困中，其中一半以上是未成年人。按比例来说，全球约 1/8 的人口面临极端贫困。[①] 正如联合国《2024 年可持续发展目标报告》所指出的那样，目前只有 17% 的可持续发展目标跟踪指标进展顺利，超过三分之一的进展停滞甚至倒退。[②] 然而，我们看到，2022 年 6 月 24 日，习近平主席在

① 参考消息．联合国报告：全球 11 亿人生活“极端贫困”［EB/OL］.（2024-10-19）［2024-12-28］. https://baijiahao.baidu.com/s?id=1813327344865382098&wfr=spider&for=pc.

② 人民网．联合国发布 2024 年可持续发展目标报告［EB/OL］.（2024-06-29）［2024-12-28］. https://baijiahao.baidu.com/s?id=1803166413230046874&wfr=spider&for=pc.

金砖国家领导人第十四次会晤期间主持全球发展高层对话会，重新凝聚全球发展共识，提出了八大优先行动领域，其中消除贫困也是首要目标。

中国过去几十年在消除贫困事业上不断奋斗，2021 年 2 月中国宣告脱贫攻坚战全面胜利，提前十年完成联合国可持续发展议程中的首要目标。作为世界人口第一大国和最大的发展中国家，中国通过自身行动成功脱贫，探索积累了丰富的减贫经验。这对于仍面临贫困问题的其他发展中国家具有重要的借鉴意义。然而，当前中国减贫经验的国际分享范围不广，也不够顺畅，具体原因如下。

第一，尽管中国减贫经验在全球层面具有公共产品的特征，其世界意义也达成了一定的共识，但对减贫经验的核心要素存在不同认识，国家治理模式、政府行政管理体系、市场效率、社会共识、文化传统以及国际社会环境等不同要素在其中的作用发挥如何？各要素间又如何相互作用、形成合力共同推进减贫进程？在不同阶段是否存在不同模式和机制？这些都需要更多的理论研究。这个理论提升的过程也是全球社会各界凝聚共识的过程。

第二，中国减贫故事在全球层面存在“说了传不开，传开叫不响”的现象。当前，西方国家的减贫与发展理念、知识生产和传播应用等已形成完整的体系。其中，大学智库负责生产减贫与发展知识，双边和多边的国际发展相关政府部门或政府间机构出台相关发展合作政策，社会组织、私人企业、基金会等将知识付诸实践，媒体、教育、智库及各发展机构负责话语传播和宣传等较为完整的“全球减贫与发展知识链”。当前，QS 世界大学排名和智库排名中的机构均具有国际发展合作的分类体系，主要分布在欧美等国家和地区。它们在全球减贫和发展知识供给方面占比为 80%，其中美国占比最多（23%），英国其次（18%），而中国仅占 4%。

第三，尽管中国减贫经验的国际分享已有十多年的历程，取得了初步的成效，但仍然处于“走出去”的初步阶段，若要更深层次地“走进去”“走上去”“走下去”，中国面向海外的区域国别研究亟待加强。目前，教育部高校国别和区域研究备案中心已有 400 多家，但涉及具体国别、区域层面具体政治经济结构和社会文化等方面的发展和贫困状况的研究才刚起步，这影响了中国减贫经验的适应性甄别和有效落地的方式等。因此，加强对有关对象国实地发展情况的了解是有效分享中国减贫经验下一阶段需要关注的核心议题。

### 思考与讨论

一、阅读和学习联合国发布的《2022年可持续发展目标报告》《2024年可持续发展目标报告》，以及联合国教科文组织的报告《反思教育：向“全球共同利益”的理念转变？》(2015)和《教育的未来》(2021)，以近年来我国拍摄的大量的减贫题材纪录片（如《中国扶贫人物故事》《充满希望的村庄》《做客中国：遇见美好生活》《行进中的中国》《前线之声：中国脱贫攻坚》等）的国内外传播为对象，对其中外受众展开线上线下访谈，了解中国的减贫经验对“一带一路”共建国家和全球发展共同体的价值与作用，进而探讨如何优化中国减贫题材纪录片的国际传播渠道和内容创新。

二、针对减贫题材纪录影像作品的国际化传播，记录工作者应如何做到本土故事的国际化表达？

三、运用融合传播与跨媒介理论，谈一谈媒体、教育、智库如何打造“全球减贫与发展知识链”的可能性，为中国式减贫经验的全球共享服务。

# 附录一　中国主要电视与网络媒体是关涉国际传播的渠道

附表 1　中国主要电视媒体国际传播的渠道

（1）中央广播电视总台栏目[①]

① 中央广播电视总台中文国际频道（频道呼号为 CCTV-4）

- 《今日环球》

2019 年 10 月 14 日，中央广播电视总台中文国际频道对早间新闻节目进行全新改版，在进一步提升新闻信息量、强化评论、突出外宣特色的同时，利用新技术、新手段推出全新包装，一档信息量大、观点鲜明、全球视野的一小时早间新闻节目《今日环球》应运而生[②]。节目以“全球视野，中国视角，即时资讯，专业表达”为观念，从中国，看世界。2023 年 1 月 1 日新年第一期中，节目聚焦新年新气象，报道了国家主席习近平发表新年贺词、天安门广场举行新年首次升国旗仪式、世界各地喜迎新年等资讯，并播报了 2023 年前 11 个月中国软件业务收入同比增长 13.9% 这一喜讯，为观众带来全球视野下的最新动态与权威观点。

- 《今日亚洲》

《今日亚洲》是中央广播电视总台中文国际频道推出的亚太国际新闻报道栏目，2016 年 1 月 1 日起调整为北京时间 19:30 在中央电视台中文国际频道首播。近年来，该栏目积极探索台网融合新模式，在央视网、优酷网、央视影音、腾讯视频、央视频等多个网络平台同步播出。节目以“离你最近的热点新闻，给你最快的新闻现场，予你最深的剖析解读”为主旨，携手亚洲 30 家强势媒体，独家资源、权威学者、专业制作，倾力打造亚太时事述评新闻高地。2024 年 1 月，节目报道了鸿蒙生态千帆启航仪式，输出了“2023 年中国半导体行业度过了艰难的一年，但也不乏亮点，尤其是进口替代的步伐正在加快”的专业评述，将对这一热点事件的深刻解析呈现给观众。

- 《今日关注》

《今日关注》是中文国际频道的深度时事评论新闻栏目，于 2003 年 5 月 13 日首播，主持人为鲁健、王世林、王洲、王端端等，嘉宾有著名军事专家尹卓、外交学院教授曲星等。该栏目紧密跟踪国内外重大新闻事件、新闻话题，邀请国内外一流的专家和高级官员，梳理新闻来龙去脉，分析新闻背后的新闻，评论新闻事件的影响和发展趋势，荣获“影响中国传媒”2019—2020 年度十大品牌节目。2023 年 11 月，节目追踪俄乌军事冲突发展动态，呈现了多国媒体对该事件的报道议程，制作了一期《俄发动“破纪录”无人机突袭 乌称夺取黑海主动权》，主持人与嘉宾一同梳理事情脉络，分析背后深层次的博弈，研判事件的发展动向，展现节目对时事的深度理解。

① 资料来源于央视网站电视节目简介。

② 参见央视网：http://tv.cctv.com/lm/jrhq/?spm=C28340.PlFTqGe6Zk8M.S70924.28。

续表

| |
|---|
| ●《深度国际》<br>《深度国际》是中央广播电视总台中文国际频道推出的一档周播国际新闻深度报道栏目，首播于2009年8月1日，由栗忠民主持。节目对国际新闻进行深度报道，对国际新闻事实做深层次剖析。节目凭借声画配合技术，生动形象地对重大的国际新闻事件、对未来世界格局有影响的事件、涉及中国或与中国关联的国际事件做有背景介绍、有分析解释、有归纳预测的报道，以此表达中国立场、中国声音。在2024年1月20日播出的《美伊双方出手 中东局势再升级》中，节目深度报道了新一轮巴以冲突的态势。当地时间1月12日凌晨，美英两国对包括也门首都萨那在内的多地发动猛烈空袭，也门多地机场和军事设施受损。节目输出了“本次冲突在造成大量无辜平民伤亡的同时，其外溢效应不断扩大”的专业观点，引人深思。<br>●《环球综艺秀》<br>《环球综艺秀》是中央广播电视总台华语环球节目中心央视中文国际频道推出的综艺节目，2019年10月20日18:00首播。该节目致力于搭建一个世界文化文艺互鉴的综艺舞台，立足国际平台，用综艺联结“人类命运共同体”，用文艺“向世界贡献中国智慧”，打造一个放眼全球、放眼世界的“文艺文明互鉴”平台。就内容设置来看，节目主要聚焦全球各具特色的文化艺术，以此为媒放眼全球，中西互鉴。节目邀请世界各国的优秀艺术家表演文艺节目，包含音乐、舞蹈、杂技、魔术、达人创新等各种艺术形式，和中国的优秀艺术作品共同演绎，让一个又一个美轮美奂、令人惊叹的表演进行同台互鉴、交流、展演、互动，同时利用网络融媒体手段，进行短视频传播，共创“文化共融”平台。2024年1月21日，节目邀请哈萨克斯坦歌手凯丽演唱中国风歌曲《天涯落花》、二胡演奏家陈军与陈依妙共同演奏《战马奔腾》、二胡世家同台演奏《赛马》、美国歌手唐伯虎演唱国风歌曲《青丝》、歌手阿兰演绎歌曲《美人谷》和《赤壁（下）》主题曲、古巴舞蹈演员凯蒂演绎古巴传统舞蹈萨尔萨舞和藏族舞蹈，呈现一场中国传统文化与世界文化艺术相互碰撞的视觉盛宴，促进跨文化交流与创新发展。<br>●《汉语桥》<br>《汉语桥》是一档中文比赛节目，旨在进一步弘扬中华文化，增进世界各国人民对中国的认知和了解，推动中国与各国在政治、经济、文化、教育各领域的交流与合作。<br>2002年举办首届比赛以来，已有150多个国家，超过140万名莘莘学子因为热爱中文与《汉语桥》结缘，每年有1亿多海外观众关注比赛盛况。2019年12月6日，该节目获2019第七届“中华之光——传播中华文化年度人物”集体奖。2022年5月14日，第十五届“汉语桥”世界中学生中文比赛暨第二届葡萄牙中学生汉语演讲比赛在线上举行。2022年6月16日，第二十一届“汉语桥”世界大学生中文比赛菲律宾赛区决赛圆满落幕。该届“汉语桥”比赛菲律宾赛区决赛由中国驻菲律宾大使馆主办、红溪礼示大学孔子学院承办。经过在菲律宾各孔子学院预赛选拔，共有15名选手晋级决赛。2022年11月1日，2022年“汉语桥”系列中文比赛全球决赛启动仪式在京举行。2023年5月20日，2023年第三届“汉语桥”世界小学生中文秀马来西亚决赛在马来亚大学落幕。6月3日，驻厄立特里亚大使蔡革出席第二十二届“汉语桥”世界大学生中文比赛厄立特里亚赛区决赛并致辞。23日，第二十二届“汉语桥”世界大学生中文比赛2023全英大区赛在伦敦举行。同年11月，俄罗斯中学生获得第十六届“汉语桥”世界中学生中文比赛冠军。<br>●《中国缘》<br>《中国缘》是中央广播电视总台华语环球节目中心的跨文化人物纪实节目，也是国内首档讲述中外结缘故事的跨文化节目，首播于2017年，每期30分钟。节目放眼全球，以缘为纽带，以国际传 |

续表

播的视角深度讲述中国融通世界的故事，向世界展现真实、立体、全面的中国，传播中华文化，体现开放包容、自强不息的中华精神，同时展现世界多样文明的交流互鉴，以更好地促进“联接中外、沟通世界”。在2024年1月播出的《戴高乐家族的三代中国缘（上下集）》中，节目揭秘1963年法国前总统戴高乐将军派秘密特使来到中国以及毛泽东主席对戴高乐将军的侄儿贝尔纳·戴高乐的嘱托背后的故事，呈现出戴高乐将军及其家族与中国的独特缘分。

- 《鲁健访谈》

《鲁健访谈》是由中央广播电视总台华语环球节目中心策划的高端人物访谈栏目，于2021年1月2日起每周六19:30在中国中央电视台中文国际频道播出，2021年4月23日起改为每周五22:00播出，由鲁健担任主持人。该节目着眼全球，聚焦大格局、大风范的时代人物，通过“记录+访谈”的方式，用更开阔的视野、更丰富的角度、更细腻的表达，为观众展现前所未有的“中国形象”，讲述中国故事。其选题方向为全球影响力人物（包括政治、经济、科技、体育、文化等领域）、海外杰出华人代表、中国国内各领域知名人士，有助于加深对国际热点问题的了解和认识、增进与国际观众的交流和沟通、提高中国话语权，有助于促进不同国家和地区之间的相互了解和交流，提高文化多样性和政治多元性，并在全球范围内传递和宣传中国的声音和观点。在2024年1月19日播出的《对话汪建》中，节目带领观众一同幻游“永存永生”——灭绝的生物重新回到地球的未来景象。对话科学家汪建时，他表示，这些对未来的大胆设想并非没有科学依据，20世纪90年代，人类基因组计划启动以来，科学家对基因的研究持续深入，几十年来的研究成果，不但使猛犸象的复活成为可能，而且逐渐为人类的生存带来更多可能性。如此新颖且专业的访谈内容为观众带来了一次科幻世界的体验。

- 《中国舆论场》

《中国舆论场》是国内首档“融媒体”新闻评论节目，于中央广播电视总台中文国际频道每周日19:30—20:30面向全球直播。2016年12月，V地标（2016）中国电视媒体综合实力大型调研榜单中，该节目被评为年度上星频道最具品牌影响力节目。该节目还与央视网联合推出“中国舆论场指数”，实时关注全网新闻的热点舆情，盘点每日每周舆情最热TOP10。针对“中国舆论场指数”榜单上的话题，每期节目请来相关专家现场进行专业分析、理性解读。嘉宾包括资深媒体人、时事评论员、网络舆论意见领袖等。同时节目就不同话题，对政府部门管理者、相关领域专家等进行采访，及时对事件疑点、难点、争议点进行解答和回应，试图倡导有效沟通，传递真实声音，反映社情民意。节目分三大版块：第一部分是“一榜知舆情”，通过跟央视网的合作，梳理一周以来主流媒体和网络媒体关注的热点，用图表、排行榜等方式进行归纳点评；第二部分是“热词大搜索”，选择一周视频点击量高或评论量高的热点事件，引入嘉宾快评，澄清是非；第三部分是“你评我也评”，选择一周关注度高的重大的国内国际热点事件，请专家在演播室用专业的分析、科学的解读来回答网友的提问，纠正网络舆论的偏差，破解网络舆论迷雾。这档节目能积极主动引导网络舆论，传播正能量，并运用新媒体的手段在网络舆论场上产生影响力。

节目还将电视、互联网、移动新媒体深度结合，创造性地引入“在线观众席”。全球网友可以通过手机实时抢票，成为当期节目现场参与者，直接分享观点，向嘉宾提问，全程互动。这种融媒体的即时传播与互动方式，既增强节目的趣味和新鲜感，也让一向“高冷”的新闻评论类节目更加亲民、更接地气。[①]2024年1月15日，节目聚焦美以分歧问题——美方明确拒绝以方“重新安

① 央视网．沟通社情民意，传递中国声音：《中国舆论场》重磅亮相［EB/OL］.（2016-03-17）［2024-05-20］. http://news.cnr.cn/native/gd/20160317/t20160317_521629342.shtml.

续表

| |
|---|
| 置巴勒斯坦民众”的言论，内塔尼亚胡则坚定反对用“两国方案”解决巴以冲突；邀请专家苏晓晖解读美以在这两个关键问题上的分歧折射出的问题，输出专业看法；通过融媒体模式带动全民参与话题讨论，用观点的碰撞和交流激发社会思考，针砭时弊。 |
| ② 中央广播电视总台财经频道（频道呼号为 CCTV-2）<br>●《对话》<br>《对话》栏目是中央广播电视总台 2000 年推出的一档高端品牌谈话节目，致力于为新闻人物、企业精英、政府官员、经济专家和投资者提供一个交流和对话的平台。节目于每周六 21:30 在中央广播电视总台财经频道首播，时长 60 分钟，陈伟鸿担任主持人。作为中央广播电视总台创立最早、影响力最大的高端精英谈话节目，《对话》放眼全球，记录着中国经济从追赶世界到引领世界，再到逐渐被世界追赶的全过程。节目通常邀请世界政要、行业领先者、具有强势话语权的标志性人物作为嘉宾，通过主持人和嘉宾以及现场观众的充分对话与交流，直逼热点新闻人物的真实思想、经历，展现他们的矛盾与痛苦、成功与喜悦，折射经济社会的最新动向和潮流，充分展示对话者的个人魅力及其鲜为人知的另一面，并由此引入对风云诡谲的全球经济形势的探析与预测。每期节目由突发事件、热门人物、热门话题或某一经济现象导入，捕捉鲜活经济事件、探讨新潮理念、演绎故事冲突，着重突出思想的交锋与智慧的碰撞。在 2023 年 7 月 8 日播出的《“一带一路”倡议的未来》中，节目聚焦世界经济论坛第十四届新领军者年会盛况，邀请到了奥地利前总理库尔茨和大家一起畅聊“一带一路”倡议 10 年的成果和未来的繁荣发展，带给观众专业、前沿的知识洗礼。《对话》开播以来一直秉承着高端、前沿、新锐、求实的节目调性，使其拥有了稳定的观众群，并在激烈的媒介市场竞争中占据独特的难以超越的位置，成为中央广播电视总台最具影响力和核心品牌价值的王牌谈话节目。 |
| ③ 中央广播电视总台国防军事频道（频道呼号为 CCTV-7）<br>●《防务新观察》<br>《防务新观察》是原中央电视台新闻频道（CCTV-13）和原中央电视台军事・农业频道（CCTV-7）于 2006 年 7 月 1 日开播的一档专注于国家战略性话题的新闻访谈类军事节目。节目从最新的新闻事件出发，以新视角、新思路进行全新的阐述和详尽的分析，秉承“新闻演播室就是新闻现场”的现代传播理念，融权威性和趣味性于一体，将国际政治、军事、经济、文化、科学、工业、社会等各个领域贯通一体，倡导“新安全观”，为增强全民国防意识服务、为国家安全防务理念服务。节目周播五期，分别聚焦不同的军事防务新闻选题，邀请权威专家从国家防务层面的广度和深度对新闻事件进行解析，畅谈天下防务事件，将事件的新闻属性和娱乐内核有机结合，为观众呈上一道极具魅力的新闻大餐。[①] 在 2024 年 1 月 1 日播出的《乌遭“最大规模空袭”俄导弹飞越北约领空？美国是搅动地区局势“最大黑手”》中，节目聚焦乌克兰遭“最大规模空袭”这一事件展开叙述，并深入观察、分析了俄方及北约相关动态，为关注俄乌冲突事件的观众带来最新动态的报道与鞭辟入里的解析。 |

① 《防务新观察》20191105 增派兵力 联合巡逻 强势介入叙北局势 俄罗斯成最大赢家？[EB/OL].（2019-11-05）[2024-05-20]. https://tv.cctv.com/2019/11/05/VIDEOOYQT5rAsjROGx8zH4qf191105.shtml?spm=C52346.PFNWz3WcJJ8I.Ee7M47yacO9u.282.

续表

| |
|---|
| ④ 中央广播电视总台新闻频道（频道呼号为 CCTV-13）<br>●《高端访谈》<br>《高端访谈》是 2022 年 10 月 14 日推出的人物访谈节目，节目定位为关注国际焦点、洞察世界风云，专访各国元首、政府首脑和国际组织负责人，就全球热点话题发问，就焦点问题追问，就世界之变、时代之变、历史之变与国际政要展开对话，在百年未有之大变局加速演变的过程中响亮地发出中国声音。[①] 该节目立足国际格局的新变化、全球治理的新挑战和中国外交的新高度，强调人物高端性、话题前沿性和思想战略广阔性，是总台奋力提升国际舆论引领力、传播力、影响力的又一精品力作。[②] 在 2023 年 12 月 29 日播出的《专访诺贝尔奖获得者戴维·格罗斯》中，节目通过对话诺贝尔奖获得者戴维·格罗斯，展现了他对基础科学研究的魅力的解读、对物理学的未来的展望、对中国科技发展迸发出的活力的看法以及对跨国界、跨领域、跨学科合作所带来的智慧碰撞的总结，为观众呈现了精彩纷呈的对话。<br>●《世界周刊》<br>《世界周刊》是中央广播电视总台新闻频道强力推出的一档周播国际新闻杂志型深度报道节目[③]，于每周日 22:15 在新闻频道播出，每期时长 45 分钟，首播于 2003 年 5 月 4 日。当下传媒繁荣、资讯泛滥，《世界周刊》用切身实践落实“全媒地带，信息就是选择”节目标识语的初心，着力于信息整合，打破不同媒体间隔，从海量的信息碎片中捕捉世界发展的轨迹，从每周的国际事件中提炼出最有价值的内容[④]，协助正在融入世界的中国人对周遭的环境有一个全面、理性的认识。以 2023 年 12 月 30 日《变局·2023》一期为例，本期节目聚焦于国际局势变乱交织，世界格局加速演变的过程中 2023 年的世界之变、时代之变与历史之变。节目通过对话社会各界人士，将话题聚焦于美国“总统赦免权”的政治制度、“大罢工潮”的经济危机、间接参与俄乌冲突的国际立场及中美在科技领域的互动、竞争与回应，从多元角度呼应本期节目的第一个主题“美国‘大变动’的一年”。本期节目第二个主题“‘裂变’的俄乌”选取了相关各国领导人及民众等提供的相关信息及论点，逐步聚焦俄乌决裂、欧美关系日渐撕裂、乌克兰与西方的关系微妙变化等国际局势。本期节目第三个主题“历史中的‘重复’与‘不变’”中记者对话美国总统拜登、以色列常驻联合国代表埃尔丹等人及巴以两国民众，聚焦“中东和解潮”与全球治理等国际课题。本期节目第四个主题“气候与技术的改变之年”以权威数据为基础，对话各界相关专家，聚焦气候危机与人工智能国际治理等国际议题。本期节目以国际政治经济局势为现实基础，在提出全球治理的中国方案的同时总结出主题：“人类自古就是相互依存的命运共同体，不论我们面临的是国际局势之变、时代之变还是科技之变，唯有同舟共济、团结协作，才能在变局中开辟全新的征程。”[⑤] 对于《世界周刊》来说，新闻只是起点。启动强大的信息搜索及整合能力，打破不同媒体间隔，开辟独具特色的全媒体地带，给观众丰富的信息“选择”可能，展示一周世界重大新闻事件背后的世界和新闻所引发的关注，是《世界周刊》的价值及意义所在。 |

① 参见百度百科词条“高端访谈”。

② 文汇报 . 开播！关注国际焦点 洞察世界风云 总台又一创新栏目《高端访谈》今晚亮相［EB/OL］.（2022-10-14）［2024-05-20］. https://baijiahao.baidu.com/s?id=1746647564484196009&wfr=spider&for=pc.

③ 参见百度百科词条“高端访谈”。

④ 参见 CCTV《世界周刊》节目官网介绍：https://tv.cctv.cn/lm/sjzk/。

⑤ 央视新闻客户端 . 世界周刊丨变局 2023［EB/OL］.（2023-12-31）［2024-05-20］. https://news.cnr.cn/native/gd/20231231/t20231231_526542922.shtml.

续表

| |
|---|
| ⑤中央广播电视总台奥林匹克频道（频道呼号为 CCTV-16）<br>2021 年 10 月 25 日开播当天，中央广播电视总台奥林匹克频道推出了《逐冰追雪》《奥林匹克人》《五环纪事》等专题栏目，11 月 19 日播出文化类节目《艺术里的奥林匹克》，从思想、人文、历史、艺术等多角度传播奥林匹克精神。[①] 以《艺术里的奥林匹克》2024 年 1 月 21 日《海报·夏蒙尼冬季运动》一期为例，节目通过主持人王筱磊对话中国美术家协会美术理论委员会主任尚辉与北京体育大学新闻与传播学院副教授陆虹两位专家的形式，分别从海报设计语言与体育器材装备发展变迁等角度对主题海报进行分析，并由该海报为起点延伸、发散到夏蒙尼冬季运动与奥林匹克运动会的发展和运动精神，使观众从作为文化符号的海报的百年变迁中直观、近距离地感受冰雪运动的魅力。<br>奥林匹克频道以奥运报道为主线，其设立以来，陆续直播了 2022 年第 24 届北京冬季奥林匹克运动会与北京第 13 届冬季残疾人奥林匹克运动会等大型体育赛事的开幕式、闭幕式，同时开展了 4K 超高清世界杯等赛事的实况转播，提供海量点播及精彩图文报道，为用户呈现赛场故事、奥运历史、运动员风采等优质内容，充分发挥“5G+4K/8K+AI”战略技术优势，全力打造“核心体育赛事 + 特色精品节目 + 社会文化活动”的频道内容体系[②]，形成具有奥林匹克独特气质的崭新形象。 |
| （2）地方卫视的栏目 |
| ① 深圳卫视（SHENZHENTV）<br>●《军情直播间》<br>《军情直播间》是深圳卫视的一档深度军事类新闻节目。该节目打造全三维虚拟演播室，首播于 2011 年，由张美曦担当主持，于每周二 21:20 在深圳卫视首播。节目播报一周最新的环球军事资讯，介绍最前沿的武器装备，并邀请军事专家分析世界各国之间的军事角力与博弈。该节目荣获第三十二届中国新闻奖（2022）“新闻专栏”一等奖。以 2024 年 1 月 23 日一期为例，本期节目聚焦朝鲜半岛及美日韩关系，开篇提出“美日韩举行大规模海上联演，为何被批将矛头指向朝鲜”“朝鲜进行水下核武器系统实验宣示反制”“首次公开的‘海啸 5-23’是什么来头？打击能力有多强”等一系列最新军情及问题，通过主持人对话特约评论员石宏、《现代舰船》副主编蓝云与评论员陈曦的方式，结合国际局势对相关军情由表及里、由浅至深地分析总结，为观众观察全球局势变化提供了新视角。<br>“梳理全球军情，解析最新防务。”这是每一期《军情直播间》的开篇语。2011 年 6 月 2 日开播以来，《军情直播间》作为全国省级卫视第一档涵盖全球军情、防务态势、军工科技的军事类周播新闻专题，是国内最有口碑的电视军事节目之一，并很快拿下全国收视率第一名的成绩单，闯出一条地方媒体深耕涉军报道的新路，成为全国电视媒体的“深圳现象”。[③] |

① 新华社新媒体 . 中央广电总台央视奥林匹克频道及其数字平台开播上线［EB/OL］.（2021-10-25）［2024-05-20］. https://baijiahao.baidu.com/s?id=1714606784840485087&wfr=spider&for=pc.

② 中国日报网 . 国际首个 4K 超高清体育频道 中央广播电视总台央视奥林匹克频道及其数字平台开播上线［EB/OL］.（2021-10-26）［2024-05-20］. https://baijiahao.baidu.com/s?id=1714674485244015178&wfr=spider&for=pc.

③ 直新闻 . 中国新闻奖、长江韬奋奖颁奖报告会举行 深圳广电获奖代表参加［EB/OL］.（2023-11-21）［2024-05-20］. https://baijiahao.baidu.com/s?id=1783187351075645182&wfr=spider&for=pc.

续表

| |
|---|
| ●《关键洞察力》<br>《关键洞察力》是全国首档以分析焦点新闻人物微表情为线索，深度解析国际时事的先锋新闻节目，由臧雅菲主持，2013 年 3 月 6 日开播。该节目是以心理分析等手段来深度剖析新闻人物与焦点事件的时事专题节目。每期节目都邀请事件亲历者以及 2—4 位国内外专家、学者，针对事件的关键要素和前因后果进行全方位、多角度的洞察与交锋。演播室现场采用虚拟电视技术，将新闻当事人和新闻现场"请"到节目现场，颇具视觉震撼力。节目收视率稳居全国卫视专题节目前列，并荣获 2013 年度广东省广播影视一等奖、2013 年度深圳新闻奖一等奖。[①]《关键洞察力》在关注国际时事热点的同时，侧重对新闻关键人物的深入分析解读，让新闻事实变得有温度、有态度。2024 年 1 月，节目主要聚焦"俄朝走近""美国大选""西方援乌矛盾""美国三线战略困境"等国际时事，主持人张洪硕对话多位国际问题研究员，从多元角度带领观众进一步分析俄乌冲突最新局势等多个国际时事。<br>●《决胜制高点》<br>《决胜制高点》是全国省级卫视首档国际战略时事节目，于 2012 年 4 月 2 日 22:00 在深圳卫视首播。该节目是深圳卫视继先后成功打造王牌时事节目《直播港澳台》《军情直播间》之后，在 2012 年推出的一档视觉效果更酷炫、讨论方式更直接、更具深度的高品质时事节目，直接服务关心中国崛起的广大受众。节目邀请 3 位国内外在相应领域学有专长的专家同场辩论，并运用虚拟现实包装手段，以直观生动的视觉效果让受众对抽象、宏观的战略问题有通俗的了解。[②]<br>《决胜制高点》在选题上全方位聚焦国际新闻热点，特别关注国际局势、战略、外交、军情防务等领域最新动态。围绕一个话题，洞察新闻的内在联系，深度挖掘、深刻分析，重在揭示各主要国家全球战略的最新格局并提出对策建议，帮助观众洞悉和把握错综复杂、变幻莫测的国际大势，为高端收视群的战略决策提供有价值的参考资讯和意见，同时依托境内外庞大的评论员团队，通过演播室对话、卫星连线，实现全球多元的声音碰撞。[③]在 2024 年 1 月 22 日播出的《特朗普首战大捷？誓言夺回美国？》中，节目聚焦"美国大选"国际时事，通过主持人朱克奇与外交学院副院长高飞、中国国际问题研究院张腾军、复旦大学副教授王浩等专家进行圆桌会谈的方式，由国际时事层层深入国际关系及全球政治的讨论，为观众提供了有较高站位的参考资讯。《决胜制高点》是一档关注战略、防务、局势的节目，但它并不渲染战争，不鼓噪冲突，而是思考当前中国与世界的关系，为的是长治久安与和平发展。 |
| ② 东方卫视（DRAGON TV）<br>●《这就是中国》<br>《这就是中国》是由东方卫视出品，复旦大学中国研究院、观视频工作室、观察者网联合支持的思想政论节目，由何婕担任节目主持人。节目自 2019 年 1 月 7 日起，每周一 21:30 在东方卫视播出，周二 10:00 在 PP 视频、哔哩哔哩弹幕网正式上线。该节目荣获 2022 年电视文艺"星光奖"优秀电视文艺栏目奖。 |

① 参见百度百科词条"关键洞察力"。

② 参见百度百科词条"决胜制高点"。

③ 新浪娱乐微博．深圳卫视推出《决胜制高点》经典电影百看不厌［EB/OL］.（2012-03-31）［2024-05-20］. https://ent.sina.com.cn/v/m/2012-03-31/21563595398.shtml.

续表

| |
|---|
| 该节目创新性地采用“演讲＋真人秀”的模式，由复旦大学中国研究院院长张维为教授担任主讲人，以新颖的样式、国际化的视野，打破西方话语垄断，用中国话语解读中国奇迹。主讲人张维为教授以自己的政治观和视角通过演讲的方式为观众答疑解惑，并在现场与年轻人展开讨论甚至辩论，最终把中国制度、中国理论、中国道路、中国文化的优势和先进性讲清楚，传达出“民族自信”的相关核心精神。2024 年 1 月，《这就是中国》并没有将节目形式局限于纸上谈兵，而是突破了传统理论宣讲节目的单向形式，由三个“角色组合”搭配两条主线来完成节目的多角度呈现。在 2024 年 1 月 17 日播出的《中国：和平的中流砥柱》中，节目聚焦全球局势下中国作为世界大国为和平做出的努力，以主持人何婕对话复旦大学中国研究院院长张维为与副院长范勇鹏的形式，从多层次、多角度探讨与分析中国的大国之风。 |
| ③ 东南卫视（SETV）<br>●《中国正在说》<br>《中国正在说》是由福建省能源集团冠名，东南卫视自 2016 年 11 月 4 日起每周五 21：15 播出的节目，于 2017 年 5 月获评全国广电创新创优节目。该节目是一档旗帜鲜明的政论节目，采用电视公开课的形式，以主流意识形态的宣传，引领社会思想发展应时而生，紧跟时代、放眼全球，传承理念与信仰，再筑光荣与梦想。在主持人与会谈嘉宾选择方面侧重于在思想文化、社会生产等领域做出贡献的学者。主持人郑若麟是复旦大学中国研究院研究员，中宣部国际评论员培训班讲师，任《文汇报》常驻巴黎和欧洲记者超过 20 年，针对“中国威胁论”等论调，长年在法国主流媒体笔耕舌战，为中国崛起正名。其出版的法文专著有《与你一样的中国人》等。主持人吴学兰是新华社高级编辑，《参考消息》时政新闻室主任，曾任新华社驻莫斯科记者，目前担任中央广播电视总台、东南卫视等媒体特约时事评论员。[①]<br>为了提高可看性，节目在灯光、舞美等方面采用了国内一流的设计，互动环节设置了许多尖锐的问题，并采用多种互动方式，使答疑解惑效果更好。在 2024 年 1 月 19 日播出的《思享 2024》中，节目特邀主持人、国务院发展研究中心研究员江宇对话嘉宾，并邀请中国国际经济交流中心总经济师陈文玲、复旦大学经济学院教授孟捷、清华大学国情研究院副院长鄢一龙、中国社科院世界社会主义研究中心特约研究员余云辉及各领域专家等做相关主题论述讲座，以 2023 年全球经济发展现状为基础，从各角度多元分析探讨 2024 年的经济增长形势及发展前景。 |
| ④ 云南卫视（YUN NAN SATELLITE TV）<br>●《新视野》<br>在 2009 年 1 月 1 日，《东盟新视野》节目亮相云南电视台卫视频道，这是云南电视台建台以来第一个真正意义上的国际新闻节目。主播为张齐、沐婷婷、曹暾。后在节目中增加南亚方面的消息，随之，节目改名为《新视野》。节目在新闻的选择上不刻意追求“新”和“快”，而把深度解读作为节目的主要特色，主打主题式新闻。每期节目都有 1—2 个主题新闻，着重关注与中国相关的领土争议、军事冲突与反恐、社会问题、灾难事件等话题，始终坚持与北京演播室视频连线，形成了独特的节目风格。2024 年 1 月 23 日节目播出的《2023 云南经济观察 经济稳中向好发展能量涌动》，特邀云南大学经济学院党委书记梁双陆、云南省宏观经济研究院投资研究所副研究员虞诗强、云南省社会科学院经济研究所研究员胡庆忠等专家参与座谈，以云南省 2023 年经济发展为圆心发散论述，探讨 2024 年经济发展形势。 |

① 参见百度百科词条“中国正在说”。

续表

| |
|---|
| 节目以“权威、公正、友好”为目标，适时加入中国元素和云南元素，同时邀请东南亚、南亚问题专家结合新闻事件进行深入解读。《新视野》节目共向新加坡、马来西亚、柬埔寨、老挝、泰国、缅甸、越南、菲律宾、印度等 9 个国家派出过摄制组进行采访拍摄，拜访中国驻外使领馆官员、当地主要媒体、当地华人华商等，所到之处均受到当地主要媒体的关注，摄制组成员成为这些媒体的采访对象，为节目以及云南台的对外宣传起到了一定的作用。 |
| ⑤ 湖北电视台（HBTV）<br>●《非正式会谈》<br>《非正式会谈》是一档面向中国观众的文化访谈类综艺节目，于 2015 年 4 月在湖北卫视播出第 1 季。2019 年 5 月湖北卫视联合哔哩哔哩共同出品《非正式会谈》第 5 季，采用网先于台的方式，每周四或周五 20：00 首先在哔哩哔哩播出，周六晚 21：20 在湖北卫视播出。截至 2023 年 12 月 30 日，节目已上线 8 季。<br>《非正式会谈》平均每期时长 80—100 分，节目人员由 11 位来自世界各国的代表、4 位主席团成员及 1 位飞行嘉宾组成，每期还会有 1—3 位仅来一期节目的“一日代表”。节目内容主要由“全球文化相对论”和“提案环节”两大版块组成。“全球文化相对论”版块涵盖各国文化、生活、工作、习俗等多方面话题，每位代表结合自己的国家特色对当期“全球文化相对论”主题展开讨论。“提案环节”通过选取中国网民关注的热点话题展开无国界的辩论，各国代表针对中国网民关注的问题从不同国情、文化、视角提出解决办法。“提案环节”的内容主要包含婚恋问题、人际关系、身心健康、社会热点、社交网络五大类型。在 2023 年 11 月 9 日播出的第 8 季第 9 期《外国人看中医是什么体验》中，节目由主席团大左、杨迪、陈铭以及飞行嘉宾史策结合各国常驻代表共同以“外国人看中医是种什么体验？”为话题展开讨论，在轻松活跃的气氛中以中外双向视角对博大精深的中医文化进行探讨与宣传。从文化内核上看，节目在融合发展过程中始终保持着多元文化交流的特点，在谈话中彰显文化差异与文化多样性，实现全球视野下不同价值观的交织碰撞与文明的互鉴和共赏。 |
| ⑥ 四川卫视（SiChuan Satellite TV）<br>●《熊猫观察》<br>《熊猫观察》于 2023 年 6 月 30 日起在四川卫视每日 21：20 播出，是国内首档虚实结合、中英双播杂志类节目。通过主持人和虚拟形象双语播报的形式，输出具备四川特色、适合国际表达和国际传播的精品内容。该节目通过“虚拟 + 现实”的场景交织手法与“思想 + 艺术”的创新表达方式，聚焦四川美好生活、人文地理、国际交流活动等，致力于用好大熊猫故乡的特色符号“大熊猫”，以“World In Eyes”为宣传语，以数字大熊猫的视角、视频化杂志的形式展示和推广国际化的四川形象，关注当下国际活动、国际友人生活创业的美好图景、对外经贸交流热潮，展示四川开放包容的良好形象，增强四川文化软实力和影响力，让受众看见开放的四川、多元立体的中国，让世界更好地了解四川、了解中国。① |

① 四川观察 . 国内首个数字熊猫主播亮相!《熊猫观察》6 月 30 日开播［EB/OL］.（2023-06-29）［2024-05-20］. https://kscgc.sctv-tf.com/sctv/h5/v6/newsShare.html?id=2940188&appUserId=60114.

续表

| （3）凤凰卫视（Phoenix Satellite Television） |
| --- |
| ①《军情观察室》<br>《军情观察室》是凤凰卫视一档独立的军事新闻评论节目，首播于2003年，主持人是董嘉耀。栏目紧贴每周的全球热点军事话题，同时请来军事专家对热点话题进行深度分析与解读，并与观众和网友互动，分享军事大餐。[①]《军情观察室》诞生于伊拉克战争的硝烟之中。2003年3月，伊拉克战争爆发，栏目成为伊拉克战争的特别节目《海湾最前线》中的一个重要环节。董嘉耀与评论员马鼎盛拍档主持《军情观察室》，全面生动解构战局，引人入胜，受到海内外观众广泛赞赏。2004年，《军情观察室》由一个为伊拉克战争开设的特别节目成为正式的专题节目，并成为凤凰卫视中文台的高收视节目之一。在2023年9月20日播出的一期中，节目以身着迷彩服的主持人董嘉耀极具感染力的介绍开场，多角度聚焦台海局势，以军情速报等为基础对各方军情进行带有急速、紧张感语气渲染的播报与解说，令观众沉浸其中。 |
| ②《凤凰全球连线》<br>《凤凰全球连线》是凤凰卫视的一档深度国际时事评论节目。节目主要播报热点、国际事件、政治话题、社会舆论，力图吸取国外最新流行的新闻节目制作趋势，将新闻节目化，通过联机传递不同角度、不同人群对同一新闻事件的看法和表述，形成全球谈论一个新闻话题的场面。在2022年4月28日播出的《俄欧能源战加剧 战火外溢引担忧》中，节目通过主播卢琛在演播厅进行新闻报道的形式开展，以记者景梦晶结合事实影像进行“俄乌拉锯危机外溢 断气圆对方‘断气’”综合报道支撑开场，以香港、上海、北京、利沃夫四地直播室为阵地进行“开战两个月俄乌拉锯依旧 效益外溢俄乌能源战加剧”论述分析。利沃夫特派记者杨海鹰从多方角度展开阐述、北京中国社会科学院欧洲研究所所长冯仲平结合理论与现实进行分析、复旦大学俄罗斯中亚研究中心主任冯玉军展开剖析，随后在主持人的引导下进行三方会谈，综合俄乌冲突的不同因素及发展现状进一步分析国际政治关系发展态势。 |
| ③《近观中国》<br>《近观中国》是凤凰卫视2022年推出的全新纪实节目，面向190个国家和地区播出。该节目主要围绕政治、经济、科技、文化等社会议题，每期邀请不同国家、不同身份的外国观察员游走中国各地，到达现场、对话嘉宾，以第一人称视角近距离观察中国社会现状和中国人的生活，讲故事、谈观点，并展示他们体验、观察到的中国。2024年，《近观中国》与中国新闻社特别策划了国家主席习近平相关专栏，设置“要闻导读”“钟三屏·专栏”“金句·图解”“深一度·解读”等版块，多方位剖析国家主席的国内国外的动向。 |

① 参见百度百科词条“军情观察室”。

附表 2　中国主要网络媒体关涉对外传播、国际传播的渠道

| （1）央视及地方卫视的网络电视平台、央视国际等 |
| --- |
| ● CCTV 手机电视<br>2006 年 12 月 11 日，CCTV 手机电视正式开播。CCTV 手机电视以市场化方式运营包括手机视频直播、点播、下载，手机互联网图文报道，手机视频杂志，以及手机互动增值在内的移动多媒体业务。<br>● CCTV 移动传媒<br>2007 年 12 月 18 日，CCTV 移动传媒正式开播。CCTV 移动传媒采用互联网定点下载技术，在全国范围开展基于公共交通工具的移动电视（传媒）业务，针对公交乘客需求制作播出新闻资讯、生活服务、文体娱乐等节目。目前，CCTV 移动传媒已覆盖北京、上海、广州等 30 个大中城市 3 万多辆公交车的视频终端，每日受众达 4000 万。<br>● 央视国际<br>2007 年 12 月 18 日，央视国际成为北京奥运会官方互联网 / 手机转播机构，这意味着央视国际成为唯一的拥有中国大陆和澳门地区奥运新媒体转播权益的机构。央视国际正在通过台网联动战略，将电视视频和品牌资源与网络互动功能相结合，打造精品社区。无论是通过电脑、平板电脑、手机还是电视机等终端，无论是有线还是无线的方式，用户都可以通过央视国际的新媒体平台得到更多互动体验。<br>● 高校工程教育课程思政联盟<br>2023 年 6 月 10 日，北京航空航天大学联合中教华影、高等教育出版社、浙江大学、哈尔滨工业大学、西安交通大学、电子科技大学、北京交通大学、中国航空工业集团有限公司、央视国际网络有限公司共同发起成立高校工程教育课程思政联盟。① 高校工程教育课程思政联盟可以培养学生的全球视野、媒体素养、国际传播能力和社会责任感，为他们在国际传播领域的未来发展提供有力支持，对于国际传播具有重要的现实意义。 |
| （2）中国四大门户网站 |
| ● 网易（NetEase）<br>网易，1997 年由创始人兼 CEO 丁磊先生在广州创办，2000 年在美国 NASDAQ 股票交易所挂牌上市，是中国领先的互联网技术公司。在开发互联网应用、服务及其他技术方面，网易始终保持中国业界领先地位。本着对中国互联网发展强烈的使命感，缔造美好生活的愿景，网易利用最先进的互联网技术，加强人与人之间信息的交流和共享。网易公司具有前瞻性视野，推出了门户网站、在线游戏、电子邮箱、在线教育、电子商务、在线音乐、网易 CC 直播等多种服务。网易网站主要以内容、社区和电子商务服务为核心，为互联网用户提供中文在线服务，从新闻、购物、音乐、教育、游戏等社会生活的方方面面多维发力，以游戏、邮箱服务起家，又凭借电商破局。其在发展壮大的过程中较为重要的时间节点有：1997 年 11 月，推出中国第一家免费邮箱系统；1999 年 1 月，再度获评 CNNIC“中国十佳网站”之首；2010 年 10 月 11 日，将旗下新闻资讯类频道进行新一轮的页面改版，新版本首次提出“有态度的门户”的内容建设理念；同年 11 月，承办广州亚运会官方网站，这是亚运会历史上首次引入互联网赞助商；2012 年 4 月，以邮箱业务作为用户入口，重返电子商务领域；2016 年 4 月，网易精品生活家居品牌“网易严选”上线；2019 |

① 梁丹，姚又琳，周宏宇．高校工程教育课程思政联盟在北航成立［EB/OL］.（2023-06-12）［2024-05-20］. http://newapp.jyb.cn/app_pub/zixun/tuijian/202306/t20230612_98218.html.

续表

| |
|---|
| 年 12 月，网易云音乐成长为中国最大的原创音乐平台；2024 年 1 月，网易游戏宣布全线产品将在防沉迷系统基础上，全面增设“未成年人模式”，目前 34 款首批试点产品已完成“未成年人模式”部署，将为用户提供一键内容屏蔽、“网易家长关爱平台”管理、防网络欺凌三大防护功能选项。[①]<br>● 新浪（SINA）<br>新浪，是一家服务于中国及全球华人社群的网络媒体公司，成立于 1998 年 12 月，拥有多家地区性网站。新浪通过门户网站新浪网、新浪移动和社交媒体微博，帮助广大用户通过电脑和移动设备获得专业媒体和用户自生成的多媒体内容（UGC），并与友人进行兴趣分享。新浪网主要为全球在线用户提供全面及时的中文资讯、多元快捷的网络空间，以及轻松自由地与世界交流的先进手段，以网络媒体及娱乐服务为主。重要频道包括新浪新闻、新浪财经、新浪体育、新浪娱乐、新浪科技等。<br>2000 年 4 月 13 日，新浪成功在纳斯达克上市；2005 年 9 月 8 日，新浪博客正式公测，新浪成为中国第一家推出博客服务的门户网站；2008 年 12 月 22 日，新浪合并分众户外数字媒体业务，搭建新媒体平台；2009 年 8 月，推出“新浪微博”内测版；2012 年 11 月，注册用户突破 4 亿；2017 年，“中国互联网企业 100 强”榜单发布，新浪排名第六位；2019 年，中国服务业企业 500 强榜单发布，新浪公司排名第 302 位；2020 年，“2020 中国品牌 500 强”排行榜发布，新浪排名第 125 位；2021 年，新浪入围中国互联网综合实力百强企业，排名第 14；2022 年，新浪入选“2022 中国品牌 500 强”榜单，位列 374 位；2023 年，新浪入选“TopBrand 2023 中国品牌 500 强”榜单，位列 398 位。[②]2024 年，新浪在智能时代着力打造的智能信息平台“新浪新闻”，以超 1.6 亿的日均用户量入选“全景生态流量 TOP 应用”。[③]<br>● 搜狐（SOHU）<br>搜狐公司是中国的新媒体、通信及移动增值服务公司，互联网企业，成立于 1998 年 2 月，创始人兼首席执行官张朝阳。搜狐是一个新闻中心，跨界经营的娱乐中心、体育中心、时尚文化中心，2008 北京奥运会互联网内容服务赞助商。<br>2013 年 1 月，搜狐持续锻造媒体影响力，推出“搜狐新闻先知道”全新宣传语。2014 年 9 月 18 日，随着 iOS 8 正式版的推送，搜狗输入法 iPhone 版正式登陆苹果 APP Store，成为 iOS 系统问世以来的首个第三方中文输入法应用。[④]2020 年 4 月 18 日，搜狐公司宣布，其已完成收购未持有的畅游全部流通股。搜狐间接全资子公司“畅游并购公司”与畅游合并，畅游成为本次畅游合并的存续公司。2021 年 11 月 26 日，搜狐入选 2021 年中国互联网综合实力百强企业名单。[⑤]2023 年 9 月，北京市委网信办坚持问题导向，针对重点环节出实招、破难题，指导属地重点网站平台在热搜热榜设置固定辟谣位，搜狐网站平台成为首批试点平台。[⑥] 同年 12 月，搜狐集团宣布与华为 |

① 参见百度百科词条“网易”。

② 参见百度百科词条“新浪”。

③ QuestMobile 发布“2024 年中国互联网价值榜”，新浪新闻入选两大榜单［EB/OL］.（2024-12-24）［2025-02-20］. https://caijing.chinadaily.com.cn/a/202412/24/WS676a57e4a310b59111daa8a5.html.

④ 人民网 . 搜狗输入法 iPhone 版成首个第三方输入法［EB/OL］.（2014-09-18）［2024-05-20］. http://tc.people.com.cn/n/2014/0918/c183175-25686839.html.

⑤ 青瞳视角 .《中国互联网企业综合实力指数（2021）》发布 中国互联网综合实力百强企业出炉［EB/OL］.（2021-11-26）［2024-05-20］. https://baijiahao.baidu.com/s?id=1717486947394074911&wfr=spider&for=pc.

⑥ 界面新闻 . 北京市委网信办指导属地重点网站平台在热搜热榜设置固定辟谣位［EB/OL］.（2023-09-13）［2024-05-20］. https://baijiahao.baidu.com/s?id=1776936488907806049&wfr=spider&for=pc.

续表

| |
|---|
| 达成全面合作。[①]2024 年，搜狐全年总收入达 5.98 亿美元，在线游戏收入占比 84%，成为核心收入支柱。[②]<br>● 腾讯网（Tencent）<br>腾讯网是腾讯公司推出的集新闻信息、互动社区、娱乐产品和基础服务为一体的大型综合门户网站，成立于 2003 年。作为一家以互联网为基础的科技与文化公司，其使命是“通过互联网服务提升人类生活品质”。目前，腾讯网服务于全球华人用户，致力于成为最具传播力和互动性，权威、主流、时尚的互联网媒体平台。通过强大的实时新闻和全面深入的信息资讯服务，为数以亿计的互联网用户提供富有创意的网上新生活。<br>自 2012 年起，腾讯网为满足用户“便携性、个性化、社会化分享”的需求，先后进行了多次首页改版。2013 年再次改版，进一步强调了“内容精品化、形态简洁化”。2014 年 5 月 15 日，腾讯网新版首页正式上线。改版后的腾讯网首页凸显了“个性化”理念，要闻区、频道定制等板块的内容和排序都将依据不同用户的浏览习惯和兴趣而定。同年 9 月，腾讯网与全球知名科技媒体 The Next Web 签署合作协议，成为 The Next Web 大中华区独家内容合作伙伴，独家享有其内容的翻译版权、中文版权。[③]2023 年 9 月，北京市委网信办坚持问题导向，针对重点环节出实招、破难题，指导属地重点网站平台在热搜热榜设置固定辟谣位，腾讯网成为首批试点平台。[④]2024 年后，腾讯在 AI 领域有所创新，腾讯混元大模型取得显著升级进展，其在国内率先采用 MoE 架构、Angel 大规模机器学习平台，获得世界互联网大会领先科技奖。[⑤⑥] |
| （3）其他门户网站 |
| ● 爱奇艺（iQIYI）<br>爱奇艺，是由龚宇于 2010 年 4 月 22 日创立的在线视频网站，其定位为中国高品质视频娱乐服务提供者，秉承“悦享品质”的品牌口号，积极推动产品、技术、内容、营销等全方位创新，为用户提供丰富、高清、流畅的专业视频体验，致力于让人们平等、便捷地获得更多、更好的视频。爱奇艺已成功构建了包含电商、游戏、电影票等业务在内，连接人与服务的视频商业生态，引领视频网站商业模式的多元化发展。<br>2011 年 11 月，启动“爱奇艺”品牌并推出全新标志；2013 年 5 月，百度收购 PPS 视频业务，并与爱奇艺进行合并，爱奇艺成为百度公司旗下平台；2018 年，爱奇艺在美国纳斯达克挂牌上市；同年，爱奇艺、新英体育成立合资公司，统一运营爱奇艺体育，并获金运奖年度最佳创新运营奖； |

① 每日经济新闻 . 搜狐集团宣布与华为达成鸿蒙全面合作［EB/OL］.（2023-12-28）［2024-05-20］. https://baijiahao.baidu.com/s?id=1786490507902045906&wfr=spider&for=pc.

② 陈诗娴 . 搜狐 2024 年总收入 5.98 亿美元，同比持平［EB/OL］.（2025-02-19）［2025-02-20］. https://new.qq.com/rain/a/20250219A049TB00.

③ 腾讯研究院 . 腾讯网与全球知名科技媒体 TNW 达成独家合作［EB/OL］.（2014-09-18）［2024-05-20］. https://www.tisi.org/2660.

④ 界面新闻 . 北京市委网信办指导属地重点网站平台在热搜热榜设置固定辟谣位［EB/OL］.（2023-09-13）［2024-05-20］. https://baijiahao.baidu.com/s?id=1776936488907806049&wfr=spider&for=pc.

⑤ 财联社 . 腾讯推出新一代大模型混元 Turbo 定价比前一代大模型低 50%［EB/OL］.（2024-09-05）［2025-02-20］. https://baijiahao.baidu.com/s?id=1809325275277865863&wfr=baike.

⑥ 光明网 .“Angel 大规模机器学习平台关键技术与应用”获 2024 年世界互联网大会领先科技奖［EB/OL］.（2024-11-19）［2025-02-20］. https://politics.gmw.cn/2024-11/19/content_37686820.htm.

续表

| |
|---|
| 2019 年 6 月，爱奇艺入选“2019 福布斯中国最具创新力企业榜”；2019 年 12 月，爱奇艺入选 2019 中国品牌强国盛典榜样 100 品牌；2021 年，爱奇艺位列《财富》排行榜第 343 名；2022 年，“爱奇艺网络电影”正式升级网络电影合作模式；同年，抖音与爱奇艺达成了合作，将围绕长视频内容的二次创作与推广等方面展开探索；2023 年 10 月，爱奇艺推出 AI 搜索，首次将生成式 AI 技术应用于角色搜索、剧情搜索、明星搜索三大搜索场景，位列 2023 年《财富》中国 500 强排行榜第 437 名。①2024 年 5 月 23 日，北京爱奇艺科技有限公司入选光明日报社和经济日报社联合向社会发布的“2024・全国文化企业 30 强”名单。②6 月，爱奇艺 AI 对话生成合成算法备案通过，主要功能是应用于对话生成场景，根据用户输入的文字，结合用户正在对话的影视剧角色背景，生成相应的文字聊天回复。③7 月，爱奇艺有限公司位列 2024 年《财富》中国 500 强排行榜第 440 位。④ 9 月，爱奇艺被评为 2023 年“视听中国全球播映”优秀推广机构。⑤ |
| ● 哔哩哔哩（bilibili）<br>哔哩哔哩，英文名称为 bilibili，是中国年轻世代高度聚集的文化社区和视频网站，创立于 2009 年 6 月 26 日，被网友亲切地称为“B 站”。2018 年 3 月 28 日，哔哩哔哩在美国纳斯达克上市。2021 年 3 月 29 日，哔哩哔哩正式在香港二次上市。哔哩哔哩早期是一个 ACG（动画、漫画、游戏）内容创作与分享的视频网站。经过 10 年多的发展，围绕用户、创作者和内容，构建了一个源源不断产生优质内容的生态系统，哔哩哔哩已经成为涵盖 7000 多个兴趣圈层的多元文化社区，曾获得 QuestMobile 研究院评选的“Z 世代偏爱 APP”和“Z 世代偏爱泛娱乐 APP”两项榜单第一名，并入选“BrandZ”报告 2019 最具价值中国品牌 100 强。<br>2022 年 2 月，哔哩哔哩直播将上线开播前人脸认证功能，确保开播人与实名认证者一致，后续逐步在各个分区开放。2023 年第三季度财务报告显示，哔哩哔哩日均活跃用户突破 1 亿，月均活跃用户再创新高至 3.41 亿。一批颇有人气的外国 UP 主不断涌现，从二次元文化圈的山下智博，到介绍中英文化差异的拂菻坊，再到热爱中国美食的 TrevorJames，越来越多的海外青年通过哔哩哔哩的 UP 主、通过哔哩哔哩来了解中国，了解中国的年轻人。2024 年，哔哩哔哩发布视频创作激励计划，引发 AASTOCKS、GlobeNewswire 等国际媒体关注，凸显其全球市场活跃度。⑥ 此外，受益于 AR、VR 等游戏和广告业务的增长，哔哩哔哩 2024 年第三季度营收突破 73 亿元，预计第四季度将持续增长。⑦ |

① 参见百度百科词条“爱奇艺”。

② 人民网．“全国文化企业 30 强”和“全国成长性文化企业 30 强”发布［EB/OL］.（2024-05-23）［2025-02-20］. http://ent.people.com.cn/n1/2024/0523/c1012-40242234.html.

③ 中央网络安全和信息化委员会办公室．国家互联网信息办公室关于发布第六批深度合成服务算法备案信息的公告［EB/OL］.（2024-06-12）［2025-02-20］. https://www.cac.gov.cn/2024-06/12/c_1719783421546747.htm.

④ 财富中文网．2024 年《财富》中国 500 强排行榜揭晓［EB/OL］.（2024-07-25）［2025-02-20］. https://mp.weixin.qq.com/s/tJXaPYP0_jquHbCsT4dFig.

⑤ 国家广播电视总局．中央宣传部办公厅 国家广播电视总局办公厅关于公布 2023 年“视听中国 全球播映评选结果的通知［EB/OL］.（2024-10-11）［2025-02-20］. https://baike.baidu.com/reference/7979934/533aYdO6cr3_z3kATKffyvzzYSjMZ9n4vLPWALNzzqIP0XOpX5nyFIYg9NZx-fhxWgjF_5lwdJlHxrr-FUpF8fYRbrx3BtojnHWQVTrCz7_4p51sxg.

⑥ 哔哩哔哩．B 站发布 2024 年激励计划［EB/OL］.（2024-03-19）［2025-02-20］. https://so.html5.qq.com/page/real/search_news?docid=70000021_40665f8de2b90652&faker=1.

⑦ 格隆汇．哔哩哔哩 2024 年 Q4 财报预期稳固［EB/OL］.（2025-02-13）［2025-02-20］. https://view.inews.qq.com/k/20250213A06DPG00?web_channel=wap&openApp=false.

续表

| |
|---|
| ● 头条号<br>头条号，曾命名为“今日头条媒体平台”，是今日头条旗下自媒体平台，于2013年上线，致力于帮助企业、机构、媒体和自媒体在移动端获得更多曝光和关注，在移动互联网时代持续扩大影响力，同时实现品牌传播和内容变现。打造一个良好的内容生态平台，是头条号发展的重要方向。基于移动端今日头条海量用户基数，通过强大的智能推荐算法，优质内容将获得更多曝光，而业界领先的消重保护机制，让原创者远离侵权烦恼，专注内容创作，借助头条广告和自营广告，让入驻媒体、自媒体的价值变现有更多可能。2018年11月，今日头条认证用户“头条号管理员”发文称，为贯彻相关法律法规，规范网络传播秩序，在互联网内容信息主管部门的指导下，头条号平台切实履行企业主体责任，进一步加强账号管理。①2019年5月，今日头条创作者均可申请开通头条小店，通过内容变现增加收入。头条小店开通后，店铺页面将出现在作者的今日头条、西瓜视频、抖音、火山等个人主页，商品可通过图文、视频、微头条、小视频、直播等多种方式展示。2022年11月，平台升级了流量分成规则，包含原创、优质作者、粉丝阅读、用户偏好等系数，加重了优质、粉丝阅读等维度对分成的影响。2023年12月，今日头条发布2023年度平台治理报告（以下简称“报告”），公布平台在应对网络不实信息、网络诈骗、网络暴力等问题上的多项治理举措。报告显示，平台一年累计处理不实信息109万条，拦截涉嫌诈骗内容167万条，识别不友善评论信息2.4亿条。②2024年，今日头条宣布采取八项举措优化平台内容生态，并推出每日更新的聚合内容榜单，帮助用户更高效地获取优质深度内容。③ |
| （4）短视频平台 |
| ● 抖音（Douyin、TikTok）<br>抖音，是由字节跳动孵化的一款音乐创意短视频社交软件。该软件于2016年9月20日上线，是一个面向全年龄的短视频社交平台，用户可以通过这款软件选择歌曲，拍摄音乐作品，形成自己的作品。<br>2019年1月18日，中央广播电视总台与抖音短视频举行新闻发布会，正式宣布抖音将成为2019年中央广播电视总台《春节联欢晚会》的独家社交媒体传播平台。会上公布了2019年央视春晚“幸福又一年”的新媒体行动，抖音将同央视春晚在短视频宣发及社交互动等领域展开全方位深度合作，调动广大年轻群体，面向全球华人，以参与代替评论，用参与引导关注，助力春晚传播。2021年1月26日，抖音与央视春晚联合宣布，抖音成为2021年中央广播电视总台《春节联欢晚会》独家红包互动合作伙伴。同年6月21日，抖音正式上线了网页版内测，其官网页面也进行了改版。9月1日，抖音发布关于进一步加强“饭圈”乱象专项整治的公告。根据QuestMobile 2024年12月的数据，抖音的月活跃用户量达到11.08亿，在国内互联网企业中排名第三，仅次于腾讯 |

① 头条号注册数量调整：个人主体1个，企业主体2个［EB/OL］.（2018-11-17）［2024-05-20］. https://www.163.com/dy/article/E0QC7CCV05198R91.html.

② 陈秋 . 处理不实信息，守护清朗网络［EB/OL］.（2024-01-26）［2024-05-20］. https://baijiahao.baidu.com/s?id=1789121712280757201&wfr=spider&for=pc.

③ 界面新闻 . 今日头条拟采取八项举措优化平台生态：推进算法透明化，破除“信息茧房”［EB/OL］.（2025-01-06）［2025-02-20］. https://www.jiemian.com/article/12213098.html.

续表

| |
|---|
| （12.56 亿）和阿里巴巴（11.76 亿），用户增速为 8.3%，是 TOP10 企业中增长最快的平台。2024 年 2 月，抖音入选 Brand Finance 评选的 2024 全球品牌价值 500 强，排名第七。抖音通过优化推荐算法和“短视频 + 直播”功能增强用户体验，并加速拓展海外市场，推动中国短视频文化全球化。<br>TikTok 是字节跳动旗下的短视频社交平台，于 2017 年 5 月上线，愿景是“激发创造，带来愉悦”（Inspire Creativity and Bring Joy）。2020 年 9 月 14 日，甲骨文证实，它已经与 TikTok 的中国所有者字节跳动达成协议，成为其“可信技术提供商”，但该协议仍需美国政府批准。同年 9 月 18 日，美商务部宣布 9 月 20 日起执行微信和 TikTok 禁令。2021 年 6 月 9 日，美国总统拜登撤销了特朗普政府对社交媒体应用 TikTok 和微信的禁令。2021 年 11 月，TikTok 扩张到电视领域，已在亚马逊 Fire TV 平台推出电视应用，并且将这一范围扩张到了三星、LG 以及 Android TV 电视平台。2024 年 3 月 13 日，美国众议院投票通过法案，要求字节跳动剥离对 TikTok 控制权，否则 TikTok 将在美遭封禁。2025 年 1 月 19 日，TikTok 停止在美国的服务；美西部时间 19 日 9 时 30 分左右，TikTok 与互联网服务提供商达成一致，正在恢复相关服务。当地时间 2025 年 1 月 20 日，美国总统特朗普签署行政令，要求短视频社交媒体平台 TikTok“不卖就禁用”法律在未来 75 天内暂不执行。2 月 14 日，TikTok 已经在苹果和谷歌的美国应用商店重新上架。根据数据平台 Tabcut 发布的《TikTok Shop 2024 年度数据报告》，TikTok 的全球下载量已经超过 500 亿次，月活跃用户超过 15 亿，目前 TikTok 已成为全球最热门的短视频社交平台。截至 2024 年 8 月，TikTok 的全球月活跃用户达 15.8 亿，约占全球人口总数的 19.5%，其中美国用户达 1.7 亿，成为 TikTok 用户最多的国家。[①]<br>● 快手<br>快手是北京快手科技有限公司旗下的产品，其前身叫“GIF 快手”，诞生于 2011 年 3 月，最初是一款用来制作、分享 GIF 图片的手机应用。2012 年 11 月，快手从纯粹的工具应用转型为短视频社区，成为用户记录和分享生产、生活的平台。随着智能手机、平板电脑的普及和移动流量成本的下降，快手在 2015 年以后迎来市场。2019 年 11 月，快手短视频携手春晚正式签约“品牌强国工程”强国品牌服务项目，快手成为中央广播电视总台 2020 年《春节联欢晚会》独家互动合作伙伴，开展春晚红包互动活动。2021 年 2 月 5 日，快手正式在香港交易及结算所有限公司上市，首次公开募股融资规模为 54 亿美元。2023 年，作为杭州第 19 届亚运会持权转播商及官方短视频分享平台，快手以丰富的亚运会内容和硬核的直播技术吸引了 2.3 亿用户每天上快手看亚运会，亚运会相关作品播放量达 531 亿。截至 2024 年 7 月，快手的单日直播及短视频播放次数达到千亿量级，每日在关注页和泛私域等场景与创作者互动的快手日活用户超过 75%。2024 年，快手的热点大事件总播放量超 3800 亿，热点视频创作者数量达 1900 万。每天有超过 800 万人来快手追更“三农”创作者，乡村用户每日互动量达 29.4 亿，实用的农业技术知识通过快手平台抵达田间地头，为助力“三农”发展贡献了巨大力量。2024 年 6 月 8 日“文化和自然遗产日”，快手开展了连续 30 天的“非遗妙会”系列直播，超过 4624 万用户观看了 2 场以上的直播内容，“非遗妙会”相关话题词播放量达到 76 亿。2024 年，高考志愿填报期间，快手开设了近 4000 场志愿填报辅导直播。志愿填报辅导直播观看人数达 4.84 亿，直播间点赞数达 9504 万，直播间评论量达 419 万。 |

① Tabcut 特看 .TikTok Shop 2024 年度数据报告［R/OL］.（2025-01-13）［2025-02-20］. https://udu133ckhp.feishu.cn/docx/O9sddBfH3ownsRxe59hcv4Sunhf.

续表

| |
|---|
| 目前，快手已成为我国民众日常生活中使用最多的短视频社交平台之一，深度参与着社会生活的点点滴滴与社会生产的方方面面。[①] |

① 快手大数据研究院 . 2024 快手年度数据报告［EB/OL］.（2025-01-10）［2025-02-20］. https://mp.weixin.qq.com/s/NwCW7b2nM_FTH-GeEYwV6g.

# 附录二　国际传播与跨文化的研究方法与体系及相关信息图谱

- （1）三类主要方法
  - 比较研究方法
  - 实证研究方法
  - 批判性研究方法
- （2）四类研究范畴
  - 外国研究
  - 比较研究
  - 跨国与跨文化研究
  - 全球化研究
- （3）国际传播学研究体系
  - 国际传播本体论
  - 国际传播史论
  - 国际传播现状
  - 国际传播理论研究
- （4）中国范式三类型
  - 范式一：（郭可《国际传播学导论》）
    - 国际媒体体系范式
    - 国际传播功能范式
    - 国际传播中的信息流动
  - 范式二：（程曼丽《国际传播学教程》）
    - 国际传播主体研究
    - 国际传播手段研究
    - 国际传播内容研究
    - 国际传播受众研究
    - 国际传播效果研究
  - 范式三：（李金铨《传播纵横：历史脉络与全球视野》及其他著作）
    - 国际媒介新闻建构范式
    - 国际资讯与传播新秩序研究
    - 国际传播知识论与方法论研究
    - 国际传播研究的文化性

**附图 1　研究方法与体系图谱简表**

附表 1　国际传播与国际新闻传播的相关报刊简表

<table>
<tr><td rowspan="25">报刊</td><td rowspan="13">国内</td><td>《国际新闻界》</td></tr>
<tr><td>《全球传媒学刊》</td></tr>
<tr><td>《环球时报》</td></tr>
<tr><td>《南方周末报》</td></tr>
<tr><td>《国际传播》</td></tr>
<tr><td>《外交评论（外交学院学报）》</td></tr>
<tr><td>《国际观察》</td></tr>
<tr><td>《跨文化传播研究》</td></tr>
<tr><td>《现代传播（中国传媒大学学报）》</td></tr>
<tr><td>《传播与社会学刊》</td></tr>
<tr><td>《国际跨文化传播学刊》</td></tr>
<tr><td>《中华传播学刊》</td></tr>
<tr><td>《全球媒体与中国》</td></tr>
<tr><td rowspan="12">国外</td><td>《国际传播杂志》（International Journal of Communication）</td></tr>
<tr><td>《国际跨文化交流年刊》（The International and Intercultural Communication Annual, IICA）</td></tr>
<tr><td>《哈佛交流杂志》（The Howard Journal of Communications）</td></tr>
<tr><td>《跨文化交流研究》（Intercultural Communication Studies）</td></tr>
<tr><td>《跨文化关系国际期刊》（International Journal of Intercultural Relations）</td></tr>
<tr><td>《新闻与公共空间》（Journalism and the Public Sphere）</td></tr>
<tr><td>《媒介、文化与社会》（Media，Culture and Society）</td></tr>
<tr><td>《巴西新闻研究》（Brazilian Journalism Research）</td></tr>
<tr><td>《加拿大传播学刊》（The Canadian Journal of Communication）</td></tr>
<tr><td>《哥伦比亚新闻评论》（Columbia Journalism Review）</td></tr>
<tr><td>《美国新闻学评论》（American Journalism Review）</td></tr>
<tr><td>《新闻学与大众传播学季刊》（Journalism and Mass Communication Quarterly）</td></tr>
</table>

续表

| | | |
|---|---|---|
| 报刊 | 国外 | 《亚洲传播杂志》(*Asian Journal of Communication*): www.tandfonline.com/toc/rajc20 |
| | | 《传播学研究与实践》(*Communication Research and Practice*): www.tandfonline.com/loi/rcrp20 |
| | | 《非洲新闻学研究》(*Ecquid Novi: African Journalism Studies*): www.tandfonline.com/toc/recq20 |
| | | 《欧洲传播学杂志》(*European Journal of Communication*): www.journals.sagepub.com/home/eje |
| | | 《国际新闻与政治杂志》(*International Journal of Press/Politics*): journals.sagepub.com/home/hij |
| | | 《国际传播公报》(*International Communication Gazette*): journals. sagepub.com/home/gaz |
| | | 《国际文化研究杂志》(*International Journal of Cultural Studies*): journals. sagepub.com/home/ics |

**附表 2　与国际传播相关的组织机构与媒体**

| | |
|---|---|
| 国际组织机构 | 国际货币基金组织(IMF): www.imf.org |
| | 国际电信联盟(ITU): www.itu.int |
| | 联合国(UN): www.UN.org |
| | 世界知识产权组织(WIPO): www. wipo.org |
| | 世界贸易组织(WTO): www.WTO.org |
| 计算机、电子传播公司与多媒体公司 | 苹果(Apple): www.apple.com |
| | 戴尔(Dell Computer): www.dell.com |
| | 迪士尼(Disney): www.thewaltdisneycompany.com |
| | 国际商业机器公司(IBM): www.ibm.com |
| | 英特尔(Intel): www.intel.com |
| | 微软(Microsoft): www.microsoft.com |
| | 摩托罗拉(Motorola): www.motorola.com |
| | 新闻集团(News Corporation): www.newscorp.com |

续表

| | |
|---|---|
| 计算机、电子传播公司与多媒体公司 | 三星（Samsung）：www.samsung.com |
| | 索尼（Sony）：www.sony.net |
| | 亚马逊（Amazon）：www.amazon.com |
| 新闻通讯社 | 法新社（AFP）：www.afp.com |
| | 美联社（AP）：www.ap.org |
| | 美联社电视新闻社（APTN）：www.aptn.com |
| | 彭博新闻社（Bloomberg）：www.bloomberg. com |
| | 俄通社 - 塔斯社（ITAR-TASS）：www.itar-tass.com |
| | 今日俄罗斯国际新闻通讯社（Rossiya Segodnya）：https://jinrieluosi.cn |
| | 路透社（Reuters）：www.reuters.com |
| | 合众社（UPI）：www.upi.com |
| | 新华社（XNA）：www.xinhuanet.com/english |
| 广播电台与电视频道 | 中国国际广播电台（CRI）：www.english.cri.cn |
| | 法国国际广播集团（RFI）：www.rfi.fr |
| | 美国之声（VOA）：www.voa.gov |
| | 美国广播公司（ABC）：abc.go.com |
| | 德国公共广播联盟（ARD）：www.ard. de |
| | 英国广播公司（BBC）：www.bbc.co.uk/news |
| | 加拿大广播公司（CBC）：www.cbc.ca |
| | 中国环球电视网（CGTN）：www.cgtn.com |
| | 美国有线电视新闻网（CNN）：www.cnn.com |
| | 哥伦比亚广播公司（CBS）：www.cbs.com |
| | 今日俄罗斯电视台（Russia Today TV 或 Russia Today）：www.rt.com |
| | 尼日利亚电视台（NTA）：https://nta.ng |
| 报纸、杂志与出版商 | 《中国日报》（*China Daily*）：www.chinadaily.com |
| | 《纽约时报》（*The New York Times*）：https://www.nytsyn.com/ |
| | 《泰晤士报》（*The Times*）：www.thetimes.co.uk |
| | 《世界报》（*Le Monde*）：www.lemonde.fr |

续表

| | |
|---|---|
| 报纸、杂志与出版商 | 《今日印度》(*India Today*): www.india-today.com |
| | 《金字塔报》(*Al-Ahram*): www.ahram.org.eg |
| | 《俄罗斯内幕》(*Russia insider*): www.russia-insider.com |
| | 《编辑和出版商》(*Editor & Publisher*): www.editorandpublisher.com |
| | 《财富》(*Fortune*): www.fortune.com |
| | 《新闻周刊》(*Newsweek*): www.newsweek.com |
| | 《读者文摘》(*Reader*'s *Digest*): www.rd.com |
| | 皮尔逊出版集团(Pearson Group): www.pearson.com |
| 社交媒介 | 百度(Baidu): www.baidu.com |
| | 脸书(Facebook): www.facebook.com |
| | 谷歌(Google): www.google.com |
| | 照片墙(Instagram): www.instagram. com |
| | 推特(Twitter): www.twitter.com |
| | 微信(WeChat): web. wechat. com |
| | YouTube: www.youtube.com |
| | 抖音(TikTok): www.douyin.com |

# 附录三　参考文献

## 一、理论篇

### （一）国际传播、全球传播、国际新闻传播、跨文化传播与国际关系相关领域

#### 1. 著作

［1］奥努夫 . 我们建构的世界：社会理论与国际关系中的规则与统治［M］. 孙吉胜，译 . 上海：上海人民出版社，2017.

［2］巴克斯特，布雷思韦特 . 人际传播：多元视角之下［M］. 殷晓蓉，赵高辉，刘蒙之，译 . 上海：上海译文出版社，2010.

［3］彼得斯 . 奇云：媒介即存有［M］. 邓建国，译 . 上海：复旦大学出版社，2020.

［4］伯克 . 文明的冲突：战争与欧洲国家体制的形成［M］. 王晋新，译 . 上海：上海三联书店，2006.

［5］陈力丹 . 马克思主义新闻观教程［M］. 北京：中国人民大学出版社，2011.

［6］陈鹏，司若 . 中国互联网视听行业发展报告（2022）［M］. 北京：社会科学文献出版社，2022.

［7］程曼丽 . 国际传播学教程［M］. 北京：北京大学出版社，2006.

［8］程曼丽 . 外国新闻传播史导论［M］. 2 版 . 上海：复旦大学出版社，2021.

［9］戴锦华 . 雾中风景：中国电影 1978—1998［M］. 2 版 . 北京：北京大学出版社，2000.

［10］丹皮尔 . 科学史及其与哲学和宗教的关系［M］. 李珩，译 . 桂林：广西师范

大学出版社，2001.

［11］单波，石义彬．跨文化传播新论［M］．武汉：武汉大学出版社，2005.

［12］丁迈．中国电视收视年鉴2020［M］．北京：中国传媒大学出版社，2020.

［13］丁迈．中国广播电视视听年鉴（2021）［M］．北京：社会科学文献出版社，2021.

［14］丁迈．中国广播电视视听年鉴（2022）［M］．北京：社会科学文献出版社，2022.

［15］丁迈．中国广播收听年鉴2020［M］．北京：中国传媒大学出版社，2021.

［16］多尔蒂，普法尔茨格拉夫．争论中的国际关系理论：第五版［M］．阎学通，陈寒溪，等译．北京：世界知识出版社，2003.

［17］菲德勒．媒介形态变化：认识新媒介［M］．明安香，译．北京：华夏出版社，2000.

［18］班克斯．危机传播——基于经典案例的观点：第四版［M］．陈虹，等译．上海：复旦大学出版社，2013.

［19］福山．国家构建［M］．郭华，译．上海：学林出版社，2017.

［20］格里芬．后现代科学：科学魅力的再现［M］．马季方，译．北京：中央编译出版社，1995.

［21］古狄昆斯特，莫迪．国际传播与文化间传播研究手册：第二版［M］．陈纳，胡特，陶文静，等译．上海：复旦大学出版社，2016.

［22］关世杰．国际传播学［M］．北京：北京大学出版社，2004.

［23］郭可．国际传播学导论［M］．上海：复旦大学出版社，2004.

［24］国家广播电视总局发展研究中心．中国广播电视全媒体发展报告（2022）［M］．北京：中国广播影视出版社，2022.

［25］赫拉利．未来简史：从智人到神人［M］．林俊宏，译．北京：中信出版社，2017.

［26］赫拉利．今日简史：人类命运大议题［M］．林俊宏，译．北京：中信出版社，2018.

［27］黑尔曼．世界科幻电影史［M］．陈钰鹏，译．北京：中国电影出版社，1988.

［28］亨廷顿．文明的冲突与世界秩序的重建［M］．周琪，刘绯，张立平，等译．修订版．北京：新华出版社，2010.

［29］胡百精．危机传播管理［M］．3 版．北京：中国人民大学出版社，2014.

［30］怀特，布尔，霍尔布莱德．权力政治［M］．宋爱群，译．北京：世界知识出版社，2004.

［31］黄会林．当代中国文化国际影响力的生成［M］．北京：北京师范大学出版社，2019.

［32］霍尔．无声的语言［M］．何道宽，译．北京：北京大学出版社，2010.

［33］科恩．科学革命史［M］．杨爱华，李成智，李长生，等译．北京：军事科学出版社，1992.

［34］科瓦奇，罗森斯蒂尔．真相［M］．陆佳怡，孙志刚，译．北京：中国人民大学出版社，2014.

［35］库芭科娃，奥鲁夫，科维特．建构世界中的国际关系［M］．肖锋，译．北京：北京大学出版社，2006.

［36］拉兹洛．微漪之塘：宇宙中的第五种场［M］．钱兆华，译．2 版．北京：社会科学文献出版社，2004.

［37］莱文森．新新媒介［M］．何道宽，译．2 版．上海：复旦大学出版社，2014.

［38］李景治，罗天虹，等．国际战略学［M］．北京：中国人民大学出版社，2003.

［39］李智．全球传播学引论［M］．北京：新华出版社，2010.

［40］李庆本，等．中华文化的跨文化阐释与对外传播研究［M］．北京：经济科学出版社，2022.

［41］李亦中，诸廉．百名外国留学生看中国电影［M］．上海：上海交通大学出版社，2022.

［42］里杰斯特．危机公关［M］．陈向阳，陈宁，译．上海：复旦大学出版社，1995.

［43］刘静波．21 世纪初中国国家安全战略［M］．北京：时事出版社，2006.

［44］刘杉．智能时代的影视国际传播［M］．北京：中国传媒大学出版社，2022.

［45］刘胜湘，等．国家安全：理论、体制与战略［M］．北京：中国社会科学出版社，2015.

［46］刘笑盈，何兰．国际传播史［M］．北京：中国传媒大学出版社，2011.

［47］刘笑盈．国际新闻学：本体方法和功能［M］．北京：中国广播电视出版社，2010.

［48］陆扬，王毅．大众文化与传媒［M］．上海：上海三联书店，2000.

［49］罗洛夫．人际传播：社会交换论［M］．王江龙，译．上海：上海译文出版社，1991.

［50］吕哲．源代码：从科幻小说到电影经典［M］．天津：百花文艺出版社，2015.

［51］麦克唐纳．后真相时代［M］．刘清山，译．北京：民主与建设出版社，2019.

［52］奈．软力量：世界政坛成功之道［M］．吴晓辉，钱程，译．北京：东方出版社，2005.

［53］奈．硬权力与软权力［M］．门洪华，译．北京：北京大学出版社，2005.

［54］萨马迪．国际传播理论前沿［M］．吴飞，黄超，译．北京：中国传媒大学出版社，2016.

［55］萨默瓦，波特，麦克丹尼尔．跨文化传播：第六版［M］．闵惠泉，贺文发，徐培喜，等译．北京：中国人民大学出版社，2013.

［56］石力月．传播、技术与社会研究读本［M］．上海：上海交通大学出版社，2020.

［57］斯科尔斯，詹姆逊，艾文斯，等．科幻文学的批评与建构［M］．王逢振，苏湛，李广益，等译．合肥：安徽文艺出版社，2011.

［58］孙英春．跨文化传播学［M］．北京：北京大学出版社，2015.

［59］童之侠．中国国际新闻传播史［M］．北京：中国传媒大学出版社，2007.

［60］屠苏．国际传播：沿袭与流变：第三版［M］．胡春阳，姚朵仪，译．上海：复旦大学出版社，2022.

［61］王凤祥．马克思主义视野下的贝尔纳主义研究：以马克思主义科学技术思想的传播为视角［M］．北京：中国社会科学出版社，2020.

［62］维维安．大众传播媒介：第七版［M］．顾宜凡，等译．北京：北京大学出版社，2010.

［63］魏因伯格．科学、信仰与政治［M］．张新樟，译．北京：生活·读书·新知三联书店，2008.

［64］吉内肯．理解国际新闻：批判性导论［M］．李红涛，译．北京：中国传媒大学出版社，2016.

［65］中共中央文献研究室．习近平关于社会主义文化建设论述摘编［M］．北京：中央文献出版社，2017.

［66］谢清果 . 华夏传播学年鉴 · 2020［M］. 北京：九州出版社，2020.

［67］延森 . 媒介融合：网络传播、大众传播和人际传播的三重维度［M］. 刘君，译 . 上海：复旦大学出版社，2012.

［68］杨魁，李亦中，陈正辉 . 影视国际传播研究［M］. 北京：中国社会科学出版社，2019.

［69］伊德 . 技术哲学导论［M］. 骆月明，欧阳光明，译 . 上海：上海大学出版社，2017.

［70］张季良 . 国际关系学概论［M］. 北京：世界知识出版社，1989.

［71］张燕 . 风险社会与网络传播：技术 · 利益 · 伦理［M］. 北京：社会科学文献出版社，2014.

［72］张咏华 . 媒介分析：传播技术神话的解读［M］. 2 版 . 北京：北京大学出版社，2017.

［73］张毓强，于运全 . 从形象到战略：中国国际传播观察新视角［M］. 北京：朝华出版社，2022.

［74］郑公盾，郑维 . 中国科学文艺史话［M］. 北京：知识产权出版社，2014.

［75］中国文学艺术界联合会 .2022 中国艺术发展报告［M］. 北京：中国文联出版社，2023.

［76］中央广播电视总台年鉴编委会 . 中央广播电视总台年鉴（2018—2019）［M］. 北京：中国国际广播出版社，2022.

［77］中央广播电视总台年鉴编委会 . 中央广播电视总台年鉴（2020—2021）［M］. 北京：中国国际广播出版社，2022.

［78］中央广播电视总台音像资料馆 . 中央广播电视总台音像资料馆年鉴 2022［M］. 北京：中央广播电视总台音像资料馆，2022.

［79］国家广播电视总局发展研究中心 . 中国广播电影电视发展报告（2020）［M］. 北京：中国广播影视出版社，2020.

### 2. 期刊中析出的文献

［1］蔡丰喆 . 经典的知识再生产：西方对斯诺“红色中国”书写的认知及其知识系谱［J］. 新闻与传播研究，2021，28（8）：5-21，126.

［2］曹林，张涛甫 . 关于新闻传播共同体构建的对话［J］. 新闻大学，2020（4）：1-18.

［3］曹明德．从人类中心主义到生态中心主义伦理观的转变：兼论道德共同体范围的扩展［J］．中国人民大学学报，2002（3）：41-46.

［4］陈虹，秦静．中国特色国际传播战略体系建构框架［J］．现代传播（中国传媒大学学报），2023，45（1）：55-59，65.

［5］程曼丽．逆技术潮流与新媒体外交：大变局下国际传播的演进趋势与特征规律［J］．传媒观察，2022（9）：5-10.

［6］电视与网络视听艺术蓝皮书中国电视与网络视听艺术发展报告第六卷（2020）［J］．中国电视，2020（12）：113.

［7］董俊山．构建人类命运共同体的困惑与破解［J］．时事报告（党委中心组学习），2017（2）：111-124.

［8］段鹏．当前我国国际传播面临的挑战、问题与对策［J］．现代传播（中国传媒大学学报），2021，43（8）：1-8.

［9］樊启鹏，李瑞华，任伯杰．2018 年中国纪录片产业发展研究报告［J］．电影艺术，2019（3）：118-122.

［10］方晨．重返公共：乔治·尼禄的新闻史研究及其路径创新［J］．新闻大学，2021（3）：32-48，118.

［11］费雯俪，于运全．系统性、复杂性与实践性：全媒体时代国际传播规律探析［J］．新闻与写作，2023（4）：87-95.

［12］傅莹．全球的变革与中国的角色［J］．中国人大，2017（7）：25-28.

［13］高金萍．中国国际传播的故事思维转向［J］．中国编辑，2022（1）：10-14.

［14］郭建斌，程悦．“传播”与“仪式”：基于研究经验和理论的辨析［J］．新闻与传播研究，2020，27（11）：21-36，126.

［15］郭建斌．如何理解“媒介事件”和“传播的仪式观”：兼评《媒介事件》和《作为文化的传播》［J］．国际新闻界，2014，36（4）：6-19.

［16］郭树勇．中国国际关系理论建设中的中国意识成长及中国学派前途［J］．社会科学文摘，2017（5）：42-44.

［17］郭毅．跨国传媒史：西方新闻史研究的“跨国转向”［J］．山西大学学报（哲学社会科学版），2021，44（4）：37-43.

［18］姜飞．全球传播新生态呼唤国际传播新思想［J］．新闻记者，2020（10）：80-86.

［19］姬德强，张毓强．“双向奔赴”：国际传播学与区域国别学的理论互鉴［J］．对外传播，2024（2）：69-73.

［20］柯惠新，陈旭辉，李海春，等．我国对外传播效果评估的指标体系及实施方法［J］．对外传播，2009（12）：11-12.

［21］李冰雁．从“赛博格身体”到“元宇宙”：科幻电影的后人类视角［J］．广州大学学报（社会科学版），2022，21（3）：119-127.

［22］李明德，乔婷．中国国际传播：历史演变、现实背景与前沿问题［J］．西安交通大学学报（社会科学版），2022，42（5）：123-135.

［23］廖祥忠．视频天下：语言革命与国际传播秩序再造［J］．现代传播（中国传媒大学学报），2022，44（1）：1-8.

［24］刘琛．国际传播理论及其发展的主要阶段与反思［J］．中国人民大学学报，2017，31（5）：112-121.

［25］刘德斌．历史学中的“国际关系”研究［J］．四川大学学报（哲学社会科学版），2020（5）：109-120.

［26］刘建明．“传播的仪式观”与“仪式传播”概念再辨析：与樊水科商榷［J］．国际新闻界，2013，35（4）：168-173.

［27］刘建明．“仪式”视角下传播研究几个关键概念被误读现象研究：与郭建斌教授商榷［J］．国际新闻界，2015，37（11）：64-74.

［28］刘爽，张昆．当前中国国际传播研究的议题拓展与话语建构［J］．传媒观察，2021（12）：26-31.

［29］龙小农．从国际传播技术范式变迁看我国国际话语权提升的战略选择［J］．现代传播（中国传媒大学学报），2012，34（5）：47-52.

［30］龙耘，潘晓婷．历史回音与现实交响：改革开放以来中国国际传播研究回顾（1982—2018）［J］．对外传播，2018（12）：11-14.

［31］胡正荣，李润泽．2022 年中国国际传播领域理论创新与实践回归［J］．对外传播，2023（1）：7-10.

［32］胡正荣，熊昊轩．2024 年国际传播领域理论热点与实践创新［J］．对外传播，2024（12）：4-8.

［33］聂延稳．浅析国际传播背景下如何讲好中国故事［J］．传播力研究，2019，3（19）：28.

［34］欧阳宏生，唐希牧．改革开放四十年：中国广播电视学术研究的历史进程［J］．现代传播（中国传媒大学学报），2018，40（8）：1-8.

［35］秦龙，赵永帅．构建人类命运共同体的价值论关切［J］．学术界，2018（3）：36-46.

［36］秦亚青，金灿荣，倪峰，等．全球治理新形势下大国的竞争与合作［J］．国际论坛，2022，24（2）：3-32，155.

［37］秦亚青．知识观重建与国际关系理论的发展进路：以三大理论批判为例的分析［J］．社会科学文摘，2023（1）：65-68.

［38］全燕．从独白到复调：超越国家叙事的对外传播话语想象［J］．社会科学，2020（7）：160-167.

［39］沈悦，金圣钧．从软实力到“暖实力”：中国国际传播理念创新的话语、维度与愿景［J］．东岳论丛，2023，44（2）：62-75.

［40］石德华，杜志章．国家治理视域下福山的国家构建理论评析［J］．江南大学学报（人文社会科学版），2015，14（4）：27-32.

［41］石嵩．中国电影“走出去”：一种海外研究的视野［J］．电影评介，2016（5）：4-9.

［42］史安斌，廖鲽尔．国际传播能力提升的路径重构研究［J］．现代传播（中国传媒大学学报），2016，38（10）：25-30.

［43］司培．裂变与循环：从诺兰科幻电影看后工业时代的时空叙事［J］．天府新论，2022（3）：143-151.

［44］田晓，胡正荣．构建基于全球传播生态的新时代中国国际传播体系［J］．中国广播电视学刊，2022（12）：65-68.

［45］王赓武，魏玲，布赞，等．国际秩序的构建：历史、现在和未来［J］．外交评论（外交学院学报），2015，32（6）：10-56.

［46］王沛楠，史安斌．“持久危机”下的全球新闻传播新趋势：基于 2023 年六大热点议题的分析［J］．新闻记者，2023（1）：89-96.

［47］王义桅，张鹏飞．论“中国之治”的内涵、特点及进路［J］．新疆师范大学学报（哲学社会科学版），2020，41（2）：7-15.

［48］肖军勇，肖铁肩．反对单边主义的中国智慧［J］．人民论坛，2019（17）：128-129.

[49] 徐明华，李虹.国际传播中的共情层次：从理论建构到实践路径[J].对外传播，2022(8)：53-57.

[50] 杨明星，周安祺.新中国70年来外交传播体系的历史演进与发展方位[J].国际观察，2020(5)：107-133.

[51] 尹鸿，杨慧.中国电视剧发展的一面镜子：中国电视金鹰奖评析[J].当代电视，2020(10)：12-18.

[52] 尹鸿.国际化语境中的当前中国电影[J].当代电影，1996(6)：21-29.

[53] 于运全.铸牢中华民族共同体意识的国际传播新进路[J].民族研究，2022(3)：33-49，139.

[54] 俞丽霞.世界主义视野中的忠诚与认同[J].国外社会科学，2015(2)：57-64.

[55] 喻国明，陈雪娇.认知传播学的范式演进、关键议题与技术逻辑：2012—2022年的10年回顾与未来展望[J].传媒观察，2023(1)：24-34.

[56] 张洪忠，任吴炯，斗维红.人工智能技术视角下的国际传播新特征分析[J].江西师范大学学报（哲学社会科学版），2022，55(2)：111-118.

[57] 张华."后真相"时代的中国新闻业[J].新闻大学，2017(3)：28-33，61，147-148.

[58] 张同道.2018年中国纪录片发展研究报告[J].现代传播（中国传媒大学学报），2019，41(5)：117-122.

[59] 张同道.2019年中国纪录片发展研究报告[J].现代传播（中国传媒大学学报），2020，42(7)：109-113，119.

[60] 张同道.2020年中国纪录片发展研究报告[J].现代传播（中国传媒大学学报），2021，43(8)：110-115.

[61] 张文涛.全球史的兴起与当代中国全球史学科建设[J].甘肃社会科学，2021(4)：116-123.

[62] 张毓强，潘璟玲.国际传播的实践渊源、概念生成和本土化知识构建[J].新闻界，2021(12)：41-55.

[63] 张毓强，庞敏.新时代中国国际传播：新基点、新逻辑与新路径[J].现代传播（中国传媒大学学报），2021，43(7)：40-49.

[64] 张蕴岭.全球化也需要反思和纠偏[J].领导科学，2017(18)：20.

[65] 邹妍艳 . 国际传播发展路径：全球布局与本土发展——以中国国际广播电台实践为例 [J]. 现代传播（中国传媒大学学报），2014，36（11）：150-152.

**3. 报纸中析出的文献**

[1] 中国社会科学院世界经济与政治研究所国家全球战略智库课题组 . 2021 年全球大趋势 [N]. 光明日报，2021-02-02（16）.

[2] 曾庆香 . 把握“共情”规律 做好冬奥对外传播 [N]. 光明日报，2021-12-16（11）.

**4. 学位论文**

刘俨影 . 中国纪录片国际化创作与传播策略研究 [D]. 济南：山东师范大学，2018.

**5. 电子文献**

李准，王天迷，倪浩，等 . 中国开启 2023 外交新征程，多国领导人计划访华 [EB/OL].（2023-01-03）[2024-05-20]. https://baijiahao.baidu.com/s?id=1753954397803401466&wfr=spider&for=pc.

## （二）话语理论、修辞理论及政治传播相关领域

**1. 著作**

[1] 邓志勇 . 修辞理论与修辞哲学：关于修辞学泰斗肯尼思·伯克研究 [M]. 上海：学林出版社，2011.

[2] 迪克 . 话语研究：多学科导论 [M]. 周翔，译 . 重庆：重庆大学出版社，2015.

[3] 迪克 . 作为话语的新闻 [M]. 曾庆香，译 . 北京：华夏出版社，2003.

[4] 费尔克劳 . 话语分析：社会科学研究的文本分析方法 [M]. 赵芃，译 . 北京：商务印书馆，2021.

[5] 亨廷顿 . 文明的冲突与世界秩序的重建 [M]. 周琪，刘绯，张立平，等译 . 修订版 . 北京：新华出版社，2010.

[6] 吉 . 话语分析导论：理论与方法：原书第 4 版 [M]. 何清顺，译 . 重庆：重庆大学出版社，2021.

[7] 卡普兰 . 国际政治的系统和过程 [M]. 薄智跃，译 . 上海：上海人民出版社，2008.

[8] 蓝纯 . 修辞学：理论与实践 [M]. 北京：外语教学与研究出版社，2010.

[9] 李智 . 国际政治传播：控制与效果 [M] . 北京：北京大学出版社，2007.

[10] 刘海龙 . 宣传：观念、话语及其正当化 [M] . 2 版 . 北京：中国大百科全书出版社，2020.

[11] 刘涛 . 视觉修辞学 [M] . 北京：北京大学出版社，2021.

[12] 刘亚猛 . 西方修辞学史 [M] . 北京：外语教学与研究出版社，2008.

[13] 刘亚猛 . 追求象征的力量：关于西方修辞思想的思考 [M] . 北京：生活・读书・新知三联书店，2004.

[14] 摩根索，汤普森 . 国家间政治：寻求权力与和平的斗争（完全版）[M] . 北京：北京大学出版社，2005.

[15] 奈 . 理解国际冲突：理论与历史 [M] . 张小明，译 . 上海：上海人民出版社，2002.

[16] 奈 . 软力量：世界政坛成功之道 [M] . 吴晓辉，钱程，译 . 北京：东方出版社，2005.

[17] 王辉耀，苗绿 . 21 世纪的中国与全球化 [M] . 北京：中信出版社，2022.

[18] 吴晨 . 潜流：激荡、变局与趋势 [M] . 北京：中译出版社，2022.

[19] 习近平 . 习近平谈治国理政（第一卷）[M] . 北京：外文出版社，2014.

[20] 习近平 . 习近平谈治国理政（第二卷）[M] . 北京：外文出版社，2017.

[21] 习近平 . 习近平谈治国理政（第三卷）[M] . 北京：外文出版社，2020.

[22] 习近平 . 习近平谈治国理政（第四卷）[M] . 北京：外文出版社，2022.

[23] 熊彼特 . 资本主义、社会主义和民主主义 [M] . 绛枫，译 . 北京：商务印书馆，1979.

[24] 张维为 . 中国震撼：一个“文明型国家”的崛起 [M] . 上海：上海人民出版社，2011.

[25] 张小琴 . 电视修辞学 [M] . 北京：清华大学出版社，2013.

[26] 中共中央宣传部 . 习近平文化思想学习纲要 [M] . 北京：学习出版社，人民出版社，2024.

### 2. 期刊中析出的文献

[1] 曾庆香，杨小雨 . 中国特色新闻话语体系的宣传范式 [J] . 郑州大学学报（哲学社会科学版），2021，54（4）：121-126.

[2] 陈汝东 . 论中国的全球话语空间建构 [J] . 安徽师范大学学报（人文社会科学

版），2017，45（3）：265-270.

［3］陈世华，刘晶．政治传播中的视觉修辞流变［J］．国际新闻界，2017，39（9）：71-87.

［4］郭镇之，杨颖．概念作为话语：国际传播中的引进与输出［J］．新闻大学，2017（2）：16-22，146-147.

［5］胡泳．后真相与政治的未来［J］．新闻与传播研究，2017，24（4）：5-13，126.

［6］荆学民，于淑婧．互联网时代政治传播输入的变革与挑战［J］．现代传播（中国传媒大学学报），2019，41（1）：67-74.

［7］景跃进．中国政治学理论建构的若干议题：田野基础、历史脉络与创新维度［J］．华中师范大学学报（人文社会科学版），2021，60（4）：33-40.

［8］李红．视觉之势：论视觉修辞的活力之源［J］．新闻大学，2018（4）：10-15，149.

［9］李宏图，周保巍，孙云龙，等．概念史笔谈［J］．史学理论研究，2012（1）：4-21.

［10］李元书．政治传播学的产生和发展［J］．政治学研究，2001（3）：68-77.

［11］刘涛．传播修辞学的问题域及其研究范式［J］．南京社会科学，2022（1）：91-105.

［12］刘涛．何为视觉修辞：图像议题研究的视觉修辞学范式［J］．湖南师范大学社会科学学报，2018，47（6）：1-11.

［13］刘涛．媒介·空间·事件：观看的“语法”与视觉修辞方法［J］．南京社会科学，2017（9）：100-109.

［14］刘涛．视觉修辞的学术起源与意义机制：一个学术史的考察［J］．暨南学报（哲学社会科学版），2017，39（9）：66-77，130.

［15］刘涛．语图论：语图互文与视觉修辞分析［J］．新闻与传播评论，2018，71（1）：28-41.

［16］刘涛．元框架：话语实践中的修辞发明与争议宣认［J］．新闻大学，2017（2）：1-15，146.

［17］史安斌，杨云康．后真相时代政治传播的理论重建和路径重构［J］．国际新闻界，2017，39（9）：54-70.

［18］薛忠义，刘舒，李晓颖．当代中国政治传播研究综述［J］．政治学研究，2012（5）：102-110.

［19］杨光斌，释启鹏．历史政治学的功能分析［J］．政治学研究，2020（1）：10-20，124.

［20］殷强，袁雪．总统影像的视觉修辞：对白宫 Flickr 网站图片的分析［J］．国际新闻界，2018，40（12）：137-143.

［21］于运全，朱文博．共情、共通、共享：中国话语国际影响力提升的新进路［J］．现代传播（中国传媒大学学报），2022，44（2）：61-65.

［22］岳圣淞．政治修辞视角下特朗普政府对华政策的话语战略探究［J］．复旦国际关系评论，2019（1）：112-140.

［23］云国强．国际传播中的话语角力：讲好中国故事与“语言陷阱”［J］．东方学刊，2021（3）：21-27.

［24］张小劲．加强实证研究，建构概念体系：试论中国政治学术话语的发展策略［J］．济南大学学报（社会科学版），2017，27（1）：9-11.

［25］周穗明．当代西方政治哲学：定义、概况与意义［J］．国外社会科学，2015（2）：37-44.

［26］周耀宏．新媒体场域下社会主义意识形态话语权的建构［J］．理论探讨，2017（2）：172-176.

### 3. 报纸中析出的文献

施旭．建构中国社会科学全球传播话语体系［N］．中国社会科学报，2019-04-12（4）.

## （三）社会科学方法与思维暨知识社会学领域

### 1. 著作

［1］巳比．社会研究方法［M］．李银河，编译．成都：四川人民出版社，1987.

［2］伯格，卢克曼．现实的社会建构：知识社会学论纲［M］．吴肃然，译．北京：北京大学出版社，2019.

［3］多纳，赫文．社会科学研究：从思维开始：原书第 11 版［M］．潘磊，马帅超，李涤非，译．重庆：重庆大学出版社，2020.

［4］费希特．全部知识学的基础［M］．王玖兴，译．北京：商务印书馆，1986.

［5］风笑天．社会研究方法：数字教材版［M］．6 版．北京：中国人民大学出版社，2022.

［6］胡塔莫，帕里卡．媒介考古学：方法、路径与意涵［M］．唐海江，主译．上海：复旦大学出版社，2018.

［7］吉尔林．案例研究：原理与实践［M］．黄海涛，刘丰，孙芳露，译．重庆：重庆大学出版社，2017.

［8］金，基欧汉，维巴．社会科学中的研究设计［M］．陈硕，译．上海：格致出版社，上海人民出版社，2023.

［9］马丁．领悟方法：社会科学研究中的方法误用及解决之道［M］．高勇，译．重庆：重庆大学出版社，2020.

［10］齐曼．真科学：它是什么，它指什么［M］．曾国屏，匡辉，张成岗，译．上海：上海科技教育出版社，2008.

［11］舒梅科，坦卡德，拉索萨．如何构建社会科学理论［M］．乔飞，译．北京：中国大百科全书出版社，2021.

［12］斯塔克．案例研究的艺术：好的故事、好的分析、好的报告［M］．赵丽霞，译．北京：世界图书出版有限公司北京分公司，2022.

［13］夏兹金，塞蒂纳，萨维尼．当代理论的实践转向［M］．柯文，石诚，译．苏州：苏州大学出版社，2010.

［14］殷．案例研究方法的应用：3 版［M］．周海涛，夏欢欢，译．重庆：重庆大学出版社，2014.

### 2. 期刊中析出的文献

［1］丁立群，李宇．实践哲学的理论分野［J］．求是学刊，2020，47（5）：29-36，2.

［2］郭书含．国际传播全媒型人才培养的创新路径［J］．对外传播，2023（1）：51-54.

［3］韩震．知识形态演进的历史逻辑［J］．中国社会科学，2021（6）：168-185，207-208.

［4］刘同舫．马克思主义哲学面向实践的方式［J］．哲学研究，2021（12）：25-34.

［5］齐爱军．尼克·库尔德利“媒介正义”观评析［J］．新闻与传播研究，2021，28（3）：39-56，126.

［6］孙利天．把握实践转向后的理论维度［J］．新华文摘，2018（15）：42-43.

［7］王佳鹏．知识的起源、碰撞与综合：曼海姆的知识传播思想及其贡献［J］．国际新闻界，2021，43（7）：80-98.

［8］齐爱军．尼克·库尔德利：媒介研究的“实践范式”转向［J］．山东社会科学，2017（1）：151-155，192.

## （四）科技、互联网、新媒体与创新理论

### 1. 著作

［1］安德森．长尾理论［M］．乔江涛，译．北京：中信出版社，2006.

［2］布迪厄．实践感［M］．蒋梓骅，译．南京：译林出版社，2003.

［3］迪克．连接：社交媒体批评史［M］．晏青，陈光凤，译．北京：中国人民大学出版社，2021.

［4］金，莫博涅．蓝海战略：超越产业竞争，开创全新市场：扩展版［M］．吉宓，译．北京：商务印书馆，2016.

［5］库兹韦尔．奇点临近［M］．李庆诚，董振华，田源，译．北京：机械工业出版社，2011.

［6］ 里德利．创新的起源：一部科学技术进步史［M］．王大鹏，张智慧，译．北京：机械工业出版社，2021.

［7］罗杰斯．创新扩散理论：第5版［M］．唐兴通，郑常青，张延臣，译．北京：电子工业出版社，2016.

［8］洛文克．社交媒体深渊：批判的互联网文化与否定之力［M］．苏子滢，译．重庆：重庆大学出版社，2020.

［9］马化腾，等．互联网+：国家战略行动路线图［M］．北京：中信出版社，2015.

［10］莫基尔．增长的文化：现代经济的起源［M］．胡思捷，译．北京：中国人民大学出版社，2020.

［11］王松，李志坚，赵磊．信息传播大变局：新媒体传播管理与数字技术［M］．上海：上海交通大学出版社，2013.

［12］阎力．创造心理学［M］．上海：华东师范大学出版社，2016.

［13］约翰逊．伟大创意的诞生：创新自然史［M］．盛杨燕，译．杭州：浙江人民出版社，2014.

### 2. 期刊中析出的文献

［1］蔡雯，汪惠怡．现代化传播体系建设中的资源共享与边界重构［J］．传媒观察，2021（11）：5-12.

［2］常江，罗雅琴．人工智能时代的国际传播：应用、趋势与反思［J］．对外传播，2023（4）：27-31，53.

［3］陈世丹．后人文主义：反思人在世界中的地位［J］．新华文摘，2021（7）：37-38.

［4］仇筠茜，陈昌凤．黑箱：人工智能技术与新闻生产格局嬗变［J］．新闻界，2018（1）：28-34.

［5］李鲤．赋权・赋能・赋意：平台化社会时代国际传播的三重进路［J］．现代传播（中国传媒大学学报），2021，43（10）：60-64.

［6］李思屈．群体认知传播障碍研究：AII 群体认知传播模型建构［J］．西南民族大学学报（人文社会科学版），2022，43（2）：145-153.

［7］刘丹凌．新媒体语境下新闻专业主义的解构与重构［J］．中州学刊，2012（1）：202-206.

［8］陆小华．数据话语权：国际传播的战略性竞争焦点［J］．现代传播（中国传媒大学学报），2020，42（10）：1-6.

［9］彭兰．导致信息茧房的多重因素及“破茧”路径［J］．新闻界，2020（1）：30-38，73.

［10］彭兰．更好的新闻业，还是更坏的新闻业？——人工智能时代传媒业的新挑战［J］．中国出版，2017（24）：3-8.

［11］彭兰．未来传媒生态：消失的边界与重构的版图［J］．现代传播（中国传媒大学学报），2017，39（1）：8-14，29.

［12］王尧．跨界、跨文体与文学性重建［J］．文艺争鸣，2021（10）：1-3.

［13］魏然．新闻传播研究的情绪转向［J］．新闻与写作，2021（8）：1.

［14］张志安，刘杰．人工智能与新闻业：技术驱动与价值反思［J］．新闻与写作，2017（11）：5-9.

［15］赵云泽，张玲．社交媒体中的数字情绪传播研究［J］．当代传播，2022（6）：21-28.

［16］陆晔．喧嚣背后：新媒介技术的社会影响与理论路径——“数码传播与社会转型：中华社会及其他地区之经验”国际研讨会综述［J］．现代传播（中国传媒大学

学报)，2007（1）：136-138.

［17］周葆华，吴雨晴．生成式人工智能影响下的国际传播：实践进展与影响路径［J］．对外传播，2024（6）：4-8.

### 3. 报纸中析出的文献

奥雷斯克斯，康韦．信息技术主导新世界［N］．光明日报，2020-11-19（14）.

## 二、实践篇

### （一）案例一 媒体篇

#### 1. 著作

［1］德克霍夫．文化的肌肤：半个世纪的技术变革和文化变迁：第二版［M］．何道宽，译．北京：中国大百科全书出版社，2020.

［2］国家广播电视总局发展研究中心．中国广播电视全媒体发展报告（2021）［M］．北京：中国广播影视出版社，2021.

［3］胡正荣，黄楚新．中国新媒体发展报告 No.13（2022）［M］．北京：社会科学文献出版社，2022.

［4］金斯伯格，阿布－卢赫德，拉金．媒体世界：人类学的新领域［M］．丁惠民，译．北京：商务印书馆，2015.

［5］刘滢．国际传播：全媒体生产链重构［M］．北京：新华出版社，2016.

［6］彭兰．数字媒体传播概论［M］．北京：高等教育出版社，2011.

［7］唐绪军．中国新媒体发展报告 NO.9（2018）［M］．北京：社会科学文献出版社，2018.

［8］于运全．对外传播优秀案例研究（2022）［M］．北京：朝华出版社，2023.

#### 2. 期刊中析出的文献

［1］邓德花．融媒体时代国际传播策略研究：以中央广播电视总台大阪 G20 峰会报道为例［J］．传媒，2019（20）：83-86.

［2］窦卫霖，郭书琪．国际传播中国家领导人形象的塑造策略：基于 G20 成员国政府网站领导人简介的对比研究［J］．现代传播（中国传媒大学学报)，2014，36（3）：37-40.

［3］康亢．论中国外交理念的国际传播：以金砖峰会媒体报道为例［J］．中国报业，2021（22）：24-25.

［4］刘恩东．如何做好中国全球治理主张的国际传播［J］．对外传播，2022（5）：18-22.

［5］陆佳怡，戴嘉慧．金砖国家峰会的国际传播：基于中国和南非媒体视角的考察（2009—2021）［J］．公共外交季刊，2022（2）：8-16，123.

［6］汤景泰，陈秋怡，高敬文．传播网络与跨圈层传播：中国主场外交的国际传播效果研究［J］．新闻大学，2020（8）：56-70，128.

［7］王雪梅．打造国际报道精准传播范式：以新华社金砖国家领导人厦门会晤报道为例［J］．对外传播，2017（10）：22-23.

［8］王昀，陈先红．迈向全球治理语境的国家叙事："讲好中国故事"的互文叙事模型［J］．新闻与传播研究，2019，26（7）：17-32，126.

［9］杨建新，王雅琪．主场外交活动对中国形象的建构：基于海外英文报纸对首届"进博会"报道的话语分析［J］．东南传播，2020（6）：61-66.

［10］应乐．新时期中国主场外交发展现状及趋势研究［J］．公关世界，2020（20）：69-71.

［11］张发林．全球金融治理议程设置与中国国际话语权［J］．世界经济与政治，2020（6）：106-131，159.

［12］赵淑萍，吴昊，槐静．论主场外交活动与国家形象的媒介构建［J］．中国新闻传播研究，2020（1）：84-102.

［13］钟新，王雅墨．转文化性：国际人文交流新思维——CGTN与拉美主流媒体交流分析［J］．对外传播，2024（2）：9-12.

### 3. 电子文献

观察者网．美国媒体监察组织批评《纽约时报》：患上了"抨击中国综合征"［EB/OL］．（2021-01-31）［2024-05-20］．https://m.guancha.cn/internation/2021_01_31_579843.shtml?s=wapzwyxgtjbt.2021.

## （二）案例二 体育篇

### 1. 著作

［1］博尼法斯．透析分解当代世界［M］．许铁兵，译．天津：天津人民出版社，

2005.

［2］韩方明．公共外交概论［M］．北京：北京大学出版社，2011.

［3］李智．中国国家形象：全球传播时代建构主义的解读［M］．北京：新华出版社，2011.

［4］庄晓东．文化传播：历史、理论与现实［M］．北京：人民出版社，2003.

［5］麦克唐纳．后真相时代［M］．刘清山，译．北京：民主与建设出版社，2019.

［6］王大中，杜志红，陈鹏．体育传播：运动、媒介与社会［M］．北京：中国传媒大学出版社，2006.

### 2. 期刊中析出的文献

［1］毕雪梅，黄芦雷娅．媒介实践与技术创新驱动下的观赏体育崛起及影响：首届体育赛事传播国际论坛综述［J］．北京体育大学学报，2020，43（6）：35-44.

［2］董天策，郭毅，梁辰曦，等．"媒介事件"的概念建构及其流变［J］．新闻与传播研究，2017，24（10）：103-119.

［3］高萍，任伊琳．融媒体对国家形象的建构研究：以北京冬奥会融媒体传播为例［J］．当代电视，2023（3）：100-104.

［4］郭晴，李平平．新时代我国体育传播研究的主要议题［J］．成都体育学院学报，2019，45（1）：1-9.

［5］郭晴，杨茜．使命、机遇与挑战：对北京冬奥会国际传播的思考［J］．体育科学，2020，40（11）：3-9.

［6］江广和．"两个大局"背景下我国体育事业发展的根本遵循及实践指向［J］．决策与信息，2023（11）：5-16.

［7］金瑶依．基于仪式观看武汉军运会开幕式［J］．中国报业，2020（6）：14-15.

［8］靳琳．媒介融合背景下体育媒介事件报道策略研究：以央视报道武汉军运会为例［J］．今传媒，2020，28（7）：103-106.

［9］刘东成．重大主场活动对外传播叙事方式的创新路径：基于《中国日报》北京冬奥会英文会刊实践的思考［J］．对外传播，2022（9）：52-56.

［10］刘贺娟，姜媛媛．文化共生视角下北京冬奥会视觉传播的人文特点研究［J］．当代电视，2022（4）：27-31，37.

［11］刘思雨，季峰．主流媒体国际体育传播与国家形象建构：CGTN 报道北京冬奥会的议程举隅［J］．体育学刊，2023，30（1）：20-26.

［12］史安斌，刘长宇．智能传播时代的体育公共外交：历史脉络与未来走向［J］.

青年记者，2022（1）：87-90.

［13］覃立成.《徒手攀岩》：叙事视角研究与哲学思考［J］.电影文学，2019（24）：141-143.

［14］王莉.疫情背景下北京冬奥会与国家形象塑造：理论逻辑与实践路径［J］.河北体育学院学报，2021，35（5）：26-34.

［15］王艺.新媒体环境下体育直播平台发展路径分析［J］.新媒体研究，2020，6（16）：110-111.

［16］徐国琦.试论体育视角在美国历史研究中的价值［J］.清华大学学报（哲学社会科学版），2023，38（6）：138-152，223-224.

［17］许逢春.浅析体育赛事在中非公共外交中的潜力：以赤道几内亚“和统杯”足球赛为例［J］.统一论坛，2023（5）：66-69.

［18］于文谦，张昌盛.后冬奥时代我国体育外交发展环境、现实挑战与提升方略［J］.中国体育科技，2023，59（5）：88-92.

［19］张昆，蒲蕤.疫情背景下北京冬奥会国际传播战略与实践策略刍议［J］.武汉体育学院学报，2022，56（1）：5-12.

［20］张矛矛，刘艳芹.论新时代中国式现代化推进中人民体育的创新发展［J］.中国矿业大学学报（社会科学版），2023，25（5）：53-64.

［21］郑星.体育外交的有效性：文明对话论视域下的理论认知与实践路径［J］.体育与科学，2023，44（5）：49-54，68.

［22］钟新，蒋贤成.全球同心、多级对话、情感共鸣：北京2022冬奥会“云端”国际传播的基调、路径与愿景［J］.成都体育学院学报，2022，48（1）：14-20.

［23］周海燕.媒介与集体记忆研究：检讨与反思［J］.新闻与传播研究，2014，21（9）：39-50，126-127.

### 3. 电子文献

史安斌：北京冬奥会带来国际传播新突破［EB/OL］.（2022-02-21）［2024-05-20］. https://opinion.huanqiu.com/article/46ttJztSPee.

## （三）案例三　外交篇

### 1. 著作

［1］韩方明.公共外交概论［M］.北京：北京大学出版社，2011.

［2］金子将史，北野充．公共外交："舆论时代"的外交战略［M］．《公共外交》翻译组，译．北京：外语教学与研究出版社，2010.

［3］斯考伯，伊斯雷尔．即将到来的场景时代［M］．赵乾坤，周宝曜，译．北京：北京联合出版公司，2014.

［4］周庆安．超越有形疆界：全球传播中的公共外交［M］．北京：中国传媒大学出版社，2018.

［5］庄晓东．文化传播：历史、理论与现实［M］．北京：人民出版社，2003.

**2. 期刊中析出的文献**

［1］高飞．公共外交的界定、形成条件及其作用［J］．外交评论（外交学院学报），2005（3）：105-112.

［2］黄鹂．大道至简：央视熊猫频道的对外传播策略［J］．对外传播，2017（11）：70-72.

［3］贾付强．公共外交研究：理论、实践及不足［J］．世界经济与政治论坛，2012（2）：151-163.

［4］姜鸿．科学、商业与政治：走向世界的中国大熊猫（1869—1948）［J］．近代史研究，2021（1）：74-89，161.

［5］蒋昌建．波动中的软实力与新公共外交［J］．现代传播（中国传媒大学学报），2011（8）：55-60.

［6］蓝剑锋．中国国际传播活动中的"媒介"与"符号"：以"熊猫外交"为例［J］．今传媒，2020，28（12）：96-100.

［7］李新烽，邓延庭，王建，等．新时代中非人文交流与文明互鉴：中国非洲研究院的创新与思考［J］．对外传播，2023（1）：55-58.

［8］刘德斌．中国叙事、公共外交与时代博弈［J］．探索与争鸣，2017（12）：125-132，139.

［9］王洪波．文明互鉴观视域下国际传播格局的发展与重塑［J］．对外传播，2024（2）：62-55.

［10］王莉丽．"多元公共外交"理论框架的建构［J］．中国人民大学学报，2018，32（2）：116-123.

［11］王士琛．积极运用"熊猫外交"对中国和平形象的提升［J］．公共外交季刊，2016（2）：20-24，124.

［12］王智颖，洪优．中日熊猫外交与新媒体时代中国国家形象建构［J］．传播力研究，2020，4（18）：34-35.

［13］吴信训．微电影：公共外交与中国形象的国际传播［J］．新闻记者，2014（12）：83-86.

［14］杨航，徐嫦聆．熊猫频道国际传播策略研究：以脸谱网熊猫账号为例［J］．电视研究，2018（6）：82-85.

［15］叶皓．公共外交与国际传播［J］．现代传播（中国传媒大学学报），2012，34（6）：11-19.

［16］张继松，丁小贺．熊猫频道的成功与启示［J］．传媒，2017（11）：44-46.

［17］张铮，刘钰潭．大熊猫是如何成为中国国家形象“代言”的：基于人民日报1949—2019年的报道分析［J］．新闻与写作，2021（2）：36-44.

［18］赵可金．中国公共外交的创新与发展［J］．公共外交季刊，2017（1）：9-15，132.

［19］赵丽君．“熊猫外交”的效果研究［J］．公共外交季刊，2018（1）：103-110，148.

［20］郑华．新公共外交内涵对中国公共外交的启示［J］．世界经济与政治，2011（4）：143-153，160.

［21］周蕾．公众外交：全球化时代的国家战略工具——公众外交研究综述［J］．前沿，2008（10）：198-200.

［22］周庆安，刘北．公共外交视域下的中外人文交流新思路［J］．对外传播，2024（2）：4-8.

## （四）案例四　文化篇

### 1. 著作

［1］霍尔．超越文化［M］．何道宽，译．北京：北京大学出版社，2010.

［2］侯洪．纪录片的诗学想象：历史与文本研究［M］．北京：文化艺术出版社，2023.

［3］李智．文化外交：一种传播学的解读［M］．北京：北京大学出版社，2005.

［4］李智．中国国家形象：全球传播时代建构主义的解读［M］．北京：新华出版社，2011.

［5］马特拉．世界传播与文化霸权：思想与战略的历史［M］．陈卫星，译．北京：中央编译出版社，2001.

［6］普罗瑟．文化对话：跨文化传播导论［M］．何道宽，译．北京：北京大学出版社，2013.

### 2. 期刊中析出的文献

［1］杜占元．在交流互鉴中向世界贡献中华文明的独特价值［J］．对外传播，2023（1）：4-6.

［2］蔡盈洲．电视剧跨文化传播：从品牌到国家形象［J］．中国电视，2017（1）：74-77，1.

［3］干春松．“各美其美、美美与共”与人类命运共同体［J］．人民论坛·学术前沿，2017（12）：28-34.

［4］郭苗华．新主流电影的集体记忆与国家认同建构［J］．传播与版权，2023（19）：43-46.

［5］胡键．阐释中国道路的话语体系及其构建［J］．当代世界与社会主义，2017（5）：105-109.

［6］胡智锋，杨宾．传播力：中国影视文化软实力提升的重要保障［J］．清华大学学报（哲学社会科学版），2018，33（3）：140-147，193.

［7］纪文慧，王大可．从世博到进博：上海全球城市形象的传播与变迁［J］．东南传播，2019（4）：56-59.

［8］罗璇．大型国际体育赛事与跨文化传播［J］．体育文化导刊，2015（10）：126-130.

［9］罗赟．北京国际电影节与中国电影对外传播［J］．电影评介，2017（4）：6-8.

［10］马超．华语电视媒体对外文化传播实践研究：中央广播电视总台中文国际电视频道的相关探索［J］．教育传媒研究，2018（4）：67-70.

［11］孟建，符艺娜．跨文化传播的新场域：基于国际 A 类电影节获奖中国电影的研究［J］．上海交通大学学报（哲学社会科学版），2023，31（9）：33-52.

［12］潘可武，马荟晖．论影视艺术的创新性国际传播［J］．现代传播（中国传媒大学学报），2020，42（8）：82-87.

［13］潘亚楠．他者视角下的中国故事创新叙事：以中国新闻奖国际传播奖作品为例［J］．编辑之友，2020（8）：75-79.

［14］石嵩．中国电影“走出去”：一种海外研究的视野［J］．电影评介，2016（5）：4-9.

［15］石义彬，熊慧．媒介仪式，空间与文化认同：符号权力的批判性观照与诠释［J］．湖北社会科学，2008（2）：171-174.

［16］史安斌，童桐．平台世界主义视域下的“第三文化人”：国际传播的一种协商视角［J］．传媒观察，2022（8）：5-12.

［17］史安斌．全球网络传播中的文化和意识形态问题［J］．新闻与传播研究，2003（3）：52-60，95.

［18］万忆，覃维炳，张亮华．国际展会中的对外传播策略研究：以中国－东盟博览会为例［J］．文化与传播，2014，3（5）：30-37.

［19］汪献平．从第十三届上海国际电影节看其价值与意义［J］．当代电影，2010（10）：145-148.

［20］王寸长，王天根．熊猫文化的跨文化传播研究［J］．对外传播，2023（3）：40-43.

［21］王赟姝．电影节展的文化策略与反思［J］．中国电影市场，2019（12）：19-24.

［22］吴俊杰，蔡之国．中华优秀文化“走出去”的传播力影响力建构探析［J］．对外传播，2023（1）：64-66.

［23］吴瑛，乔丽娟．文化强国建设的全球传播战略与路径［J］．青年记者，2021（6）：12-14.

［24］吴赟，牟宜武．中国故事的多模态国家翻译策略研究［J］．外语教学，2022，43（1）：76-82.

［25］向安玲，沈阳．多种声音，一个方向：国家战略议题的对外传播［J］．现代传播（中国传媒大学学报），2021，43（11）：54-59.

［26］肖路．华语电影：中美跨文化传播的重要媒介［J］．当代电影，2005（3）：131-134.

［27］闫成胜．国产影视作品的译制与国际传播［J］．中国翻译，2014，35（4）：8-9.

［28］于运全．逆全球化语境下的跨文化传播新动向［J］．新闻与写作，2020（3）：1.

[29] 张宏志 . 突破西方话语体系 障碍构建中国国际话语权 [J]. 行政管理改革，2017（6）：8-10.

[30] 张雷，甄鑫 . “一带一路”战略与我国影视剧国际传播路径创新 [J]. 电视研究，2017（2）：4-7.

[31] 张雅欣，毛凌野 . 国际电影节的跨文化价值构建 [J]. 世界电影，2015（4）：181-189.

[32] 张毓强 . 小切口、巧叙事：宏大主题影视作品的国际传播可能 [J]. 对外传播，2019（11）：44-47.

[33] 张媛 . 北京国际电影节的创新驱动探析 [J]. 新闻研究导刊，2017，8（14）：126-127.

[34] 朱晓丹 . 复兴、多元与体验：上海国际电影节的空间生产 [J]. 视听，2023（1）：26-30.

### 3. 报纸中析出的文献

[1] 李卫强 . 优质内容将成为 5G 时代电影产业链的核心 [N]. 中国电影报，2019-10-23（10）.

[2] 耀文 . 中国外文局发布《中外文化交流报告 2023》[N]. 中国出版传媒商报，2024-09-20（3）.

## （五）案例五 公共品牌塑造篇 I

### 1. 著作

[1] 毛伟 . “一带一路”与全球传播 [M]. 北京：新华出版社，2020.

[2] 王义桅 . 世界是通的：“一带一路”的逻辑 [M]. 北京：商务印书馆，2016.

[3] 习近平 . 习近平谈治国理政（第一卷）[M]. 北京：外文出版社，2014.

[4] 习近平 . 习近平谈治国理政（第二卷）[M]. 北京：外文出版社，2017.

[5] 习近平 . 习近平谈治国理政（第三卷）[M]. 北京：外文出版社，2020.

[6] 习近平 . 习近平谈治国理政（第四卷）[M]. 北京：外文出版社，2022.

[7] 雅克 . 当中国统治世界：中国的崛起和西方世界的衰落 [M]. 张莉，刘曲，译 . 北京：中信出版社，2010.

[8] 张维为 . 中国震撼：一个“文明型国家”的崛起 [M]. 上海：上海人民出版社，2011.

### 2. 期刊中析出的文献


［1］白贵，曹磊．对外传播的新使命："一带一路"与"构建人类命运共同体"［J］．新闻战线，2017（9）：36-38.

［2］陈力丹．"一带一路"下跨文化传播研究的几个面向［J］．江西师范大学学报（哲学社会科学版），2016，49（1）：69-73.

［3］高婧．"一带一路"背景下中国影视国际传播策略［J］．西部广播电视，2023，44（5）：71-73.

［4］高岚．"一带一路"视域下中国西部电影的发展与转变研究［J］．西部广播电视，2023，44（18）：135-137.

［5］耿迪，何颖，李小刚．"一带一路"建设中体育文化国际传播的价值与策略［J］．中华文化论坛，2019（3）：147-152，160.

［6］国外媒体看"一带一路"［J］．全国新书目，2016（9）：8.

［7］贾文山，纪之文．人类命运共同体与全球传播［J］．全球传媒学刊，2018，5（3）：27-37.

［8］李向阳，胡必亮，徐秀军．共建"一带一路"倡议十周年：回顾与展望［J］．国际经济评论，2023（5）：9-26，4.

［9］李宇．新媒体环境下一带一路沿线文化传播模式研究［J］．新闻知识，2015（7）：23-25.

［10］刘国斌．共建"一带一路"十周年：重大成就与未来推进路径［J］．社会科学文摘，2023（10）：5-7.

［11］刘乐．共建"一带一路"十周年与中国特色外交创新［J］．国际论坛，2023，25（3）：3-21，155.

［12］潘雯智．国外媒体视野中的"一带一路"倡议：基于新闻报道和公众观点的话语分析［J］．对外传播，2019（3）：7-10.

［13］史安斌，盛阳．"一带一路"背景下我国对外传播的创新路径［J］．新闻与写作，2017（8）：10-13.

［14］孙换婷．浅析国外媒体对一带一路倡议的理解［J］．新闻战线，2017（17）：121-123.

［15］童珊．复杂系统论视阈下的"一带一路"与全球治理［J］．系统科学学报，2020，28（4）：127-131.

［16］王玉主．中国的国际社会理念及其激励性建构：人类命运共同体与“一带一路”建设［J］．当代亚太，2019（5）：4-29，144-145.

［17］吴志成．积极参与全球治理的中国视角［J］．国外社会科学，2021（5）：25-30，156-157.

［18］肖宪．“一带一路”视角下的中国与以色列关系［J］．西亚非洲，2016（2）：91-108.

［19］谢伦灿，杨勇．“一带一路”背景下中国文化走出去对策研究［J］．现代传播（中国传媒大学学报），2017，39（12）：110-114.

［20］殷强．“一带一路”国际合作高峰论坛的新媒体会议报道研究：兼对 VR 视觉传播与新媒体技术、信息服务团队媒介素养的考察［J］．国际新闻界，2017，39（6）：162-171.

［21］于运全．“一带一路”国际话语体系建设须双轮驱动［J］．中国外资，2022（21）：20-21.

［22］张莉，史安斌．“一带一路”倡议背景下欧洲媒体涉华策略性叙事的比较研究［J］．中国出版，2021（5）：14-20.

［23］赵永华，刘娟．文化认同视角下“一带一路”跨文化传播路径选择［J］．国际新闻界，2018，40（12）：67-82.

［24］周萃，康健．美国主流媒体如何为“一带一路”构建媒介框架［J］．现代传播（中国传媒大学学报），2016，38（6）：163-165.

### 3. 电子文献

［英］马丁·雅克：这十年，“一带一路”倡议已经改变世界［EB/OL］．（2023-06-26）［2024-05-20］．https://baijiahao.baidu.com/s?id=1769714997774752873&wfr=spider&for=pc.

## （六）案例六　公共品牌塑造篇Ⅱ

### 1. 著作

［1］丹皮尔．科学史及其与哲学和宗教的关系［M］．李珩，译．桂林：广西师范大学出版社，2001.

［2］格里芬．后现代科学：科学魅力的再现［M］．马季方，译．北京：中央编译出版社，1995.

［3］黑尔曼．世界科幻电影史［M］．陈钰鹏，译．北京：中国电影出版社，1988.

［4］科恩．科学革命史［M］．杨爱华，李成智，李长生，等译．北京：军事科学出版社，1992.

［5］拉兹洛．微漪之塘：宇宙中的第五种场［M］．钱兆华，译．2版．北京：社会科学文献出版社，2004.

［6］吕哲．源代码：从科幻小说到电影经典［M］．天津：百花文艺出版社，2015.

［7］王辉耀，苗绿．21世纪的中国与全球化［M］．北京：中信出版社，2022.

［8］约翰斯顿．科幻电影导论［M］．夏彤，译．北京：世界图书出版公司北京公司，2016.

［9］雅克．大国雄心［M］．孙豫宁，张莉，刘曲，译．2版．北京：中信出版社，2016.

**2. 期刊中析出的文献**

［1］陈亦水．数字媒体影像时代的未来书写：中美科幻电影的赛博空间与赛博格身体的文化想象［J］．艺术评论，2017（11）：45-55.

［2］成都市人民政府研究室课题组．推动成都由科幻文化中心向科幻产业中心转变［J］．先锋，2023（9）：49-51.

［3］段淳林，崔钰婷．颗粒度、信息质量和临场感：计算广告品牌传播的新维度——基于TOE理论的研究视角［J］．武汉大学学报（哲学社会科学版），2022，75（1）：79-90.

［4］蒋淑媛，石家蔚，张沛毓．中国科幻影视的价值表达、视听呈现与期待视野［J］．中国电视，2023（9）：36-42.

［5］金韶，刘蕊宁．中国科幻电影国际传播策略研究［J］．传媒，2021（5）：52-55.

［6］柯璐，胡疆锋．精神自觉、多元诠释与叙事伦理：论中国科幻电影中的“人类命运共同体”［J］．文艺理论与批评，2023（6）：158-166.

［7］黎婵．论科幻小说中非自然叙述的特征［J］．符号与传媒，2018（2）：177-189.

［8］李冰雁．从“赛博格身体”到“元宇宙”：科幻电影的后人类视角［J］．广州大学学报（社会科学版），2022，21（3）：119-127.

［9］刘舸，李云．从西方解读偏好看中国科幻作品的海外传播：以刘慈欣《三体》

在美国的接受为例［J］. 中国比较文学，2018（2）：136-149.

［10］闵玲 . 跨文化传播语境下的科幻影视创作探析［J］. 视听，2019（3）：26-27.

［11］司培 . 裂变与循环：从诺兰科幻电影看后工业时代的时空叙事［J］. 天府新论，2022（3）：143-151.

［12］天爵 . 我们共同的星舰：世界科幻大会上的趣味活动［J］. 科幻世界，2023（增刊）：27-33.

［13］吴琼 . 从科幻想象到当下现实的“元宇宙话语”张力［J］. 艺术传播研究，2023（4）：69-79.

［14］吴岩 . 对中国特色科幻事业的一点思考［J］. 科普创作，2017（1）：47-50.

［15］吴岩 . 科幻文学的中国阐释［J］. 南方文坛，2010（6）：25-28.

［16］杨俊蕾 . 重塑欧洲性：当代欧洲科幻电影的技术观念、艺术视景与未来想象［J］. 当代电影，2021（1）：118-124.

### 3. 报纸中析出的文献

宋雯 . 我国科幻影视作品参与国际话语体系构建策略［N］. 中国电影报，2023-11-22（11）.

### 4. 文集

陈凡，朱春艳 . 全球化时代的技术哲学：2004 年“技术哲学与技术伦理”国际研讨会译文集［C］. 沈阳：东北大学出版社，2006.

## （七）案例七　公共品牌塑造篇Ⅲ

### 1. 著作

［1］福山 . 政治秩序与政治衰败：从工业革命到民主全球化［M］. 毛俊杰，译 . 桂林：广西师范大学出版社，2015.

［2］郭璇 . 全球治理中国话语体系的建构与国际传播［M］. 北京：中国传媒大学出版社，2021.

［3］陈家刚 . 全球治理：概念与理论［M］. 北京：中央编译出版社，2017.

［4］李彬 . 全球新闻传播史［M］. 北京：清华大学出版社，2005.

［5］李金铨 . 传播纵横：历史脉络与全球视野［M］. 北京：社会科学文献出版社，2019.

［6］刘涛 . 视觉修辞学［M］. 北京：北京大学出版社，2021.

［7］马特拉．全球传播的起源［M］．朱振明，译．北京：清华大学出版社，2015.

［8］麦克费尔．全球传播：理论、利益相关者和趋势［M］．张丽萍，译．北京：中国传媒大学出版社，2016.

［9］习近平．习近平谈治国理政（第一卷）［M］．北京：外文出版社，2014.

［10］习近平．习近平谈治国理政（第二卷）［M］．北京：外文出版社，2017.

［11］习近平．习近平谈治国理政（第三卷）［M］．北京：外文出版社，2020.

［12］习近平．习近平谈治国理政（第四卷）［M］．北京：外文出版社，2022.

［13］休梅克，科恩．全球新闻传播：理论架构、从业者及公众传播［M］．刘根勤，周一凝，李紫鹏，译．杭州：浙江大学出版社，2016.

［14］陈阳．全球传播［M］．北京：北京大学出版社，2009.

### 2. 期刊中析出的文献

［1］蔡惠，何辉．用户生产短视频海外传播与国家形象建构［J］．对外传播，2023（11）：73-76.

［2］曾晶芳，冯德岭．精准扶贫题材纪录片的叙事结构与创作方法研究［J］．新闻研究导刊，2020，11（17）：12-15.

［3］陈虻．记录今天就是记录历史［J］．电影艺术，2000（3）：77-79.

［4］陈秋云，刘爱章．中国扶贫故事对外精准传播的逻辑向度和策略进路［J］．对外传播，2022（5）：52-55.

［5］邓建波．纪录片中人物形象塑造的探讨［J］．电视指南，2017（15）：133-134.

［6］高晓虹，蔡雨．讲好扶贫脱贫故事 决战决胜脱贫攻坚［J］．电视研究，2020（11）：8-11.

［7］郭苗华．新主流电影的集体记忆与国家认同建构［J］．传播与版权，2023（19）：43-46.

［8］韩超，张琪．纪录片中“自我陈述”和“他者叙事”视角下的中国形象建构和国际传播策略研究：以纪录片《中国扶贫在路上》和《前线之声：中国脱贫攻坚》为例［J］．社科纵横，2022，37（4）：145-150.

［9］韩振峰．新中国成立以来中国共产党扶贫脱贫事业的演进历程［J］．民族大家庭，2020（3）：54-55.

［10］侯洪，陈文婷．我国扶贫纪录片的空间生产与影像实践［J］．青年记者，2022（10）：97-99.

［11］胡波．中国脱贫攻坚对外话语体系建构：问题、构成与路径［J］．浙江理工大学学报（社会科学版），2022，48（6）：650-655.

［12］黄海珠，孔博健．中国脱贫攻坚短视频在 YouTube 的传播现状与效果研究［J］．国际品牌观察，2021（31）：48-52.

［13］焦道利．媒介融合背景下微纪录片的生存与发展［J］．现代传播（中国传媒大学学报），2015，37（7）：107-111.

［14］李冬冬．纪录片《海兰江畔稻花香》创作手记［J］．北方传媒研究，2021（1）：37-38，40.

［15］李宇．脱贫攻坚故事国际传播的框架建构与叙事策略［J］．电视研究，2020（11）：19-22.

［16］刘亚秋．哈布瓦赫集体记忆理论中的社会观［J］．学术研究，2016（1）：77-84.

［17］陆佳怡，蒋佳宸．主体与策略：国际社交媒体空间的脱贫攻坚媒介话语［J］．对外传播，2021（4）：30-33.

［18］栾轶玫．新时代中国国家叙事脱贫攻坚的对外传播［J］．编辑之友，2020（9）：5-14.

［19］吕俊延，刘燚飞．国家的“视力”：技术革命与国家信息能力建构［J］．政治学研究，2023（5）：97-113，209.

［20］吕俊延，刘燚飞．国家的“视力”：技术革命与国家信息能力建构［J］．政治学研究，2023（5）：97-113，209.

［21］牛慧清，丁韬文．论中国脱贫攻坚纪录片国际传播的叙事逻辑［J］．现代传播（中国传媒大学学报），2022，44（3）：99-107.

［22］苏宝俊，高海萍．政治修辞研究述评［J］．济南大学学报（社会科学版），2016，26（1）：36-43，92.

［23］王义桅，龙泰格．中国脱贫攻坚故事的层次性与对外传播路径［J］．对外传播，2021（4）：4-6.

［24］王玉琦，曾军．讲好中国脱贫攻坚故事的国际话语叙事策略：基于纪录片《无穷之路》的研究［J］．中国广播电视学刊，2022（8）：48-50，55.

［25］温庆，罗青，毕建录．中国农村精准扶贫经验的国际传播：以短视频系列节目《新乡土中国》为例［J］．国际传播，2020（5）：73-81.

［26］闫国疆．社会记忆、民族身份与国家认同［J］．中央社会主义学院学报，2019（6）：97-105.

［27］赵泽林，林洁．讲好扶贫故事构建与中国经济相匹配的国际话语权［J］．中共太原市委党校学报，2023（4）：42-45.

［28］钟一玮．从“他塑”到“自塑”：“他者”语境下中国国家形象的建构与突围［J］．新闻研究导刊，2023，14（18）：31-34.

# 附录四　插图目录

# 后　记

Postscript

21 世纪初，四川大学文学与新闻学院所辖的新闻学与传播学学科的研究生培养有了一个新的跃进——新增设了国际新闻专业培养方向。那时，我国的改革开放大踏步地迈进新世纪，国家综合实力伴随着对外经济合作的迅速发展与文化交流的日益频繁正在显著提升，四川也恰逢西部大开发的历史性机遇。如此的气象带动了传媒领域的大发展，而报纸和广播电视正当其时，占据着国内和国际新闻传播的主阵地。这就是四川大学新闻传播学科大发展的时代语境。我们认识到，四川大学作为西部高校的第一梯队，在国家对外开放和西部大开发战略中地缘优势明显，它催生了四川大学国际新闻传播、对外传播的人才培养的紧迫性和责任感。置身这一发展征程，我于 2005—2006 年首度编撰了《国际新闻传播的多维透视》教材讲义稿，随后不断完善。其研究视点立足西部，重点关注西部大开发与中国（成都）西部博览会、成都大熊猫繁育研究基地、成都财富全球论坛等热点；在面向国际层面，聚焦我国的文化外交与公共外交的实践——中法文化年（2003—2005）、中俄国家年（2006—2007）、中国文化节（华盛顿肯尼迪表演艺术中心 2005）；在国防建设和维护国家主权与领土完整的军事斗争领域，关切南海风云及钓鱼岛争端、中印边境争端；同时还对外传播与国际传播的重要事件，如 2008 年北京奥运会、2010 年上海世博会、北京世界园艺博览会、G20 杭州峰会、上合组织峰会、金砖国家峰会，以及我国航天发射、国庆阅兵活动、世界反法西斯战争胜利日庆典等国内外重大节点新闻都构成我讲授的研究生课程“国际新闻传播实践与探讨”的多个议题与专题的内容。通过相关课程的学习，同学们撰写的有代表性的硕士毕业论文有《多极的世界与多元的文化——“中法文化年”：国际新闻传播中的一个典范》（2004）、《法国主流媒体中的中国形象研究——以〈费加罗报〉涉华报道为例》（2009）、《国际新闻传播中媒介话语权博弈初探：以〈环球时报〉斯诺登事件的报道为例》(2015)、《中国新闻奖获奖作品(国际传播类 2012—2022)国家形象建构分析》(2024)等。有的同学考上了复旦大学、中国传媒大学、南京大学和四川大学的博士研究生，有的同学进入传媒领域，活跃在国内外的新闻传播实践的第一线。

2015 年，在完成《中国西部(成都)国际博览会组织与发展传播研究》(专著，收入“四川大学哲学社会科学学术著作出版基金丛书”)、《国家公关时代：视听媒介与国家形象塑造》(主编，四川大学精品立项教材·音像出版物)的出版后，我结合博士研究生课程“国际新闻传播的理论与实践研究”的资源建设，进一步陆续搜寻国际传播与国际新闻传播的国内外最新资源，经历几番准备，成功获批“四川省 2018—2020 年高等教育人才培养质量和教学改革(教学基本建设类)重点项目”(2019)的立项，通过课程建设实践，诞生了副产品——《国际新闻传播实践的创意与案例研究》教材(讲义稿)。随后，经过五年的课堂教学实践，在与同学们的互动中，又有了进一步的深化，基础理论与案例分析更加系统和专题化，案例类型得以拓展与丰富。这些都得益于这次教改带来的驱动力和活力，也见证了四川大学文学与新闻学院选读“国际新闻传播理论与实践研究”“国际新闻传播实践与讨论”课程的研究生们的智慧与专业素养。在聊以欣慰的同时，我要特别感谢 2018 级新闻传播学专业的博士研究生侯梦瑶、卢毅刚、邓渝臻和王碧海同学，2018—2022 级新闻传播学专业的硕士研究生田媛、王爱玲、王文瑞、崔丽蓉、付明涛、韩笑、李元凯、罗梦雪、宋晓雪、王小芳、安雯、周雨凝、陈文婷、张辰、尹凡、庞璐璐、李定淀、方影、钟毓、胡燕、王昕月、王瀚尧、谭绍维、廖雨欣、白娟、仝晓旭、余快、严尉伦、易云霞、余越、马佳均、李婷、张莹、吴雨彤等同学，还包括一些未记住名字的同学。其中陈文婷和方影分别在初稿和第二稿中协助统稿全书。在第三稿的定本过程中，白娟、余快、仝晓旭、易云霞做了大量基础性的扩展性工作和最终的统稿工作。此外，还要感谢 2023 级新闻传播学专业的研究生李婷、马佳均和张莹以及文学与新闻学院本科 2021 级汉语言文学专业拔尖班的罗茜云和基地班的岳佳欣同学在书稿付梓前的校对工作中所付出的辛劳！

要编撰一部既能顺应当今国际传播与跨文化传播研究之发展潮流，又能满足我国国际传播理论创新与实践创新之需，并且符合新时代高等教育新闻传播学科创新性复合型国际传播人才之培养要求的国际传播与跨文化传播的创新性教材确实难度很大。教材的编撰需要广阔的视野与多重知识结构以及国际传播和跨文化传播实践的洗礼。在编撰中，与这一领域相关的国内外同行本硕的研究成果相逢，这些成果给予我们很大的启发。他们的研究方法与思路甚至一些理论和观点频频引起我们的共鸣。在此我们要向这些学者们的睿智和创新性致敬！感谢他们的智慧与启迪，使本教材的理论建构得以合理而完善，案例的分析指向性更清晰。同时也要感谢中央广播电视总台、四川广播电视台以及凤凰卫视等业界合作单位长期以来与四川大学新闻传播学科教学与科研形成的互动和给予的支持。这份感谢当然也包括对中共四川省委宣传部国际传播处、四川省人民政府新闻办以及四川国际传播中心在本书出版过程中涉及相关案例展示所配插图的选载提供的帮助。现在，经过六年的奋战和教材编委会成员的共同努力，这部书稿经出版社审定后即将付梓，令人兴奋和感慨！

特别值得一提的是，在申报 2023 年四川大学研究生培养教育创新改革（教材建设）立项项目前夕，一个跨学科、跨学院并由业界精英组成的学术编委会团队为书稿的进一步完善提供了有力的保障，并最终确定了书稿现在的正式名称。在此，衷心地感谢本团队所有编委会成员的认真审读和宝贵建议。特别要感谢文学与新闻学院和国际关系学院以及研究生院的领导对本教材的关心和支持！还有研究生院培养办的黄瑶老师也为书稿的教材建设忙前忙后。去年，国际关系学院李志强院长还将本教材（讲义稿）相关专题研究推荐给在蓉的中国人民解放军 31080 部队，增强了高校与部队在对外传播和国际传播方面的交流与合作。它将有力地促进我国对外传播与国际传播实践的健康发展。最后，还要衷心感谢中国国际广播出版社的领导和编辑中心李卉主任以及三审制的编辑们对书稿的重视，尤其是责任编辑霍春霞在审稿过程中表现出的认真负责任的态度使书稿的高质量出版有了保障。当然，最不能忘记的是肖阳策划主编，是他的慧眼让此书与读者朋友们有缘相见。对此我要说一声你们辛苦了！

当然，此书的编撰还存在许多不足与遗憾，有待这一领域的专家、学者的批评与指正。此书的问世并不意味着本团队国际传播与跨文化传播研究工作的终点。我们期待在今后的教学实践中，在与同学们的参与和互动中，总结并吸纳国内外新闻传播领域的有益成果与经验，继续补充和完善本书的内容。同时，盼望本教材的数字化出版工程早日推进，期待纸质版与电子版的出版发行能同步与读者见面。

侯 洪

2024 年 12 月 16 日于川大望江校区